KB068991

현대 사회학 이론과 그 고전적 뿌리

Contemporary Sociological Theory and Its Classical Roots: The Basics, 2/e

George Ritzer
한국이론사회학회

역자 서문

이 책은 미국 사회학자 조지 리처(George Ritzer)가 2003년도에 출간한 *Contemporary Sociological Theory and Its Classical Roots: The Basics*를 완역한 것이다. 저자인 리처 교수는 미국의 저명한 사회학자일 뿐 아니라, 특히 사회학 이론관련 교재 집필에 탁월한 재능을 발휘하고 있는 학자이다. 그래서 그가 출간한 교재들은 미국 내에서는 물론이고 한국을 비롯해 여러 나라 언어로 번역되어 국제적으로도 큰 명성을 얻고 있다.

이 번역집은 한국이론사회학회 회원들의 공동작업의 산물이다. 번역에 참여한 회원들은 각자가 맡은 주제 또는 사상가에 대한 국내 유수의 전문가들이며 대학에서 이론과목을 담당하고 있는 분들이다. 국내외 학자들이 집필한 '현대 사회학 이론' 관련 교재는 이미 여러 종이 나와 있고 각각 장단점이 있지만, 여기 번역된 리처의 책은 이들과, 그리고 리처가 펴낸 다른 교재들과 비교하여 아래와 같은 특징을 가지고 있다.

(1) 우선 'The Basics'(기초)라는 부제가 보여 주듯이, 이 책은 매우 복잡다기한 현대 사회학 이론의 유형과 흐름의 가장 기본적인 측면들을 평이하게 서술하고 있다. 따라서 이 교재는 현대 사회학 이론에 대한 일차적 개괄을 얻고자 하는 학부 수준의 사회과학도 및 사회학 이론에 관심을 가진 일반 독자들에게 무척 유용할 것이다. 이러한 입문서적 성격은 가령 각 장마다 '요약', '핵심용어 해설' 및 적절한 논평이 달린 '추천도서', 그리고 사상가들의 '생애의 삽화' 등이 제시되어 있다는 점에서도 잘 드러난다.

(2) 원제목에 있는 'Its Classical Roots'(사회학 이론의 고전적 뿌리)라는 말이 보여 주듯이, 이 책은 고전 이론과 현대 이론을 적절히 연결시켜 주고 있다. 기존의 교재나 대학 강좌의 편성을 보면, 고전 이론('사회학사'의 대상)과 현대 이론은 분리되어 다루어지는바, 이것은 원칙적으로 합당한 일이다. 그러나 많은 사람들이 적어도 입문서 차원에서는 핵심적 고전 이론가와 현대 이론가들을 함께 접할 수 있었으면 하는 바람을 가지고 있을 것이다. 이 교재는 바로 이런 바람을 훌륭히 충족시켜 주고 있다. 가령 저자는 제 2 장에서 에밀 뒤르켐, 칼 맑스, 막스 베버 등 이른바 '아직도 살아 있는' 고전 사상가들을 매우 상세히 해설하고 있다.

(3) 출간년도(2003)가 말해 주듯이, 이 책은 사회학 이론의 가장 최신 조류까지 담고 있어 21세기 초엽에 우리가 당면하고 있는 '새로운' 문제들의 해석과 해결을 위해 사회학자들이 어떤 새로운 이론적 상상력을 발휘하고 있는지를 잘 보여 주고 있다. 이 책은 이렇게 고전부터 최근까지의 주요한 사회학 이론들을 핵심적으로 잘 정리하고 있기에 대학원생을 포함한 이론전공자들에게도 다양한 이론들을 일별하는 데 유용하게 쓰일 수 있을 것이다.

한국에서 이런 유형의 외국 교재를 번역하는 매우 흔한 방식은, 일단 대학 원생들과 원전을 함께 읽으면서 학생들의 독해 결과(및 경우에 따라서는 초역 결과)를 바탕으로 최종 번역본을 만들어 가는 것이다. 우리는 이런 통상적 방식과는 달리, 각 분야의 전문가들이 초역에서 완성본까지 전 과정을 책임지도록 하였다. 이 두 가지 방식은 각각 장단점을 가지고 있다. 전자의 경우 실수요자와의 피드백이 번역 과정에서부터 이루어진다는 장점이 있는 반면, 전문성의 차원에서는 부족한 점이 있을 수 있다. 이와 달리 우리가 취한 방식은 번역의 전문성을 제고하는 이점이 있는 반면에 바로 상기한 피드백 과정이 부족하다는 단점이 있다. 우리는 이러한 단점을 최소화하기 위해 수 차례에 걸쳐 합동으로 번역 초고들을 윤독하면서 실수요자의 눈높이에 부응하기 위해 최선을 다하였다. 그러나 아직도 부족한 점이 많다. 독자들의 기탄 없는 비판과 개선제의가 있기를 기대하며 우리는 이를 차후 개정판 등에서 성심껏 반영할 것이다.

사회학 이론을 학습하는 목적과 그 효과는 무엇일까? 그 답은 이론적 '상상력'의 함양이라는 말로 요약될 수 있을 것이다. 물론 이것은 전문 사회학자들에게는 진부한 질문이고 답이겠지만, 이 교재가 주로 염두에 두고 있는 독자들—
갓 사회학에 입문하는 사람들 또는 일반 독자들—에게는 그렇지 않을 것이다.
왜냐하면 사회학 이론은 어떤 자세로 학습하느냐에 따라 매우 추상적이고 무미
건조하게 보일 수도 있고, 아니면 그와 반대로 흥미진진한 지적 체험의 대상이
될 수도 있기 때문이다. 사회학 이론은 인간 사회의 구조와 그 작동방식 전반에
대해 '큰 그림' 또는 '밑그림'을 그리는 작업이며, 이 작업에서는 풍부한 이론적
상상력이 필수적이다. 왜냐하면 우리 삶의 다양한 영역들—정치, 경제, 사회, 문
화 등—이 서로 맺고 있는 관계들과 상호작용방식들 그리고 개인의 '행위'와 사
회의 '구조' 간의 상관관계 등은 그 자체 우리의 일상적 눈에는 보이지 않는 것
이며, 단지 이론적 상상력만이 이들을 보이게 할 수 있기 때문이다. 이렇게 이
론가의 상상력이 투시한 사회적 맥락들을 체계화한 것이 사회학 이론이다. 따라
서 사회학 이론을 학습하는 목적과 그 효과는 이론적 상상력, 즉 보이지 않는
것을 보고 또 보이게 하는 능력을 단련하는 것에 놓여 있다고 할 수 있을 것이
다. 그런데 여기서 주목해야 할 점은, 사회 전체에 대해 큰 그림을 그리는 것은
전문적 작업이기는 하지만, 그러나 다른 한편 지적으로 성숙한 사람이면 누구나
하고 있고 또 해야만 하는 일이라는 점이다. 다시 말해 우리 모두는 각자 머리
(또는 가슴) 속에 스스로 그렸고 또 의식·무의식중에 전수받은 '사회학 이론적
큰 그림'을 가지고 있는 것이다. 바로 이런 상황이 우리에게 사회학 이론 교재
를 읽는 '올바른' 자세를 암시한다. 즉 나는 '백지'이고 내 앞에는 대가들 또는
전문가들이 그린 큰 그림들이 놓여 있다는(말하자면 '주눅든') 자세로 임하면 사
회학 이론 학습은 매우 추상적이고 무미건조한 일이 된다. 그에 반해 나도 또는
우리도 큰 그림이 있다는 사실을 인식하고(즉 당당한 자의식을 가지고) 이들을
대하면, 사회학 이론 학습은 흥미로운 비판적 상호소통적 작업이 될 수 있다.
말하자면, 우리는 사회학 이론 학습을 통해 자신이 가진 '큰 그림'을 이른바 이
론가들의 큰 그림에 비추어 비판적으로 성찰할 수 있고, 동시에 자신의 큰 그림
에 비추어 전문가들의 큰 그림을 비판적으로 조명할 수도 있는 것이다. 우리는
독자들에게 이 교재를 당당한 자의식을 가지고 대할 것을 권유하고자 하며, 이
런 자세로 읽을 경우 이 교재는 사회과학도들의 비판적·이론적 상상력의 단련
에 큰 도움이 될 것이라고 믿는다.

　　리처 교수는 1983년부터 여러 사회학 이론 교과서들을 내기 시작하였으며 이 교재들은 시대의 흐름에 맞추어 계속적으로 개정되어 왔고, 근 20년간 독자들의 높은 평가와 검증을 받아 왔다. 국내의 경우에도 그의 교과서 하나를 고 최재현 교수가 1987년 번역한 적이 있다. 20년 전에 리처의 교과서가 갖는 장점을 꿰뚫어 본 최재현 교수의 혜안에 다시금 감탄하면서도 다른 한편 우리가 아직 기본 교재들을 번역에 '의존'하고 있다는 사실에 자괴감을 느끼기도 한다. 한 가지 고무적인 사실은, 번역작업 전후에 우리 학회의 많은 회원들이 이제 국내 학자들에 의한 독자적 '사회학사' 및 '현대 사회학 이론'을 펴내자는 제의를 하였다는 점이다. 이것은 국내 학자들—특히 소장 학자들—의 이론적 자의식과 역량이 그만큼 성숙했다는 증거이다. 한국 이론사회학회는 이러한 역량들을 모아 멀지 않은 장래에 우리가 그리는 사회학 이론적 '큰 그림'을 내어 놓을 수 있도록 노력할 것이다. 물론 이것이, 리처 같은 서구학자가 서구의 시각에서 현대 사회학 이론에 대해 그려낸 이 훌륭한 조감도의 가치를 감소시키거나 또는 그것을 대체할 수 있는 것은 아니겠지만 말이다.

　　이번 번역집의 출판을 가능하게 해 주신 분들에 대한 감사의 말씀으로 서언을 마무리짓고자 한다. 우선 열과 성을 다해 번역작업에 임해 주신 역자들에게 가장 큰 감사를 드려야 함은 두말 할 나위도 없다. 특히 번역진 '팀장' 역할을 탁월히 해 내신 이홍균 교수님, 번역 계획의 발의와 진행 과정에서 강력한 추진력으로 역자들을 독려해 주신 이창순 교수님 그리고 출간 마지막 단계에서 교정 및 각종 기술적 문제들의 해결에 특별히 도움을 주신 김상준 교수님, 김우식 교수님, 노진철 교수님, 이병혁 교수님, 이재혁 교수님, 전태국 교수님, 천선영 교수님 외 몇 분의 역자들에게 각별한 감사의 뜻을 표한다.

　　끝으로, 출판계의 어려운 사정에도 불구하고 출판을 흔쾌히 맡아 준 박영사에게, 그리고 헌신적으로 편집작업을 도와 주신 홍석태 과장님 이하 편집부 선생님들에게 이 자리를 빌어 진심으로 감사의 말씀을 전한다.

2006년 8월

번역진을 대표하여 **전 성 우**

(한국이론사회학회 회장, 한양대)

번 역 주

    이 책을 번역하면서 여느 번역서와 마찬가지로 적절한 번역 용어의 선택에 많은 고충이 있었다. 동일한 영어 개념이라도 특정한 이론 내에서 특별한 이론적 의미를 지니는 경우와 보다 일상적인 용례로 쓰이는 경우에 따라 각각 적절한 한국어 선택이 달라지게 된다. 역자들은 논의를 거쳐 가급적 동일한 번역 용어를 선별하려고 노력하였지만, 경우에 따라서는 동일한 영어 단어에 대해 문맥에 따라 보다 적합하다고 생각되는, 서로 다른 한글 번역을 사용하기도 하였다.

    1) 'act', 'action', 'behavior' 등은 일반적으로 '행동', '행위', '행태' 등으로 각각 번역하였다. 그러나 문맥에 따라 해당 단어가 특별히 이론적 의미를 갖는 경우가 아니라 일상 단어로 쓰이는 경우는 해당 문맥에 자연스러운 용어를 선택하여 번역하였다. 한편 'behaviorism'은 그간 '행태주의'라고도 번역이 되기도 했지만 심리학 등에서의 번역 용례에 맞추어 '행동주의'라고 번역하였다.

    2) 한국어로 '구조와 행위'라고 자주 언급되어지는 영어 단어는 'structure vs. agency'이다. 'agency'는 역시 '행위'라고 번역되어지는 'action'과는 조금 다른, 보다 행위자의 능동적 측면을 지칭하고 있으며, 이에 대한 번역상의 어려움이 있었다. 이 책에서는 특히 기든스의 구조화 이론 부분에서 'agency'를 '수행행위'로, 'agent'를 '행위수행자'로 번역하였으며, 그러나 구조화 이론에서처럼 행위의 능동적 측면에 대한 함의가 중요치 않은 일상적 경우에는 그냥 '구조-행위'라고 번역하였다.

    3) 'reflexive'는 그간 일반적으로 '성찰적'으로 번역되었으며 이 책에서도 그 용례를 따랐다. 그러나, 경우에 따라서는 그리고 특히 부르디외의 이론의 경우 등에서는 '재귀적'이라고 번역하였다.

    4) 용어에 따라서는 한글 단어로 번역하는 것이 어색하거나 혹은 영어 단어 자체를 발음대로 쓰는 편이 낫다고 생각되는 경우가 종종 있었다. 그 대표적인 예의 하나가 이 책에서 강조되고 있는 'feminism' 이론인데, 이 단어의 경우는 '여성주의'라는 번역 대신 그냥 '페미니즘'이라고 영어 발음대로 표기하였다. '여

성주의'는 학술적인 의미 외에도 정치적인 문화적인 운동의 전반을 의미할 수 있는데 이 책에서 쓰이는 의미는 주로 학술 이론적인 차원을 지칭한 것이어서 여성주의라는 번역이 원문의 의미를 확대 해석하게 만들 위험이 있다고 생각되어 '페미니즘'이라고 번역하기로 했다. 또한 'feminists', 'feminist theorists' 등도 '페미니즘 연구자'로 표기하였다.

  5) 또 다른 발음표기식 번역은 'post-modern', 'post-modernism' 등이다. 'post-'라는 접두사에는 '~ 이후'라는 의미와 '~에서 벗어나는'이라는 조금 다른 의미들로 해석이 가능하며 '후기~'이나 '탈~'이라는 번역들이 모두 가능하다. 그러나 이들 간의 뉴앙스는 해당 이론에 따라 다를 수밖에 없고, 일률적으로 한국어로 옮기는 것보다는 그냥 '포스트모던'으로 옮기는 것이 원문의 뜻을 오해 없이 전달할 것 같아 발음대로 표기하기로 하였다. 왜냐하면 이미 학계에서 널리 사용되고 있는 '포스트모더니즘'은 보통명사라는 측면보다는 사회학 이론 내에서 특정한 이론정향을 나타내는 고유명사의 측면도 포함하고 있기 때문이다. 그러나 'post-modern'에 대칭되는 'modern', 'modernity' 등은 일반명사의 측면이 강하기 때문에— 문맥에 따라 모던, 모더니티로 표기한 부분도 있으나—대부분은 일상적인 번역의 예대로 '근대적', '근대성' 등으로 번역하여 표기하였다.

머 리 말

　근래에 와서 많은 강의자들과 학생들이 사회학 이론에서 짧고 접근가능하며 흥미로운 교재가 필요하다고 말해 왔다. 그들은 현재 있는 많은 이론 교재들이 평균적인 학부학생에게 너무 길고 빽빽하며 복잡하다고 투덜거린다. 이 책은 이러한 필요성에 반응하고자 하는 나의 시도를 보여 준다.

　나는 이 책에서 현대 사회학 이론의 기초와 그 고전적 뿌리를 포괄하는 (300쪽이 채 안 되는) 압축적인 교재를 쓰려고 시도했다. 이 책은 다른 많은 이론 교재들보다 짧을 뿐 아니라 덜 전문적이다. 강사들은 이 책이 현대 사회학 이론 한 학기 과정이나 보다 일반적인 사회학 이론 과정에서 사용하기에 특히 적합하다는 것을 알게 될 것이다.

　문체 및 설명방식과 관련해서는, 사회학 개론 과정에서 통상적으로 사용되는 교재를 본으로 삼은 최초의 사회학 이론 교재를 쓰려고 노력했다. 비록 이 책이 많은 토대적 지식을 다루고 있지만 간결하게 쓰여졌다. 이 책은 이용하는 독자에게 친근하게 쓰여졌으며, 사회학개론 교재에서 발견하게 되는 많은 교육적 요소를 담고 있다. 이 책이 매우 잘 읽히며 매력 있는, 그리고 부담이 가지 않는 이론 교재가 되기를 희망한다.

책의 구성
　현대 사회학 이론과 그 고전적 배경을 다루는 짧은 교재를 만들 필요성으로 인해 이 책은 독특한 조직적 틀을 갖추게 되었다.

서론인 제 1 장은 짧기는 하지만 사회학 이론의 성격을 재빨리 그리고 효과적으로 드러낸다. 이 장은 이론에 대한 전통적인 정의(그리고 전통적인 이론들)를 둘러싼 몇몇 논쟁을 다룬다. 그리고 다른 시각을 분석하고 비전통적인(다문화적인) 몇몇 사례들을 제시한다. 마지막으로 이 장은 책 전체에 대하여 소개한다.

이 책은 일차적으로 다음 내용을 기초로 하여 조직되어 있다.

- 고전 이론은 비교적 간략한 두 장, 즉 제 2 장과 제 3 장에서 다루고 있다.
- 현대 이론은 다섯 장, 즉 제 4 장 ~ 제 8 장에서 다루고 있다.
- 포스트모던 이론은 한 장, 즉 제 9 장에서 다루고 있다.

덧붙여서, 이 책이 비교적 적은 수의 장을 이용하여 넓은 범위의 이론들을 다룰 수 있도록 하기 위해 두 번째 조직 틀을 개발하였다.

- 고전 이론과 현대 이론은 둘 다 넓은 범위의 사회사를 다루는 거대 이론들(제 2 장과 제 5 장)과 일상생활 이론들(제 3 장과 제 6 장)로 다시 나누어진다.
- 사회세계에 대한 보다 정태적인 이론적 묘사들(portraits)도 존재한다, 그러한 묘사들에 대한 현대적 견해들은 제 4 장에서 다루고 있다.
- 사회세계를 한편으로 거대 이론 및 묘사와 다른 한편으로 일상생활 이론으로 나누는 경향으로 인해, 제 7 장에서 다룬 보다 통합적인 이론들을 개발하려는 노력이 사회 사상가들에 의해 이루어져 왔다.
- 거대 페미니즘 이론의 엄청난 다양성 때문에 이것을 정당하게 다루는 데에는 한 독립된 장인 제 8 장이 요구된다. 페미니즘 이론의 다른 측면들은 책 전체를 통해 적절히 해당되는 장들에서 다루고 있다. 페미니즘 이론은 패트리시아 마두 렝어만과 질 니브루게에 의해 쓰여졌다.
- 끝으로, 거대 포스트모던 이론은 제 9 장에서 논의된다. 비록 포스트모던주의자들이 겉으로는 거대 이론을 만드는데 반대하지만, 실제로는 이런 유형의 몇몇 흥미롭고도 중요한 이론들을 만들어 왔다.

이 틀은 사회학 이론의 다양한 측면들을 함께 다루는 독특한 방식을 보여

주지만 그 대부분의 요소들은 강의하는 사람들에게 꽤 친숙할 것이다. 그래서 이론을 가르치는 그들 자신의 접근방법들을 이 책의 구조에다 맞추는 데에는 별 어려움이 없을 것이다.

교 수 법

이 책을 사용자에게 친근하게 만들기 위해, 나는 많은 교육적 보조수단들을 담았다.

- **핵심 개념과 용어**가 처음 제시될 때에는 진한 활자체가 사용되었다. 그리고 그 면의 제일 아랫부분에 정의가 소개되어 있다. 게다가, 책의 제일 뒷부분에서는 이들 용어와 개념을 모두 모아서 주요 개념을 해설해 두었다.
- **핵심 개념 박스**는 책 전체에 흩어져 있다. 이것은 교재 내용을 보충하는 데 도움이 된다. 그리고 넓은 범위의 개념들을 눈에 띄게 만들고 독자들에게 강한 인상을 주도록 하여 학생들이 이들을 접하는데 도움이 될 수 있도록 하였다.
- **생애의 삽화 박스**는 (사진과 함께) 교재 전체에 분산되어 있다. 이것은 한 이론가 생애에 특별히 의미 있는 빛을 비춰 주는 몇몇 측면들, 특히 중요하거나 주목을 끌거나 심지어 놀랄 만한 그러한 측면들에 대한 논의를 제공하려는 의도에서 만들어진 것이다.
- **사례들**은 일상생활에 근거를 둔 것으로서 이론들을 더 잘 이해하도록 하기 위해 사용된다.
- 이론가들의 문장을 직접 인용한 **인용문은 거의 없다**(생애의 삽화들 몇몇은 이론가에 대한 더 나은 감각을 독자들에게 제공하려고 한두 개의 인용문을 담고 있다). 그보다는 내용을 알기 쉽게 하려고 많은 인용문들의 문장을 다듬어 놓았다.
- 수많은 참고문헌들 때문에 이야기의 흐름이 끊기는 것을 피하기 위해 **출처 제시를 본문 안에서 하지 않았다.** 그 대신 **주석을 단 추천도서 목록**을 각 장의 끝에 **매우 짧게** 제시해 두었다.
- **각 장의 요약**이 **목록 형태**로 제공되어 있는데 여기에는 그 장에서 다룬 핵

심 쟁점들이 담겨 있다. 이것은 각 장의 핵심 요점을 학생들이 쉽게 익히고 기억할 수 있도록 하기 위해 구상된 것이다.

초　　점

많은 사회학 이론 교재는 광범한 이론가들의 사상을 정확하게 제시하는데 강조점을 두어 왔다. 다른 말로 표현한다면, 이론적 사상을 바르게 습득하도록 하는데 가장 중요한 초점을 맞추어 왔다. 이러한 초점 때문에 저자들은 때때로 학생들의 요구에 부응하지 못했다. 이 책에서 논의되는 사상들은 그 출처에 충실할 뿐 아니라 학생 독자들에게 이해가능하며 또한 많은 경우 매우 흥미롭게 제시되어 있다.

앞에서 언급한 대로 이 책은 현대 사회학 이론의 기본을 제공하려는 의도를 갖고 있다. 이론과 이론가들에 관한 보다 자세한 논의, 즉 이론가들 자신의 단어로써 제시된 사상이나 본문의 인용문, 그리고 보다 상세한 참고문헌 목록 등을 원하는 사람들에게는 맥그로 힐 출판사에서 출판된 나의 다른 사회학 이론 교재들을 참조할 것을 권하고자 한다 (『사회학 이론』 제 5 판, 『근대 사회학 이론』 제 5 판, 『고전 사회학 이론』 제 3 판, 그리고 『포스트모던 사회 이론』).

보충자료

웹사이트: 이 교재는 연습용 시험문제, 토론문제, 그리고 웹 연결을 내용으로 담고 있는 자매편 웹사이트를 갖고 있다. www.mhhe.com/ritzer1.을 방문하기 바란다.

감사의 말

나는 이 책을 위해 도와 준 맥그로 힐 출판사의 사람들, 특히 샐리 콘스터블, 캐시 블레이크, 댄 로치, 베키 노드브룩, 메어리 캐작, 그리고 로리 쾨터스에게 다시 한번 감사를 표하고자 한다.

나는 또한 이 교재를 발전시키는 데 있어서 유익한 논평과 견해를 제공해 준 다음 논평자들에게도 감사하고 싶다.

풀러톤 캘리포니아 주립 대학교의 페리 제이콥슨.

이스트 테네시 주립 대학교의 폴 캐몰닉.

오하이오 주립 대학교의 베이질 카다라스.

세인트 토마스 대학교의 멕 윌크스 캐러커.

뉴욕 시립 대학교 퀸스 칼리지의 빅토리아 피츠.

조지 워싱턴 대학교의 리카도 사무엘.

얼바니 뉴욕 주립 대학교의 데이빗 G. 와그너.

조지 리처
(메릴랜드 대학교)

목　차

제 1 장 서　론

사회학 이론 만들기 ·· 2

사회학 이론 규정하기 ··· 7

사회학 이론 만들기: 더욱 현실적인 관점 ································· 8

　다문화 사회이론　10

　　생애의 삽화: 뒤 보아　11

이 책의 개관 ·· 13

요　　약 ·· 17

추천도서 ·· 18

제 2 장　고전적 거대 이론들

에밀 뒤르켐: 기계적 연대에서 유기적 연대로 ···················· 21

　두 가지 형태의 연대　22

　역동적 밀도에서의 변동　23

　　생애의 삽화: 에밀 뒤르켐　24

　집합의식　25

법: 억압적 법과 배상적 법 26
　핵심 개념: 사회적 사실 27
아 노 미 28

칼 맑스: 자본주의에서 공산주의로 ·· 29
인간의 잠재력 30
소   외 31
자본주의 33
　생애의 삽화: 칼 맑스 35
공산주의 37

막스 베버: 사회의 합리화 ··· 38
합리성의 유형들 39
프로테스탄트 윤리와 자본주의 정신 40
유교, 힌두교와 자본주의 42
권위구도와 합리화 44
　핵심 개념: 이념형과 이념형적 관료제 46

게오르크 짐멜: 증가하는 문화의 비극 ·· 49
객관적 그리고 주관적 문화 49
노동의 분화 50

토스타인 베블렌: 산업에 대한 기업 통제의 증가 ··· 51
기   업 52
산   업 53
　핵심 개념: 과시적 소비와 과시적 여가 54
　생애의 삽화: 토스타인 베블렌 55

요   약 ·· 57
추천도서 ·· 59

제 3 장　일상생활에 대한 고전적 이론들

사회적 행위 ·· 63

　행태와 행위　64
　　생애의 삽화: 막스 베버　65
　행위의 유형들　66
　　핵심 개념: 이해　68

사회적 결사 ·· 69

　형식과 유형들　70
　　생애의 삽화: 게오르크 짐멜　71
　의　식　72
　집단의 규모　73
　　핵심 개념: 비밀　74
　거리와 이방인　76
　거리와 가치　77

사회행동주의 ·· 78

　행　동　79
　몸　짓　80
　의미 있는 상징과 언어　82
　자　아　83
　　생애의 삽화: 조지 허버트 미드　84
　주체적 자아와 대상적 자아　86
　상징적 상호작용　87

상징적 상호작용론 ·· 88

　상황 정의　88
　찰스 호톤 쿨리와 로버트 파크의 기여　89
　　생애의 삽화: 로버트 파크　92

행위이론 ·· 93
   단위행동 93
   유형변수 94

생활세계 ·· 96
   상호주관성 96
   생활세계의 특성 97
   전형화와 처방 99
   사회세계의 영역들 102
    생애의 삽화: 알프레드 슈츠 103
   현상학, 의미 그리고 동기 104

요   약 ·· 106

추천도서 ·· 109

제 4 장 사회세계에 대한 현대의 이론적 묘사들

구조기능주의 ·· 113
   기능주의 계층이론과 그 비판 114
   탈코트 파슨스의 구조기능주의 118
    생애의 삽화: 탈코트 파슨스 134
   로버트 머튼의 구조기능주의 135
    생애의 삽화: 로버트 머튼 138
    핵심 개념: 사회구조와 아노미 142

갈등이론 ·· 143
   랄프 다렌도르프의 이론 작업 144
   권   위 145
   집단, 갈등 그리고 변동 147

일반 체계이론 ··· 149
    아우토포이에 체계들   151
    분   화   155

거시 사회적 질서의 페미니즘 개요
    (패트리시아 마두 랭어만과 질 니브루게) ······························· 161
    페미니즘 이론과 계층화   162
    젠더 억압   163

요   약 ··· 165
추천도서 ·· 167

제 5 장 현대의 거대 이론들

네오 맑시즘 이론: 문화산업의 출현과 포디즘으로부터
포스트포디즘으로의 이행 ··· 171
    비판이론과 문화산업의 출현   171
      핵심 개념: 지식산업   180
    포디즘으로부터 포스트포디즘으로의 이행   181
      핵심 개념: 근대적 세계체계   187

미시-거시 분석: 문명화 과정 ·· 188
    문명화 과정의 사례   189
      생애의 삽화: 노베르트 엘리아스   190
      변화에 대한 설명: 종속 사슬의 연장   191
      사례 연구: 여우 사냥   193
      핵심 개념: 결합태   194

근대성을 분석하기: 생활세계의 식민화 ·· 195

생활세계, 체계 그리고 식민화   195
체계의 합리화와 생활세계   197
  생애의 삽화: 위르겐 하버마스   198

근대성을 분석하기: 근대성의 쟈거노트와 위험사회 ·················· 199
쟈거노트   200
공간과 시간   201
  생애의 삽화: 안소니 기든스   202
성찰성 또는 재귀성   202
불안전과 위험   203

근대성을 분석하기: 사회의 맥도날드화 ···························· 205
맥도날드화의 차원들   205
  생애의 삽화: 조지 리처   208
팽창주의   209
  핵심 개념: 지구화   212

요   약 ··· 214
추천도서 ··· 216

제 6 장   현대의 일상생활 이론들

연극모형론(그리고 상징적 상호작용의 다른 측면들): 어빙 고프만의 연구 ···· 221
연극모형론   222
인상관리   228
  생애의 삽화: 어빙 고프만   229
역할거리   230
낙   인   231

민속방법론과 대화분석 ··· 232

민속방법론 정의하기　232
설　명　234
　생애의 삽화: 해롤드 가핑클　235
몇 가지 사례들　236
젠더 구성하기　238

교환이론 ·· 240
호만스의 교환이론　240
기본 명제들　244
　생애의 삽화: 조지 호만스　250

합리적 선택이론 ··· 251
기본모형　251
사회이론의 기초들　253
　생애의 삽화: 제임스 콜만　255

페미니즘 이론과 미시적 사회질서
(패트리시아 마두 랭어만과 질 니브루게) ·································· 256
미시적 질서에서 여성이 경험하게 되는 특성들　257
　생애의 삽화: 도로시 스미스　260
여성의 주관적 경험의 몇 가지 특징들　261

요　　약 ··· 267
추천도서 ··· 270

제 7 장 현대의 통합 이론들

보다 통합적인 교환이론 ·· 273
교환관계와 연결망 275
  생애의 삽화: 리차드 에머슨 276
권력-의존 277
보다 통합적인 교환이론 278

구조화이론 ··· 279
구조화이론의 요소들 281

문화와 수행행위 ··· 285

아비투스와 장(場) ··· 286
  생애의 삽화: 피에르 부르디외 287
주관주의와 객관주의 사이에 다리 놓기 288
아비투스 290
  핵심 개념: 재귀 사회학 293
장 294

통합적인 페미니즘 사회학 이론
(패트리시아 마두 랭어만과 질 니브루게) ·· 299
  핵심 개념: 견지관점 301
군림관계 그리고 삶 체험의 일반화된, 익명적인, 비개인적인 맥락과
  국지적 실현 303

요 약 ··· 306

추천도서 ··· 308

제 8 장   현대의 페미니즘 이론들

기본적인 이론 문제 ·· 312

현대 페미니스트 이론들 ··· 315
   젠더차이론   318
   젠더불평등론   321
    생애의 삽화: 제시 버나드   326
   젠더억압론   328
   구조적 억압론   335
    생애의 삽화: 패트리시아 힐 콜린스   343

요   약 ·· 347
추천도서 ·· 349

제 9 장   포스트모던의 거대 이론들

산업 사회에서 탈산업 사회로의 전환 ··· 353

증가하는 통치성: 그리고 다른 거대 이론들 ··· 357
   증가하는 통치성   358
    생애의 삽화: 미셸 푸코   364
   다른 거대 이론들   365

근대성 다음 시대로서의 포스트모던 ··· 367
   양가성과 더불어 사는 것 배우기   368
    핵심 개념: 포스트모던 사회학; 포스트모더니티의 사회학   369
   포스트모던 정치학과 윤리학   372

소비자 사회의 발흥, 상징적 교환의 상실 그리고 시뮬레이션의 증가 ············ 377

　생산자 사회에서 소비자 사회로　377

　상징적 교환의 상실과 시뮬레이션의 증대　382

　　생애의 삽화: 장 보드리야르　385

소비자 사회와 새로운 소비수단 ·· 389

　핵심 개념: 황홀경과 꿈의 세계　393

질 주 학 ·· 396

페미니즘과 포스트모던 사회이론

　(패트리시아 마두 랭어만과 질 니브루게) ··· 401

요　　약 ·· 404

추천도서 ·· 407

핵심용어 모음 ·· 409

인용허락에 대한 감사 ··· 435

색　　인 ·· 439

제 *1* 장

서　론

return

사회학 이론 만들기

사회학 이론 규정하기

사회학 이론 만들기: 더욱 현실적인 관점
    다문화 사회이론
     생애의 삽화: 뒤 보아

이 책의 개관

요   약
추천도서

모든 사람들은 사회세계(및 자연적 사건이나 초자연적 가능성과 같은 다른 많은 대상들)에 관해서 항상 이론을 만든다. 가장 일반적인 의미에서 이 사실이 뜻하는 바는 사람들이 어떤 사회적 쟁점들에 관해서 생각하고 추론해 본다는 것이다. 우리는 부모님의 상호 관계에 대해서 생각해 보거나, 좋아하는 스포츠 팀이 시합에서 과연 이길 것인지, 또는 중국이 언젠가는 대만과 전쟁을 할 것인지에 관해 예측해 본다. 이러한 추론에 근거하여 우리는 부모님(부모님은 서로 비슷한 성격을 가졌기 때문에 잘 지낼 것이다), 스포츠 팀(팀워크가 부족하므로 승리하지 못할 것이다), 전쟁가능성(만약 전쟁을 벌이게 되면, 중국이 이루고 있는 최근의 경제적 발전이 위태로워질 것이므로 중국은 전쟁을 일으키지 않을 것이다)에 관한 이론을 만들어 낼 것이다. 이 이론들은, 예컨대, 부모님과 그들의 성격이 상호관계에 미치는 방식, 팀워크와 팀이 승리할 수 있는 능력, 점차 긴밀한 의존관계를 맺고 있는 세계경제의 시대에서 중국의 국제관계라는 사회현실과 사회관계를 다룬다.

사회학 이론 만들기

이 책에서 소개할 사회이론가들도(일반 사람들과) 거의 비슷한 일을 한다. 즉, 추론하여 이론을 만들어 내는데, 이 이론들은 사회현실과 사회관계를 다룬다. 물론, 일상적 삶에서의 이론 만들기와 사회이론가의 작업 사이에는 중요한 차이점이 있다:

1. 일반적으로 사회이론가는 일반 사람보다도 더욱 엄격하게 의식적으로 이론을 만든다.
2. 일반적으로 사회이론가는 선행 이론가들의 연구를 기반으로 이론을 만들어 낸다. 따라서 일반 사람은 대부분 혼자서 이론 만들기를 하는 반면, 거의 모든 사회이론가는 선행연구자들의 업적을 주의 깊게 연구한다. 아이작 뉴턴과 최근의 사회학자인 로버트 머튼이 언급하였듯이, 만약 사회이론가들이

더 나은 이론을 만든다면, 그 이유는 그들이 앞선 시대의 학자들이 만든 이론을 기반으로 작업을 할 수 있기 때문이다.

3. 이밖에도 사회이론가는 관심이 있는 사회현실이나 사회관계와 관련된 자료를 자신이 직접 수집하거나 또는 다른 사람들이 수집한 것을 이용한다. 일반 사람도 이론을 만들기 위해 자료를 수집하지만, 이 자료는 범위가 충분하지 못하거나, 그 수집 방법이 비체계적인 경우가 많다.

4. 일반 사람과는 달리 사회이론가는 자신의 이론을 출판하려고 한다(이러한 주요 출판물들을 이 책에서 검토할 것이다). 출판을 통하여 이론들은 비판적으로 분석되고, 폭넓게 배포되어 경험적 조사의 토대가 되며, 후발 이론가들의 연구기반이 되기도 한다. 특히 출판과정에서의 엄격한 평가절차는 취약한 이론들을 출판 이전에 도태시키거나, 설혹 출판이 되더라도 거의 주목받지 못하게 만든다.

5. 가장 중요한 점은 적어도 전문가로서 사회이론가는 부모, 좋아하는 스포츠 팀 또는 어떤 국가에 대한 자신의 특수한 관계를 고찰하지 않는다는 사실이다. 사회이론가는 매우 폭넓은 사회적 쟁점들에 관해서 포괄적인 방식으로 일반적으로 고찰하는 반면, 일반 사람은 매우 협소하고 때로는 매우 사적인 주제들을 대상으로 생각하는 경향이 있다. 이처럼, 이미 언급한 세 가지 예를 두고, 일반 사람은 자신의 부모관계에 관해 추론하려고 하겠지만, 사회이론가는, 예컨대, 21세기 초 부부관계의 성격변화라는 보다 일반적인 주제에 관해서 고찰한다. 마찬가지로, 자신이 좋아하는 스포츠 팀의 우승확률에 관해서 생각하는 일반 사람과는 대조적으로 사회이론가는(선수에게) 고액 연봉을 지급하고(팀의 운영을 위해) 대규모 예산을 투자하는 시대에 스포츠 팀들 간의 불공정 경쟁과 같은 주제에 대하여 관심을 가진다. 마지막으로, 사회이론가는 중국에 관해 이론을 만들기보다는 전 지구적 자본주의 시대의 현대 국민국가에 관해 고찰할 것이다.

비록 사회이론가가 일반적 사고를 하지만, 그의 연구 관심대상이 오직 학문적인 것에만 국한되는 것은 아니다. 사실 사회이론가의 연구주제는 이론가(및 다른 많은 사람들)에게 개인적으로 매우 관심이 높거나, 사적인 삶 속에서 큰 중요성을 지닌 것들로부터 종종 선택된다. 따라서 그들 부모의 결혼생활에서 또는 자신의 결혼에서 발생한 긴장과 갈등이 사회학자로 하여금 현대 가족에 만연한 어려움이나 일반적인 문제점에 관해서 이론을 만들게 한다. 최상의 사회학 이론들 중 어떤 것은 흔히 이론가 자신의 깊은 사적 관심으로부터 도출된다.

　　그러나 여기서 당장 곤란한 점이 나타난다. 만약 최상의 이론이 강력한 사적 관심으로부터 도출된다면, 그런 이론은 사적인 이해와 체험으로 인하여 왜곡되거나 편향될 가능성이 있지 않겠는가? 이론가가 자신의 결혼생활에서 또는 유아시절 집에서 겪었던 어떤 나쁜 체험들로 인하여 핵가족에 관해서 편견을 갖게 되어 왜곡된 관점을 제시할 수도 있는 것이다. 그리하여 이론가는 핵가족에 대해 비판적인 이론을 지향할 수 있다. 이러한 현상은 확실히 가능하고, 또 흔히 발생하는 것이지만, 이론가는 자신의 사적 편견을 억제해야만 하고, 일반적으로는 억제하고 있다. 그럼에도 불구하고, 이론가와 이론을 읽는 독자는 편견이란 언제나 발생할 위험이 있다는 점을 항상 우선적으로 인식해야만 한다.

　　이러한 문제점을 상쇄하여 주는 사실은 특정 주제에 대한 이론가의 깊은 감정개입이 이론을 만드는데 있어서 하나의 강한 원동력이 된다는 점이다. 가족이나(사회학 내의) 어떤 다른 주제에 대하여 감정적으로 깊이 개입된 사회학자는 그 주제에 대한 연구를 계속하여, 이론적 통찰력을 갖게 될 것이다. 편견을 억제할 수만 있다면, 개인의 강한 감정적 개입은 종종 최고의 사회이론을 만들어 낸다. 예컨대, 이 책에서는 칼 맑스(1818-1883)와 자본주의에 관한 그의 선구적 연구에 대해 여러 차례 언급할 것이다. 여러 가지 측면에서 사회이론의 역사에서 최고 이론의 하나인 맑스의 자본주의론은 자본주의와 노동자의 곤경에 대한 맑스의 강력한 감정에 의해 동기부여를 받았다. 이러한 감정 때문에 맑스가 자본주의 체제의 어떤 강점들을 무시한 것은 사실이지만, 이와 같은 문제점은 자본주의의 역동성에 관해 탁월한 이론을 구축하였다는 사실에 의해서 상쇄될 수 있다.

　　우리는 사회세계의 어떤 측면에 관해서도 이론 만들기를 시도할 수 있기 때문에 사회이론가는 우리가 그의 연구에서 기대하는 대상들, 예컨대 정치나 가족에 대해서뿐 아니라, 우리가 보기에 의외인 주제들(예컨대, 패스트푸드 식당이나 신용카드 또는 쇼핑몰과 같은 대상에 관한 연구)도 고찰한다. 가장 고상한 것에서부터 가장 세속적인 것에 이르기까지 사회세계의 모든 측면은 사회이론의 연구대상이 될 수 있다. 사회이론가에 따라서 중요하거나 흥미롭게 느끼는 사회세계의 측면은 다르다. 이론가는 자신의 관심에 따라 연구대상을 선택한다. 어떤 이론가는 왕이나 대통령의 행동에 관심을 가지나, 다른 이론가는 거지나 창녀에게 흥미를 느낀다. 나아가, 최상의 이론가인 또 다른 이론가는 가장 고상한 행위와 가장 무례한 행위 간의 관계에 관심을 갖는다. 예를 들면, 노베르트 엘리아스(1897-1990)는 13세기부터 19세기에 걸쳐 발생하였던 역사적 변화, 즉 식탁에서 콧구멍을 후비거나 코를 풀거나 (콧)바람을 뿜어내는 세속적인 행위와 왕의 궁전에서의 변화 간의 관계에 대하여 관심을 가졌다. 그는 연구를 통하여, 시간의 흐름에 따라서 사람들은 점차 식탁에서 콧구멍을 후비지 않고, 손수건으로 코를 푸는 것을 뚫어지게 쳐다보지 않고, (콧)바람을 사람들 앞에서 요란하게 뿜어대지 않게 되는 것을 발견하였다. 이 사실은 왕의 궁전에서 발생한 변화들이 마침내 사회 전반에 확산된 결과였다. 즉 왕의 궁전에서의 상호작용에 참여하는 사람들이 점차 더 넓은 범위의 사람들에게 의존하게 되어, 적어도 자신들의 어떤 행동(예를 들면, 타인에 대한 폭력)이 미칠 영향에 관해서 더욱 민감해지거나 보다 신중해졌음을 기본적으로 의미한다. 그리하여 이와 같은 더욱 확대된 의존범위와 보다 민감하고 신중한 태도는 사회의 하층부에까지 확산되었으며, 위에서 언급한 식탁 예법에 변화가 생긴 것이다. 간단히 정리하자면, 사람들은 식탁에서 콧구멍을 후비거나, 다른 사람들 앞에서 요란하게 (콧)바람을 내뿜는 행동을 일반적으로 하지 않게 되었다(이를 위반하면 다른 사람의 주목을 끌게 된다).

사회이론가는 어떤 행위들이 중요하거나 흥미롭다고 간주하기 때문에 연구대상으로 삼지만, 때로는 그러한 행위들이 사회세계를 탐구할 수 있는 단초를 제공하기 때문에 선택하기도 한다. 이러한 관점은 사회세계를 무한한 관계망으로 파악하였던 게오르크 짐멜(1858-1918)에 의해 제시되었다. 이 관점에 의하면, 각각의 사회적 행위는 어떤 사회관계의 한 부분이며, 이 사회관계는 궁극적으로 다른 모든 사회관계와 연관되어 있다. 따라서 어떤 특정한 행위나 관계를 통해서도 전체 사회세계 및 심지어는 그 사회세계의 본질이나 의미까지도 파악하는 길을 발견할 수 있다. 그래서 짐멜은 근대사회 전체를 통찰할 수 있는 하나의 구체적인 방법으로서 화폐와 화폐에 기초한 사회관계를 연구대상으로 택하였다.

물론 이 책에서 다루게 될 이론과 일반 사람이 일상생활에서 만들어 내는 이론 간에는 큰 격차가 존재하지만, 전문가나 일반사람이나 이론을 만든다는 사실에 있어서는 결코 본질적인 차이가 없다는 점을 인식하는 것이 중요하다. 만약 여러분이 이 책을 읽고 나서, 이전의 이론 만들기를 숙고하여 일반적인 사회적 쟁점에 관해서 보다 체계적이고 지속적으로 이론을 만들어 낸다면, 여러분도 사회이론가이다. 사회이론가라고 해서 항상 높은 수준의 이론을 만드는 것은 아니다. 여러분이 처음 만든 이론은 이 책에서 소개될 이론만큼 훌륭하지는 않을 것이다. 사실, 이 책에서 논의될 이론들은 가장 최고의 것이다; 많은 사회이론가의 이론들 중에는 당대에 널리 알려진 것도 있으나, 시간이 경과하면서 이제는 중요한 것으로 간주되지 않게 된 이론들도 있으며, 이런 이론들은 이 책에서 언급되지 않는다. 이처럼 많은 이론가들이 시도하지만 오직 소수의 이론가만이 높은 수준의 중요한 이론을 만드는데 성공하여 이 책에서 논의된다.

사회학 이론 규정하기

이 책에서 소개되는 이론들이 갖는 특징의 하나는 시간의 검증을 통과했다는 점이다. 다른 하나의 특징은 광범위한 적용가능성을 지닌다는 점이다. 예컨대, 그런 이론은 여러분의 가족 내에서 발생하는 행위만을 설명하는 것이 아니라 미국 내의 많은 유사한 가족행위들 또는 전 세계의 다른 나라들에서의 가족행위까지도 설명한다. 또 다른 특징은 매우 중요한 사회적 쟁점들을 대상으로 한다는 점이다. 세계화나 세계경제와 같은 주제들은 많은 사람들에 의해서 오늘날 가장 핵심적인 쟁점으로 간주되기 때문에 여러 이론가의 연구관심을 끌고 있다. 마지막 특징은 이 책에서 소개될 이론들은 사회학자가 만든 것이거나 또는 비사회학자가 만들었더라도 사회학자들이 중요하다고 간주하는 것이다. 예를 들어, 이 책은 페미니즘 사회학 이론을 많이 논의할 것인데, 일부 페미니스트,

예컨대, 도로시 스미스, 패트리샤 힐 콜린스는 사회학자이지만 다른 많은 페미니스트들은 다양한 타 영역의 이론가들이다. 사회학자가 만든 것이든 아니든간에 이 책에서 논의될 이론들은 다른 이론가들에 의해서 다듬어지고, 확장되고, 경험적 조사를 통해 기본 전제들을 검증받으면서 구축된 것이다.

　　엄격하게 규정해 본다면 **사회학 이론**1)은 사회세계에 관한 지식의 체계화, 설명 그리고 미래예측을 제공하는 일련의 상호 연관된 관념들이다. 이 책에서 논의할 어떤 이론은 위의 기준들을 모두 충족시키지만, 다른 이론은 한두 가지를 결여한다. 그럼에도 불구하고, 이 이론들도 이 책에서 소개되기에 충분한 조건을 갖추고 있다. 이 책에서 언급되는 이론들은 상기의 기준들을 모두 충족시키느냐의 여부에 관계없이 다른 학문영역의 학자들은 물론이고 많은 사회학자들에 의해서 중요한 이론이라고 인정되고 있다. 아마 가장 주요한 사실은 이 모든 이론들이 사회세계의 어느 누구라도 관심을 갖는 쟁점이나 주제에 관한 훌륭한 관념들이라는 점이다.

사회학 이론 만들기: 더욱 현실적인 관점

　　지금까지는 사회학 이론과 그것이 만들어지는 방식에 관해 일종의 이상적인 모습을 보여 주었다. 최근 이러한 관점을 비판하면서 이론과 이론 만들기의 보다 정확한 모습을 보여 주려는 새로운 사회학 이론가들이 대거 등장하였다. 그들의 주장에 의하면, 적어도 어떤 이론가는 제멋대로는 아니라 할지라도 매우 자의적이거나, 선행 연구를 반드시 상세히 검토하는 것도 아니며, 자신의 이론과 관련이 있는 자료도 주의 깊게 수집하지 않고, 출판되기 전에 그들의 이론이 언제나 철저하게 검토되는 것도 아니며, 이론을 왜곡하는 개인적 감정을 개입시키기도 하는 등등의 일이 발생한다. 요컨대, 사회학 이론 만들기라는 것이 이미 기술했던 것처럼 완벽한 과정을 거치는 것이 결코 아니라는 점이다.

---

1) **사회학 이론**(sociological theory)　사회세계에 관한 지식의 체계화, 설명 그리고 미래예측을 제공하는 일련의 상호연관된 관념들.

개별 이론가의 업적을 비판할 뿐 아니라, 최근의 비판가들은 사회학 이론의 전반적인 상황 자체를 공격한다. 이들은 반드시 최상의 이론들이 살아남아, 영향력을 행사하고, 여러 책에 소개되는 것이 아니라고 지적한다. 사회학 이론도 사회세계의 다른 현상들과 마찬가지로 여러 종류의 정치적 요인들로부터 영향을 받는다. 어떤 이론이 중요한 이론이냐 또는 아니냐라고 평가되는 것은(적어도 부분적으로는) 일련의 정치적 과정에 따른 결과이다:

1. 사회학 이론의 대가나 학문영역에서 지배적 위치를 차지한 사람들(역사적으로 남성)과 함께 연구한 이론가의 업적은 저명하고도 강력한 스승을 갖지 못한 연구자의 업적보다도 더 중요한 것으로 간주되는 경향이 있다.
2. 어떤 특정의 정치적 지향성을 보여주는 연구가 다른 지향성을 갖는 연구보다도 더욱 주요한 업적으로 평가받는 경향이 있다. 얼마 전까지만 하여도 사회학에서는 정치적으로 보수적인 이론(구조기능주의를 다룬 제 4 장을 참고)이 급진적인 정치적 관점을 가진 이론(맑스주의적 시각에서 형성된 여러 이론들에 관한 제 5 장을 특히 참고)보다도 더욱 많이 학회지에 게재되는 경향이 있었다.
3. 경험적으로 검증 가능한 명확한 가설들을 도출하는 이론이 거창하나 검증 불가능한 관점을 제시하는 이론보다도 적어도 주류 사회학자들에 의해서 더욱 인정받는 경향이 있다.
4. (백인 남성과 같은) 다수 집단의 성원이 만든 이론이 소수자가 만든 이론보다도 더욱 평가받는 경향이 있다. 그러므로 흑인 이론가의 연구가 제대로 인정받기란 매우 어렵다(하나의 예외적인 사례로서 뒤 보아의 전기를 참고할 것). 동일한 경향이 최근까지 여성이론가의 연구업적에 대해서 발생하였다. 문화적 소수자(예컨대, 멕시코 계 미국인, 동성애자)의 이론도 유사한 운명을 맞이하고 있다.

이처럼 사회학 이론은 실제로는 이 장의 서두에서 기술하였던 것처럼 항상 이상적인 방식으로만 만들어지는 것이 아니다. 이론 만들기에 있어서 이상과 현실 간의 괴리에 대한 인식이 점차 증가하고 있다. 그 결과 과거에는 사회학 이론의 핵심적 영역으로 진출하지 못했던 많은 이론들이 최근에는 중요한 위치를 점유하게 되었다. 맑스의 이론(제 2 장을 참고)과 다양한 네오 맑시스트 이론들(제 5 장)도 주요 이론으로 인정받게 되었다. 마찬가지로 페미니즘 이론도 사회학 이론에서 강력한 힘을 발휘하게 되어, 이 책 제 8 장의 주제일 뿐 아니라 여러 곳에서 언급된다. 이처럼 현대 사회학 이론은 여러 형태의 이론으로 혼합되어 있는데, 어떤 것은 이상적인 이론 만들기의 모델을 충족시키지만, 또 다른 것은 보다 현실적인 방식으로 만들어진 이론이다. 과거에는 제외되었던 이론들을 옹호하였던 사람들이 득세하여 자신의 이론적 관점을 강력하게 부각시키고 있다. 이제는 이 새로운 세력들이 과거부터 사회학 이론의 주류를 형성하였던 세력들과 함께 지배적 위치를 공유한다.

　　이 사실을 보다 구체적으로 제시하기 위해서 아래의 절에서 "다문화 사회 이론"이라는 제목하에 몇 가지 새로운 이론들을 소개하겠다. 이 이론들 가운데 적어도 일부는 이미 주요 이론으로 인정받았거나 또는 받고 있는 중이다.

다문화 사회이론

　　다문화 사회이론의 등장은 1970년대에 현대 페미니즘 이론이 출현할 것을 예시하는 것이었다. 페미니스트들은 사회학 이론이 대체로 여성의 목소리에 대해 폐쇄적이라고 불평하였는데, 그 뒤를 이어서 많은 소수 집단들이 동일한 불만을 제기하였다. 실제로 제 8 장에서 언급되듯이 소수 여성들(예를 들면, 아프리카계나 라틴계 미국인)은 페미니즘 이론이 백인 중산층 여성들의 문제에 국한되고 있으므로 많은 다른 목소리를 더욱 경청해야 한다고 불평하기 시작하였다. 오늘날 페미니즘 이론은 사회학 이론처럼 매우 다양하게 분화되었다.

　　사회학 이론의 다양성이 증가함을 보여 주는 좋은 사례가 "특이 현상들에 대한"(queer) 사회학 이론의 출현이다. 잘 알려졌듯이, 고전 사회학 이론은 성애(sexuality)와 특히 동성애에 관하여 침묵을 지켰다. 고전 이론이 근대성과 관련된 다양한 쟁점을 거론하였지만, 근대적 몸이나 근대적 성애에 관해서는 전혀 언급하지 않았다는 것은 놀라운 사실이다. 비록 이러한 침묵은 곧 깨어졌지만, 일반적인 성애에 관한 이론적 연구, 특히 동성애에 관한 연구는 권력, 지식, 성애의 상호관계에 대한 미셸 푸코(제 9 장을 참고)의 연구가 나타나고서야 비로소 시작되었다. 그리하여 이성애적 자아와 정체성에 대응하는 동성애적 주체와 정체성에 대한 인식이 등장하였다.

뒤 보아(W. E. B. Du Bois) 생애의 삽화

 19세기 말과 20세기 초의(부커 T. 워싱턴과 같은) 흑인 지도자나 지식인과는 달리, 뒤 보아(1868-1963)는 북부에서 태어났다. 그는 하바드대학에서 공부하였고, 거기에서 박사학위를 획득하였다(베를린대학에서도 공부하였다). 그는 도시민족지인『필라델피아 니그로』(1899)와 인종경제사인『미국에서 흑인의 재형성』을 집필하여 사회학계에 널리 알려졌다. 또한 그는 논쟁가이자 정치가였으며(이 특성은 그의 학문적 저작에 또한 표출되었다), 이와 같은 그의 특성은『흑인들의 영혼』(1903)에 강력하게 반영되고 있다. 출판물 외에도, 뒤 보아는 20세기에 들어와서는 부커 T. 워싱턴이 백인의 힘에 굴복하는 것을 극력 반대하였으며, NAACP(1909)의 창립회원이 되어 1920년대에는 주요 대변인으로 활약하였다. 그는 1920년대 할렘 르네상스(Harlem Renaissance) 운동의 지도자였으며, 범아프리카운동의 지도자로서 세계적 명성을 얻었다. 1950년대에는 공산주의자를 탄압하는 미국정부의 맥카시즘에 반대하였고, 1960년대에는 가나에 정착하여 아프리카 백과사전을 만들고자 하였다. 뒤 보아는 워싱턴 행진으로 마르틴 루터 킹이 흑인운동의 지도자로 등장하기 전야인 1963년에 작고하였다. 특히 미국의 흑인들이 느끼는 "피부색에 따른 선"(color line)의 절실한 의미에 대하여 그가 보여 준 열정적인 관심은 학자, 정치가, 활동가 그리고 다른 많은 사람들에게 지속적으로 영향을 미치고 있다.

그러나 스티븐 사이드만에 의하면, 특이한 현상들에 대한 이론의 특징은 동성애를 포함하여 어떠한 형태의 단일 정체성도 부인하는 것이며, 모든 정체성은 다중적 또는 복합적이며, 불안정하고, 배타적이라고 주장하는데 있다. 즉 어느 특정 시점의 인간이란 성적 지향성, 인종, 계급과 국적, 성 그리고 연령과

같은 정체성을 구성하는 요인들의 복합체이다. 이 구성요인들은 여러 상이한 방식으로 결합되고 또 재결합된다. 따라서 사이드만은 동성애-이성애라는 이분법을 거부하면서 특이 현상에 대한 이론(queer theory)을 보다 일반적인 사회이론으로 정립시키고자 한다.

그럼에도 불구하고, 특이한 현상들에 대한 이론은 어떤 특정한 관점에서 사회세계를 관찰하는 견지관점이론(standpoint theory)의 한 사례로서 일반적으로 간주된다(제 8 장 참고). 21세기가 전개되면서 이러한 다문화 입장이론들이 속속 출현하는 것을 보게 될 것이다.

다문화이론은 특이한 현상들에 대한 이론의 형태로서 뿐만 아니라 다양한 모습을 띠고 있다. 예를 들자면, 아프리카 중심 이론, 아팔라치안 지역연구, 토착 아메리카인 이론 그리고 심지어는 남성론까지 존재한다. 다문화이론을 특징 짓는 몇 가지 사항을 정리해 보자:

· 다문화이론은 권력을 소유한 사람들을 옹호하는 보편이론을 거부하고 약자들에게 힘을 부여하고자 한다.
· 다문화이론은 포섭적이며, 많은 취약집단들을 보호하기 위한 이론을 제공하고자 한다.
· 다문화이론가는 가치자유를 추구하지 않고, 약자를 위한 이론을 만들며, 개인들의 미래, 문화, 사회구조를 변경하기 위하여 사회세계에 참여하면서 연구한다.
· 다문화이론가는 사회세계와 더불어 지적 세계도 전복시키고자 하며, 이 세계가 더욱 개방적이고 다양성을 지니도록 만들고자 한다.
· 이론과 다른 형태의 담론 간에 어떤 명확한 경계선을 긋지 않는다.
· 일반적으로 다문화이론은 비판적 예각을 세우고 있어, 다른 이론에 대해서 뿐만 아니라 자신에 대해서도 비판적이며, 가장 중요한 점은 사회세계를 비판적으로 접근한다는 것이다.
· 다문화이론가는 자신들이 살게 된 특정한 역사적, 사회적, 문화적 맥락에 의해서 자신들의 연구가 제한받는다는 점을 인정한다.

다문화이론은 비전형적인 이론가들에 의해서 만들어지고 지금까지 무시된 주제들을 탐구하며, 독특한 방식의 이론 만들기를 시도하는 경향을 보여 준다. 몇몇 특수한 다문화이론은 물론이고 일반적인 다문화이론도 사회학 이론의 주요 영역으로 급속하게 성장하고 있다.

이 책의 개관

비록 이 책은 현대 사회학 이론을 소개하는 것이지만, 고전이론과 현대이론을 명확하게 구분해 주는 어떤 특정 시점은 존재하지 않는다. 고전이론과 현대이론을 결정적으로 구분 짓는 어떤 특징들이 존재하는 것은 아니다. 그렇지만 '사회학'이란 용어를 1839년에 처음 사용한 프랑스의 사회사상가인 오귀스트 꽁트가 사회학적 이론 만들기를 시작했던 1800년대의 초기를 고전이론의 출발점으로 선택할 수 있다(그런데 이 시점보다도 훨씬 이전에 이미 서구 및 비서구 문화권에서 사회학 이론과 많은 공통점을 지닌 사유체계가 발달하였다). 1920년대와 1930년대가 되면 고전이론의 시대는 끝난다. 이 무렵이 되면 거의 모든 위대한 고전이론가들은 무대로부터 사라지는 대신 새로운 현대이론가들이 등장한다. 따라서 이 책에서 논의할 현대이론의 시작은 수십 년 전으로 거슬러 올라간다. 그러나 대부분의 현대이론은 20세기 후반부에 생성되었으며 21세기의 초반인 오늘에 이르기까지 중요성을 지니며 계속 발전하고 있다.

그러나 현대이론을 논의하기에 앞서 현대이론의 고전적 뿌리를 제 2 장과 제 3 장에서 고찰할 필요가 있다. 적어도 고전이론에 대한 일반적인 이해 없이 현대이론을 이해하기는 어렵다. 많은 현대이론은 고전이론과 연결되어 있으므로 고전이론에 대한 일정 수준의 이해 없이는 현대이론을 충분히 이해할 수 없다. 제 5 장에서 네오 맑시즘을 다룰 것이지만 제 2 장에서 언급될 맑스의 이론을 검토하지 않고서는 그 의의를 충분하게 파악할 수 없을 것이다. 마찬가지로, 제 5 장에서 소개될 "사회의 맥도날드화"(McDonaldization of society)에 관한 필자의 연구는 제 2 장에서 논의될 막스 베버의 사회의 합리화에 관한 이론을 기반으로 하여 구축된 것이다.

　　제2장은 이른바 사회학의 고전시대에 등장하였던 거대 이론을 논의할 것이다. **거대 이론**1)이란 장구한 인류역사를 설명하고자 하는 방대하고도 매우 야심적인 노력이라고 정의할 수 있다. 예컨대, 맑스는 자본주의의 역사적 배경, 발전과정 그리고 자본주의 체제 내부의 모순으로 인한 궁극적인 붕괴를 기술하고자 하였다. 제2장에서 다루게 될 다른 거대 이론가들은 기계적 연대로부터 유기적 연대로의 전환을 분석하는 에밀 뒤르켐, (특히) 서구세계의 합리화를 고찰하는 막스 베버, 점증하는 문화의 비극을 연구한 게오르크 짐멜, 그리고 산업에 대한 기업의 증가하는 통제를 이론화한 토스타인 베블렌이다.

　　그러나(현대이론가처럼) 고전이론가도 장구한 인류역사의 탐구에만 주의를 기울인 것은 아니다. 어떤 이론가는 일상생활에서 발생하는 세속적인 활동들에 대해서도 연구를 하였다. 이들은 개인적 사고와 행위 그리고 2인 또는 그 이상의 사람들 간의 상호작용 및 여기에서 발생하는 소집단에 관한 이론을 만들어 내었다. 제3장에서 논의하게 될 **일상생활에 관한 고전이론**2)으로서 막스 베버의 사회적 행위론, 게오르크 짐멜의 사회적 결사에 관한 이론, 조지 허버트 미드의 사회행동주의, 탈코트 파슨스의 행위이론, 알프레드 슈츠의 생활세계론이 있다.

　　거대 이론 및 일상생활에 관한 이론이 고전이론을 모두 포괄하지는 않지만, 고전이론의 성격과 범위에 대한 윤곽을 제공해 줄 것이다. 한 가지 주의할 점: 많은 경우, 거대 이론과 일상생활론간의 구분은 사회이론을 보다 용이하게 이해할 수 있도록 임의적으로 만들어졌다. 거대 이론과 일상생활론은 매우 복잡하게 연결되어 있다(막스 베버의 연구가 좋은 사례가 될 것이다). 그러나 이 구분은 이론을 이해함에 있어서 장애가 되기보다는 큰 도움을 제공한다. 실제 이 책의 제5장과 제6장은 이 구분에 따라서 구성되었다.

　　고전이론을 다루는 2개의 장을 배경으로 하면서 이 책의 나머지 장들은 현

---

1) **거대 이론(grand theory)**　장구한 인간 역사의 내용을 설명하려는 방대하고도 매우 야심적인 노력.

2) **일상생활론(theories of everyday life)**　개인적 사고와 행위, 2인 또는 그 이상의 사람들 간의 상호작용 및 여기에서 발생하는 소집단과 같은 매우 일상적이며 세속적인 활동들에 초점을 맞추는 이론.

대이론을 취급할 것이다. 제 4 장은 **사회세계에 관한 현대의 이론적 묘사¹⁾**를 검토할 것이다. 거대 이론이 사회세계의 변화에 주목한다면, 이론적 묘사는 특정 시점의 사회세계에 관한 정태적인 기술에 치중한다. 묘사가 사회세계에 대한 스냅사진이라면, 거대 이론은 시간의 경과에 따라 변화하는 모습을 담는 활동 사진이나 비디오 테입과 같은 것으로 생각할 수 있다. 제 4 장에서는 네 가지 형태의 이론적 묘사, 즉 구조기능주의, 갈등이론, 체제이론 그리고 페미니즘 이론이 소개될 것이다.

제 5 장과 6장은 각각 거대 이론과 일상생활론의 구분에 따라서 현대이론가의 연구를 대상으로 논의할 것이다. 제 5 장은 현대의 다양한 거대 이론을 고찰한다. 여기에는 자본주의의 성격 변화에 관한 네오 맑시즘, 노베르트 엘리아스의 문명화과정론, 위르겐 하버마스의 생활세계 식민지화론, 안소니 기든스의 근대화론, 필자의 사회의 맥도날드화론이 포함될 것이다. 제 6 장은 현대의 일상생활론을 논의할 것인데, 여기에는 연극모형론(dramaturgy), 민속방법론, 교환이론, 합리적 선택론 그리고 페미니즘 일상생활세계론이 포함될 것이다.

제 2 장에서 제 6 장까지는 대규모 사회이론(거대 이론과 이론적 묘사)과 소규모 사회이론(일상생활론)으로 구분되어 있다. 제 7 장은 사회세계의 대규모(거시적) 측면과 소규모(미시적) 측면을 통합적으로 접근하고자 모색하는 현대이론을 논의할 것이다. 여기에는 구조화(및 문화와 행위)나 아비투스와 장(habitus and field)간의 관계에 관한 고유한 이론들, 통합적 페미니즘 이론 그리고 통합적 교환이론이 포함될 것이다.

제 8 장에서는 페미니즘 이론을 집중적으로 분석할 것이다(제 4 장과 제 7 장 그리고 제 9 장에서도 부분적으로 논의할 것이다). 검토할 네 가지의 주요한 페미니즘 이론은 성차이(문화적 페미니즘, 해석학적) 이론, 실존주의적 분석과 현상학적 분석), 성적 불평등(자유주의 페미니즘), 성적 억압(정신분석학적 페미니즘과 급진적 페미니즘) 그리고 구조적 억압(사회주의적 페미니즘과 영역간 상호작용이론)에 관한 것이다.

제 9 장은 현대 이론에서 가장 중요하면서도 논쟁적인 이론들 가운데 하나

---

1) **사회세계에 관한 묘사(portraits of the social world)** 특정 시점의 사회세계에 관한 다소 정태적인 기술. 사회세계에 대한 스냅사진으로 생각할 수 있다.

인 포스트모던 사회이론을 검토할 것이다. 포스트모더니스트들은 거대 이론을 비판하는 경향이 있지만, 많은 근대주의자들처럼 그들도 거대 이론을 만들고 있다. 포스트모던 사회이론 가운데서 논의될 주제는 산업사회에서 탈산업 사회로의 이전, 통치가능성의 증대, 근대성의 후기로서 포스트모더니티, 소비사회의 대두, 상징적 교환의 상실, 시뮬레이션의 증가, 새로운 소비수단의 발달이다. 제9장에서 페미니즘 사회이론과 포스트모더니즘간의 불안정한 관계를 간략히 고찰하면서 이 책은 끝을 맺는다.

◆ 요   약

1. 모든 사람들이 이론 만들기를 한다. 그러나 일반사람과 사회학자의 이론 만들기를 구분하는 몇 가지 특징이 존재한다.

2. 사회학 이론가에게 연구의 대상이 되는 주제는 보통 사적으로나 사회적으로 매우 중요한 관심사이다.

3. 가장 고상한 것으로부터 가장 세속적인 것에 이르기까지 사회세계의 모든 측면이 사회이론의 주제가 될 수 있다.

4. 사회이론가는 중요하거나 흥미롭다고 생각하는 특수한 행위들을 연구하나, 그 이유는 이러한 행위들이 더 큰 사회세계를 탐구할 수 있는 단초가 되기 때문이다.

5. 이 책에서 논의할 이론들은 몇 가지 공통된 특성들을 공유한다, 즉 그 사회이론들은 시간의 검증을 견디어 냈고, 폭넓은 적용가능성을 지니며, 매우 주요한 사회적 쟁점들을 연구하며, 사회학자나 사회학자가 중요하다고 인정하는 연구자들이 만든 것이다,

6. 비록 소수의 이론만이 그 조건을 충족시키지만, 사회학 이론은 사회세계에 대한 지식의 체계화, 설명, 그리고 미래예측을 제공하는 일련의 상호연관된 관념들이라고 규정할 수 있다.

7. 사회학 이론이 형성되는 방식에 관해서 일종의 이상적인 이미지가 존재하지만(즉, 최상의 이론이 주도적인 이론을 형성한다), 이와는 달리 현실적으로는 정치적 요인들이 결정적인 역할을 수행한다.

8. 사회학 이론이 수립되는 과정을 이상화하려는 시도를 비판하고, 그 현실적인 모습을 폭로함으로써 과거에는 주변화되었던 이론들(예컨대 맑스주의, 페미니즘 이론 그리고 다문화 이론)이 전면으로 등장하였으며, 주도적 이론의 한 축으로까지 인정되었다.

9. 이 책은 현대 사회학 이론(과 그 고전적 뿌리)을 몇 개의 표제적(포스트모더니즘을 포함한) 거대 이론, 일상생활론, 이론적 묘사, 통합적 이론, 페미니즘 이론으로 나누어 논의한다.

◆ 추천도서

George Ritzer, *Modern Sociological Theory*, 5th ed., New York: McGraw-Hill, 2000. 현대 사회학 이론을 상세하게 다루고 있다.

George Ritzer, *Classical Sociological Theory*, 3th ed., New York: McGraw-Hill, 2000. 이 책에 비해 고전 사회학 이론을 더 깊게 다루면서 더 많은 이론가들을 소개하고 있다.

George Ritzer, ed., *The Blackwell Companion to Major Social Theorists*, Oxford, England, and Malden, MA: Blackwell, 2000. 유명 학자들이 고전과 현대의 사회학 이론가들을 소개하는 25개의 글을 모은 책.

George Ritzer and Barry Smart, eds., *The Handbook of Social Theory*, London: Sage, 2001. 사회이론사에서 가장 중요한 이론가와 주제들을 요약해서 소개하고 있다.

Mary Rogers, ed., *Multicultural Experiances, Multicultural Theories*, New York: McGraw-Hill, 1996. 다문화이론의 사례와 독창적인 연구를 다수 담고 있다.

Steven Seidman, Difference Troubles: Queering Social Theory and Sexual Politics, Cambridge: Cambridge University Press, 1997. 특이 현상에 대해, 이 이론의 선도적 대변인이 집필한 소개서.

Charles Lemert, "W. E. B. Du Bois," in George Ritzer, ed., The Blackwell Companion to Major Social Theorists, Malden, MA, and Oxford: Blackwell Publishers, 2000. 뒤 보아가 사회학 이론 및 여러 영역에서 갖는 중요성을 역설하고 있다.

제 **2** 장

고전적

거 대

이론들

에밀 뒤르켐: 기계적 연대에서 유기적 연대로
    두 가지 형태의 연대
    역동적 밀도에서의 변동
        생애의 삽화: 에밀 뒤르켐
    집합의식
    법: 억압적 법과 배상적 법
        핵심 개념: 사회적 사실
    아 노 미

칼 맑스: 자본주의에서 공산주의로
    인간의 잠재력
    소   외
    자본주의
        생애의 삽화: 칼 맑스
    공산주의

막스 베버: 사회의 합리화
    합리성의 유형들
    프로테스탄트 윤리와 자본주의 정신
    유교, 힌두교와 자본주의
    권위구도와 합리화
        핵심 개념: 이념형과 이념형적 관료제

게오르크 짐멜: 증가하는 문화의 비극
    객관적 그리고 주관적 문화
    노동의 분화

토스타인 베블렌: 산업에 대한 기업 통제의 증가
    기   업
    산   업
        핵심 개념: 과시성 소비와 과시성 여가
        생애의 삽화: 토스타인 베블렌

요   약
추천도서

거대 이론들은 사회 이론의 초기에 이론의 거인들에 의해 창조되었다. 앞장에서 언급한 것처럼 그 이론들은 매우 광범위한 사회 역사의 흐름을 전달하는 거대하고 매우 과감한 시도들이었다. 급격하게 변화하고 있는 만큼 그에 상응하여 많은 문제를 발생시키고 있었던 이러한 역사의 흐름의 정점에 그 이론가들이 살고 있었다. 거대 이론의 창시자들은 그러한 문제들을 어떻게 해결하여야 할 것인지, 그리고 어떻게 더 좋은 사회를 만들어야 할 것인지에 대한 대안을 제시하고 있다.

초기 대가들이 거대 이론을 구성하기는 했지만 오늘날까지 그 이론의 후속 작업들이 지속되고 있다. 초기 거대 이론의 사상가들인 에밀 뒤르켐, 칼 맑스, 막스 베버는 이 장에서 소개하고, 제 5 장에서는 위르겐 하버마스나 안토니 기든스와 같은 최근의 사상가들의 거대 이론을 소개할 것이다. 그리고 제 9 장에서는 조금 더 최근에 일어나고 있는 논쟁적인 포스트모던 사회 이론(예를 들어 미셸 푸코와 쟝 보드리야르)—거대 이론에 비판적인 입장을 취하고자 하지만 그 이론과 매우 흡사하게 끝나고 있는—을 소개할 것이다. 거대 이론은 비판을 받고 있기는 하지만 여전히 생생하게 살아있는 것이다.

에밀 뒤르켐:

기계적 연대에서 유기적 연대로

에밀 뒤르켐(Emile Durkheim: 1858-1917)은 프랑스에서 콩트 사회이론의 상속자였지만 이론사에서 그는 오귀스트 콩트보다 훨씬 더 중요한 인물이 되었다. 실제로 그를 사회학의 역사에서 가장 중요한 이론가로 보는 사람들도 있다. 오늘날까지 많은 사회학 이론들은 뒤르켐 생각의 판본인 경우도 있다.

두 가지 형태의 연대

뒤르켐의 거대 이론은 보다 원초적인 기계적 사회에서 보다 근대적인 유기적 사회로 역사적 변환을 설명하는 것이었다. 이 두 유형의 사회를 서로 분리하는 것은 사회를 연대하게 하는, 사회를 함께 묶어주는 원천의 변화로 해석할 수 있다. 여기에서 중요한 것은 분업이다. **기계적 연대**1)의 사회에서는 실질적으로 누구나 같은 일을 하고 있기 때문에(과일과 식물을 채취하고 동물을 사냥하는) 사람들은 서로 묶여 있었다. 다른 말로 원초적인 사회에서는 거의 분업이 일어나지 않았고 이러한 사실은 사회를 서로 묶어 주고 있었다. 그러나 더 근대적인 **유기적 연대**2)에서 본격적인 분업이 일어나기 시작했고 사람들은 점차 전문화된 일을 수행하기 시작했다. 누구는 신발을 만들고 다른 사람은 빵을 굽고 또 다른 사람들은 아이를 돌보는 일을 하고 있다. 이러한 사회에서 연대는 서로간의 차이로부터 발생한다; 곧 사람들은 많은 역할을 수행하거나 생존하기 위해서라도 점점 더 다른 사람의 기여를 필요로 하게 된다는 것이다.

이러한 방식으로 뒤르켐은 기계적 연대에서 유기적 연대로의 역사적 변동을 설명해 내었다. 이러한 발상은 콩트의 신학적 모델에서 형이상학적, 실증주의적 모델로의 이행모델과 분명히 다른 것이다. 콩트가 세상에서 일어나는 일의 설명방식을 찾는 과정에서 사유의 변동이라는 측면을 강조했다면, 뒤르켐은 변동을 우리가 물질적 세계 안에서 우리의 일을 처리하고 분업하는 방식의 변화로 생각하였다는 것이 두 이론 사이의 가장 중요한 차이일 것이다.

---

1) **기계적 연대(mechanical solidarity)** 뒤르켐의 이론에서 원초적 사회는 분업이 거의 일어나고 있지 않았기 때문에 사실상 누구나 같은 일을 하고 있었고 그에 따라 서로 긴밀하게 묶여 있었다는 설명.
2) **유기적 연대(organic solidarity)** 뒤르켐에 따르면 분업에 기반하고 있는 현대 사회는 차이에 의해서 연대가 발생한다; 곧 점점 더 많은 수의 사람들이 맡은 역할을 수행하기 위해 그리고 생존하기 위해 서로 연결되어 있다는 설명.

역동적 밀도에서의 변동

기계적 연대에서 유기적 연대로의 변동을 일으키는 원인은 무엇인가? 뒤르켐은 사회의 **역동적 밀도**1)의 증가가 그러한 변동을 일으킨다고 답한다. 역동적 밀도는 두 요소로 구성되어 있다. 첫번째는 한 사회의 인구수이다. 그러나 인구수의 증가만이 분업의 변화를 초래하지는 않는다. 그 이유는 개인들과 소규모 집단들이 서로 상대적으로 연관되어 있지 않거나 대부분 일을 혼자서 처리하는 식으로 머물러 있기 때문이다. 인구가 많은 사회에서조차 각 개인들은 필요로 하는 대부분의 일들을 혼자서 하고 있다. 따라서 두 번째 요인으로 역동적 밀도가 중요하다. 그것이 많은 사람들 사이에 상호 작용의 수가 증가하게 되는 것을 말한다. 점점 더 많은 수의 사람들이 서로 상호작용하게 되는 횟수가 증가한다면 기계적 연대에서 유기적 연대로의 전환이 일어나게 될 수 있다는 것이다.

다양한 분업을 야기하는 역동적 밀도의 증가를 일으키는 원인은 무엇인가? 인구의 증가가 일어나게 되면 땅, 경기, 과일과 채소 등과 같은 희소자원을 사용하려는 사람들 사이의 경쟁이 치열해지기 때문이다. 모두가 모든 것을 둘러싸고 경쟁을 한다면 무질서와 갈등은 점점 더 증가하게 된다. 분업이 증가하게 되면 어떤 사람들은 자신들이 담당하고 있는 일에 책임을 지고 다른 사람들은 자신들이 담당하고 있는 다른 일에 책임을 진다면 갈등은 줄어들게 되고 조화가 늘어나게 된다. 아마도 더욱 중요한 것은 특수한 일처리를 수행하는 전문화가 더 많이 진행된다면 효율성이 증가하게 될 것이고 궁극적으로는 생산성이 더 높아질 것이라는 사실이다. 이렇게 인구의 증가는 분업의 증가 이상의 의미를 갖게 될 것이다. 뒤르켐은 분업의 증가가 더 큰 평화와 번영을 가져다 줄 것이라고 본 것이다.

---

1) **역동적 밀도**(dynamic density) 사람들의 수와 상호 작용의 빈도. 역동적 밀도가 증가하게 되면 기계적 연대에서 유기적 연대로 전환이 일어난다고 설명.

에밀 뒤르켐(Emile Durkheim)
생애의 삽화

 오늘날 사람들은 뒤르켐을 정치적으로 보수적이라고 흔히 생각하고 있고 사회학 내에서 그의 영향은 분명히 보수적인 것이다. 그러나 그가 살아 있던 시대에 사람들은 그를 자유주의자로 여겼다. 이러한 사실은 그가 알프레드 드레퓌스를 공식적이고 적극적으로 변호하는 과정에서 드러났다. 그는 반역 죄로 군법 회의에 회부되었는데 그 이유는 프랑스 사회 일각에 존재하는 반 유대인 정서에 기반한 것이었다고 볼 수 있었다. 뒤르켐은 드레퓌스 사건이 일어나게 된 배경, 특히 반 유대인 정서에 크게 분개했다. 그러나 뒤르켐은 이 반 유대인 정서를 프랑스 국민들의 인종주의 탓으로 돌리지 않았다. 그가 그것을 불란서 사회 전체가 도덕적으로 취약해진 상태이기 때문에 발생한 현상으로 보았다는 것은 매우 독특한 시각이었다. 뒤르켐이 말하기를:

"사회가 어려울 때 사회는 그 어려움의 책임을 덮어씌울 사람, 그 불행의 대가를 치러야 할 사람을 찾는다; 공적 여론에 의해 단죄된 사람은 이미 그러한 역할을 맡도록 지정되었다고 볼 수 있다. 이러한 사람들은 속죄 희생자로서 사회적으로 추방되어진 사람들이다. 1894년 드레퓌스가 판결을 받았을 때 이러한 해석에 확신을 갖게 되었다. 거리에 기쁨의 파도가 지나갔다. 비통해야 할 일을 사람들은 승리로써 축하하고 있었다. 그들은 최소한 그들이 살고 있는 사회의 경제난과 도덕적 불행이 누구 탓이라고 생각하고 있었던 것이다. 그러한 어려움은 모두 유대인들 탓이었다. 혐의는 공식적으로 입증되었다. 그 사실만으로도 이제 상황은 점점 더 좋아질 것처럼 느껴지고 사람들은 위안을 받았다."

이렇게 드레퓌스 사건에 대한 뒤르켐의 관심은 도덕성과 근대 사회가 직면하고 있는 도덕 위기에 대한 평생의 깊은 관심에서 비롯된 것이다.

뒤르켐에게 드레퓌스 사건의 결말은 도덕적 무질서의 결말과 같은 의미와 다름없다. 그러한 일이 일사천리로 진행되어서는 안 되기 때문에 뒤르켐은 다른 사람들을 증오하도록 부추기는 사람들에 대한 강력한 처벌 등을 제안하고 잘못된 방향으로 진행될 수 있음을 대중들에게 알리도록 정부가 노력할 것을 제안했다. 또한 그는 사람들에게 스스로 생각하는 것을 자신있게 말할 수 있는 용기를 가지라고 촉구하고 집단 광기에 저항하는 싸움에서 승리하기 위해서는 단결해야 한다고 주장했다.

집합의식

기계적 연대에서 유기적 연대로의 전환에 대한 뒤르켐의 주장에서 중요한
점 하나는 그가 **집합의식**[1])이라고 지칭한 것에서 극적인 변화가 동반된다는 것이
다. 집합의식은 집단이나 부족 또는 사회가 공유하고 있는 생각들이다. 어느 한
개인이 이 생각들 전체를 파악하고 있거나 알고 있지 못하다는 의미에서 그들은
집합적이다. 그 생각들을 모두 파악하고 있고 알고 있는 것은 개인들의 집합이
다. 기계적 연대에서 집합의식은 유기적 연대에서의 그것과 전혀 다르다.

작고 분화되지 않은 사회들은 기계적 연대로 결합되어 있다. 집합의식은
모든 사람에게 영향을 끼치고 그들에게 큰 의미를 갖고 있다. 사람들은 집합적
인 생각들을 신중하게 받아들인다. 그 생각들은 아주 강력한 영향력을 가지고
있고 사람들은 그 생각들과 조화롭게 행동하고자 한다. 그 생각들은 엄격하고
종교와 연결되어 있기도 하다.

크고 분화된 사회들은 유기적 연대로 연결되어 있다. 훨씬 적은 수의 사람
들이 집합의식에 의해 영향을 받고 있다. 다른 말로 표현하자면 더 많은 사람
들이 부분적으로나 완전하게 그 규칙으로부터 벗어나 있다. 집합의식은 중요하
지 않은 것처럼 보이고 대부분의 사람들은 집합의식을 신중하게 받아들이지 않
는다. 집합의식은 영향력이 훨씬 약해져서 사람들은 그에 의해 통제되지 않는
다. 집합의식은 훨씬 유연하고 변화가능하고 우리가 종교로서 생각하는 그러한
성격을 갖고 있지 않다.

예를 들어 기계적 연대의 원초 사회에서 사람들은 새로운 족장의 선출과
같은 부족 사회의 일에 깊이 참여하여야 한다고 생각하고 있다. 부족 내에서
한 사람이 참여하지 않게 되면 누구나 그 참여하지 않은 사람이 누구인지 알게
되고 그 사람은 부족 내에서 어려움에 처하게 된다. 그러나 유기적 연대의 현
대 사회에서는(선거와 같은) 정치 참여의 감정은 그렇게 강력하지 않다. 투표하
라고 독려받기는 하지만 참여의 확신을 가지고 있는 것은 아니고 투표에 참여
하지 않아도 이웃 사람들이 잘 모르는 경우가 대부분이다.

---

1) **집합의식(collective conscience)** 집단이나 부족, 사회와 같은 집합에 속해 있는 구성원들이 공
   유하고 있는 관념.

법: 억압적 법과 배상적 법

기계적 연대에서 유기적 연대로의 전환이 일어났는지를 어떻게 알 수 있는
가? 강한 집합의식에서 약한 집합의식으로의 전환이 일어났다는 것을? 뒤르켐
은 이러한 변화를 법의 변화에 의해서 파악할 수 있다고 주장하고 있다. 기계
적 연대는 **억압적 법**1)의 특징을 가지고 있다. 이 법의 형태에서 규칙을 어긴
사람들은 긴밀하게 통합되어 있는 공동체에 의해서 강력한 집합의식에 저항한
대가로 혹독한 형벌을 받게 된다. 돼지를 훔친 사람은 손이 잘렸고 공동체의
신을 모독하는 사람은 혀를 잘렸다. 도덕체계에 잘 통합되어 있는 사람들은 그
를 위협하는 사람에 대해서 신속하고 혹독한 형벌을 가한다. 이러한 대응은 억
압적 법이 존재한다는 증거이고 그러한 법은 기계적 연대에 의해 묶여 있는 사
회의 강한 집합의식이 존재하고 있다는 실질적인 증거이다.

　이미 말한 바대로 시간이 가면서 기계적 연대는 유기적 연대에 그 자리를
내 주게 되고 집합의식은 점차 약화된다. 집합의식의 약화, 유기적 연대의 존재
를 가리키는 지표는 **배상적 법**2)의 등장이다. 집합적 도덕에 반하는 행동에 대
한 혹독한 육체적 처벌이 아니라 근대 사회의 개인들은 법이 정한 처벌을 따르
거나 해를 끼친 만큼 다른 사람에게 보상하도록 요청받고 있다. 돼지를 훔친
사람은 돼지를 훔친 농장에서 100시간 동안 일하도록 판결을 받거나 일정한 시
간을 감옥에서 보내도록 판결을 받는다. 똑같은 범죄에 대한 이러한 처벌은 손
을 자르는 것보다 명백하게 훨씬 가벼운 형벌이다. 그 이유는 집합체가 감정적
으로 그러한 법을 뒷받침하는("도둑질 하지 말지어다") 공동의 도덕성에 기초하
고 있지 않기 때문이다. 대신 경찰이나 법관 등이 법과 그리고 궁극적으로 도
덕성이 집행되는 것을 위임받고 있다. 집합체는 그러한 일들이 급료를 받거나
선출된 공무원들이 전담하고 있다는 인식과 함께 그 모든 일에서 한발 벗어날
수 있다. 보다 극단적으로는 신에 대한 모독같은 일도 현대사회에서는 그냥 넘

---

1) **억압적 법(repressive law)** 기계적 유대에서 특징적인 법. 집합의식에 의해 긴밀하게 결속되어
　있는 공동체에 해가 되는 행동에 대해 혹독한 육체적 형벌을 가하는 법의 한 형태.
2) **배상적 법(restitutive law)** 집합의식이 약화되어 있는 유기적 연대의 특징. 이 법의 형태에서
　가해자는 육체적 형벌보다는 규칙을 지키는 형벌을 받거나 그가 가한 해만큼 보상하도록
　규정.

어가고 처벌되지 않는다. 훨씬 약화된 집합의식 속에서, 종교적 믿음도 희박해진 상태에서 사람들은 보통 그러한 신성모독에 대해 민감하게 반응하지 않는다. 그리고 경찰 공무원들도 마약이니 절도, 강간 등의 보다 심각한 문제들로 바쁜 와중에 그러한 신성모독 같은 일에는 심지어 관련법규가 있다손 치더라도 별로 신경쓰지 않는다.

핵심 개념
사회적 사실

뒤르켐의 사상을 이해하는 데 그리고 근대 사회학의 발전에 결정적인 것은 **사회적 사실**[1]에 대한 그의 생각이다. 이미 존재하고 있었던 학문 영역인 심리학과 철학으로부터 사회학의 영역을 분리해내기 위해 노력하는 과정에서 그는 이 개념을 발전시켰다. 철학자들이 추상적인 것에 대해 생각하고 있다면 사회학자들은 존재하는 사물로서 사회적 사실을 다루어야 한다고 주장했다. 사회적 사실을 경험적으로 연구하는 것은 실제 세상에 뛰어들지 않고 구체적인 사회 현상에 대한 자료들을 수집하지 않으면서 추상적인 것들에 대해 사변적으로 생각하는 철학자들과 사회학자들을 구별짓게 하는 것이라고 보았다.

뒤르켐은 사회적 사실들은 개인의 외부에 존재하면서 개인에게 강압적인 성격을 가지고 있다고 주장했다. 이것은 심리학자들이 연구하고 있는 대상과 구별된다. 심리학자들은 개인의(외부가 아니라) 내부에 존재하는 그래서 개인에게 강압적일 필요가 없는 심리학적 사실들에 관심을 가지고 있다.

뒤르켐은 사회적 사실을 두 가지 유형으로 구분했다. 그 첫째는 **물질적인 사회적 사실**[2]이다. 외형적 사회세계로 실체화할 수 있는 사회적 사실들이 있다. 예를 들어 당신이 이 책을 읽는 강좌를 개설한(당신이 벽과 책상과 칠판을 만져볼 수 있는) 강의실의 구조는 당신의 외부에 존재하고 당신에게 강압적이다. 강압적이라는 의미는 강의실의 구조가 강의를 들을 수 있고 필기를 할 수 있도록 하면서, 그러나 강의가 진행되는 중

---

1) **사회적 사실(social facts)** 뒤르켐에 따르면 사회적 사실은 사회학의 중심주제이다. 사회적 사실은 개인의 외부에 존재하면서 개인에게 강압적이다. 이들은 경험적으로 연구되어야 한다.
2) **물질적인 사회적 사실(material social facts)** 외부 사회세계에서(건축물과 같이) 물질적인 형태를 띠고 있는 사회적 사실.

에 이를테면 야구를 할 수 없게 만든다는 말이다.

두 번째는 **비물질적인 사회적 사실[1]**이다. 역시 개인 외부에 존재하며 강압적인 그러나 물질적 형태를 갖지 않은 비물질적인 사회적 사실이다. 사회학에서 비물질적인 사회적 사실의 대표적인 예는 규범과 가치다. 강의가 진행 중인 강의실에서 야구를 하지 않도록 해주는 것은 강의실에서 어떻게 행동해야 하는가에 대한 불문율과 같이 널리 공유하고 있는 규칙이 존재하기 때문이다. 그에 더하여 우리는 교육에 많은 가치를 두도록 배워 왔다. 그 결과 우리는 그에 반하는 어떠한 일도 하기 꺼리게 되었다.

그러나 우리들이 비물질적인 사회적 사실이 어떻게 우리를 강제하고 있는지를 안다고 할지라도 어떤 의미에서 그것은 우리의 외부에 존재하는가? 그에 대한 답은 사회의 가치나 규범과 같이 집합적으로 공유하고 있는 것들에서 찾을 수 있다. 어떠한 가치들은 사회화 과정에서 개인에게 내면화되기도 한다. 그러나 어느 한 개인도 그 모든 가치와 규범을 갖고 있지 못하다. 규범과 가치의 총체는 집합적으로만 존재한다. 이러한 의미에서 그들은 우리의 외부에 존재한다고 말할 수 있다.

오늘날 많은 사회학자들은 사회적 사실에 관심을 기울이고 있다. 그러나 우리들은 오늘날 이 고전적이 되어 버린 용어를 거의 사용하지 않고 있다. 오히려 사회학자들은 사회구조(물질적인 사회적 사실)나 사회제도(비물질적인 사회적 사실)에 관심을 갖고 있는 것이 보통이다. 뒤르켐의 노력으로 사회학이 심리학이나 철학으로부터 확실히 분리된 것은 사실이지만, 그 결과 사회학의 연구주제가 너무 좁게 규정된 측면이 있다. 앞으로 보게 되겠지만 많은 사회학자들은 뒤르켐이 사회적 사실이라고 규정한 것에서 벗어나는 많은 현상들을 연구하고 있다.

아 노 미

뒤르켐은 연대의 한 유형에서 다른 유형으로 역사적 변화를 설명하고 기술하고 있다. 연대의 두 유형은 차이가 있을 뿐, 어느 하나가 다른 것보다 더 좋다거나 나쁘다는 것은 아니다. 기계적 연대에도 문제가 없는 것은 아니지만 유

---

1) **비물질적인 사회적 사실(nonmaterial social facts)** 외부에 존재하고 강압적이지만 물질적인 형태를 띠고 있지 않은 사회적 사실;(규범이나 가치와 같이) 비물질적.

기적 연대와 관련되어 발생하는 문제들을 어떻게 풀 것인가에 뒤르켐의 가장 큰 관심이 집중되고 있다. 유기적 연대와 함께 출현한 문제들 중에서 뒤르켐이 가장 걱정했던 문제 하나는 그가 **아노미**1)라 명명했던 것이다. 뒤르켐은 아노미 (그리고 다른 문제들)를 치료될 수 있는 병리현상으로 보았다. 뒤르켐과 같은 사회 이론가들은 사회 병리현상을 진단하고 그를 처방하는 의사와 흡사한 역할을 하고자 한 것이다.

　　아노미는 어떤 행동이 기대되고 있는지를 알 수 없는 그런 느낌으로 정의될 수 있다. 이것은 유기적 연대에서 집합의식의 쇠퇴에 기인하는 것으로 볼 수 있다. 상황을 정의하는 분명하고 강한 집합적 관념이 없어진 것이다. 그 결과 사람들은 자신들이 부딪치고 있는 많은 일들에 대해 —들판에 돌아다니는 돼지를 잡아도 되는지, 신을 모독해도 되는 건지?— 그들이 무엇을 해야 하는지 알지 못하게 되었다. 일반적으로 사람들은 사회에서 표류하고 있는 것으로, 분명하고 안전한 정박지가 없는 것으로 볼 수 있다. 이것은 누구나 다른 사람들이 무엇을 믿고 있는지가 분명하고 주어진 상황에서 무엇을 하여야 하는지가 분명한, 기계적 연대의 사회와는 전혀 다른 것이다. 그들은 분명하고 안전한 정박지가 있었고; 아노미로부터 고통 받지 않았다.

칼 맑스:
자본주의에서 공산주의로

　　고전시대의 거대담론들 중에서도 가장 거대하고 가장 중요하고 그리고 미학적으로도 가장 유려한(사회문제에 대한 분석, 결론, 처방 등이 기본전제들로부터 빈틈없이 전개된다는 면에서) 필치의 대가는 독일의 사회 사상가이자 정치적 활동가인 칼 맑스(Karl Marx: 1818-1883)이다. 이러한 주장은 맑스에 대해 비

---

1) **아노미**(anomie) 유기적 연대의 출현과 관련되어 있는, 어떤 행동이 기대되고 있는지를 알 수 없는 느낌; 분명하고 안전하다는 신념 없이 사회에서 표류하고 있는 듯한 느낌.

판적인 이야기들을 먼저 들었던 독자들에게는 놀라운 일일 것이다. 대중적 견해에서 맑스의 사상은 많은 나라들(특히 소련)을 비참한 공산주의 체제로 이끌었던 지나치게 급진적인 것으로 취급되고 있다. 거의 대부분의 공산주의 체제는 붕괴하였고 자본주의 체제로 바뀌고 있다. 그 체제의 붕괴와 권력의 남용(예를 들어 수백만 명이 숨진 굴락 아르치펠라고(Gulag Archipelago)와 같은 소비에트의 강제 수용소 체계)은 맑스와 그의 사상을 미친 것으로 비난하게 만든다. 그러나 이 체제의 지도자들이 맑스의 이름을 빌었고 그들 스스로를 공산주의자라고 부르고 있음에도, 정작 맑스 자신은 그들이 만든 사회를 비인간적이라고 공격하였을 것이다. 왜냐하면 그들이 만든 그러한 사회는 사실 맑스가 공산주의 사회라고 생각했던 사회와 공통분모를 거의 가지고 있지 않다.

인간의 잠재력

맑스 거대 이론의 출발점은 정의로운 역사 사회적 환경에서의 인간의 잠재력에 대한 일련의 가정이다. 자본주의나 전 자본주의 사회에서 사람들은 인간의 잠재력에 근접할 수 없었다. 전 자본주의 사회에서는(석기시대나 중세시대에) 사람들은 너무 바쁘게 먹을 것과 쉴 곳을 찾아 헤매야 했기 때문에 그들의 능력을 개발할 수 없었다. 자본주의 사회에서 대부분의 사람들은 음식이나 집, 안전을 쉽게 구할 수 있게 되었지만 그 체제의 억압적이고 착취적인 성격은 대부분의 사람들에게 그들의 잠재력을 발휘할 수 있게 하지 않는다.

맑스는 저능한 동물들과 다르게 사람들은 의식을 갖고 있고 의식을 행동과 연결시킬 수 있는 능력을 갖고 있다고 보았다. 다른 동물들과 다르게 사람들은 자신 스스로를 그들이 하는 것과 분리할 수 있고 무엇을 하려는가에 대해 계획할 수 있고 이러한 행동을 할 것인가 말 것인가를 선택할 수 있으며, 그들이 하려고 하는 일에 장애물이 나타나면 피해가기도 하고 그들이 하는 일에 장기간 집중하기도 하고 가끔 다른 사람들과 협동하여 자신들의 일을 수행하는 것을 선호하기도 한다. 그러나 사람들은 생각만 하는 것이 아니다; 만약 그것이 다였다면 그들은 소멸했을 것이다. 그들은 활동해야만 하고 이 활동에는 생존하기 위해 필요로 하는 것들(자연 자원, 물, 음식과 거처할 장소)을 자연으로부터 얻는 것도 포함된다. 사람들은 초기 사회에서도 필요한 것들을 전유했지만, 그러나 그것들은 그들의 능력을 발전시키기에는 너무 원초적이었고 불충분했다. 특히 그들의 사고 능력을 어느 정도 수준 이상으로 발전시키기에 불충분했다. 자본주의하에서 사람들은 자연을 전유하는 과정에 있어서 자신의 창조적인 능력을 발휘하는 데는 거의 관심을 가지지 않게 되었다. 오히려 사람들은 자산을 소유하는데만, 그리고 이런 자산을 얻는데 필요한 돈을 버는데만 열중했다. 그러나 맑스에게도 자본주의는 중요한데, 왜냐하면 자본주의는 공산주의 사회 건설에 필요한 기술혁신과 조직혁신을 제공해 주기 때문인데, 공산주의 사회에서 사람들은 인류역사상 최초로 자신의 모든 능력을 발휘할 수 있게 되었다. 즉 공산주의하에서 사람들은 자산을 단지 소유하고 싶다는 욕망으로부터 벗어날 수 있게 되고 자본주의에서 발전된 기술과 조직의 도움으로 인간의 모든 잠재력(맑스가 '유적 존재'라고 부른 것)을 최대한 발휘할 수 있게 되기 때문이다.

소   외

사람들이 필요로 하는 것을 자연으로부터 전유할 수밖에 없다는 생각은 사람들은 일을 하지 않을 수 없다는 맑스의 관점과 연결되어 있다. 일은 사람들이 자신이 가지고 있는 창조적인 능력을 사용하는 긍정적인 과정이고 생산적 활동에서 자신의 능력이 확대된다. 그러나 자본주의 사회는 대부분의 사람들에게 그들이 가지고 있는 인간의 잠재력을 발휘하도록 허락하지 않는다. 다시 말해, 자본주의하에서 사람들은 노동에서 자신을 실현한다기보다는 오히려 노동으로부터 소외되어 버리는 것이다.

맑스가 소외라고 부른 것을 이해하기 위해서는 그가 인간의 잠재력이라고 한 것을 먼저 이해해야 한다. 인간이 자신의 잠재력을 실현할 수 있는 상황(공산주의)에서는 자기 자신과 그들의 생산활동, 그들이 생산한 물건들, 물건들을 함께 생산한 동료들 그리고 그들의 잠재적 가능성 사이에 자연적인 상호 연관이 존재한다. **소외**1)는 이러한 자연적인 상호 연관의 파괴를 의미한다. 그것들 모두와의 자연스러운 관계는 소멸되고 사람들은 그들로부터 분리된다.

그렇게 하여 자본주의하에서 우리는 생산활동을 스스로 선택할 수 없으며 소유자, 자본가들에 의해서 우리가 해야 할 일들이 정해져 있다. 자본가들은 무슨 일을 해야 할 것인가를 결정하고 어떻게 해야 할 것인가를 결정한다. 그들은 노동자들에게(맑스의 용어로는 "프롤레타리아") 임금을 주고, 만약 노동자들이 임금조건을 수용한다면, 이들은 자본가가 미리 설계해 놓은 방식대로 자신의 업무를 수행해야만 한다. 그 대가로 그들은 그들에게 제공되기로 한 임금을 받고 그것으로 그들이 필요로 하는 것들을 구입한다. 생산활동은 자본가에 의해서 통제되고 심지어는 소유된다. 이렇게 노동자는 생산활동으로부터 분리되며 따라서 생산활동을 통해서 자신을 실현할 수 없게 된다.

두 번째로 자본가들은 또한 생산물들을 소유한다. 노동자들은 무엇을 생산해야 할 것인가를 스스로 결정하지 못하고 완성된 생산물도 노동자에게 속하지 않는다. 그리고 노동자들이 생산물을 자신의 기본욕구들을 충족시키기 위해 사용할 가능성도 적다. 생산물은 오히려 자본가의 소유이며, 그는 그가 원하는 방식으로 생산결과물을 사용할 수도 있고 그것을 사용할 사람을 찾을 수도 있다. 이윤 지향이라는 자본주의의 목표에 따라 거의 대부분의 자본가들은 생산물을 이윤 획득을 위해 팔려고 노력하게 된다. 노동자들은 생산물을 완성한 이후에 자신의 생산물과 완전히 분리되고 자신의 생산물에 무슨 일이 발생하는지에 대해 전혀 알 수 없다. 더욱이 노동자들은 최종 생산물에 자신이 기여한 부분을 잘 파악하지 못하고 있다. 그들은 보통 일관 공정 라인에서 일하며 따라서 분절된(예를 들어 볼트를 조이는) 작업을 수행하고 있어서 무엇이 생산되고 있는지조차 모르는 경우도 있고 자신이 하고 있는 일이 전체 과정에 어떻게 연결되고 있는지 최종 생산물에 어떻게 연결되는지를 모르는 경우가 대부분이다.

세 번째, 노동자들은 동료 노동자들과 분리되어 있다. 맑스의 관점에서 인간은 선천적으로 사회적이며, 만약 자기들 뜻대로 하도록 내버려 둔다면, 사람

---

1) **소외**(alienation) 자기 자신, 그들의 생산활동, 그들이 생산한 물건들, 그 물건들을 함께 생산한 동료들 그리고 그들의 잠재적 가능성 사이의 자연스러운 상호 연관이 파괴된 상태.

들은 협력적-협동적으로 생활에 필요한 것을 생산하는 것을 선호할 것이다. 그
러나 자본주의 하에서 노동자들은 많은 사람들에 둘러싸여 있기는 하지만 자신
에게 주어진 일을 외롭게 반복적으로 수행한다. 그들 주변의 사람들도 비슷한
유리된 작업을 수행하는 이방인과 같은 존재들이다. 상황은 보통 더 나쁘다: 자
본가들은 누가 가장 적은 임금을 받으면서도 가장 많은 일을 하고 있는가를 보
여줌으로써 노동자들 사이를 나쁘게 만들기도 한다. 이런 상황에 적응하는 사
람은 적어도 당분간은 일자리를 유지할 수 있고, 적응에 실패하는 사람은 일자
리를 잃고 길거리에서 헤멜 수도 있다. 이렇게 노동자들은 서로 협조적으로 일
하는 것이 아니라 삶과 죽음의 생존 경쟁 속에서 서로가 상대방에게 함정이 되
고 있다. 그들이 그러한 경쟁에 몰입되어 있지 않을 때에도 그들은 서로 분리
되어 있는 것이다.

    마지막으로 그들은 작업에서 그들이 가지고 있는 인간적 잠재력을 발휘하
지 못하게 되고 오히려 점점 더 그 잠재력으로부터 멀어져 간다. 그들은 점점
더 인간이 아니라 무거운 짐을 짊어진 동물, 또는 인간이 아닌 기계로 축소되
어 간다. 의식은 마비되고 다른 인간과의 관계와 자연과의 관계는 점점 더 심
각하게 파괴되어 간다. 그 결과는 인간 본연의 자질을 표현할 수 없게 된 대다
수의 인간들, 즉 대량의 소외된 노동자들이다.

자본주의

    소외는 자본주의 사회에서 나타난다. 이미 언급한 것처럼 **자본주의**[1]는 자
본가와 프롤레타리아로 구성된 두 계급 체계이다. 그 체계에서 한 계급(자본가)
은 다른 계급(프롤레타리아)을 착취하고 있다. 양 계급을 이해하는 열쇠는 맑스
가 **생산수단**[2]이라고 부른 것에 있다. 그 말에서 이미 알 수 있듯이 생산수단은
생산을 위해 필요한 것들을 가리킨다. 생산수단에 포함되는 것들은 도구, 기계,

---

1) **자본주의**(capitalism) 주로 자본가와 노동자에 의해 구성되어 있고, 한 계급(자본가)이 다른 계
   급(프롤레타리아)를 착취하는 경제 체계.
2) **생산수단**(means of production) 생산에 필요한 물건들(도구, 기계, 원자재 그리고 공장들).

원자재와 공장과 같은 것들이다. 자본주의하에서 **자본가**1)들은 생산수단을 소유하고 있다. 일하고 싶은 **프롤레타리아**2)는 일을 할 수 있는 수단을 소유하고 있는 자본가에게 가야 한다. 일을 하기 위해서 노동자들에게는 생산수단이 필요하다. 그들도 자본주의에서 살아남기 위해서는 돈이 필요하고 자본가들의 경우에도 더 많은 돈을 벌기 위해서 돈이 필요하기는 마찬가지이다. 자본가들은 노동자들이 필요로 하고 있는 것(생산수단, 임금지급용 돈)을 가지고 있다. 그러나 노동자들은 그 대가로 무엇을 제공할 것인가? 노동자들은 자본가들에게 꼭 필요한 것, 즉 노동력과 노동할 수 있는 시간을 가지고 있다. 자본가는 프롤레타리아의 노동 없이는 생산하지도 못하고 돈을 늘리거나 이윤을 만들어 내지 못한다. 그래서 거래가 성립하는 것이다. 자본가는 노동자로 하여금 생산수단을 사용하도록 허가하고 프롤레타리아는 그 대가로 임금(비록 적은 액수, 자본가가 줄 수 있는 가장 적은 액수)을 받는다. 실제로 노동자는 맑스가 **최저 생계비**3)라고 한 정도의 임금, 즉 노동자가 생존할 수 있고 가족과 아이를 부양할 수 있을 정도의 임금만을 받게 되는 데 그것은 노동자가 쓰러졌을 때 그 아이 중 한명으로 그를 대체하기 위한 것이다. 그 대가로 프롤레타리아는 자본가에게 그들의 노동 시간을 제공하고 그 시간에 그들이 가지고 있는 모든 능력과 역량을 투여한다.

---

1) **자본가**(capitalists) 자본주의 하에서 생산수단을 소유하고 있는 사람들이고 노동자를 착취할 수 있는 위치에 있는 사람들.

2) **프롤레타리아**(proletariat) 생산수단을 소유하고 있지 않기 때문에 그들의 노동력을 자본가에게 팔아서 생계를 유지해야 하는 사람들.

3) **최저 생계비**(subsistence wage) 자본가가 노동자에게 지불하는 노동자와 그의 가족이 생존하기에 빠듯한 임금. 그가 쓰러지면 그를 대체할 수 있도록 그의 자녀를 양육할 수 있을 정도의 임금.

칼 맑스(Karl Marx)
생애의 삽화

베를린 대학을 졸업한 후에 맑스는 자유-진보적 신문의 기고가가 되었고 열 달 후에는 편집장이 되었다. 그러나 그 신문은 정치적 입장 때문에 정부에 의해서 바로 폐간되었다. 이 기간에 출판된 초기 에세이들에서 맑스가 일생 동안 유지했던 정치적 입장들을 발견할 수 있다. 그 에세이들에는 민주주의적 원칙들, 인본주의와 청년 이상주의가 여기저기 묻어 있다. 그는 철학의 추상성, 유토피아적 공산주의의 순박한 꿈과 아직 성숙하지 않은 정치적 행동에 몰려다니는 사람들을 거부하였다. 이러한 행동주의자들을 거부하는 과정에서 그는 자신의 필생의 작업에 기초를 쌓았다.

"실천적 시도들은, 설사 그것이 다수의 대중들에 의한 것이라 할지라도, 만약 위협적이 되면 대포로 대응될 수 있다. 이와는 달리 우리의 지성을 정복하고 우리의 확신을 장악한 관념들, 이성의 이름으로 우리의 양심을 묶어버리는 관념들은 뼈아픈 심적 고통 없이는 풀려날 수 없는 사슬이다. 그 사슬은 그에 복종해야만 그로부터 벗어날 수 있는 악마와 같은 것이다."

표면적으로 이러한 관계는 평등한 교환 관계인 것처럼 보인다. 자본가와 노동자는 서로 상대방이 부족한 것을 가지고 있고 상대방이 필요로 하는 것을 가지고 있다. 그러나 맑스가 보기에 이것은 아주 불공정한 관계이다. 왜 그런가? 그 이유는 맑스의 유명한 **노동가치설**[1]이라는 생각에서 추론된다. 그 개념에 사용된 용어들이 암시하듯이 그의 생각은 *모든 가치가 노동으로부터 나온다*는 것이다. 노동자는 노동을 하지만 자본가는 노동을 하지 않는다. 자본가는 투자하고 계획하고 경영하고 기획을 하지만, 그러나 맑스에게 이것은 노동이 아니다. 맑스에게 있어 노동의 의미는 자연에 의해 생산된 원료를 가공하는 것이다. 프롤레타리아만이 이런 노동을 한다. 물론 자본주의하에서는 원료가 자연으로부터 직접 제공되는 것이 아니라 자본가들로부터 제공되지만 말이다. 그 논

---

1) **노동가치설(labor theory of value)** *모든 가치가 노동으로부터 나온다는 맑스의 이론, 따라서 자본주의에서는 프롤레타리아가 그 원천.*

리를 조금 더 노골적으로 표현하자면 노동자는 노동을 하는 반면 자본가들은 노동을 하지 않기 때문에 프롤레타리아는 모든 것에 대한 권리가 있고 자본가는 아무 권리도 없게 된다.

물론 자본주의 사회에서 그 상황은 정확하게 정반대이다. 자본가들은 대부분을 차지하지만 노동자들은 간신히 살아남을 수 있을 정도만 받는다. 이렇게 프롤레타리아는(맑스의 유명한 개념의 하나인) **착취**1)의 희생양이 되는 것이다. 아이러니하게 자본가나 노동자 아무도 착취를 의식하지 못하고 있는 것은 그들이 **허위의식**2)에 사로잡혀 있기 때문이다. 노동자들은 그들이 정당한 대가를 받고 있다고 생각하고 자본가들은 노동자를 착취하는 게 아니라 그들의 영리함과 자본 투자, 시장 조작 등등의 이유에 따른 보상을 충분히 받아야 한다고 생각하고 있다. 자본가들은 보다 많은 돈을 위해 돈을 쫓아다니고 있기 때문에 그들과 노동자의 관계가 가진 착취적 성격을 진정으로 이해할 수 없다. 그러나 프롤레타리아는 이런 진정한 이해에 도달할 능력이 있는바, 왜냐하면 이들은 실제로 너무나 착취당하고 곤궁해져 있어서 자본주의 사회에서 일어나고 있는 상황의 실태를 숨길 이유가 없기 때문이다. 맑스의 용어로 프롤레타리아는 **계급의식**3)에 도달할 수 있는 능력이 있고 자본가들은 그렇지 못하다.

계급의식은 혁명의 필수전제이지만, 도래할 혁명은 자본주의 동학에 의해서 도움을 받게 된다. 예를 들어 자본주의는 점점 더 경쟁적으로 발전하고 가격은 폭락하고 점점 더 많은 자본가들이 사업에서 망하여 프롤레타리아로 전락한다. 결국에는 그들의 착취하는 기술 때문에 그들의 지위를 여전히 유지하고 있는 자본가 계급의 수는 줄어들고 프롤레타리아의 수는 눈덩이처럼 불어난다. 대다수의 프롤레타리아가 마침내 계급의식을 갖게 되고 행동하기로 결정한다면 수적으로 적은 자본가들은 아마도 아주 작은 폭력을 사용하거나 또는 거의 폭력을 사용하지 않아도 쉽게 부러질 것이기 때문에 승리는 당연할 것이었다.

이렇게 자본주의는 프롤레타리아가 행동을 취하지 않고는 파괴되지 않을

1) **착취**(exploitation) 자본주의에서 자본가 대부분의 몫을 차지하고 프롤레타리아는 생존할 수 있을 정도의 몫만 분배받는 상황. 노동가치설에 따르면 이 상황이 전복되어야 한다.
2) **허위의식**(false consciousness) 자본주의하에서 자본가와 노동자가 가지고 있는 스스로에 대한, 서로의 관계에 대한, 자본주의가 작동하는 방식에 대한 잘못된 인식.
3) **계급의식**(class consciousness) 허위의식을 극복하고 자본주의 체계를 정확하게 이해할 수 있는 프롤레타리아 계급의 능력.

것이며 공산주의도 생겨나지 않을 것이다. 맑스의 용어로 프롤레타리아는 **실천,**1) 또는 구체적 행동에 동참해야 하는 것이다. 자본주의의 해악에 대해서 생각하는 것, 그에 대한 이론이나 그 소멸이론을 발전시키는 것만으로는 충분하지 않다; 사람들은 거리로 나아가 무엇인가를 해야 하는 것이다. 이것은 반드시 그들이 폭력적인 방법으로 행동해야 한다는 것을 의미하지는 않지만 그것이 의미하는 것은 그들이 뒤로 물러 앉아서 그저 자본주의 스스로 몰락할 때를 기다리기만 하면 안 된다는 것이다.

공산주의

맑스는 자본주의의 동학이 그러한 혁명으로 이어질 것이라고 믿고 있었지만 자본주의를 대체하게 될 공산주의 사회의 성격에 대해서는 거의 기술하지 않았다. 맑스에게 우선적인 것은 자본주의가 작동하는 방식에 대한 이해를 얻는 것이고 그 이해를 프롤레타리아에게 전달함으로써 그들이 계급의식에 도달하게 하는 것이었다. 그는 미래 유토피아 사회에 대한 몽상에 사로잡혀 일생을 보내는 많은 사상가들을 비판하고 있었다. 그의 즉각적인 목표는 소외되고 착취적인 체계를 전복시키는 것이었다. 그 다음에 일어날 일은 일단 혁명이 달성되고 난 이후에 다루어져야 할 일이었다. 몇몇 사람들은 소련과 그 위성 국가들이 붕괴하게 된 원인을 혁명 이후에 대한 계획이 없었기 때문이라고 주장하고 있다.

맑스는 미래의 공산주의에 대해서 몇 가지 관점을 언급하기는 했지만 우리는 인간의 잠재력에 대한 맑스의 기본 가정으로 돌아가면 공산주의를 더 잘 이해하게 될 것이다. 어떻게 보면 **공산주의**2)는 역사상 최초로 인간의 잠재력이 최대한으로 발휘되도록 해 주는 바로 그런 사회체계이다. 사실 공산주의는 일종의 반-체계(anti-system)이다. 즉, 공산주의에서 체계란 단지 그 구성원들의 사회

---

1) **실천(praxis)** 사람들, 특히 프롤레타리아가 자본주의를 넘어서기 위해 취해야 한다고 생각되는 행동.
2) **공산주의(communism)** 역사상 최초로 인간의 잠재력이 최대한으로 발휘될 수 있는 사회체계.

적 관계를 지칭하는 그 이상도 이하도 아닌 것이다(1917년 혁명 이후 소련의
경험은 이러한 관점이 얼마나 단순한 것인지를 알려 주며, 사람들을 소외시키
고 착취하는 더 큰 구조를 제거하는 것이 불가능할지도 모른다는 사실을 가르
쳐 준다).

　　이렇게 공산주의 체계는 이전의 사회 체계(예를 들어 봉건사회나 자본주의)
에서는 파괴되거나 억제되어 왔던 인간의 비판력, 창조 능력, 사회성을 발휘할
수 있도록 해 주는 체계라는 것이다. 공산주의 사회는 자본주의의 기술 혁신과
조직 혁신을 활용하고 확대하지만, 그러나 그 외에는 자본주의로부터 사람들을
구출하여 그들이 언제나 될 수 있었던 것이 될 수 있도록 해 준다는 것이다.
적어도 잠재적으로는 그러하다는 것이다.

막스 베버 :
사회의 합리화

　　칼 맑스가 사회 사상사 전반의 관점에서, 또는 지난 100여 년의 정치 변화
의 관점에서 볼 때 가장 중요한 사상가라면, 동시대 독일의 이론가였던 막스
베버(Max Weber: 1864-1920)는 사회학의 관점에서(에밀 뒤르켐과 함께) 가장 중요
한 이론가라고 주장할 수 있을 것이다. 베버는 매우 복합적인 사상가로서 사회
사상의 발전에 많은 기여를 했지만 그는 서구의 합리화 과정에 대한 거대 이론
가로 가장 잘 알려져 있다. 그 이론은 합리성에 대한 네 가지 기본적인 유형에
대한 베버의 구분을 기반으로 하고 있다.

합리성의 유형들

실천적 합리성[1]은 우리 모두가 일상적 활동에서 실천하고 있는 그런 유형의 합리성이다. 우리가 매일 맞부딪치고 있는 주어진 상황 속에서 우리들은 어떠한 어려움이 존재하더라도 그것을 극복하고 우리의 목적을 달성하는데 가장 빠른 방법을 찾으려고 노력한다. 예를 들어 우리가 매일 이용하는 학교로 가는 길이 교통사고 때문에 막혔다면 우리는 옆길로 빠져 여러 뒷길들을 거쳐 캠퍼스에 도달하려고 할 것이다. 실천적 합리성은 서구인들만이 실행하고 있는 것은 아니다; 역사상 존재하는 모든 사회의 모든 사람들이 이러한 형태의 합리성을 사용해 왔다.

이론적 합리성[2]은 점점 더 추상적 개념들의 개발을 통해서 현실을 인식하려는 노력이다. 이의 목표는 세계에 대한 합리적인 이해를 얻기 위한 것이지 세계 내에서 합리적인 행동을 하기 위한 것이 아니다. 앞에서 든 교통의 예를 이론적 합리성에 적용하면, 장기적으로 병목현상을 해결하기 위해 노력하는 교통 전문가의 작업은 이론적 합리성의 예가 될 수 있다. 실천적 합리성의 경우와 같이 인지적 합리성 역시 역사상 전세계 어느 지역에서나 가동되어 왔다.

실질적 합리성[3]은 실천적 합리성과 같이 직접적인 행동에 연관된다. 차이는 행위자가 일을 가장 빨리 할 수 있는 방법을 선택하는 데에 있어서 일상적 경험이나 실용적 생각이 아니라 더 큰 가치에 따라 결정한다는 것이다. 예를 들면 한 부족이 사냥을 나가기 전에 언덕에 창을 묻어야 한다고 믿고 있다면 그렇게 해야 하는 것이다. 실천적 합리성의 관점에서는 창을 묻기 위해 시간을 쓰는 일은 분명 합리적이지 않지만 그러나 부족의 가치체계에서 그것은 합리적이다. 이것은 한 부족 내에서(또는 가치 체계 내에서) 일어난 일이 다른 부족에서 일어난 일보다 더 합리적이라거나 덜 합리적이라고 볼 수 없다는 것을 의미

---

1) **실천적 합리성**(practical rationality) 일상생활에서 우리는 많은 어려움에 직면하는데, 이때 목적을 달성하기 위해 가장 빠른 방법을 찾으려 노력하는 것.
2) **이론적 합리성**(theoretical rationality) 추상적 개념들을 발전시킴으로써 현실을 총체적으로 인식하려는 노력. 합리적 행동보다는 합리적으로 세상을 이해하려는 노력.
3) **실질적 합리성**(substantive rationality) 가장 편의적인 행동의 선택은 일상적 경험이나 실용적 생각에 의해서라기보다는 더 큰 가치에 의해 유도된다.

한다. 이렇게 한 부족 사회에서 당신은 창을 묻어야 하고 다른 부족 사회에서 당신은 의례적으로 목욕을 하여야 하는데 양 쪽 모두 특수한 맥락에서 합리적이다. 이미 언급했던 두 유형의 합리성과 함께 실질적 합리성은 초문명적이고 초역사적이다.

마지막으로 베버에게 가장 중요한 것은 **형식 합리성**[1]이다. 형식 합리성 내에서 가장 합당한 행동은 규칙, 규제와 법에 따라 행동을 선택하는 것이다. 이에 대한 고전적인 경우는 가장 합리적인 행동이 무엇인가를 조직의 규칙이 정하고 있는 근대 관료제이다. 가령 그 규칙이 모든 조치 이전에 3장의 소정 양식이 작성되어 있어야 한다고 정해 놓았다면 모든 사람들은 그렇게 해야만 한다. 조직 바깥의 누군가에게 이것은 비효율적이고 비합리적으로 보일 수도 있지만 관료제의 맥락 내에서는 이것이 합리적이다. 합리성의 다른 형태와 다르게 형식 합리성은 산업화의 시작과 더불어 서구에서만 출현하였다.

이렇게 베버는 형식 합리성에 관심을 가지고 있었고 왜 그것이 다른 곳이나 다른 시대가 아니라 근대적 서구에서만 나타났는가에 대해 관심을 가지고 있었다. 이것은 어떠한 요인이 서구에서(형식) 합리화가 발전하도록 했는가에 대한 관심으로 그를 유도하였다. 그것을 촉진시키거나 방해한 주된 요인은 종교에 있었다.

프로테스탄트 윤리와 자본주의 정신

서구에서는 합리화가 출현하는데 프로테스탄티즘이 핵심적 역할을 했다. 이와 관련하여 베버는 경제 체계의 합리화에 관심을 가지고 있었다. 가장 합리적인 경제 체계는 자본주의이다. 베버는 자본주의를 여러 가지 면에서 합리적이라고 보았는데, 그 가운데 매우 핵심적 측면은 자본주의가 사물의 계량화를 중시하고 있다는 점이다. 이것을 가장 잘 보여 주는 사실은 자본주의가 개발하고 또 의존하게 된 근대적 부기이다. 베버는 프로테스탄티즘(칼뱅주의로 알려진

---

1) **형식 합리성(formal rationality)** 누구에게나 적용되는 규칙, 규제, 법에 기반한 가장 빠르고 정확한 행동의 선택. 이 합리성의 형태는 근대 서구사회의 가장 두드러진 형태.

교파가 특히)이 자본주의의 발생을 촉진시키는 역할을 했다는 점에 주목하였다. 반면에 세계의 다른 종교들(중국의 유교, 인도의 힌두교)은 합리화 일반, 특히 자본주의가 그들 나라에서 부흥하지 못하도록 방해하고 있었다.

베버는 칼뱅주의에 내재하는 **프로테스탄트 윤리**[1]에 관심을 보였다. 칼뱅주의자들은 예정조화설을 믿고 있었다; 이에 의하면 사후에 천당이나 지옥으로 가게 될지가 사전에 결정되어 있다는 것이었다. 따라서 신자들은 자신의 운명에 영향을 미칠 수 있는 방법이 없었다. 그러나 그들은 자신이 구원을 받았는지 저주를 받았는지를 식별할 수 있었는데 구원을 받았다는 중요한 징표의 하나는 사업에서 성공하는 것, 즉 더 크고 더 많은 이윤을 내는 사업들을 일구어내는 것이었다. 다시 말해 그들은 하찮은 개인적 쾌락을 위해 돈을 쓰는 대신에 돈을 절약하여 그것으로 더 크게 성공하기 위해 사업에 재투자하였다. 무자비하게 이윤을 추구하는 과정에서도 그들은 그렇게 행동하는 것이 윤리적 의무라는 사실에서 위안을 얻었다. 또한 기업가들은 열심히 일하는 양심적인 노동자들을 공급받았다. 이들은 기업가와 마찬가지로 구원의 징표를 찾으려고 하였으며, 훌륭한 노동자가 되는 것은 그러한 징표 중의 하나였다. 칼뱅주의자 기업가들은 자신은 성공적이지만 자신을 위해 일하는 노동자들이 그렇게 성공하지 못했다는 사실에 그렇게 고민하지는 않았다. 결국 이 모든 것은 예정되어 있었던 것이기 때문이다. 그들이 구원받은 사람들에 속하지 않는다면 그들은 성공적일 수 없을 것이다. 최소한 그들이 고용한 몇몇 사람들이 구원된 사람들이라면 그들은 경제적으로 풍요로워질 것이다. 그것은 부를 추구하고 획득한 사람들에게는 참으로 마음 편한 체계였다.

칼뱅주의자들(및 다른 종파들이)이 갖고 있던 경제적 성공에 대한 이러한 믿음들이 합쳐져서 프로테스탄트 윤리를 구성한다. 이것을 베버는 또 다른 형태의 사상의 발전과 연결시키고 있는데 그것이 곧 **자본주의 정신**[2]이다. 이것은

---

1) **프로테스탄트 윤리(protestant ethic)** 예정 조화설에 대한 믿음 때문에 칼뱅주의자들은 천국으로 가게 되는지 지옥으로 가게 되는지를 알지 못하고 자신의 운명을 바꾸기 위해 어떻게 행동해야 하는지를 알고 있지 않다. 그러나 그들이 구원받았는지 저주 받았는지를 구별할 수 있는 표시가 있다. 사업에서 성공한 것이 구원을 받았다는 중요한 표시이다.

2) **자본주의 정신(sprit of capitalism)** 다른 지역과는 다르게 서구에서 사람들은 탐욕 때문이 아니라 경제적인 성공을 끊임없이 추구하게 만드는 윤리적 체계 때문에 경제적으로 성공하려고 한다. 자본주의 정신은 이윤 추구를 포함하여 합리적이고 체계적으로 검약, 정확, 공정성 등 돈을 버는 것 자체를 정당한 목적으로 여기게 만드는 다양한 구성 요소들이 있다.

종국에는 자본주의 경제 체계로 이끈 관념체계이다. 사람들은 다른 시대에도 다른 지역에서도 경제적으로 성공하려고 노력했었지만 서구에서 이 시기는 탐욕이 아니라 경제적 성공을 지지하는 윤리적 체계가 사람들에게 동기를 부여했다는 점에서 다르다. 이윤 추구가 도덕적으로 의심받는 탐욕적인 행동에서 매우 도덕적이라고 인정받는 태도로 바뀐 것이다.

자본주의 정신은 수많은 구성요소들로 이루어져 있는데 그 중 우리의 주제와 관련하여 핵심적인 것은 이윤을 합리적이고 체계적으로 추구하는 정신이다. 이러한 정신과 연관되어 있는 관념들은 근검 절약, 정확성, 공정성 그리고 돈을 버는 것 자체가 정당한 목적이라는 것들이다. 무엇보다도 끊임없이 부를 증가시키고 경제적으로 번영하는 것이 사람들의 의무였다. 자본주의 정신은 개인적 야망과 분리되어 윤리적 요청이 되었다.

프로테스탄트 윤리와 자본주의 정신 사이에는 분명히 친화성이 있다; 전자는 후자의 출현을 가능하게 한다. 이에 대한 증거를 베버는 몇몇 종교가 혼재하고 있던 유럽국가들에서 찾았다. 베버는 이러한 나라의 경제를 이끌어가고 있는 사람들은—기업가, 금융자본가, 고급 숙련 노동자, 기술적으로 기업적으로 훈련받은 사람들—압도적으로 프로테스탄트들이었음을 확인하였다. 이러한 사실은 프로테스탄티즘이 이러한 직업을 선택하도록 하는 중요한 원인이었다는 것을 의미하고 그와 반대로 다른 종교들(가령 가톨릭)은 사람들이 이러한 직업을 선호하도록 하는 그런 이념체계를 창출하는데 실패했다는 것을 의미한다. 다른 말로 로마 가톨릭은 자본주의 정신이 탄생하도록 하지 않았고 할 수도 없었다. 사실 로마 가톨릭은 그러한 정신이 발전하는 것을 가로막고 있었다. 이렇게 가톨릭은 서구에서 마치 유교와 불교가 동양에서 했던 것과 비슷한 역할을 하고 있었다.

유교, 힌두교와 자본주의

중국은 서구와 비슷하게 자본주의 발전을 위한 전제조건들, 가령 강력한 성취욕과 지칠 줄 모르는 경쟁욕을 갖추고 있었다. 중국인들은 대규모 산업과 엄청난 작업 능력을 갖고 있었다. 이러한 요인들을 고려하면 왜 중국에서는 사회전반의 합리화가 진행되지 않았는가라는 질문, 그리고 보다 구체적으로는 중국에서는 왜 자본주의가 발전하지 않았는가라는 질문이 제기된다. 자본주의의 요소들은(금융대부업과 높은 이윤을 추구하는 기업가들) 중국에 이미 있었지만, 중국은 시장이 형성되어 있지 않았고 자본주의의 다른 합리적인 요소들이 발전해 있지 않았다. 중국에서 자본주의가 발전하지 않은 여러 가지 이유가 있지만 그 가운데 가장 중요한 이유는 유교와 그 특질에서 찾아야 한다.

유교 사회에서 관직을 얻고 지위를 유지하기 위해서는 교육이 중요하였다. 문예에 능한 교양있는 사람이 존경받았다. 또한 영리하고 재치있는 사람들 역시 귀하게 여겨졌다. 유교는 노동을 천시했고 그 일은 아래 사람에게 떠넘겨졌다. 유교 역시 부에 가치를 두지 않은 것은 아니지만 그것을 얻기 위해서 일을 해야 한다고 생각하지는 않았다. 유교는 경제나 경제 행위를 중요하게 취급하지 않았던 것이다. 이윤을 얻기 위한 사업에 적극적으로 참여하는 일은 도덕적으로 바람직하지 않고 양반답지 않은 행동으로 여겨졌다. 양반들은 그에 더하여 경제적 변동이나 어떠한 종류의 변동도 원하지 않았다. 양반들이 바라는 것은 현재 상태를 유지하는 것이었다. 아마도 가장 중요한 사실은 유교와 그들이 살고 있는 세상 사이에 어떠한 긴장도 발생하지 않는 것이었다. 따라서 그들은 그 긴장을 해소하기 위해 어떠한 행동도 할 필요가 없었다. 칼뱅주의는 이와 달리 예정 조화설과 자신의 운명에 대해 알고 싶은 욕구 사이에 긴장이 존재했고 그것은 사업에서의 성공을 통해 구원의 징표를 얻으려는 생각과 그를 통해 긴장을 해소하려는 생각으로 사람들을 유도했다.

인도의 힌두교에는 합리화나 자본주의로 가지 못하게 하는 장애물들이 많았다. 예를 들어 힌두교인은 사람들은 전생의 업보에 따라 카스트(사회계층체계 내에 고정된 위치)를 타고난다고 믿고 있다. 카스트제도의 의례들을 충실히 준수함으로써 힌두교도들은 다음 생을 위해 덕을 쌓으려고 한다. 구원은 그 규칙을 충실하게 따름으로써 얻어질 수 있는 것이다. 혁신은, 특히 경제적 영역에서의 혁신은 다음 생에 더 좋은 카스트로 태어나는데 도움이 되질 못한다. 현세에서의 행동은 중요한 의미를 갖지 못하는데 그 이유는 현세는 잠시 그냥 스쳐 지나가는 체류지일 뿐이고 힌두교 영혼 추구에 방해가 되기 때문이다.

권위구조와 합리화

합리화의 주제는 베버 저작의 다른 많은 관점들을 관통하는 주제이다. 이를 다른 영역인 권위구조에 적용하여 보자. 권위는 정당한 지배이다. 그렇다면 무엇이 어떤 사람들은 명령을 내리고 다른 사람들은 그것에 복종하는 관계를 정당화하는가라는 문제가 해결되어야 한다. 권위의 세 가지 기반은 전통, 카리스마, 합리적 합법성이다. 합리화 이론의 연장에서 베버는 장기적으로 합리적·합법적 권위가 세상을 지배하게 될 것이라고 예견하였다.

전통적 권위[1]는 특정한 사람들은(가족이나 부족, 혈통에 근거하여) 언젠가부터 권위를 행사해 왔다는 피지배자의 믿음으로부터 나온다. 지도자는 명령하고 아래 사람은 오래된 규칙과 권력의 신성함을 믿는다. 다양한 형태의 전통적 권위에는 나이 많은 사람이 정한 규칙, 지위 등을 물려받은 지도자에 의한 규칙 등이 있다. 베버는 봉건주의를 전통적 권위의 한 유형으로 보았다. 전통적 권위구도는 합리적이지 않고 그들은 합리화 과정을 방해한다. 오늘날의 세상에서도 특히 산업화가 덜 진행된 나라에 전통적 권위의 흔적이 남아있지만, 그러나 대부분 사라지고 부분적으로만 남아 있다. 예를 들어 영국의 군주제는 전통적 권위의 흔적이지만 그러나 그것에 권력은 남아 있지 않다.

카리스마적 권위[2]는 카리스마적 지도자의 특출한 신성성, 영웅주의 또는 특출한 성격에 대한 추종자들의 믿음 때문에 정당화된다. 이제는 잘 알려진 용어인 **카리스마**[3]라는 개념에는 이러한 생각이 모두 포함되어 있다. 일상적 용어로 사용할 때 우리는 특출한 성격을 가지고 있는 사람을 카리스마적 인물이라고 부르지만, 베버는 사람들이 어느 누군가를 카리스마가 있다고 간주하게 되는 사실에 강조점을 둔다. 이 점은 누군가가 카리스마적 지도자가 되기 위해서 반드시 특출한 개인적 자질을 갖출 필요는 없다라는 중요한 결론에 이르게 한

---

1) **전통적 권위**(traditional authority)　특정한 사람들이(가족, 부족, 혈통에 근거하여) 언젠가부터 행사하고 있는 권력을 추종자들이 인정하고 있는 권위.
2) **카리스마적 권위**(charismatic authority)　예외적인 신성성, 영웅주의 혹은 카리스마적 지도자의 독특한 특성에 대한 추종자들의 믿음에 기반한 권위.
3) **카리스마**(charisma)　예외적인 능력을 갖고 있다고 다른 사람들이 믿고 있는 것. 실제로 그 사람이 그러한 능력을 갖고 있지 않을 수도 있다.

다. 베버에게 있어 카리스마는 매우 중요한 혁명적 요인이다. 역사적으로 카리
스마적 지도자는 선두에 서서 전통적(그리고 심지어는 합리적·합법적) 권위구
도를 바꾸어 왔다.

그러나 잊지 말아야 할 것은 카리스마적 권위는 합리적이지 않아서 일상적
인 사회의 요구들을 처리하는 데에는 적합하지 않다는 점이다. 이러한 사실은
영웅적인 카리스마적 지도자의 추종자들에게는 아주 명백하고 즉각적으로 나타
난다. 권력을 잡자마자 그들이 밟는 수순은 그들의 정부를 일상적으로 처리해
야 할 일들을 더 잘 처리할 수 있도록 만드는 것이다. 그들은 베버가 **카리스마
의 일상화**1)라고 부른 과정을 통해서 이를 수행한다. 다시 말해, 세속적인 일들
을 처리할 수 있도록 그들 정부의 비상하고 혁명적인 성격을 바꾸려고 노력한
다. 그들은 카리스마적 지도자가 사라지는 날을 대비하여 이러한 일들을 꾸민
다. 그들이 이러한 수순을 밟지 않고 있다가 지도자가 죽게 되면 그들은 권력
을 잃게 된다. 그렇기 때문에 카리스마의 일상화를 통해서 그들은 카리스마가
한 제자에게 또는 제자집단이 만든 행정조직에 넘어가기를 바란다.

여기에는 엄청난 모순이 존재한다. 카리스마를 일상적인 것으로 바꾸는 과
정에서 추종자들은 이 권위가 일상적인 차원에서도 작동하고 지도자의 사후에
도 존속할 수 있도록 하는데 필요한 조치들을 취한다. 그러나 그러한 일들이
성공적이라면 그들은 바로 카리스마적 권위의 기반을 무너뜨리고 있는 것으로
이제 카리스마적 권위는 더 이상 비범하지 않는 것이 되고 추종자들도 그렇게
인식하지 않게 된다. 이렇게 카리스마의 일상화 과정은 카리스마를 파괴하고
그 구조는 베버가 말한 다른 권위구도, 즉 전통적 또는 합리적·합법적 권위구
도의 하나로 이행된다.

---

1) **카리스마의 일상화**(routinization of charisma) 일상적인 일들을 잘 처리하기 위해 카리스마적
지도자의 예외적이고 혁명적인 능력을 바꾸려는 그의 제자들의 노력. 이러한 노력은 카리스
마 지도자가 무대에서 사라진 뒤에 그의 제자들이 권력을 유지하기 위해 준비하는 과정이기
도 하다.

핵심 개념
이념형과 이념형적 관료제

베버는 방법론적으로 중요한 아이디어들을 많이 고안했는데 그 가운데 가장 중요한 것은 **이념형**[1]이다. 오해를 피하기 위해서 미리 밝혀 두어야 할 점은, 이념형이 의미하는 것은 어떤 유토피아이거나 가장 바람직한 어떤 현상이 아니라는 것이다. 그것이 이념적인 것은 현상을 일면적으로 과장한 것, 보통은 주어진 현상의 합리성에 대한 과장이기 때문이다. 그러한 일방적인 과장은 베버가 과거나 현재의 다양한 사회적 실체를 분석하는데 사용한 개념들로 발전하였다. 이념형은 다양하고 특수한 사회현상의 사례들을 문화간에 또는 시대간에 비교하기 위해서 사용하는 측정 척도이다.

베버의 가장 유명한 이념형은 관료제이다. **관료제**[2]의 이념형은 다음과 같은 특징을 가지고 있다.

1. 일련의 공식적 기능들은 관직으로 발전하게 되는바, 이 관직을 가진 자의 행동은 규칙에 의해 규제된다.
2. 각 관직은 특화된 관할 영역에서 이루어진다.
3. 각 관직은 특수한 기능을 수행해야 하는 의무가 있고 그것을 수행해야 하는 권위를 가지며 그 일을 수행하는 강제적 수단을 가진다.
4. 각 관직은 위계 질서가 정해진 체계 내에 조직되어 있다.
5. 사람들은 각 관직 수행에 필요한 기술적 능력을 갖추기 위해 훈련을 받아야 한다.
6. 관료제 조직에 소속된 사람들에게는 그들이 일을 수행하는 데 필요한 도구들이 제공된다. 그들이 그 도구들을 소유하는 것은 아니다.
7. 각 지위는 조직의 부분이고 지위 소유자 개인에 의해서 점유되어서는 안 된다.
8. 관료제에서 진행되는 대부분의 일들(행동, 결정, 규칙)은 서류로 처리된다.

---

[1] **이념형**(ideal type) 복잡다단한 세상을 분석하기 위해 주어진 현상의 합리성을 요약, 압축한 개념. 이념형은 사회 현상의 다양하고 특정한 예를 비교하기 위해, 곧 문화 비교를 위해서나 역사 비교를 위해서 사용할 수 있는 기준 척도이다.
[2] **관료제**(bureaucracy) 조직원의 행동이 규칙에 기반하도록 만든 조직의 근대적 형태; 각 임무는 고유한 영역에서 이루어지며 특수한 임무를 수행할 의무와 일을 수행하는 데 필요한 수단과 권위를 갖고 있다; 각 임무는 위계질서 체계에 조직되어 있다; 각 직무를 수행하기 위해서는 기술적 훈련이 필요하다; 지위는 조직의 부분일 뿐이고 지위 소유자 개인에 의해서 점유되어서는 안 된다; 관료제에서 진행되는 대부분의 일들(행동, 결정, 규칙)은 서류로 처리된다.

다른 이념형의 경우와 마찬가지로 완벽한 이념형의 형태로 존재하는 관료제 이념형은 현실에서 찾아볼 수 없다. 이념형을 만들면서 베버는 관료제가 서구 근대 사회에서 만들어진 것이라는 확신을 가지고 있었지만 서구에서 마저도 이러한 특징들을 모두 그리고 상당수준으로 가지고 있는 조직은 실재하지 않는다는 것을 인정하였다. 그러나 베버는 이 이념형을(그리고 모든 이념형을) 역사·비교 분석에, 관료제적 이념행위의 경우 조직형태의 역사·비교 분석에 적용하였다. 베버는 세 가지 권위가 각각 작용하던 시기에 이 이념형을 적용하여 전통적 권위나 카리스마적 권위의 조직형태들에서 이러한 관료제의 이념형적 특징이 존재하지 않는다는 사실을 밝혀냈다. 그들은 관료제가 아니고, 또한 합리적·합법적 권위에 의거한 관료제적 조직만큼 원활히 기능하지 않는다.

우리는 이념형을 현대 사회에 존재하는 구체적 조직들을 비교하기 위해 사용할 수도 있을 것이다. 이 경우 우리는 이 조직들이 이념형과 어느 정도 차이가 있는지를 측정하게 된다. 연구자들은 이렇게 이념형을 사용하여 이념형과 구체적 조직들간의 편차를 부각시킨 후 이 편차를 설명하려고 할 것이다. 어떤 조직이 이념형과 부합되지 않는 이유들 가운데에는 잘못된 측정, 전략적 실수, 논리적 오류, 감정적 변수들이 있을 수 있고 또는 더욱 일반적으로는 조직을 운영하는데 어떠한 비합리성이 개입되어 있을 수도 있다.

이미 언급한 바와 같이 카리스마적 권위는 혁명적 동력이다. 그 권위는 내부로부터 사람들을 변화시킴으로써 작동한다; 그들은 생각을 바꾸고 카리스마적 지도자를 따르기로 한다. 카리스마는 중요한 혁명적 동력이기는 하지만 베버가 역사에서 가장 중요한 혁명적 동력이라고 강조한 것, 즉 **합리적·합법적 권위**1) 의 등장과 합리화 과정과 비교하자면 그것은 그다지 큰 의미를 갖지 못한다. 합리적·합법적 권위에서 지도자의 정당성은 일련의 성문화된 규칙들이 존재하고 지도자들은 이 규칙에 따라 자신의 지위를 획득했다는 사실로부터 나온다. 예를 들면 미합중국의 대통령은 합리적·합법적 권위의 한 예이고 그의 지도력은 그가 선거에서 가장 많은 표를 얻은 선거의 승리자라는 사실에 의해서 정당화된다.

카리스마는 사람들의 마음을 변화시키기는 하지만—그것은 그 내부로부터 사람들을 변화시키는 반면에, 합리화는 그 외부로부터 사람들을 변화시킨다—합

---

1) **합리적·합법적 권위(rational-legal authority)** 합의된 규칙과 규율들로부터 지도자의 정당성이 파생되는 권위의 한 형태이고 지도자의 위치는 이러한 규칙들의 결과이다.

리적·합법적 권위는 우리가 살고 있는 구조를 바꾸어 놓는다. 합리적·합법적 권위와 연관된 중심적 구조는 현대 관료제(이념형에 대한 핵심 개념 박스를 볼 것)이다. 권위의 다른 형태들(전통적 또는 카리스마적 형태들)도 그와 연관된 조직들을 가지고 있지만, 이 조직들은 관료제에 미치지 못하며 관료제가 사람들에게 행사하는 것과 같은 영향력을 가지고 있지 못하다. 관료제는 베버에게 중요한 개념인데 왜냐하면 관료제는 합리적·합법적 권위의 심장일 뿐 아니라, 바로 서구 합리화 과정의 모델 그 자체이기 때문이다. 베버가 보기에 관료제는 비단 합리적인 구조일 뿐 아니라 하나의 막강한 구조로써, 그것은 그 안에서 일하는 사람들에게는 물론이고 자신의 봉사대상인 사람들에게까지도 엄청난 통제력을 행사한다. 관료제는 일종의 철장으로서, 그것은 사람들의 사고방식와 행동방식을 바꾸어 놓는다.

　　보다 일반적으로 베버는 합리화 과정을 철장과 같은 성격을 가지고 있는 것으로 보았다. 합리화 과정 일반은, 그리고 특히 합리적·합법적 권위(그리고 그에 의한 관료제)는 수많은 장점을 가지고 있지만 베버는 그로 말미암아 발생하는 문제점들도 날카롭게 감지하고 있다. 사실 베버하면 거의 도망갈 수 없는 감옥 같은 강력한 구조의 이미지, 즉 합리화의 철장 명제가 연상된다. 베버는 서구의 증대하는 합리화 과정을 그렇게 생각했다. 그는 합리화 과정이 가져다준 발전들은 받아들였지만 사람들에 대한 엄격한 통제의 증가에 대해서는 절망했다. 베버가 두려워한 것은, 점점 더 많은 사회의 부분들이(단지 통치조직뿐 아니라) 합리화되고 그 결과 사람들이 합리화되지 않은 삶의 부분으로 도망하기가 점점 어려워지는 상황이다. 그들은 합리화의 철장에 갇혀 있는 자신을 발견하게 될 것이다.

　　베버는 합리화와 합리적·합법적 권위가 서구에서 승리한 것이라고 보았다. 합리적·합법적 권위는 전통적 권위보다 훨씬 더 효과적이고 결과적으로 후자는 결국 전자에게 길을 내주어야 한다. 카리스마적 혁명은 앞으로도 계속 일어나겠지만, 일단 일상화되고 나면 카리스마적 권위의 조직은 합리적 관료제와 비교하여 취약하다. 어떠한 경우이든 한번 일상화되면 카리스마는 파괴되고 권위구조는 다른 형태로 넘어가게 되어 있다. 이 다른 형태가 전통적 권위가 될 수도 있지만, 근대 서구사회에서 카리스마적 권위는 합리적·합법적 권위로 넘어가게 될

가능성이 커지고 있다. 더욱이 현대에서 카리스마적 운동들이 발생하면 그들은
합리화와 합리적·합법적 권위의 철장을 피할 수 없게 된다. 그 철장은 사람을
가둘 뿐 아니라 외부의 습격에도 물한방울 스며들지 않을 만큼 강하다; 이 철
장은 카리스마적 지도자와 그를 추종하는 무리들을 따돌릴 능력이 있다. 현대
세계에서 카리스마적 권위는 전통적 권위와 마찬가지로 현대 사회의 요구와 잘
맞아 떨어지지 않고 따라서 권력을 획득할 가능성은 점점 더 줄어든다. 합리적·
합법적 권위, 합리화와 합리성의 철장이 승리한 것이다 !

게오르크 짐멜:
증가하는 문화의 비극

고전기 주요 독일 사회이론가 세 사람 중 또 한 사람은 게오르크 짐멜
(Georg Simmel: 1858-1918)이었다. 짐멜의 큰 화두는 그가 문화의 비극이라 불렀던
것이었다.

객관적 그리고 주관적 문화

이 문화의 비극은 주관적인(또는 개인적인) 그리고 객관적인(또는 집합적
인) 문화 사이의 구분을 기초로 한다. **객관적 문화**[1]는 사람들이 생산하는 객체
들(예술, 과학, 철학 등)을 포함한다. **개인적 문화**[2]는 객관적 문화의 요소들을
생산하고 흡수하며 통제하는 개인의 능력과 관련된다. **문화의 비극**[3]은 시간이

---

1) **객관적 문화**(objective culture) 사람들이 생산하는 객체들(예술, 과학, 철학 등)을 포함하며, 이
   들이 문화를 구성한다.
2) **개인적 문화**(individual culture) 객관적 문화의 요소들을 생산하고 흡수하며 통제하는 개인의
   능력과 관련된다
3) **문화의 비극**(tragedy of culture) 시간이 지남에 따라 개인적 문화와 객관적 문화를 생산하는

지남에 따라 개인적 문화와 객관적 문화를 생산하는 능력은 아주 조금만 성장하는 반면, 객관적 문화는 기하급수적으로 성장했다는 사실에서 비롯한다. 시간과 함께 사람들의 창조적 능력이 적어도 조금은 성장했다 하더라도, 그들이 생산한 것들의 총량의 증가는 그것에 비견할 수 없이 폭발적이었다.

첫째, 객관적 문화의 절대적 크기가 증가한다. 이것은 과학의 경우에 가장 확실하게 보여진다. 우리가 이전 그 어느 때보다 의학, 천문학, 물리학 그리고 사회학에 관해 더욱 많은 것들을 알고 있고, 나날이 점점 더 많은 것을 알아가게 될 것이라는 것은 분명하다. 둘째, 객관적 문화의 많은 다른 구성요소들이 증가한다. 예를 들어 몇 년 전만해도 인터넷은 존재하지 않았다. 오늘날 그것은 점점 더 객관적 문화의 중요 부분이 되었고, 그것에 관해 알아야 할 것들이 계속해서 더 많아진다. 마지막으로, 그리고 아마도 가장 중요한 것은 객관적인 문화의 다양한 구성 요소들이 점차 그들을 창조한 행위자들의 이해를 넘어 스스로 통제되는, 이전 어느 때보다 더 강력하고, 독립적인 세계가 되어 간다는 것이다.

문화의 비극은 불충분한 우리 개인의 능력이 우리의 문화 생산물들과 보조를 맞출 수 없다는 것에서 비롯한다. 우리는 우리가 창조한 세계에 대해 점점 더 적게 이해할 수밖에 없게 된다. 더 중요하게는 우리가 점점 더 그 세계에 의해 통제당하는 운명에 놓이게 된다는 것이다. 예를 들어, 인터넷은 요즘 우리 삶 전반에 걸쳐 거대한 통제력을 행사하고 있고, 그러한 통제력은 한데 얽혀 점점 더 중요하고, 점점 더 복합적으로 되어간다. 우리가 그것에 대해 이해하는 바는 보다 적어지지만, 우리는 그것을 보다 더 필요로 하게 된다.

노동의 분화

문화의 비극에 있어서 한 핵심 요인은 노동분화의 증가이다. 증대된 전문화는 보다 복잡하고, 정교한 객관적 세계의 요소들을 생산해 내는 증대된 능력

능력은 아주 조금만 성장하는 반면, 객관적 문화는 기하급수적으로 성장한다는 사실에서 비롯한다. 시간과 함께 사람들의 창조적 능력이 적어도 조금은 성장했다 하더라도, 그들이 생산한 것들의 총량의 증가는 그것에 비견할 수 없이 폭발적이었다.

을 이끌어낸다. 그러나 동시에 고도로 전문화된 개개인은 문화 전반에 대한 감
각을 잃고, 그것을 통제하는 능력을 상실한다.

어떤 사람이 고도로 복잡한 컴퓨터 프로그램을 만드는 사람이라고 가정해
보자; 특정한 프로그램을 생산하는 세부적인 것들 또는 프로그램의 미세한 일
부분에 열중하게 되는 개인은 컴퓨터 공학, 인터넷 또는 인터넷 문화 전반에
대한 감각을 잃어버리게 된다. 객관적 문화가 커져감에 따라, 개인적 문화는 위
축된다.

물론, 이 모든 것들에는 긍정적인 측면들도 있다. 전문화는 우리 일상적 삶
을 크게 향상시키는 무수한 발전을 이끌었다. 객관적 문화 안에서 굉장히 많은
그리고 확장된 영역의 일들이 가능해졌고, 우리는 이전보다 훨씬 더 많은 선택
가능성들을 가진다. 그러나 이 모든 것은 우리가 일상에서 직면해야 하고 맞서
려 노력해야 하는 객관적 문화와 비교하여 점점 그 중요성을 잃어가는 우리 존
재와 개인적 감성이라는 비용을 지불하게 한다. 이 대결에서, 개인들은 패자로
운명지워진다. 설상가상으로, 이러한 과정은 끝이 없고, 우리는 객관적 문화와
비교하여 계속적으로 더욱 사소해져 가고, 그것에 의해 점점 더 많이 통제당할
수밖에 없다. 우리 사회의 미래 거주자들은 지금의 우리보다 훨씬 더 비참한
모습으로 운명지워져 있다.

토스타인 베블렌:
산업에 대한 기업 통제의 증가

거대 이론에 대한 이 장을 한 미국인 토스타인 베블렌(Thorstein Veblen:
1857-1929)의 기여에 대한 소개로 마무리하려고 한다. 베블렌의 일관된 관심은
산업과 기업 사이의 갈등에 대한 것이었다. 우리에게 이 두 용어는 서로 밀접

한 관계인 것처럼 보이지만 베블렌에게는 서로 대립적인 것이고 사실 서로 내
재적인 갈등이 있는 것이었다. 산업적 이해에서는 점점 더 많은 생산물을 쏟아
내려고 하지만, 기업적 이해에 따르면 가격을 유지하고 이윤을 높이기 위해서
는 생산량을 제한하는 것이 더 좋다.

기   업

베블렌은 기업의 성격과 기업 리더들에 있어서의 역사적 변화에 대해 자세
히 기록하고 있다. 초기의 기업 리더들은 계획을 세우고 그 계획을 수행하고
가게를 운영하고 자산을 관리하는 기업가들이었다. 그들은 근로 소득을 올리는
데 더 많은 관심을 가지고 있었는데 그 이유는 최소한 부분적으로라도, 산업
생산에 그들이 직접 기여한 부분으로부터 그들의 수입이 발생하기 때문이다.
베블렌의 관점에서 보면 오늘날의 기업가들은 오로지 거의 자산에만 관심을 갖
고 있는데 그들은 자신들의 자산을 산업에 직접적으로 투자하지 않고 있기 때
문에 노동을 통해서 소득을 벌어들이는 것이 아니다(사실 금융은 그 자산을 부
풀리는 것이 중요하지 산업에 투자하는 것이 중요하지 않다). 점점 더 일상적으
로 금융을 관리하게 되고 마침내는 대규모 금융회사를 통해서 그것을 관리하고
있다. 이렇게 산업과 투자 어느 쪽에도 구체적인 지식을 갖고 있지 않은 기업
가들은 그 둘 사이의 중개적인 역할을 더 이상 맡지 않고 있다.

기업은 베블렌이 살던 시대를 특히 상류계급의 이해관계에 맞추어 규정해
나가기 시작했다. **기업**[1]은 경제적 과정에 대한 금전적 접근으로 정의된다; 곧
중요한 관심은 돈이다. 따라서 기업이 속한 공동체에 그 관심이 있는 것이 아
니라 기업의 이윤성에 관심이 있다. 기업가들은 직업적으로 소유와 취득에 몰
두하고 있다; 유한계급이 이러한 지위를 주로 차지하게 된다. 이렇게 기업의 대
표나 자금력을 갖고 있는 사람(투자 은행, 기업의 대표를 움직이는 금융가들)들
은 모두 기업을 하려고 한다. 기업이라는 것은 베블렌이 보기에 비생산적이기

---

1) **기업(business)** 경제과정에 대한 금전적 접근으로서, 여기서는 주요한 관심이 보다 큰 사회공
　동체를 위한 생산이나 이해관계보다는 자산 획득, 돈, 이윤성 등에 놓여 있다.

때문에 기생적이고 착취적이다. 비생산적이기 때문에 기업가들은 주식을 독점하
거나, 약삭빠른 행동을 하거나, 다그치는 것을 좋아한다.

　베블렌은 기업 리더들이 생산성이 향상되는 데 기여하고 있다는 것을 인정
했지만 그러나 그의 학문적 기여는 기업가들이 지나친 생산을 방해하기도 한다
는 사실을 밝혀 낸 것이다. 베블렌은 현대 주식회사를 기업의 한 형태로 본 것
이다. 그리고 그 기업은 생산성이나 노동자의 기량이 아니라 이윤이나 판매에
보다 많은 관심을 두고 있다는 것이다.

산　　업

　산업[1]은 모든 종류의 대규모의 기계화된 과정들을 이용하고 있다. 산업적인
지향은 노동자의 기량이나 생산성과 관련이 있다. 노동자 계급은 이러한 행동들
에 푹 빠져 있거나 그러한 산업적인 지향을 가지려는 경향이 있다. 그러나 불행
하게도 산업은 그러한 것에 대해 거의 또는 전혀 관심이 없고 오로지 시장바닥
에서 흥정하는 일에 몰두하고 금융으로 흉계를 꾸미려는 기업가들에 의해 움직
인다. 우리가 이미 본 것처럼 그 사람들의 주요 관심은 생산량을 제한하고 산업
체계의 자유로운 작동을 막아 가격을 높이 유지하는(높은 이윤을 획득하려는) 데
있다. 베블렌이 보기에 기업가들이 주로 하는 일은 산업체계의 작동을 방해하고
지체하게 하고 중지시키는 일이다. 그렇게 방해하지 않으면 산업체계의 높은 생
산성은 가격과 이윤을 점차 낮추게 되기 때문이라는 것이다.

　점점 더 밀접하게 맞물려 돌아가는 산업체계는 그것을 보다 협력적으로 만
들기도 하지만 기업가나 국가 지도자들이 그 산업체계를 방해하는 것을 보다
쉽게 만들기도 한다. 이러한 일은 의식적으로 행해지기도 하고 또는 산업체계
의 작동에 대한 기업가의 점증하는 무지 때문에 발생하기도 한다. 어떻든 그
결과는 사회 전체를 곤란에 빠뜨리고 고비용을 만들고 공장을 게으르게 만들고
자원을 낭비하게 만든다. 베블렌은 기업가들이 불경기에 책임이 있다고까지 지

---

1) **산업(industry)**　주로 생산 노동계급에 의해 수행되는, 대규모의 다양한 기계적 과정들의 생산
　적인 사용과 그것의 이해.

적한다: 특정한 시장의 조건하에서 기업가는 상품에서 얻고자 하는 이윤을 확보하지 못하게 될 것이라고 느낄 때 생산을 줄여간다. 베블렌에 있어 전체 공동체의 시각에서 볼 때 과잉생산과 같은 것은 있을 수 없다. 그러나 불황을 만들어 내는 것까지를 포함하는 기업가의 행동에도 불구하고 산업 체계는 여전히 효과적이고 효율적이어서 그것은 기업가들과 그 투자자들로 하여금 엄청난 수익을 얻게 만들고 있다.

근대 산업체계는 생산성이 높아서 생산비용을 넘어 소유주와 투자자들에게 합당한 수익을 만들어 낸다. 여기서 발생하는 추가적인 수익은 베블렌이 자유로운 수입이라고 불렀던 것의 근원지이다. 그 자유로운 수입은 기업가들이나 투자자들에게 돌아가고 노동자에게는 돌아가지 않는다(이것은 맑스의 착취 이론을 떠올리게 한다). 전체적으로 산업을 이끌어가고 있는 계급이나 그 계급의 중요한 부분인 유한계급과 그들의 독특한 취향은 낭비이다. 낭비에 푹 빠져있는 유한계급은 근대 산업사회와 대립적인 위치에 서 있다.

핵심 개념
과시적 소비와 과시적 여가

이 장에서 다룬 다른 사람들과 베블렌이 다른 점은 생산에 대한 주요한 이론을 발전시키기도 했지만 그가 소비 이론을 만들어냈다는 것이다. 사회 계급과 소비 사이의 관계에 대한 그의 이론은 현재에도 중요한 의미를 지니고 있다. 20세기 전환기에 베블렌은 다양한 상품(서비스 상품은 베블렌 시대에는 거의 의미를 갖고 있지 않았지만)을 소비하고자 하는 것은 기본 욕구에 의해서가 아니라 사람들에게 자신을 뽐내기 위한 동기(질투를 유발하는)에서 비롯되었다고 하는 것이다. 특정한 상품을 소유하고 있는 것은 그 자체로 높은 사회적 지위를 나타내는 것이다. 다른 말로 유한계급은 **과시적 소비**[1]에 몰두하는 사람들이다. 유한계급의 과시적 소비는 궁극적으로는 모든 계층의 사람들에게 영향을 미치게 된다. 어떠한 상품을 소비할 것인가를 결정하는데 모든 계층에 있는 사람들은 궁극적으로는 계층체계의 정점에 있는 유한계급의 행동을 흉내내려

---

1) **과시적 소비**(conspicuous consumption) 필요를 위해서 보다는 소비하는 사람의 높은 사회적 지위를 나타내기 위해, 그래서 사람들간의 경쟁적인 사회적 구분의 근거를 마련하기 위해 행해지는 소비.

고 애쓰게 된다. 그 계급의 취향은 아래 계층으로 내려가게 되고 대부분의 사람들은 계층체계에서 그들보다 우위에 있는 사람들이 가지고 있는 것을 갖기 위해 노력하게 된다.

베블렌은 과시적 소비와 **과시적 여가**[1]를 구별하였다. 그에게 있어 여가는 시간을 비생산적으로 사용함으로써 사람들 사이의 구별짓기 하는 방식이었다; 사람들은 그들의 사회적 지위를 높여 보이기 위해서 과시적으로 시간을 낭비하여야 했다. 근대에 들어오면서 사람들은 그러한 구별을 위한 방식이 소비를 과시적으로(시간보다는 상품을 낭비하는) 하는 것으로 바뀌었다. 값싼 물건이 있지만 사치스러운 물건을 구입하는, 상품을 낭비하는 것으로 바뀐 것이다.

근대사회에 들어오면서 상층 사람들이 과시적 여가보다는 과시적 소비에 몰두하게 된데에는 그것이 더 잘 드러나기 때문인데 잘 드러난다고 하는 것은 그 목적이 자신의 지위를 높여 보이기 위한 것이고 다른 사람들을 부럽게 하기 위한 것이라면 더 효과적이다. 새 롤스 로이스로 이웃 사람들 주변을 도는 것이 텔레비전 앞에서 시간을 죽이고 있는 것보다 훨씬 더 잘 보이는 것이지 않은가.

토스타인 베블렌(Thorstein Veblen)
생애의 삽화

베블렌은 부드럽게 표현해서 특이한 사람이었다. 예를 들어 그는 몇 시간 씩 주변 사람들과 아무런 대화를 하지 않고 앉아 있을 수 있었다. 그의 친구들과 그의 추종자들이 그를 미국 경제학회 회장으로 추대했지만 그는 그 자리를 거절하였다. 서점의 점원이 제공한 그에 대한 다음의 초상은 그의 전체 모습을 그려준다.

"매 6주나 8주째마다 정기적으로 나타나는 이 사람은 부드러운 분위기의 금욕적이

---

1) **과시적 여가**(conspicuous leisure) 여가의 소비, 생산적인 시간 사용, 사람들간의 경쟁적인 사회적 구분을 만들기 위해 그리고 시간을 이런 식으로 쓸 수 있는 사람의 사회적 지위를 드러내기 위한 시간의 낭비행위.

고 이해하기 어려운 사람이었다. 그는 머리를 길게 기르고 있었다. … 나는 경제학에
대해서 그와 대화를 나누려고 했었다. … 나는 그의 유한 계급론에 대해 그와 대화
를 나누려고 시도하기도 했었다. 나는 그 책이 사회적 의식을 갖는 데 대단히 좋은
출발점인 것 같다고까지 하였다. 그는 내 말을 모두 주의 깊게 듣고 나더니 눈 덩이
가 녹아 없어지는 것처럼 문 밖으로 사라졌다. 어느 날 그는 라틴어로 된 찬송가를
주문했다. "제가 당신의 성함을 알아야 되는데 왜냐하면 우리는 이 책을 당신을 위
해 주문해야 하기 때문입니다. 이 책을 찾는 손님이 이전에도 없었던 것처럼 앞으로
도 없을 것이기 때문입니다. 그래서 그렇습니다"라고 나는 말했다. "내 이름은 토스
타인 베블렌이요"라고 그는 숨을 내뱉듯이 웅얼거렸다."

◆ 요   약

1. 사회학 고전시대의 거대 이론들은 사회역사의 장대한 변화의 흐름을 그려내고자 했던 방대하면서도 매우 야심찬 이론적 노력들이었다.

2. 에밀 뒤르켐의 거대 이론은 분업의 변화와 함께 기계적 연대로부터 유기적 연대로의 전환을 다루고 있다.

3. 그러한 전환의 주요 요인은 사회의 역동적 밀도에 있어서의 변화이다.

4. 기계적 연대로부터 유기적 연대로의 변화는 집합의식의 힘이 급격하게 약화되는 현상을 수반한다.

5. 그러한 변화의 대표적인 지표는 억압적 법이 주도적인 상태로부터 배상적 법이 주도적으로 되는 상태로의 전환에서 찾아질 수 있다.

6. 유기적 연대와 그것의 약화된 집합의식으로부터 발생하는 주요한 사회병리는 아노미 현상이다.

7. 칼 맑스의 거대이론은 자본주의의 역사적 기원, 자본주의 그 자체의 속성, 그리고 향후 기대되는 공산주의로의 전환을 다루고 있다.

8. 맑스의 자본주의 비판은 인간 잠재성에 대한 몇 가지 가정들에 기반하고 있다. 인간 잠재성은 자본주의 하에서 왜소화되고, 특히 노동자들에 있어 소외 문제를 촉발시킨다.

9. 자본주의는 기본적으로 두 계급 경제체계인데, 그 안에서 한 계급(자본가계급)은 생산수단을 소유하고 있으며 다른 계급(노동자계급)은 생산수단을 사용하기 위해 자신의 노동시간을 팔아야만 하게 되어 있다.

10. 맑스는 모든 사회적 가치는 노동에서 나온다는 노동가치설을 받아들이며, 이를 통하여 어떻게 자본가들이 무산노동자(프롤레타리아)들을 착취하는지를 규명하고자 했다.

11.(자본가들도 그렇지만) 프롤레타리아는 그들의 허위의식으로 인하여 이러한 착취 현실을 제대로 인식할 수 없는데, 그러나 궁극적으로는 자본주의가 작동하는 것에 대한 올바른 이해에 도달할 것이며 또한 올바른 계급의식을 얻게 될 것으로 보았다.

12. 자본주의를 무너뜨리기 위해서는 프롤레타리아들이 적극적인 실천을 하는 것이 필요

하다.

13. 공산주의는 역사상 최초로 인간 잠재성의 완전한 표출을 가능케 하는 사회체계이다.

14. 막스 베버는 4가지 유형의 합리성을 구분하였는데—실천적, 이론적, 실질적, 형식적— 그의 주된 관심은 형식 합리성이었으며 어떻게 그것이 압도적이 되면서 서구의 합리화를 이끌어 내었는지를 규명하고자 했다.

15. 프로테스탄트 윤리는 서구의 합리화에, 특히 서구의 경제를 합리적으로 만드는 데 중심적인 역할을 했다. 프로테스탄트 윤리는 자본주의 정신을 촉발시키는 데, 그리고 궁극적으로는 자본주의 경제체계를 탄생시키는 데에 핵심적인 요인이었다.

16. 베버는 중국의 유교와 인도의 힌두교의 어떤 요인들이 그들 사회에서 근대자본주의의 태동을 가로막고 있었는지 규명하고자 했다.

17. 베버는 세 가지 유형의 권위—전통적, 카리스마적, 합리적·합법적—들을 구분하였으며, 마지막 유형인 합리적·합법적 유형이 근대에서 주도적인 권위형태로 등장하는 것에 대해 논의하고 있다.

18. 짐멜의 거대이론은 근대적 문화의 비극을 주로 다루고 있다.

19. 근대문화의 비극은 근대에 이르러 객관적 문화의 성장과 함께 그것이 계속적으로 개인적 문화를 압도하는 데서 초래된다.

20. 베블렌의 거대 이론은 산업에 대한 기업의 점증하는 통제와 기업의 부정적인 산업적 효과에 대해 다루고 있다.

◆ 추천도서

Steven Lukes, *Emile Durkheim: His Life and Work*, NY: Harper and Row, 1972. 에밀 뒤르켐의 생애와 사상에 대한 최고의 소개서.

Anthony Giddens, ed., *Emile Durkheim: Select Writings*, Cambridge: Cambridge University Press, 1972. 뒤르켐의 주요 저작 대부분에서 발췌한 선집.

Robert Alun Jones, "Emile Durkheim," in George Ritzer, ed., *The Blackwell Companion to Major Social Theorists*, Malden, MA, and Oxford, England: Blackwell, 2000, pp. 205-250. 뒤르켐의 생애와 사상을 잘 소개하며 뒤르켐 사상의 사회적, 지적 맥락에 대해 독창적인 논문도 담고 있다.

David McLellan, *Karl Marx: His Life and Thought*, New York: Harper Colophon, 1973. 맑스의 생애와 사상에 대한 기념비적 소개서.

David McLellan, ed., *The Thought of Karl Marx*, New York: Harper Torchbooks. 맑스의 가장 중요한 저작에서 발췌한 유용한 소개서.

Robert Antonio, "Karl Marx," in George Ritzer, ed., *The Blackwell Companion to Major Social Theorists*, Malden, MA, and Oxford, England: Blackwell, 2000, pp. 105-143. 맑스의 생애와 사상에 대한 최근의 일급 분석서.

Marianne Weber, *Max Weber: Biography*, New York: Wiley, 1975. 그 스스로 학자였던 베버의 부인이 남편의 생애를 자세히 소개한 전기.

Arthur Mitzman, *The Iron Cage: An Historical Interpretation of Max Weber*, New York: Grosset and Dunlap, 1969. 정신분석학적 관점이 담긴 베버 전기.

Steven Kalberg, "Max Weber," in George Ritzer, ed., *The Blackwell Companion to Major Social Theorists*, Malden, MA, and Oxford, England: Blackwell, 2000, pp. 144-204. 베버사상을 훌륭하게 다루고 있다.

David Frisby, *Georg Simmel*, Chichester, England: Ellis Horwood, 1984. 짐멜의 생애와 사상에 대해 짧지만 뛰어난 개관.

Donald Levine, ed., *Georg Simmel: Individuality and Social Forms*, Chicago: University of Chicago Press, 1971. 짐멜 저작 선집.

Larry Scaff, "Georg Simmel," in George Ritzer, ed., *The Blackwell Companion to Major Social Theorists*, Malden, MA, and Oxford, England: Blackwell, 2000, pp. 251-278. 짐멜의 사상에 대한 뛰어난 논문.

John Patrick Diggins, *Thorstein Veblen: Theiriest of Leisure Class*, Princeton: Princeton University Press, 1999. 베블렌의 저작을 집중적으로 다룬 뛰어난 전기.

제 **3** 장

일상생활에 대한

고전적

이론들

62   현대 사회학 이론과 그 고전적 뿌리

사회적 행위
   행태와 행위
    생애의 삽화: 막스 베버
   행위의 유형들
    핵심 개념: 이해

사회적 결사
   형식과 유형들
    생애의 삽화: 게오르크 짐멜
   의   식
   집단의 규모
    핵심 개념: 비밀
   거리와 이방인
   거리와 가치

사회행동주의
   행   동
   몸   짓
   의미 있는 상징과 언어
   자   아
    생애의 삽화: 조지 허버트 미드
   주체적 자아와 대상적 자아

상징적 상호작용론
   상황 정의
   찰스 호톤 쿨리와 로버트 파크의 기여
    생애의 삽화: 로버트 파크

행위이론
   단위행위
   유형변수

생활세계
   상호주관성
   생활세계의 특성
   전형화와 처방
   사회세계의 영역들
    생애의 삽화: 알프레드 슈츠
   현상학, 의미 그리고 동기

요   약
추천도서

가장 유명한 고전 사회학자들은 거대 이론가로 널리 알려져 있지만, 그들 대부분은 사회 전체의 거대한 변동에 대해서 뿐 아니라 일상생활에 대한 우리들의 이해에도 아주 적합한 많은 사상들을 창조해 냈다. 일상생활에 대한 사회학 이론들은 매일의 생활에서 우리들이 행동하고 또한 우리를 둘러싸고 있는 다양한 일들에 초점을 맞춘다. 예를 들면 사유와 행위, 둘 또는 그 이상의 사람들 사이의 상호행위, 그리고 종종 그와 같은 상호행위로부터 생겨나는 소규모 집단들 등이 그것이다. 일상생활에 대한 고전 이론들을 다루는 이 장에서는 앞 장에서 소개했던 몇몇 이론들을 활용할 것이며, 또한 아직까지 언급하지 않은 이론들을 함께 다룰 것이다.

최소한 하나의 사례에서(칼 맑스의 경우) 우리는 이미 일상생활의 사회학에 대해 소개했다. 맑스의 이론은 인간 잠재성, 의식, 노동 그리고 소외에 대한 그의 사상들을 다루고 있다. 일상생활에 대한 그의 사회학 이론이 앞 장에서 다루어진 까닭은, 맑스의 이론에서는 모든 이론의 구성요소들이 변증법적으로 상호연관 되도록 빈틈없이 구성되어 있어서 그의 이론의 다양한 구성요소들을 다른 요소들로부터 분리시켜 따로 소개한다는 것이 거의 불가능하기 때문이다. 그러나 다른 이론가들의 작품은 그렇게 빈틈없이 통합되어 있지 않기 때문에 영역을 구분하기가 비교적 용이하다.

사회적 행위

오늘날 막스 베버의 이론적 핵심으로 간주되고 있는 합리화 이론보다 그의 사회적 행위이론이 오랫동안 더 많은 주목을 끌었다. 그것은 고전적 이론가인 탈코트 파슨스 때문이다. 1930년대에 파슨스는 고전적인 유럽 이론 일반과 특히 베버의 이론을 광범위한 미국 독자층에게 소개했다. 여기에서 그는 오늘날 널리 인정되고 있는 편향을 갖고 있었는데, 그 가운데 하나가 그 자신의 행위이론으로서, 그 이론은 행위에 대한 베버의 생각의 중요성을 강조했다(그리고 그것은 파슨스 자신의 관점을 만들어 내는 데 핵심적인 역할을 했다).

행태와 행위

　　행위에 대한 베버의 생각은 일상생활의 사회학에서 중요한 구분의 하나인 **행태**1)와 **행위**2)의 구분에 기초하고 있다. 양자는 모두 사람들의 일상적인 행동이다. 그러나 행태는 사유 없이 또는 거의 사유 없이 발생하는 데 반해, 행위는 의식적인 과정의 산물이다. 행태는 일상생활에 대한 많은 사회학 이론들의 발전에 중요한 역할을 했던 **행태주의**3)라고 알려진 접근(이는 주로 심리학과 관련되는데)에 밀접히 연관되어 있다. 이 접근은 자극이 주어지는 상황과 행태적 결과에 초점을 맞추며, 여기에서는(다소간 기계적으로) 자극과 반응 사이에 사유가 거의 또는 전혀 개입하지 않는 것으로 간주되었다. 예를 들어 당신이 뜨거운 난로에서 손을 멀리 하거나, 비가 내리기 시작할 때 자동적으로 우산을 펼 때, 당신은 행태 양식을 보여주는 것이다.

　　베버는 그와 같은 행태에 관심이 '없었다.' 그는 자극과 반응 사이에 사유가 개입하는 행위에 관심을 갖고 있었다. 달리 말해서 베버는 사람들이 자신이 행하고 있는 바에 의미를 부여하는 그런 상황에 관심을 갖고 있었다. 즉 그들이 행하는 바는 그들에게 의미 있는 일인 것이다. 이와 반대로 행태는 의미가 없는 것이다. 최소한 사람들이 자신의 행하는 바에 어느 정도의 생각을 부여하지 않은 채 그 일을 행한다는 의미에서 그러하다. 베버는 사회학이 주관적 의미의 관점에서 행위를 연구하는 학문이라고 정의했다. 여기에서 중요한 것은 사람들의 의식과정이다. 따라서 사람들의 행위를 이해하기 위해서는 그들이 어떤 상황에 대해 믿고 있는 바가 그들이 놓인 객관적인 상황보다 더욱 중요하다.

　　이론적 수준에서 베버는 한 개인의 행위뿐 아니라, 나아가 둘 또는 그 이상의 개인들의 행위에도 관심을 갖고 있었다. 그는 사회학이 둘 또는 그 이상의 개

---

　　1) **행태(behavior)**　사고를 전혀 또는 거의 필요로 하지 않는 행동.
　　2) **행위(action)**　의식적인 과정의 결과로써 나온 사람들의 행동.
　　3) **행태주의(behaviorism)**　심리학과 긴밀히 연관된, 행태에 대한 연구.

인들의 행위의 규칙성에 가장 많이 주목해야 한다고 믿었다. 실로 이 책의 앞 장에서 이미 언급한 바와 같이, 베버는 집단(예를 들어 칼뱅주의자들, 자본주의자들 등)에 대해 말할 때에도, 그와 같은 집단들은 오직 둘 또는 그 이상의 개인들의 행위의 결과로 간주되어야 한다고 주장했다. 오직 인간만이 행위할 수 있으며, 따라서 사회학은 집단이 아니라 행위자들에 초점을 맞추어야 한다는 것이다. 사회학자들이 집단에 대해 언급할 때 그것은 오직 편의상의 이유 때문이어야만 한다. 집단은 일련의 개별 행위자들과 행위들에 다름 아니기 때문이다.

막스 베버(Max Weber)
생애의 삽화

막스 베버는 1864년 4월 21일 독일 에어푸르트의 중산층 가정에서 태어났다. 그의 아버지와 어머니 사이의 중요한 차이가 그의 지적 지향과 심리적 발전에 깊은 영향을 미쳤다. 그의 아버지는 상대적으로 중요한 정치적 자리를 차지한 관료로서 정치적 중심부의 일원이었으며, 그는 개인적인 희생을 요구하거나 체제 내의 그의 위치를 위협할만한 어떤 행동이나 이상주의도 모두 피했다.

베버의 아버지는 세속적인 즐거움을 즐기는 사람이었으며, 여러 측면에서 그의 부인과 대조되는 사람이었다. 막스 베버의 어머니는 독실한 칼뱅주의자로서, 남편이 열망한 쾌락이 없는 금욕적인 삶을 추구했다. 그녀의 관심사는 보다 내세적인 것이었으며, 그녀가 구원되게끔 예정되어 있지 않다는 증거가 될 만한 불완전함들로 괴로워했다. 두 사람의 이러한 커다란 차이로 인해 부부간에 긴장이 존재했으며, 그 차이와 긴장은 모두 베버에게 커다란 영향을 미쳤다.

두 사람 모두를 닮는 것이 베버에게는 불가능했기 때문에, 그는 어린아이로서는 매우 분명한 선택을 하게 되었다(마리안네 베버, 1975: 62). 그는 처음에는 그의 아버지와 같은 삶의 태도를 취했으나, 나중에는 어머니의 태도에 더 가까워졌다. 그의 선택이 무엇이었건 간에 그처럼 극단적인 대립 사이에서 선택을 해야만 하는 긴장은 베버의 심리에 영향을 미쳤다.

그가 박사학위를 받고 법률가가 되었던 베를린 대학교에서 보낸 8년 동안 베버는 재정적으로 아버지에게 의존하고 있는데, 그는 이 상황을 차츰 싫어하게 되었다. 동시에 그는 어머니의 가치관으로 접근해 갔으며 아버지에 대한 반감은 커져갔다. 그는 금욕적인 삶의 방식을 택했으며 자신의 일에 깊이 빠져들었다. 대학생이 된 첫 학기 동안 그의 일하는 습관을 누군가는 다음과 같이 기술하고 있다. "그는 엄격한 규율을 언제나 지켰으며, 시계가 그의 삶을 규제했고, 매일매일의 일상을 정확히 분할해서 다양한 주제 영역들에 할당시켰으며, 저녁 식사 시간에는 자신의 방에서 잘게 썬 쇠고기 육포와 네 개의 계란 후라이로 식사를 때움으로써 시간을 아꼈다." 어머니를 닮고자 했던 베버는 금욕적이고 근면하며 강박적으로 일하는 사람이 되었다. 오늘날 쓰는 말로 그는 '일중독'이 된 것이다.

이러한 일에의 강박 덕분에 그는 1896년에 하이델베르크 대학교 경제학과의 교수가 되었다. 그러나 그의 학문이 꽃피던 1897년에 그의 아버지는 그와의 격렬한 말다툼 이후 사망했다. 곧이어 베버는 마침내 신경쇠약의 여러 가지 징후들을 보이기 시작했다. 베버는 종종 잠들지도 못하고 일하지도 못했으며, 이후 6~7년을 정신적으로 거의 완전히 무너진 상태로 보냈다. 오랜 공백 이후 1903년에 이르러 그는 조금씩 힘을 되찾기 시작했다. 그러나 그가 6년 반 만에(미국에서) 다시 첫 강의를 하게 된 1904년에 와서야 베버는 다시 적극적인 학문적 삶을 개시할 수 있었다. 1904년과 1905년에 그는 그의 가장 잘 알려진 저작인 『프로테스탄트 윤리와 자본주의 정신』을 출간했다. 이 저작에서 베버는 그의 어머니의 종교성을 학문적 수준으로 승화시켰다. 베버는 개인적으로 종교를 갖지 않았지만 종교에 대한 연구에 많은 시간을 쏟았다.

행위의 유형들

베버는 이제는 유명해진 행위의 네 가지 유형을 제시했다.(베버에게 거의 관심사가 아니었던) **감성적 행위**[1]는 감정의 결과로 나온 행위로써, 이것은 비합리적인 행위다. 아이(또는 나이든 부모)를 맹목적인 분노에서 때리는 것은 감성적인 행위의 한 예라고 할 수 있다. 또 하나의 비합리적 행위는 **전통적 행위**[2]로써, 이것은 습관적으로 또는 관습적으로 행해오던 방식대로 행하는 것을 의미한다. 교회에서 십자가를 긋는 것은 전통적 행위의 한 예다. 비록 베버는

---

1) **감성적 행위**(affectual action) 감정의 결과로 나타나는 비합리적 행위.
2) **전통적 행위**(traditional action) 습관적 또는 관습적으로 취해진 행위.

전통적 행위에 약간의 관심을 갖고 있었지만(특히 앞 장에서 토론한 바 있는
전통적 권위와 전통적 행위 사이의 관계를 염두에 두었을 때), 합리화에 대한
지대한 관심 때문에 합리적이라고 할 수 있는 다른 두 유형의 행위에 훨씬 더
큰 관심을 갖고 있었다.

가치·합리적 행위[1]는 행위 목적에 대한 최선의 행위수단을 찾기 위한 어
떤 행위자의 선택이 행위자가 선택한 가치들에 대한 믿음에 기초해서 이루어졌
을 때 발생한다.[2] 이것은 최적의 선택이 아닐 수도 있지만, 그 행위자가 놓여
있는 가치체계의 관점에서 보았을 때 합리적이다. 그리하여 만약 당신이 다음
식사 전에 그 전 식사를 깨끗이 비워내는 의례를 믿는 어떤 컬트에 속해 있다
면, 속을 비워내는 일은 대단히 불쾌하며, 당신의 다음 식사를 망쳐버리진 않는
다 해도 지연시킬 수 있다. 그럼에도 불구하고 당신은 아마도 의례대로 할 것
이다. 그러한 행위는 그 컬트의 가치체계 관점에서 보았을 때 합리적인 행위가
될 것이다.

수단·목표 합리적 행위[3]는 행위자가 자기 자신을 위해 선택한 목표를 추
구하는 행위다. 따라서 그 행위는 어떤 가치체계에 의해 인도되지 않을 것이다.
그 행위는 행위자가 자신이 놓여 있는 환경, 예를 들어 다른 사람들의 행태나
그들의 목표 등을 어떻게 보느냐에 의해 영향을 받는다. 이것은 행위자들이 어
떤 목표에 대한 최선의 수단을 선택하는 데 있어서 그들의 상황의 성격을 고려
하여야 한다는 것을 의미한다. 따라서 당신이 파티에 있고 당신이 함께 춤추고
싶은 사람을 점찍어 놓았다면, 당신은 주어진 상황의 성격(그것은 올 커플 파티
일 수 있다), 대상(당신이 가는 길에 테이블이 있을 수 있다), 그리고 다른 사람
들(이들 가운데 한 사람이 당신이 점찍은 사람과 춤추고 있을 수 있다)을 고려

---

1) **가치·합리적 행위**(value-rational action) 어떤 행위목표를 이루기 위한 최선의 행위수단을 선택
   하는 것이 보다 넓은 일련의 가치들에 대한 그 행위자의 믿음에 기반해서 이루어지는 행위.
   이것은 최적의 선택이 아닐 수도 있지만, 그 행위자가 놓여 있는 가치체계의 관점에서 보았
   을 때는 합리적이다.
2) 이 장에서 논의되는 행위유형들과 제 2 장에서 논의된 합리성 유형들이 서로 뚜렷이 겹치는
   것으로 보인다. 하지만 앞 장의 논의는 합리성에 대한 것이며, 여기서의 논의는 행위에 대한
   것이다.
3) **수단·목표 합리적 행위**(means-ends rational action) 행위자가 자기 자신을 위해 선택한 목표를
   추구하는 행위. 목표의 선택은 행위자가 놓인 환경(다른 사람들의 행태와 환경 내의 사물들
   을 포함해서)을 어떻게 보느냐에 의해 영향 받는다.

하여 그 사람과 만나기 위한 최선의 길을 결정해야 한다. 그와 같은 사항들을 고려하면서 당신은 그(녀)와 춤추고자 하는 목표를 달성하기 위한 최선의 수단을 선택할 것이다.

이러한 행위의 네 가지 유형들은 이념형들이다(제 2 장을 보시오). 현실 속에서는 이 네 유형들 가운데 단지 한 유형에만 속하는 행위를 발견하게 되는 일은 드물다. 오히려 모든 행위는 둘 또는 그 이상의 이념형적 행위들의 조합일 가능성이 크다.

베버는 사회적 행위를 연구하기 위한 접근법과 그러한 행위를 연구할 이론적 수단을 제공한다. 많은 사회학자들은 그의 저작을 대단히 유용한 것으로 평가하고 있다(이 장에서 파슨스 저작에 대한 토론을 보시오).

핵심 개념
이   해

'Verstehen'은 '이해한다'를 뜻하는 독일어 단어다. 행위이론의 관점에서 보았을 때, '이해'[1]는 행위자의 사고 과정, 행위의 의미와 동기 그리고 이러한 요인들이 어떻게 행위(와 상호작용)에 이르게 되는지를 이해하고자 시도한다는 것을 뜻한다.

베버는 이것이 예를 들어 행태주의자들이 사용하는 실험적 방법보다 더 약하거나 덜 과학적인 방법이 결코 아니라는 것을 분명히 했다. 베버에게 '이해'는 단지 직관이 아니라, 사고와 행위를 연구하기 위한 체계적이고 엄밀한 방법이었다. 실제로 '이해'의 방법을 사용하는 연구자는, 스스로를 실증주의적 방법을 사용하는 완고한 과학자로 생각하는 사람에 비해 장점을 갖고 있다. 그 장점이란 다음과 같은 것이다. 즉 주체들은 과학자와 같은 인간 존재들이기 때문에, 사회과학자는 주체의 정신에서 어떤 과정이 진행되고 있는지, 그들은 왜 그런 행위를 하는지를 이해할 수 있다는 것이다. 분자를 연구하는 물리학자는 그 분자들을 이해할 수 있는 길이 없다. 그 분자들은 실로 우리가 인간 존재를 이해하는 방식처럼 이해될 수 없는 것이다. 그것은 오직 밖으로부터 관찰

---

1) **이해(Verstehen)** 행위자의 사고 과정, 행위의 의미와 동기, 그리고 이러한 요인들이 어떻게 연구 대상이 되는 행위로 이어지게 되었는지를 이해하고자 하는 노력을 포함하는 방법론적 기술.

될 수 있을 뿐이지만, 인간의 사고와 행위는 안으로부터, 내재적으로 이해될 수 있다.

그러나 이 방법론은(이러한 의미에서 행위와 행위자를 이해한다는 것은) 앞에서 우리가 토론했던 베버의 거대 이론(예를 들어 칼뱅주의와 자본주의 정신)과 어떻게 관련되는 것일까? 베버는 자본주의 정신의 태동에 기초를 놓은 행위들로 이어진 칼뱅주의자들 개개인들의 정신 속에서 어떤 일이 일어나고 있었는가를 이해하려고 시도한 것이라고 주장할 수도 있으며, 이 주장은 실제로 어느 정도 장점을 갖기도 한다. 그러나 이에 대한 다른 시각은 베버가 칼뱅주의자들이 그들이 그 안에서 살았으며 그들로 하여금 자본주의적인 방식으로(예를 들어 열정적으로 이윤을 추구하는) 행동하게끔 만들었던 문화적 맥락을 이해하기 위해서 그들의 입장에서 생각하는 데에 '이해' 방법을 사용했다고 본다. 여기서 연구자의 관점은 칼뱅주의자의 정신적 과정을 알아내려는 내향적 관심이 아니라, 그것의 문화적 맥락을 알아내려는 외향적 관심인 것이다. 세 번째 시각은 '이해'가 개인적인 정신적 과정과 보다 넓은 문화적 맥락 사이의 관계에 연관된다는 것이다. 그러나 이 가운데 타당한 해석은 '이해'란 개인적인 정신적 과정이라는 관점에서 행위를 분석하기 위한 방법이라는 것이다.

사회적 결사

게오르크 짐멜은 문화의 비극에 대한 중요한 거대 이론을 제시했지만, 그의 이전의, 그리고 어느 정도까지는 현재까지의 명성은 일상생활에 대한 그의 이론에 기인한다. 실제로 짐멜은 저녁 식사를 함께 하는 것, 다른 사람에게 길을 묻는 것 또는 다른 사람들을 즐겁게 해주기 위해 잘 차려 입는 것 등과 같이 일견 사소해 보이는 일상의 행태들에 대해 다른 어떤 고전사회학자들보다 깊은 관심을 갖고 있었다. 이러한 **사회적 결사**[1] 또는 상호작용의 형태들에 의해서 사람들은 서로 연결된다. 이것들은 끊임없이 새로이 창출되고, 다듬어지고, 기각되고, 또한 다른 형태의 관계방식에 의해 대체된다. 짐멜에게 이러한 관계들은 미시적으로 연구되어야 할 사회생활의 최소단위들이었다. 이 이론은 문화

---

1) **사회적 결사(association)** 사람들 사이의 관계 또는 상호작용.

의 비극 등에 대한 짐멜의 거대 이론들과 무관하다고는 할 수 없을지라도 분명
히 매우 다른 것이다.

　　짐멜은 베버와 마찬가지로 사회학을 일상생활에 대한 연구로 정의하기까지
했다. 사회학은 사회를 연구해야 하지만, 사회는 그것을 구성하는 개별 상호작
용들의 총합 이상이 아니라는 것이다.　　·

형식과 유형

　　짐멜의 한 가지 중요한 구분은 상호작용의 **형식**[1])과 상호행위자들의 **유형**[2])
의 구분이다. 현실 세계에서 사람들은 상호작용과 상호행위자들이 당황스럽고도
혼란스럽게 혼재해 있는 상황에 직면하게 된다. 이 혼란을 해결하기 위해서 사
람들은 그들의 사회세계를 소수의 상호작용 형태들과 상호행위자들의 유형들로
축소시킨다. 파티 예를 다시 들어보자. 그 파티에서 여러 상호작용들이 당혹스
럽게 섞여 있었다고 해 보자. 누군가가 당신에게 묻는다. "당신은 어떻게 이런
파티에 오게 되었죠?" 이런 형태의 상호작용은 적어도 두 가지 방식으로 해석
될 수 있다. 그것은 정보를 얻기 위한 요청이거나, 아니면 당신과 관계를 시작
하려는 희망을 표현하고 있는 것이다. 당신은 그 파티의 성격과 그 질문을 말
한 방식에 상응하여 그 질문을 "정보의 요청"보다는 "관계를 시작하려는 시도"
에 해당되는 상호작용의 형식으로 해석할 가능성이 크다. 그렇다면 당신이 새
로운 관계를 탐색하는 데 어느 정도 개방적이냐에 따라서, 당신은 "왜냐구요?
당신과 같은 사람을 만날 기회를 갖기 위해서죠"라고 말하거나 또는 "기차를
타고요"라고 말할 것이다. 여기에서 요점은 그러한 일들이 너무나 많이 일어나
기 때문에, 우리가 항상 상호작용을 제한된 수의 형식들로 축소시켜 그것을 보
다 잘 이해하고 보다 잘 다룰 수 있게 되고자 노력한다는 사실이다.

　　우리가 잠재적으로 상호작용할 가능성이 있는 보다 많은 사람들을 다루는

---

1) **형식(forms)** 사회세계의 혼란스러운 사건, 행위, 상호작용의 배열에 대해 일상 생활 속의 사
  람들 또는 사회이론가들이 부여한 패턴.
2) **유형(types)** 보통 사람들 또는 사회과학자들이 수많은 다양한 행위들을 제한된 수의 범주들
  로 묶어내기 위해 부여한 패턴.

데 있어서도 마찬가지의 과정이 진행된다. 그들과의 상호작용을 좀더 원활하기 위해서 우리는 그들을 제한된 수의 행위자 유형으로 축소시킨다. 파티에서 어떤 사람이 우리에게 왜 거기에 왔는지를 물을 경우, 우리는 그 사람을 이전에 만난 적이 없기 때문에 그 사람의 독특한 특성을 알지 못한다. 그렇다면 그 사람을 알지도 못하면서 우리는 어떻게 특정한 반응을 할 수 있는 것일까? 이에 대한 대답은 우리가 일련의 유형들을 갖고 있으며 그 사람이 어떤 유형에 속하는지에 대한 결정을 먼저 내리기 때문이라는 것이다. 우리에게 그 질문을 던진 사람은 진지한 사람인가 아니면 단지 수다쟁이일 뿐인가? 이 질문에 대한 당신의 대답은 그 사람을 범주화하는 당신의 애초의 결정에 의해 내려지게 된다. 이후에 당신은 당신의 판단이 잘못되었으며 당신이 그 사람들을 잘못된 범주로 귀속시켰다는 것을 알게 될 수도 있다. 그럼에도 불구하고 무수히 많은 사람을 만나는 이 세계에서 우리는 어떤 상호작용을 시작(또는 피하기로 결정)하기 위한 최초의 어림잡음으로서 그와 같은 유형화를 해야만 한다.

짐멜은 사람들이 일상적인 토대 위에서 형식과 유형들을 발전시키는 것처럼 사회학자들 역시 그렇게 해야 한다고 믿었다. 그래서 짐멜은 상호작용의 형식들(예를 들어 상위의 사람들과 그에 종속적인 사람들 사이의 관계)과 행위자들의 유형들(예컨대 이방인)에 대한 많은 에세이를 남겼다.

게오르크 짐멜(Georg Simmel)
생애의 삽화

게오르크 짐멜이 그의 생애 대부분 동안 학계에서 정식 지위를 얻지 못한 이유 중 하나는 그가 반유대주의가 무르익어 가던 19세기 독일에서 유대인으로 태어났다는 것이다. 교육부 장관에게 보내진 한 보고서에서 짐멜은 "외모, 출신, 사고방식에 이르기까지 철저한 유대인"으로 묘사되었다. 또 다른 이유는 그의 작업의 특성과 관련이 있다. 그의 글 중 많은 것은 신문이나 잡지에 실렸다. 이 글들은 학계의 사회학자들보다는 일반인들을 위해 쓰여진 것들이었다. 게다가 그는 학계에서 정식 자리를 얻지 못했기 때문에, 대중들을 대상으로 하는 강의로 생계를 이어가야 했다. 그와 집필 활동과 강의 모두에서 짐멜의 독자와 청중은 학문을 하는 사람들이라기보다는 지적인 공중들이었으며, 그의 학문적 동료들은 이를 조소하곤 했다. 그와 동시대인 중 한 사람은 그를 다음과 같은 이유로 악평했다. "그의 영향력은 … 보통 사람들에 제한되어 있으며, 무엇보다도 수준 높은 저널리즘에 영향을 주는 정도다." 짐멜의 개인적인 실패는 또한 그 당시 독일 학계에서 사회학이 그다지 높이 평가되지 못하고 있었다는 점과도 관련이 있다.

의　식

　　사회적 결사에 대한 짐멜의 사상은 의식에 대한 그의 사상에 연관되어 있으며 또한 그것에 의해 형성되었다. 그는 사람들이 의식적 과정의 기초 위에서 행위를 한다는 가정을 갖고 있었다. 사람들이 타인과 상호작용할 때에 그들은 다양한 동기와 목적과 이해관심을 갖고 있으며, 창조적 의식 활동에 참여한다는 것이다. 짐멜은 또한 사람들이 자기 자신의 문제와 정신적으로 씨름하고, 그들 자신의 행위에서 거리를 가질 수 있다고 믿었다. 달리 말해서 사람들은 외부의 자극을 받아들여 그것을 평가하고, 다양한 경로의 행위를 시도해 보고, 그런 다음 무엇을 할 것인가를 결정할 수 있다는 것이다. 이러한 정신적 능력 때문에 사람들은 외부적인 자극이나 구조의 노예가 되지 않을 수 있는 것이다. 그러나 정신은 이 자극과 구조들이 정신으로부터 분리된 현실적 존재라는 것을 인정할 수 있는 능력을 또한 갖고 있다. 사회학적 용어로 말하자면 정신은 이 현상들을 **물화**[1]할 수 있는 능력을 갖고 있다는 것이다. 그리하여 인간들은 또한 그들을 구속하는 조건을 창출할 수 있는 능력 역시 갖고 있다. 그들의 정신적 과정을 통해 사람들은 그 자신을 해방시키고, 그 자신을 구속하며 또는(이것이 가장 개연성이 높은데) 두 가지 모두를 결합시킬 수도 있다.

---

1) **물화(reify)** 사람들에 의해 창조된 사회구조를 독자적이고 실재적인 존재인 것처럼 간주하는 것.

집단의 규모

짐멜이 일상생활의 사회학에 중요하게 기여한 바 가운데 하나는 그가 일상적인 상호작용에서 사회의 보다 큰 구조에 대한 통찰을 구축해 가는 방식이다. 이것이 가장 잘 드러나는 것은 2인 관계와 3인 관계에 대한 그의 유명한 저작이다. 간단히 말해서 **2인 관계**1)는 두 사람으로 구성된 집단이며 **3인 관계**2)는 세 사람으로 구성된 집단이다. 얼핏 생각하기에 양자 사이에는 차이가 거의 또는 전혀 없는 것처럼 보인다. 관계에 한 사람이 추가되었다는 것이 얼마나 큰 차이를 만들어 내겠는가? 짐멜의 놀랍고도 매우 중요한 대답은 양자 사이에 커다란 차이가 있다는 것이다. 사실 사회학적으로 핵심적인 차이는 2인 집단과 3인 집단 사이에 있다: 그 이상으로 참여자가 추가되는 것은 2인 집단에 한 명이 추가되는 것에 비견할만한 차이를 낳지 않는다. 다른 모든 규모의 집단과 달리 2인 관계는 거기에 연루된 두 개인을 넘어서는 아무런 의미가 없다. 2인 관계에서는 어떤 독립적인 집단 구조도 생겨날 수 없다; 그것은 두 사람의 상호작용만으로 이루어져 있으며 이 때 개인들은 각각 높은 수준의 개인성을 유지한다. 거기에는 [두 개인으로부터] 분리 가능한 집단이나 개인에 대한 집단적 위협의 가능성이 존재하지 않는다.

2인 관계에 제3의 인물이 추가되는 것이 독립적인 집단구조의 탄생을 가능케 한다는 사실이 결정적으로 중요하다. 그렇다면 이제 개인성에 대한 집단의 위협가능성이 존재하게 된다. 나아가 제3자가 추가됨과 더불어 2인 관계에서는 가능하지 않았던 몇 가지의 새로운 사회적 역할이 가능하게 된다. 예를 들어 3인 관계 속의 한 구성원은 다른 두 사람 사이의 분쟁을 중재하거나 조정하는 역할을 할 수 있다. 제3자는 또한 다른 사람들 사이의 분쟁을 활용하여 권력을 얻을 수도 있다. 뿐만 아니라 다른 두 구성원이 제3자의 호의를 얻기 위해 경쟁하거나, 또는 제3자가 다른 두 사람을 쉽게 통제하기 위해서 다른 두 사람 사이의 분쟁을 조장하는 것도 가능하다. 그러므로 이처럼 다양한 방식으로 권위의 체계와 계층체계가 생성될 수 있으며, 이러한 체계는 2인 관계에

---

1) **2인 관계(dyad)** 두 사람으로 구성된 집단.
2) **3인 관계(triad)** 세 사람으로 구성된 집단.

서는 존재할 수 없는 것들이다. 2인 관계에서 3인 관계로의 이행은 개인으로부터 분리 가능하고 개인을 지배하는 사회 구조의 발전에 본질적인 의의를 갖는 것이다. 달리 말하여 짐멜의 거대 이론에서 중심적인 위치를 차지하는 문화의 비극은 오직 3인 관계가 발전되었을 때에만 가능한 것이다.

짐멜은 집단의 규모에 기초한 다른 많은 통찰력들도 제공했다. 예를 들어 (모순적으로 들릴 수도 있지만) 그는 개인의 자율성이 집단규모의 증대와 더불어 더욱 커진다고 주장했다. 소규모 집단은 개인들에게 더욱 강한 통제를 행사할 수도 있는데, 왜냐하면 여기에서 개인은 집단 구성원의 시선과 통제를 벗어날 수 없기 때문이다. 반대로 대규모 집단에서 개인은 집단의 다른 구성원들의 시선과 통제를 벗어날 수 있는 더 많은 기회를 갖고 있다. 대규모 사회, 특히 대도시에서는 많은 다양한 집단들이 있을 가능성이 크며, 여기에서 개인들은 이 많은 집단들 가운데 몇 가지에 속해 있게 된다. 그 결과 어느 한 집단은 개인의 행동에 대한 다만 미소한 통제만 할 수 있을 뿐이다. 그러나 개인들은 대규모 사회에서 다른 종류의 통제에 노출되는데, 앞에서 토론한 바 있는 문화의 비극이 그 대표적인 예라고 할 수 있다. 뿐만 아니라 대중들은 하나의 단순한 이념에 의해 통제될 가능성이 많다. 수많은 사람들의 물리적 근접성(특히 대도시에서)은 이들이 외부로부터 더 많이 영향 받도록 만들며 단순한 이념을 추종하게 되기 쉽게 하며, 또한 생각 없는 감정적 행동에 참여하게끔 한다.

핵심 개념
비   밀

짐멜은 **비밀**[1]을 다음과 같이 정의한다. 비밀이란 어떤 사람이 무엇인가를 숨길 의도를 갖고 있는 반면, 다른 사람은 거기서 숨겨지고 있는 것을 드러내려고 하고 있는 상황이다. 사람들이 다른 사람들과 접촉하기 위해서는 그들에 관한 몇 가지 정보를 갖고 있어야만 한다. 예를 들어 우리는 우리와 교류하고 있는 사람들(친구, 친척, 가게 주에

---

[1] **비밀(secrecy)** 짐멜의 정의를 따른다면, 한 사람은 무엇인가를 숨기려는 의도를 갖고 있는 반면, 다른 사람은 숨겨지고 있는 그것을 드러내려고 시도하는 상황.

인 등)이 도대체 어떤 사람들인지를 알고 있어야 한다. 그런데 우리는 타인들에 대해 꽤나 많은 것을 알게 될 수도 있지만 결코 그들을 완전히 알 수는 없다; 즉 우리는 다른 사람의 생각, 감정상태 등의 모든 것을 알 수는 없다는 것이다.

우리들의 삶의 모든 측면에서 우리는 진실뿐 아니라 무지 실수도 경험한다. 그런데 타인들과의 상호작용 속에서 무지와 오해는 어떤 특정한 속성을 가지게 되는데, 이는 우리가 상호작용하는 사람들의 속마음과 관련이 있다. 다른 모든 지식의 대상들과는 달리, 사람들은 그들 자신에 대한 진실을 의도적으로 노출시키던지, 그렇지 않으면 거짓말을 하거나 그러한 정보를 숨기기도 한다.

설령 사람들이 모든 것을 드러내길 원한다 할지라도(사람들은 거의 언제나 그렇지 않지만), 그토록 많은 정보는 다른 사람들을 미쳐버리도록 만들 것이기 때문에 그렇게 할 수 없는 것이 사실이다; 그러므로 사람들은 다른 사람들에게 드러내야 할 것을 선택해야만 한다. 양적인 문제들에 관해 짐멜이 갖고 있는 관심의 관점에서 보자면, 우리는 다른 사람들에게 우리 속마음의 부분들만을 보여줄 뿐이다. 뿐만 아니라, 우리는 어떤 단편을 드러낼 것이며 어떤 것을 숨길 것인지를 선택하기도 한다. 그래서 모든 상호작용에서 우리는 우리들 자신의 극히 일부분만을 드러내며, 어떤 부분을 드러낼 것인지는 우리들이 타인에게 드러내기로 한 부분들을 어떻게 선별하고 배열하는가에 달려 있다.

거짓말1)은 어떤 사람이 의도적으로 타인들에게 진실을 은폐하는 상호작용의 한 형식이다. 거짓말로 인해서 사람들이 잘못된 관념을 갖게 되는 것뿐 아니라, 거짓말을 한 사람이 타인들을 속이려고 의도했다는 사실이 중요하다.

짐멜은 사회 기하학의 관점, 특히 사회적 거리에 대한 그의 사상의 측면에서 거짓말의 문제를 다루었다. 예를 들어 우리는 우리와 가깝지 않은 사람들의 거짓말을 보다 쉽게 용인하고 감수할 수 있다. 그래서 우리는 워싱턴 시에 살고 있는 정치인들이 때때로 우리에게 거짓말을 한다는 것을 알게 되었다고 해서 특별한 어려움을 겪게 되진 않는 것이다. 그러나 배우자, 연인, 자식의 거짓말은 우리가 텔레비전 스크린을 통해서만 알고 있는 정부 관료들의 거짓말보다 우리를 훨씬 더 놀라게 한다.

거리의 문제에 대해 보다 일반적으로 말하자면, 모든 일상의 커뮤니케이션에서 쌍방 모두에게 알려진 요소들은 그들 중 어느 한 명에게만 알려진 사실과 결합된다. 후자의 측면이 존재함으로 인해 모든 사회적 관계에서 거리가 발생하게 된다. 짐멜은 사회적

---

1) **거짓말(lie)** 한 사람이 의도적으로 진실을 숨기는 상호작용의 한 형식.

관계가 상호작용 쌍방에게 알려진 요소와 어느 한 편에게는 알려지지 않은 요소 모두를 필요로 한다고 주장했다. 달리 말해서, 가장 친밀한 관계조차도 가까움과 멂, 서로에 대한 지식과 서로에 대한 숨김 모두를 필요로 한다는 것이다; 비밀이 상대방에게 발각될 경우 관계가 파괴될 수도 있겠지만, 그럼에도 불구하고 비밀은 모든 사회적 관계를 구성하는 핵심적 구성부분 중 하나이다.

짐멜에 따르면, 가장 친밀하고 가장 비밀이 없는 연합의 형태인 결혼생활에서 우리는 상대방에게 모든 것을 드러내고 아무 비밀도 남겨두지 않으려 하는 유혹을 받게 된다. 그러나 짐멜은 이것이 오류라고 믿고 있다. 우선 모든 사회적 관계는 진실과 거짓 모두를 필요로 한다. 보다 상세히 말하자면, 완전하게 자신을 드러내는 것(그런 것을 생각해 보는 것은 분명 가능한데)은 결혼생활을 무미건조하게 만들 것이며 예상하지 못한 어떤 일들이 일어날 가능성을 모두 없애버리게 될 것이다. 끝으로 우리들 대부분은 제한된 내적 자원을 갖고 있으며, 우리가 비밀을 드러낼 때마다 우리가 다른 사람에게 보여줄 수 있는 (비밀스런) 보물이 그만큼 줄어들게 된다. 오직 개인적 능력으로 방대한 비밀창고를 가진 몇 안 되는 사람들만이 배우자에게 수많은 사실을 털어놓을 수 있다. 다른 모든 사람들은 과도하게 자신의 진실을 드러낼 경우 발가벗겨진(그리고 더 이상 흥미를 끌지 못하는) 사람으로 남겨지게 된다.

거리와 이방인

이상의 논의의 연장선상에서(즉 그의 사회 기하학적 관점에서), 짐멜은 또한 거리라는 논제에도 관심을 갖고 있었다. 예를 들어 앞에서 언급한 바 있는 사회적 유형인 이방인은 거리에 의해 정의된다. **이방인**[1]은 너무 가깝지도, 너무 멀지도 않은 사람이다. 만약 너무 가깝다면 그는 더 이상 이방인이 아니라 집단의 구성원일 것이다. 반대로 너무 멀리 있다면 그는 집단과의 어떠한 접촉도 없을 것이다. 그러므로 이방인은 가까움과 거리가 조합된 경우다.

이방인과 집단 사이의 특유한 거리는 양자 사이의 모종의 이례적인 상호작용 유형을 낳게 된다. 예를 들어 이방인은 집단 구성원들과의 상호작용에서 보

---

1) **이방인(stranger)** 짐멜이 거리라는 관점에서 정의내린 사회유형의 하나로서, 너무 가깝지도 너무 멀지도 않은 자를 가리킴.

다 객관적일 수 있다. 그는 집단에 감정적으로 묶여 있지 않기 때문에 구성원들에 대한 판단이나 그들과의 관계에 있어 보다 침착하고 공정할 수 있다. 나아가 그는 이방인이기 때문에 다른 사람들은 집단 구성원들에게보다는 그에게 속내를 털어놓기를 더 편하게 느낀다. 그들은 이방인에게 털어 놓고 얘기하기가 더 나은데, 왜냐하면 그들은 자신들이 이방인에게 말하는 것이 집단 내부로 되돌아 전해지지 않을 거라고 느끼기 때문이다(이에 대한 좋은 예로, 어떤 사람들은 아주 사적인 정보를 택시 운전사에게 쉽사리 누설하곤 하는데, 그 이유는 아마도 이 택시 운전사를 다시 볼 일이 없을 것이며 이 운전사가 자신이 속한 집단의 다른 구성원들과 접촉하게 되는 일은 없을 것이기 때문이다). 다른 한편으로 그들은 그와 같은 얘기를 집단 구성원에게는 말하기 꺼리는데, 그 까닭은 다른 집단 구성원들이 그 사실을 곧 알아내게 되리라는 두려움 때문이다.

이방인은 하나의 사회적 유형일 뿐 아니라, 상호작용에 있어 사회적 형식의 하나로서 논의될 수도 있다. 예를 들어 어느 정도의 낯섬, 가까움과 거리감의 특유한 조합은 가장 친밀한 관계에까지도 찾아든다. 그래서 심지어 가장 가까운 사이인 결혼 관계조차도 거리의 요소들을 갖고 있다(남편의 포커 게임 모임, 부인의 독서 그룹 등). 실제로 짐멜은 성공적인 결혼 생활을 위해서는 서로를 흥미롭게 만드는 어느 정도의 낯설음이 있어야만 한다고 믿었다.

거리와 가치

거리에 대한 짐멜의 가장 흥미로운 통찰력 가운데 하나는 가치와 관련되며, 그것은 맑스의 노동가치론에 대한 하나의 대안으로 발전되었다. 거리라는 논제와 관련해서 짐멜은 사물의 가치가 그것과 우리와의 거리에 의해 결정된다고 주장했다. 우리에게 너무 가까운 사물은 취득하기가 너무나 쉽기 때문에 우리에게 커다란 가치가 없다; 그래서 우리가 공기 없이 살 수 없다 할지라도, 공기는 언제나 우리 주변에 있으며 쉽게 구할 수 있기 때문에, 대부분의 사람들에게 또 대부분의 시간 동안 공기는 커다란 가치가 없었다(물론 환경오염으로 인해 공기 중에서 숨쉬기가 힘들어진다든지 공기를 들여마시는 것이 위험해지는 등으로 인해 공기가 희귀해지거나, 또는 누군가가 폐기종을 앓고 있어서 공기를 마시기 힘들다면, 공기는 대단히 값진 것이 될 것이다). 또한 어떤 사물이 우리로부터 너무 멀리 떨어져 있고, 구하기가 너무 어렵기 때문에 우리에게 별 가치가 없을 수도 있다. 그래서 에베레스트산의 정상을 향한 여행은 우리들 대부분에게 별 가치가 없는데, 왜냐하면 여행하기에 그 곳이 너무 멀리 떨어져 있으며, 산을 오르기 너무 힘들고, 그와 같은 모험을 감행하는 데 드는 비용이 너무 크기 때문이다. 결국 우리에게 가장 값진 것은 우리가 그것을 얻을 수는 있는 것이되 어느 정도의 적정한 노력을 기울여야만 하는 것들이다.

사회행동주의

아마도 사회학의 역사에서 일상생활에 대한 가장 중요한 이론가는 조지 허버트 미드(Georg Herbert Mead: 1863-1931)일 것이다. 비록 미드는 시카고 대학의 철학과에서 가르쳤지만, 그는 중요한 현대 사회학의 흐름인 상징적 상호작용이론의 발전에서 핵심적인 인물이다. 앞 장에서 언급한 모든 거대 이론가들이 일상생활의 사회학을 발전시켰듯이, 미드 역시 거대 이론을 갖고 있다. 그러나 사회학 이론의 발전에 대한 그의 가장 중요한 기여는 그의 일상생활의 사회학에 있다.

흥미롭게도 미드는 사유, 행위, 상호행위에 초점을 맞추었음에도 불구하고, 그는 집단으로부터, 더욱 일반적으로는, 그가 사회적인 것이라고 부르는 것으로부터 출발하는 것이 얼마나 중요한지를 강조했다. 그래서 분석은 분리된 개인들로부터 출발하여 집단 수준으로 점차 올라가는 것이 아니라, 오히려 조직된 집단으로부터 출발하여 거기에서 점차 내려오는 방향이 되어야 하는 것이었다. 개인적인 사유, 행위, 그리고 상호행위는 집단의 맥락에서 설명되어야 하는 것이지, 반대로 집단이 개인적인 사유와 행위에 의해 설명될 수 있는 것은 아니라는 것이다. 즉 전체가 개별적 요소들에 우선한다.

미드는 자신을 일종의 행동주의자, 즉 사회행동주의자로 칭했음에도 불구하고, 그는 개인적 요소들에 초점을 맞추게 될 경우 그 자신의 접근을 심리학적 행동주의로부터 구분하기 힘들다고 보았다. 기본적으로 그는 자극-반응 관계의 사실을 인정했지만, 그는 인간 행위에 이 단순한 모델을 훨씬 넘어서는 부분이 있다고 생각했다. 간단히 말해서, 자극과 반응 사이에는 정신이 개입한다. 하등동물들과는 달리 인간은 행동하기 전에 사고한다.

행 동

미드는 그의 이론체계의 가장 기초 단위인 **행동**[1])에 관해 토론할 때 심리학적 행동주의에 가장 근접해 있다. 그러나 그는 사람들이 자동적이고 생각 없는 반응에 참여하고 있다고 생각하지 않았다. 그는 행동을 네 가지 구분 가능한 단계들로 나누었다. 그러나 그는 맑스와 마찬가지로 변증법적으로 사고했기 때문에 각 단계들을 서로에게 연관되어 있으며 행동이 각 단계의 순서에 따라 이루어지진 않는다고 보았다. 그 네 가지 단계란 다음과 같다.

1. **충동**.[2]) 행위자는 외부의 자극(배고픔, 위험한 동물 등)에 대해 반응하고, 그것에 대해 뭔가를 해야 할(음식을 찾거나, 도망쳐 달아나는 등) 필요성을 느낀다.

2. **지각**.[3]) 행위자는 (청각, 후각, 미각 등을 통해) 자극을 찾거나 또는 그것에 반응한다. 이때 자극은 행위자의 충동과 그것을 다루는 방식에 연계된다. 그러나 사람들은 단순히 자극에 반응하기만 하는 것은 아니다. 그들은 자

---

1) **행동(act)** 미드 이론에서 기본을 이루는 개념. 충동, 자극의 지각, 지각된 대상에 대해 행위를 취하는 것, 그리고 최초의 충동을 충족시키기 위해 대상을 활용하는 것 등을 포괄함.

2) **충동(impulse)** 행동의 첫 번째 단계로서, 행위자가 외부의 자극에 반응하고 그에 대해 뭔가를 해야 할 필요를 느끼는 단계.

3) **지각(perception)** 행동의 두 번째 단계로서, 행위자가 자신의 충동 및 충동을 다루는 방식에 관계되는 자극을 의식적으로 모색하고 그에 반응하는 단계.

극에 대해 생각하며, 그것들 중 특정한 것을 선택하고, 무엇이 자신에게 중요한지를 결정하며 (예를 들어 어떤 동물이 으르렁거리고 있을 때), 무엇이 중요하지 않은지를 결정한다(예를 들어, 어떤 동물이 예쁜 눈을 갖고 있다는 것).

3. **조작**.[1] 이 행동은 어떤 대상이 지각되면서 곧바로 그것을 처리하는 행동을 의미한다. 이것은 행위자가 어떤 반응을 내는 데에 중요한 단계이며, 인간의 두 가지 중요한 특성, 즉 인간의 정신과 자유로운 손동작에 관계된다. 그래서 사람이 숲에서 굶주리게 되었을 때는, 땅에서 버섯을 따서 손가락으로 껍질을 깐 다음, 그것이 독버섯이 아닌지 생각해 볼 수 있다. 반대로 굶주린 동물은 버섯을 따서 아무 생각 없이, 그것이 먹을 수 있는 것인지 아닌지를 검토해 보지 않은 채 먹을 가능성이 높다.

4. **완성**.[2] 이것은 최초의 충동(버섯을 먹고, 동물을 쏘는 등)을 충족시키는 행위를 취하는 것을 뜻한다. 인간이 행위의 완성에 보다 성공적일 수 있는 이유는 자신의 행동에 대해 사유할 수 있는 능력 때문이다. 반면에 하등동물은 이보다 훨씬 덜 효과적인 시행착오의 과정에 의존해야만 한다.

몸 짓

하나의 행동은 오직 한 명의 인간 또는 한 마리의 하등동물이 하는 것이다. 그러나 사람과 동물 모두 다른 사람 또는 다른 동물과 상호작용한다. 상호작용의 가장 원초적 형태는 **몸짓**,[3] 즉 상호작용의 한쪽 편에게 자극으로 작용하는 다른 한쪽 편의 운동이다. 사람과 동물은 몸짓을 하면서 그와 동시에 **몸짓 대화**[4]를 한다. 말하자면 어느 한 쪽의 몸짓은 정신의 매개 없이도 상대방의 반응 몸짓을

---

1) **조작**(manipulation) 행동의 세 번째 단계로서, 대상이 지각된 직후 그것을 처리하는 행위.
2) **완성**(consummation) 행동의 네 번째 단계로서, 최초의 충동을 충족시키는 행동을 취하는 것.
3) **몸짓**(gesture) 상호작용의 어느 한 쪽 편(사람이건 동물이건)이 다른 쪽 편에게 자극으로 작용하는 움직임을 하는 것.
4) **몸짓 대화**(conversation of gestures) 상호작용의 어느 한 쪽 편이 다른 쪽 편의 몸짓에 대한 대응으로 정신의 매개 없이 보이는 몸짓.

이끌어내게 된다. 예를 들어 개들이 서로 싸울 때, 어느 한 쪽 개의 드러난 이빨은 자동적으로 다른 개로 하여금 이빨을 드러내도록 만들 것이다. 인간의 권투 시합에서도 마찬가지 일이 발생할 수 있다. 한 선수가 주먹을 치켜들면 다른 선수는 방어를 위해 팔을 들어올릴 것이다. 이 개싸움과 권투에서, 반응은 본능적인 것이며 몸짓은 의미 없는 것이다. 왜냐하면 상호작용의 어느 한 쪽 편도 반응에 대해 생각하고 있진 않기 때문이다. 그러나 사람과 동물 모두가 이처럼 의미 없는 몸짓을 하는 데 반해, 오직 인간만이 **의미 있는 몸짓,**[1] 즉 어떤 반응이 나오기 전에 사유의 과정이 개입되는 그런 몸짓을 한다.

미드는 다양한 몸짓 가운데 특히 소리 몸짓에 큰 중요성을 부여한다. 하등동물의 모든 소리 몸짓은 의미를 갖지 않는다(예를 들어 개 짖는 소리는 다른 개에게 의미를 갖지 않는다). 인간의 몇몇 소리 몸짓도 의미를 갖지 않을 수 있다(예를 들어 코를 고는 소리). 그러나 인간이 하는 대부분의 소리 몸짓은 의미를 동반한다. 이 가운데 가장 중요한 것이 바로 언어다. 인간 사회의 거대한 진보(자연에 대한 통제, 과학 등)는 바로 언어라는 의미 있는 몸짓의 체계 덕분이다.

육체적 몸짓과 소리 몸짓 사이에는 커다란 차이가 있다. 우리가 육체적 몸짓을 할 때, 우리는(거울을 보고 있지 않다면) 우리 자신이 하는 행동을 볼 수 없다. 그러나 우리가 소리 몸짓을 할 때는, 우리 몸짓의 상대가 되는 사람과 똑같은 방식으로 우리는 자신의 소리를 들을 수 있다. 그래서 소리 몸짓은 말하는 사람에게 영향을 미치는 것과 같은 방식으로 듣는 사람에게도 역시 영향을 미친다. 나아가 사람들은 소리 몸짓에 대해서는 훨씬 더 잘 통제하고 있다. 만약 그들이 자기 자신이 말하고 있는(그리고 동시에 듣고 있는) 바를 좋아하지 않는다면, 말하기를 멈추거나 문장 중간에서 수정할 수 있다. 그러므로 인간을 하등동물로부터 구분짓는 것은 반응하기 전에 반응에 대해 생각할 수 있는 능력 뿐 아니라, 또한 그들 자신이 행하는 바를 통제할 수 있는 능력이기도 하다.

---

1) **의미 있는 몸짓**(significant gestures) 어떤 반응이 이루어지기 위해 사유과정을 필요로 하는 몸짓으로서 오직 인간만이 이러한 몸짓을 할 수 있다.

의미 있는 상징과 언어

미드의, 그리고 또한 사회학 전체의 개념 창고에서 가장 잘 알려진 관념 중의 하나는 바로 **의미 있는 상징**1)이다. 의미 있는 상징은 그 상징의 대상인 사람들로부터 불러 일으키게끔 고안된 것과 같은 종류의(꼭 동일할 필요는 없지만) 반응을 그 상징을 표출하는 사람에게서도 불러 일으키는 그런 상징을 뜻한다. 물리적 사물도 의미 있는 상징이 될 수 있지만, 무엇보다도 소리 몸짓, 특히 언어야말로 의미 있는 상징의 핵심이다. 몸짓을 주고 받을 때 소통되는 것은 오직 몸짓뿐이다. 언어를 포함하는 대화에서는, 몸짓을 이루는 단어들과 (가장 중요하게는) 그 단어들의 의미가 소통되는 것이다.

언어(또는 보다 일반적으로, 의미 있는 상징)는 말하는 사람과 듣는 사람 모두에게서 동일한 반응을 유발한다. 내가 당신에게 '개'라는 단어를 말한다면, 당신과 나 모두가 개에 대한 유사한 정신적 이미지를 갖게 된다. 뿐만 아니라 단어들은 우리가 같거나 또는 유사한 행동을 하게끔 만들 가능성이 크다. 만약 내가 사람들이 꽉 들어찬 극장에서 '불이야!'라고 외친다면, 나와 관객들 모두가 가능한 한 빨리 극장을 벗어나려 하는 처지로 내몰리게 될 것이다. 언어는 사람들이 다른 사람들뿐 아니라 자기 자신의 행위까지도 자극하는 것이다.

언어는 또한 인간의 지극히 중요한 능력인 사고 능력과 정신적 과정에 참여할 수 있는 능력을 가능하게 해 준다. 미드는 사유와 **정신**2)을 '사람들이 언어를 사용하여 자기 자신과 하는 대화'라고 간단히 정의한다. 마찬가지로 미드는 사회적 과정이 정신적 과정에 선행한다고 믿었다. 정신이 존재하기 위해서는 의미 있는 상징과 언어가 존재해야만 한다는 것이다. 정신적 과정을 통해서 우리는 우리들 자신에게서 단지 어느 한 사람(예를 들어, 극장에서 '불이야!'라고 외치는 사람)의 반응만이 아니라, 또한 전체 공동체의 반응을 불러일으킬 수 있게 된다. 그래서 만약 '불이야!'를 외치는 것이 사람들의 생명을 건질 수 있다

---

1) **의미 있는 상징**(significant symbol) 그 상징의 대상인 사람들로부터 불러 일으키게끔 고안된 것과 같은 종류의 (꼭 동일할 필요는 없지만) 반응을 그 상징을 표출하는 사람에게서도 불러 일으키는 그런 상징.

2) **정신**(mind) 미드의 정의에 따르면 사람들이 언어를 사용하여 자기 자신과 하는 대화를 말한다.

면, 우리는 그러한 행위를 한 것에 대해 받게 될 공공의 인정에 대해 생각할
수도 있다. 다른 한편으로, 만약 우리가 거짓으로 '불이야!'를 외치는 상상을 하
게 된다면, 그 행동에 대한 공동체의 반응(비난, 투옥)을 예견함으로써 그 행위
를 실행에 옮기는 것을 멈추게 될 것이다. 나아가 전체 공동체의 반응에 대해
생각하는 것은, 우리가 다만 몇몇 개별적인 개인들의 반응에 대해서만 생각할
때에 비해 더욱 조직화된 반응을 고안해 내게끔 해 준다.

자   아

　미드의 또 하나의 핵심 개념은 **자아**1)다. 이것은 자기 자신을 대상으로 삼
을 수 있는 능력을 가리킨다. 자아와 정신은 변증법적으로 상호 관련되어 있다.
둘 중 어느 하나도 다른 하나가 없이는 존재할 수 없다. 그래서 우리는 정신이
없이는 자기 자신을 대상으로 삼을 수 없고(즉 자기 자신에 대해 생각할 수 없
고), 또한 자아가 없이는 정신을 가질 수 없으며, 자기 자신과 대화할 수 없다.
물론 자아는 정신적 과정의 하나이기 때문에, 정신과 자아를 분리하는 것은 실
제로는 불가능하다.
　자아의 기본을 이루는 것은 **성찰성**2) 또는 재귀성, 즉 다른 사람의 입장이
되어 볼 수 있는 능력, 그들과 같이 생각하고 그들과 같이 행동할 수 있는 능
력이다. 이 능력이 있음으로 해서, 사람들은 타인들이 그들을 점검하는 것과 같
은 방식으로 자기 자신과 자신의 행동을 점검해 볼 수 있다. 우리는 타인들이
우리에게 취하는 관점과 같은 관점을 우리들 자신에 대해 취할 수 있다. 타인
이 우리를 평가하듯이 우리 자신을 평가할 수 있기 위해서는, 우리는(최소한 정
신적 차원에서라도) 우리 자신의 외부에 서야만 한다. 우리는 우리 자신에 대해
어떤 특정한 개인 또는 사회집단 전체의 관점이 될 수 있는 특정한 관점을 취
해야 하는 것이다(이 부분은 나중에 다시 다루게 될 것이다).

---

1) **자아(self)**　자기 자신을 대상으로 삼을 수 있는 능력.
2) **성찰성(reflexivity)**　우리 자신을 다른 사람의 위치에 놓을 수 있는 능력: 그들이 생각하는 대
　로 생각하고, 그들이 행동하는 대로 행동하는 것.

조지 허버트 미드(George Herbert Mead)
생애의 삽화

 이 책에서 다룬 대부분의 중요한 이론가들은 그들이 살아 있는 동안 출판된 책들로 크게 인정받았다. 그러나 조지 허버트 미드는 그가 살아 있는 동안 그의 저작만큼이나 강의로도 중요한 사람이 되었다. 그의 말들은 나중에 20세기의 중요한 사회학자들이 된 많은 이들에게 강력한 영향을 미쳤다. 그의 학생들 가운데 한 명은 "대화는 그의 가장 훌륭한 매체였다. 글쓰기는 그보다 덜 중요한 매체였다"고 말했다. 그의 또 하나의 학생이자 잘 알려진 사회학자이기도 한 레너드 코트렐은 미드가 어떤 스승이었는지를 다음과 같이 기술하고 있다:

"나에게 미드 교수와 함께 하는 교과과정은 특별하고도 잊을 수 없는 체험이었다. … 미드 교수는 체격이 크고 친근하게 보이는 사람이었으며, 멋진 콧수염과 턱수염을 갖고 있었다. 그는 선의의 다소 수줍은 미소를 지었으며, 이때 그의 눈동자는 마치 청중에게 어떤 비밀스런 장난을 치며 그것을 즐기고 있는 듯이 반짝였다.

미드 교수는 언제나 강의노트 없이 강의를 했는데, 그는 분필 조각을 만지작거리며 그것을 주의 깊게 바라보곤 했다. … 특별히 민감한 어떤 논점을 강의할 때면 위를 한번 슬쩍 본 다음에 우리들 중 어느 누구도 직접적으로 보지 않고 다만 수줍은 아니 거의 미안해 하는 듯한 미소로 우리들 모두를 바라보곤 했다. 그의 강의는 물길이 흐르는 것과 같았고, 우리들은 곧 강의 중에 질문을 하거나 코멘트를 다는 것을 다른 수강생들이 달가와 하지 않는다는 것을 알았다. 실제로 만약 누군가가 용기를 내어 질문을 던지면, 다른 학생들이 중얼거리거나 불평하는 소리를 들을 수 있었다. 그들은 이 멋진 강의의 흐름을 누구도 끊어놓지 않길 바랐던 것이다 ….

학생들에 대한 그의 요구사항은 그다지 엄격하지 않았다. 그는 결코 시험을 보지 않았다. 모든 학생들에게 내 준 유일한 과제는 각자가 가능한 한 가장 훌륭한 학문적 소논문을 쓰는 것이었다. 미드 교수는 이것들을 아주 정성들여 읽었으며, 그가 그 소논문에 대해 생각하는 바가 곧 그 학생의 성적이었다. 아마도 이 때문에 학생들이 그의 강의를 경청하는 것보다는 이 소논문을 쓰기 위해 자료들을 읽는 데 더 열중했을 것이라고 생각하는 사람도 있겠지만, 사실은 그렇지가 않았다. 학생들은 언제나 수업을 들어왔다. 그들은 언제나 미드에게서 더 많은 것을 배우고 싶었던 것이다."

미드는 자아가 아동기의 두 가지 기본 단계에서 생겨난다고 믿고 있다. 그 첫째는 **놀이 단계**1)로서, 여기서 아이는 자기가 아닌 다른 누군가의 역할을 맡는다. 아이는 바니, 라라, 엄마의 역할을 맡는 놀이를 할 수 있다. 이때 그 아이는 주체(그 아이 자신)와 객체(바니)가 되는 법을 동시에 배우며, 그와 더불어 이제 서서히 자아를 형성할 수 있게 된다. 그러나 그 자아는 아직까지 매우 제한되어 있는데, 그 이유는 그 아이가 아직은 특정한 타자(바니, 엄마 등)의 역할을 할 수 있을 뿐이기 때문이다. 바니 또는 엄마 역할을 하는 놀이를 하면서, 아이는 바니 또는 엄마가 자기를 그렇게 바라보고 평가하리라고 상상하는 바대로, 자신을 바라보고 평가할 수 있게 된다. 하지만 이 단계에서 아이는 아직 보다 일반적이고 조직된 자아감을 결여하고 있다.

다음 단계인 **게임 단계**2)에서, 아이는 자아를 완전하게 발전시키기 시작한다. 놀이 단계에서는 아이가 특정한 타자의 역할을 담당해 보는 것이지만, 게임 단계에서는 그 시합에 참여하는 모든 사람의 역할을 취할 수 있어야 한다. 이 타자들 각각은 전체 시합에서 나름의 역할을 담당한다. 미드는 야구의 사례를 들고 있는데, 여기에서 아이는 어떤 하나의 역할(예를 들어 투수의 역할)을 맡을 수 있지만, 다른 여덟 명의 선수들이 무엇을 할 것인지, 그리고 자기에게서 무엇을 기대하고 있는지도 알고 있어야 한다. 투수가 되기 위해서 그 아이는 다른 모든 사람들이 무엇을 해야 하는지를 알아야 한다. 아이가 모든 순간에 모든 선수들에 대해 생각해야 하는 것은 아니지만, 어떤 순간에 셋 또는 넷의 역할을 심중에 둘 수 있어야 한다. 이처럼 여러 역할을 동시에 취할 수 있는 능력을 갖추게 된 결과로, 아이들은 조직된 집단 내에서 자기 기능을 할 수 있게 된다. 그들은 집단 내에서 다른 구성원들이 자기에게 무엇을 기대하는지, 또 다른 사람들이 무엇을 할 것인지를 보다 잘 이해할 수 있게 된다. 놀이는 자아의 몇몇 부분만을 요구하는 데 반해 게임은 일관된 자아를 요구한다.

미드가 만들어 낸 다른 하나의 유명한 개념은 **일반화된 타자**3)다. 일반화된

---

1) **놀이 단계**(play stage) 자아의 생성에서 첫 번째 단계로서, 아이는 다른 누군가의 역할을 취해 본다.

2) **게임 단계**(game stage) 자아의 생성에서 두 번째 단계. 이 단계에서 아이는 특정한 사람의 역할을 취하는 것이 아니라, 시합에 참가하는 모든 사람들의 역할을 취한다. 이 모든 이들은 각각 전체 시합에서 나름의 역할을 담당한다.

3) **일반화된 타자**(generalized others) 행위자가 속해 있는 전체 공동체 또는 집단의 태도.

타자는 전체 공동체의 태도 또는 (야구 시합의 예를 들자면) 전체 팀의 태도를 가리킨다. 완전한 자아는 아이가 개인적인 의미 있는 타자의 역할을 취하는 것을 넘어서 일반화된 타자의 역할을 취할 수 있게 될 때에만 가능해진다. 또한 어떤 특정한 개인의 관점이 아니라 집단 전체의 관점에서 자기 자신과 자신의 행동을 평가할 줄 아는 것도 중요하다. 일반화된 타자는 또한 추상적인 사고와 객관적 사고를 가능케 해 준다. 객관성의 측면에서 보자면, 인간은 개별화된 타자가 아니라 일반화된 타자에 의존할 때 객관적인 관점을 발전시키게 된다. 요약하자면, 자아를 갖기 위해 인간은 공동체의 일원이 되어야 하고 그 공동체에 공통된 태도에 의해 정향되어야 한다.

이 모든 것들, 특히 일반화된 타자라는 개념에서 우리는 미드가 말하는 행위자들이 개인성을 결여한 순응주의자들이 아닌가 하고 생각하게 될 수도 있다. 그러나 미드는 모든 개별자들의 자아가 그 자체로 고유한 것임을 분명히 했다; 각자의 자아는 특수한 생애사적 체험의 맥락에서 발전된다. 나아가 일반화된 타자는 오직 하나가 아니라 여러 가지가 있는데, 왜냐하면 사회 안에는 여러 집단들이 존재하기 때문이다. 사람들은 많은 서로 다른 집단들에 소속되어 있고 많은 일반화된 타자를 갖고 있기 때문에, 다수의 자아를 갖고 있다. 나아가 사람들은 공동체와 그것의 일반화된 타자를 반드시 수용해야만 하는 것은 아니다. 사람들은 그것을 변화시키려고 노력할 수 있다. 때때로 사람들은 공동체와 일반화된 타자와 궁극적으로는 공동체 내의 자아들을 변화시키는 데 성공한다.

주체적 자아와 대상적 자아

자아 안에 순응성과 개인성이 공존하고 있다는 사실은 미드가 자아의 두 국면인 주체적 자아와 대상적 자아를 구분하는 데서 분명하게 드러난다. 이 두 국면은 자아의 구조들인 것처럼 들리지만, 실제로 미드는 양자가 자아를 구성하는 보다 넓은 과정의 부분들을 이루는 과정이라고 보았다.

주체적 자아[1)]는 타자에 대한 자아의 즉각적인 반응이다. 그것은 계산 불가

---

1) **주체적 자아(I)** 타자에 대한 자아의 즉각적 반응. 자아의 계산 불가능하고, 예측 불가능하며,

능하고, 예측 불가능하며, 창조적인 자아의 측면이다. 사람들은 자신의 주체적 자아가 무엇을 할 것인지를 미리 알 수 없다. 그래서 야구 경기의 경우를 예로 들자면, 선수들은 자기 자신에게서 무슨 일이 일어날지(뛰어난 경기를 할지, 실수를 할지) 미리 알지 못한다. 우리는 자신의 주체적 자아에 대해 결코 완전히 알 수 없기 때문에, 우리는 종종 우리 자신의 행동에 대해 깜짝 놀라곤 한다. 미드는 주체적 자아가 다음의 네 가지 이유에서 중요하다고 말하고 있다. 첫째, 그것은 사회세계에서 새로움이 탄생하는 중요한 원천이다. 둘째, 우리의 대부분의 중요한 가치들이 위치한 곳은 주체적 자아의 영역이다. 셋째, 주체적 자아는 자아 실현을 이루는 곳이며 우리 모두는 실제로 자아를 실현하고자 한다. 주체적 자아가 있음으로 인해 우리들 각자는 고유한 인성을 발전시키게 된다. 끝으로 미드는 하나의 장기적 진화 과정이 있다고 보고 있는데, 바로 이곳에서 이 위대한 사회학자는 자신의 거대 이론을 제시하고 있다. 그 과정이란 사람들이 대상적 자아에 의해서 지배되던 원시사회로부터 주체적 자아가 더욱 커다란 중요성을 갖게 된 현대사회로의 진화 과정이다.

주체적 자아는 자아 안에서 대상적 자아에 대해 반응한다. **대상적 자아**[1]는 기본적으로 개인들이 일반화된 타자를 채택하고 지각한 결과다. 주체적 자아와는 달리, 사람들은 대상적 자아에 대해 매우 잘 의식하고 있다. 그들은 공동체가 자신들에게 어떤 행동을 기대하고 있는지를 잘 의식하고 있다. 우리들 모두는 견고한 대상적 자아를 내부에 갖고 있지만, 오직 순응주의자들만이 그 대상적 자아에 의해 지배당한다. 대상적 자아를 통해 사회는 우리들을 통제한다. 대상적 자아는 사람들이 사회세계에서 순순히 자기 기능을 하게끔 하지만, 주체적 자아는 사회 변동을 가능케 한다. 사회는 온전한 작동을 위해 충분한 순응을 이끌어내야 하지만, 사회가 정체하지 않기 위해서는 점진적인 혁신을 그 안에 불어넣어야 한다. 개인과 사회 양자는 주체적 자아와 대상적 자아가 혼합됨으로써 더 잘 작동할 수 있다.

창조적인 측면.
[1] **대상적 자아(me)** 개인이 일반화된 타자를 채택하고 지각한 것. 자아의 순응적 측면.

상징적 상호작용

　　의미 있는 상징, 특히 언어를 통해 **상징적 상호작용**1)이 가능해진다.(이 개념은 미드의 후속이론가들이 발전시킨 **상징적 상호작용론**2)이라 불리는 학파에서 나온 것이다.) 인간은 몸짓뿐 아니라 의미 있는 상징들을 통해서도 상호작용한다. 이러한 상징들의 사용으로 인해 인간의 상호작용의 유형들과 사회 조직의 형식들은 몸짓만을 통할 때보다 훨씬 더 복잡해진다. 간단히 말해 상징적 상호작용은 인간 사회를 상징적 상호작용을 할 수 없는 벌이나 곰의 그것보다 훨씬 거 복합적으로 만든다.

상징적 상호작용론

　　미드는 상징적 상호작용론으로 알려진 사회이론의 학파에서 가장 중요한 사상가이지만, 일상생활을 이해하게 해 주는 미드의 이론과 관련된 다른 사상가들도 있다.

상황 정의

　　W. I. 토마스(W. I. Thomas: 1863-1947)는 부인인 도로시 S. 토마스와 함께 **상황정의**3)라는 개념을 창안하여 상징적 상호작용론의 흐름에서 중요한 인물이 되었다. 이는 사람들이 어떤 상황을 현실이라고 정의하면 이런 정의들이 결과적으

---

1) **상징적 상호작용**(symbolic interaction)　몸짓뿐만 아니라 의미 있는 상징들을 통해서도 상호작용하는 인간 특유의 능력.
2) **상징적 상호작용론**(symbolic interactionism)　상징적 상호작용에 연구 초점을 맞추는 사회학 이론. 미드에게서 영향을 받음.
3) **상황정의**(definition of the situation)　사람들이 상황을 현실이라고 정의하면 결과적으로 이런 정의들이 실제 현실이 된다는 주장.

로 현실로써 실재하게 된다는 것이다. 이는 현실의 실제 상황보다는 사람들이 마음 속에서 현실을 정의하는 방식이 더 중요하다는 것을 의미한다. 현실 자체가 아니라 정의가 사람들로 하여금 행동하게 하는 것이다. 야구의 예를 들어보자. 유격수를 맡은 당신은 실제로는 원아웃인데 투아웃이라고 상황을 정의하고 있다. 당신은 타자가 날린 플라이 공을 잡으면서 이제 쓰리아웃이라고 믿고 이닝이 끝난 줄 알고 경기장을 뛰어나온다. 당신의 상황정의는 경기장을 뛰어 나온다는 현실적인 결과를 초래하고 있는 것이다. 다른 현실적인 결과들이 곧 이어진다. 상대편 주자는 거침없이 베이스를 돌아 점수를 올리고, 같은 팀 동료들은 당신을 맹렬히 비난하고, 감독은 당신을 벤치로 불러들일 수 있다. 이와 같이 우리 인생의 많은 영역에서, 실제 현실보다는 어떻게 상황을 정의하는지가 더 중요하다.

이 예는 정신적 과정, 즉 정신의 중요성을 보여준다. 정신이 상황을 정의하면 우리는 그 정의를 기반으로 해서 행동하는 경향이 있다. 정신이 작동하는 방식은 적어도 어느 정도는 정신을 둘러싸고 있는 상황과는 독립적이다. 이는 정신과 정신적 과정들을 연구하여 이런 과정이 어떻게 작동하는가를 이해하는 것이 사회학의 임무라는 의미가 된다. 이런 점은 미드가 정신 그리고 자아를 중시한 것과 잘 일치한다.

찰스 호튼 쿨리와 로버트 파크의 기여

상징적 상호작용론과 연관을 가지면서 자아에 대한 생각을 발전시킨 이론가가 또 있는데 바로 찰스 호튼 쿨리(Charles Horton Cooley: 1864-1929)이다. 쿨리는 **거울에 비추어진 자아**[1]라는 개념으로 가장 유명하다. 거울보기(looking-glass)는 현대용어로는 거울에 해당된다. 이 개념은 우리가 일종의 거울을 들여다보면서 우리 자신에 대한 관념을 형성한다는 의미를 갖는다. 그렇다면 어떤 거울

---

1) **거울에 비추어진 자아(looking-glass self)** 우리는 타인들과 타인들이 우리에게 보이는 반응을 우리가 누구이고 제대로 행동하는지를 평가해 주는 거울로 이용하여 우리 자신에 대한 관념을 형성한다는 주장.

인가? 쿨리가 염두에 두었던 거울은 우리와 상호작용하는 다른 사람들이다. 우리는 다른 사람들을 거울로 삼아서 우리가 누구이고 제대로 행동하고 있는가를 평가한다. 우리는 다른 사람들의 눈과 몸짓언어를 보고 그들이 하는 말을 듣기도 한다. 우리는 이런 거울을 보면서 우리가 스스로 원하는 존재가 되어 있는지, 우리의 행위가 원하는 효과를 얻어 내고 있는지 판정한다. 거울 속에서 만약 우리가 보기 원하는 모습이 보이고, 우리가 원하는 대로 남들이 우리를 평가하고, 우리가 원하는 대로 다른 사람들이 행동한다면, 거울은 우리 행동을 인정해 주고 우리는 과거와 동일한 생각과 행동을 계속하게 된다. 그러나 만약 반대의 결과가 나오면, 우리는 우리의 행위를 재평가해야 하고 심지어는 자신이 어떤 존재인가에 대한 생각마저 다시 평가해야 할 수도 있다. 거울자아가 우리가 스스로에 대해 가진 모습과 다른 영상을 계속해서 보여 준다면 우리가 누구인가에 대한 생각, 즉 우리의 자아상(self-image)을 재평가해야 할 수도 있다. 거울자아는, 다른 상징적 상호작용론자들과 마찬가지로 쿨리가 정신, 자아, 상호작용에 대해 가지고 있던 관심을 잘 반영해 준다.

쿨리와 관련된 또 다른 주요 개념은 **원초적 집단**1)이다. 원초적 집단은 개인을 보다 큰 사회에 연결시키는 데 중요한 역할을 하는 친밀한 대면적 집단을 가리킨다. 특히 중요한 것은 가족이나 친구집단과 같은, 어린이들의 원초적 집단인데 이런 집단 속에서 개인이 성장하여 사회적 존재가 된다. 거울자아가 발전하고 어린이가 자신만 생각하는 존재로부터 다른 사람을 고려하는 존재로 바뀌는 것은 주로 원초적 집단 내에서이다. 이런 변화 덕분에 어린이는 한 사회에 기여하는 구성원이 되는데 필요한 능력을 발전시키기 시작한다. 미드가 놀이 단계와 게임 단계를 이론화하면서 보여 주었듯이 어린이는 처음에는 일부 의미 있는 타자들의 기대를 고려하고 궁극적으로는 일반화된 타자의 기대까지 고려하는 것을 배워야 한다.

쿨리는 방법론에도 중요한 기여를 했다. 미드와 마찬가지로 쿨리는 사람들의 행동이 행동주의자들의 주장처럼 단순하게 이루어지지 않고 정신, 자아, 그리고 광범위한 정신적 과정의 결과라고 생각했다. 행동주의자들은 실험실 상황

---

1) **원초적 집단(primary group)** 개인을 보다 큰 사회에 연결시키는 데 중요한 역할을 하는 친밀한 대면적 집단. 특히 중요한 것은 가족이나 친구집단과 같은, 어린이들의 원초적 집단이다.

에서의 행동을 연구하는 실험적 방법에 의존했지만, 쿨리는 사회학자들이 행위자들의 정신적 과정을 더 잘 이해하기 위해서는 현실 세계 속에 있는 행위자들의 위치에 자신을 두어야 한다고 주장했다. 쿨리는 이를 **공감적 내성**[1])이라고 불렀다. 공감적 내성은 연구대상이 되는 행위자들의 위치와 정신에 자신을 두어 행위자들의 정체성과 생각에 공감하고 행위자들의 행동 기저에 있는 의미와 동기들을 이해하도록 하는 것이다. 이 방법은 행동주의자들이 사용하는 실험적 방법에 비해 매우 비과학적이지만 적어도 일부 사회학자들에게는 일상생활을 연구하는데 있어서 핵심적인 연구방법 중 하나가 되고 있다.

공감적 내성은 정신을 연구하는 한 가지 방법이지만 상호작용 또는 상징적 상호작용을 연구하기 위해서는 사회세계에서 실제의 행위와 상호작용을 살펴볼 수 있는 방법이 필요하다. 여기서 중요한 인물이 로버트 파크(Robert Park: 1864-1944)이다. 상징적 상호작용론에서 중요한 사상가인 파크는 사회학자가 되기 전에는 신문기자였다. 그는 기자로 활동하면서 취재 대상인 사회 현실을 관찰하고 자료를 수집하는 일에 익숙해 있었다. 파크는 사회학자가 되고 나서 동료들이나 학생들에게 자신과 같은 방식을 사용하도록 촉구했다. 어떤 의미에서 그는 **현지조사**[2])로 알려진 활동을 권한 셈이다. 현지조사란 현장에 뛰어들어서 관찰하고 관련된 자료를 수집하는 작업을 가리킨다. 파크를 비롯한 여러 학자들의 주장에 힘입어 관찰이 상징적 상호작용론의 주요 방법이 되었다. 관찰자가 된다는 것의 매력은 연구자가 행위자들의 의미와 동기를 이해하기 위해 공감적 내성을 하여 행위자들의 위치에 자신을 놓고 행위자들이 취하는 다양한 행위들을 관찰할 수 있다는 점이다. 따라서 **관찰**[3])은 상징적 상호작용론자들에게는 사고의 여러 과정, 행위, 일상생활의 상호작용을 연구하는 이상적인 방법이었다.

---

1) **공감적 내성**(sympathetic introspection) 연구대상이 되는 행위자들의 위치와 정신 속에 자신을 두는 방법. 연구자들은 행위자들의 정체성과 생각에 공감하고, 행위자들의 행동 기저에 있는 의미와 동기들을 이해하도록 한다.

2) **현지조사**(fieldwork) 상징적 상호작용론자들이나 기타 사회학자들이 사용하는 방법으로서, 현장(매일매일의 일상적 사회세계)에 뛰어들어 관찰하고 적합한 자료를 수집하는 방법이다.

3) **관찰**(observation) 현지조사와 밀접하게 관련되는 방법. 상징적 상호작용론자들(과 기타 사회학자들)은 사회세계에서 일어나는 현상을 관찰하는 방법을 통해 사회세계를 연구한다. 상징적 상호작용의 경우, 관찰의 방법은 연구자로 하여금 행위자들의 의미와 동기를 이해하기 위해 공감적 내성을 하여 행위자들의 위치에 자신을 놓고 행위자들이 취하는 다양한 행위들을 관찰할 수 있게 해 준다.

로버트 파크(Robert E. Park)
생애의 삽화

로버트 파크는 학계의 사회학자들이 걷는 전형적인 경로, 즉 학부, 대학원, 교수로 이어지는 길을 걷지 않았다. 그는 만년에 사회학자가 되기 전에 다양한 일에 종사했다. 파크는 비록 사회학자로서의 시작은 늦었지만 사회학 일반과 특히 이론에 심오한 영향을 미쳤다. 파크는 다양한 경험 덕분에 삶에 대해 남다른 지향을 갖게 되었다. 이러한 관점은 시카고 학파, 상징적 상호작용론 그리고 나중에는 사회학의 상당 부분에 영향을 주었다

파크는 1864년 2월 14일 펜실베니아 주의 하비빌에서 태어났다. 그는 미시건 대학교에 다니면서 존 듀이와 같은 위대한 사상가들을 다수 접할 수 있었다. 파크는 관념의 세계에 매력을 느꼈지만 현실 세계에서 작업해야 할 필요를 강하게 느꼈다. 파크는 "나는 경험 자체를 위한 경험을 하기로, 내 영혼 속에 … '세상의 모든 기쁨과 슬픔'을 모아들일 것을 결심했다"고 말했다. 그는 졸업 후 기자가 되었는데 기자 활동을 통해 현실 세계를 경험할 수 있었다. 그는 도박장과 아편굴을 찾아다니는 것과 같은 탐사를 특히 좋아했다. 그는 도시 생활을 생생한 필치로 상세히 묘사했는데, 현장에 뛰어들어 관찰하고 분석한 후 이를 기사로 쓰곤 했다. 그는 나중에 시카고 사회학의 특징 중 하나가 된 연구 방식(즉 과학적 보도)—관찰기법을 사용한 도시민족학(urban ethnology)—을 이미 기자 시절에 실행하고 있었던 것이다.

사회세계를 정확하게 기술하고자 하는 파크의 열정에는 아무 변화가 없었지만, 기자로서의 활동에는 점차 만족하지 못하게 되었다. 기자로서의 삶은 가족의 필요나 더 중요하게는 지적인 필요를 충족시켜 주지 못했다. 게다가 세상을 개선시키는 데 기자직은 별로 기여하는 바가 없어 보였다. 파크는 사회개혁에 깊은 관심을 가지고 있었다. 파크는 1898년 34세 때 기자직을 떠나 하버드 대학교 철학과에 등록했다.

행위이론

사회적 행위에 관한 막스 베버의 견해는 20세기 전반 미국의 주요 사회 이론가였던 탈코트 파슨스(Talcott Parsons: 1902-1979)에게 강력한 영향을 미쳤다. 파슨스는 제 4 장에서 소개하게 될 구조기능주의 등과 같이 현대 이론에 기여한 생애 후기의 작업으로 유명하다. 그러나 그의 초기 이론 틀은 그의 행위이론에서 비롯되었다. 그를 고전 이론에 관한 이 장에서도 다루는 것은 이 때문이다.

파슨스는 이 장에서 소개하는 다른 사상가들과 마찬가지로 자신의 접근방법을 행동주의자들의 방식과 구별하고자 했다. 파슨스는 행동주의자들이 사용하는 행태(behavior)와 구별하기 위해 행위(action)라는 용어를 사용하였다. 행위는 적극적이고 창조적인 정신적 과정을 포함한다. 따라서 행태는 순전히 객관적인 요소만을 갖는데 반해 행위는 중요한 주관적 요소를 갖는다.

단위행동

파슨스의 행위이론의 핵심은 네 가지 요소로 정의되는 **단위행동**[1])의 개념이다. 네 요소 중 첫째는 '행위자'(actor)인데, 이 용어에는 개인이 움직이기 전에 생각할 수 있고 행위가 사고과정의 산물이라는 관점이 들어있다. 둘째, 단위행동에는 목적, 즉 행위가 지향하는 미래의 특정 상태가 있다. 따라서 행위자로서의 당신은 사회학 이론 시험에서 좋은 성적을 올린다는 목적(미래의 상태)을 원할 수 있다. 그럴 경우 당신은 사고과정을 통해 이 목적을 달성하기 위해서는 이 장을 여러 차례 정독해야 한다고 결론내릴 수 있다. 셋째, 행동은 어떤 상황 속에서 일어난다. 상황에는 두 가지 요소가 있는데 하나는 행위자가 통제할 수

---

1) **단위행동(unit act)** 파슨스 행위이론의 기본 구성요소로서 행위자, 목적, 상황, 그리고 규범과 가치로 이루어진다. 행위자는 상황 속에서 목적을 위한 수단을 선택한다. 선택은 규범과 가치, 그리고 상황 속에서의 여러 조건에 의해 영향 받는다.

없는 것들(조건)이고 다른 하나는 행위자가 통제할 수 있는 것들(수단)이다. 다가오는 시험은 당신에게는 하나의 상황이 된다. 당신은 수업에 들어가고 책과 필기한 것을 읽고 다른 학생들과 같이 공부할 수 있는데 이는 모두 당신이 이론 시험에서 좋은 성적을 올린다는 목적을 달성하기 위한 수단이다. 그러나 당신은 시험 자체나 시험 문제 또는 배전된 시험장과 같은 조건(예컨대 에어컨이 고장 나 실내가 너무 더운 것)을 통제할 수 없다. 넷째, '규범'과 '가치'는 행위자가 목적에 대한 수단을 선택하는 것에 영향을 준다. 예를 들어, 만약 당신이 속한 여학생 클럽에 학생들이 같이 시험공부하는 것을 금지하는 규범이 있다면, 당신이 친구와 같이 시험공부하기를 원하고 같이 시험공부하지 않음으로 인해 시험 성적을 올릴 가능성이 줄어든다고 해도 친구와 같이 공부할 수 없을 것이다. 그러나 클럽에 학생들이 같이 공부하는 것을 권장하는 규범이 있다면 이와는 반대가 될 것이다. 가치의 면을 보자면, 만약 클럽이 학업에 가치를 둔다면 당신은 이론 시험에서 좋은 성적을 올려야겠다는 동기를 가질 수 있다. 반대로 클럽이 좋은 성적보다는 오락이나 파티에 가치를 둔다면 이런 규범들은 당신이 시험에서 좋은 성적을 얻는 것을 더 어렵게 할 것이다.

유형변수

행위를 이해하는데 파슨스가 중요하게 기여한 것 중 하나는 **유형변수**[1]이다. 유형변수는 행위자들이 모든 상황에서 선택해야 하는 다섯 가지 변수인데 행위자들은 각 변수 내에서 두 가지 중 하나를 선택한다:

1. **감정성·감정중립성.**[2] 이는 사회현상에 감정을 얼마나 투여하는가의 문제이다. 예를 들어, 당신은 누군가를 새로 만날 때마다, 그리고 관계가 발전되는 모든 지점에서 이 문제와 관련하여 결정을 해야 한다.

---

1) **유형변수(pattern variables)** 파슨스 이론에 나오는 다섯 변수, 모든 상황에서 행위자는 각 변수 내에서 둘 중 하나를 선택해야 한다
2) **감정성·감정중립성(affectivity-affective neutrality)** 사회현상에 감정을 얼마나 투여하는가에 관한 유형변수.

2. **한정성·확산성**.[1]   이는 한 사회 현상의 부분에 대해서만 지향하는가 아니
    면 전체에 지향하는가의 문제이다. 예를 들어, 당신은 당신과 친구 둘 다
    대중음악을 좋아한다는 점에만 주목하는가 아니면 친구와 당신이 공유 또
    는 공유하지 않는 모든 점들을 다 주목하는가? 후자일 경우, 대중음악 외에
    는 친구와 당신이 공유하는 것이 별로 없을 때 당신은 친구 관계를 단절할
    수도 있다.

3. **보편주의·특수주의**.[2]   이 유형은 사회현상을 판단할 때 동일한 모든 사회
    현상에 보편적인 기준을 적용하는가 아니면 보다 구체적이고, 감정적인 기
    준을 적용하는가의 문제이다. 예를 들어, 친구가 가게에서 물건을 훔친다는
    사실을 알았을 때 보편적인 도덕 및 법적 기준을 적용해 판단하여 친구관
    계를 단절하는가? 아니면, 당신이 친구를 사랑하고 그 친구는 잘못을 저지
    를 수 없다는 특수한 감정적 기준을 적용하는가? 당신이 후자를 택한다면
    친구와의 우정을 지속하고 도둑질의 심각성을 깎아내리거나 도둑질을 부정
    할 것이다.

4. **귀속기준·성취기준**.[3]   이는 사회현상을 판단할 때 그 대상이 부여받은 것
    과 성취한 것 중 무엇에 의해 판단하는가의 문제이다. 새로 사귄 남자친구
    를 사랑하는 이유가 그가 잘 생겼고 체격이 좋고 부모로부터 거액의 재산
    을 물려받았기 때문인가, 아니면 그가 지능지수가 높지 않음에도 불구하고
    열심히 공부하여 좋은 성적을 올렸기 때문인가?

5. **자기 지향·집합체 지향**.[4]   이 유형은 자기 이익이냐 집합체의 이익이냐의
    문제이다. 우리는 우리 자신의 이익을 추구하는가 아니면 집합체와 공유하
    는 이익을 추구하는가? 도둑질하는 친구의 경우, 그와의 친구관계를 지속하
    기 위해 도둑질 행위를 무시하는가, 아니면 그가 법을 위반했는데 이를 신

---

1) **한정성·확산성**(specificity-diffuseness)   사회현상의 부분에 대해서 지향하는가 아니면 전체에 대
   해 지향하는가에 관한 유형변수.
2) **보편주의·특수주의**(universalism-particularism)   사회현상을 판단할 때 동일한 모든 사회 현상에
   대해 보편적인 기준을 적용하는가 아니면 보다 구체적이고 감정적인 기준을 적용하는가에
   관한 유형변수.
3) **귀속기준·성취기준**(ascription-achievement)   사회현상을 판단할 때 그 대상이 부여받은 것과 성
   취한 것 중 무엇에 의해 판단하는가에 관한 유형변수.
4) **자기 지향·집합체 지향**(self-collectivity)   자기 이익을 추구하는가, 아니면 집합체의 이익을 추
   구하는가에 관한 유형변수.

고하지 않으면 집합체에 피해를 주기 때문에 신고하는가?

유형변수는 사회적 행위의 유형을 생각할 때 유용한 도구가 된다. 그러나 유형변수는 파슨스의 행위이론이나 사회적 행위에 대한 이론적 작업에서는 한 부분에 불과하다.

생활세계

일상생활 사회학과 관련하여, 조지 허버트 미드 이후에 여러 면에서 가장 중요한 고전적 사상가는 알프레드 슈츠(Alfred Schutz: 1899-1959)다. 그는 철학자 에드문트 훗설(Edmund Husserl)을 따라서 일상적 사회관계의 세계에 초점을 맞추기를 원하였다.

상호주관성

슈츠에게 있어서 이 세계는 그가 **상호주관성**[1])이라고 부른 것으로 특징지어진다. 상호주관성이란, 일상적 세계에서는 한 행위자의 의식 속에서 어떤 일이 벌어지는 것을 다른 행위자의 의식이 마음 속에 그리게 된다는 사상으로서, 동시적이며 호혜적인 이 과정이 일상생활을 가능하게 만든다. 상징적 상호작용론자들과 달리 슈츠는 사람들 사이의 신체적 상호작용이나 한 개인의 정신 속에서 진행되는 것에 관심을 갖지 않았다. 그보다는 사람들이 서로 의식적으로 관계를 맺는 방식, 그의 용어로는, 그들이 상호주관적으로 관계 맺는 방식에 슈츠는 관심을 기울였다.

---

1) **상호주관성**(intersubjectivity) 일상적 세계에서는 한 행위자의 의식 속에서 어떤 일이 벌어지는 것을 다른 행위자의 의식이 마음 속에 그리게 된다.

생활세계의 특성

생활세계[1]는 상호주관성이 발생하는 일상적인 세계이다. 그것은 상식 세계, 일상생활 세계, 통속 세계, 그리고 우리가 매일 매일 그 속에서 움직이는 세계다. 그것은 슈츠가 **자연적 태도**[2]라고 부른 그러한 태도를 우리가 갖고서 움직이는 세계다. 즉 우리는 이 세계를 당연시 하며, 이 세계에 대해 깊이 생각하지 않으며, 이 세계의 현실성이나 존재를 의심하지 않는다. 그러나 그 자연적 태도는 때때로 문제 상황에 의해 무너진다. 즉 이런 상황이 되면 우리는 이 세계를 더 이상 당연시할 수 없으며, 매우 의식적인 방식으로 대해야만 한다. 예를 들면, 우리는 캠퍼스에서 만난 동료 학생에게 별 생각 없이 "잘 지냈니?" 라고 말하며 걸어가고 그 학생은 "그래, 잘 지냈어" 라고 대답할 수 있을 것이다. 그러나 만약 어떤 문제 상황이 발생한다면(예컨대, 그 동료 학생이 멈추어 서서 자신의 최근 수술에 관해 논의하기 시작한다면), 아마도 우리는 멈추어 서서 매우 의식적으로 상호작용에 몰두하기 시작할 것이다.

생활세계는 슈츠가 논의한 여러 세계들 가운데 하나다. 환상, 꿈, 그리고 과학 역시 각각 세계를 이루며, 우리가 보게 되듯이, 이들 세계는 생활세계와 종종 매우 다르다. 슈츠는 여섯 가지 특징들을 생활세계에 결부시켰는데, 이들 특징은 비록 정도는 다르지만 다른 세계에서는 적어도 하나 이상 결여되어 있는 것들이다.

1. **온전히 깨어 있음**. 이 용어의 뜻은 생활세계에서 진행되는 것들을 행위자가 충분히 의식하고 있으며 주목하고 있다는 것이다. 이것은 다른 여러 세계에서도 적용될 수 있지만, 예컨대 행위자가 잠들어 있는 꿈의 세계에는 해당되지 않는다.

2. **의심의 유보**. 앞에서 언급한 바 있듯이, 자연적 태도에서는 행위자가 생활세계를 있는 그대로 받아들인다. 즉 그는 생활세계나 그 실존을 의심하지

---

1) **생활세계**(life world) 상식 세계, 일상생활 세계, 통속 세계, 상호주관성이 발생하는 세계.
2) **자연적 태도**(natural attitude) 우리가 생활세계에서 취하는 태도로서, 우리는 이것을 당연시하며, 깊이 생각하지 않으며, 그 현실성이나 존재를 의심하지 않는다.

않는다. 여기서 대조되는 것은 과학의 세계다. 여기서는 과학자가 그 세계를 의심한다. 실제로, 이 의심이 과학적 작업과 과학적 발견에 이바지 한다.

3. **일**. 슈츠가 보기에 생활세계에서는 사람들이 일에 종사한다. 즉, 그들은 바라는 목표를 이루는데 도움이 되는 신체적 활동에 종사한다. 슈츠가 염두에 둔 것은 우리가 통상적으로 일이라고 생각하는 것에 국한된 활동이 아니었다. 그의 일은 꽤 실체적인 목표들을 달성하기 위해 물질적 대상을 만들고 사용하는 그러한 계획된 신체적 활동에 사람들이 종사하는 것을 뜻한다. 슈츠의 이론은 맑스가 인간 잠재력과 결부된 창조적 활동이라고 믿은 것에 가까운 듯이 보인다. 이것과 대조되는 것은 사람들이 이런 종류의 활동에 참여하지 않는 꿈이나 환상의 세계다.

4. **총체적 자아 경험**. 생활세계에서 사람들은 자기 스스로를 총체적 자아로서 경험한다. 즉 사람들은 생활세계에 총체적으로 몰두하며 여기서 자신을 총체적으로 경험한다. 반면에, 과학자는 과학 세계에 자신의 일부만을, 즉 과학적인 부분만을 바친다. (부인·엄마, 남편·아빠 등과 관계된) 자신의 다른 부분들은 과학 세계에서의 활동에 참여하지 않는다.

5. **상호주관성**. 앞에서 언급된 바 있듯이, 생활세계는 상호주관적인 세계다. 그러나 꿈이나 환상의 세계는 상호주관적인 세계가 아니다. 사람은 홀로 꿈을 꾸며 환상에 잠긴다.

6. **개인적 시간과 사회적 시간의 교차**. 생활세계에서는 개인의 삶의 과정에서 이루어지는 시간 흐름과 보다 큰 사회의 역사 발전에서 이루어지는 시간 흐름이 교차한 결과인 독특한 시간 전망이 출현한다. 아마 당신은 생활세계에서 당신 삶의 특정한 지점과 당신이 속한 사회의 특정 지점이 교차하는 곳에서 어떤 사건이 발생하고 있음을 깨달을 것이다. 이와 대조적으로 꿈과 환상의 세계에서는 개인의 시간 흐름이 보다 큰 사회의 시간 흐름과 종종 멀리 떨어져 있다. 21세기를 살아가는 어떤 스무 살 청년이 스스로 중세를 살아가는 한 노인이라는 또는 심지어 나이 들지 않는 사람이며 영원한 세계에서 살아가는 사람이라는 환상을 가질 수도 있다.

마치 생활세계는 하나인 것처럼, 우리 모두가 동일한 생활세계를 공유하고 있는 것처럼 들리지만, 사실은 우리 각자는 우리 자신의 생활세계에—친구, 가족 구성원, 직장 동료 등과의 상호주관적 관계라는 우리의 독특한 세계에—참여하고 있다. 하지만, 앞에서 열거된 모든 요소들을 포함하여, 모든 생활세계에 공통된 많은 요소들이 존재한다. 더구나 생활세계들은 중복되고 교차된다. 즉, 교수로서의 나의 생활세계는 나의 학생들의 생활세계들과 중복된다. 그러나 이들이 서로 꼭 일치하지는 않는다.

전형화와 처방

우리가 우리의 생활세계를 능동적으로 건설하지만, 우리가 원하는 대로 할 수 있는 것은 아니다. 많은 의미에서 생활세계는 우리가 태어나기 전에 존재하였으며, 우리는 우리 앞선 세대 사람들이 여러 방식으로 창조한 세계에서 태어난다. 여기서 우리는 슈츠 이론의 두 핵심 개념인 전형화와 처방을 만나게 된다. **전형화**[1]는 사람들과 관련되어 있다(처방은 상황에 관련되어 있다). 우리는 다른 사람과 관계를 맺을 때, 적어도 처음에 그리고 잠정적으로는, 그 사람을 분류하기 위해 사용하는 제한된 수의 범주들에 일반적으로 의존한다. 그러므로 우리는 만날 약속을 한 어떤 잘 모르는 사람을 귀여운 사람, 재미있는 사람, 매력 없는 사람 등으로 범주화할 수 있다. 하지만 그 사람을 또 다시 만나서 관계를 맺게 된다면 이 과정에서 우리는 처음에 사용하였던 전형화를(예컨대 귀엽다는 것으로부터 재미있다는 것으로) 수정하게 될 지도 모른다. 어떤 경우든지, 우리는 어떤 사람을 알게 되면서, 전형화를 덜 필요로 하게 되는데, 그것은 우리가 그 사람을 아주 상세히 알게 되기 때문이다. 결국 우리가 잘 아는 사람은 전형이 아니라 사람이 된다. 하지만 핵심 요점은 전형이 역사적 창조물이며 문화의 일부가 된다는 것이다. 이 전형들은 시간의 검증을 거쳐서 사회세계를 대하는 전통적이며 관습적인 도구로 제도화되어 왔다. 우리는 사회화 과정 동안 다양한 유형론을 배우게 되는데 설혹 우리가 자신의 유형론을 창조한다고

---

1) **전형화(typifications)** 우리가 사람들을 분류하고 정리하기 위해 적어도 처음에 잠정적으로 사용하는 제한된 수의 범주들.

하더라도 그렇다. 보다 큰 문화 속에 존재하는 유형론은 우리가 다른 사람들을 범주화하는 방식과 심지어 인식하는 방식을 강요하는데 쓰인다.

이것은 사람이 아닌 사회적 상황 및 행위과정에 관련된 **처방**[1]에 대해서도 마찬가지로 적용된다. 처방은 여러 상황을 다루는 표준화된 방식들이다. 따라서 당신이 어떤 사람에게 "잘 지냈니?" 라고 말할 때, 당신은 인사말을 하기 위한 오늘날의 처방을 사용하고 있는 것이다. 당신이 말을 건넨 그 사람이 "그래, 잘 지냈어" 라고 한다면, 그 사람은 "잘 지냈니?" 라는 처방을 사용하여 인사말 한 사람에게 인사말 하기 위한 처방을 사용하고 있는 것이다. 처방이라는 관념이 함축하는 바는, 문화 속에 그리고 어느 정도는 사회화 결과로서의 우리 정신 속에, 어떤 상황에서 어떤 처방이 사용되어야 하는지 알려 주는 일종의 요리책이 존재한다는 것이다. 이 요리책은 물질적 실존을 갖고 있지는 않으며, 문화의 집합의식 속에 그리고 우리 개인의 정신 속에 존재한다. 이 처방들은 그리고 이들의 출처가 되는 요리책들은 우리가 여러 상황을 다루는 방식들에 관해 우리를 강요한다.

가장 중요한 점은 우리가 문제되지 않은 사람과 상황을 만나는 동안은 계속해서 전형화와 처방을 사용한다는 것이다. 다른 말로 하면, 문제되지 않은 사람과 상황을 우리가 어떻게 다루는가 하는 것은 보다 큰 문화에 의해 강요된다는 것이다. 하지만 문제되는 사람과 상황을 우리가 만날 때에는 모든 것이 백지로 되고 만다. 처음에는 우리가 우리의 전형화와 처방을 사용하기 위해 계속 애를 쓰지만 이것들이 계속 실패함에 따라서 우리는 할 수 없이 이것들을 포기하게 되며, 사람과 상황을 어떻게 다뤄야 할지 즉각적인 방안을 마련하고 이를 해결하도록 애써야만 한다. 만약 어떤 미혼 여성이 멋있는 사람이라고 전형화하는 어떤 남성을 만난다면, 그리고 시간이 지남에 따라서 그 남성이 점차 신체적으로 나쁘게 행동하게 된다면, 그녀는 그 전형을 포기하지 않을 수 없게 될 것이다. 마찬가지로, 그 나쁜 행동의 초기 단계에서는 그녀가 그런 상황에 있는 사람과 의논하는 처방을 사용하려고 노력할 수 있을 것이지만, 만약 그 남자가 사리 분별력을 잃어버렸음이 분명해진다면, 그 처방 또한 포기해야만 할 것이다. 만약 그 나쁜 행동이 지속된다면, 그녀는 어떤 사람을 만나서 이를

---

1) **처방(recipes)** 다양한 상황들을 다루는 표준화된 방식들.

다루어야 할지 그리고 이 상황을 다루기 위해 어떤 행위과정을 취할 수 있을지 알아내려고 (예컨대, 경찰을 부른다거나 상담원을 찾는 등) 노력하게 될 것이다. 아니면, 그 상황으로부터 벗어나려고 애쓰게 될 것이다. 문제 상황에서 사람들은 가장 창의적이게 된다.

다른 상황들은 우리에게 새로운 전형화와 처방을 창조하도록 요구한다. 예컨대, 만약 우리가 전에 전혀 만나본 적 없는 종류의 사람이나 상황을 만나게 되면 새로운 전형화와 처방이 요구된다. 화성에서 오는 첫 방문자를 우리는 어떻게 전형화하게 될까? 우리는 그와 관계를 맺기 위해 어떤 종류의 처방을 사용할 수 있을까? "잘 지냈니?"나 "좋은 하루를!"이라는 처방들이 소용 있을까?

문제 상황이나 새로운 상황은 언제나 존재할 가능성이 있기 때문에 사람들은 그들 개인이 축적해두었거나 심지어 문화적으로 축적된 처방과 전형들에만 전적으로 의존할 수는 없다. 그들은 이 현실을 다룰 수 있을 만큼 창조적이어야 하며 또한 적응력을 가져야 한다. 사람들은 새로운 또는 예상할 수 없는 상황을 다루기 위해, 대안적인 행위과정을 평가하기 위해, 또한 상황을 다루는 새로운 방식을 고안하기 위해 실용적 지성을 필요로 한다.

슈츠의 이론과 관련하여 가장 중요한 점은 혁신적일 수 있는 우리의 능력에도 불구하고 우리는 대부분의 시간 동안 창의적이지 않다는 그의 견해이다. 우리는 적합한 전형화나 처방으로 보이는 것을 단지 사용하면서 대부분의 시간을 지낸다. 사람들은 창의적인 능력을 갖고 있지만 창의적인 경우가 드물다. 그 한 가지 이유는, 우리의 일상생활에서 모든 시간 동안 창의적으로 되는 것은 우리를 빨리 기진맥진하게 만들어버리기 때문이다. 만약 우리가 어떤 사람을 만날 때마다 새로운 전형을 창조해야 하거나 어떤 사회적 상황을 접할 때마다 새로운 처방을 창조해야 한다면, 우리는 거의 곧바로 망가져버릴 것이다. 그렇게 하기에는 정말로 너무 많은 사람과 너무 많은 상황들이 존재한다. 따라서 우리의 일상생활이 관리될 수 있도록 하기 위해서는, 우리는 대부분의 시간 동안 전형화와 처방에 의지해야 한다.

사회세계의 영역들

슈츠 이론의 또 다른 중요한 구분은 사회세계의 네 영역들 사이의 구분인데, 그 가운데 두 영역인 직접 경험되는 사회현실과 간접 경험되는 사회현실은 그와 우리에게 모두 매우 중요하다. 첫째, 우리는 대면적 토대 위에서 타인들의 현존을 인식하고 그들을 직접 경험한다. 슈츠의 용어로는 **우리·관계**[1])에 참여하게 된다. 이 영역에서는 우리가 서로를 상호주관적으로 경험한다. 우리는 여기서 전형화를 사용할 수도 있으나 시간이 지나면서 우리가 타인을 매우 개인적으로 알게됨에 따라서 이 전형화는 검증되고 정정되며, 또한 버려지기도 한다. 이런 일이 발생하는 것은 타인이 누구인지 그리고 그의 마음 속에서 무슨 일이 벌어지고 있는지를 알려주는 지표를 우리가 풍부하게 갖고 있기 때문이다. 그러나 여기서 조차도 사람들은 보통 전형화(와 처방)에 가능한 한 많이 의존한다.

직접 경험된 사회현실은 과학적으로 연구하기 어렵다. 슈츠의 견해에서는, 보통 사람이 하는 바로 그것을 사회과학자가 하는데, 즉 사회적 행위자들의 전형을 구성하는 일이다. 하지만, 이 영역에서는 행위가 때때로 전형화되지 않기 때문에 그리고 행위자들이 타인들과 상호작용하면서 전형화를 수정할 능력을 갖기 때문에 그렇게 하기 어렵다. 그런데 예측 불가능성이 너무 많이 존재하기 때문에, 직접 경험된 사회현실을 과학적으로 연구하는 것이 어렵기는 하지만 그렇다고 불가능한 것은 아니다.

사회세계의 다른 한 영역은 간접적으로 경험되는 사회현실 영역으로서, 여기서는 과학적인 연구를 행하는 것이 가능하다. 이 영역에서는 사람들이 다른 사람들을 직접 경험하기 보다는 순전히 사람들에 관한 전형에(또는 그러한 전형들을 내포하는 보다 큰 구조에) 관계를 맺는다. 즉, 사람들은 **그들·관계**[2])에 참여하게 된다. 사람들은 순전히 사람들에 관한 전형들과만 관계를 맺고 있기 때문에, 그들의 전형화와 처방이 늘 정정될 필요는 없다. 이처럼 변하지 않는

---

1) **우리·관계(we-relations)** 우리가 대면적 토대 위에서 타인들의 현존을 인식하고 그들을 직접 경험하며 서로를 상호주관적으로 경험하는, 그러한 일상생활의 영역.
2) **그들·관계(they-relations)** 사람들이 다른 사람들을 직접 경험하기보다는 순전히 사람들에 관한 전형들과 (또는 그러한 전형들을 내포하는 보다 큰 구조에) 관계를 맺는 우리들 삶의 영역.

성격 때문에, 사회과학자들은 사람들이 사회세계를 대하는 일반적인 과정을 해명하기 위해 이 영역을 과학적으로 연구할 수 있다.

알프레드 슈츠(Alfred Schutz)
생애의 삽화

제 2 차 세계대전이 가까워졌을 때, 슈츠는 파리를 거쳐 미국으로 이주하였다. 미국에서 그는 여러 해 동안 많은 은행의 법률 고문으로 일하면서 시간을 쪼개어 현상학적 사회학을 가르치고 이에 관하여 글을 썼다. 은행 일을 하면서 동시에 그는 1943년부터 뉴욕시에 있는 뉴 스쿨 포 소셜 리서치(New School for Social Research)에서 과목을 가르치기 시작하였다. 그 결과, 리차드 그라토프의 지적에 따르면, "과학적 사유와 일상생활을 다소 구별되고 분리된 두 경험 영역으로 정의한 그 사회 이론가가 자신의 개인 생활에서 유사한 구분을 유지하게 되었다." 그는 1956년이 되어서 비로소 이중 경력을 포기하고 현상학적 사회학을 가르치며 이에 대해 글 쓰는 일에 온전히 집중하게 되었다. 슈츠는 현상학에 대한 관심, 이중 경력 그리고 당시에 전위적이었던 뉴 스쿨에서의 강의 때문에 일생 동안 사회학의 주변부에 머물러 있었다.

슈츠에게 중요한 이 두 세계 사이에 명백한 경계를 긋는 것은 잘못일 것이다. 예컨대, 우리는 우체국에서 우리 편지를 분류하는 사람을 간접적으로, 오직 하나의 전형(우편물 분류인)으로서 알며, 그를 직접적으로 경험하지 않는다. 하지만 만약 우리가 우리 우편물을 받지 못하여 우체국으로 가서 그를 만나게 된다면, 그 우편물 분류인은 우리가 직접 경험하는 세계의 일부가 된다. 그 시점에서 우리는 다른 세계 속으로 이동하게 되며 전형화에 그렇게 쉽사리 의지할 수 없게 된다. 그리하여, 그 분류인이 실제로는 업무에만 파묻혀 있는 괜찮은 사람이라고 드러난다면 우리가 애초에 가졌던 분노는 진정될 것이다. 이 경험은 우리로 하여금 이 우편물 분류인 뿐 아니라 모든 우편물 분류인들에 대해서도 우리가 전형화하는 방식을 정정하도록 하는 원인이 될 수도 있을 것이다.

이것은 직접 경험되는 세계를 과학적으로 연구하는 것은 쉽지 않겠지만 이 직접 경험되는 세계야 말로 전형화가 창조되고 정정되는 세계라는 점을 알려준다. 우리가 우편물 분류인과 간접적으로만 관계를 맺는 동안은 우리 전형화를 정정할 이유를 갖게 되지 못할 것이다. 하지만 우리가 그를 직접적으로 경험하게 되는 즉시, 우리는 우리 전형화를 정정하기 위한 토대로서 필요한 체험적이며 대면적인 지식을 갖게 된다.

현상학, 의미, 그리고 동기

일반적으로 슈츠는 현상학자로 여겨진다. **현상학**[1]은 정신에 대한 연구에 종사하는 철학의 한 유파다. 비록 슈츠는 철학적 현상학의 영향을 받았지만, 그는 사회세계를 연구하는 방향으로 현상학을 확장시키는데 관심을 가진 사회학자였다. 그래서 그의 관심은 단순히 단일 행위자의 주관성보다는 상호주관성에 있었으며, 사회세계의 직접 경험되는 영역과 간접 경험되는 영역에 있었다. 그런데 그는 현상학적 사회학자이긴 하였어도 정신과 지적 과정에 대한 이론화를 시도하기도 했다.

슈츠는 의식 속에서 사람들은 의미를 형성하고 이해하며 자아 해석에 몰두한다는 그러한 사상 위에 자신의 접근법의 토대를 두었다. 의식 때문에 사람들은 처방과 전형화를 배울 수 있으며 이것들을 정정하고 새로운 것을 창조하기까지 할 수 있다. 의식 안에서 슈츠는 의미와 동기에 관심을 가졌다.

의미[2]는 행위자들이 사회세계의 어떤 측면이 그들에게 중요한지 결정하는 방식과 관련되어 있다. 의미는 주관적으로 결정될 수 있다. 즉 우리 스스로가 독립적으로 현실을 정신적으로 구성함으로써 우리는 현실의 어떤 구성요소들이 의미 있다고 정의하게 된다. 이러한 의미는 중요하다. 하지만 슈츠는 이렇게 개

---

1) **현상학**(phenomenology)　정신에 대한 연구에 종사하는 철학 유파.
2) **의미**(meaning)　행위자들이 사회세계의 어떤 측면이 그들에게 중요한지 결정하는 방식으로서, 어떤 것이 의미 있다는 것은 우리 스스로가 독립적으로 현실을 구성한 결과이다; 우리는 현실의 어떤 구성 요소들이 의미 있다고 정의한다.

인이 형성한 의미는 너무 예측 불가능한 것이 많고 과학적으로 연구할 수 없다고 생각했다. 과학적으로 연구할 수 있는 것은, 문화적으로 그리고 집합적으로 공유된 의미이다. 이것들은 집합적으로 공유되어 객관적 실존을 갖고 있기 때문에, 과학자가 이들에 접근하여 과학적으로 연구할 수 있다. 주관적인 의미 보다는 오히려 객관적인 의미에 슈츠의 현상학적 사회학의 초점이 있다.

동기[1]는 사람들이 무엇을 행하는 이유라고 설명하는 것이다. '위하여 동기'[2]는 행위자들이 행위하는 주관적인 이유들이다. 이것들은 깊은 의식의 일부로서, 행위가 벌어지고 있는 동안은 그 행위자나 과학자가 이들을 그 자체로서 알 수 없다. 위하여 동기는 과학적으로 연구하기 어렵기 때문에, 현상학적 사회학자들로부터 거의 관심을 얻지 못한다. 따라서 과학적으로 관심거리가 되는 것은 '때문에 동기'[3]이다. 이것들은 어떤 행위가 일어난 후에, 개인들을 그렇게 행하게끔 만든 원인 요소들(예컨대, 개인적인 배경, 개인 심리, 환경)을 되돌아 보는 것이다. 이것들은 이제 객관적이기 때문에, 그 이유를 행위자가 검토할 수 있으며 현상학적 사회학자가 과학적으로 연구할 수 있다. 하지만 행위자 자신도 과학자도 동기를 완전히 알 수는 없다. 그래서 슈츠는 비록 이것들에 대해 과학적으로 연구할 수 있었긴 하지만, '때문에 동기'를 다루는데 별로 열중하지 않았다. 그가 관심을 기울인 것은 사회세계에서(특히 상호주관적으로) 진행되는 것이었지, 사람들의 정신 속에서 진행되는 것이 아니었다. 이것이 정신과 지적 과정을 고찰하는데 만족한 현상학적 철학자들로부터 슈츠가 구별되는 점이다. 슈츠는 이들과 대조적으로 사회세계를 과학적으로 연구하는데 몰두하였다.

슈츠가 매우 중요한 것은 물론 그 자신의 이론 때문이지만 현상학적 사회학과 민속방법론이라는 두 사회이론 학파에 미친 영향 때문에도 그는 대단히 중요하다(제 6 장의 민속방법론을 볼 것).

---

1) **동기(motives)** 사람들이 무엇을 행하는 이유라고 설명하는 것.
2) **위하여 동기(in-order-to motives)** 행위자들이 행위하는 주관적인 이유
3) **때문에 동기(because motives)** 어떤 행위가 일어난 후에, 개인들을 그렇게 행하게끔 만든 원인 요소들(예컨대, 개인적인 배경, 개인 심리, 환경)을 되돌아보는 것.

◆ 요   약

1. 이 장은 일상생활에 관한 고전적 사회학 이론들을 다룬다. 이 이론들은 개인 사고와 행동, 둘 또는 그 이상의 사람들간의 상호작용, 그리고 그러한 상호작용로부터 생기는 소집단들에 집중한다.

2. 막스 베버는 행태(생각이 거의 없이 또는 전혀 없이 행해지는 것)와 행위(의식적 과정의 결과)를 구분하였다. 그의 관심은 행위에 있었다.

3. 베버는 행위유형을 감성적, 전통적, 가치·합리적, 그리고 수단·합리적 행위로 구분하였다.

4. 게오르크 짐멜은 사회적 결사와 상호작용에 관심을 가지고 있었다.

5. 상호작용의 혼란스러운 혼재 양상에 대응하기 위해, 사회학자들과 일반인들은 상호작용의 형식들을 발전시킨다.

6. 상호행위자들의 혼란스러운 혼재 양상에 대응하기 위해, 사회학자들과 일반인들은 상호행위자의 유형들을 발전시킨다.

7. 규모의 문제에 관해서, 2인 관계(2인 집단)와 3인 관계(3인 집단) 사이에는 커다란 차이가 있다. 3자 관계에서 제 3 자의 존재는 독립적인 집단구조의 출현을 가능하게 한다. 집단 규모 문제에 관해서는 2자 관계에 한 사람이 추가되는 것이 가장 중요하다.

8. 집단구조가 클수록 개인들은 더 자유롭다.

9. 짐멜은 거리의 문제에 관심을 가졌다. 이는 이방인이라는 사회적 유형, 즉 집단으로부터 너무 가깝지도 너무 멀지도 않은 사람의 유형에 대한 관심으로 표현되었다. 거리는 특정한 형태의 낯섦을 의미하는 이방인성이라는 사회적 형식과 관련되어 있고, 이는 모든 사회관계에서 찾아볼 수 있다.

10. 거리는 가치에 대한 짐멜의 사고와도 관련된다. 가치 있는 것은 너무 가깝지도 너무 멀지도 않다.

11. 미드는 자극·반응 행위뿐 아니라 자극과 반응의 사이에 개입하는 인간의 마음에 관

심을 갖는 사회행동론자였다. 사람들은 행동하기 전에 생각한다.

12. 행동의 네 가지 단계는 충동, 지각, 조작 그리고 완성이다.

13. 인간과 동물 모두가 몸짓을 사용하고 몸짓을 통해 의사교환을 하지만, 오직 인간만이 의미 있는 몸짓, 의미 있는 상징 그리고 언어를 사용한다.

14. 정신이란 사람들이 언어를 사용하여 자기자신들과 나누는 대화다.

15. 자아는 자신을 대상으로 삼을 수 있는 능력이다.

16. 자아는 아동기의 두 가지 기본 단계, 즉 놀이와 게임을 통해 출현한다.

17. 일반화된 타자란 전체 공동체의 태도를 말한다.

18. 자아는 항상적인 긴장관계에 있는 두 측면을 갖는다. 직접적이고 예기할 수 없으며, 창조적인 측면인 주체적 자아와, 적응주의로 인도하는, 일반화된 타자를 받아들이는 대상적 자아가 그것이다.

19. 상징적 상호작용론에서 사람들은 몸짓뿐 아니라 의미 있는 상징들을 통해 상호관계를 맺는다.

20. W. I. 토마스의 상황정의에 관한 생각은 사람들이 상황을 실재적이라고 정의한다면, 이러한 정의는 그 결과에 있어서 실재성을 수반한다는 것이다.

21. 찰스 호튼 쿨리의 거울에 비추어진 자아 개념은 사람들은 타인에 대한 반응의 기초 위에서 그들이 무엇을 할 것인가를 평가하고 또 자기 자신을 정의한다는 것을 말한다.

22. 일차 집단은 개인을 사회와 연계시키는 데 핵심적 역할을 하는 친밀하고 대면적인 집단을 말한다.

23. 공감적 내성은 연구자들이 그들이 연구하는 사람들을 보다 잘 이해하기 위해 그 연구대상들이 처해 있는 위치와 정신 안에 연구자 자신을 위치지우는 방법론을 말한다.

24. 상징적 상호작용론자들은 연구조사를 할 때 현장조사를 하고 관찰법을 사용하는 경향이 있다.

25. 탈코트 파슨스의 행동 이론에서 핵심 개념은 행위자, 목적, 상황(조건, 수단) 그리고 규범과 가치를 포괄하는 단위행동이다.

26. 파슨스가 행동을 분석하는 핵심 도구는 다섯 가지의 유형변수인데, 이는 감정성·감정중립성, 한정성·확산성, 보편주의·특수주의, 귀속기준·성취기준 그리고 자기 지향·집합체 지향이다.

27. 알프레드 슈츠는 상호주관성에 일차적인 관심을 가졌다. 즉 일상적 세계에서 한 행위자의 의식 속에서 어떤 일이 벌어지는 동시에 그의 의식 속에서 벌어지는 것을 다른 행위자의 의식이 마음 속에 그리게 된다는 사실에 관심을 가졌다. 이 동시적이며 호혜적인 과정이 일상생활을 가능하게 만든다.

28. 생활세계는 상호주관성이 발생하는 그리고 사람들이 세계를 당연시하는 자연적 태도를 취하는 그러한 일상적인 세계이다.

29. 생활세계에서는 사람들은 적어도 문제 상황을 만날 때까지는, 일반적으로 전형화와 처방에 의존한다.

30. 슈츠는 (우리가 서로를 상호주관적으로 경험하는 영역인) 우리·관계와 (우리가 순전히 사람들에 관한 전형에 관계를 맺는) 그들·관계를 구분하였다. 여기서 오직 후자만이 과학적으로 연구될 수 있다.

31. 슈츠는 의미와 동기(위하여 동기와 특히 때문에 동기)를 포함한, 정신에 대한 연구에 관심을 가진 현상학자였다.

◆ 추천도서

Gary Cook, *George Herbert Mead: The Makings of a Social Pragmatist*, Urbana: University of Illinois Press, 1993. 그를 가장 빈번히 연상시키는 철학 유파인 실용주의의 맥락 속에서 미드의 생애와 저술을 다루었음.

J. David Lewis and Richard L. Smith, *American Sociology and Pragmatism: Mead, Chicago School, and Symbolic Interactionism*, Chicago: University of Chicago Press, 1980. 미드의 저술에 대한 논쟁적 연구로서, 실용주의뿐 아니라 시카고 사회학파 및 상징적 상호작용론과의 관계에 대해서도 설명하였음.

Dmitri Shalin, "George Herbert Mead," in George Ritzer, ed., *The Blackwell Companion to Major Social Theorists*, Malden, MA, and Oxford, England: Blackwell, 2000, pp. 302-344. 미드와 그의 저술에 대한 최근의 풍부한 분석을 담고 있음.

Joel, M. Charon, *Symbolic Interactionism: An Introduction, an Interpretation, an Integration*, 6th ed., Englewood Cliffs, NJ: Prentice Hall, 1998. 학부생을 겨냥한 상징적 상호작용론에 대한 대중적인 개설서임.

Talcott Parsons, *The Structure of Social Action*, New York: McGraw-Hill, 1937. 사회적 행위에 대한 자신의 초기 사상과 베버의 행위 사상을 제시한 파슨스 초기의 고전적 저술임.

Larry Scaff, "Georg Simmel," in George Ritzer, ed., *The Blackwell Companion to Major Social Theorists*, Malden, MA, and Oxford, England: Blackwell, 2000, pp. 251-278. 게오르크 짐멜의 이론에 대한 몇몇 흥미로운 통찰을 담고 있음.

Helmut Wagner, *Alfred Schutz: An Intellectual Biography*, Chicago: University of Chicago Press, 1983. 제목이 나타내듯이 슈츠의 지적인 성취에 뚜렷이 초점을 맞춘 전기임.

Mary Rogers, "Alfred Schutz," in George Ritzer, ed., *The Blackwell Companion to Major Social Theorists*, Malden, MA, and Oxford, England: Blackwell, 2000, pp. 367-387. 알프레드 슈츠의 이론에 대한 간략하고도 읽기 쉬운 소개 글임.

제 **4** 장

사회세계에 대한

현대의 이론적

묘사들

구조기능주의

기능주의 계층이론과 그 비판

탈코트 파슨스의 구조기능주의

생애의 삽화: 탈코트 파슨스

로버트 머튼의 구조기능주의

생애의 삽화: 로버트 머튼

핵심 개념: 사회구조와 아노미

갈등이론

랄프 다렌도르프의 이론 작업

권   위

집단, 갈등 그리고 변동

일반 체계이론

아우토포이에 체계들

분   화

거시 사회적 질서의 페미니즘 개요

(패트리시아 마두 랭어만과 질 니브루게)

페미니즘 이론과 계층화

젠더 억압

요   약
추천도서

이 책은 사회세계의 역동적 특성들을 거시적으로 설명하는 거대 이론들에 많은 지면을 할애하고 있다. 제 2 장에서는 고전적 거대 이론들을 다루었으며, 제 5 장은 현대의 거대 이론들을 고찰하고 있다. 그리고 제 9 장에서는 탈근대적 시각의 거대 이론들을 다루게 될 것이다.·이 장에서는 거대 이론에 비해 사회의 정(靜)적인 측면에 좀더 초점을 맞추었다고 여겨지는 현대의 다양한 이론적 묘사들을 살펴보고자 한다.1)

구조기능주의

구조기능주의2)는 그 이름 그대로, 사회의 구조와 그 기능적 중요성(다른 구조들에 미치는 긍정적 혹은 부정적 결과들)에 초점을 맞춘다. 구조기능주의에서 구조라는 용어와 기능이라는 용어는 으레 연결되어 있지만, 그렇다고 해서 반드시 함께 사용될 필요는 없다. 우리는 **구조**3)가 다른 구조들에 미치는 **기능**4)들(관찰 가능한 결과들로서, 특정 체계의 적응이나 조절을 도와 주는 것)에 대한 고려 없이도 충분히 구조들, 유형화된 사회적 상호작용, 지속적인 사회관계들을 연구할 수 있다. 마찬가지로, 구조적 형태를 띠지 않은 다양한 사회과정들(가령, 군중 행동)의 기능에 대해서도 연구할 수 있다. 그러나 여전히 이 두 요소— 구조와 기능—에 대한 관심이 구조기능주의의 핵심적 특징이다. 구조기능주의는

---

1) 여기서 한 가지 지적하고 넘어갈 점은, 거대 이론(grand theory)과 이론적 초상(theoretical portrait)을 구별하는 확고한 그리고 명쾌한 기준은 없다는 것이다. 이 장에서 다루는 이론들 중 일부는 거대 이론적 성격을 띠고 있으며, 거대 이론으로 분류된 이론들 중 일부 역시 사회세계의 정적인 모습을 제시하고 있다. 가령 이 장에 제시된 이론적 초상들 중 하나는 그 안에 거대 이론의 요소들을 배태하고 있다(사회진화에 대한 루만의 개념들). 일반적으로, 대부분의 이론적 초상들은 사회의 역동적 특성에 관한 이론들을 함께 포함하고 있는 경향이 있으며, 마찬가지로 대부분의 거대 이론들에도 사회의 특성에 관한 묘사가 포함되어 있다.
2) **구조기능주의**(structural functionalism) 사회의 구조와 그 기능적 중요성(다른 구조에 미치는 긍정적 혹은 부정적 결과들)에 초점을 맞추는 사회학 이론.
3) **구조**(structures) 사회에서는, 유형화된 사회적 상호작용과 지속적인 사회관계들.
4) **기능**(functions) 특정 체계의 적응이나 조정을 도와 주는, 관찰 가능한 결과들.

다양한 형태를 띠고 있긴 하지만, **전체사회적 기능주의**[1]가 사회학적 구조기능
주의자들 사이에서 가장 지배적인 접근 방식이며, 따라서 이 장의 초점이 될 것
이다. 전체사회적 기능주의의 우선적 관심은 사회의 거시적인 구조와 제도들,
그것들 간의 상호관계, 그리고 그것들이 행위자들을 구속하는 효과들에 있다.

　　어떤 구조기능주의자(특히 사회총체적 기능주의에 속하는 학자)는 사회의
거시 구조들—말하자면, 교육제도와 경제제도—간의 관계에 관심을 기울인다.
여기서 연구의 초점은 각 제도가 다른 제도에 제공하는 기능에 맞추어진다. 예
를 들어서, 교육제도는 경제제도 안에서 직업적 지위를 차지하는 데 필요한 훈
련을 담당한다. 역으로, 경제제도는 교육과정을 마친 사람들에게 걸맞는 지위를
제공한다. 이것은 교육제도와 학생들에게 교육과정을 완수하기 위한 목표를 제
공한다. 이런 식의 분석은 사회구조들이 서로 딱 들어맞으면서 긍정적인 관계라
는 이미지를 준다. 그러나 현실에서도 반드시 그런 것만은 아니다. 베트남 전쟁
을 반대하는 학생운동이 한창이던 1960년대 후반과 1970년대 초반에는, 교육제
도가 대다수의 급진적 학생들을 배출하였으며, 이들은 그 당시 제공되던 직업
세계로 적절하게 편입될 수 없었다. 이런 식의 긴장이 구조들 간에 종종 존재함
에도 불구하고, 구조기능주의자들은 좀더 긍정적이고 기능적인 관계에 초점을
맞추는 경향이 있다. 다음 절에서는 구조기능주의의 역사상 가장 유명한 작업들
중의 하나이자, 자극적이고 상당히 큰 논쟁을 불러일으킨 이론을 다루고자 한다.

기능주의 계층이론과 그 비판

　　기능주의 계층이론은 1945년 킹슬리 데이비스(Kingsley Davis) 와 윌버트 무어
(Wilbert Moore)에 의해 주창되었으며, 사회계층이 보편적이면서 동시에 필요한 것
이라는 점을 명백히 밝히고 있다. 그들은 그 어떤 사회에서든 계층화되지 않은
혹은 계급 없는 사회라는 것은 결코 존재하지 않는다고 주장한다. 그들의 관점

---

　　1) **전체사회적 기능주의**(societal functionalism)　구조기능주의의 한 유형으로서, 사회의 거시적 구
　　　조와 제도들, 그것들 간의 상호관계, 그리고 그것들이 행위자들을 구속하는 효과들에 초점을
　　　맞추는 이론.

에서 보자면, 계층은 기능적 필요(functional necessity)다. 모든 사회는 그러한 체계를 필요로 하며, 바로 이 필요성 때문에 계층체계가 존재하게 된다. 그들은 또한 계층체계를 사회적 차원의 구조로 본다. 따라서 계층이란 계층체계안의 개개인들을 지칭하는 것이 아니라 오히려 지위체계(가령 경영자라든가 노동자 같은 직업들)를 의미한다고 강조하였다. 그들은 개인이 어떻게 사회적 지위를 획득하게 되는지에 관심을 두기보다는, 구조 안에서 사회적 지위들이 각기 다른 사회적 위신(prestige)을 수반하고 있음에 초점을 맞추었다. 즉, 그들은 사회계층이 수행하는 기능뿐만 아니라 그 구조에도 주목한다.

이 론

데이비스와 무어 이론의 주된 논제는 어떻게 사회가 사람들로 하여금 계층체계 내에서 적절한 지위를 차지하도록 동기를 유발시키며 또한 어떻게 그 지위로 배치시키느냐 하는 것이다. 이것은 두 가지 문제를 제기한다: 첫째, 사회는 어떻게 개인에게 자신에게 적절한 특정 지위를 차지하려는 욕망을 주입시킬 수 있는가? 둘째, 일단 개인이 적절한 지위를 얻게 되면, 사회는 어떻게 개인들로 하여금 그 지위가 요구하는 바를 수행하겠다는 욕망을 가지도록 할 수 있는가?

적절한 사회적 배치는 다음의 세 가지 이유들 때문에 문제가 발생한다. 첫째, 어떤 지위는 다른 지위보다 더 즐겁다. 사람들로 하여금 즐거운 지위를 갖도록 하는 것은 어렵지 않지만, 별로 즐겁지 않은 지위를 갖게 하려면 이야기가 달라진다. 또한, 어떤 지위는 다른 지위보다 사회의 유지 존속을 위해 더 중요하다. 따라서 모든 지위가 다 채워져야만 하지만, 그 중에서도 특히 가장 중요한 지위들이 채워져야만 하는 것은 대단히 중요할 뿐만 아니라 필수적이기도 한다. 끝으로, 다양한 사회적 지위들은 서로 다른 능력과 재능을 요구한다. 그러므로 문제는 사람들이 각자 자신에게 딱 맞는 지위를 맡게끔 그 방법을 찾는 것이다. 즉, 개인의 기술 및 재능과 지위의 요구조건들이 만족스럽게 일치할 수 있어야만 한다.

데이비스와 무어는 한 사회의 계층체계 안에서 기능적으로 가장 중요한 지위들에 관심을 가졌다. 계층체계에서 서열이 높은 지위는 그것을 수행하는 것이 덜 즐겁지만 사회 존속을 위해서는 더 중요하며, 또한 가장 큰 능력과 재능이 요구되는 일이라고 가정한다. 사회는 이런 지위들을 맡게 된 개인들이 열심히 일할 수 있도록 이들 지위에 충분한 보상을 부여해 주어야만 한다. 데이비스와 무어는 언급하지 않았지만 그 역의 경우에 대해서도 마찬가지의 논리가 적용될 수 있다: 즉, 계층체계 안에서 서열상 낮은 지위는 더 즐겁고(이는 이상한 견해이다. 가령, 노동자의 지위가 경영자의 지위보다 더 즐거운가?) 덜 중요하며 더 적은 능력과 재능이 요구된다고 가정될 것이다. 또한, 사회는 개인이 이런 낮은 지위를 맡아서 얼마나 열심히 그 직무를 수행하는 가에 대해서는 별로 큰 관심을 쏟지 않을 것이다.

따라서, **사회계층**[1]은 지위의 위계서열을 포함한 구조이며, 사회의 기능 수행과 존속을 위해 꼭 필요한 기술과 능력을 가진 사람들이 서열상 높은 지위를 맡을 수 있도록 유도하는 기능을 가지고 있다. 데이비스와 무어가 높은 서열의 지위가 적절하게 충원되는 것을 보장하기 위해서 사회가 의도적으로 이러한 계층체계를 발전시킨다고는 기술하고 있는 것은 아니다. 오히려, 그들은 계층이 어떠한 사전 계획과도 무관하게 갖추어지게 된 장치임을 분명히 하였다. 그러나 계층체계는 모든 사회가 존속하기 위해서 발전시킨 그리고 또 발전시켜야만 하는 장치인 것이다.

그들 관점에서 보자면, 사람들이 높은 서열의 지위를 맡는 것을 확실히 하기 위해서 사회는 이들 개인에게 상당한 위신, 높은 봉급, 충분한 여가를 포함한 여러 가지의 보상을 제공해 주어야만 한다. 예를 들어, 사회에서 충분한 인원의 의사를 확보하기 위해서는 그들에게 위에 언급한 보상들과 더불어 많은 다른 보상들을 제공할 필요가 있다. 만약 우리가 그런 보상들을 제공하지 않는다면, 어느 누가 그렇게 힘들고 비용이 많이 드는 의사교육 과정을 거치겠냐고 데이비스와 무어는 주장한다. 이들 주장을 따르자면, 정상의 지위에 있는 사람들은 반드시 그들이 하는 일에 대한 보상을 받아야 한다. 만일 보상이 없다면 그런 지위들은 충원되지 못하고 빈 자리로 남아 있게 될 것이고, 사회는 삐걱거리거나 아니면 와해될 것이다.

---

1) **사회계층**(social stratification) 구조기능주의자에게는 지위의 위계서열을 포함한 구조로서, 사회의 기능 수행과 존속을 위해 꼭 필요한 기술과 능력을 가진 사람들이 서열상 높은 지위를 맡을 수 있도록 유도하는 기능을 가지고 있다.

비 판 들

구조기능주의 계층이론은 1945년에 출판된 이후 많은 비판을 받아 왔다. 가장 근본적인 비판은 기능주의 계층이론이 권력, 명예, 돈을 이미 소유하고 있는 상층 사람들의 특권적 지위를 단순히 영속화시킨다는 것이다. 특권층의 사람들은 그들에게 주어진 보상을 받을 만한 자격이 있으며, 사회의 이익을 위해서도 그런 보상을 받을 필요가 있다는 것이 기능주의 계층이론의 주장인 것이다.

기능주의이론은 단지 계층화된 사회구조가 과거부터 현재까지 계속 존속해 왔기 때문에 미래에도 계속 존재해야 한다고 가정한다는 점에서도 또한 비판받을 만하다. 미래의 사회들은 계층 없는 다른 방식으로 조직될 가능성도 있는 것이다. 비계층화된 다른 형태의 구조가 만들어져서 계층체계에 수반되는 유해한 결과들(가령, 불평등의 심화) 없이도 동일한 기능을 수행할 수도 있을 것이다.

게다가, 사회의 각 지위들이 그 기능 면에서 사회에서 차지하는 중요성이 다르다는 발상도 지지하기 어렵다는 비판이 있다. 쓰레기 청소부가 광고업자보다 사회의 존속을 위해 실제로 덜 중요한가? 쓰레기 청소부의 낮은 수입과 위신에도 불구하고 그들은 실제로 사회의 존속에 더 중요할 수 있다. 설사 어떤 지위가 사회를 위해 보다 중요한 기능을 수행한다고 할지라도, 더 큰 보상이 보다 중요한 지위에 필연적으로 주어지는 것은 아니다. 간호사는 영화배우보다 사회에 훨씬 더 중요하다고 볼 수도 있다. 그러나 간호사는 영화배우보다 훨씬 낮은 권력과 명예, 그리고 적은 임금을 받는다.

높은 지위를 담당할 능력이 있는 인재가 정말로 부족한가? 사실상, 설사 능력을 가지고 있다 하더라도 높은 특권적 지위에 도달하는데 필요한 훈련을 받을 수 없는 사람들이 많다. 예를 들어서, 의료전문직의 경우에 수련의의 숫자를 제한하려는 노력이 지속적으로 있어 왔다. 일반적으로, 능력 있는 많은 사람들이 사회가 그들의 공헌을 필요로 함에도 불구하고 높은 지위의 일을 수행할 능력이 있음을 보여 줄 기회조차 갖지 못하고 있다. 높은 지위에 있는 사람들은 그 지위의 숫자를 제한하면서 자신의 권력과 수입은 높게 유지하는 기득권을 가지고 있다.

끝으로, 사람들이 높은 지위를 원하도록 만들기 위해서 반드시 권력, 명예,

수입을 제공할 필요는 없다는 지적도 있다. 사람들은 일을 잘 하고 있다는 만족감이라든가 혹은 다른 사람들에게 봉사할 기회를 가진다는 것에 의해서도 마찬가지로 동기화될 수 있다.

구조기능주의자들은 사회계층체계의 구조와 작동에 관한 이론적 초상을 제공한다. 그러나 이것은 대단히 보수적이고 논쟁의 여지가 많은 초상이다. 사람들이 중요한 사회적 기능을 수행하도록 동기화시키기 위해서는 사회조직을 다른 방식으로 조직할 수도 있다. 다시 말하자면, 사회계층에 대해서 그리고 좀더 포괄적으로 사회조직 일반에 대해서도 다른 종류의 이론적 초상을 그릴 수도 있다는 것이다.

탈코트 파슨스의 구조기능주의

가장 유명한 구조기능론자인 탈코트 파슨스(Talcott Parsons)는 그의 전 생애에 걸쳐 대단한 이론적 업적을 쌓았다. 그의 초기 작업과 후기 작업 사이에는 중요한 차이가 존재한다(사회행위에 대한 그의 초기 작업에 관해서는 제 3 장을 참조할 것). 여기서는 그의 후기 구조기능적 이론화에 대해 다루고자 한다. 파슨스의 구조기능주의는 모든 행위체계를 위해 필요한 네 가지 기능적 필수요건들(functional imperatives), 즉 그의 유명한 AGIL 도식으로 구성되어 있다. 이 절에서는 이 네 가지 기능에 대해 논의하면서 구조와 체계에 대한 파슨스의 관념들을 분석할 것이다.

AGIL

기능 분석에 있어서, 파슨스는 체계의 욕구 충족에 그 목표를 두고 있는 일련의 행위들에 초점을 맞춘다. 그는 네 가지 기능이 필요불가결한 것이라고 주장하였다. 즉, 그것들은 모든 체계(혹은 그 특성)를 위해 필요하다. 만일 체계가 존속하려면, 네 가지 기능적 요건들이 반드시 충족되어야만 한다. 이 기능들은 적응(adaptation: A), 목표달성(goal attainment: G), 통합(integration: I), 그리고 잠재성

(latency: L) 혹은 유형유지(pattern maintenance)이다. 이 네 가지 기능적 필수요건들 (functional imperatives) 각각의 머리글자를 모아서, AGIL 도식이라고 한다.

적응1)에 관해 살펴보자면, 체계는 환경에 적응해야만 하고 또한 환경을 체계의 필요에 맞춰 조정해야만 한다. 좀더 구체적으로, 체계는 외부의 상황적 위험과 우발적 사건들에 대처해야만 한다. 체계는 그 환경과 오래 대적한 채로 남아 있을 수 없다. 만일 그렇다면 적자생존의 원리에 의해 멸망할 위험에 처하게 된다. 예를 들어서, 농경민족이 사는 환경의 토양이 과일이나 채소를 기르기에 적합하지 않다는 것을 발견했을 때, 그 부족은 농사 대신에 가령 사냥이나 고기잡이 등으로 전환해서 새로운 환경에 적응하지 않는 한 더 이상 생존할 수 없게 될 것이다. 현대의 예로는 미국을 들 수 있다. 미국은 석유의 매장량이 한정되어 있는 현 상황 속에서 계속해서 자동차들, 그중에서도 특히 연료 소모가 큰 대형 자동차들을 대량 생산할 수는 없을 것이다. 따라서 궁극적으로 미국은 자동차를 대체할 수 있는 다른 수송수단을 개발하기 시작해야 하고, 그럼으로써 석유나 석탄 등의 화석연료가 한정되어 있다는 외적 현실에 적응하게 되는 것이다.

또한 체계는 자신의 필요에 맞춰 환경을 조정할 수도 있다. 앞서 예로 들었던 부족의 경우, 토양을 농사짓기에 적합한 비옥한 토지로 만드는 다양한 조치를 취할 수 있다. 외국의 제한된 석유 매장량에 의존하고 있는 미국의 경우에는, 다른 나라의 유전 개발을 원조한다거나 혹은 화석연료를 대치할 수 있는 새로운 에너지원을 개발하도록 도와 줄 수도 있을 것이다.

세 번째로, 그리고 좀더 구체적으로, 체계가 반드시 적응해야만 하는 것은 바로 외부의 위험과 우발적 사건들이다. 예를 들자면, 소련과의 냉전이 고조되던 시기에 로널드 레이건 대통령은 소련의 미사일이 미국 본토에 떨어지기 전에 이를 파괴시키도록 고안된 대공미사일 체계를 구축하고자 했다. 그런 체계가 아직 건설되지 않았음에도 불구하고, 그 존재 가능성만으로도 미국과 소련 간의 핵무기 경쟁에 포함된 비용과 위험을 증대시켰다. 소련이 이 경쟁에서 뒤쳐진 것은 의심할 여지없이 소련의 몰락을 재촉한 한 요인이었다(다른 요인들로는, 산적한 다른 국내 문제들과 함께 생필품들을 생산 분배하는 능력이 결여된 계

---

1) **적응(adaptation)** 파슨스의 네 가지 기능적 필수요건들 중의 하나. 체계는 환경에 적응해야 하고, 또한 환경을 체계의 필요에 맞춰 조정해야 한다. 좀더 구체적으로, 체계는 외부의 상황적 위험과 우발적 사건들에 대처해야만 한다.

획경제로 인한 위기들을 들 수 있다). 소련의 위협에 적응하기 위한 이러한 노력은 그 위협 자체를 종식시키는데 일조하였고, 이는 특히 성공적인 적응이었음을 입증하였다.

목표달성[1]은 체계가 우선적인 목표를 규정하고 이를 달성하고자 하는 필요성에 대한 언급이다. 어떤 체계라도 그 궁극적 목표는 단지 미래까지 존속하는 것만이 아니라 성장하고 확장하는데 있다. 특정 사회체계는 이런 일반적 목적을 공유하고 있을 뿐만 아니라 아울러 좀더 구체적인 목표들을 가지고 있다. 예를 들어 대학은 두 가지의 기본적인 목적을 지닌 체계이다. 하나는 학생들을 교육시키는 것이고, 다른 하나는 교수들로 하여금 지속적인 지식 증진을 위해 필요한 연구 활동을 하도록 하는 것이다. 그러나 흥미롭게도, 대학 역시 다른 체계들과 마찬가지로 자신의 목표를 단지 한칼에 명쾌하게 규정하는 것으로 끝낼 수만은 없다. 상황이 변하면서, 한 때 목표달성을 위해 안배한 것들이 별반 쓸모없어 질 수도 있다. 예를 들자면, 대학에서는 종종 학생교육과 연구수행의 목표들이 갈등을 빚게 된다. 만일 교육활동이 지나치게 강조되면, 교수들은 연구에 매진하는 데 충분한 시간이나 에너지를 쏟을 수 없다. 마찬가지로, 교수들이 연구에 너무 많은 시간을 할애한다면, 학생교육에 지장을 초래하게 될 것이다. 따라서 대학은 이 두 목표 모두가 적절한 수준으로 달성될 수 있도록 이 둘 사이의 관계를 지속적으로 검토해야만 한다.

통합[2]을 통해서, 체계는 그 구성요소들 간의 상호관계를 통제하고 조정하고자 한다. 따라서 앞서 예로 들었던 부족이 생존가능한 농경체계를 만드는데 성공했다면 그 다음에는 농업과 사냥을 통합하도록 모색해야만 한다. 이를 위해서는 시간과 에너지, 인력, 그리고 자원들이 각각에 충분히 할당되도록 할 필요가 있다. 마찬가지로, 대학의 운영자들은 연구와 강의가 서로 완전히 별개의 것이 되지 않도록 해야만 한다. 교수들에 의해 얻어진 연구결과들이 그들의 수업에 통합되도록 하고, 만일 사정이 허락한다면 연구 프로젝트에 학생들이 활용될

---

1) **목표달성(goal attainment)** 파슨스의 기능적 필수요건들 중 두 번째로서, 체계가 우선적인 목표를 규정하고 이를 달성하고자 하는 욕구를 포함한다.

2) **통합(integration)** 파슨스의 기능적 필수요건들 중 세 번째로서, 이를 통해 체계는 그 구성요소들 간의 상호관계를 통제하고 조정하고자 한다. 또한, 통합은 다른 세 가지 기능적 필수요건들(AGI) 사이의 관계를 관리하고 조정하는 것을 포함한다.

수 있도록 하는 것도 중요하다. 그러한 상호관계는 교육과 연구 사이의 갈등을 피하는데 도움이 될 것이다. 즉, 그러한 상호관계는 연구와 교육이 좀더 통합되도록 만들 것이다. 또한, 통합은 다른 세 가지 기능적 필수요건들(AGI) 사이의 관계를 관리하고 조정하는 것을 포함한다.

파슨스는 네 번째 기능적 필수요건을 잠재성 혹은 유형유지라고 명명하였다. **잠재성**[1]은 체계가 개인들에게 동기를 공급하고 유지하고 갱신해야 할 필요성을 말한다. **유형유지**[2]는 개인적 동기를 유발하고 지속시키는 데 관여하는 문화적 유형들을 공급하고 유지하고 갱신해야 할 필요성에 대한 것이다.

잠재성은 앞서 논의했던 기능적 계층이론에 내재되어 있다. 체계의 전체구조는 높은 지위를 차지한 사람들에게 더 많은 보상을 해 주는 방식을 통해, 개인들이 계층체계에서 상승하여 좀더 높은 지위를 획득하려고 애쓰도록 동기를 부여한다. 이러한 동기는 체계에 의해 창출되고 유지되어져야 할 뿐만 아니라, 체계의 작동과 개인들의 노력을 지속시키기 위해서도 때때로 갱신되어져야만 한다. 예를 들어서, 우리는 엄청난 노력이나 혹은 타고난 천재성의 발현으로 체계의 꼭대기로 신속하게 올라 선 개인들의 성공사례를 신문이나 방송 등의 매체를 통해 주기적으로 접하고 있다. 그런 사례들은 최근 들어 컴퓨터와 인터넷의 급격한 팽창과 함께 특히 더 많아지고 있으며, 이 분야에서 성공한 상당수의 사람들이 사회의 상층부로 찬란한 도약을 하였다. 그 가장 좋은 보기로 빌 게이츠(Bill Gates)를 꼽을 수 있는데, 그는 젊은 나이에 몇 년 걸리지 않아서 미국에서 가장 부유한 사람이 되었다. 게이츠의 성공사례라든가 이와 유사하게 컴퓨터와 인터넷으로 억만장자가 된 다른 사람들의 이야기는 많은 사람들로 하여금 계층체계의 정상에 도달하고자 애쓰는 동기를 강화시킨다.

유형유지는 이와 상당부분 동일하지만, 좀더 거시적 수준에서 이루어진다. 계층체계를 유지시키고 사람들이 체계의 꼭대기에 오르기를 계속 갈망하도록 만들기 위해서는, 이런 체계를 뒷받침하는 규범과 가치들이 적절하게 존재해야

---

1) **잠재성(latency)** 파슨스의 네 번째 기능적 필수요건의 한 측면으로서, 체계가 개인들에게 동기를 공급하고 유지하고 갱신해야 할 필요성을 말한다.
2) **유형유지(pattern maintenance)** 파슨스의 네 번째 기능적 필수요건의 두 번째 측면으로서, 개인적 동기를 유발하고 지속시키는 데 관여하는 문화적 유형들을 공급하고 유지하고 갱신해야 할 필요성을 말한다.

하고 또 유지되어야 한다. 성공, 그 중에서도 특히 경제적 성공은 미국에서 대
단히 높게 평가된다. 그리고 그러한 가치체계는 계층체계를 유지시키고 사람들
로 하여금 계층 상승을 추구하도록 만드는 데 일조를 한다. 그러나 규범과 가치
는 정태적인 것이 아니라 새로운 사회현실을 반영하면서 변화하게 마련이다. 과
거에는 오랜 세월동안 꾸준히 노력하면 높은 지위에 오를 수 있다는 규범이 보
편적이었다. 그러나 소위 신경제(컴퓨터, 인터넷, 유전공학 등) 시대가 도래하면
서, 최소한 경제영역에서만큼은 새로운 규범이 등장하게 되었다. 즉, 성공은 한
사람의 경력 초반부에 재빨리 온다는 것이다. 그리고 젊은 세대는 신경제 시대
의 성공에 적합한 의식구조와 능력을 가지고 있다는 것이다. 이러한 새로운 규
범은 계층체계의 꼭대기에 도달하는 새로운 방식들을 수용하는데 기여한다.

    이제까지는 AGIL 도식을 일반적인 용어 해설과 아울러 특정한 몇 가지 보
기를 들어서 논의하였다. 그러나 파슨스는 AGIL 도식이 그의 이론체계 내의 모
든 차원에서 사용될 수 있도록 설계하였다. 그의 가장 보편적이고 포괄적인 의
미에서의 네 가지 행위체계들—행동하는 유기체(behavioral organism), 인성체계
(personality system), 사회체계(social system) 그리고 문화체계(cultural system)—도 이에
포함된다. 이것들 모두는 행위와 연관되어 있지만, 그러나 각각은 기본적으로
네 가지 기능적 필수요건들 중 하나를 수행하는데 관여된다. **행동하는 유기체**[1]
는 외부 세계에 적응하거나 이를 변형시킴으로써 적응 기능을 수행하는 행위
체계이다. **인성체계**[2]는 체계의 목표들을 규정하고 이를 달성할 수 있도록 자원
을 동원함으로써 목표달성 기능을 수행한다. **사회체계**[3]는 그 구성요소들을 통
제함으로써 통합기능을 담당한다. 끝으로, **문화체계**[4]는 행위자들에게 동기를 부
여하는 규범과 가치들을 제공함으로써 잠재성의 기능을 수행한다. [도표 4. 1]은
AGIL 도식에 의거해서 행위체계의 구조를 요약한 것이다.

---

1) **행동하는 유기체(behavioral organism)** 파슨스의 행위체계 중 하나로서, 외부세계에 적응하거나
   이를 변형시킴으로써 적응 기능의 수행을 담당한다.
2) **인성체계(personality system)** 체계의 목표를 규정하고 이를 달성할 수 있도록 자원을 동원함
   으로써, 목표달성의 기능을 수행하는 파슨스의 행위체계.
3) **사회체계(social system)** 그 구성요소들을 통제함으로써 통합 기능을 담당하는 파슨스의 행위
   체계; 또는, 물리적 환경적 맥락을 가진 상황 안에서 서로 상호작용하는 다수의 인간 행위자
   들.
4) **문화체계(cultural system)** 행위자들에게 동기를 부여하는 규범과 가치들을 제공함으로써 잠재
   성의 기능을 수행하는 파슨스의 행위체계.

[도표 4.1] 일반 행위체계의 구조

L   I

문화체계	사회체계
행동하는 유기체	인성체계

A   G

이로써, 우리는 파슨스의 구조기능주의 이론적 초상에서 두 가지—즉, 네
가지의 기능적 필수요건들과 네 가지의 행위 체계(그리고 각각의 주된 기능도
함께)—를 이미 살펴보았다. 또 다른 초상은 파슨스 행위체계의 전체적인 모습
속에서 찾아볼 수 있다. [도표 4.2]는 파슨스 행위도식의 주요 차원들을 개략적
으로 요약해 놓은 것이다.

[도표 4.2] 파슨스의 행위도식

고급 정보   1. 행위의 환경: 궁극적 현실   고급 정보
(통제)   2. 문화체계   (통제)
⇧   3. 사회체계   ⇩
조건화 요인들의   4. 인성체계   조건화 요인들의
위계서열   5. 행동하는 유기체   위계서열
⇧   6. 행위의 환경: 물리적-유기체적 환경   ⇩
고(高) 에너지   고(高) 에너지
(조건)   (조건)

행위체계(Action System)

파슨스가 사회분석의 차원들 및 그들 간의 상호관계에 대해서 명쾌한 개념
을 가지고 있었음은 분명하다. 행위체계의 위계적 배열은 명확하며, 각 차원들
은 파슨스의 체계에서 두 가지 방식으로 통합되어 있다: 첫째, 하위 차원은 조
건들, 즉 상위 차원에 필요한 에너지를 제공한다. 둘째, 상위 차원은 위계서열

상 그들 아래에 있는 하위 차원을 통제한다.

행위체계의 환경에 관해서 보자면, 가장 낮은 차원인 물리적-유기체적 환경은 인간 육체의 비상징적인 측면, 즉 해부학과 생리학적 사실들을 포괄하고 있다. 가장 높은 차원인 궁극적 현실은 형이상학적 느낌을 준다. 그러나 파슨스는 초자연적인 현상들에는 별반 관심이 없었으며 그보다는 차라리 사회조직의 의미에 도전하는 인간 존재의 여러 난관들(가령 불확실성, 비극 등)을 상징적으로 다루는 사회의 보편적 경향에 더 관심을 쏟았다고 평가되고 있다.

앞서도 언급했듯이, 파슨스 저작의 핵심은 네 가지 행위체계에 있다. 행위체계에 관해 파슨스가 상정한 가정들에서, 우리는 그의 가장 큰 관심거리이자 후에 그의 업적 비판에서 가장 중요한 원천이 된 질서의 문제에 부딪치게 된다. 홉스(Hobbes)적 질서의 문제, 즉 만인의 만인에 대한 사회적 투쟁을 방지하는 것이 무엇인가 라는 문제에 관해서, 종래의 철학자들은 파슨스가 만족할 만한 답변을 해 주지 못했다. 파슨스는 질서의 문제에 대한 해답을 구조기능주의에서 찾았다. 그의 이론에 담겨진 구조기능주의는 다음과 같은 일련의 가정하에서 작동한다.

1. 체계는 질서 및 각 부분들 간의 상호 의존성을 그 속성으로 가지고 있다.
2. 체계는 자기 유지적인 질서, 혹은 균형(equilibrium)을 지향한다.
3. 체계는 정태적일 수도 있고, 아니면 질서 있는 변동과정을 거칠 수도 있다.
4. 체계의 한 부분의 특성은 다른 부분들이 취할 수 있는 형태에 영향을 미친다.
5. 체계는 그 환경과의 경계를 유지한다.
6. 할당(allocation)과 통합은 한 체계가 기존의 균형상태를 유지하는데 필요한 두 가지의 기본 과정이다.
7. 체계는 자기유지(self-maintenance) 경향을 갖는다. 여기서 자기유지란, 경계의 유지, 각 부분들이 전체와 맺고 있는 관계의 유지, 환경적 변수들에 대한 통제, 그리고 체계를 그 내부로부터 변화시키려는 경향에 대한 통제의 유지를 의미한다.

이러한 가정들에 입각하여, 파슨스는 사회의 질서화된 구조분석을 최우선

과제로 수행하였다. 즉, 초창기의 파슨스는 구조기능주의라는 사회의 정태적 모습, 이 책에서 사용하는 용어로 말하자면 구조기능주의 이론적 초상을 그리게 된 것이다. 그렇게 함으로써, 그의 생애 후반기에 이르기까지 파슨스는 사회변동의 문제를 거의 다루지 않았으며, 따라서 거대 이론의 수립과는 거리가 멀었다. 그의 우선적 관심은 사회적 변수들의 다양한 조합에 초점이 맞추어져 있었다. 이것들이 설명되고 연구된 후에라야 비로소 그 기반 위에서 어떻게 그러한 변수의 조합들이 시간이 흐름에 따라 변화해 가는지를 고찰할 수 있다는 것이 파슨스의 생각이었다.

파슨스는 그의 정태적 성향 때문에 혹독한 비판을 받았다. 그래서 점차로 변동에 많은 관심을 기울이게 되었다. 그러나 관찰자들 대다수의 시각으로는, 심지어는 변동에 대한 연구조차도 상당히 정태적이고 구조화되는 경향을 띤 것으로 평가되었다. 실제로, 사회세계에 관한 파슨스의 이론적 초상의 핵심요소들은 현실세계에서는 존재하지 않으며, 그보다는 차라리 현실세계를 탐구하고 성찰하기 위한 분석적 도구들이라고 보는 게 더 타당하다.

사회체계(Social System)

파슨스의 사회체계 개념은 미시적 수준에서 자아(自我, ego)와 타아(他我, alter ego)간의 상호작용으로부터 출발한다. 여기서 자아와 타아는 사회체계의 가장 기본적인 형태로 규정된다. 그는 이 상호작용의 특질들이 사회체계의 좀더 복잡한 형태 속에서 구현된다고 주장하지만, 그럼에도 불구하고 이 미시적 수준에 대한 분석은 거의 하지 않았다. 파슨스는 **사회체계**[1]를 다음과 같이 정의한다. 즉, 사회체계란 다수의 인간 행위자가 물리적 혹은 환경적 맥락을 가진 상황 안에서 서로 상호작용하는 것을 의미한다. 이 상황 안에서 행위자들은 만족의 최대화를 추구하는 존재로 여겨진다. 그들 상호간의 관계, 그리고 그들을 둘러싼 사회 상황과의 관계는 공유된 문화적 상징들에 의해 규정되고 중재되어진다. 사회체계를 정의하면서 파슨스는 자신 이론의 핵심 개념들—행위자, 상호작용, 환경, 만

---

1) **사회체계(social system)** 체계의 하위부분들을 조정함으로써 통합기능을 담당하는 것으로 간주되는(파슨스적 의미에서의) 행위체계; 물리적 혹은 환경적 맥락을 가진 상황 안에서 서로 상호작용하는 다수의 인간 행위자들을 말한다.

족의 극대화, 문화—을 상당수 동원하고 있다.

사회체계를 하나의 상호작용 체계로 보려고 하였음에도 불구하고, 파슨스는 상호작용을 사회체계 연구의 기본단위로 택하지는 않았다. 오히려 그는 지위-역할 복합체(status-role complex)를 사회체계의 기본단위로 채택하였다. 지위–역할 복합체는 행위자 혹은 그들 간의 상호작용의 측면이 아니라, 오히려 사회체계의 구조적 구성요소이다. **지위**[1]는 사회체계 내의 구조적 위치를 의미하며, **역할**[2] 은 행위자가 그 위치에서 하는 일을 의미한다. 그리고 그 일은 좀더 큰 체계에 서 어떤 기능적 중요성을 가지고 있는지의 맥락에서 파악된다. 행위자는 자신의 행동과 생각들에 의해 고찰되는 것이 아니라 단지 지위와 역할의 묶음에 불과 한 것(기껏해야 사회체계 안에서 어떤 위치에 있는지)으로 간주된다.

사회체계를 분석하면서, 파슨스는 주로 그 구조적 구성요소들에 관심을 가 졌다. 지위-역할에 대한 관심 외에도, 파슨스는 집합체, 규범, 가치 같은 사회체 계의 거시적 구성요소들에도 주의를 기울였다. 그러나 파슨스는 구조주의자일 뿐만 아니라 기능론자이기도 했다. 따라서 그는 사회체계의 여러 기능적 선행조 건들(functional prerequisities)을 기술하였다(이것들은 모든 행위체계에 적용될 수 있 는 네 가지 기능적 필수요건들인 AGIL보다는 좀더 특정한 조건들이다):

1. 사회체계가 다른 체계들과 양립하면서 작동하기 위해서는 구조화되어야만 한다.
2. 사회체계가 존속하기 위해서는 다른 체계들로부터 필요한 지원을 받아야만 한다.
3. 체계는 반드시 행위자의 욕구의 상당 부분을 충족시켜야 한다.
4. 체계는 반드시 그 구성원들로부터 적절한 참여를 이끌어 내야 한다.
5. 분열을 초래할 가능성이 있는 행위에 대해서는 적어도 최소한의 통제가 가 해져야만 한다.
6. 만일 갈등이 충분히 파괴적으로 된다면, 그것은 반드시 통제되어야만 한다.
7. 한 사회체계가 존속하기 위해서는 언어가 있어야 한다.

---

1) **지위**(status) 사회체계 내의 구조적 위치.
2) **역할**(role) 행위자가 그 위치에서 하는 일이며, 이는 좀더 큰 체계에서 어떤 기능적 중요성을 가지고 있는지의 맥락에서 파악된다.

사회체계의 기능적 선행조건들에 대한 파슨스의 논의를 보면, 그의 초점이 대규모 체계들 및 그들간의 관계(전체사회적 기능주의)에 맞추어져 있음은 분명하다. 그는 행위자들에 관해 이야기할 때조차도 체계의 관점에서 기술하고 있다. 또한, 위의 주장들은 파슨스의 관심이 사회체계 내의 질서 유지에 있음을 반영하고 있다.

그러나, 파슨스는 사회체계를 논의하면서 행위자와 사회구조 사이의 관계를 완전히 도외시하지는 않았다. 파슨스가 사회체계에 주된 관심을 쏟았던 점을 감안하더라도, 체계의 통합에서 가장 핵심적인 중요성을 지닌 것은 내면화(internalization)와 사회화(socialization)의 과정이다; 파슨스는 체계의 규범과 가치가 그 체계 내의 행위자들에게 전달되는 방식에 대해 흥미를 가졌다. 사회화 과정이 성공적으로 이루어지면 규범과 가치들은 내면화된다; 즉, 그것들은 행위자들 의식의 일부분이 되는 것이다. 그 결과, 행위자들은 자신의 이익을 추구하지만 사실은 전체로서의 체계의 이익에 봉사하게 된다. 사회화 과정 중에 행위자들은 가치지향들(value orientations)을 습득하게 되는데, 이 가치지향들은 사회체계 안의 지배적인 가치들 및 역할의 기본구조에 상당히 부합된다.

일반적으로, 파슨스는 행위자들이 보통은 사회화 과정에서 수동적인 수령인이라고 가정하였다. 어린이들은 어떻게 행동해야 하는지 뿐만 아니라 사회의 규범 및 가치, 즉 그 사회의 도덕성도 함께 학습한다. 사회화는 보수적인 과정으로 개념화된다. 이 과정 속에서 **욕구성향[1]**(사회에 의해 주조된 욕망)은 어린이들을 사회체계에 묶어버리며, 사회체계는 이 욕구성향이 충족될 수 있는 수단을 제공한다. 여기서 창조성의 여지는 거의 없거나 전혀 없다; 만족을 향한 욕구는 어린이들을 기존 체계에 얽매이게 한다. 파슨스는 사회화를 일생동안 지속되는 과정으로 파악했다. 어린 시절 학습했던 규범과 가치들은 매우 일반적인 경향을 띠고 있기 때문에, 그것들은 아이들이 어른이 되어서 부딪치게 될 다양한 구체적 상황들에 대한 예비적 지침을 마련해 주지 못한다. 따라서 사회화는 살아가는 동안 좀더 구체적인 일련의 사회경험들에 의해 보완되어야만 한다. 이러한 보완의 필요성에도 불구하고 어린 시절 학습된 규범과 가치는 안정화되는 경향이 있으며, 단지 약간의 보강만으로도 일생동안 그 효력이 지속된다.

---

1) **욕구성향(need-dispositions)** 파슨스에게는, 사회적 조건들에 의해 형성된 욕망.

평생에 걸친 사회화에 의해 유발된 순응성에도 불구하고, 체계 내에서의 개인적 다양성은 그 폭이 매우 넓다. 문제는, 사회체계에는 질서가 필요하다는 점을 전제로 할 때, 이러한 다양성이 그다지 심각한 문제로 부각되지 않는 이유는 무엇일까? 하는 점이다. 그 한 가지 대답은, 순응성을 고취하기 위해 다수의 사회통제 장치들이 활용될 수 있다는 것이다. 그러나 파슨스의 견지에서 보자면, 사회통제는 순전히 2차적인 방어선일 뿐이다. 체계는 사회통제가 단지 제한적으로만 사용될 때에 가장 잘 작동된다. 게다가, 체계는 약간의 변형과 일탈을 용납할 수 있어야만 한다. 융통성 있는 사회체계는 어떤 일탈도 수용하지 않는 경직된 체계보다 훨씬 더 강하다. 끝으로, 사회체계는 서로 다른 개성의 사람들이 체계의 통합을 위협하지 않고도 자신을 표현할 수 있도록 다양한 역할 기회를 제공해 주어야만 한다.

사회화와 사회통제는 사회체계가 그 평형을 유지하도록 해 주는 주된 장치들이다. 적당한 정도의 개성과 일탈은 수용될 수 있다. 그러나 좀더 극단적인 형태들은 재균형(reequilibrium) 메커니즘에 의해 조정되어야 한다. 이렇게 해서 사회질서는 파슨스의 사회체계 구조 안에서 확립 된다. 어느 누가 세심하게 계획한 것도 아니면서, 우리의 사회체계에는 어떤 행위는 용인하고 또 어떤 행위는 용인하지 않는다든가 혹은 어떤 행위는 보상을 주고 또 다른 행위는 처벌을 하는 등의 단순하면서도 세속적인 노력을 통해서, 체계를 위협할 수도 있는 일탈의 악순환을 미연에 방지한다.

여기서, 파슨스의 주된 관심은 체계 내의 개별 행위자보다는 전체로서의 체계에 놓여 있다는 점을 다시 한번 알 수 있다. 즉, 행위자가 어떻게 체계를 창조하고 유지하느냐가 아니라 거꾸로 체계가 어떻게 행위자를 통제하는가에 관심을 두고 있다. 바로 이 점이야말로, 파슨스가 전체사회적 기능주의를 신봉하고 있음을 반영해 준다.

사 회

사회체계의 개념은 모든 유형의 집합체들을 포괄하지만, 그 중에서도 특히 중요하고 구체적인 하나의 사회체계는 바로 사회이다. **사회**[1]는 비교적 자급자

---

1) **사회(society)** 파슨스에게는, 상대적으로 자급자족적인 집합체.

족적인 집합체이다; 구성원들은 전적으로 사회의 틀 안에서 살 수 있으며, 개인 및 집합체의 욕구를 충분히 만족시키는 공급을 할 수 있다. 구조기능주의자로서, 파슨스는 사회 안에서 네 가지 구조(혹은 하위체계들)를 그것들이 수행하는 기능들(AGIL)에 의거해서 구분하였다. [도표 4.3]은 파슨스가 사회의 이론적 초상을 그리고자 시도했던 또 하나의 방식을 알려 준다.

[도표 4.3] 사회, 그 하위체계들, 그리고 기능적 필수요건들

L	I
위탁체계	전체사회적 공동체
경 제	정치적 조직체
A	G

▶ **경제**[1]는 사회가 환경에 적응하도록 하는 기능을 수행하는 하위체계이다. 한편으로는, 소유주, 경영자, 그리고 노동자는 그들의 환경에 적응해야만 한다. 예를 들어, 만일 석유를 구할 수 없다면 석탄 채굴로 전환해야 할 것이다. 또한 다른 한편으로는, 그들은 환경을 사회의 필요에 맞춰 조정해야 한다. 예를 들어서, 경작해야 할 어떤 곡물이 그 사회의 토착 품종이 아니라면 그 씨앗을 외국에서 수입해서라도 재배해야 할 것이다. 경제는 그 활동을 통해 환경을 사회의 필요에 맞춰 조정하며, 또한 사회가 외적 현실에 적응하도록 도와준다.

▶ **정치적 조직체**[2](혹은 정치체계)는 사회의 목표들을 추구하고 행위자와 자원들을 그 목적에 맞춰 동원함으로써, 목표달성의 기능을 수행한다. 예를 들자면, 미국은 1957년 소련에서 우주로 쏘아 올린 첫 우주선 스푸트니크

---

1) **경제(economy)** 파슨스에게는, 환경 적응의 기능을 수행하는 사회의 하위체계.
2) **정치적 조직체(polity)** 파슨스에게는, 사회의 목표들을 추구하고 행위자와 자원들을 그 목적에 맞춰 동원함으로써 목표달성의 기능을 수행하는 하위체계.

(Sputnik)에 의해 큰 충격을 받았다. 몇 년 뒤, 존 F. 케네디 대통령은 미국과 소련의 우주개발 격차가 위험할 정도로 벌어져 있음을 공표하였다. 그리고 미국이 우주탐사의 선구자로 올라설 수 있도록 인력과 자원을 성공적으로 동원하였다. 미국이 달에 인간을 착륙시킨 첫번째, 그리고 아직까지는 유일한 국가가 되었을 때, 그 목표는 이루어졌다.

▶ **위탁체계**[1](가령 학교, 가정)는 문화(규범과 가치들)를 행위자들에게 전달하고 그것이 제대로 내면화되는지 돌봄으로써 유형 유지와 잠재성의 기능을 수행한다. 즉, 부모와 교사들은 경제적 성공 같은 가치들, 그리고 그런 성공을 하려면 좋은 교육을 받고 열심히 일해야 한다는 규범을 아이들이 내면화할 수 있도록 사회화 시킨다.

▶ 끝으로, 통합 기능은 사회의 다양한 구성요소들을 조정하는 **전체사회적 공동체**[2](가령, 법률)에 의해 수행된다. 법률은 경제, 정치적 조직체, 위탁체계와 관계를 맺으면서, 각 기능들이 제대로 수행되도록 그리고 그들 상호간의 관계가 원활히 이루어지도록 이바지한다. 예를 들어서, 의무교육법은 교육체계가 충분한 숫자의 학생들을 확보하게 할 뿐만 아니라 그들이 최소한 적절한 노동자가 될 수 있도록, 그리고 정치적 이슈들을 어느 정도는 인지하는 유권자가 될 수 있게 하는데 기여한다.

파슨스에게는 사회체계의 구조만큼이나(혹은 그보다도 더욱) 문화체계가 중요했다. 실제로 문화체계는 파슨스 행위체계의 맨 위에 위치하고 있으며, 파슨스 스스로도 "문화결정론자"임을 자처하였다.

문화체계

파슨스는 문화를 사회세계(혹은 그의 용어를 빌리자면, 행위체계)의 다양한 요소들을 연결시켜 주는 중요한 힘이라고 파악하였다. 문화는 행위자들의 상호

---

1) **위탁체계**(fiduciary system) 파슨스에게는, 문화(규범과 가치들)를 행위자들에게 전달하고 그것이 제대로 내면화되는지 돌봄으로써 유형유지와 잠재성의 기능을 수행하는 하위체계.

2) **전체사회적 공동체**(societal community) 파슨스에게는, 사회의 다양한 구성요소들을 조정함으로써 통합 기능을 수행하는 하위체계.

작용을 중개하며 인성과 사회체계를 통합시켜 준다. 문화는, 최소한 부분적으로라도, 다른 체계들의 구성요소가 될 수 있는 독특한 능력을 가지고 있다. 즉, 문화는 사회체계 안에서는 규범과 가치로 구현되며, 인성체계 안에서는 행위자들에게 내면화된다. 그러나 문화체계는 단지 다른 체계의 일부분이 되는 데 그치는 것이 아니라, 지식과 상징 및 사상의 사회적 저장고의 형태로 독자적으로 존재하기도 한다. 이것들(즉, 지식, 상징, 사상의 사회적 축적물들)은 사회체계와 인성체계로 가져다 쓸 수는 있지만, 이 두 체계들의 일부가 되는 것은 아니다.

다른 체계들을 정의할 때와 마찬가지로, 파슨스는 문화체계를 다른 행위체계와의 관계 속에서 정의하였다. 문화는 유형화되고 질서 있는 상징체계로 간주되며, 이 상징들은 행위자들의 지향대상이 된다. 또한, 문화는 인성체계의 내면화된 측면이며, 사회체계의 제도화된 유형이다. 문화는 대개 상징적이고 주관적이기 때문에, 한 체계로부터 다른 체계로 쉽게 전달된다. 문화는 한 사회체계에서 다른 사회체계로 확산될 수 있으며, 학습과 사회화를 통해 한 인성체계에서 다른 인성체계로 전파될 수 있다. 그런가하면 문화는 그 상징적(주관적) 특성 때문에 또 다른 특성, 즉 다른 행위체계들을 통제할 수 있는 능력을 가진다. 바로 이점 때문에, 파슨스 스스로 문화결정론자임을 인정하게 된 것이다.

인성체계

인성체계는 문화체계뿐만 아니라 사회체계에 의해서도 통제를 받는다. 그렇다고 해서, 파슨스가 인성체계의 독립성을 전혀 인정하지 않았다는 뜻은 아니다. 사람들의 인생 경험이 각자 고유하기 때문에 인성체계도 나름대로 독특한 특성을 지니고 있다. 비록 인성체계가 다른 체계들보다 상대적으로 약하며, 이차적인 혹은 종속적인 위치에 놓여있음은 분명하지만, 그렇다고 해서 파슨스 이론에서 인성체계가 중요하지 않은 것은 아니다.

인성[1]이란 개별 행위자가 행동하는 데 있어서, 그 지향과 동기의 조직화된 체계라고 정의된다. 인성의 기본적인 구성요소는 욕구성향(need-disposition)인데, 이는 동기를 유발하는 가장 중요한 요인이다. 욕구성향은 타고난 욕망(drive)과는

---

1) **인성**(personality) 파슨스에게는, 개별행위자가 행동하는 데 있어서 그 지향과 동기의 조직화된 체계.

구별되어야 한다. 욕망은 생리적 에너지와 연관되어서 행동을 일으킨다. 다시 말해서, 욕망은 생물학적 유기체의 일부로 보는 것이 더 타당하다. 반면에, 욕구성향은 생득적인 것이 아니라 사회적으로 습득된다. 다시 말하자면, 욕구성향은 사회적 조건들에 의해 형성된 욕망이다.

욕구성향은 행위자가 환경 안에 있는 대상을 받아들이거나 거부하도록 해 준다. 또한, 주어진 대상이 욕구성향을 적절히 만족시켜 주지 못할 경우 새로운 대상을 추구하도록 만든다. 파슨스는 욕구성향의 기본 유형들을 세 가지로 구분하였다. 첫째 유형은 행위자들이 사회관계에서 사랑이나 승인 등을 추구하게 한다. 둘째 유형은 내면화된 가치들인데, 이것들은 행위자들이 다양한 문화적 기준을 관찰하도록 이끈다. 끝으로, 셋째 유형은 역할 기대(role expectation)이며, 이것은 행위자들이 적절한 반응을 주고받도록 해 준다.

이런 시각은 행위자에게 매우 수동적인 이미지를 부여한다. 그들은 욕망에 이끌리거나, 문화의 지배를 받거나, 혹은 대개는 욕망과 문화의 결합(즉, 욕구성향)에 의해 움직이는 존재로 비춰진다. 인성이 이렇게 수동적으로 취급되는 것은 확실히 이론상 취약점이 될 수밖에 없으며, 파슨스도 이 점을 인지하고 있었던 듯 싶다. 그는 인성에 얼마간의 권력과 독창성을 부여하려고 여러 가지로 노력하였다. 그 한 예로서, 사람들은 문화를 내면화하면서도 여전히 창조적 수정을 할 능력이 있다는 것이다. 그러나 이런 시도들에도 불구하고, 파슨스 저작에서 풍기는 지배적인 인상은 그저 한 가지, 바로 수동적 인성체계일 뿐이다.

욕구성향에 대한 파슨스의 강조는 또 다른 문제들을 야기한다. 인성의 많은 다른 측면들이 무시되기 때문에, 이 체계는 무기력할 수밖에 없다. 심지어 파슨스는 인성체계를 분석할 때조차도 실제로는 그것에 초점을 맞추었던 것이 아니라는 비판을 받는다. 이것은 파슨스가 인성을 사회체계에 연결시키는 여러 방식들에서 잘 드러나고 있다. 첫째, 행위자들은 사회에서 자신이 처한 위치에 걸맞는 방식으로 자신을 보는 법을 배워야만 한다. 둘째, 개별행위자들에게 주어진 각 역할에는 역할 기대가 따른다. 행위자는 그 역할기대를 최소한 상당수준까지는 충족시켜야만 한다. 또한 행위자는 자아훈련, 가치 지향의 내면화 등등을 달성해야만 한다. 이 모든 규정들은 인성체계를 사회체계와 통합하는 추진력으로 작용하며, 파슨스는 바로 이 점을 강조하고 있다. 또한, 그는 이 두 체계의 통합이 제대로 이루어지지 않고 불완전하게 될 가능성도 있다고 지적하는데, 이렇게 되면 문제가 발생하고 체계는 이를 극복해야 한다.

파슨스 저작의 또 다른 측면―내면화에 대한 그의 관심―도 행위체계의 수 동성을 반영한다. 여기서, 내면화란 인성체계 쪽에서 진행되는 사회화 과정을 의미한다. 내면화와 초자아(super-ego)를 강조함으로써, 파슨스는 또 다시 인성체 계가 수동적이며 외부로부터 통제되고 있다는 자신의 관점을 분명히 드러내고 있다.

파슨스는 초기저작에서는 인성체계의 주체적 측면들을 적극적으로 언급하려 고 노력하였지만, 후기로 가면서 점차로 그런 관점을 폐기하였다. 그럼으로써, 인성체계에 대한 통찰의 가능성을 스스로 제한하게 되었다. 파슨스는 사람들의 행위에 깃들어 있을 내적 의미에는 더 이상 관심을 두지 않겠다는 점을 분명히 하였다.

행동하는 유기체

파슨스는 행동하는 유기체를 네 가지 행위체계의 하나로 꼽았으면서도, 이 것에 대해서는 거의 언급하지 않았다. 행동하는 유기체가 포함된 이유는 이것이 다른 체계들을 위한 에너지의 근원이기 때문이다. 물론 행동하는 유기체는 유전 적 구성에 기반하고 있지만, 그럼에도 불구하고 개인의 일생 동안 진행되는 조 건화 및 학습과정에 의해 영향을 받는다. 행동하는 유기체는 파슨스 이론에서 분명히 잔여체계(residual system)이다. 그러나 최소한 그가 행동하는 유기체를 그의 사회학 안에 포함시켰다는 사실만큼은 칭찬받을 만 하다. 그가 오늘날 사회학자 들 사이에서 사회생물학 및 몸 사회학에 대한 관심이 일어날 것을 예견했다는 점만으로도 충분히 그렇다.

탈코트 파슨스(Talcott Parsons)
생애의 삽화

 파슨스가 하버드 대학에서 교수생활을 막 시작할 무렵, 로버트 머튼(Robert Merton)은 그 제자들 중 한 사람이었다. 머튼 자신도 후에 저명한 이론가가 되었지만, 그의 회고에 따르면 그 당시 대학원생들이 하버드로 진학한 것은 파슨스 때문이 아니라 오히려 피트림 소로킨(Pitirim Sorokin)을 보고 왔다는 것이다. 소로킨은 당시 사회학과의 원로였으며, 나중에는 파슨스의 숙적이 되어 버렸다.

"하버드로 온 대학원생의 제 1 세대 중에서 … 파슨스 밑에서 공부하려고 온 사람은 아무도 없었다. 그들이 그러지 않았던 이유는 간단하다: 1931년 무렵의 파슨스는 무명 사회학자로서, 아무런 명성도 얻지 못하고 있었기 때문이다. 우리 학생들은 당시 유명했던 소로킨 밑에서 공부하려고 왔지만, 하여간 우리 중 일부는 무명의 파슨스와 함께 공부하기로 작정하였다."

파슨스의 첫 번째 이론 과목에 대한 머튼의 회고 역시 흥미로운데, 왜냐하면 특히 그 수업 내용이 사회학의 역사를 통해 가장 영향력이 컸던 이론서들 중 하나의 기초를 마련한 것이기 때문이다.

"탈코트 파슨스가 세계 사회학계의 노대가(老大家)가 되기 훨씬 이전에, 이미 그는 일찍부터 우리 몇몇 학생들에게는 젊은 대가(大家)였다. 그의 첫 번째 이론 과목을 들으면서부터 우리는 그에게 매료되었다...이 과목은 그의 걸작인 『사회행위의 구조』(The structure of Social Action)의 핵심부가 되었으며 … 처음 구두로 진술된 이후 5년이 지나서야 비로소 출판되었다."

모든 사람들이 파슨스에 대한 머튼의 긍정적 평가에 동의하지는 않겠지만, 그래도 다음의 평가는 인정할 것이다.

"탈코트 파슨스의 죽음은 사회학의 한 시대가 막을 내렸음을 의미한다. 만일 [새로운 시대]가 시작된다면 … 그 시대는 파슨스가 우리에게 남겨준 사회학적 사고의 위대한 전통에 의해 강화될 것으로 확신한다."

지금까지 파슨스의 구조기능주의 이론에 대해 살펴보았다. 파슨스는 사회세계에 관한 몇 가지 유용한 이론적 초상들을 제공하고 있으며, 특히 기능적 필수요건들의 AGIL 도식과 네 가지 행위체계는 매우 유용하다. 이제부터는 파슨스의 수제자였으며, 또 다른 구조기능주의 이론적 초상으로 잘 알려진 로버트 머튼(Robert Merton)의 작업들을 살펴보고자 한다. 그의 이론은 파슨스의 구조기능주의와 대조를 이루고 있다. 사회세계에 대해 좀더 적절한 구조기능적 분석을 하기 위해서는, 구조기능주의의 본질에 대해 좀더 분명하고 개선된 관념을 가질 필요가 있다는 점을 머튼은 느끼고 있었다. 머튼은 구조기능주의의 극단적이고 허술한 측면들 몇 가지를 비판하였다. 그러나 이에 못지않게 중요한 공헌은, 그의 새로운 개념적 통찰력이 구조기능주의가 계속 유용하도록 만드는데 기여했다는 점이다.

로버트 머튼의 구조기능주의

머튼(Robert K. Merton)과 파슨스는 둘다 구조기능주의를 주장했지만, 그들 사이에는 중요한 차이가 존재한다. 우선, 파슨스는 거대하고 포괄적인 이론들의 수립을 주장했지만, 머튼은 이보다 제한된 **중범위 이론**[1]들을 선호했다. 또 하나는, 머튼은 맑스 이론들에 대해 파슨스보다 좀더 호의적이었다는 점이다. 실제로, 머튼과 그의 제자들 몇몇(특히, 앨빈 굴드너, Alvin Gouldner)은 구조기능주의를 좀더 정치적 좌파 쪽으로 옮겨 놓았다고 여겨진다.

구조-기능적 모델

머튼은 기능 분석의 기본적인 가정이라고 생각되는 세 가지 점을 비판하였다. 첫 번째 가정은 사회의 기능적 통합성(functional unity)이다. 이 가정에 따르면, 모든 표준화된 사회적 문화적 신념과 관습들은 전체사회뿐만 아니라 사회 안의

---

1) **중범위 이론(middle-range theories)** 사회세계 전체의 설명과 그 아주 세세한 부분들에 대한 설명 사이의 중간 영역을 추구하는 이론들.

개인들에게도 기능적이다. 이런 관점은 한 사회체계의 다양한 부분들이 반드시 높은 수준의 통합을 이루고 있음을 암시한다. 그러나 머튼은 그러한 가정이 소규모의 원시사회에서는 맞을지 몰라도 좀더 크고 복잡한 사회로까지 일반화될 수는 없다고 주장하였다. 예를 들어서, 환경을 오염시키는 여러 구조들(가령, 공장이나 고속도로 등)은 사회 전체는 물론이고 오염에 노출된 개인들에게도 기능적이지 않다. 마찬가지로, 사회의 모든 부분들이 전부 높은 수준으로 통합되어 있는 것은 아니다. 예를 들어서, 예산도 빈약하고 허술한 우리의 초등 중등학교 제도는 최근의 고도기술사회가 필요로 하는 숙련공들을 배출하기에는 턱없이 미흡하다.

두 번째 가정은 보편적 기능주의(universal functionalism)이다. 즉, 모든 표준화된 사회적 문화적 형식과 구조들은 긍정적 기능을 갖는다는 주장이다. 머튼은 이 가정이 현실세계의 실제 경험과는 모순된다고 주장하였다. 모든 구조, 관습, 관념, 신념 등등이 긍정적인 기능만을 가지고 있지 않음은 분명하다. 예를 들어서, 광신적 민족주의는 핵무기 경쟁이 가속화되는 시대에서는 대단히 역기능적일 수 있다.

세 번째 가정은 필수불가결성(indispensibility)인데, 이것은 사회의 모든 표준화된 측면들이 긍정적 기능을 갖고 있을 뿐만 아니라 전체의 작동에 없어서는 안 될(필수불가결한) 파트들이라는 것이다. 이 가정은 결국 모든 구조와 기능들이 사회에 기능적으로 필요한 것이라는 관념을 이끌어 낸다. 어떤 다른 구조와 기능도 현재 사회의 기존 구조나 기능만큼 잘 작동할 수는 없다는 것이다. 파슨스의 뒤를 이은 머튼은 이에 관해 다음과 같이 비판한다: 최소한 우리는 사회 안에 다양한 구조적 기능적 대안들이 존재할 수도 있음을 기꺼이 인정할 용의가 있어야만 한다. 그러므로 계층체계가 사회에서 불가피하다는 주장도 반드시 사실일 필요는 없다. 다른 형태의 구조, 즉 사람들이 돈이나 권력 때문이 아니라 사회에 대단히 귀중한 봉사를 하고 있다는 만족감 때문에 높은 지위에 올라가기를 원하는 그런 사회가 수립될 수도 있는 것이다.

머튼의 입장은, 이 모든 기능적 가정들이 추상적인 이론체계에 기초한 비경험적 단정에 의존하고 있다는 것이다. 최소한, 사회학자는 각각의 가정을 경험적으로 검증해야 할 책임이 있다. 머튼은 이론적 단정이 아닌 경험적 검증이야

말로 기능 분석에서 대단히 중요하다는 신념을 가지고 있었다. 그래서 이론과
조사를 연결시키는 하나의 지침으로써 자신의 기능주의 분석 패러다임을 발전
시키게 되었다.

머튼은 처음부터 구조기능적 분석이 집단, 조직, 사회 및 문화에 초점을 맞
추고 있음을 분명히 했다. 그는 구조기능적 분석의 대상은 어느 것이든 반드시
표준화된—반복적이고 유형화된—단위(unit)이어야만 한다고 주장했다. 그는 이러
한 분석대상으로 사회적 역할, 제도적 유형, 문화적 유형, 사회규범, 집단조직,
사회구조, 그리고 사회통제 기제들을 염두에 두고 있었다. 다시 말하자면, 머튼
도 전체사회적 기능주의자였다.

초기의 구조기능주의자들은 하나의 사회구조나 제도가 다른 구조나 제도에
미치는 기능에 거의 전적으로 초점을 맞추는 경향이 있었다. 그러나 머튼의 견
지에서 볼 때, 초기의 분석가들은 개인의 주관적 동기를 구조나 제도의 기능과
혼동하는 경향이 있었다. 그러나 구조기능주의의 연구 초점은 개인적 동기보다
는 오히려 사회적 기능에 모아져야 한다. 머튼에 따르면, **기능**[1]이란 특정 체계
의 적응이나 조절에 기여하는 관찰가능한 결과들이라고 정의된다. 그러나 단지
적응이나 조절에만 분석의 초점을 맞출 때는 명백히 이데올로기적 편견이 개입
되는데, 왜냐하면 적응이나 조절의 결과들은 언제나 긍정적이기 때문이다. 한
사회구조가 다른 사회구조에 부정적 결과를 초래할 수도 있음(오염의 예를 상기
할 것)을 늘 염두에 두어야 한다. 초기 구조기능주의자들은 바로 이 점을 간과
했었다. 이 심각한 결함을 바로잡기 위해서 머튼은 **역기능**[2]의 개념을 발전시켰
다. 구조나 제도가 사회체계의 다른 부분들의 유지에 기여할 수도 있지만 이에
못지않게 부정적인 결과를 초래할 수도 있다; 즉, 구조나 제도들은 다른 부분들
의 적응이나 조절 능력에 해가 되는 역효과를 끼칠 수도 있다. 예를 들어, 미국
남부의 노예제도는 값싼 노동력을 제공하고 목화 산업을 지탱시켜 주고 백인들
에게 사회적 지위를 부여했다는 점에서, 남부 백인들에게는 확실히 긍정적인 결
과를 가져다 주었다. 그러나 그것은 또한, 남부인들이 농업경제에 지나치게 의
존한 나머지 산업화에 대비하지 못하게 만든 역기능도 초래했다. 산업화 과정에

1) **기능(functions)** 특정 체계의 적응이나 조정을 도와 주는, 관찰 가능한 결과들.
2) **역기능(dysfunctions)** 특정 체계의 적응이나 조정능력을 저해하는 역효과를 끼치는 관찰 가능
   한 결과들.

서 북부와 남부의 격차가 오랫동안 벌어졌던 것은, 적어도 부분적으로는, 남부의 노예제도가 초래한 역기능에서 기인한다고 할 수 있다.

머튼은 또한 **무기능**[1](無機能)이라는 개념을 내놓았다. 무기능이란 검토 대상인 체계와는 전혀 무관한 결과들을 의미한다. 아주 오랜 옛날부터 지금까지 존속하고 있는 사회적 형태들이 이에 해당될 수 있다. 비록 과거에는 그것들이 긍정적 혹은 부정적 결과들을 가져왔었다 할지라도, 현대 사회에서는 아무런 중요한 영향력도 가지고 있지 않다. 동의하지 않는 사람도 있겠지만 그 하나의 예를 들자면, 기독교 여성 금주운동(Women's Christian Temperance Movement)이 이에 속한다. 그 당시에는 이 운동이 알코올 중독을 억제하는 데 효과가 있었겠지만, 오늘날에는 완전히 유명무실한 운동이 되어 버렸다.

로버트 머튼(Robert K. Merton)
생애의 삽화

나는 사회구조와 문화 변동에 관한 사회학적 이론을 발전시켜 나가길 원했고, 지금도 여전히 원한다. 이런 이론들에 힘입어 우리는 사회제도와 사회생활의 특성들이 어떻게 지금처럼 형성되었는지를 이해할 수 있는 것이다. 이론사회학에 대한 관심으로 인해, 나는 당시 사회학의 추세였던 주제별 특화를 피할 수 있었다(주제별 특화는 모든 학문 발전의 추세이며, 그 대부분은 물론 정당하다고 생각한다). 나의 목표인 사회학 이론의 발전을 위해서도, 다양한 사회학적 주제들에 대한 연구는 꼭 필요하다. 그 다양한 주제들 가운데에서도, 하나의 특수 분야—과학사회학—가 지속적으로 나의 관심을 끌었다.

1930년대에, 나는 17세기 영국의 과학과 기술의 사회적 배경 연구에 거의 전적으로 몰두했으며, 그 중에서도 특히, 의도된 사회 행위가 초래한 예기치 못했던 결과들에 초점을 맞추었다. 그 후 점차 이론적 관심이 넓어짐에 따라, 1940년대 이후로는 여러 가지 다른 주제들로 방향을 돌렸다. 그 주제들은, 비순응적 행동 및 일탈 행동의 사회적 요인들, 관료제의 작동, 복잡한 현대사회에서의 대중 설득과 대중 매체, 그리고 관료제

---

1) **무기능**(nonfunctions) 그 체계와 전혀 무관한 결과들.

내부와 외부에서의 지식인의 역할 등이었다.

1950년대에는, 사회구조의 기본 단위들에 대한 사회학 이론을 발전시키는데 몰두하였다: 이것들은 역할 세트(role-set), 지위 세트(status-set), 그리고 역할 모델—사람들이 단지 모범으로 삼기 위해서뿐만 아니라 자기 평가의 근거로 채택한 가치의 원천(이것은 준거집단 이론으로 발전됨)—등이다. 또한, 나는 조지 리더(George Reader)와 패트리시아 켄달(Patricia Kendall)과 더불어 의학교육에 관한 최초의 대규모 사회학적 연구를 수행하였다. 이 연구의 목적은 어떻게 다양한 유형의 의사들이 한 의과대학 내에서 사회화되는 지를 밝혀내려는 것이었으며, 이는 직업 활동의 한 유형인 전문직의 독특한 특성과 연결되어 있다.

1960년대와 1970년대에 나는 과학의 사회적 구조, 그리고 이것과 인지구조(cognitive structure) 간의 상호작용에 대한 집중적 연구로 되돌아왔다. 이 20년간이야말로, 그 전의 작업들은 단지 서막에 불과했을 정도로, 과학사회학이 마침내 본격적으로 개화한 시기였다. 이런 연구들을 하는 동안 줄곧 나의 가장 기본적 관심은 사회학 이론, 연구방법, 그리고 실제 경험적 조사를 어떻게 연결시킬 것인가의 문제로 향하고 있었다.

순기능과 역기능 중 어느 것이 더 중요한가? 라는 질문에 답하기 위해서, 머튼은 **순이익**[1]이라는 개념을 발전시켰다. 그러나 우리는 단순히 순기능과 역기능의 합계를 내서 어느 쪽이 더 중요했는지를 객관적으로 결정할 수는 절대로 없다. 왜냐하면 관련 이슈들이 너무나 복잡할 뿐만 아니라 대부분 주관적인 판단에 기초하고 있어서, 그렇게 쉽게 측정되거나 계산될 수는 없기 때문이다. 머튼의 개념이 갖는 유용성은 사회학자의 관심을 상대적 중요성의 문제로 향하게 만드는 그 방식에 있다. 노예제의 보기로 되돌아가면, 문제는 노예제가 남부에 좀더 기능적이었느냐 아니면 역기능이 더 많았느냐 간의 그 차이의 문제로 귀결된다. 그러나 이 문제는 너무 광범위하며 많은 쟁점들을 모호하게 만든다(예컨대 노예제가 백인 소유주 집단에게 기능적이었는지 여부).

이런 문제들을 해결하기 위해서, 머튼은 **기능 분석의 수준들**[2]이 구분되어

---

1) **순이익**(net balance) 순기능과 역기능 간의 상대적 비중.
2) **기능 분석의 수준들**(levels of functional analysis) 비단 사회 전체뿐만 아니라 조직·제도·집단 등 표준화되고 반복적 유형을 보이는 사회현상들이라면 어떤 것이든 기능분석의 대상이 될 수 있다.

야 한다는 제안을 추가로 내놓았다. 기능주의자들은 일반적으로 사회 전체의 분석에만 매달리는 경향이 있었다. 그러나 머튼은 조직, 제도, 집단 혹은 표준화되고 반복적 유형을 보이는 사회현상들은 어떤 것들이라도 분석 대상이 될 수 있음을 명백히 밝혔다. 남부 노예제의 기능에 관한 쟁점으로 다시 돌아가면, 분석 수준을 몇 가지로 나누어서, 흑인가족 백인가족, 흑인 정치조직, 백인 정치조직 등등에게 노예제의 기능과 역기능이 어떻게 작용했는지를 조사할 필요가 있다. 순이익의 관점에서 보자면, 노예제는 아마도 어떤 사회집단들에는 더 기능적이었던 반면에 다른 사회집단들에게는 좀더 역기능적이었을 것이다. 이렇게 보다 구체적인 수준에서 접근하는 것이, 남부 전체에서 노예제의 기능성이 어떠했는지의 분석을 용이하게 해준다.

머튼은 또한 현재적(顯在的) 기능과 잠재적(潛在的) 기능이라는 개념들을 도입했다. 이 두 용어 역시 기능분석에서 또 하나의 중요한 추가 사항이 되었다. 간단히 말해서, 현재적 기능은 의도된(intended) 기능들인 반면에, 잠재적 기능은 의도되지 않은(unintended) 기능들이다. 노예제의 **현재적 기능**[1]은 남부의 경제적 생산성을 증가시키는 것이었다. 그러나 노예제는 방대한 하층계급을 양산함으로써 남부 백인들의 사회적 지위를 전반적으로 향상시키는 **잠재적 기능**[2]도 가지고 있었다. 이것은 머튼의 또 다른 개념인 **예기치 않았던 결과들**[3]과 관련되어 있다. 구조들은 의도된 결과와 의도하지 않았던 결과들을 모두 낳는다. 노예제는 남부를 경제적으로 강화시키기 위해서 제도화되었을 것이다. 그러나 경제적 관점에서 보더라도, 산업화를 늦춤으로써 궁극적으로는 경제를 약화시키는 예기치 못했던 결과를 초래했다. 의도된 결과는 모든 사람들이 알고 있는 것이지만, 의도되지 않은 결과를 밝히기 위해서는 사회학적 분석이 요구 된다; 사실상, 이러한 분석이야말로 사회학의 진정한 본질이라고 생각하는 학자들도 있다. 피터 버거(Peter Berger)는 이것을 **폭로,**[4] 혹은 진술된 의도를 넘어서서 실제 효과를 찾는 것이라고 일컬었다.

---

1) **현재적 기능**(manifest functions) 의식적으로 그리고 의도적으로 초래되는 긍정적 결과들.
2) **잠재적 기능**(latent functions) 의도되지 않은 긍정적 결과들.
3) **예기치 않았던 결과들**(unanticipated consequences) 예기치 못했던 긍정적, 부정적, 그리고 무관한 결과들.
4) **폭로**(debunking) 진술된 의도를 넘어서서 실제 효과를 찾는 것.

머튼은 예기치 못했던 결과와 잠재적 기능은 같은 것이 아니라는 점을 분명히 했다. 잠재적 기능은 예기치 못했던 결과의 유형들 중 하나이며, 해당 체계에 기능적이다. 그러나 예기치 못했던 결과들에는 다른 유형들도 있다: 그 중 하나는 역기능적인 결과이며, 다른 하나는 아무런 영향도 미치지 않는, 체계와 무관한(irrelevant) 결과이다.

기능주의 이론을 한층 더 명료화하기 위해서 머튼은, 구조는 전체 체계에 역기능적이면서도 여전히 존재할 수 있다고 지적한다. 이런 경우는 다음의 보기에 의해 잘 설명될 수 있을 것이다. 흑인, 여성, 그리고 다른 소수집단들에 대한 차별은 미국 사회에 대해 역기능적임에도 불구하고 여전히 존재한다. 왜냐하면 이것이 사회체계의 어느 일부에 대해서는 기능적이기 때문이다. 예를 들어서, 여성에 대한 차별은 일반적으로 남성에게는 기능적이다. 그러나 이러한 차별은 심지어는 기능적으로 작용하는 집단에서도 어느 정도 역기능이 아주 없는 것은 아니다. 남성들도 여성에 대한 차별로 인해 고통을 받는다. 마찬가지로, 백인도 흑인에 대한 자신의 차별적 행동에 의해 상처를 입는다. 이런 형태의 차별은 많은 사람들의 생산성을 낮추고 사회갈등의 가능성을 증대시킴으로써, 차별을 자행하는 사람들에게도 불리한 영향을 미친다고 볼 수 있다.

머튼은 모든 사회구조가 사회체계의 작동에 불가결한 것은 아니라는 주장을 폈다. 우리의 사회체계에서 어떤 부분들은 제거할 수 있다는 것이다. 이런 주장은 기능주의 이론의 보수적 편견들 중 또 하나를 극복하게 해 준다. 어떤 구조는 버릴 수도 있음을 인정함으로써, 구조기능주의는 의미 있는 사회변동을 위한 길을 열어 놓게 된 것이다. 예컨대 우리 사회는 다양한 소수집단들에 대한 차별을 철폐하고서도 계속 존속할 수 있으며 심지어는 더 개선될 수 있다.

머튼의 해명들은 구조기능적 분석을 수행하려는 사회학자들에게는 대단히 유용하다.

핵심 개념
사회구조와 아노미

문화, 구조, 그리고 아노미간의 관계에 대한 머튼의 분석은 구조기능주의에, 그리고 사실상 사회학 전반에 끼친 그의 여러 저명한 공헌들 중 하나이다. 머튼이 정의하는 문화란, 집단이나 사회에 속한 구성원들의 행위를 지배하는, 공유된(shared) 규범적 가치들의 조직화된 체계이다. 사회구조란 사회나 집단의 구성원들이 맺고 있는 사회관계들의 조직화된 체계이다. **아노미**[1]는 문화와 사회구조 사이에 심각한 단절, 즉 문화적 규범 및 목표들 그 자체와 사람들이 이런 문화적 규범에 부합된 행동을 할 수 있도록 구조적으로 설정된 수단들 사이에 심각한 괴리가 있을 때 발생하는 것이라고 정의될 수 있다. 다시 말해서, 어떤 사람들은 자신이 처한 사회적 위치로 인해 규범적 가치에 맞는 행동을 할 수 없다. 문화는 어떤 행동들을 요구하는데, 사회구조는 이런 행동을 할 수 없도록 저지한다.

예를 들자면, 미국 사회의 문화는 물질적 성공을 대단히 강조한다. 그러나 많은 사람들은 자신이 처한 사회구조 내의 위치 때문에 그런 성공의 성취를 제지당한다. 만일 어떤 사람이 사회경제적으로 하층 계급에 태어났기 때문에, 결국은 고작해야 고등학교만 졸업할 수 있었다면, 그 사람이 일반적으로 용인된 방식으로(가령 보통 직장에서 성공함으로써) 경제적 성공을 거둘 기회는 아주 희박하거나 아예 없다. 아노미는 이런 상황 아래 존재하며, 그 결과 일탈행동이 발생할 경향이 높아진다(사실 이런 상황들은 현대 미국사회에서는 비일비재하다). 이런 맥락에서, 대안적이고 용인되지 않은, 그리고 때로는 불법적인 수단으로 경제적 성공을 획득하려는 일탈들이 종종 발생한다. 경제적 성공을 거머쥐려고 마약 거래상이나 매춘부가 되는 것은, 문화적 가치와 이런 가치들을 달성하는 사회구조적 수단 사이의 괴리에서 발생되는 일탈의 예이다. 구조기능주의는 바로 이런 방식으로 범죄와 일탈을 설명하려고 시도한다.

여기서, 머튼은 사회(및 문화)구조를 들여다보고 있기는 하지만, 그 구조들의 기능에 관심의 초점을 맞추고 있지는 않다. 오히려 그는 자신의 기능적 패러다임에 맞추어서, 주로 역기능에, 즉 이 경우에는 아노미에, 관심을 기울인다. 좀더 구체적으로 말하자면, 우리가 살펴본 바와 같이, 머튼은 아노미를 일탈과 연결시키고 그럼으로써 문화와 구

---

1) **아노미**(anomie) 머튼은 문화와 사회구조 사이의 심각한 단절, 즉 문화적 규범 및 목표들 그 자체와 사람들이 이런 문화적 규범에 부합된 행동을 할 수 있도록 구조적으로 설정된 수단들 사이에 심각한 괴리가 있는 상황을 아노미라고 부른다.

조 사이의 괴리가 사회 내의 일탈을 발생시키는 역기능적 결과를 가져온다고 주장하고 있다.

여기서 우리가 주목할 만한 점은 바로, 머튼의 아노미 연구는 사회계층에 대한 비판적 태도를 암시하고 있다는 것이다(예컨대, 어떤 사람들은 사회계층으로 인해 사회적으로 바람직한 목표를 달성하는 수단을 봉쇄당하고 있다). 그러므로 비록 데이비스와 무어는 계층화된 사회를 지지하는 논문을 썼을지라도, 머튼의 작업은 구조기능주의자들이라도 사회계층 같은 구조에 충분히 비판적일 수 있음을 알려 준다.

갈등이론

갈등이론은 적어도 부분적으로는 구조기능주의에 대한 반작용으로 일어난 발전으로 볼 수 있다. 그렇지만 갈등이론은 맑스주의 이론과 사회적 갈등에 대한 게오르크 짐멜(Georg Simmel)의 작업 등과 연결된 다른 뿌리를 가지고 있다는 사실에 유념해야 할 것이다. 1950년대와 1960년대에 갈등이론은 구조기능주의에 대한 하나의 대안으로 제시되었지만, 사실상 그 이전에 이미 여러 종류의 네오 맑시즘 이론들이 등장하고 있었다(제 5 장 참조). 실제로 갈등이론의 주요한 기여 중 하나는 미국사회에서 맑스의 저작에 더욱 충실한 이론들의 토대를 마련함으로써 많은 이들이 사회학에 매료되도록 했다는 점이다. 갈등이론의 근본적인 문제는 오히려 구조기능주의 뿌리로부터 그 스스로를 분리해 내지 못했다는 데 있다. 갈등이론은 진정한 사회비판이론이라기보다는 일종의 거꾸로 선 구조기능주의였다고 보는 것이 더 타당할 것이다. 갈등이론은 비록 많은 점에서 다르긴 하지만 구조기능주의의 경우와 마찬가지로 일정한 사회의 초상을 제시한다.

랄프 다렌도르프의 이론 작업

기능주의자들과 마찬가지로, 갈등이론가들은 사회구조와 제도에 대한 연구를 지향한다. 갈등이론은 흔히 기능주의적 입장과는 정반대되는 일련의 논점이라 할 수 있다. 이러한 반테제(antithesis)의 가장 대표적인 예가 갈등주의 이론과 기능주의 이론의 원칙들을 나란히 배열시킨 랄프 다렌도르프(Ralf Dahrendorf)의 연구이다.

▶ 기능주의자들에게 사회는 정적이거나 기껏해야 요동하는 균형 상태에 있다. 그러나 다렌도르프와 갈등이론가들에게 모든 사회는 모든 시점에서 변동 과정에 놓여 있다.
▶ 기능주의자들이 사회의 질서정연함을 강조하는 반면, 갈등이론가들은 사회체계의 모든 점에서 의견 차이와 갈등을 관찰한다.
▶ 기능주의자들(혹은 적어도 초기 기능주의자들)이 사회에서 모든 요소가 안정성에 기여한다고 주장한다면, 갈등이론의 대표자들은 분열과 변동에 기여하는 많은 사회 요소들을 관찰한다.
▶ 기능주의자들은 사회를 규범, 가치, 그리고 공통의 도덕에 의해 비공식적으로 결합되는 존재로서 보는 경향이 있다. 갈등이론가들은 사회에서 어떤 질서이든 상위자들에 의한 다수 성원의 강압으로부터 생겨난다고 믿는다. 기능주의자들이 공유하는 사회 가치들에 의해 생성되는 응집력에 초점을 맞추는 데 반하여, 갈등주의자들은 사회에서 질서를 유지하는 데 권력의 역할을 강조한다.

다렌도르프는 사회가 갈등(conflict)과 합의(consensus)라는 두 가지 얼굴을 가지고 있고, 그런고로 사회학 이론은 두 가지 구성부분—갈등이론과 합의이론(그 중의 한 예가 구조기능주의)—으로 분할되어야 한다는 입장의 주요한 옹호자이다. 합의이론가들이 사회에서 가치 통합을 고찰해야 한다면, 갈등이론가들은 이해관계의 갈등들과, 그리고 그런 알력에도 불구하고 사회를 결합시키는 강제력을 고찰해야 한다. 다렌도르프는 사회가 서로에게 선행조건이 되는 갈등과 합의 양자가 없이는 존재할 수 없다고 설파한다. 따라서 우리는 얼마쯤 사전 합의가 없는 한 갈등을 할 수 없다. 예를 들어, 프랑스인 주부는 칠레인 체스 경기자와는 접촉이 없기 때문에, 즉 갈등의 단초로서 필요한 사전 통합이 없기 때문에 그와 갈등할 경우가 거의 없다. 반대로 갈등은 합의와 통합을 이끌 수 있다. 제 2차 세계대전 이후에야 발전된 미국과 일본의 동맹은 한 예이다.

합의와 갈등 간의 상호관계에도 불구하고, 다렌도르프는 두 과정을 망라하는 단일 사회학 이론의 발전가능성에 대하여 비관적이었다. 다렌도르프는 단일 이론을 피하여 독립적인 사회갈등이론을 구성하려고 시도한다.

다렌도르프는 구조기능주의를 토대로 작업을 시작하였고 구조기능주의에 의해 크게 영향을 받았다. 그는 기능주의자들에게 있어 사회체계가 자발적인 협동이나 일반적인 합의에서, 혹은 둘 다에 의해 결합된다는 데 주목한다. 다른 한편 갈등이론가(혹은 강압이론가)들에게 있어서는 사회가 강제적 압박에 의해 결합되며, 따라서 사회에서 어떤 지위에는 다른 지위를 지배하는 권력과 권위가 위임되어 있다는 데 주목한다. 이러한 사회적 삶의 사실로부터 다렌도르프는 체계적인 사회갈등은 항상 권위의 차별적인 분배에 의해 야기된다는 그의 중심적인 논제를 끌어온다.

권   위

다렌도르프(사회 기능주의자들과 마찬가지로)는 거대한 사회구조에 집중하였다. 그의 논제의 중심은 사회 내부의 상이한 지위들(positions)은 다른 양의 권위를 가지고 있다는 생각이다. 권위는 개인에게 존재하지는 않으나 지위에는 존재한다. 다렌도르프는 이러한 지위들의 구조에 대해서 뿐만 아니라 그들 간의 갈등에 대해서도 관심을 가졌다. 이러한 갈등의 구조적 원천은 권위를 지닌 지위들과 그 권위에 복종해야 하는 지위들 간의 관계에까지 거슬러 올라간다. 갈등 분석의 첫번째 과제는 다렌도르프에게는 사회 내에서의 상이한 권위의 역할들을 규명해 내는 것이었다. 권위 역할의 체계들과 같은 대규모 구조들에 대한 연구를 천명하면서, 다렌도르프는 개인 수준에 초점을 맞추는 연구자들에 대해서도 반대하였다. 예를 들어, 그는 어느 특정한 지위에 종사하는 개인들에 대해 그들의 개인 심리적 혹은 행태적 특성들에 초점을 맞추는 연구자들에게 비판적이었다. 그는 그와 같은 접근을 채택하는 연구자들은 더 이상 사회학자가 아니라고 말하기까지 했다.

지위에 귀속되는 권위는 다렌도르프의 이론에서는 매우 중요하다. 권위는 항상 지배와 복종 양자를 함축한다. 권위의 지위를 차지하는 자들은 하위직들을 통제할 것이 기대된다. 즉 그들은 자신들의 심리적 특성 때문이 아니라 그들을 둘러싸고 있는 자들의 기대 때문에 지배한다. 권위와 마찬가지로 이러한 기대도 사람이 아니라 지위에 귀속된다. 권위는 일반화할 수 있는 사회현상이 아니다. 통제를 가할 수 있는 사람들과, 더불어 통제가 허용되는 범위 또한 각 사회에서 구체적으로 규정되기 때문이다. 마지막으로 권위는 정당하다고 여겨지기 때문에, 그에 불복하는 자들에게는 제재가 가해질 수 있다.

권위는 사람이 아니라 지위에 귀속된다고 보기 때문에, 다렌도르프에게 있어서 그것은 변치 않는 것이 아니다. 따라서 한 배경에서 권위를 가진 사람이 반드시 다른 배경에서도 권위의 지위를 차지하는 것은 아니다. 유사하게, 한 집단에서 하위직 지위에 있는 사람이 다른 집단에서는 상위직 지위에 있을 수 있다. 이것은 사회가 다렌도르프가 **강압적 조정단체**[1]라고 부른 일군의 단위들로 구성되어 있다는 그의 논거에 따른 것이다. 이들 단체는 권위적인 지위들의 위계체계에 의해 통제되고 있는 사람들의 단체로 보일 수 있다. 사회가 이와 같은 단체들을 다수 포함하는 까닭에, 개인은 한 단체에서는 권위의 지위에, 그리고 다른 단체에서는 하위직 지위에 종사할 수 있다.

각각의 조정단체 내에서 권위는 2분법적이다, 따라서 오로지 두 집단으로만 나뉘는 갈등집단들이 같은 단체 내에서 형성될 수 있다. 권위의 지위를 가진 자들과 복종의 지위를 가진 자들은 정반대의 이해관계를 가진다. 여기서 우리는 다렌도르프 갈등이론의 다른 핵심 용어인 **이해관계**[2]와 마주한다. 상부 집단과

---

1) **강압적 조정단체**(imperatively coordinated association) 권위 있는 지위의 위계에 의해 통제되는 사람들의 단체
2) **이해관계**(interests) 통상 인간 집단에서 공유되는 관심사.

하부 집단은 그들 각자의 공통의 관심사에 의해 규정된다. 다렌도르프는 매우 개
인 심리적인 사안처럼 보이는 이들의 이해관계조차 기본적으로는 대규모 거시현
상으로 이해해야 한다고 강조한다. 즉 이해관계는 사회적 지위에 연동되어 있고,
이 지위에 종사하는 개인들의 심리적 특성에 연동되어 있지 않다는 것이다.

　　모든 조정단체 내에서 하위직에 있는 자들은 변동을 추구하는 반면에, 지배
적 지위에 있는 자들은 현상유지를 추구한다. 어느 단체 내에서 이해관계의 갈
등이 적어도 언제든지 잠재적이라는 것은 권위의 정당성이 항상 불안정하다는
것을 의미한다. 이러한 이해관계의 갈등은 그것을 담지하고 있는 상위직 혹은
하위직의 사람들에게 반드시 명시적으로 의식될 필요는 없다. 상위직과 하위직
의 이해관계는 반드시 지위에 귀속되는 역할 기대에 반영된다는 점에서 객관적
이다. 개인은 이들 기대를 반드시 내면화해야 할 필요도 없고, 나아가 그러한
기대와 부응하게 행동한다고 해서 그를 언제나 의식하고 있다는 말은 아니다.
그들이 주어진 지위에 종사하려면, 그렇다면 그들은 기대된 예법에 따라 행동해
야 할 것이다. 개인이 상위직과 하위직 간의 갈등에 기여할 때는 그들은 언제나
그들의 역할에 순응하고 있거나 적응하고 있다. 다렌도르프는 이러한 무의식적
인 관심사를 **잠재적 이해관계**[1])라고 불렀다. **현시적 이해관계**[2])는 의식하게 된
잠재적 이해관계이다. 다렌도르프는 잠재적 이해관계와 현시적 이해관계 간의
연결에 대한 분석을 갈등이론의 주요한 과제라고 판단했다. 그럼에도 불구하고,
행위자들은 이해관계에 일치하게 행동하기 위하여 그들의 이해관계를 의식할
필요는 없다.

집단, 갈등 그리고 변동

　　다음으로 다렌도르프는 3가지 유형의 광의의 집단을 구분하였다. 첫 번째
유사집단[3])은 동일한 역할 이해관계(role interests)를 갖고 있는 지위에 종사하는

---

1) **잠재적 이해관계(latent interests)**　다렌도르프에게는 객관적인 역할 기대로 번역되는 무의식적
　인 이해관계.
2) **현시적 이해관계(manifest interests)**　사람들이 의식하게 된 잠재적 이해관계.
3) **유사집단(quasi group)**　동일한 역할의 이해관계를 갖고 있는 지위에 종사하는 일단의 개인들.

일단의 개인들이다. 이것은 두 번째 유형의 집단인 **이익집단**1)을 보충하는 텃밭
이다. 이익집단은 공통의 이해관계뿐만 아니라 구조, 목표, 그리고 인원을 갖추
고 있는, 그 용어의 사회학적 의미에서 진정한 집단이다. 이익집단은 집단갈등
에 관여하는 역량을 갖고 있다. 대다수 이익집단 중에서 갈등에 실제로 관여하
는 집단인 **갈등집단**2)이 출현한다.

　다렌도르프는 잠재적 이해관계와 현시적 이해관계, 유사집단, 이익집단, 그
리고 갈등집단의 개념들이 사회 갈등의 설명에 기초적인 것이라고 생각했다. 이
상적 상황에서라면 다른 변수는 불필요할 것이다. 그렇지만 조건이 결코 이상적
이지 않기 때문에 많은 다른 요소들이 이 과정에 끼어든다. 다렌도르프는 충분
한 인원과 같은 기술적 조건, 전반적인 정치적 분위기와 같은 정치적 조건, 그
리고 의사소통 연결통로의 존재와 같은 사회적 조건을 언급한다. 사람들이 유사
집단에 충원되는 방법은 다렌도르프에게는 중요한 또 다른 사회적 조건이었다.
그는 충원이 무작위적이고 우연히 결정된다면, 이익집단, 그리고 궁극적으로 갈
등집단이 출현할 가능성은 적을 것으로 생각했다. 맑스와는 대조적으로, 다렌도
르프는 **룸펜프롤레타리아**3)는 성원이 우연히 충원되기 때문에 갈등집단을 형성
하지 못할 것이라고 생각했다. 그렇지만 유사집단에의 충원이 구조적으로 결정
된다면, 이들 유사집단은 이익집단, 그리고 경우에 따라서는 갈등집단을 보충하
는 기름진 텃밭을 제공한다.

　다렌도르프 갈등이론의 결정적인 측면은 사회변동에 대한 갈등의 관계이다.
이 주제에 있어서 다렌도르프는 현상유지(ststus quo)에 대해 갈등이 갖는 기능적
측면을 부각시켰던 루이스 코저(Louis Coser) 작업의 중요성을 인정하였다. 그렇지
만 다렌도르프는 이러한 갈등의 보수적인 기능은 단지 사회 현실의 일부분일
뿐이고, 갈등이 변동과 발전의 원인이 된다고 생각했다.

　간단히 말하면, 다렌도르프는 일단 갈등집단이 출현하면, 이들 집단은 사회
구조의 변동을 이끌어내는 활동에 관여한다고 주장했다. 갈등이 격렬하다면 일

---

1) **이익집단(interest group)**　유사집단과는 같지 않으며, 공통의 이해관계뿐만 아니라 구조, 목표,
그리고 인원을 갖추고 있는, 그 용어의 사회학적 의미에서 진정한 집단. 이익집단은 집단갈
등에 관여하는 역량을 갖고 있다.
2) **갈등집단(conflict group)**　집단갈등에 실제로 관여하는 집단.
3) **룸펜프롤레타리아(lumpenproletariat)**　자본주의 체계에서 프롤레타리아보다도 하위에 있던 일
단의 무리.

어나는 변동은 급진적이다. 폭력이 동반된다면 구조적 변동은 돌발적일 것이다.
갈등의 본질이 무엇이든, 사회학자는 갈등과 현상유지 간의 관계와 마찬가지로
갈등과 변동 간의 관계에 대해서도 조율해야 한다. 달리 말하면, 사회학자는 이
러한 사회의 초상화에 내포된 다양한 요소들 간의 역동적인 관계에 민감해져야
한다. 따라서 이론적인 초상화가 반드시 정적인 초상화일 필요는 없다. 이러한
견해는 다음 절의 체계이론에서 더욱 명확해진다.

일반 체계이론

니클라스 루만(Niklas Luhmann: 1927-1998)은 사회학 영역에서 가장 탁월한 체계
이론가이다. 루만은 탈코트 파슨스(Talcott Parsons)의 구조기능주의의 요소와 일반
체계이론을 결합시킨 사회학적 연구법을 발전시켰으며, 그리고 인지생물학과 인
공두뇌학(Cybernetic)에 근거한 개념들을 소개하였다. 루만은 후기 파슨스의 견해들
이 생물체계와 인공두뇌체계에서의 최신 발견들을 반영하는 새로운 사회학적 연
구법의 기초를 형성할 만큼 충분히 복합적인 유일한 일반이론이라고 간주하였다.
그렇지만 그는 파슨스의 연구법에서 두 가지 문제가 있음을 파악하였다. 첫째로
자기준거(self-reference)를 위한 자리가 없다는 것이다. 루만에 따르면 자기 자신에
게 준거하는 사회의 능력은 우리가 사회를 체계로서 이해하는 데 중심적이다. 둘
째로 파슨스는 우연성(contingency)을 인정하지 않는다는 것이다. 그 결과 파슨스는
사회가 다르게도 존재할 수 있다는 것을 보지 못하였고, 그 때문에 현대사회를
있는 그대로 적절하게 분석할 수가 없었다. 파슨스의 작업으로부터 한 예를 든다
면, AGIL 도식은 사실로서 보아야 하는 것이 아니라, 그 대신에 하나의 가능성의
모델로서 보아야 한다. AGIL 도식은 적응의 하부체계와 목표성취의 하부체계가
다양한 방식으로 관련될 수 있음을 보여준다. 그런고로 분석의 목적은 왜 체계가
어느 정해진 시기에 이들 두 하부체계 사이에 특별한 관계를 생성했는가를 이해
하는 것이어야 한다. 루만은 자기준거를 체계의 중심적인 것으로 취하며 그리고

우연성에 초점을 맞추는, 즉 사물은 다를 수 있다는 사실에 기초한 이론을 발전시킴으로써 파슨스의 작업에서 이 두 가지 문제를 해결하고자 했다.

체계와 환경

루만이 체계와 관련하여 무엇을 의미하는지를 이해할 수 있는 핵심은 체계와 그것의 환경 간의 구분에서 찾을 수 있다. 기본적으로 이 둘 간의 차이는 복잡성(complexity)의 차이이다. 체계는 항상 그것의 환경보다는 낮은 수준의 복잡성을 갖는다. 예를 들어, 사업은 자동차 제조업체와 같이 매우 다른 유형의 사람들과 일정하게 변동하는 물리적 환경, 그리고 그 밖의 많은 다양한 체계들을 포함하는 고도로 복잡한 환경과 교류하는 체계라고 볼 수 있다. 하지만 이러한 환경의 복잡성은 체계 내에서 매우 단순화된 형식으로 표상된다. 자동차 제조업체가 원료(철강, 고무 등)를 필요로 할 때는 보통은 그것이 어디서 오며, 어떻게 생산되었는지, 그리고 원료공급지의 특징에 대해서는 신경을 쓰지 않는다. 이 모든 복잡성은 원료의 가격과 질에 대한 정보로 감소된다. 유사하게, 자동차 소비자의 모든 다양한 습성도 그들이 차를 사든 안사든 직접적으로 강한 영향을 미치는 정보로 감소된다.

복잡성을 단순화한다는 것은 선택이 강제된다는 것을 의미한다(자동차 제조업체는 원료가 어떻게 생산되었는지에 대해 신경을 쓰더라도 생산된 국가의 정치적 상황에 대해 주의를 기울이지 않을지도 모른다). 선택이 강제된다는 것은 항상 달리 선택될 수도 있다는 우연성을 의미한다(제조업체는 정치적 상황을 모니터할 수도 있다). 그리고 우연성은 위험(risk)을 의미한다. 만일 제조업체가 원료를 생산하는 국가의 정치적 상황을 모니터링하지 않는다면, 생산과정이 그러한 물질의 공급을 차단하는 폭도들에 의해 간단히 중단될지도 모른다.

체계는 언제나 그 환경만큼 복잡할 수는 없다. 환경만큼 복잡해지려고 하는 체계는 지도제작자에게 자기 왕국의 완벽한 정밀 지도를 제작하도록 명령한 보르헤스(Jorge Luis Borges)의 왕 이야기를 상기시킨다. 지도제작자가 완벽한 지도를 만들었다면, 그 지도는 그 왕국만큼 컸을 것이고, 그런고로 지도로서 사용할 수 없었을 것이다. 체계와 마찬가지로 지도도 복잡성을 감소시켜야 한다. 지도제작자는 어떤 지형이 중요한지를 선택해야 한다. 그런 식으로 선택이 우연적이기 때문에 동일한 지역에 대해서도 서로 다른 지도들이 만들어지게 되는 것이다. 이러한 선택은 항상 필요한 것이긴 하지만 위험을 수반한 것이기도 하다. 왜냐하면 지도제작자가 도외시한 것이 사용자에게는 정작 중요한 것일 수도 있기 때문이다. 그런데 이 점은 이 장에서 제공되는 모든 초상화(혹은 지도)에 적용된다; 그들 대부분은 어떤 사항을 강조하면서 불가피하게 다른 사항들을 도외시할 수밖에 없기 때문이다.

비록 체계들은 결코 그들의 환경만큼 복잡할 수는 없지만, 그들의 환경과 효과적으로 교류하기 위하여 새로운 하부체계들을 발생시키며, 이들 하부체계들 간에 다양한 관계들을 확립한다. 만약 체계들이 그렇게 하지 못한다면, 체계들은 그 환경의 복잡성에 의해 궤멸될 것이다. 예를 들어, 자동차 제조업체는 원료공급 국가의 정치적 상황에 대한 모니터링을 전담하는 국제업무 부서를 둘 수 있다. 이 새로운 부서는 원료 공급에서의 잠재적인 장애를 알려서 제조업의 유지에 대하여, 그리고 장애가 일어날 경우에는 대체 공급원의 발견에 대하여 책임을 질 것이다. 따라서 역설적으로 복잡성의 증가만이 복잡성을 감소시킬 수 있다.

아우토포이에(Autopoietic) 체계들

루만은 아우토포이에시스(auto=자기, poiesis=생산)에 대한 그의 생각으로 잘 알려져 있다. 이 개념은 생물학적 세포부터 전 세계사회에 이르기까지 다양한 체계들을 지시한다. 루만은 그 중에서도 특히 경제체계, 정치체계, 법체계, 과학체계, 그리고 관료주의와 같은 체계들을 지시하기 위하여 이 용어를 사용한다. **아우토포이에 체계**1)들은 다음과 같은 4가지 특성을 가지고 있다.

1. 아우토포이에 체계는 체계를 구성하는 기본요소들을 생산한다. 이것은 역

---

1) **아우토포이에 체계(autopoietic system)** 그 자신의 기본 요소들을 생산하고, 그 자신의 경계와 구조를 확립하는 체계들은 자기준거적이고, 그리고 닫혀 있다.

설적으로 보일 수 있다. 어떻게 체계가 그 자신의 요소들을, 즉 자신이 그
것들로부터 만들어진 것이면서 동시에 바로 그것들을 생산할 수 있는가?
현대 경제체계와 그 기본요소인 화폐를 생각해보라. 우리는 경제체계에서
사물들의 가치는 화폐로 환산하여 표시될 수 있기 때문에 화폐를 기본요소
라고 말하지만, 화폐 자체가 가치라고 말하기는 매우 어렵다. 그 자체로서
무슨 가치를 갖는가라는 화폐의 의미와 그것은 무엇을 위해 유용하게 쓰일
수 있는가라는 사항들은 그 화폐가 속해 있는 경제체계에 의해 결정된다.
화폐는 우리가 오늘날 그 용어를 이해하는 한에서 경제체계의 출현 이전에
는 존재하지 않았다. 화폐의 근대적 형식과 경제체계 양자는 함께 출현하
였고, 그리고 양자는 서로 의존적인 관계이다. 화폐 없는 근대 경제체계는
상상하기가 어렵다. 경제체계 없는 화폐는 한 장의 종이조각, 금속조각에
지나지 않는다.

2. 아우토포이에 체계들은 두 가지 방식에서 자기조직적(self-organizing)이다. 이
들 체계는 자기 자신의 경계를 조직하고, 그리고 자신의 내부 구조를 조직
한다. 이들 체계는 자기 자신의 경계를 체계에 속하는 것과 환경에 속하는
것을 구분하는 것에 의해 조직한다. 예를 들어, 경제체계는 결핍된 어떤 것
이든 계산에 넣으며, 경제체계의 일부분으로서 가격이 형성될 수 있는 어
떤 것이든 계산에 넣는다. 공기는 어디서든 풍부하게 공급되며, 그런고로
공기는 가격이 매겨지지 않으며, 경제체계의 일부분이 아니다. 그렇지만 공
기는 환경의 필수적인 부분이다. 무엇이 아우토포이에 체계의 내부에 속하
고 외부에 속하는지는 그 체계의 자기조직에 의해 결정된다. 그리고 구조
기능주의자들이 우리에게 믿게 하려 했던 것처럼 그 체계의 기능적 요건에
의해 결정되지는 않는다.

　다른 힘들이 아우토포이에 체계의 범위를 제한하고자 시도할 수 있다. 예
를 들어, 자본주의의 경제체계는 항상 성(sex)과 금지된 마약을 포함하기 위
하여 자신의 경계를 확장한다. 비록 정치체계가 경제적인 상품화로부터 성
과 금지된 마약을 보호할 목적에서 법률안을 통과시키더라도 그러한 확장
은 일어난다. 정치체계는 아예 그것들을 경제체계의 범위 밖에 두려고 하
겠지만, 실제로 일어나는 일은 그런 법률이 경제체계 내에서 성과 금지된

마약의 가격에 영향을 미칠 뿐이라는 사실이다. 그것들을 불법화한 것이 그들 가격을 상승시키며, 그 때문에 그것들의 매입을 방해한다. 그러나 경제체계 내에서는 매입을 방해하는 높은 가격이 오히려 판매를 조장한다. 다량의 화폐 거래가 성과 마약의 판매로부터 성사될 수 있는 한, 그것들은 경제체계 내에 남아 있게 마련이다. 그런고로 상품을 경제체계의 범위 밖에 두려하는 법률은 다만 경제체계 내에서 그것들의 가격이 매겨지는 방식에 영향을 미칠 뿐이다.

아우토포이에 체계는 그 경계 내에서 자신의 구조를 생산한다. 예를 들어, 화폐의 존재 때문에 시장이 비인격적인(impersonal) 방식으로 구조화되고, 은행이 화폐를 비축하고 빌려주기 위해 설립되며, 이자의 개념이 발달하는 등의 현상이 생겨난다. 만약 경제체계가 그 기본요소로서 화폐와 같이 추상적이고 휴대가 간편한 실재물을 갖지 못했더라면, 그 내부구조는 완전히 달랐을 것이다. 예를 들어, 경제가 화폐 대신에 물물교환에 기초했었다면, 은행도 이자의 개념도 존재하지 않았을 것이고, 그리고 재화가 사고 팔리는 시장은 완전히 다른 방식으로 구조화되었을 것이다,

3. 아우토포이에 체계들은 자기준거적이다. 예를 들어, 경제체계는 자기 자신을 준거하는 방식으로 가격을 이용한다. 변동하는 화폐적 가치를 기업의 주식에 부착시킴에 의해서, 증권시장은 경제체계 내에서 그 같은 자기준거의 좋은 예가 된다. 증권시장에서의 가격은 어떤 개인에 의해서 결정되는 것이 아니라 경제 그 자체에 의해 결정된다. 유사하게, 법체계는 법률이 어떻게 제정되고 적용되고 해석될 수 있는지 등에 대한 법률들, 즉 법체계 자신을 지시하는 법률들을 갖고 있다.

4. 아우토포이에 체계는 닫힌 체계이다. 이것은 체계와 그것의 환경 간에는 직접적인 연결이 없다는 것을 의미한다. 그 대신에 체계는 그 환경에 대해 갖는 자신의 표상과 교류한다. 예를 들어, 경제체계는 가정상 물질적 결핍과 사람들의 욕구에 반응한다. 그렇지만 그들 결핍과 욕구는 오로지 화폐에 의하여 표상될 수 있는 한에서 경제체계에 영향을 미친다. 그 결과로서 경제체계는 부자들의 물질적 결핍과 욕구에는 잘 반응하지만 빈자들의 결핍과 욕구에는 매우 빈약하게 반응한다.

다른 예로는 국세청(IRS)과 같은 관료주의가 있다. 국세청은 결코 자신의 고객과 실제로 교류하지는 않으며, 오직 고객의 표상들과만 거래한다. 납세자는 그들이 제출한 서식들과 그들에 대한 정리 보존된 서식들에 의해 표상된다. 실재하는 납세자는 오로지 관료주의 표상에 소요를 야기하는 것에 의해서만 관료주의에 영향을 미친다. (잘못 정리된 서식, 서로 모순되는 서식, 위조 서식을 가지고) 소요를 야기하는 고객들은 체계를 위협하는 까닭에 흔히 매우 거칠게 다루어진다.

비록 아우토포이에 체계는 그 환경과 직접 연결되지 않은 채 닫혀 있을지라도, 그 환경이 체계의 내적 표상들을 교란(disturb)하는 것을 허용할 수밖에 없다. 그와 같은 환경적 교란이 없다면 체계는 그것을 압도하는 환경적 힘에 의해 붕괴될 것이기 때문이다. 예를 들어, 증권시장에서 주식 시세는 매일 변동한다. 매일 매일 달라지는 기업의 주식 시세의 차이는 그 기업의 실제가치—즉 기업의 자산 혹은 이윤—와는 거의 관련이 없고, 모두 증권시장의 상태와 관련이 있다. 상장된 기업들의 상태는 똑같은 채로, 증권시장은 주식 시세가 실제가치보다 훨씬 더 높은 호경기(강세 시장)에 있을 수도 있다. 그렇지만 장기적으로 봐선 결국 주식시세가 상장된 기업들의 실제 상태를 반영할 필요가 있으며, 그렇지 않으면 그 체계는 붕괴할 것이다. 이것이 1929년의 증권시장 붕괴에서 일어났던 일이다. 주식 시세가 실재의 가치와 관련이 없었기 때문에, 그 체계는 위기의 상태에 이르렀던 것이다. 체계로서의 증권시장은 그것이 올바르게 작동하기 위해서는 자신의 환경의 일부분인 기업들의 실제 조건들에 의해 주기적으로 교란되어야 하는 것이다.

닫힌 사회체계는 그 일부분으로 보이는 개인들과는 별개이다. 루만에 따르면, 그런 사회체계에서 개인은 그 환경의 일부분이다. 다시 관료주의의 예를 든다면, 이것은 고객이 그 환경의 일부분일 뿐만 아니라 관료주의에서 일하는 사람들도 그러하다는 의미이다. 관료주의의 시각에서 보면, 거기서 일하는 사람은 복잡성과 예측불가능성의 외적인 원천이다. 닫힌 체계로 존재하기 위해서는 관료주의는 자기 직원들조차도 단순화된 방식으로 표상하는 방식을 찾아야 한다. 따라서 성숙한 인간 존재로서 보이는 대신에 어떤 직원은 관리자, 다른 직원은 회계사 등등으로 보인다. 실재의 온전한 인

간으로서의 직원은 관료주의에 오로지 그 관료주의 표상에 대한 교란으로
서만 영향을 미친다.

분   화

루만의 체계이론의 관점에서 보면, 현대 사회의 주요한 특징은 체계가 자신
의 환경의 복잡성과 관계하는 방식으로서 체계 분화가 강화된 과정이다. **분화**[1]
는 체계 내에서 체계와 환경 간의 차이를 복사하는 노력을 수반한다. 이것은 분
화된 체계 내에는 모든 하부체계에 공통적인 환경과 각각의 하부체계의 다른
내부 환경, 즉 두 가지 종류의 환경이 존재함을 의미한다. 예를 들어, 포드(Ford)
와 같은 자동차 제조업체는 제너럴 모터스(General Motors)와 다임러 크라이슬러
(Daimler Chrysler) 등 다른 제조업체들을 자신의 환경의 일부분으로서 고려한다. 포
드의 국제관계 부서(하부체계)도 제너럴 모터스와 크라이슬러를 자신의 밖에 있
는 것으로 그리고 자기 환경의 일부분으로 고려한다. 그렇지만 국제관계 부서는
포드 내에서(인사관계 부서와 같은) 다른 하부체계들을 국제관계부서의 밖에 있
는 것으로, 그런고로 자신의 환경의 일부분으로 관찰한다. 인사관계 부서와 같
은 다른 하부체계들은 전체로서 같은 조직체계에 속하기도 하지만, 국제관계 하
부체계의 환경이라는 측면, 즉 내부환경이라는 측면으로도 존재한다. 유사하게,
인사관계 하부체계는 다른 제조업체들을 자신의 환경의 일부분으로 고려하면서,
그에 덧붙여 다른 하부체계들 또한(이번에는 국제관계 하부체계를 포함하여) 자
신의 환경의 일부분으로 관찰한다. 그런 까닭에 하부체계 각각은 고도의 복잡성
과 역동적인 내부 환경을 만들어내는 체계의 내부 환경에 대해 서로 다른 관점
을 가진다.
체계 내에서의 분화는 그 환경에서의 변동과 관계하는 방식이다. 각각의 체
계는 그 환경에 관하여 자신의 경계를 유지하여야 한다. 그렇지 않으면 체계는
자신의 환경의 복잡성에 의해 압도되고 파괴되며, 그리고 존재하는 것을 중지할

---

1) **분화(differentiation)** 자신과 그 환경 간의 차이를 자기 자신 내에서 복사하는 체계.

것이다. 생존하기 위하여 체계는 환경의 변이와 교류할 수 있어야 한다. 실례를 들면, 대규모의 조직들은 보통 체계로서 주위 환경에서의 변화요인들(예를 들면 고객의 구체적인 요구들, 정치적 변동, 혹은 개인용 컴퓨터의 이용도와 같은 기술적 변동)에 느리게 적응한다는 사실은 잘 알려져 있다. 그렇지만 하여간 조직들은 발전하게 마련이다; 자신의 체계 안에서 새로운 분화를 만들어 냄으로써 진화하게 되는 것이다. 달리 말하면, 환경의 변동이 조직의 구조로 번역된다. 한 예로는 자동차 제조업체에 의해 새로운 부서가 작업장에서의 개인용 컴퓨터의 현존과 같은 새로운 상황과 교류하기 위하여 창설되는 것이다. 새로운 직원들이 고용될 것이고, 그들은 신기술을 다루도록 훈련될 것이며, 관리자가 선발될 것이며, 등등.

　각각의 하부체계가 다른 하부체계들과 상이한 관계를 맺을 수 있는 까닭에, 분화 과정은 체계의 복잡성을 증가시키는 수단이다. 환경에서의 변이에 반응하기 위하여 체계 내에는 더 많은 변이를 허용한다. 앞의 예를 들자면, 관료주의 체계의 여느 다른 부서와 마찬가지로 새로운 부서는 다른 부서들의 환경이다. 그러나 새로운 부서는 부서들 간의 새로운 관계와 추가적인 관계를 가능하게 하기 때문에 조직의 복잡성을 증가시킨다. 직원들의 컴퓨터를 정비하기 위해 창설된 새로운 부서는 컴퓨터 기술상의 진전된 변동에 더 잘 반응할 수 있을 것이고, 그리고 이 새로운 역량을 통합하도록 조직 전체를 더 잘 도울 수 있을 것이다. 게다가 새 부서는 현존하는 부서들 간에 중앙관리의 일반 회계를 도입하는 것이나 외판원들이 물품명세서에 직접 접근하는 것과 같은 새로운 관계들을 제공할 수 있다.

　분화에 의해 야기된 더 많은 변이는 환경에 더 잘 반응하는 것을 허용할 뿐만 아니라 더 빠른 진화를 허용한다. 진화[1]는 변이로부터의 선택 과정이다. 이용 가능한 변이가 더 많으면 많을수록 선택은 더욱더 좋아진다. 그렇지만 루만은 단지 소수의 내부 분화 형식만이 발전하였다고 주장한다. 그는 이러한 분화 형식들을 분절화(segmentation), 계층화, 중심-주변부, 그리고 기능적 분화라고 일컫는다. 이들 분화는 체계 내에서 체계와 환경 간의 분화를 반복함으로 인하여 체계의 복잡성을 증가시킨다. 이들 분화의 진화적 잠재력의 측면에서 보면,

---

1) 진화(evolution) 변이로부터 선택하는 과정.

이들 분화 형식은 변이를 생산하는 다른 능력을 가지고 있으며, 그런고로 진화과정에서 더 많은 선택을 제공한다. 분화의 형식들이 더 복잡성을 띨수록 체계의 진화를 가속화시키는 잠재력을 가지고 있다.

분절적 분화

분절적 분화[1]는 동일한 기능들을 충족시키기 위하여 욕구에 기초하여 몇 번이고 되풀이하여 체계의 부분들을 분할한다. 실례를 들면, 자동차 제조업체는 다수의 서로 다른 지역에 걸쳐 차를 생산하는 기능적으로 동일한 공장들을 가지고 있다. 모든 지역은 완전히 동일한 방식으로 조직되어 있다. 각각의 지역은 동일한 구조를 가지고 있으며 차 생산이라는 동일한 기능을 충족시킨다.

계층적 분화

계층적 분화[2]는 위계로서 표현된 체계 내에서의 계층이나 지위에 따른 수직적 분화이다. 모든 계층은 체계 내에서 특정한 별개의 기능을 충족시킨다. 자동차 회사에서 우리는 상이한 계층들을 찾아낸다. 새로운 국제관계 부서의 관리자는 그 부서의 위계 내에서 최고위층을 차지한다. 관리자는 그 부서의 조작을 지휘하기 위하여 권력을 사용하는 기능을 가지고 있다. 그 부서 내에서 더 낮은 계층의 다양한 직원들은 특수한 다양한 기능들(예, 문서처리)을 취급한다. 게다가 국제관계 부서의 관리자는 자동차 제조업체의 계층화된 체계 내에서 지위를 차지하고 있다. 기업의 장은 국제관계 부서의 관리자의 지위보다 더 높은 지위를 차지하며 그에게 명령을 내리는 지위에 있다.

분절적 분화에서 불평등은(차가 다른 지리적 지역보다 한 지역에서 더 많이 팔리는 것과 같은) 환경에서의 우연한 변이들로 인하여 생겨나지만 어떤 일관된 기능을 갖는 것은 아니다. 그에 반해 계층적 분화에서는 불평등은 체계에 본질적인 것이다. 더 정확히 말하면, 우리는 평등과 불평등의 교차를 관찰한다. 상이

---

1) **분절적 분화**(segmentary differentiation) 동일한 기능들을 반복적으로 충족시키기 위한 욕구에 기초한 체계 부분들의 분할.

2) **계층적 분화**(stratificatory differentiation) 위계로서 표현된 체계 내에서의 계층이나 지위에 따른 수직적 분화.

한 계층의 성원들은 불평등에 의해 구분되는 반면에, 동일한 계층의 모든 성원(예, 모든 문서처리원)은 기본적으로 평등하다. 더 높은 계층의 성원(예, 부서 관리자)은 자원에 더 많은 접근을 하고, 영향력 있는 의사소통의 의제를 더 능숙하게 다루는 능력을 갖는다. 그 결과로 계층화된 체계는 상위 계층 성원들의 복지에 더 많은 관심을 갖게 마련이고, 그들의 지위를 위협하는 한에서만 하위 계층 성원들에게 주의를 돌리게 된다. 그렇지만 두 계층은 상호 의존하며, 사회체계는 가장 낮은 계층을 포함하여 모든 계층이 각자 자신의 기능을 성공적으로 실현할 때만 생존할 수 있다.

하위 계층의 중요성과, 그리고 그 중요성에도 불구하고 영향력 있는 의사소통의 장에서 이들이 여전히 배제되는 일은 체계의 복잡성을 제한하는 구조적인 문제를 일으킨다. 체계를 지휘하는 자들이 가장 낮은 계층으로부터 너무 많은 성원을 이동시킨다면, 가장 낮은 계층의 중요한 기능들이 적절하게 수행되지 않기 때문에 체계는 붕괴로 향한다. 체계에 영향을 미치기 위하여 낮은 계층은 결국 투쟁에 의존하게 된다.

중심-주변부 분화

3번째 분화 유형인 **중심-주변부 분화**1)는 분절적 분화와 계층적 분화의 고리이다. 실례를 들면, 몇몇 자동차 회사들은 다른 국가들에다 공장들을 건설하고 있음에도 불구하고, 기업의 본부는 중심부에 남겨두며 주변부의 공장들을 지배하고 그리고 어느 정도까지는 조종한다.

기능체계들의 분화

기능적 분화2)는 가장 복합적인 분화 형식이며 현대 사회를 지배하는 형식이다. 체계 내의 모든 기능은 특정한 단위에서 전담한다. 실례를 들면, 자동차 제조업체는 생산부, 행정부, 총무부, 기획부 및 인사부와 같은 기능적으로 분화

---

1) **중심-주변부 분화**(center-periphery differentiation) 체계의 중심부와 그 주변적 요소들 간의 분화.
2) **기능적 분화**(functional differentiation) 가장 복합적인 분화 형식이며 현대 사회를 지배하는 형식, 체계 내부의 모든 기능은 특정한 단위에서 전담하는 것이다.

된 부서들을 거느리고 있다.

기능적 분화는 계층적 분화보다 더 유연하다. 그러나 한 체계가 자신의 과업을 충족시키지 못한다면 전체 체계는 생존하는 데 몹시 힘이 들 것이다. 각각의 단위가 자신의 기능을 충족시키는 한에서 상이한 단위들은 높은 정도의 독립성을 유지할 수 있다. 실제로 기능적으로 분화된 체계들은 상호의존성과 독립성의 복합적인 혼합물이다. 실례를 들면, 기획부는 비록 경제적 자료에 대해서는 총무부에 의존하지만, 계산이 정확한 한에서 회계사가 정확하게 어떻게 자료를 생산하는지에 대해서는 깨끗이 모를 수 있다.

이것은 분화 형식들 간의 차이 그 이상을 지시한다. 분절적 분화의 경우에는, 한 부분이 그 기능을 충족시키지 못한다고 해서(예로서, 자동차 제조업체 공장들 중 하나가 노동자 파업 때문에 차를 생산할 수 없다 해도), 그것이 그 체계를 위협하지는 않는다. 그렇지만 기능적 분화와 같이 더 복합적인 분화 형식의 경우에는, 실패가 사회체계에 문제를 일으킬 것이고, 어쩌면 체계의 붕괴로 이끌어질 것이다. 한편으로는 복잡성의 증가는 자신의 환경과 교류하는 체계의 능력을 증가시킨다. 그러나 다른 한편으로는 기능이 올바르게 충족되지 못한다면 복잡성은 체계 붕괴의 위험을 증가시킨다.

대개의 경우 이러한 취약성의 증가는 서로 다른 하부체계들 간의 가능한 관계들이 증가함에 따라 지불하지 않으면 안 되는 대가이다. 하부체계들 간에 가능한 관계 유형이 많아진다는 것은 환경에서의 변동에 대한 구조적 반응의 선별에 이용하는 변이가 더 많아진다는 것을 의미한다. 분절적 체계에서, 다른 하부체계들 간의 관계는 구조적으로 다르지 않다. 예를 들어, 어떤 두 공장이 서로와 맺는 관계는 모두 기본적으로 동일한 것이다. 계층화된 체계에서, 계층 간의 관계는 계층 내에서의 관계와는 기본적으로 다른 것이다. 예를 들어, 한 공장이 본부와 가지는 관계는 그것이 다른 공장과 가지는 관계와는 다르다. 기능적으로 분화된 체계에서는 상이한 관계들이 배가된다. 총무부서와 생산부서는 총무부서와 기술개발부서 간의 관계와는 서로 다른 관계를 맺으며, 또한 이 관계는 생산 부서와 기술개발부서 간의 관계와도 다르다. 기능적 분화는 자동차 제조업체에 최고의 유연성을 준다. 따라서 기술진보가 경제적 수익의 기회들을 제공하는 환경에서는, 기업이 기술개발부서에 의해 이끌어질 수 있다. 그러나

경제적 수익이 동일한 옛날 기술을 반복하는 것에서, 즉 단지 싼 것에서 찾아지
는 환경에서는, 기업이 총무부서에 의해 이끌어질 수 있다.

우리는 더 복잡한 분화형식이 덜 복잡한 분화형식을 배제하지 않는다는 사
실에 주목한다. 그리고 실제로 더 복잡한 분화형식이 덜 복잡한 분화 형식을 요
구할 수 있다. 예를 들어, 자동차 제조업체는 계층화되어 있으나 여전히 분절적
형식인 개별 공장들을 포함하고 있다. 우리는 통상 현대사회의 지배적인 분화유
형을 서술하기 위하여 흔히 기능적으로 분화된 체계들에 대해서만 말하기 때문
에, 이 점은 중요하다; 그럼에도 불구하고 다른 분화형식들도 지속적으로 존재
하기 때문이다.

코   드

코드[1]는 한 체계의 요소들을 그 체계에 속하지 않는 요소들로부터 구분하
는 방식이다. 코드는 기능체계의 기초적인 언어이다. 실례를 들면, 코드는 과학
체계에서는 진리(대 비진리), 경제체계에서는 지불(대 비지불), 그리고 법체계에
서는 합법(대 불법) 등을 가리킨다. 특정한 코드를 사용하는 모든 의사소통은 그
코드의 준거가 사용되고 있는 체계의 일부분이다.

코드는 허용되는 의사소통의 종류를 제한하는 데 사용된다. 특정하게 정해
진 코드를 사용하지 않는 모든 의사소통은 해당 체계에 속하는 의사소통이 아
니다. 따라서 과학체계 내에서 우리는 언제나 진리의 코드에 준거하는 의사소통
만을 찾을 수 있다. 실례를 들면, 미국 항공우주국(NASA)의 국장과 미국 국립보
건원(NIH)의 원장이 존 글렌(John Glenn)과 1998년 우주비행에서 그의 노화와 관
련한 사실에 대해 토론하기 위하여 만났다면, 그 사건은 진리 혹은 비진리의 코
드를 사용하는 과학체계의 일부분이다. 동일한 두 사람이 그 우주비행에서 수행
된 연구의 어느 부분에 대해 누가 얼마나 지불할 것인가를 토의하기 위하여 만
났다면, 그 사건은 지불 혹은 비지불의 코드를 사용하는 경제체계 내에 속한 것
이다.

루만의 체계이론에서는 어떤 체계도 다른 체계의 코드를 사용하거나 이해

1) 코드(code) 체계의 요소들을 체계에 속하지 않는 요소들로부터 구분하는 방식, 기능 체계의
   기본적인 언어.

하지 못한다. 한 체계의 코드를 다른 체계의 코드로 번역하는 방법은 없다. 체계들은 닫혀 있기 때문에, (만일 어떤 일어난 사건이 그 체계에 의해 인지될 만큼 충분히 소음(noise)을 발생시킨다면) 체계들은 오직 그 환경에서 일어난 것들에 대해서만 반응할 수 있다. 그러나 체계는 자신의 코드와 관련되는 한도 내에서만 환경에서의 그 소음에 대해 기술할 수 있다. 이것은 무엇이 일어났는지를 이해하는 유일한 방식이며 그것에 의미를 부여하는 유일한 방식이다. 예를 들어, 경제체계는 과학체계를 오로지 돈을 벌거나(미래의 지불을 가능하게 하거나) 혹은 투자를 요구하는(갚게 될 수 있기 전에 가조인한 지불을 요구하는) 차원에서만 관찰하게 된다.

거시 사회적 질서의 페미니즘 개요:
집필자 - 패트리시아 마두 랭어만과 질 니브루게

거시 사회적 질서에 관한 페미니즘 사회학의 관점은 사회적 현실에 대한 행위자의 지각에 미치는 사회 구조와 이데올로기의 영향을 강조한다. 페미니즘 사회학은 마르크스주의의 경제적 생산 개념을 보다 일반적인 사회적 생산(social production) 개념, 즉 인간의 모든 사회적 삶의 생산 개념으로 확장하는 데서 출발한다. 시장을 위한 재화의 생산과 마찬가지로, 페미니즘 연구자에게 있어서 사회적 생산은 다음과 같은 사회적 질서들을 포함한다. 가구에 필수적인 재화와 서비스를 생산하는 가사, 인간 욕망을 형태화하고 만족시키는 섹슈얼리티, 인간의 감정적 욕구로서의 수용, 인정, 애정, 자존 등을 형태화하고 만족시키는 친밀성, 공동체의 규칙과 법을 만들어 내는 국가와 종교, 특정한 상황에 대한 제도화된 공식적 정의를 제공하는 정치, 대중매체, 학문적 담화 등.

이렇게 틀이 잡히고 확장된 결과, 사회조직에 관한 페미니즘 이론에서도 마르크스주의적 사회관계 모델은 여전히 선명하게 남아 있다. 사회적 생산의 다양한 유형들은 몇몇 행위자들이 결정적인 자원을 통제하면서 생산조건을 지시하

고 그로부터 이윤을 취하는 지배자 혹은 주인으로 행위 할 수 있도록 하는 사
회적 질서에 기반을 두고 있다. 각 생산영역 내부에서 생산은 피지배자 혹은 노
예의 노동에 의존하는데, 이들의 에너지는 세계를 그 주인에 의해 질서 지어진
대로 존재하게 하고, 이들에 대한 착취는 그들의 노동에 대한 보상과 만족을 부
인하게 한다. 페미니즘 이론을 통해서 우리는 생산의 핵심에 놓여 있는 주인과
노예간의 긴밀한 결합과, 인간의 사회적 삶에 필요한 모든 것을 창조하고 유지
하는 데 있어서의 노예 노동이 필수불가결성을 마르크스주의 이론에서보다 더
선명하게 보게 된다. 긴밀한 착취 관계에서, 지배는 피지배자에 대한 긍정적 감
정과 차별적 의도를 결합시킴에 따라, 강압이 아닌 가부장적 온정주의(paternalism)
로 보일 수 있다. 가부장적 온정주의는 양측에 대해 가면을 쓰지만 지배와 복종
의 관계를 변형시키지는 않는다. 사회적 생산은 계급, 젠더, 인종, 섹스, 권력, 지
식을 조직하여 긴밀하게 연결된 주인과 노동자의 중첩된 위계로 만들어내는 지
배와 착취의 다차원적 구조를 통해 이루어진다.

페미니즘 이론과 계층화

사회적 생산의 계층화에 대한 페미니즘적 모델은, 사회가 분리된 제도들의
체계로 구성되어 있고 상호 연계된 역할들로 특징지어진다는 구조기능주의의
관점에 대한 직접적인 비판을 제공한다. 페미니즘 이론은 이러한 사회상은 결코
일반화될 수 없으며 백인, 남성, 상류계급, 성인 등의 사회 지배자의 경험과 우
위적 지위(vantage point)를 묘사하는 것이라고 주장한다. 페미니즘 연구는 여성 및
다른 비지배자들(nondominants)이 사회적 삶을 구획된 역할들 사이의 움직임으로
경험하지 않는다는 것을 보여 준다. 그 대신 그들은 역할들 간의 균형, 역할과
연관된 이해관계와 지향성의 병합, 나아가 이 병합의 결과로서의 사회적 제도들
의 직조에 관련되어 있다. 사실, 지배집단의 한 구성원이 역할 행동에 있어서
이런 종류의 의도적인 구획화를 할 수 있다는 것 자체가 생산 상황에 대한 지
배집단의 통제를 나타내는 한 가지 지표가 될 수 있으며, 상황에 대한 그들의

통제를 재생산하도록 하는 조건이 된다. 그러나 페미니즘 사회학은 이 조건이 그들 자신의 삶과 행동을 구획화할 수 없는 행위자들의 종속적 서비스 제공에 의존한다는 점을 강조한다. 사실, 이들 종속적 행위자들이 유사하게 구획화 할 수 있게 된다면 복잡한 산업사회의 생산체제 전체가 아마 붕괴할 것이다. 구조기능적 모델과는 대조적으로 페미니즘 모델은 여성의 역할-병합(role-merging) 경험이 일상생활이라는 올이 고운 직물(fine-grained texture) 직조를 수행하는 다른 많은 종속적 노예집단의 경험으로 일반화될 수 있을 것이라고 강조한다. 종속적 집단들이 사회적 삶을 조직하고 있다는 이러한 이해 자체가 구조기능적 이론에서 묘사된 것과 매우 다를 수 있다. 심지어 주요 제도영역들에 대한 정의도 다를 수 있다. 그러나 그들(종속적 노예집단)의 우위적 지위는 지금 현재 조직화된 그대로의 사회에 필수적인 상황들로부터, 그리고 제도적으로 구획화된 세계라는 주인의 안정감을 가능하게 하는 노동으로부터 만들어진다.

　　나아가 페미니즘은 사회적 지배구조에 있어서 이데올로기적 지배의 중심성을 강조한다. **이데올로기**[1]는 공적 지식으로서 제도화되고 사회 전반에 걸쳐 효과적으로 확산되어서 모든 사회집단에서 당연한 지식으로 여겨지는 현실과 사회적 삶에 대한 신념의 그물망이다. 따라서 페미니즘 연구자들에게 있어 사회적 현실에 관한 공적 지식이란 합의에 의해 도출된 사회적 산물로서의 대표 문화라기보다는 사회의 지배자의 이해와 경험의 반영이며 그들의 사회적 권력의 중요한 지표이다. 이런 관점이 전통적 마르크스적 분석과 구분되는 것은, 페미니즘 연구자에게 있어서는 이데올로기적 통제가 지배의 기본과정이며 담론과 지식의 위계적 통제가 사회적 지배의 핵심적 요소라는 점이 강조된다는 데 있다.

젠더 억압

　　거시사회적 질서에 대한 페미니즘적 관심의 핵심은 젠더 억압의 거시구조적 형태화이다. 페미니즘 이론가들은 여성의 몸이 사회적 생산과 재생산의 필수

---

1) **이데올로기(ideology)** 공적 지식으로서 제도화되고 사회 전반에 걸쳐 효과적으로 확산되어서 모든 사회집단에서 당연한 지식으로 여겨지는 현실과 사회적 삶에 대한 신념의 그물망.

적 자원이며 따라서 착취와 지배의 장소가 된다고 주장한다. 젠더 억압은 남성의 이해와 경험을 반영하는 제도화된 지식의 이데올로기 체제에 의해 재생산된다. 다른 무엇보다도 이 젠더 이데올로기는 남성을 사회문화적 권위의 담지자로 규정하고 남성의 역할에는 지배할 권리를, 여성의 역할에는 사회적 생산의 모든 차원에서 봉사할 의무를 부과한다. 젠더 이데올로기는 여성을 남성 욕구의 대상으로 구성하는데, 이때 여성의 사회적 가치는 적합하게 주형된 육체라는 구성물에 의해 규정된다. 젠더 이데올로기는 또한 ① 여성의 생산활동 중 어떤 것들을 사소한 것으로 치부함으로써(예를 들어 가사노동), ② 특정 활동들을 이상화함으로써(예를 들어 모성적 육아), ③ 특정한 주요 노동을 비가시화함으로써(예를 들어 시장 재화의 생산에 있어서 여성의 다중적이고 활발한 공헌) 여성의 생산활동을 체계적으로 과소평가하고 왜곡한다. 이러한 이데올로기적 과정들은 모든 사회적 종속의 거시구조적 생산에까지 일반화될 수도 있다.

　　자본주의와 가부장제는 분석적으로는 분리된 지배 형태이지만, 다양한 방식으로 서로 강화한다. 예를 들어서 생산을 공적 영역과 사적 영역으로 조직하는 것과 그 영역들에 젠더성을 부여하는 것은 이 두 지배 체제에 모두 유리하게 작용한다. 자본주의는 사적 영역에서의 여성 노동이 자본에게 비용을 부과하지 않고 노동자를 생산해 준다는 점에서 혜택을 본다. 나아가, 사적 영역에 대한 책임을 근거로 여성을 저임 노동을 위한 주변적이지만 항상 포섭가능한 자원으로 만들어 전반적으로 임금을 낮춘다. 동시에 가부장제는 여성 노동자에 대한 착취가 여성의 남성에 대한 의존성을 유지할 수 있게 한다는 점에서 혜택을 본다. 여성의 공적 영역 진입의 어려움 때문에 좋은 일자리가 있으면 우선적으로 남성에게 돌아 간다. 여성이 겪는 직장에서의 성희롱과 갈등 상황의 경험은 우연적이거나 사소한 미시적 사건이 아니라 가부장제가 자본의 경계를 지키도록 돕고 있는 권력 관계의 사례들이다. 이 분리는 공과 사의 성별화(gendering)뿐 아니라 "인종화"(race-ing)와 "연령화"(age-ing)에 의해 더욱 복잡해진다.

◆ 요   약

1. 구조기능주의는 사회의 구조들과 그들 상호간의 기능적 의미(긍정적이고 부정적인 결과들)에 집중하는 이론이다.

2. 구조기능주의의 한 형태는 전체사회적 기능주의(societal functionalism)인데, 그것은 거시적인 사회구조들과 사회제도들, 그들간의 상호관계, 그리고 이러한 구조가 행위자에 미치는 규제적 효과에 주목한다.

3. 구조기능주의자들에게, 계층화는 기능적으로 필요하다. 모든 사회는 그러한 체계를 필요로 한다. 이러한 필요에 의해 계층화의 체계가 존재하게 된다. 계층화 체계는 사회차원의 구조를 말하는데, 그 구조란 계층화 체계에서의 개인들이 아니라 지위들의 체계(노동자 또는 관리인과 같은 직업들)를 말한다.

4. 계층화 체계 내에서 결정적으로 중요한 고위직을 점하기 위해 필요한 것을 행하기 위해 사람들에게는 높은 보상이 주어져야 한다.

5. 기능주의적 계층화이론은 많은 공격을 받아 왔다. 핵심은 커다란 이익을 제공하는 것 말고도 사람들에게 어떤 행위를 하도록 동기부여하는 방법들이 존재한다는 것이다.

6. 파슨스는 모든 체계는 네 가지 기능적 필수요건을 갖추어야 한다고 말한다. 이는 적응, 목표달성, 통합, 그리고 유형유지(또는 잠재성)이다.

7. 네 가지 행위 체계란, 문화체계, 사회체계, 인성체계, 그리고 행동하는 유기체다.

8. 로버트 머튼은 보다 정밀한 구조기능주의를 발전시켰는데, 여기에는 기능만이 아니라 역기능, 무기능, 순이익, 기능 분석의 수준, 잠재적 또는 현재적 기능, 예기치 않았던 결과 등의 개념이 포함된다.

9. 갈등이론은 구조기능주의와 관련하여 발전하였으며, (균형보다는) 변동, (질서보다는) 이견과 갈등, (통합보다는) 분열에 기여하는 힘, 그리고 (규범과 가치보다는) 사회를 결합시키는 강압에 초점을 맞추는 등 많은 점에서 구조기능주의의 거울상이다.

10. 다렌도르프의 초점은 항상 지배관계와 복종관계를 함축하는 권위에 맞추어져 있었다. 권위의 지위가 발견되는 조직은 강압적 조정단체라고 불린다.

11. 이러한 단체들 내의 집단들은 그들의 이해관계에 의해 정의된다. 상위직 집단과 하위직 집단 각각은 공통의 이해관심을 가진다.

12. 3가지 유형의 집단은 강압적 조정단체 내에서, 특히 하위직 지위에 있는 자들에서 형성된다. 유사집단은 동일한 역할 이해관계를 갖는 지위에 종사하는 일단의 개인들이다. 이들은 집단갈등에 관여하는 역량을 갖고 있는 이익집단을 충원하는 텃밭이다. 대다수의 이익집단들로부터 갈등집단이 발생하며, 갈등집단은 실제로 갈등에 관여하는 집단이다.

13. 갈등은 변동을 이끌어내는 역량을 가지고 있다.

14. 루만의 체계와 환경 간의 구분을 이해할 수 있는 핵심은 체계는 항상 환경보다 낮은 복잡성을 갖는다는 사실이다.

15. 비록 체계가 결코 그 환경만큼 복잡할 수는 없지만 환경 및 그 환경의 복잡성과 교류하기 위하여 새로운 하부체계들과 이 하부체계들 간의 관계를 발생시킨다.

16. 아우토포이에 체계는 몇 가지 기본적인 특성을 가진다. 이들 체계는 자신을 구성하는 요소들을 생산하며, 이들은 경계와 내부구조에 관하여 자기조직적이고, 이들은 자기준거적이며, 그리고 이들은 닫혀있다.

17. 분화는 체계 내에서 자신과 환경의 차이를 복사하는 작용력이다. 이것이 복잡성의 증가로 이끈다.

18. 4가지 분화유형으로는 분절적 분화, 계층적 분화, 중심-주변부 분화, 그리고 기능적 분화가 있다.

19. 기능적 분화는 가장 복합적인 형식이며, 사회를 지배하는 형식이다.

20. 코드는 체계의 요소들을 그것에 속하지 않는 요소들로부터 구분하는 것을 가능케 하는 언어이다.

21. 거시 사회질서를 보는 페미니스트 관점은 사회구조와 이데올로기가 공히 행위자에 가하는 임펙트를 강조한다.

22. 페미니스트들은 계층화 체계를 기능적 측면에서 보기보다는 이 체계가 하위집단으로서 여성에게 미치는 부정적 효과를 강조한다.

23. 자본주의, 가부장제, 그리고 이데올로기는 상호작용하여 젠더 억압으로 특징지어지는 사회구조를 창조한다.

◆ 추천도서

Mark Abrahamson, *Functionalism*, Englewood Cliffs, NJ: Prentice Hall, 1978. 구조기능주의에 대한 간략한 소개.

Melvin Tumin, "Some Principles of Stratification: A Critical Analysis," *American Sociological Theory* 18, 1953, pp. 387-394. 구조기능주의적 계층론에 대한 고전적 비판.

Victor Lidz, "Talcott Parsons," in George Ritzer, ed., *The Blackwell Companion to Major Social Theorists*, Malden, MA, and Oxford, England: Blackwell, 2000, pp. 388-431. 탈코트 파슨스의 제자가 스승의 생애와 사상에 대해 최근 행한 개관.

Piotr Sztompka, *Robert K. Merton: An Intellectual profile*, London and New York: Macmillan and St. Martin's Press, 1986. 머튼의 생애와 사상에 대한 소개.

Piotr Sztompka, "Robert Merton," in George Ritzer, ed., *The Blackwell Companion to Major Social Theorists*, Malden, MA, and Oxford, England: Blackwell, 2000, pp. 435-456. 머튼의 사회학 이론에 대한 최근의 소개.

Randall Collins, *Conflict Sociology: Toward an Explanatory Science*, New York: Academic Preee, 1975. 갈등이론에 대해 미시적 지향에 선 연구.

Ewis Coser, *The Functions of Social Conflict*, New York: Free Press. 갈등이론과 구조기능주의를 통합하는 고전적 연구.

Niklas Luhmann, "Modern Systems Theory and the Theory of Society," in V. Meja, d. Misgeld, and N. Stehr, eds., *Modern German Sociolgy*, New York: Columbia University Press, 1987, pp. 173-186. 루만 체계이론의 기본적인 내용을 알기 쉽게 소개한 연구.

Mary Rogers, ed., *Contemporary Feminist Theory: A text/Reader*, New York: McGraw Hill, 1998. 거시적 질서에 대한 페미니스트 시각을 포함하여, 페미니스트 이론의 다양한 측면을 다루는 흥미로운 책.

제 **5** 장

현대의

거 대

이론들

return

네오 맑시즘 이론: 문화산업의 출현과 포디즘으로부터 포스트포디즘으로의 이행
    비판이론과 문화산업의 출현
        핵심 개념: 지식산업
    포디즘으로부터 포스트포디즘으로의 이행
        핵심 개념: 근대적 세계체계

미시-거시 분석: 문명화 과정
    문명화 과정의 사례들
        생애의 삽화: 노베르트 엘리아스
    변동을 설명하기: 종속 사슬의 연장
        사례 연구: 여우 사냥
        핵심 개념: 결합태

근대성을 분석하기: 생활세계의 식민화
    생활세계, 체계, 그리고 식민화
    체계의 합리화와 생활세계
        생애의 삽화: 위르겐 하버마스

근대성을 분석하기: 근대성의 쟈거노트와 위험사회
    쟈거노트
    공간과 시간
        생애의 삽화: 안소니 기든스
    성 찰 성
    불안전과 위험

근대성을 분석하기: 사회의 맥도날드화
    맥도날드화의 차원들
        생애의 삽화: 조지 리처
    팽창주의
        핵심 개념: 지구화

요   약
추천도서

인류역사는 거대한 소용돌이에 대해 생각해 보는 일이 단지 고전주의 이론가들에서 멈춘 것은 아니었다; 현대 사상가들도 그러한 조망을 계속 제시해 왔다. 이 장에서는 현대의 주요 거대 이론들을 개괄적으로 살펴본다.

네오 맑시즘 이론:
문화산업의 출현과 포디즘으로부터 포스트포디즘으로의 이행

많은 이론가들이 맑스를 추종하였으며, 그의 이론은 오랜 세월 동안 다양한 방향에서 채택되었다. 현재 다수의 네오 맑시즘 이론이 존재한다. 이 장에서는 그러한 이론 중 가장 중요한 두 개의 이론을 다루며, 거대 이론(grand theories)은 이들과 연관되어 있다. 모든 네오 맑시즘이론이 거대담론을 제공하는 것은 아니지만, 일부는 역사의 도도한 흐름을 기술한다는 의미에서 맑스를 계승하고 있다.

비판이론(Critical Theory)과 문화산업의 출현

비판이론은 1923년 독일의 프랑크푸르트에 소재한 사회조사연구소에서 탄생하였다. 그러나 1930년대에 나치에 의해 연구소가 점령되자, 연구소의 이론가들은 국외로 탈주하였다. 그들 대부분은 미국으로 이주하였으며, 따라서 비판이론의 가장 중요한 개념의 대부분은 미국에서 구성되었다. 제 2 차 세계대전의 종결되자, 대부분의 이론가들은 차례로 독일로 돌아왔다.

이름이 암시하듯 비판이론가들은 사회적(그리고 지적인) 비판가들이다. 이러한 점에서 이들은 자본주의의 비판가였던 맑스를 뒤따랐다. 맑스가 살았던 시대에는 경제가 그 무엇보다 중요한 것이었으므로 그의 작업은 경제에 초점을 맞추었다. 그러나 비판이론은 20세기 초반기에 혹은 맑스의 자본론과 비판이론 학파의 전성기 사이에 자본주의는 엄청난 변화를 겪고 있었다는 생각에서 출발한다. 이 기간 동안 사회의 가장 중요한 모습은 경제로부터 문화로 이행하는 과정에 놓여 있었다. 사람들은 점차 경제보다는 문화에 의해서 통제되는 것처럼 보였다. 따라서 비판이론학파는 자신들의 비판적 시선을(맑스와 다수의 맑스 추종자들이 오늘날까지 집중하고 있는) 경제가 아닌 문화에 주목해야만 했다.

　　맑스 스스로와 직접적으로 맑스를 추종하는 사람들은 국가와 마찬가지로 문화를 경제적 **토대**1) 위에 구축된 **상부구조**2)로 이해하는 경향이 있었다. 달리 표현하면 경제는 가장 중요한 것이며, 사회의 다른 어떤 것도 경제에 기초한다. 자본주의 경제는 매우 강력한 것으로 간주되었으며, 이는 문화와 국가를 규정하며 통제하는 핵심적인 역할을 수행하였다. 문화와 국가는 자신들의 경제적 이해를 촉진시키기 위해서 자본가들에 의해 조작되는 기제로 간주되곤 하였다. 비판이론가들이 논증하는 것은 문화를 이끌고 통제하는 사람들뿐 아니라 문화 자체도 자본가로부터 독립된 유의미한 자율성을 획득했다는 점이다. 바로 이 점에서, 그리고 문화산업에 대한 그들의 강조에서, 비판이론가들은 그들 이전의 대다수 맑스주의 이론가들로부터 급진적으로 다른 입장을 취하여 왔다.

문　　화

　　가장 일반적인 수준에서 비판이론가들은 이들이 **문화산업**3)이라고 명명하는 것에 지대한 관심을 기울였는데, 이는 일반적 수준에서 사회에 대한 점증하는 문화의 지배와 특수한 수준에서 문화의 개인에 대한 지배를 포함하는 것이었다. 비판이론가는 대중문화라 불리는 것의 상승에 민감한 반응을 보였다. 그 당시에 대중에 대한 문화의 중요한 보급자는 신문, 잡지, 그리고 상대적으로 새

---

1) **토대(base)**　맑스에게 경제는 결정적이진 않지만 사회의 다른 모든 특성을 조건짓는다.
2) **상부구조(superstructer)**　맑스에게 국가나 문화와 같은 부차적 사회현상은 이들을 규정하는 경제적 토대위에서 구축된다. 극단적으로 말해서 경제는 상부구조를 결정한다.
3) **문화산업(culture industry)**　비판이론가들에게 영화와 라디오와 같은 산업은 문화가 경제보다는 사회에 보다 더 중요한 요소가 되는 데 기여한다.

로운 영화와 라디오 방송국이었다. 이러한 문화는 오늘날까지 그 중요성이 지속되고 있으나, 현재 우리는 TV와 인터넷처럼 보다 새롭고, 더욱 강력한 대중문화의 보급자를 보유하고 있다. 비판이론가들이 자신들이 활동하던 시기에 문화산업에 관심을 가졌던 것도 당연하지만, 오늘날에는 그러한 관심을 갖게 되는 보다 많은 이유가 있다.

왜 비판이론가들이 문화에 지대한 관심을 기울였을까? 한 가지 이유는 문화의 영향이 노동의 영향보다 훨씬 크다는 점이다. 노동은 사람들이 일을 하는 동안에 심대한 영향을 미치지만, 문화의 영향은 일주일 내내, 하루 종일 감지된다. 또 다른 이유는 문화의 영향이 보다 더 은근하게 진행된다는 점이다—문화는 차츰 사람들의 의식에 영향을 미치며, 이들이 사고하고, 느끼고, 행동하는 방식을 변화시킨다. 셋째, 노동을 할 때 사람들은 자신들이 지배당하고 있다는 것을 알고 있다. 이는 사람들이 명령을 수행하거나 컨베이어 벨트처럼 기술에 의한 특정한 작업을 반복적으로 수행할 때, 그리고 이들이 고용되거나 해고될 때 명확해진다. 문화의 경우 통제는 대부분 보이지 않는다. 실제로 사람들은 사진들에게 행사되는 지배방식을 인식하지 못한 채 점점 더 많은 문화를 열망한다(이전보다 더 많이 라디오를 듣거나 TV쇼를 시청하며, 인터넷 사용에 더 많은 시간을 보낸다).

문화는 다양한 방식으로 사람들을 지배하여 왔다. 가장 중요하게는 맑스가 대중의 아편이라고 명명하였던 것이 있다. 문화산업에 의해서 반쯤 무의식적으로 동화된 상태에서 프롤레타리아트는 혁명적 메시지에 무감각해졌다. 이는 매우 유익한 방식의 통제였다. 권총이나 채찍을 들이댄 통제방식보다 1930년대에 대중은 B급 할리우드 영화의 지속적인 섭취를 통해 통제되었다. 이 통속물들은 대중들의 취향을 향상시키지 않으면서 대신 이들을 최소한의 공통분모로 제한하는 효과를 지녔다. 나아가서 청취자들을 여러 시간 동안 묶어 놓고 있는 저급한 코미디, 드라마, 그 밖의 이러저러한 종류의 내용으로 채워진 일련의 심야 라디오 프로그램들이 있었다. 한편 라디오는 대중 스포츠를 가정으로 끌어들임으로써 남는 시간을 사람들이 선호하는 프로팀 혹은 대학팀의 성적에 귀를 기울이는데 시간을 보내게 하였다. 일주일 내내 많은 시간을 오락으로 보낸 사람들은 자신들이 자본주의 시스템에 대해 가질 수 있는 적개심이 무엇이든 간에 그를 곧 잊어버리게 된다. 더욱이 순전히 라디오를 듣거나 영화를 보러가는 시간이 노동을 하면서 보내는 시간과 합해지면서 행동은 고사하고서라도 혁명적 사고나 독서를 위해 남는 시간은 거의 없게 되었다.

물론 오늘날 이와는 다른 미디어가 대중을 마취시키는 중요한 역할을 수행한다. 대낮에는 끝없는 멜로드라마에서 시작하여 밤중까지 일련의 시트콤으로 가득 채워진 TV는 그 핵심적 역할을 수행한다. 그뿐 아니라 오늘날 우리는 TV에서 퀴즈 쇼가 붐을 일으키고 있는 것을 목도한다. 최소한 일순간일지라도 퀴즈 쇼는 전국적으로 네트워크화된 TV에서 최고시청률을 자랑하는 프로그램이다. 수백만의 시청자들은 노동을 하거나 자본주의 경제시스템의 중요한 행위자가 되기보다는 자신들이 필요로 하는 돈을 벌기 위해 몇몇 하찮은 질문에 대답하기 위해 애쓰는 경쟁자들을 보면서 일주일 동안 많은 시간을 소모한다. 자본주의 시스템에 대한 혁명은 커녕 시청자들은 그러한 돈을 어떻게 쓸까 하는 공상으로 시간을 허비하고 있다.

그러나 1930년대, 1940년대, 그리고 오늘날의 문화산업은 점차 많은 사람들을 소비자로 변신하게 만들면서 자본주의의 유지에 보다 직접적인 역할을 수행하게 되었다. 대량 소비자로서 사람들은 자본주의 시스템에서(노동자와는 다른) 중요한 역할을 수행하게 되었다. 이들의 소비는 자본주의 생산의 중요한 엔진 역할을 수행하게 되었다. 자신의 노동자들이 다른 자본주의 기업의 상품뿐만 아니라 자신의 상품을 구매하기에 적당한 임금을 지불하였던 극단적 자본주의자 헨리 포드(Henry Ford)는 이미 1900년대 초반에 이를 인식하고 있었다. 당연히 이와 관련된 핵심적 발전은 광고산업의 확장과 세련화였다. 광고주에게 대중잡지와 신문(특히 타블로이드판 신문)이 보다 전통적인 매체였다면, 라디오는 광고를 위해 더 없이 좋은 새로운 매체였다. 광고의 자극으로 사람들은 점점 더 많은 시간을 쇼핑에 할애하였으며, 이는 다시금 사회혁명에 대해 생각하고 이를 기획하는 시간을 사라지게 만들었다. 더욱이 싹트기 시작한 소비자들의 욕구는 이들이 도처에서 광고되고 있는 많은 멋진 상품을 향유하기 위해서 되도록이면 많은 일을 해야 하며, 가능하면 많은 초과근무를 원하며, 심지어는 추가적인 일자리를 찾아야만 함을 의미한다. 노동은 혁명 활동을 위한 시간을 줄일 뿐만 아니라 노동에 소요된 추가적 시간 및 소모된 에너지는 프롤레타리아트가 혁명을 위해 쏟아 부을 에너지가 사라진다는 것을 뜻한다. 사람들은 하루 혹은 일주일의 노동이 끝나면 지친 몸을 이끌고 집으로 돌아가 라디오를 켜고, 방송이 조용해지면 꾸벅꾸벅 졸곤 하였다.

이것이 1930년대의 미국의 묘사였다면, 그것은 21세기 초반의 미국의 모습에서 보다 더 잘 들어 맞는다. 그리고 그 사이에 문화산업은 보다 강력해지고 끝없이 세련화되었다. 우리들 중의 일부는 밤중에 라디오를 틀겠지만, 실제로 대부분은 TV를 켜며, 종종 많은 시간 동안 시청한다. 우리는 여전히 때때로 극장에 가곤 하지만 비디오나 DVD가 출현함에 따라 더 이상 영화를 보기 위해 바깥으로 나갈 필요는 없게 되었다. 잡지는 이전보다 종류가 다양해졌으며, 화려해졌다. 신문은 오히려 덜 읽히고 있지만 살아남은 신문은 유에스에이 투데이(USA Today)를 모방하고, 이전보다 훨씬 재미있고, 자극적이 되었다. 그 밖에도 가정용 컴퓨터와 인터넷이 있다. 이것들은 교육을 위한 훌륭한 도구이기도 하지만 실제로 대다수의 사람들은 오락을 위해 사용하며, 점차 하루 24시간, 일년 365일 동안 쇼핑을 하는데 이용한다. 쇼핑은 미국인들이 가장 좋아하는 여가활동이기 때문에 이들은 일이 끝난 후나 주말에 쇼핑몰에서 오랜 시간을 보낸다.

사람들은 일반적으로 휴가를 라스베이거스의 카지노 호텔, 유람선, 디즈니 월드와 같은 장소에서 서비스와 상품을 소비하면서 보낸다. 아편으로 비유되는 오늘날의 대중문화는 비판이론가들이 관심을 기울였던 당시보다 훨씬 다양하고, 항시적으로 존재하며, 세련됐다. 광고주가 보유한 수단은 매우 정교하며, 소비의 충동을 조작하는 이들의 능력은 더 강력해졌다. 게다가 쇼핑을 할 수 있는 무한히 많은 시간과 실재로든, 가상의 형태로든 우리가 쇼핑을 할 수 있는 수많은 장소가 존재한다. 당연히 이 모든 것은 혁명적 사고와 행동을 하기위한 관심과 시간이 더욱 줄어든다는 것을 의미한다. 실제로 요즘 미국에서 혁명에 대한 관심이 있다는 어떠한 징후도 존재하지 않는다. 비판이론가들이 기술하듯 사람들이 혁명적 행동은 고사하고 혁명에 대해 사고하기에는 대중 매체에 의해 너무 심각할 정도로 마비되어 있으며, 쇼핑과 자신들이 쇼핑을 할 때 구입하는 물건을 사들이기 위해 일에 중독되어 있다.

사람들을 지배하는 중요한 자원이 경제시스템이 아닌 문화라는 논증은 오늘날에도 유효하다는 것은 자명해 보인다. 노동은 사람들의 삶에 영향을 덜 미치고 있는 반면에, 문화, 문화의 소비, 그리고 문화와 관련된 상품의 중요성은 현저하게 중요해졌다. 간략하게 말해서 쇼핑몰은 오늘날 공장보다 더 중요하며, (비판이론학파의 전성기에는 존재하지 않았던) 완전히 실내화된 쇼핑몰은 현대 대중문화의 중심지 중의 하나이다. 미니애폴리스 외곽에 있는 몰 오브 아메리카(Mall of America)와 같은 메가몰(megamall)에서 사람들은 쇼핑센터 내의 유흥장소를 발견한다. 나아가서 쇼핑센터는 최신 패션, 극장, 비디오 대여점, 월트 디즈니 상점, 어린이들을 위한 놀이공원, 패스트푸드 레스토랑, 플래닛 할리우드(Planet Hollywood), 교육시설, 교회당 등과 같은 다양한 상점을 포함한다. 쇼핑몰을 방문하는 것은 다양한 현대 대중문화의 장소를 방문하는 것과 같다. 쇼핑몰에서 혁명적 의식이 표현되고, 혁명적 행동이 수행되는 것을 기대하기란 불가능하다.

현대기술

문화산업에 대한 비판에는 현대기술에 대한 비판이론학파의 공격이 암묵적으로 내재한다. 오늘날 문화산업의 핵심적 구성요소 중의 상당부분(TV, 컴퓨터, 인터넷)은 비판이론학파의 전성기 이후에 발생한 기술발전의 결과이다. 그러나 비판이론학파 스스로는 신기술(예컨대 라디오)에 맞서서 그것이 사람들에게 새로운 문제를 야기하며, 사람들을 통제하는 원천으로 바라보았다. 신기술은 사람에 의해서 통제되기 보다는 오히려 사람들을 통제하였다. 그러나 비판이론학파가 행한 작업의 핵심은 기술 그 자체가 문제라기보다는 기술이 자본주의에 의해서 배치되고, 활용되는 방식이 문제라는 점이다. 따라서 자본주의는 사람들을 통제하기 위해서 기술을 사용하며, 사람들의 비판적 능력을 둔화시키며, 이처럼 본질적으로 착취 시스템에 저항하여 반란을 일으킬 수 있는 사람들의 능력을 극도로 제한한다. 비판이론가들은 사회주의와 같은 다른 경제시스템 내에서 기술은 사람들을 더욱 의식적으로, 비판적으로 만들며, 자본주의와 같은 착취시스템에 저항할 수 있다고 믿었다. 따라서 주로 판매에 도움을 주도록 기획된 진부한 프로그램을 제공하는 대신 라디오 프로그램은 실제로 고무적이며, 교육적

이어야만 한다고 생각했다.

허버트 마르쿠제(Herbert Marcuse)와 같은 비판이론가는 기술의 역할에 주목
하면서 기술은 자신이 **일차원적 사회**1)라고 명명한 것을 창조하는데 이용되고
있다고 주장하였다. 맑스와 여타 다른 수많은 맑스주의자들처럼 마르쿠제는 이
상적인 세계에서는 기술을 포함하여 사람들이 창조한 거대구조와 사람들 간에
변증법적 관계가 있다고 보았다. 달리 말해서 사람들은 자신들의 욕구를 충족
시켜야만하며, 자신들이 기술을 창조하고, 활용하고, 변화시키는 것을 통해 자신
의 능력을 표현해야만 한다. 그는 이러한 방식으로 인간과 기술 모두 번영할
것으로 내다보았다. 그러나 자본주의에서 사람과 구조와의 관계는 일방적인 것
으로 변질된다. 사람들이 기술을 창조하지만, 이는 자본가들에 의해서 소유되거
나 통제되며, 이들은 노동자를 통제하고 착취하는 자신들만의 고유한 장점으로
활용한다. 따라서 사람들은 기술을 활용하는 것이 아니라 자신들에게 행사되는
기술의 통제에 의해서 무력화된다. 모든 사람들이 기술의 요구에 적응함에 따
라 개성은 억압된다. 점차 개인의 자유와 창조성은 사라져간다. 그 결과, 사람
들은 기술뿐만 아니라 자신들을 통제하고 억압하는 사회에 대해서 비판적이고,
부정적으로 사고하는 능력을 상실하였다. 그러한 능력도 없이 사람들이 자본주
의 시스템에 대해 저항하고, 이를 타도할 수는 없다. 마르쿠제의 견해에 따르면
이 문제에 대한 해답은 사람들(즉, 프롤레타리아트)이 기술에 의해서 통제되는
것이 아니라 기술을 통제하는 사회의 건설에 놓여 있다.

컨베이어 벨트처럼 자본가들에 의해 활용되는 기술은 고도로 합리화되는
(rationalized) 경향이 있는데, 이러한 사실은 비판이론가들의 또 다른 중대한 관심
사이기도 하다. 칼 맑스에 의해서 뿐만 아니라 막스 베버에 의해서도 지대한
영향을 받은바, 비판이론가들은 사회가 점차 합리화되고 있다고 주장하였다. 베
버처럼 이들 중의 일부는 심지어 자본주의보다는 점진적인 합리화가 자신들이
살았던 시대의 핵심적인 문제라고 보기 시작했다. 합리화는 특정한 장소에서

---

1) **일차원적 사회(one-dimentional society)** 허버트 마르쿠제는 사람들이 대부분 거대구조에 의해
  서 통제됨에 따라 인간과 거대구조간의 변증법적 관계가 붕괴되었다고 보았다. 그러한 구조
  에 능동적으로 개입하고 그러한 구조를 형성할 수 있는 인간의 능력은 상실되었다. 점차 개
  인의 자유와 창조적 능력은 사라져버리고, 사람들은 자신들은 통제하고 억압하는 구조에 대
  해 비판적이고 부정적으로 사고할 수 있는 능력을 상실하였다.

실행되고 있는 기술뿐만 아니라 문화산업을 떠받치고 있으며, 두 가지 모두 지속적으로 합리화되고 있다.

비판이론가들의 견해에 의하면 점진적인 합리성은 **테크노크라트적 사고**[1]를 유도한다. 즉, 사람들은 효율성만 고려하여 수단이나 결과에 대한 어떠한 성찰도 없이 결과에 이르는 최고의 수단만을 생각하기 시작한다. 일례로 수많은 유대인들을 죽일 목적으로 가장 효율적인 수단(즉, 가스실)을 활용하기 위해 모든 주의와 노력을 기울였던 나치주의자들과 강제수용소(그들이 독일에 연고가 있었다는 점을 감안할 때 다수의 관찰자들은 비판이론가들이 나치즘과 연관된 공포를 이미 예감하고 있었다고 느낀다)를 연관시켜 볼 수 있다.

자본주의에서 자본가와 프롤레타리아트 양자 모두 그와 같은 사고의 유형에 의해서 지배되었다. 그러나 비판이론가들은 주로 프롤레타리아트에 관심을 기울였다. 예컨대, 컨베이어 벨트 앞에서 일하는 노동자는 설사 강요된 것이라고 할지라도 가능한 한 능률적으로 노동을 하는데 집중하도록 유인되었다. 끊임없이 돌아가는 컨베이어 벨트의 압박은 노동자들이 어떻게 자신들이 일하고 있는지 그리고 지속적으로 한 가지 일을 반복하는 일이 얼마나 피곤하고, 무기력하게 하는 일인지에 대해 성찰할 시간을 거의 허락하지 않는다. 나아가서 컨베이어 벨트는 노동자로 하여금 생산 공정의 결과 즉, 컨베이어 벨트에서 굴러나온 자동차가 연간 수천 명을 죽이거나 불구로 만들며, 공해를 일으키며, 귀중한 천연자원을 소모한다는 사실에 대해 생각해 볼 시간과 여유를 허락하지 않는다.

생산과정에서 상실된 것은 테크노크라트적 사고에 대한 대안 즉, 정의, 자유 그리고 행복과 같은 궁극적인 인간의 가치의 관점에서 목적에 대한 수단을 평가하는 **이성**[2]이다. 비판이론가들에게 이성은 인간본성에 대한 희망이다. 예를 들면 아우슈비츠(Auschwitz)는 매우 합리적인 장소일 수는 있지만 결코 이성적인 것은 아니다. 만약 나치주의자들이 테크노크라트적 사고대신 이성에 의존하였다면 유대인 대학살은 결코 발생하지 않았을 것이다. 왜냐하면 그와 같은

---

1) **테크노크라트적 사고(technocratic thinking)** 효율성에만 주목하여 수단 혹은 결과에 대한 성찰 없이 결과에 대한 최고의 수단만 고려하는 것을 의미한다.
2) **이성(reason)** 사람들은 정의, 자유 그리고 행복이라는 궁극적인 인간의 가치와 관련하여 목적에 대한 수단의 선택을 평가한다.

행위는 인간의 가치와 대면함으로써 순식간에 사라져버릴 것이기 때문이다. 자
본주의의 경우에 대해서도 마찬가지로 말해질 수 있다. 자본주의는 합리적일
수 있지만 결코 이성적이지 않다. 비판이론가들에게 사회의 희망은 테크노크라
트적 사고보다는, 인간의 가치가 효율성에 우선하는 이성에 의해 지배되는 사
회의 창조였다.

　　다시 말해서 외견상의 합리성에도 불구하고 자본주의는 비합리성으로 충만
한 시스템이다. 이는 합리적 시스템은 필연적으로 일련의 비합리성을 산출한다
는 **합리성의 비합리성**[1]의 개념에 근거한다.

미래에 대한 회의주의

　　특별히 지속적인 합리화에 주목한 이 모든 이론은 비판이론가들을 맑스나
여타 맑스주의자들과는 달리 미래에 대해 매우 회의적인 전망에 도달하였다.
프롤레타리아트에 의한 자본가들의 타도대신 비판이론가들은 지속적으로 확대
되는 합리화를 예측하였다. 이는 문화, 기술 그리고 지식산업에서 실제로 그러
하였다(박스 참조). 그러나 이들 각각의 영역은 점차 합리적으로 되었을 뿐 아
니라, 각자의 고유영역 자체가 그 중요성을 더해가고 있다. 따라서 미래는 사람
들을 통제하고 점차 일차원적으로 만들기 위해 상호 침투하는 매우 합리적인
문화, 기술 그리고 교육시스템으로 구성된 일종의 철장으로 간주되었다. 이와
같은 유형의 사고는 맑스나 여타 다수의 맑스주의자들의 낙관적인 견해보다 막
스 베버의 회의주의적인 견해에 훨씬 일치한다.

　　미래에 대한 이 같은 회의주의적 사고로 인하여 비판이론가들은 다른 맑스
주의자들에게 그다지 각광받지 못하였다. 맑스주의자들은 이론가일 뿐만 아니라
이론적 속성상 혁명운동을 열망하는 행동주의자들이었다. 비판이론가들의 회의
주의는 혁명은 고사하고 행위의 가능성 자체를 배제하였다. 프롤레타리아트는
(문화산업의 다양한 요소에 의해 놓여진 합리성이라는 철장 속에 감금되어) 자
신들의 필연적인 운명을 기다리도록 내버려졌다. 비판이론가들의 견해에 의하면
대중은 이와 같은 자신들의 불쾌한 운명을 판단하지 못한다. 실제로 철장감옥

---

1) **합리성의 비합리성**(irrationality of rationality) 합리적 시스템은 필연적으로 일련의 비합리성을
　산출한다는 개념이다.

은 가능한 한 즐겁고 아늑하게 구성되었다. 철장은 훌륭하게 꾸며졌고, 다양한 가구가 배치되었다. 더구나 철장은 피플지(*people magazine*)나 유에스에이 투데이 (*USA Today*), 접시 닦는 기계와 전자 레인지 오븐과 같은 노동절약적 기구들, TV, 카세트 녹음기, DVD, 비디오테이프, CD, 비디오 게임에 자유롭고 지속적 으로 접근할 수 있는 컴퓨터, 인터넷 쇼핑 사이트 등과 같은 아늑한 문화적 설 비까지 갖추고 있다. 사람들은 자신들이 갇혀있는 감옥을 사랑하게 되었으며 자본주의 시스템에 의해서 대량생산된 상품이 더 많이 채워지길 갈망한다. 그 러나 이러한 상황은 확실히 문제가 아닐 수 없다. 자신들에게 밀어닥치는 하찮 은 소비재와 감옥에 대한 사랑으로 사람들은 혁명의 필요성을 느끼지 못한다. 실제로 이들은 착취나 통제와 같은 문제가 존재한다는 것을 볼 능력조차 없다. 결국 이처럼 매력적이고 즐거운 통제방식은 초기 자본주의를 특징지웠던 자본 가의 억압적 행동과 이들에 빌붙은 아첨꾼들보다 더욱 효율적이다.

핵심 개념
지식산업

비판이론가들에 의해 공격을 받은 사회의 또 다른 영역 중의 하나는 이들이 **지식산 업**[1]이라고 부르는 것이었다. 문화산업의 개념과 유사하게 이 개념은 특히 연구소와 대 학처럼 지식의 생산과 유포를 담당하는 사회적 기관들을 지칭한다. 문화산업과 마찬가 지로 이러한 기관들은 사회 내에서 상당수준의 자율성을 획득함으로써 스스로를 재규 정할 수 있도록 허용하였다. 전체로서 사회의 이해에 복무하는 대신 이들은 자신의 고 유한 이해에 집중하며, 이는 이들 기관들이 사회에 대한 자신의 영향력을 확대시키는 데 열중하고 있음을 의미한다. 연구소는 문화산업, 국가, 그리고 자본가들에 의해 요구 되는 기술을 생산하는데 조력하며, 이를 통해서 사회 내에서 자신의 지위와 사회에 대 한 자신의 영향력을 강화한다. 대학도 유사한 이해에 종사하지만, 아마도 테크노크라

---

1) **지식산업(knowledge industry)**   비판이론가들에게 있어서 사회에서 지식산업의 실체는 특히 연 구소와 대학처럼 지식의 생산과 유포에 관계하는 곳을 의미한다. 문화산업과 마찬가지로 이 러한 기관들은 사회 내에서 상당 수준의 자율성을 획득함으로써 스스로를 재규정할 수 있 도록 허용하였다. 전체로서 사회의 이해에 복무하는 대신 이들은 자신의 고유한 이해에 집 중하며, 이는 이들 기관들이 사회에 대한 자신의 영향력을 확대시키는데 열중하고 있음을 의미한다.

트적 사고를 조장하고, 그러한 과정 속에서 이성을 억압하는 데는 더 중요한 역할을 수행한다. 대학은 여타 관료제와 마찬가지로 대학을 운영하며, 교수와 학생들에게 규칙을 부과하는 기술관료적 행정가들에 의해서 지배된다. 나아가서 대학은 이성을 촉진하는 인문주의에 의해서가 아니라 테크노크라트적 사고에 젖은 비즈니스 스쿨, 프로페tu널 스쿨, 기술전문과정 등에 의해서 지배되게 되었다. 더욱이 대학은 점차 사유하는 도전적인 학생들보다는 공장처럼 학생들을 대량으로 제조하는 곳이 되어버렸다. 교육의 초점은 학생들을 이성적인 인간으로 만드는데 있는 것이 아니라 가장 효율적인 방식으로 많은 학생들을 다루는데 있다. 공장이 자동차나 소시지를 생산하는 것과 동일한 방식으로 대학은 학생들을 산출한다

포디즘으로부터 포스트포디즘으로의 이행

네오 맑시즘과 관련된 두 번째 거대이론은 포디즘으로부터 포스트포디즘으로의 이행을 기술하고, 분석한다.

포 디 즘

포디즘[1]은 물론 20세기 초반에 헨리 포드에 의해서 고안된 개념과 원칙이자 시스템이다. 포드는 자동차산업의 컨베이어 벨트를 만들어 냈으며, 결과적으로 자동차산업의 대량생산을 가능하게 한 것으로 유명하다. 이 시스템은 20세기의 상당부분에 걸쳐 번영하였으나 1970년대, 특히 1973년 오일쇼크 이후 일본 자동차 산업이 상승하면서 쇠퇴하기 시작했으며, 미국의 자동차 회사는 자신들의 생산방식을 수정해야만 했다. 한창 때에도 컨베이어 벨트와 대량생산방식은 특히 네오맑시즘 이론의 영향을 받은 많은 비판에 시달렸다. 컨베이어 벨트는 노동자를 착취하고, 통제하는 자본주의적 메커니즘의 극단적인 사례로 간주되었다.

포디즘은 일련의 특징을 지녔다.

---

1) **포디즘(Fordism)** 20세기 초반에 헨리 포드에 의해서 고안된 개념과 원칙이자 시스템이다. 자동차 생산을 위한 컨베이어 벨트를 만들어 냄으로써 구체화 되었으며, 그 결과 자동차의 대량생산을 가능하게 하였다. 포드에 의한 이노베이션의 성공은 많은 다른 산업에도 영향을 미쳐 제품 생산에 컨베이어 벨트를 도입하고, 제품의 대량생산을 가능하게 하였다.

1. 대량생산 시스템은 동일한 상품의 생산을 추구하였다. 헨리 포드의 말을 빌어 표현하자면 20세기에 들어선 소비자들은 자신들이 원하는 어떠한 종류의 색깔로도 T모델형 포드 자동차를 구입할 수 있다고 들었다, 단 그것이 검은색인 하에서는. 오랜 시간 동안 소비자들에게 많은 선택과 옵션이 제공되었지만, 변화의 폭은 적었으며, 자동차는 본질적으로 동일한 모델이었다.

2. 포드 시스템은 컨베이어 벨트처럼 유연하지 못한 기술에 기초하였다. 따라서 이 시스템은 본질적으로 동일한 상품을 반복해서 생산한다. 한 모델에서 다음 모델로 바뀔 때까지 가능한 한 동일한 상품을 지속하길 원하기 때문에 자동차 산업은 유연하지 않는 기술을 필요로 하였다. 보다 유연한 기술은 불필요한 생산품 변화를 초래할 것이기 때문이었다. 동일한 상품을 생산함에도 불구하고 이 시스템은 일련의 문제를 야기하였다. 예컨대 한 모델에 보다 많은 선택과 변화를 주기위해 컨베이어 벨트를 제품의 생산에 적용시키기가 어려워졌다. 나아가서 신 모델을 도입하기 위한 시간(종종 3년마다 이루어짐)이 다가오면 신 모델을 생산하기 위한 구조변경을 위해 수개월 동안 라인을 멈추어야만 했다.

3. 이처럼 유연하지 못한 기술을 보완하기 위해서는 표준화된 작업공정이 고안되었으며, 노동자들에게 적용되었다. 이 공정은 생산품의 획일화를 촉진하는데 기여하였다. 그러나 이 또한 여러 문제를 발생시켰다. 하나의 표준화된 공정만 알고 있는 노동자들은 돌발 상황과 위기 상황에 대처하는 방식을 몰랐다. 더욱이 지속적으로 생산품의 변화가 요구될 경우에 표준화된 공정과 포디즘 시스템에서 훈련된 노동자들은 다양하게 취급되어야만 하는 유연화 요구에 제대로 적응하질 못하였다.

4. 포드 시스템은 더 많은 상품 생산과 비용절감을 통해 부단한 생산성 증가를 목표로 한다. 생산성 증가는 다양한 방식을 통해서 이루어진다. 목표는 주어진 생산환경 내에서 가능한 한 많은 제품을 생산하는 규모의 경제를 달성하는 것이었다. 더 많이 생산될수록, 각 제품의 생산비용은 더 절감되었다. 또한 생산성은 단순한 과제를 끊임없이 반복하는 '탈숙련화된'(deskilling) 노동자들에 의해서 향상되었다. 생산성은 비약적으로 증가하였

지만, 이와 같은 노동생산성 강화 시스템이 안고 있는 제품의 질에 있어서 문제를 드러냈다. 따라서 이미 1970년대 초반에 미국자동차의 질은 가파르게 추락하였으며, 미국업체는 급성장한 일본자동차업체의 경쟁에 취약할 수밖에 없었다.

5. 고도로 관료화된 포드적 생산시스템은 획일적인 노동자 대중을 양산하였으며, 또한 이들은 유사한 방식으로 관료화된 대규모 노조에 흡입되었다. 저임금이나 노동자의 역량을 무시한 탈숙련화된 노동, 여가를 거의 허용하지 않는 고속 생산 등에 불만을 품은 포디즘의(Fordized) 노동자들은 줄줄이 떼를 지어 거대 노동조합에 가입하였다. 이는 거대 노조와 대기업간의 대립 그리고 수많은 값비싼 파업의 시대를 열었다. 강력하게 조직화된 노조(예컨대 미국의 자동차노조)는, 비록 동일산업 내의 여러 유형의 노동자들에게 동일한 임금과 노동조건이 적용되는 와중에서도, 자신의 노조원들에게는 유리한 계약을 얻어내는 데 성공하기도 했다. 다시 말해서 일자리에서 주목할 만한 성과를 낸 노동자들에 대한 개별적인 보상은 거의 없었다. 이러한 시스템은 작업장에서 최소한의 기능수행만을 유도하게 되었으며, 자동차 산업과 여타 산업에서 직면하게 되었던 품질의 문제를 야기하였다.

6. 생산에서의 동질성은 소비에서의 동질성을 동반하였다. 이는 헨리 포드가 검은색 T모델을 발표할 때부터 명백해졌다. 소비자들은 자동차뿐만 아니라 여타 상품에서 곧 더 많은 선택의 가능성을 요구하였지만, 실제로는 동일한 제품의 생산과 그 제품생산의 수량이 강조되었다. 나의 청소년 시기에 운동화의 종류는 매우 제한되어 있었으며, 한 종류의 운동화는 실제로 모든 종류의 운동에 사용되었다. 포디즘적 산업의 노동자는 독창성이 없었으며, 매우 반복적인 일만 수행할 뿐이었으며, 동시에 이들은 소비자로서 다른 모든 사람들이 소비하는 것과 별단 차이가 없는 단조로운 소비재를 구매하였다.

포스트포디즘

지난 수십 년 동안에 포디즘은 많은 영역에서 **포스트포디즘**[1])에 자신의 지위를 양도해야만 했다. 새로운 시스템은 그 이름이 암시하듯 포디즘과 강력한 대비를 이루는 다양한 의미를 함축하고 있다.

1. 포스트포디즘은 고도로 특화된 다품종 생산을 목표로 한다. 검은색 자동차 단종모델을 생산하는 대신, 자동차 완성업체는 이제 수많은 옵션이 달린 현란한 색깔의 자동차를 생산한다. 한편, 포드사의 T모델은 매우 기능적이긴 하였지만 그다지 현대적 스타일은 아니었다. 뒤이어 생산된 자동차들 또한 스타일의 결함뿐만 아니라 품질 결함을 드러냈다. 포스트포디즘적 시스템은 스타일과 품질 모두에 있어서 높은 수준의 생산을 추구한다.

2. 차별화된 다품종생산에 대한 욕구로 인하여 포스트포디즘적 생산시스템은 고도로 유연화되어(flexible) 갔다. 생산주기는 짧아지고, 상이한 스타일로의 생산라인의 변화는 신속하고, 손쉽게 이루어진다. 예컨대, 동일한 기술은 러닝슈즈 생산으로부터 농구화생산으로 신속하게 변화될 수 있다. 그러나 특수한 생산공정이 이루어지는 동안에도 기술이 일련의 동일한 제품을 충분히 생산해내는 것은 필요하였다. 포스트포디즘적 시스템에서라 할지라도 생산에서 불필요한 변화를 허용되지 않는다(예컨대 다양한 신발길이와 폭을 가진 러닝슈즈 따위).

3. 기술과 마찬가지로 노동자들 또한 유연화 되어야만 한다. 포드 시스템에서 노동자들은 동일한 업무를 반복적으로 수행하였다. 포스트포디즘 시스템에서 노동자들은 다양한 업무를 수행하고, 생산 공정이 하나의 제품으로부터 다른 제품으로 바뀔 때마다 자신들도 그렇게 변화하길 요구받는다. 노동자의 유연성은 돌발 상황 혹은 위기 상황에 신속하고 지속적으로 적응하는 능력을 요구한다. 나아가서 포스트포디즘적 세계에서 스타일과 취향은 급변하므로 노동자들 또한 한 주 혹은 한 달에서 어느 시점에서 매우 다양한

---

1) **포스트포디즘(post-Fordism)** 포디즘과는 달리 주문생산까지 포함하는 매우 이질적인 생산시스템을 말한다. 포스트포디즘에서의 제품은 더 유연한 기술과 더 유연하고 숙련된 노동자를 요구하며, 따라서 소비 또한 매우 이질화된다.

제품을 생산하는 것에 적응해야만 한다.

4. 고도의 생산성이 포드 포디즘 시스템에서도 여전히 규범이긴 하지만 탈숙
   련화의 경향은 약화되거나 오히려 역전되었다. 단순 기술을 가진 노동자
   대신 포스트포드 시스템은 다양한 숙련을 지닌 노동자들을 요구한다. 나아
   가서 이 시스템은 아무 생각 없이 반복적인 업무를 수행하는 노동자들 보
   다는 변화, 돌발 및 위기상황에 익숙한 주의 깊고, 창조적인 노동자들을 원
   한다. 비록 생산 공정은 부드럽게 진행되지만, 노동자들은 최소한 이전 시
   대의 선행자들만큼 신속하게 일할 것이 요구된다. 업무와 관련하여 포드
   시스템에서의 그것보다 훨씬 많은 것이 요구된다.

5. 대중 노동자들이 특화된 노동자들에 의해 대체됨에 따라 대규모로 관료화
   된 노동조합은 그 매력을 상실하였다. 그 결과, 미국에서의 노동운동은 급
   격한 쇠퇴를 경험하였으며, 노동자들은 대부분 사용주들과 독립적으로 협
   상에 임했다. 그 결과, 포디즘 시대와는 달리 직업의 안정성은 훨씬 악화되
   었다. 그러나 포스트포디즘 세계에서 노동자들은 한 사업장에서 다른 사업
   장으로 손쉽게 이직할 능력을 선호하며, 직업의 상실에 대해서는 그다지
   큰 관심을 기울이지 않는듯하다. 물론 이러한 상황은 확실히 일부 노동자
   들에게는 맞는 말이지만, 다른 직업을 구할 가능성이 없거나 희박한 노동
   자들은 이제 보다 암울하고도 위협적인 직업 환경에 스스로가 내던져 있음
   음을 발견한다.

6. 궁극적으로 생산의 이질성은 마찬가지로 소비의 이질성과 밀접한 관련을
   맺고 있다. 때때로 이는 **스니커화**1) 과정으로 표현된다. 하나 혹은 몇 가지
   종류의 운동화 대신 오늘날 소비자는 수백 가지 종류의 다양한 운동화를
   선택할 수 있다. 모든 종류의 운동마다 특수한 운동화가 있을 수 있다는 운
   동화의 특화가 진행되어 왔다. 더욱이 한 때 멋이라곤 찾아볼 수 없었던 운
   동화는 매우 패션화되고, 스타일에 있어서도 다양화된 상품이 되었다. 포스
   트포디즘적 소비자는 포스트포디즘적 노동자와 마찬가지로 매우 다양화된

---

1) 스니커화(sneakerization) 마치 오늘날 수많은 다양한 종류의 운동화가 시장에서 소
   개되듯이, 포스트포디즘 사회는 많은 소비의 영역에서 비슷한 이질성으로 특징지
   워진다.

세계에 살고 있다.

그러나 우리는 포디즘으로부터 포스트포디즘으로의 이행이라는 테제를 무비판적으로 받아들이는 데 주의하여야만 한다. 포디즘이 포스트포디즘으로 변화된 시점을 규정하는 일은 그렇게 간단한 일이 아니다. 우리가 오늘날의 세계는 포스트포디즘이라는 개념을 통해 훌륭하게 기술될 수 있다는 생각을 받아들인다고는 해도 오늘날의 세계에는 여전히 다수의 포디즘적 요소가 남아 있다. 단기적 생산공정에 사용되는 컨베이어 벨트는 여전히 컨베이어 벨트이다. 오늘날 우리가 포스트포디즘과의 연계 속에서 떠올리는 다수의 서비스 업무는 포디즘적 방침을 따라 조직화되고 있다. 패스트푸드 레스토랑에서 햄버거나 피자를 만드는 사람들은 종종 컨베이어 벨트로만 묘사될 수 있는 방식으로 작업한다. 자동차나 운동화를 생산하는 컨베이어 벨트 대신에 이들은 다양한 재료를 햄버거나 피자에 집어넣고 있다. 포디즘적 요소와 패스트푸드 산업간의 유사성 때문에 나는 그러한 과정을 **맥도날드주의**[1]라고 명명하였다. 이는 동질적인 상품, 유연하지 않은 기술, 표준화된 작업 공정, 탈숙련화 그리고 노동자와 소비자의 동질화 등과 같은 포디즘적 특성을 공유한다.

맑스주의 이론가들이 관심을 가지는 이슈는 포스트포디즘이 노동자들에게 포디즘에 의해서 야기된 문제에 대한 해결을 제시할 수 있는지의 여부이다. 실제로 포스트포디즘적 노동자들이 포디즘적 노동자들보다 훨씬 힘들고 신속하게 일하며, 더 많은 스트레스를 받으며, 더 많이 착취당하고 있다는 상당한 증거가 제시되고 있다.

---

1) **맥도날드주의(McDonaldism)** 패스트푸드와 같은 산업에서 동질적인 상품, 유연하지 않은 기술, 표준화된 작업 공정, 탈숙련화 그리고 노동자와 소비자의 동질화 등과 같이 다양한 포디즘적 특성이 지속적으로 존재하는 것을 지칭한다.

핵심 개념
근대 세계체제

임마뉴엘 월러스틴(Immanuel Wallerstein)은 다수의 맑스주의자들이 사용한 것과는 다른 분석단위를 선택하였다. 그는 자신의 연구 목적에는 너무 협소하다는 이유로 노동자, 계급 혹은 국가에 주목하지 않았다. 그 대신 그는 노동분업이 정치나 문화적 경계에 의해 제한되지 않는 거대한 경제적 실체에 주목하였다. 월러스틴은 그러한 단위를 세계체제1)라는 자신의 개념 속에서 발견하였는데, 이는 일련의 경계를 지니며, 규정가능한 수명(예컨대 이는 영구적이지 않다)을 지닌 하나의 거대한 독립적인 사회시스템이라고 할 수 있다. 세계체제는 내부적으로 다양한 사회구조와 사회집단으로 구성되어 있다. 그는 이러한 체계가 본질적으로 서로 긴장관계에 있는 다양한 힘들에 의해서 유지된다고 보았다. 그러한 힘들은 언제나 현 시스템을 붕괴시킬 잠재력을 지닌다.

월러스틴은 지금까지 우리가 단지 두 종류의 세계체제를 가졌다고 주장한다. 그 하나는 세계제국(world empire)으로서 고대로마제국이 대표적인 예이며, 다른 하나는 근대 자본주의 세계경제(capitalist world economy)이다. 하나의 세계제국은 정치적(그리고 군사적) 지배에 기초하였으며, 반면에 자본주의적 세계경제는 경제적 지배에 근거한다. 자본주의적 세계경제는 다양한 이유에서 세계제국보다 더 안정적인 것으로 간주된다. 자본주의 세계경제는 다수의 국가를 포함하고, 경제의 안 정화를 위한 자동기제를 가지고 있기에 폭넓은 토대를 보유한다. 자본주의 세계경제 내에서 독자성을 지닌 정치적 구성체들은 어떠한 손실이 발생하여도 이를 흡수하며, 반면에 경제적 이득은 사적인 손들에게 돌아간다. 월러스틴은 사회주의적 세계정부와 같은 제3의 세계체제의 가능성을 예견하였다. 자본주의 세계경제가 경제적 영역으로부터 정치적 영역을 분리하는 반면에, 사회주의적 세계경제는 이를 재통합한다.

자본주의적 세계경제 내에서 지형학적 **중심부**2)가 지배적이며, 이들은 시스템의 잔여지역을 착취한다. 세계체제의 **주변부**3)는 중심부에 천연자원을 제공하며, 중심부에 의

---

1) **세계체계(world-system)** 정치나 문화적 경계에 의해서 제한되지 않는 노동분업에 의한 광범위한 경제적 실체를 지칭한다. 이는 내부적으로 다양한 사회구조와 사회집단으로 구성된 하나의 사회 시스템이며, 일련의 경제와 규정 가능한 수명을 지닌 거대한 독립적 사회시스템이다.
2) **중심부(core)** 자본주의적 세계경제를 지배하며, 세계체제의 잔여지역을 착취하는 지형학적 지역을 의미한다.
3) **주변부(periphery)** 중심부에 천연자원을 제공하며, 중심부에 의해 심각하게 착취당하는 자본주의 세계경제의 지역이다.

해 심각할 정도로 착취를 당한다. **반주변부**1)는 잔여적 범주로서 착취하는 지역과 착취당하는 지역의 중간에 위치한 일련의 지역을 포함한다. 월러스틴에게 착취의 국제분업은 국가의 경계에 의해서가 아니라 세계의 노동분업에 의해서 규정된다.

미시-거시 분석:
문명화 과정

　　노베르트 엘리아스(Norbert Elias: 1897-1990)의 필생의 작업은 그가 **문명화 과정**2)이라고 부른 장기적인 역사발전의 연구에 바쳐졌다. 그는 임의로 자신의 연구의 출발점으로 중세유럽을 선택하였으며, 그는 일상적 행위에서의 변화에 관심을 기울였다. 엘리아스가 수집한 대부분의 정보는 13세기부터 19세기 사이에 쓰인 예법(manners)에 대한 저술이었다. 그가 발견한 것은 사람들의 일상적 행동과 관련된 예법의 장기적인 변화였다. 일단 채택된 일상적 행동은 시간이 흘러감에 따라 점차 용인되지 않게 되었다. 우리는 때로는 다른 사람들의 일상적 행동들에 대해 민감해지고, 때로는 이들을 보다 잘 이해하며, 그리고 보다 더 중요하게는 종종 이들로 인해 당혹스럽게 된다는 점이다. 우리가 과거에 당연시했던 것들이 현재는 우리를 매우 당혹스럽게 하는 것들이 있다. 그 결과, 과거에는 매우 대중적인 성격을 지녔던 것이 현재에는 찾아볼 수 없게 되었다. 다수의 사람들이 어떤 특정한 세속적 행동들은 공격적인 것으로 간주하게 됨으

---

1) **반주변부(semiperiphery)**　자본주의 세계경제의 잔여개념으로 착취하는 지역과 착취당하는 지역간의 중간에 위치한 일련의 지역을 포함한다.

2) **문명화 과정(civilization process)**　서구에서 일상적 행동과 관련된 예법의 장기적인 변화를 의미한다. 일단 채택된 일상적 행동은 시간이 흘러감에 따라 점차 용인되지 않게 되었다. 우리는 때로는 다른 사람들에 대해 민감하며, 때로는 이들을 쉽게 이해한다. 보다 더 중요한 점은 종종 다른 사람들을 당혹스럽게 하는 일상적 행동에서 그러한 사실이 쉽게 관찰된다는 것이다. 우리가 과거에 당연시했던 것들이 현재는 우리를 매우 당혹스럽게 하는 것들이 있다. 그 결과, 과거에는 매우 대중적인 성격을 지녔던 것이 현재에는 찾아볼 수 없게 되었다. 다수의 사람들이 특정한 세속적 행동을 공격적인 것으로 간주하곤 하므로, 우리들 개개인은 공공적인 장소에서 그러한 행동에 참여한다.

로써 우리는 공공적인 시선을 벗어나서야 그러한 행동에 관여하게 되곤 한다.

문명화 과정의 사례

식사예절의 사례를 들어보자. 13세기에는 대부분의 사람들에게 동물의 뼈를 갉아먹고, 먹고 남은 뼈들을 차려놓은 접시에 던지는 것이 허용되었다. 그들은 다른 사람들이 그러한 행동에 핀잔을 주고 그 행동이 타인에게 피해를 주는 측면에 대해 주의를 환기시킬 경우에 한해서만 뼈를 던지는 행동을 부끄러워했다. 물론 대부분의 사람들은 식사 중에 코를 후벼대는 것은 하지 말아야 한다고 들었다. 그러한 행동에 대한 경고가 필요했다는 점은 분명히 다수의 사람들이 그러한 행동을 하는데 익숙해져 있었다는 것을 의미한다. 그러나 이들은 그러한 지적에 별로 당혹해하지 않았는데, 왜냐하면 그것들이 교양 없는 짓이라는 인식 자체가 없었기 때문이다. 그러나 수십 년, 수백 년이 지난 후에 그러한 교훈은 학습되었으며, 식탁에서 코를 후벼대는 것과 같은 행위는 예절에 관한 책 속에서 지적되었다. 마침내 코를 후벼대는 행위는(어린아이를 제외하고는) 공개석상에서 해서는 안 될 행위가 되었으며, 그러자 이제 그보다 덜 터무니없는 행위들에 주의가 돌려졌다. 예컨대 16세기의 문헌은 식탁에서 손가락을 빨아대는 행동 혹은 손가락으로 소스를 휘젓는 행동 등에 대해 경고하고 있었다. 그러한 행동들은 이제 식탁에서 사라지게 되었다.

유사한 경향은 방귀를 뀌는 것과 같은 다양한 자연적 기능에 대해서도 발견된다. 14세기의 아동교재는 그러한 행동에 대한 다양한 조언을 적고 있다.

▶ 소리 없이 방귀를 뀌는 것이 최상이다.

▶ 그러나 참는 것보다는 소리를 내고 방귀를 뀌는 것이 낫다.

▶ 소리를 냄으로써 다른 사람을 불쾌하게 하는 것을 피하려면, 너의 궁둥이를 꽉 눌러라.

▶ 헛기침은 방귀뀌는 소리를 감출 수 있는 최상의 방법이다.

노베르트 엘리아스(Norbert Elias)
생애의 삽화

노베르트 엘리아스는 매우 흥미롭고 유익한 경력을 가지고 있다. 그는 1930년대에 자신의 가장 중요한 저작을 생산하였지만, 이 저서는 당시대에 그리고 그 이후 오랫동안 대부분 잊혀졌다. 제2차 세계대전 동안과 그 이후 거의 십년 동안 엘리아스는 거의 안정된 직장을 가지지 못했으며, 영국 학계의 주변에 머물렀었다. 그러나 1954년에 엘리아스는 두 개의 교수직을 제안 받았으며, 그 중 하나인 레스터(Leicester) 대학의 교수직을 받아들였다. 이로써 엘리아스는 57세(!)의 나이에 그의 공식적인 학문적 경력을 시작하였다. 엘리아스의 경력은 레스터 대학에서 꽃피웠으며, 그는 이후 중요한 저작들을 출판하였다. 그러나 그는 당시 사회학에서 각광받았던(파슨스와 여타 사회학자들의) 일종의 정적인 접근방식에 대한 대안으로서 발전적 접근방식을 제도화하려는 자신의 노력에 실패함으로써 레스터 대학에서의 정년은 실망스러운 것이 되어 버렸다. 또한 그는 거의 아무 학생도 자신의 방법론을 받아들이지 않는다는 점에 대해 낙담하였다. 그는 학생들이 자신을 과거 속에 묻혀 살아가는 괴짜로 간주하는 레스터 대학에서 계속 '광야에서 외치는 소리'로 남아 있어야 했다. 이처럼 이방인으로 살아가는 감정은 엘리아스가 기록한, "좀더 크게 말씀해 주시겠어요? 무슨 말인지 잘 안들립니다"라는 전화 목소리가 되풀이 되는 환청 속에 잘 드러나 있다. 레스터 대학시절 동안 쓴 엘리아스의 저작은 어느 것도 영어로 번역되지 않았으며, 그리고 당시 대개의 영국 사회학자들은 독일어에 익숙하지 않았다.

그러나 유럽 대륙에서, 특히 네덜란드와 독일에서 엘리아스의 저작은 1950년대와 1960년대에 재발견되기 시작했다. 1970년대에 엘리아스는 유럽학계에서 뿐만 아니라 대중적으로도 인정받기 시작했다. 그의 나머지 삶 동안 엘리아스는 다수의 중요한 상을 받았다

그러한 행동에 대해 조언을 할 필요가 있었다는 점은 여러 사람 앞에서(그것도 종종 요란하게) 방귀를 뀌는 일이 매우 일반적이었다는 사실을 의미한다. 훨씬 문명화된 21세기에 분명 그러한 종류의 문헌이나 경고를 필요로 하지는 않는다. 오늘날에는 단지 그들이 참을 수 없을 경우나 스스로 주변에 아무도

없다고 생각하는 경우를 제외한다면 여러 사람들 앞에서 요란하게 방귀를 뀌는 일은 거의 없을 것이다. 엘리아스가 기술하고 있듯 당혹감의 경계는 방귀를 뀌는 것까지 포함하였다.

코를 푸는 행동도 유사한 궤적을 밝고 있다. 예절에 대한 15세기 문헌은 고기를 집어먹은 손으로 코를 푸는 행동에 대해 경고하였다. 16세기의 문헌은 코를 푼 이후에 자신의 손수건을 펼쳐 코푼 것을 드러내는 것에 주의를 주고 있었다. 18세기 경에도 여전히 코를 푸는 행동에 대해 주의를 주고는 있었지만, 그러한 종류의 행동은 대부분 수치스러운 행동의 경계 뒤편으로 사라져버렸다.

성행위도 유사한 운명을 경험하였다. 성행위는 같은 방에서 밤을 지새우고, 벌거벗고 잠을 자는 데에 익숙한 중세시대의 남녀에게 일반적인 것이었다. 중세시대의 신혼첫날밤에는 결혼행렬이 신랑, 신부의 침실까지 뒤따라갔다. 결혼이 성립되기 위해서는 신랑과 신부가 다른 사람들이 보는 앞에서 침대 위에 누워야만 했다. 물론 이 모든 것이 오늘날에는 수치스러운 것으로 간주되며, 신랑과 신부는 그들의 신혼첫날밤을 은밀하게 보낸다.

변화에 대한 설명: 종속 사슬의 연장

엘리아스는 세속적 행동의 역사적 변화에 대해 기술하였다. 그러나 어떻게 그가 이러한 변화를 설명하였을까? 엘리아스는 일상생활에서의 변화를 서술함에 있어서 우선 국가라는 거시적 수준에서 출발한다. 주요한 발전은 왕이라는 강력한 국가수장의 출현이었다. 왕과 함께 세금과 전쟁을 통제하는 중앙집권적 정부가 출현하였다. 왕을 중심으로 상대적으로 대등하게 권력이 분할된 궁정이 생겨났다. 궁정은 엘리아스 논쟁의 핵심이다.

궁정이 출현하기 이전에는 전사들이 특별한 지위를 지니고 있었으며, 이들은 엘리아스가 간략하게 **종속 사슬**[1]이라고 불렀던 것을 지녔기 때문에 폭력에 관여하는 것이 가능했었다. 상대적으로 소수의 사람들이 그러한 사슬에 종속되

---

1) **종속 사슬(dependency chains)** 한 사람이 다른 사람에 종속되고 다시 후자가 또 다른 사람에게 종속되는 것을 포함하는 관계의 사슬을 말한다.

었으며, 이들은 소수의 다른 사람들에 종속되었다. 따라서 전사들이 폭력적 행동에 개입하면 그들의 행동은 폭력이 행사되는 사람들과 상대적으로 소수의 다른 사람들에게만 영향을 미쳤다. 어떤 의미에서 전사들은 심대한 정도로 사회에 영향을 미치거나 혼란스럽게 하지 않았기 때문에 자유롭게 폭력을 행사할 수 있었다. 반대로 궁정의 귀족은 폭력을 예방하는 장기적인 종속 사슬을 발전시켰다. 이들은 자신이 원하는 상품과 서비스를 제공하는 사람들에게 종속되었으며(전사들은 그러한 요구와 욕망을 별로 원하지 않았다), 다른 사람들은 그와 같은 사업을 위해 귀족에게 종속되었다. 이 경우에 귀족들이 관여된 폭력은 다수의 사람들, 나아가서 전체로서 사회에까지 영향을 미치게 된다. 장기적 종속 사슬은 귀족들로 하여금 점차 다른 사람들의 요구와 기대에 민감해지도록 하였다. 다른 사람들에게 민감해짐에 따라 귀족은 그들에게 폭력을 행사하는 것에 절제력을 갖게 되었다. 그들은 심지어 자신들의 종속 사슬에 연계된 사람들을 방해하는 사람들에게조차 폭력을 행사하고 싶어하지 않았다. 귀족들이 다른 사람들에게 폭력을 행사하는 것을 가로막는 또 다른 이유는 왕이 무기를 구입하기 위해 필요한 돈과 무기 그 자체를 통제하였기 때문이다.

　이제 문제는, 사회의 정상(귀족과 이들의 종속 사슬)에서의 변화가 사람들이 코를 후벼대고, 방귀를 뀌는 일 등과 도대체 무슨 연관이 있느냐는 것이다. 그 대답은 귀족들이 직면한 상황과 귀족들에 의해서 개입된 행동이 사회 전반에 걸쳐 점차 보다 많은 사람들에게도 현실화되었다는 점에서 찾을 수 있다. 종속 사슬은 점차 더 많은 사람들에게 더 길게 연장되었다. 그 결과, 다수의 사람들은 귀족처럼 그들 주위의 사람들에게 민감해졌고, 점차로 더 많은 사람들의 요구에 민감해졌다. 매우 길어진 종속 사슬은 추한 행동에 대한 개입이 직접적인 상황에 놓인 소수의 사람들에게 뿐만 아니라 종속 사슬에서 멀리 떨어진 다수의 사람들에게도 알려지거나 영향을 줄 수 있다는 것을 의미한다. 따라서 누군가 파티에서 코를 후비거나 방귀를 뀐다면 언젠가는 다수의 사람들이 그러한 행동에 대해 알게 될 것이다. 이러한 새로운 사실에 대한 소식과 그에 대한 예민함은 사람들로 하여금 공개적으로 방귀를 뀌거나 코를 후벼대는 일에 대해 점차 신중하게 하였다.

　시간이 흘러감에 따라 사람들은 자신들의 기본적인 본능에 대해 용의주도하게 되었으며 이를 더 잘 통제할 수 있게 되었다. 우리는 이것이 잘된 일이라고 생각할 수 있다. 결국 사람들이 덜 폭력적이며, 면전에서 방귀를 뀌지 않는다면 우리 모두는 이전보다 더 나은 삶을 살고 있는 것이 아닐까? 삶은 덜 위협적이며, 덜 천박하며, 덜 돌발적이 되었다. 그러나 동시에 삶은 단조로워졌으며, 재미도 없어졌다. 다양한 행동을 옮길 수 없어졌기에 사람들은 점차 억눌리고, 지루해지고, 여유를 상실하고 있다.

사례 연구: 여우 사냥

엘리아스는 장구한 역사탐구에 이어서 자신의 생각을 보편적으로는 스포츠 그리고 특별히 여우 사냥과 같은 좀더 특화된 영역에 적용하였다. 그가 하는 논증의 일반적 경향을 따르면 우리는 스포츠로 인하여 폭력이 일반적으로 하락하는 것을 목격할 수 있다. 초창기에 여우 사냥은 여우를 죽여서 잡아먹는 인간에 의해 지배되는 매우 사악한 것이었다. 그러나 시간이 흘러감에 따라 여우 사냥은 점차 문명화되었다. 예를 들어 사람들 대신 사냥개가 여우를 죽인다. 나아가서 여우를 잡아먹는 일은 더 이상 정상적인 것이 아니게 되었다. 그러나 사냥의 스포츠화와 함께 여우 사냥은 지루해졌다. 여우 사냥과 많은 다른 스포츠는 한때 그랬던 것처럼 재미있고, 흥미롭지도 않게 되었다. 더 많은 흥분은 유럽, 특히 영국축구에서 빈번하게 분출되는 폭력에서 반영된다. 확실히 폭력은 사라지지 않았다. 폭력은 선술집과 거리에서 그리고 사소한 충돌과 국가간의 전쟁에서 규칙적으로 목격된다. 아마도 만약 우리가 스포츠에서 더 많은 폭력을 허용하고, 스포츠가 덜 문명화되었다면 우리는 세계 도처에서 폭력을 덜 발견하게 될지도 모른다. 엘리아스는 문명이 필연적으로 좋은 것이라고 생각하지는 않는다. 덜 문명화된 사회는 더 문명화된 사회보다 많은 장점을 가지고, 점진적인 문명화는 사람들에게 중요한 다양한 것을 상실한다는 것을 의미했다.

핵심 개념
결합태(結合態)

엘리아스는 미시-거시 구분을 극복하려는 노력에 매진하였고, 보다 일반적으로는 개인과 사회를 구별하는 사회학자들의 경향을 극복하려고 하였다. 자신의 통합적 목표를 성취하기 위해서 엘리아스는 **결합태**[1] 개념을 제안하였는데, 이 개념이 사람들을 개인과 사회 모두로서 생각하지 못하는 우리의 무능력을 극복하게 할 수 있다고 보았다.

결합태는 무엇보다 과정으로 간주될 수 있다. 실제로 생애 후반에 엘리아스는 자기 저작을 설명하기 위해서 과정 사회학(process sociology)이라는 개념을 선호하였다. 결합태는 개인들의 뒤섞임을 수반하는 사회적 과정이다. 결합태는 사람들간의 관계 외부에 존재하고, 그러한 관계를 강제하는 구조가 아니라 사람들간의 내적인 관계이다. 개인은 타자에 열려 있으며 상호의존적인 것으로 그려진다. 결합태는 그러한 개인들로 구성된다. 권력은 사회의 결합태에 핵심적이며, 그 결과로서 사회의 결합태는 끊임없이 변화한다. 결합태는 대부분 인지되지 않거나 의도되지 않은 방식으로 출현하여 발전된다.

이러한 논의의 핵심은 결합태의 개념이 소집단과 사회간의 모든 사회적 현상(심지어 수천만 명이 살고 있는 중국의 경우에도)의 미시수준과 거시수준에 적용된다는 사실이다.

엘리아스는 개인과 사회간의 관계를 다루는 방식을 거부한다. 달리 말해서 개인과 사회 양자(그리고 양자간의 모든 사회적 현상)는 사람 즉, 인간관계를 포함한다. 상호의존성 사슬이라는 개념은 엘리아스가 의식적으로 사용하고 동시에 엘리아스 사회학의 핵심을 구성하는 결합태라는 개념만큼 훌륭한 이미지이다. 그는 사람들이 어떻게 연결되며, 왜 그러한 연계가 발생하는지에 관심을 기울였다.

결합태에 대한 엘리아스의 생각은 개인들이 타자에 대해 열려 있으며, 상호연관을 가진다는 표상에 기초한다. 그는 대부분의 사회학자들이 다른 모든 사람들로부터 완전히 독립된 유일한 개인에 대한 관념을 가지고 작업을 한다고 주장한다. 그러한 이미지는 결합태 이론에 적합하지 않다. 솔직하고 상호의존적인 행위자에 대한 표상이 형상적 사회학(figurational sociology)에 요구된다

---

1) **결합태(figurations)** 솔직하고 상호의존적인 개인의 뒤섞임을 포함하는 사회적 과정이다. 권력은 사회의 결합태에 핵심적이며, 사회의 결합태는 끊임없이 변화한다. 결합태는 대부분 인지되지 않거나 의도되지 않은 방식으로 출현하여 발전된다.

근대성을 분석하기:
생활세계의 식민화

위르겐 하버마스(Jürgen Habermas: 1929-)도 역시 네오마르크스주의 이론가이다. 실제로 그의 생애의 초기 연간에 학자로서 그는 비판이론학파와 직접적으로 결합하였다. 그는 비판이론에 중요한 기여를 하였음에도 불구하고, 자신의 특유한 일련의 이론적 사상을 생산하기 위해 마르크스의 이론을 많은 다른 이론적 조류들과 융합시켰다. 그 하나가 생활세계의 식민화의 증대라고 하는 식민화의 거대 이론이다.

하버마스가 생활세계의 식민화에 의해 무엇을 의미하는가를 이해하기 위해서는 먼저 그가 생활세계에 의해 무엇을 의미하는가에 대한 이해를, 또한 식민화를 행하고 있는 것, 즉 체계란 무엇인가에 대한 이해를 요구한다.

생활세계, 체계 그리고 식민화

앞의 제 3 장에서 본 바와 같이, **생활세계**1)는 일상생활의 세계를 가리키기 위해 알프레드 슈츠(Alfred Schutz)(그리고 현상학과 현상학적 사회학과 결합된 다른 사람들)가 사용한 개념이다. 슈츠는 생활세계 내에서의 상호주관적 관계에 우선적으로 관심을 가졌다. 그러나 하버마스는 생활세계 내에서 상이한 관심을 갖고 있다. 하버마스는 일차적으로 생활세계 내에서 일어나는 인간 상호간의 커뮤니케이션에 관심을 갖고 있다. 이상적으로는 커뮤니케이션은 자유롭고 개방적이며, 어떠한 강제도 갖고 있지 않는다. 하버마스에게 자유롭고 개방적인 커뮤니케이션은 생활세계 내에서 커뮤니케이션의 합리화를 의미한다. 비록 합리화

---

1) **생활세계(lifeworld)** 슈츠에게 있어서는 상식의 세계(commonsense world), 일상생활의 세계, 세속적 세계(mundane world)이며, 상호주관성(intersubjectivity)이 일어나는 세계이다. 하버마스는 생활세계에서의 인간간의(interpersonal) 커뮤니케이션에 더 관심을 갖는다.

의 개념이 부정적 의미에서 사용되어 왔고, 그리고 다른 맥락에서 하버마스가 그것을 그런 방식으로 사용하고자 한다 하더라도, 생활세계와 커뮤니케이션의 한계 안에서 합리화는 긍정적 함의를 갖는다. 서로 상호작용하는 사람들은 자유롭고 개방적인 커뮤니케이션을 달성하도록 합리적으로 동기화될 것이며, 상호 이해로 나아갈 것이다. 합리적 방법이 합의를 성취하기 위해 채택될 것이다. 더 좋은 주장이 논쟁에서 이길 때, 합의가 도달되고 이해가 성취될 것이다. 다른 말로 표현하면, 어느 한 당파의 더 큰 권력과 같은 외부적 힘이 합의를 성취하는 데에 아무런 역할을 연출하여서는 안 된다. 사람들은 이슈를 논쟁하며, 도달된 합의는 오로지 무엇이 최선의 주장인가에만 기초한다.

　　체계[1]는 자신의 원천을 생활세계 안에 갖고 있다. 그러나 그것은 가족, 법체계, 국가, 그리고 경제와 같은 그 자신의 특징적인 구조를 발전시키게 된다. 이들 구조가 발전함에 따라, 그것들은 생활세계로부터 점차로 멀어져 분리되어 성장한다. 생활세계와 마찬가지로, 체계와 그 구조는 점진적 합리화를 겪는다. 그렇지만, 체계의 합리화는 생활세계의 합리화와는 다른 형태를 취한다. 여기서 합리화는 체계와 그 구조가 점차로 분화되어 성장하고 복합적으로 그리고 자기 충족적으로 성장한다는 것을 의미한다. 가장 중요한 것은 체계와 그 구조의 힘이 성장하고, 그와 함께 생활세계에서 일어나는 것을 지도하고 통제할 수 있는 능력도 커진다는 점이다. 이 점은 생활세계에 대해 수많은 불길한 함축미를 갖는다. 가장 중요한 것은 그것이 생활세계를 식민화(참견) 한다는 점이다. 이 **생활세계의 식민화**[2]는 많은 형태를 취한다. 그러나 어느 것도 다음의 사실보다 더 중요한 것은 없다. 즉 체계가 생활세계 안에서의 커뮤니케이션에 주제넘게 참견하여, 행위자가 자신의 견해를 충분히 주장할 수 있는 능력과 또 그 안에서 합의를 성취할 수 있는 능력을 제한하는 데에 봉사한다는 사실이다. 다른 말로 표현하면 체계의 합리적 구조는 의사소통할 수 있는 능력을 그리고 이해와 합의에 도달할 수 있는 능력을 고양시키는 것이 아니라, 행위자들에 대해

---

1) **체계**(system)　하버마스에게 있어서 체계는 (가족, 법체계, 국가, 그리고 경제와 같은) 구조들이다. 이 구조들은 생활세계 안에 자신의 원천을 갖고 있지만, 그러나 그 자신의 특징적인 존재를 발전시키게 되고 그리고 생활세계로부터 점차 떨어져 분리되어 성장하게 된다.

2) **생활세계의 식민화**(colonization of the lifeworld)　체계와 그 구조들이 점차 분화되어 복합적으로 그리고 자기 충족적으로 성장함에 따라, 그 구조의 권력이 커지고 그와 함께 구조가 생활세계 안에서 일어나는 것을 지도하고 통제할 수 있는 능력도 커진다.

외부적 통제력을 행사함에 의해 그러한 과정을 위협한다.

　　이를테면 한 무리의 친밀한 친구들이 장래에 더 많은 돈을 벌기 위해 그들이 갖고 있는 자원들을 어떻게 공동출자해야 하는가 하는 문제를 놓고 자유롭고 개방적인 토론을 위해 만날 수 있다. 그들은 자신이 모두 중요한 회사의 좋은 자리를 차지하고 있는 임원들이라는 사실로부터 도출된 지식을 사용하여 그 회사의 주식에 투자하기 위해 하나의 주식클럽을 형성하기를 원할 수 있다. 그렇지만 그들이 그렇게 하는 것이 금지되어 있으며, 그리고 심지어 그것을 토의하는 것조차 금지되어 있다. 내부자 거래(insider trading)를 금지하는 법에 의해서이다. 한 회사의 임원은 그 무리의 다른 멤버들과 함께 그 회사의 주가(share price)에 영향을 미칠 수 있을 향후 개발에 대한 정보를 공유하는 것이 금지되어 있다. 그러므로 법은 이 무리의 생활세계 내에서 이러한 방식의 부의 획득에 대한 자유롭고 개방적인 토의를 금지한다. 우리는 내부자 거래는 금지되어야 한다고 생각할 수 있다. 그러나 법은 이 경우에 자유롭고 개방적인 커뮤니케이션을 통한 합의의 성취를 금지한다는 사실은 여전히 남는다.

　　생활세계와 체계에 대해 이러한 견해들이 일단 받아들여졌다고 쳤을 때, 하버마스는 그것들이 동일한 뿌리에서 유래하지만, 이제는 서로 분리되었다고 주장한다. 일단 그것들이 분리되고 나면, 체계가 생활세계를 식민화하는 것이 가능하다. 이 식민화는 일반적으로 생활세계에 그리고 특별하게는 그 안에서의 커뮤니케이션에 파괴적 효과를 갖는다. 커뮤니케이션은 점차로 딱딱해지고, 피폐해지고, 파편화되게 된다. 생활세계 자체는 해체의 위기에 내몰린다. 그렇지만 식민화가 아무리 완벽하게 확대되었을 때에도 생활세계는 지속된다.

체계의 합리화와 생활세계의 합리화

　　하버마스에게 있어서 문제는 체계와 그것에 특징적인 합리화가 생활세계와 그것의 특징적인 합리화 형태에 대해 우위를 점하게 되었다는 데에 있다. 하버마스에게 있어서 이 문제의 해결은 생활세계와 체계의 양자의—각각 그 자신의 방식에서의—합리화에 있다. 체계와 그 구조는 더욱 분화되어, 복합적으로 성장하는 것이 허락될 필요가 있다. 반면에 생활세계는 자유로운 커뮤니케이션이 가능하고, 더 좋은 주장이 승리적인 것으로 나타나는 것이 허락되도록 정련화될 필요가 있다. 양자의 충분한 합리화는 생활세계와 체계가 각각이 타자에 부정적으로 영향을 미치기 보다는 타자를 고양하는 방식으로 재결합되는 것을 허락할 것이다. 보다 합리적인 체계는 생활세계 안에서의 합리적 논증(argumentation)을 고양시킬 것이고, 반대로 논증은 체계를 더욱 더 합리화하는 방식을 찾아낼 것이다. 이러한 방식으로 이 두개의 체계는—현재의 상황에서 체계가 생활세계를 기형화하기 보다는—오히려 상호 풍부하게 할 것이다.

이를테면, 보다 합리화된 체계는 인간집단들에게 여태까지 내부자 거래로 간주되었던 특정 유형의 정보의 교환을 토론하는 것을 허락할 수 있다. 그러한 집단들은 그들의 편에서, 자유롭고 개방적인 커뮤니케이션을 통해 무엇이 내부자 거래로 간주되고 또 무엇이 간주되어서는 안 되는가에 대한 더 좋은 가이드라인을 갖게 되는 데에 이를 수 있다. 체계와 생활세계의 양자가 합리화된 세계에서, 새로운 가이드라인에 대한 이러한 견해들은 체계 안으로 피드백될 것이고, 그리고 거기서 변화를 일으켜 무엇이 내부자 거래이고 아닌가에 대한 보다 정련화된 의미로 나아갈 것이다.

위르겐 하버마스(Jürgen Habermas) 생애의 삽화

1956에 하버마스는 프랑크푸르트에 있는 사회연구소(Institute for Social Research)에 도착하여 프랑크푸르트 학파(Frankfurt School)와 결합하게 되었다. 그는 이 학파의 가장 걸출한 멤버의 한 사람인 아도르노(Theodor Adorno)의 연구조수가 되었으며, 또한 연구소의 부연구원(associate)이 되었다. 비록 프랑크푸르트 학파가 종종 매우 일관성 있는 학파로 여겨지고 있지만, 하버마스의 견해는 그렇지 않았다.

"내 보기엔 하나의 일관된 이론이란 결코 존재하지 않았다. 아도르노는 문화의 비판
에 대해 많은 에세이들을 썼고, 그리고 또한 헤겔에 관한 세미나들을 가졌다. 어떤
면에서 그는 맑스주의의 배경을 선보인건 맞다—그러나 그것뿐 이었다."

비록 사회연구소와 결합하였지만, 하버마스는 처음부터 하나의 독립적인 지적 지향을
내보였다. 1957년에 하버마스가 쓴 한 논문은 그를 연구소의 지도자인 호르크하이머
(Max Horkheimer)와 껄끄럽게 하였다. 하버마스는 비판적 사상과 실천적 행동을 강력하
게 주장하였다. 그러나 호르크하이머는 그러한 입장이 공공기금으로 지원받고 있는 연
구소를 위태롭게 할 것을 두려워하였다. 호르크하이머는 하버마스를 연구소에서 해임
할 것을 강력하게 권고하였다. 호르크하이머는 하버마스에 대해 다음과 같이 말했다.
"그는 아마도 장차 저술가로서 훌륭한 혹은 탁월한 경력을 쌓게 될 것이다. 그러나 그
는 연구소에는 오직 막대한 손상만을 입힐 것이다." 그 논문은 결국 출판되었지만, 그
러나 연구소의 후원 아래서가 아니었고, 사실상 연구소와 아무런 관계를 갖지 않았다.
결국, 호르크하이머는 하버마스의 저작에 대해 불가능한 조건을 강요하였고, 하버마스
는 사임하였다.

근대성을 분석하기:
근대성의 쟈거노트(무자비한 힘)와 위험사회

안소니 기든스(Anthony Giddens: 1938-)는 자신을 근대적인 사회이론가로 간
주하며, 우리들이 새로운 포스트모던 세계에 들어섰다고 생각하지 않는다. 오히
려 그는 우리가 비록 선진된 단계에 있는 것이긴 하지만, 계속해서 근대세계
안에서 존재하고 있다고 주장한다. 그는 우리들이 때로는 포스트모던 세계로
이동할 수 있다는 생각을 배척하지 않는다. 그러나 그러한 세계에 대한 그의
생각은 자신을 포스트모던 사회이론과 결합시키는 사람들(제 9 장을 보라)과는
극히 상이하다. 비록 근대주의자이긴 하지만, 기든스는 근대세계에 대해 맑스와
베버와 같은 고전적인 근대성 이론가들과는 매우 다른 견해를 갖고 있다.

쟈거노트

기든스는 근대성을 하나의 **쟈거노트**¹⁾로, 즉 자신이 가는 길에 있는 모든 것에 대해 냉혹하게 전횡을 부리며 전진하는 한 거대한 세력으로 본다. 바쁜 도시의 거리를 질주하는 타이타닉 호만한 크기의 트레일러 트럭을 상상해보라. 사람들이 이 쟈거노트를 조종하지만, 그러나 그 엄청난 크기와 부피가 주어지면, 사람들은 총체적으로 이 쟈거노트가 취하는 길과 그것이 운행하는 속도를 통제할 수 없다. 그들이 통제력을 상실할 가능성이 항상 존재한다. 그리고 이 쟈거노트는 그리고 그 안에 있는 혹은 가까이 있는 모든 사람이 파괴될 수 있다. 그것을 통제하는 사람들에게도 그리고 그것이 나아가는 길에 있는 사람들에게도 이 쟈거노트는 커다란 보상을 가져다 줄 수 있다(거대한 트럭은 국민들이 필요로 하는 새로운 의약품을 대규모 공급할 수 있다). 그러나 또한 커다란 위험도 초래할 수 있다. 그것을 운전하는 사람들이 어느 순간이든 통제력을 잃을 수 있고 따라서 많은 사람들의 생명을 위협한다는 항상적 불안이 이 위험에 포함된다.

이 쟈거노트의 개념은 확실히 추상적이다. 더 구체적으로, 기든스는 이러한 비유와 그것에 의해 제기되는 위험를 갖고 무엇을 염두에 두고 있는가? 의약품을 운송하는 트레일러 트럭의 구체적 예를 들어보자. 트럭은 가치있는 것으로 보이는 의약품을 운송하고 있지만, 그러나 이 의약품은 장래에 선 보다는 해악을 더 많이 일으킬 수 있다. 이것은 펜펜(Fen Phen)의 사례이었다. 이 체중감량용 의약품은 잠깐 동안 커다란 인기가 있었지만, 그러나 그것을 복용한 많은 사람들이 심장판막 문제를 발전시켰다는 것이 알려지게 되었을 때 그것이 시장에서 제거되었다. 가치 있는 것으로 보이지만, 그러나 재해를 일으키는 것으로 판명될 수 있는 인간창조물의 또 다른 구체적 예로서 핵 테크놀로지(예: 핵발전소)와 유전학 연구를 들 수 있다. 모든 것은 그것들에 대한 매일 매일의 통제에 종사하고 있는 사람들에 의해 생산된다. 그렇지만 통제는 빈약하며, 원자로의

---

1) **쟈거노트(juggernaut)** 기든스가 근대세계를 비유한 것. 자신의 행로에 있는 모든 것을 무자비하게 유린하며 전진하는 육중한 힘(massive force)을 가리킨다. 사람들이 쟈거노트를 조종하지만, 그러나 이 쟈거노트는 언제나 사람들의 통제를 벗어날 가능성을 갖고 있다.

노심용해(meltdown)(체르노빌에서 일어난 바와 같이), 혹은 인류의 장래를 위협하는 유전적 돌연변이(genetic mutations)의 우발적 확산 등과 같은 재난의 가능성이 항상적으로 존재한다.

공간과 시간

근대적 쟈거노트의 다양한 구성요소들을 통제할 수 있는 우리들의 능력은 그 요소들이 시간과 공간의 측면에서 우리들로부터 동떨어져 성장하는 경향을 가졌다는 사실에 의해 복잡해진다(기든스는 이것을 **거리화**[1]라고 부른다). 전근대적 사회에서, 혹은 심지어 초기의 근대사회에서 그러한 구성요소들은 물리적으로 우리들과 밀접해 있는 경향을 가졌었는데 비해, 지금은 그것들은 지금 전 지구를 가로질러 확산되어 있다. 엄청난 파괴력을 가진 핵잠수함은 그것의 활동을 지휘하는 사람들로부터 세계의 절반만큼이나 멀리 떨어져 있을 수 있다. 체르노빌(Chernobyl)에서의 핵재난은 수천 마일 떨어진 사람들에게 영향을 미쳤다. 동일한 점이 시간에 대해서도 행해질 수 있다. 오래 전에 만들어진 사물들 (반세기 이상 축적되어 혼 핵폐기물)이 우리들에게 재난적 효과를 가질 수 있다. 마찬가지로 우리들이 지금 창조하는 과정에 있는 사물들(예: 유전공학)이 미래에 역효과를 가져올 수 있다.

시간과 공간에서의 이러한 변화들 때문에, 근대세계에 살고 있는 사람들은 그것을 통제하고 운전하는 체계와 사람 양자에 대해 신뢰감을 발전시키도록 강요받고 있다. 이를테면 우리는 다음을 신뢰할 필요가 있다. 즉 핵잠수함의 선장이 다탄두 핵 공격을 발사하는 것을 떠맡지 않을 것이라는 것, 혹은 유전학 연구를 하는 사람들이 미래의 세대를 보호하기 위해 필요한 예방조치를 취할 것이라는 것이다. 다른 말로 표현하면, 근대세계의 본성은 우리가 다양한 전문가들에게 신뢰를 둘 것을 요구한다.

---

1) **거리화**(distanciation) 근대적 쟈거노트의 다양한 구성요소들이 공간과 사간 안에서 우리들로부터 전혀 동떨어져 성장하는 경향.

안소니 기든스(Anthony Giddens)
생애의 삽화

이론가로서 기든스는 미국에서 또한 세계의 많은 다른 부분들에서도 커다란 영향력을 가졌다. 재미있게도 그의 저작은 흔히 그의 고국 영국에서는 세계의 많은 다른 나라들에서만큼 잘 수용되지 못하였다. 이러한 고향에서의 수용의 결여는 부분적으로는 기든스가 영국의 많은 다른 사회이론가들이 추구하였으나 성취하는 데 실패한 범세계적인 이론적 추종을 획득하는 데에 성공하였다는 사실의 탓으로 돌려질 수 있다.

"기든스는 구조화 이론(structuration theory)의 발전을 촉발시킨 치열하고도 흥분시키는 논쟁을 통해 아마도 그 기간 동안에 사회학에 헌신한 우리 많은 사람들이 가졌던 환상을 실현했던 것인지도 모른다."

기든스의 경력은 1990년대에 일련의 흥미 있는 전환을 취하였다. 그가 수 년 동안 받았던 치료는 그에게 개인적 삶에 그리고 『근대성과 자기정체성』(Modernity and Self-Identity), 『친밀성의 변환』(The Transformtion of Intimacy)과 같은 저서들에 더 큰 관심을 갖게 하였다. 치료는 또한 그에게 더 많은 공적 역할을 맡는 것에 그리고 영국 총리 토니 블레어(Tony Blair)의 고문이 되는 것에 자신감을 주었다. 1997년에 그는 높은 명망을 가진 런던경제대학(LSE)의 학장이 되었다. 그는 런던경제대학의 학문적 명성을 강화하고 또한 영국과 전세계의 공적 담론에서 이 대학의 목소리를 증대하기 위해 움직였다. 어떤 사람은 이 모든 것이 기든스의 학자적 연구에 역효과를 미쳤다고 믿는다(그의 1990년대의 저서들은 그의 초기 저작에서 보이는 그러한 깊이와 세련미를 결여하였다). 그러나 지금 당장에서만큼은 그는 분명히 공적인 영역에서 영향력을 발휘하는 데에 더 초점을 맞추고 있다.

성찰성 또는 재귀성(reflexivity)

근대세계의 사람들은 그러나 단순히 전문가들에게 사물을 맡기는 것에 만

족하지 않는다. 사람들은 성찰적이다. 핵 테크놀로지와 유전학 연구와 같은 거
대 이슈들을 끊임없이 음미하며, 또한 그들의 일상활동 중에서 가장 속세적
(mundane)인 것을 끊임없이 음미한다. 비록 거대이슈의 재음미가 그들에게 별로
효과를 갖지 못한다 하더라도, 그것은 사람들에게 그 이슈에 대한 그리고 그것
이 그들의 삶에 대해 갖는 함의들에 있어서 끊임없이 불안감(sense of uneasiness)
을 주고 있다. 더 중요하게는 우리들 자신의 행동을 끊임없이 음미하고 개혁함
에 의해 우리는 더 큰 불안을 갖는다는 점이다. 한번 정해지면 변치 않는 그런
사물은 거의 없다. 오히려 모든 것이 취해진 행동을 재음미하고 수정 혹은 개
정하는 것에 끊임없이 개방적이다. 우리는 우리들의 행동에 대해 성찰할 뿐만
아니라 우리는 그러한 행동에 대한 우리들의 생각에 대해서도 성찰한다. 이것
은 핵 기술의 위험과 같은 것에 대한 우리들의 성찰보다 훨씬 심각한 불안감을
남기는 데에 성공한다.

불안전과 위험

　기든스가 고도 근대성(high modernity)이라고 부르는 것 안에서 우리는 모두
생명에 대한 커다란 불안전(insecurity)에 직면하고 있다. 불안전은 유년기 사회화
에 의해 다루기 쉽게 만들어진다. 유년기 사회화는 우리들의 부모뿐만 아니라
일반적으로 권위인물을 신뢰할 줄 아는 능력을 우리들에게 남겨준다. 이에 덧
붙여, 우리 모두는 마치 우리들의 삶이 안전한 것처럼 보이게 만드는 일련의
매일의 일상(daily routines)을 따른다. 그렇지만 우리는 우리를 둘러싸고 있는 위
험(risks)을 고통스럽게 깨닫고 있다. 이 위험은 그 본질적으로 지구적이며, 앞에
서 논의한 사물들을 포함할 뿐만 아니라, 또한 증대하고 있는 지구경제적(global
economic) 상호의존성과 같은 것을, 그리고 세계의 한 부분에서의 경제적 위기가
우리들 주위의 전 지구경제의 붕괴를 가져올 수 있을 가능성을 포함한다. 또한
우리는 우리가 일반적으로 전문가들을 신뢰하는데 반해 그들은 쟈거노트를 충
분히 통제할 수 없다는 것을 안다. 그들이 취하는 행동이 위기를 불러일으킬

수 있으며, 그러한 위기를 다루기 위해 그들이 취하는 행동이 쉽사리 그 위기를 더욱 악화시키는 데에 봉사할 수 있다.

왜 위험인가? 혹은 다른 방식으로 표현하면, 왜 쟈거노트가 언제나 통세를 벗어나 쇄도할 우려가 있는가? 기든스는 4개의 답을 제출한다.

1. 쟈거노트와 그것의 다양한 구성요소들을 디자인한 사람들이 과오를 범했다. 즉 쟈거노트가 디자인 결함(design faults)을 갖고 있다. 이를테면 체르노빌(그리고 의심할 것 없이 전세계의 다른 원자로)의 디자인과 창설에 종사한 사람들이 노심용해가 일어나게 한 수많은 과오를 저질렀다.

2. 쟈거노트를 운전하는 사람들(그것의 조작기사)이 과오를 저질렀다. 즉 쟈거노트는 조작기사의 실수에 영향받기 쉽다. 그러므로 체르노빌의 노심용해는 그 발전소를 일상적 토대 위에서 운영한 사람들에 의해 저질러진 치명적 오류에 의해 발생하였을 수 있다. 실제로, 노심용해는 의심할 것 없이 조작기사의 실수와 디자인 결함이 조합된 결과였다.

3. 우리는 쟈거노트를 수정하는 것의 결과를 혹은 그것을 위한 새로운 구성요소들을 창조하는 것의 결과를 언제나 정확하게 예견할 수 없다; 왜냐하면 그러한 행동은 흔히 의도하지 않은 결과를 갖기 때문이다. 이를테면, 우리는 현재 유전학 혁명의 시작에 있다. 그러나 우리는 우리가 지금 착수하고 있는 유전학적 변경의 모든 결과를 예견할 수 없다. 유사하게, 펜펜(Fen Phen)의 제조업자는 그 약을 복용한 환자들에게서 그것이 심장판막 결함을 일으킬 것이라는 생각을 갖지 못했다.

4. 일반적으로 사람들은 그리고 특수하게는 전문가들은 쟈거노트에 대해 끊임없이 성찰하고 있다. 그리고 그 과정에서 그것에 대한 새로운 지식을 만들어낸다. 쟈거노트에 적용된 그러한 새로운 지식은 쉽사리 그것이 상이한 속도나 방향에서 움직이게 만들 것이다. 그렇지만 이 새로운 속도나 방향은 일련의 부정적 결과를 초래할 수 있다. 이를테면 연방준비제도는 때로는 인플레를 통제하에 두기 위하여 이자율을 올린다. 그렇지만 이자율 인상은 경제적 경기후퇴의 가능성을 초래한다; 경제가 너무 많이 침체될 수 있을 것이다.

근대성을 분석하기:

사회의 맥도날드화(Macdonaldization)

막스 베버의 서구 합리화의 사상에 기초하지만(제 2 장), 멕도날드화의 테제는 상이한 모델을 취하며(베버는 관료제에 초점을 두었지만, 나는 패스트푸드 식당에 집중한다), 그 이론을 21세기로 가져오고, 그리고 합리화가 자신의 범위를 베버가 상상했던 것 보다 더 많은 사회의 부문들과 세계의 영역들에 확대하고 있다고 본다.

맥도날드화[1]는 패스트푸드 식당의 원칙들이 아메리카 사회뿐만 아니라 세계의 너머지 사회들에서 더욱 더 많은 부문들을 지배하기에 이르는 과정으로서 정의된다. 맥도날드화 과정의 본성은 다섯 가지의 기본적 차원들을 개관함에 의해 윤곽이 그려질 수 있다. 즉 효율성, 계산가능성, 예측가능성, 인간에 대한 테크놀로지의 대체를 통한 통제, 그리고 역설적으로 합리성의 비합리성.

맥도날드화의 차원들

첫째로, 맥도날드화 사회(McDonaldizing society)는 **효율성**[2]을 강조한다. 혹은 어떤 목적이 열망되든 관계없이, 그 목적을 위한 최선의 가능한 수단을 발견하려는 노력을 강조한다. 패스트푸드 식당에서 일하는 종업원은 분명히 효율적으로 일해야만 한다. 이를테면 버거가 어셈블리 라인(assembly-line)의 방식으로 모아지고 때로는 심지어 요리되기도 한다. 고객들은 그들의 식사를 효율적으로 획

---

1) **맥도날드화(Macdonaldization)** 패스트푸드 식당의 원칙이 아메리카 사회와 또한 세계의 나머지 사회들의 더 억 더 많은 부문들을 지배하기에 이르는 과정. 그것의 다섯 가지 기본적 차원들은 효율성, 계산가능성, 예측가능성, 인간에 대한 테크놀로지의 대체를 통한 통제, 그리고 역설적으로 합리성의 비합리성이다.

2) **효율성(efficiency)** 어떤 목적이 갈망되든지 간에 그 목적을 위한 최선의 가능한 수단을 발견하려는 노력.

득하고 소비하기를 원하고 또 그렇게 하도록 기대된다. 드라이브스루(drive-through) 창구는 고객이 식사를 획득하기 위한, 그리고 종업원들이 식사를 나누어 주기 위한 고도로 효율적인 수단이다. 패스트푸드 식당에서 종업원과 고객 양자가 효율적인 방식으로 행동하는 것을 보증하기 위해 다양한 규범과 규칙, 규제, 절차 그리고 구조들이 도처에서 마련되어 왔다. 더구나 한 쪽의 효율성은 다른 쪽이 유사한 방식으로 행동할 것이라는 것을 보증하는 데에 도움을 준다.

　둘째로, 커다란 중요성이 **계산가능성**[1])에 주어진다. 즉 양에 대한 강조는 흔히 질의 손상을 초래한다. 패스트푸드 식당에서 종업원들의 일의 다양한 측면들이 정확하게 시간에 맞추어 정해진다. 이러한 속도의 강조는 흔히 일의 질에 역효과를 미치는데, 이는 종업원의 관점에서 볼 때 불만족, 소외, 높은 이직률로 결과된다. 대부분 경우 파트타임의 조건에서 노조가 없고, 또 일반적으로 최소임금을 받고 있는 십대 청소년들의 노동력 중에서 절반을 약간 상회하는 비율이 일년 이상 동안 그 일자리에 남아있다. 마찬가지로 고객들도 패스트푸드 식당에 가능한 한 적은 시간을 보낼 것으로 기대된다. 실제로 드라이브스루 창구는 이 시간을 영으로 저하시킨다. 그러나 만약 고객이 식당 안에서 먹기를 원한다면, 의자는 그 고객에게 약 20분 후에 떠날 것을 재촉하도록 디자인되어 있다. 이러한 속도의 강조는 분명히 패스트푸드 식당에서의 식사경험의 질에 부정적 효과를 미친다. 더구나 일이 얼마나 빨리 마쳐지는가를 강조하는 것은 고객들이 높은 질의 음식을 봉사 받을 수 없다는 것을 의미한다. 높은 질의 음식은 정의상 준비하는 데에 많은 시간을 요구한다.

　또한 맥도날드화는 **예측가능성**[2])에 대한 강조를 포함한다. 종업원들은 그들의 일을 예측할 수 있는 방식으로 수행할 것이 기대된다. 그리고 고객들은 그들의 편에서 유사하게 예측할 수 있는 행동으로 반응할 것이 기대된다. 그러므로 고객이 입장할 때, 종업원은 정해진 대본에 따라 무엇을 주문하시겠습니까? 라고 질문한다. 고객들은 이제 자신들의 편에서 자기들이 무엇을 원하는가를 알고 있다고 기대되며, 혹은 그들이 원하는 것을 찾으려면 어디로 시선을 돌려야하는가를 알고 있다고 기대된다. 그리고 그들은 주문하고 지불하고 재빨리

---

1) **계산가능성**(calculability)　양의 강조, 흔히 질의 손상을 초래한다.
2) **예측가능성**(predictability)　재화나 서비스가 시간과 장소가 달라도 본질적으로 동일한 것일 것이라는 생각(idea).

떠날 것이 기대된다. 종업원들은 (다른 대본을 따라) 그들이 떠날 때 감사의 말
을 할 것이 기대된다. 고도로 예측가능한 의례가 패스트푸드 식당에서 끝까지
연출된다. - 어느 시간이나 어느 장소에서도 별로 다르지 않는 고도로 예측가능
한 음식을 제공하는 식당이다.

　　이에 덧붙여 커다란 **통제**[1]가 맥도날드화 사회에 존재한다. 그리고 그러한
통제의 많은 것이 테크놀로지로부터 온다. 이 테크놀로지가 현재 종업원들을
지배하고 있지만, 점차로 그것이 인간을 대체할 것이다. 종업원들은 분명히 프
렌치프라이 기계와 같은 그러한 테크놀로지에 의해 통제되고 있다. 프렌치프라
이 기계는 프라이가 다 됐을 때 종소리를 울리며, 그리고 심지어 자동적으로
프라이를 뜨거운 기름으로부터 들어올린다. 고객들은 이제 그들의 입장에서 볼
때 그러한 테크놀로지에 의해 강제되는 종업원에 의해 통제되며 또한 더 직접
적으로는 테크놀로지 자체에 의해 통제된다. 그러므로 자동 프라이 기계는 고
객이 잘 구워진 좋은 갈색의 프라이를 요청하는 것을 불가능하게 만든다.

　　마지막으로 종업원과 고객 양쪽이 모두 맥도날드화를 불가피하게 동반하는
것으로 보이는 **합리성의 비합리성**[2]으로 고통을 받는다. 수많은 비합리적인 것
들이 맥도날드화의 기본원칙들과 반대되는 것을 포함한다. 이를테면, 패스트푸
드 식당의 효율성은 흔히 카운터에 서 있는 사람들의 긴 줄 혹은 드라이브스루
창구에 늘어서 있는 자동차들의 긴 줄과 결합된 비효율에 의해 대체된다. 비록
수많은 다른 비합리적인 것들이 있지만, 합리성의 궁극적 비합리성은 탈인간화
(dehumanization)이다. 종업원들은 탈인간화하는 직업에서 일하도록 강제되며, 고
객들은 탈인간화하는 상황과 환경에서 음식을 먹도록 강제된다. 패스트푸드 식
당은 종업원에게 있어서나 고객에게 있어서나 똑 같이 인간품위의 하락의 원천
이다.

---

　1) **통제(control)** 종업원과 고객에 대한 테크놀로지에 의한 지배.
　2) **합리성의 비합리성(irrationality of rationality)** 합리성(그리고 맥도날드화)에 결합된 다양한 비합
　　　리적인 사물들, 특히 탈인간화를 가리킨다. 종업원들은 탈인간화하는 직업에서 일하도록 강
　　　제되어 있고, 고객들은 탈인간화하는 상황과 환경에서 음식을 먹도록 강제되어 있다.

조지 리처(George Ritzer)
생애의 삽화

뉴요커(New Yorjer)로서, 나는 맥도날드에 늦게 왔다. 왜냐하면 나의 10대 연간에(1950년대), 패스트푸드 식당이 본격적으로 이 대도시를 아직 침입하지 않았기 때문이다. 나는 맥도날드를 본 첫 순간을 기억할 수 있다. 그것은 1958년에 매사추세츠로 가는 도로여행(road trip) 중이었다. 그리고 몇 가지 이유에서 그것은 나의 기억에 지울 수 없는 흔적을 남겼다. 회고해보면, 나는 적어도 잠재의식적으로 그러한 황금색 아치가 어떤 새로운 중요한 것을 나타낸다는 것을 깨달았다고 생각한다.

약 10년 후, 이 때까지 투렌(Tulane) 대학의 사회학 교수였던 나는 뉴올리언스(New Orleans)에 살고 있었고, 나의 어린 남동생을 맥도날드에 데려갔다. 나의 동생이 맥도날드에 대해 보인 강력한 반응은 나에게 생생한 기억을 남기고 있다.

1970년대 내내 나는 나의 이론적 지향을 발전시켰다. 이 지향은 막스 베버의 저작에 의해 그리고 그의 합리화와 합리화 과정의 패러다임으로서 관료제, 그리고 합리성의 철장(iron cage)의 위험들에 대한 그의 사상으로부터 깊이 영향 받았다.

1980년대까지는 나는 베버의 합리화 이론을 패스트푸드 식당의 팽창에 대한 나의 관심(집념)과 결합시키기 시작하였다. 이 때까지 맥도날드는 훨씬 더 퍼져 있었고, 패스트푸드 산업에서 뿐 아니라 다른 많은 사회 영역들에서 그것의 복제물이 사회 전체에 퍼지고 있었다. 나는 이 경향에 충격을 받았고, 놀랐다. 그리고 1983년에 나는 "사회의 맥도날드화"라는 제목의 한 에세이를 출판하였다.

나의 체계로부터 나온 그 에세이를 갖고, 나는 베버 이론을 새롭게 적용하는 것을 포함하여 다른 소재들로 나아갔다. 1990년에 나는 하나의 연설을 하였는데, 이 연설에서 베버 이론을 근대세계에 적용하는 것에 대한 훨씬 더 넓은 토론의 맥락 안에서 맥도날드화에 관해 간략하게 언급하였다. 그렇지만 질문과 답변의 시간이 왔을 때, 청중들은 오직 맥도날드화에 대해서만 얘기하기를 원하였다. 사람들이 공명한 사상은 바로 이것이었음이 명백하였다. 나는 곧 이 주제에 관해 한권의 책을 쓰는 것에 착수하였다. 『사회의 맥도날드화』, (The McDonaldization of Society)의 첫판이 1993년에 나왔다. 이 책은 그 후 다른 두개의 판을 거듭하였으며, 이미 사회학의 역사에서 베스트 셀러 저서의 하나가 되었다. 그것이 학자들에게 미친 영향은 많은 곳에서 나타나고 있다. 최근(2000)의 존 드레인(John Drane)의 『교회의 맥도날드화』(*The McDonaldization of the Church*)의 출판도 여기에 포함된다. 만약 교회가 맥도날드화 될 수 있다면, 어떤 것이 맥도날드화로부터 안전한가?

팽창주의(expansionism)

맥도날드와 맥도날드화는 식당산업에 그리고 더 일반적으로는 모든 유형의 프랜차이즈(franchises)에 가장 명백한 영향을 미쳤다. 한 평가에 의하면, 지금 미국에는 약 150만개의 프랜차이즈 체인점(franchised outlets)이 있다. 이는 모든 소매상(retail sale)의 약 3분의 1에 달한다. 맥도날드의 모델은 품질에 비해 값이 싼 다른 햄버거 체인점, 이를테면 버거킹(Burger King)과 웬디스(Wendy's)에 의해 채택되었을 뿐만 아니라, 또한 다량의 다른 저가 패스트푸드 기업에 의해서도 채택되었다. 피자헛(Pizza Hut), 켄터키 프라이드치킨(Kentucky Fried Chicken) 그리고 타고벨(Taco Bell) 체인점이라는 이름아래 전세계에 2만 9천개소 이상의 식당을 운영하는 선두주자 트라이컨(Tricon)은 맥도날드보다 체인점을 더 많이 갖고 있다. 그렇지만 그것의 총판매(200억불)는 그렇게 높지는 않다. 패스트푸드 산업에 비교적 늦게 뛰어든 스타벅스(Starbucks)는 극적인 성공을 거두었다. 1987년에 늦게 시작한 지방도시 시애틀(Seattle)의 기업인 스타벅스는 1998년까지 1,668개 이상의 회사소유의 직판점(프랜차이즈가 없다)을 갖고 있으며, 이는 1994년에 가졌던 가게 수의 3배 이상이다. 스타벅스는 아시아에 2000년까지 200개 이상의 가게를 그리고 2003년까지는 유럽에 500개 이상의 가게를 가질 계획을 세웠다.

아마도 우리는 맥도날드의 모델이 평상적인 식사에까지 확대되었다는 사실, 즉 충분한 메뉴를 가진 더 고급의 값비싼 식당에까지 확대되었다는 사실에 놀라서는 안 될 것이다(이를테면, 아웃백 스테이크하우스 Ourback Steakhouse, 펏드러커스 Fuddrucker's, 칠리스 Chili's, 올리버 가든 The Olive Garden, 레드 롭

스터 Red Lobster). 모튼스(Morton's)는 명백하게 맥도날드를 모델로 본뜬 더 고급의 값비싼 스테이크하우스 체인이다.

다른 유형의 기업들도 점차로 패스트푸드 산업의 원칙을 필요에 따라 채택하였다. 다음의 예들을 들 수 있다. 토이즈러스(Toy's 'R' Us), 킷즈스포츠 판 엔피트니스클럽(Kidsports Fun and Fitness Club), 지피루브(Jifly-Lube), 암코트란스미션(AAMCO Transmissions), 마이다스(Midas, INc.), 헤어플러스(Hair Plus), 에이치엔알 블럭(H&R Block), 펄비전(Pearle Vision), 캠프그라운드 오프 아메리카(Kampgrounds of America, Inc. KOA), 킨더캐어(Kinder Care)(Kentucky Fried Children라고도 한다), 재니크랙(Jenny Craig), 홈디포(Home Depot), 반즈앤노블(Barnes & Noble), 그리고 월마트(Wal-Mart).

맥도날드는 국제무대에서 대성공을 거두었다. 맥도날드 식당의 약 절반가량이 미국 바깥에 있다(1980년대 중반에는 맥도날드의 25%만이 미국 바깥에 있었다). 1998년에 개점한 1,750개의 새로운 식당의 대다수는 해외의 것이었다(미국 안에서는 식당은 100개 이하로 성장하였다). 맥도날드의 이윤의 절반 이상이 해외영업에서 오고 있다. 맥도날드 식당은 지금 전세계의 115개 국가에서 발견된다.

수많은 고도로 맥도날드화된 회사들이 패스트푸드 산업의 외부에서도 지구적으로 성공을 거두었다. 미국 내의 수천 개의 점포에 덧붙여 블록버스터(Blockbuster)는 지금 26개의 다른 국가들에서 2천개 이상의 매장을 갖고 있다. 비록 월마트가 1991년에 최초의 국제적 점포를(멕시코에서) 개점하였지만, 그것은 지금 약 600개의 점포를 해외에 갖고 있다(슈퍼센터와 샘스클럽 Sam's Club을 포함하여 미국 내에 2,800개소가 간신히 넘는 것과 비교하라).

다른 국민들도 이 아메리카적 제도에 대한 그 자신의 변종을 개발하였다. 캐나다는 팀허튼즈(Tim Huttons, 최근에 웬디스와 합병하였다)라는 커피숍 체인을 갖고 있는데, 팀허튼즈는 2000년까지 2천개의 직판점을 가질 계획을 세웠다. 멋진 요리에 대한 사랑이 당신에게 패스트푸드에 대한 면역을 입증할 것이라는 생각을 갖게 하는 도시인 파리는 수많은 패스트푸드 크루아상 가게(croisasanteries)를 갖고 있다. 저 숭배되는 프랑스빵도 또한 맥도날드화되었다. 인도는 나이룰라(Nirula's)라고 하는 하나의 패스트푸드 식당 체인을 갖고 있다. 나

이룰라는 양고기 버거(mutton burger)(인도인의 약 80퍼센트가 쇠고기를 먹지 않는 힌두교도들이다)와 지방의 인도요리를 판매한다. 모스버거(Mos Burger)는 1,500개 이상의 식당을 가진 하나의 일본식 체인이다. 이 체인은 통상적인 음식에 덧붙여 테리야끼치킨버거(Teriyaki chicken burgers), 라이스버거(rice burgers), 그리고 갈색의 떡을 곁들인 오시루코(Oshiruko)를 판매한다. 한 러시아 체인인 루스코예 비스트로(Russkoye Bistro)는 피로기(pirogi: 고기와 야채 파이)와 블리니(blini: 얇은 펜케익), 코삭크 살구 응유 타트(Cossack apricot curd tart)와 같은 전통적인 러시아 음식 그리고 물론 보드카를 판매한다. 토착적인 패스트푸드 식당을 위한 아마도 가장 있을법하지 않은 장소는 전쟁으로 황폐화된 1984년의 베이루트(Beirut)일 것이다. 이곳에서 황금색 아치 대신에 무지개로 장식한 그리고 로날드 맥도날드(Ronald McDonald)를 대신하여 서 있는 J. B. 어릿광대로 장식한 쥬시 버거(Juicy Burgers)의 개점이 목도되었다. 쥬시 버거의 소유주는 그것이 아랍세계의 맥도날드가 될 것을 희망하였다.

지금 맥도날드화는 완전히 전세계적이 되었다. 그 자신의 맥도날드화된 제도를 가진 다른 나라들이 그 제도를 미국으로 수출하기 시작하였다. 영국의 생태학적으로 민감한 화장품 체인인 바디숍(Body Shop)이 1998년에 47개 국가에 1,500개 이상의 점포를 가졌다. 그 중에서 300개는 미국에 있었다. 더구나 미국의 기업들이 지금 배스 앤 바디 워크스(Bath and Body Works)와 같은 이러한 영국 체인의 모방을 개점하고 있다.

맥도날드화의 과정의 모델로서 매도날드는 전세계에 하나의 중심적 지위를 점하게 되었다. 모스크바에서 맥도날드를 개점할 때 그것은 궁극적인 아메리카적 아이콘(icon)으로서 묘사되었다. 피자헛이 1990년에 모스크바에서 개점되었을 때, 고객들은 그것을 아메리카의 한 작은 단편으로 보았다. 브라질에서 패스트푸드 식당의 성장을 회고하면서, 브라질의 피자헛과 관련된 한 임원은 그의 국민이 미국적인 어떤 것을 갈망하고 있다고 말했다. 사람들은 더 나아가 다음을 주장할 수 있을 것이다. 적어도 어떤 방식에서는 맥도날드가 미국 그 자체 보다 더 중요하게 되었다고.

맥도날드화의 테제는 맥도날드가 그리고 더 중요하게는 그 기초에 놓여 있는 원칙들(효율성, 예측가능성, 계산가능성, 비인간적 테크놀로지를 통한 통제)

이 점차로 사회의 더 많은 부문들에 그리고 세계의 더 많은 부분들에 영향을 미치고 있다는 점이다. 이 이미지는 맥도날드화되지 않은 상황을 발견하기가 점차 어렵게 되고 있는 사회와 세계의 이미지이다. 이 이미지는 세계가 냉혹하게 합리화의 철장(iron cage)의 방향으로 진전하고 있다는 베버의 테제의 최신의 버전이다. 우리는 이 쇠우리에 대해 이전의 베버 시대보다 오늘날 훨씬 더 가까이 있다. 그 과정은 합리화보다는 맥도날드화라는 말에 의해 더 잘 포착된다.

핵 심 개 념
지 구 화

지구화 이론가들은 학자들이 지구적 과정에 초점을 두어야 하는 것이지, 그 과정이 어떤 특정한 국가로부터 유래한다는 것에 초점을 두어서는 안된다고 주장한다. 부분적으로 이것은 과거에 일반적으로는 서구에 특수하게는 미국에 초점을 두는 경향에 대한 그리고 그것을 세계의 나머지 국가들을 위한 모델로 간주하는 경향에 대한 하나의 반응이다. 이전의 이론화는 또한 서구의 과정이 세계의 나머지 나라들에 미친 영향을, 특히 이들 문화의 동질화를 강조하는 경향이 있었다.

지구화1) 이론가들은 일반적으로는 국민국가 그리고 특수하게는 미국이 통상적으로 생각되는 것만큼 그렇게 중요한 것은 아니라고 주장한다. 훨씬 더 중요한 것은 어떤 특정한 국가로부터도 독립적인 지구적 과정이다. 이를테면 지구적 금융세계가 존재한다. 이 금융풍경(finanscape)은 엄청난 액수의 화폐(megamonies)가 눈부신 속도로 민족국가의 회전식 십자문을 통과하여 이동하는 것을 포함한다. 또 하나의 예는 인종풍경(ethnoscape)이다. 즉 관광여행을 통해 전세계를 수많은 사람들의 이동하는 것이다. 그러한 독립적인 과정에 덧붙여, 지구화 이론가들은 또한 온갖 종류의 수출이 많은 상이한 방향에서 움직이고 있고, 일반적으로는 서구로부터, 특수하게는 미국으로부터가 아니라고 주장한다. 그리하여 맥도날드화된 사업을 수출하고 있는 나라는 바로 미국이 아니다. 다른 나라들은 그것을 미국으로 수출하고 있다.

비록 여기에 약간의 진리가 있고, 또 지구화가 한 중요한 과정이라 하더라도, 다음의

---

1) **지구화(globalization)** 전세계의 다수의 국가들에 영향을 미치는 과정, 그러나 어떤 특정한 국민국가로부터도 독립적인 과정.

사살이 여전히 남는다. 즉 맥도날드화된 체계는 아메리카의 발명품이었고 지금도 그러하며, 이 발명품이 세계의 나머지 나라들에 수출되고 있다는 사실이다. 말할 필요도 없이 일본에서의 맥도날드의 존재 그리고 일본에 미친 맥도날드의 영향은 한 커다란 일본 체인인 모스 버거(Mos Burger)가 미국에 미친 영향보다 무한히 더 크다. 실제로 공산주의의 사망과 함께, 그리고 미국식 스타일의 자본주의에 대한 어떤 다른 대규모 대안도 사망함과 함께, 세계는 이 과정에 대해 이전보다도 훨씬 더 개방적이다. 이 과정에 대한 주된 반대는 지방적 수준으로부터 나올 것이다. 그리고 그러한 노력이 얼마나 성공적일 것인가가 보여지는 일이 남아있다.

몇 지구화 이론가들은 오늘날 중심적인 지구적 문제는 문화적 동질화와 문화적 이질화 사이의 긴장이다 고 주장한다. 대부분의 지구화 이론가들은 우리가 더 큰 이질화를 목격하고 있다고 주장한다(맥도날드화된 체계가 전세계에 보급되는 것은 동질화를 가리키고 있지만). 그리하여 그러한 이론가들은 그들이 지방적 수준에서 혼합화(hybridization)의 과정이라고 일컫는 것을 가리킨다. 혼합화의 한 예는 모로코의 소녀들이 암스테르담에서 타이 복싱에 종사하고 있는 것을 발견하는 것을 포함한다. 물론 이 두 가지 사태가 모두 진실일 수 있다. 우리들의 삶의 어떤 측면들은 더 큰 동질화를 보이면서(이를테면 맥도날드화를 통해서), 다른 측면들은 더 큰 이질화를 보일 수 있다.

동질화와 이질화의 공존은 **지구화·지방화**2)라는 아이디어에서, 혹은 어떤 주어진 환경에서 지구적인 것과 지방적인 것 간의 복합적인 상호작용이라는 아이디어에서 명백하게 나타난다. 어떤 새로운 것이 이 상호작용에서 창조되며, 이 상호작용은 동질화나 이질화의 어느 한쪽으로 환원될 수 없다. 확실히 지방적 문화가 맥도날드화와 같은 과정들에 의해 분쇄되지는 않는다. 그렇지만 패스트푸드 식당과 기타 맥도날드화된 체계의 보급은 그러한 지구적 과정이 적어도 지방적 문화에 약간의 동질화 효과를 미치고 있음을 말해 준다.

---

2) **지구화·지방화**(glocalization)　어떤 주어진 환경에서 지구적인 것과 지방적인 것의 복합적인 상호작용.

◆ 요　약

1. 비판이론(Critical theory)은 문화산업에 그리고 인간에 대한 문화의 통제의 증대에 초점적으로 관심을 갖고 있다. 이 통제의 열쇠는 대중문화, 특히 대중매체에 의해 널리 퍼뜨려지는 대중문화이다.

2. 비판이론가들은 테크놀로지에 대해 비판적이다. 특히 테크놀로지가 자본주의에서 사용되는 방식에 대해 비판적이다.

3. 테크놀로지의 지배는 일차원적 사회(a one-dimensional society)를 낳고 있다. 일차원적 사회에서 사람들은 창의적으로 그리고 비판적으로 사고할 능력을 상실한다.

4. 비판이론가들은 테크놀로지가 사고에 미치는 영향에 관심을 갖고 있다. 사람들은 목적을 위한 최선의 수단만을 추구하며, 목적이나 수단에 대해 성찰하지 않는다. 사람들은 이성의 능력을 상실한다. 이것은 합리적 체계의 비합리성의 일면이다.

5. 대부분의 마르크스주의자와는 달리, 비판이론가들은 미래에 대해 비판적 견해를 갖고 있으며, 오직 증대하고 있는 테크놀로지적 통제와 합리화만을 본다.

6. 자본주의는 포디즘(Fordism)에서 포스트포디즘(Post-Fordism)으로의 이행을 수행하였다.

7. 포디즘은 동질적 생산물의 대량생산, 유연성 없는 테크놀로지, 표준화된 노동 일상, 생산성의 진보적 증가, 대량적 노동자와 노동조합을 낳는 관료제화된 생산체계, 그리고 소비의 동질성에 의해 특성지어진다.

8. 포스트포디즘은 광범위한 생산물의 생산, 고도로 유연성 있는 생산체계, 보다 유연성 있는 숙련된 노동자, 대규모 관료제화된 노동조합의 쇠퇴, 그리고 소비의 이질성에 의해 특성지어진다.

9. 비록 대규모 공장이 점차로 포스트포디즘적으로 된다 하더라도, 포디즘은 패스트푸드 식당과 같은 환경에서 계속된다.

10. 노베르트 엘리아스(Nobert Elias)의 거대이론은 문명화 과정을 다루고 있다. 이 과정에 의해 한때 공공연하던 수많은 가시적 행동들이 비문명화된(uncivilized) 것으로 여겨지게 되어 공중의 시각에서 사라졌다.

11. 이 변동에서 하나의 핵심적 요인은 자신의 긴 종속 사슬을 가진 그리고 더욱 일반적으로는, 더 많은 사람들의 길어지고 있는 종속 사슬을 가진 궁정사회의 출현이었다.

12. 위르겐 하버마스(Jürgen Habermas)의 거대이론은 체계에 의한 생활세계의 식민화와 자유롭고 개방적인 커뮤니케이션의 축소를 다루고 있다.

13. 생활세계는 하버마스에게 있어서 일상적 커뮤니케이션의 영역이다.

14. 체계는 하버마스에게 있어서, 자신의 기원을 생활세계 안에 갖고 있다. 그러나 생활세계로부터 더욱 동떨어지고 분리되어 성장하는 그자신의 구조(이를테면, 가족, 국가)를 발전시키게 된다.

15. 안소니 기든스(Anthony Giddens)의 거대이론은 근대성의 쟈거노트를 다룬다. 이 육중한 힘은 비록 인간에 의해 조종되지만, 그러나 통제를 벗어나 비틀거릴 가능성을 언제나 갖고 있다.

16. 근대성의 쟈거노트가 통제를 벗어나 돌진하는 것을 유발할 수 있는 요인들 중에는 디자인의 결함, 조작기술자의 과오, 의도하지 않은 귀결, 그리고 쟈거노트를 예상되지 않는 방향으로 보내는 신지식의 사용 등이 있다.

17. 조지 리처(George Ritzer)에게 있어서 근대세계는 증대하고 있는 맥도날드화에 의해 정의된다.

18. 맥도날드화는 효율성, 계산가능성, 예측가능성, 그리고 테크놀로지를 통한 통제 등에 대한 강조를 포함한다.

19. 맥도날드화는 또한 일련의 합리성의 비합리성들을 초래한다.

◆ 추천도서

Martin Jay, *The Dialectical Imagination,* Boston: Little Brown, 1973. 네오맑시스트 이론, 특히 비판이론학파에 대해 중요한 개관.

Rolf Wiggershaus, *The Frankfurt School: Its History, Theories, and Political Significance,* Cambridge, MA: MIT Press, 1994.

Richard Kilminster and Stephen Mennell, "Norbert Elias," in George Ritzer, ed., *The Blackwell Companion to Major Social Theorists,* Malden, MA, and Oxford, England: Blackwell, 2000, pp. 601-629. 엘리아스의 생애와 사상에 대해 최근에 나온 간략한 개관.

Stephen Mennell, *Norbert Elias: An Introduction,* Dublin: University College Dublin Press, 1998. 엘리아스의 시각을 더 자세히 알고 싶은 사람들을 위한 참고도서.

William Outhwaite, "Jurgen Habermas," in George Ritzer, ed., *The Blackwell Companion to Major Social Theorists,* Malden, MA, and Oxford, England: Blackwell, 2000, pp. 651-670. 하버마스의 시각에 대한 간략한 개관.

William Outhwaite, *Habermas: A Critical Introduction,* Cambridge: Polity Press, 1994. 하버마스의 연구내용에 대한 자세한 소개.

Christopher G. A. Bryant and David Jary, "Anthony Giddens," in George Ritzer, ed., *The Blackwell Companion to Major Social Theorists,* , Malden, MA, and Oxford, England: Blackwell, 2000, pp. 670-695. 기든스의 기여에 대한 간략한 개관.

Stjepan G. Mestrovic, *Anthony Giddens: The Last Modernist,* London and New York: Routledge, 1998. 기든스의 이론에 대한 비판 때문에 흥미로운 책.

George Ritzer, *The McDonaldization of Society,* New Century Edition, Thousand Oaks, CA: Pine Forge Press, 2000. 이 책의 최신판으로서 여러 영역에서 이러한 현상이 발생하는 것을 논의하고 있다

George Ritzer, *The McDonaldization Thesis,* London: Sage, 1998. 맥도날드화된 사회에 대한 상세한 성찰.

George Ritzer, ed., *McDonaldization: The Reader*, Thousand Oaks, CA: Pine Forge Press, 2002.

Barry Smart, ed., *Resisting McDonalization*, London: Sage, 1999. 맥도날드화 명제에 대한 연구 모음집.

John Drane, *The McDonaldization of the Church: Spirituality, Creativity, and the Future of the Church*, London: Darton, Longman, and Todd, 2000. 맥도날드화 명제를 의외의 영역에 적용하는 연구.

Goerge Ritzer, *From Metatheorizing to Rationalization: Explorations in Social Theory*, London: Sage, 2001. 사회학 이론에 대한 저자의 논문 모음집으로서 미간행 연구들도 들어 있다.

제 **6** 장

현대의
일상생활
이론들

연극모형론(그리고 상징적 상호작용의 다른 측면들): 어빙 고프만의 연구
연극모형론
인상관리
  생애의 삽화: 어빙 고프만
역할거리
낙   인

민속방법론과 대화분석
민속방법론 정의하기
설   명
  생애의 삽화: 해롤드 가핑클
몇 가지 사례들
젠더 구성하기

교환이론
호만스의 교환이론
  생애의 삽화: 조지 호만스
기본 명제들

합리적 선택이론
기본모형
  생애의 삽화: 제임스 콜만
사회이론의 기초들

페미니즘 이론과 미시적 사회질서
(패트리시아 마두 렝어먼과 질 니브루게)
미시적 질서에서 여성이 경험하게 되는 특성들
  생애의 삽화: 도로시 E. 스미스
여성의 주관적 경험의 몇 가지 특징들

요   약
추천도서

연극모형론(그리고 상징적 상호작용의 다른 측면들) : 어빙 고프만의 연구

자아(self) 개념은 상징적 상호작용론에 아주 중요하며 핵심을 차지한다. 허버트 블루머(Herbert Blumer)는 아주 단순하게 자아를 사람들이 자신의 행동의 대상이 될 수 있다는 사실, 곧 인간은 타자에 대해서 뿐만 아니라 자기 자신에 대해서도 행동을 할 수 있다는 사실로 규정했다(예컨대, 자신의 어리석은 행동에 대해 자기 스스로에 대해 훈계하는 것과 같은). 이러한 두 가지의 행동 유형은 사람들이 스스로에 대해 어떤 대상이 되는가(예컨대, 자기 자신을 긍정적 시각에서 보거나 혹은 부정적 시각에서 보느냐 하는)에 기초한다. 이렇게 자기 자신을 지향하는 행동을 할 수 있는 능력은 사람들이 단순히 외적 자극에 대해 반응하는 것이 아니라 의식적으로 행동하도록 해 준다. 사람들은 실제로 자신과의 상호작용을 통해 자신의 행동이 지향하는 사물과 그 사물의 의미를 나타낸다. 자신이 속해 있는 상황과 자신이 성취하고자 하는 것에 기초하여 그 사물의 의미를 해석하고 그 해석을 변경한다.

상징적 상호작용론에서 자아에 대한 가장 뛰어난 저작은 어빙 고프만(Erving Goffman)이 쓴 『일상생활에서의 자아의 표현』 (Presentation of Self in Everyday Life)이다. 고프만의 자아 개념은 미드의 사상(제 3 장), 특히 자발적 자아(spoutaneous self)인 'I'와 자아 내부의 사회적 구속인 'Me' 사이의 긴장에 대한 미드의 논의에 크게 의존하고 있다. 이 긴장은 고프만이 이 '지극히 인간적인 자아'(all too human selves)와 '사회화된 자아'(socialized self) 사이의 근본적 차이가 무엇인지를 다룬 저작에 그대로 반영되어 있다. 그 긴장은 우리가 자발적으로 하고자 하는 것과 사람들이 우리가 이렇게 해주기를 바라는 것 사이의 긴장에서 연유한다. 우리는 무엇인가를 하도록 기대되는 대로 해야 한다는 요구에 직면하는데, 이에 더하여 우리가 그것을 거절해서는 안 된다는 식으로 되어 있다. 이 긴장을 견디어 내어 안정된 자아상(self-image)을 유지하키 위해 사람들은 사회 속의 관객을 위한 연기를 한다. 연기에 대한 이 관심의 결과, 고프만은 **연극모형론1)** 곧 사회생활을 무대 위에서 벌어지는 일련의 연기 수행과 유사한 것으로 보는 관점에 초점을 두게 되었다.

연극모형론

고프만의 자아 개념은 연극론적 접근방법에 의해 만들어진 것이다. 미드는 (대부분의 상징적 상호작용론자도 마찬가지로) 자아를 소유자의 소유물로 보지 않고, 대신에 행위자와 관객 간의 연기적 상호작용의 산물이라고 보았다. 달리 말해, **자아2)**는 자신이 누군가에 대한 관념으로서 현장에서 연기적 효과에 의해 나타난다. 자아는 연기에 의한 상호작용의 산물이기 때문에, 연기수행의 과정에서 발생하는 교란에 취약하다. 고프만은 자신의 연극론에서 이러한 교란이 예방되거나 다뤄지는 과정에 관심을 기울였다. 고프만은 자아 논의의 대부분을 이러한 연기의 우발적 사건에 대해 초점을 맞추었지만, 대부분의 연기는 성공적이라고 보았다. 그 결과 일상적인 환경에서 연기 수행자는 확고한 자아(a firm self)를 부여받기 때문에, 자아는 그 연기자로부터 발산되는 것처럼 보인다.

고프만의 가정에 따르면, 개인들이 상호작용을 할 때, 남들이 수용할 수 있는 특정한 자아감(sense of self)을 드러내기를 원한다. 하지만 행위자들이 그러한 자아를 드러낸다 하더라도, 관객이 자신들의 연기수행을 방해할 수 있음을 알고 있다. 이 이유 때문에, 행위자들은 관객—특히 방해할 수 있는 관객—을 통제할 욕구를 가지게 된다. 행위자들은 관객에게 자신의 자아감을 아주 강력하게 드러내서 관객들이 자신이 원하는 바대로 자신을 정의해 주기를 바란다. 또한 이렇게 함으로써 자신(행위자)들이 원하는 대로 관객들이 자발적으로 행동하게 되기를 원한다. 고프만은 이 중심적 관심을 '**인상관리**3)'라고 명명했다. 인상관리는 행위자가 자신들이 직면하게 될 문제에도 불구하고 특정의 인상을 유지

---

1) **연극모형론(Dramaturgy)** 사회생활을 무대 위에서 벌어지는 일련의 연기 수행과 유사한 것으로 보는 관점.
2) **자아(self)** 자신이 누군가에 대한 관념으로서 현장에서 연기적 효과에 의해 나타난다.
3) **인상관리(impression management)** 행위자가 자신들이 직면하게 될 문제에도 불구하고 특정의 인상을 유지하는데 사용되는 기법과 이러한 문제들을 극복하기 위해 사용하는 방법들.

하는데 사용하는 기법과 이러한 문제들을 극복하기 위해 사용하는 방법들을 포함한다.

무대전면

고프만은 극장 상황에 비유해서 **무대전면**1)이라는 말을 사용했다. 무대전면은 연극적 연출의 한 부분으로서 여기서의 연기는 보다 고정적이고 일반화된 방식으로 진행되며, 연기를 보는 사람들이 이를 통해 상황을 정의할 수 있게 된다. 강의실에서 강의하는 교수는 무대 전면에 있는 것으로 간주될 수 있고, 사교클럽의 파티에 참석한 학생도 마찬가지이다. 고프만은 무대전면을 무대장치(setting)와 개인적 전면로 더욱 세분화했다. **무대장치**2)는 행위자들이 연기를 수행할 경우 일상적으로 반드시 있어야 하는 물리적 배경을 의미한다. 무대장치 없이는 행위자는 통상 연기를 수행할 수 없다. 예컨대, 외과의사는 통상 수술실을 필요로 하며, 택시 운전사는 택시를 그리고 스케이트를 타는 사람은 얼음판을 필요로 한다. **개인적 전면**3)은 표현장비와 같은 것들로 구성되며, 관객들이 장비들을 행위자와 연결시키고 행위자들이 그 장비들을 차리고 무대로 나갈 것으로 예상한다. 예컨대, 외과의사는 의료 가운을 입고 이런저런 의료장비와 기타의 것들을 갖추고 있을 거라고 기대된다.

고프만은 개인적 전면을 외관(appearance)과 매너(manner)로 나누었다. **외관**4)은 연기자의 사회적 지위를 말해 주는 항목들을 포함한다(예컨대 택시기사의 면허증). **매너**5)는 연기자가 주어진 상황에서 어떤 역할을 수행할 것인지를 관객이 예측하도록 해 준다(예컨대 외과의사의 얼굴에 드러난 자신감의 표현). 무

---

1) **무대전면(front stage)** 무대전면은 연극적 연출의 한 부분으로서, 여기서의 연기는 보다 고정적이고 일반화된 방식으로 진행되며, 연기를 보는 사람들이 이를 통해 상황을 정의할 수 있게 된다.

2) **무대장치(setting)** 행위자들이 연기를 수행할 경우 일상적으로 반드시 있어야 하는 물리적 배경.

3) **개인적 전면(personal front)** 표현 장비와 같은 것들로 구성되며, 관객들이 장비들을 행위자와 연결시키고 행위자들이 그 장비들을 차리고 무대로 나갈 것으로 예상한다.

4) **외관(appearance)** 연기자가 관객에게 비추어지는 양식; 연기자의 사회적 지위를 말해 주는 항목들을 포함한다.

5) **매너(manner)** 연기자가 그 자신을 드러내는 양식; 연기자가 주어진 상황에서 어떤 역할을 수행할 것인지를 관객이 예측하도록 해 준다.

뚝뚝한 태도나 온화한 태도는 전혀 다른 종류의 연기를 나타낸다. 일반적으로 우리는 외관과 매너가 일치할 것으로 기대한다.

　　고프만은 상징적 상호작용론자로서 무대전면 및 다른 측면들에 주목하였지만 그는 그것들의 구조적 특성에 관해서도 논하였다. 그는 무대전면은 제도화되는 경향이 있다고 보았으며, 그 결과로 어떤 특정의 무대전면에서 일어나고 있는 상황에 대한 집합적 표상(collective representation)이 일어난다고 주장했다. 배우들이 기존 역할들을 맡을 때, 그런 연기를 위해 특정의 무대전면이 이미 마련되어 있는 경우를 발견하곤 한다. 강의실 앞에 선 교수가 가지는 무대전면은 이미 그에 앞서 수많은 교수와 학생들이 만든 것이다. 따라서 무대전면은 창조되는 것이 아니라 선택되는 경향이 있다고 고프만은 주장한다. 이 점에서 우리는 대부분의 다른 상징적 상호작용론자들로부터 받는 것보다 훨씬 더 구조적인 인상을 고프만에게서 받게 된다.

　　그런 구조적인 관점에도 불구하고 고프만의 가장 흥미 있는 통찰력은 상호작용의 영역에서 나타난다. 그는 사람들이 일반적으로 이상화된 자신들의 모습을 무대전면에서 표현하려고 하기 때문에, 그들은 불가피하게 연기 중에 어떤 것들을 감추려고 한다고 주장하였다.

1. 배우들은 그들이 연기하기 전에 즐기곤 했던 비밀스러운 쾌락(예컨대 강의실에 들어오기 전에 술을 마셨던 교수처럼)이라든지, 혹은 연기와 양립할 수 없는 과거의 생활(예컨대 한때 마약중독자였다가 회복한 의사처럼)을 감추려 할 것이다.
2. 배우들은 연기의 예행연습에서 행한 잘못들뿐만 아니라 이러한 잘못들을 교정하기 위해 취해진 여러 조치들을 숨기고자 할 것이다. 예컨대, 실제로는 심장수술을 하기로 스케줄이 잡혀있었음에도 맹장 수술을 할 준비를 하고 있었던 외과의사는 그 사실을 감추려고 애쓸 것이다. 다른 강의 노트를 가지고 온 교수는 강의 중에 그 사실을 감추기 위해 즉석 강연을 하지 않을 수 없을 것이다.
3. 배우들은 연기의 최종 결과만을 보여 주는 반면 그 결과를 생산하는 데 연관된 과정은 감추는 것이 불가피하다고 생각할 것이다. 예컨대, 교수들은

한번의 강의를 준비하는데 서너 시간의 시간을 소비할지도 모르지만, 마치
자신들은 그 내용들을 늘 알고 있었던 것처럼 행동하고자 할지도 모른다.

4. 배우들은 최종 결과를 마련하는 데에 '지저분한 일'(dirty work)이 게재되어 있
   었다는 것을 관객들이 모르도록 해야 할 수 있다. 지저분한 일이란 비도덕
   적이고 불법적이거나 또는 품위 없는 일을 포함할 수도 있다. 예컨대, 땅콩
   버터 생산자는 최종 생산품을 만드는 과정에서 쥐 따위 설치류의 배설물과
   털이 많이 발견되었다는 사실을 정부검열관이 모르도록 하려고 할 것이다.

5. 어떤 연기를 하는 데 있어서 배우들은 다른 기준들은 안중에 두지 않을 수
   도 있다. 예컨대, 바쁜 수술 스케줄을 맞추느라 외과의사는 최신 기술을 습
   득하기에 충분한 독서를 할 시간이 없을 수 있다.

6. 마지막으로, 배우들은 연기가 제대로 이뤄지기 위해 필요했던 부상, 굴욕
   혹은 타협들을 숨기는 일이 불가피 하다고 생각할 것이다. 어떤 외과의사
   는 최신 기술을 습득하지 못했다고 자신의 상관에게 경고를 받았으며 따라
   서 자신의 수술 스케줄을 줄여서라도 시간을 마련해 그 기술을 습득하지
   못한다면 처벌받을 수 있다는 사실을 기꺼이 감추려 할 것이다.

일반적으로 배우들은 그들의 관객들에게 그런 모든 사실들을 감추는 데에
관심을 둔다.

무대전면에서 하는 연기의 또 다른 측면은 배우들이 관객과 실제보다도 더
욱 친밀하다는 인상을 전달하려고 종종 노력한다는 점이다. 예컨대 배우들은
바로 지금 수행하고 있는 유일한 연기이거나 적어도 자신들의 가장 중요한 연
기라는 인상을 주고자 할 것이다. 때문에 의사는 모든 환자들에게 자신이 가장
중요한 환자이며 따라서 전념을 기울일 대상이라는 인상을 주도록 하지 않으면
안 된다. 그러기 위해서 배우들은 관객이 서로서로 분리되어 앉아 있으며, 그
덕분에 연기의 허위성이 드러나지 않도록 해야 한다. 환자들은 자신들이 가장
중요한 환자인양 느낄 수 있도록 된 것이 의사가 연기적으로 기울인 수고 때문
이라는 것을 알게 되면 실망할 것이다. 설사 그것이 알려지더라도, 관객들은 이
상화된 배우의 이미지가 손상되지 않도록 스스로 그 허위성을 극복하려고 노력
하게 된다고 고프만은 주장하였다. 그렇기 때문에, 환자는 의사들은 으레 일을

하며 어떻든지 훌륭한 일을 한다는 사실로 스스로를 위로하게 될 것이다. 이것이 연기의 상호작용적 특성을 드러내 준다. 성공적인 연기는 모든 당사자들이 관련됨으로써 가능해진다.

이런 종류의 인상관리의 또다른 예로서 연기자가 관객과 갖는 관계와 연기 자체에 독특한 그 무엇(something unique)이 있다는 인상을 관객에게 전달하려는 의도를 들 수 있다. 때문에, 자동차 영업사원은 자신이 특정한 고객을 선호하며 따라서 그 누구에게 보다 더 좋은 조건으로 그 고객과 거래하고 있다는 인상을 주려고 노력하는 것이다. 관객 역시 자신이 독특한 연기의 수신자임을 느끼고자 한다. 자동차 구매자들은 영업사원이 자신들에게 늘 떠벌이는 말을 하는 것이 아니라 아주 특별한 관계를 가지고 있다고 믿고 싶어한다.

배우들은 어떤 연기도 그 모든 부분들이 서로 잘 어울어지게 하고자 한다. 목사는 자신의 주일 설교들이 모순이 없고 지속적이 되도록 한다. 어떤 경우에는 조화롭지 못한 단 하나의 장면이 연기를 망쳐 버릴 수도 있다. 그러나 일관성이 필요한 정도는 연기에 따라 다르다. 성직자가 성스러워야 할 의식에서 범한 한번의 실수가 그 의식을 크게 손상시킬 것이다. 그러나 만일 택시운전사가 길 한번 잘못 들어갔다고 해서 그것이 전체 연기를 크게 손상시킬 것 같지는 않다.

연기자들이 사용하는 또 다른 기법은 **신비화**[1])이다. 배우들은 종종 그들 자신과 관객 간의 접촉을 제한시킴으로써 관객들이 신비감을 갖게 하는 경향이 있다. 배우들은 연기에 포함된 허드레 사항들을 관객들이 알게 되는 것을 원치 않는다. 때문에, 교수는 단지 교재—강의실에 가져가서 사용치 않을 교재—를 읽고서 강의를 준비하지만, 학생들에게는 그 사실을 감추고 그 보다 더 많은 내용을 이미 알고 있었던 것처럼 보이려고 한다. 배우들은 그들 자신과 관객 사이에 일정한 '사회적 거리'(social distance)를 유지함으로써 관객에게서 경외감이 일어나도록 한다. 학생들은 교수가 그렇게 많이 알고 있고 애쓰지도 않고 강의에 많은 정보를 제시하고 있다는 것에 의해 경외감을 갖게 된다. 이러한 경외감은 관객이 연기에 대하여 의문을 갖지 않게 해 준다. 고프만은 관객 측에서도 이러한 과정에

---

1) **신비화(mystification)** 배우들이 그들 자신과 관객 간의 접촉을 제한시킴으로써 관객들이 신비감을 갖도록 하여, 연기에 포함된 세속적인 것들을 감추려고 하는 노력을 말한다.

참여하여 종종 연기자로부터 그 거리를 유지함으로써 연기에 대한 신뢰성을 상실하지 않도록 노력하고 있다는 것을 지적하였다. 이 논의와 관련해 보면, 학생들은 교수가 강의 준비를 어떻게 하는지에 대해 알려고 하지 않을 것인데, 그 이유는 그렇게 하면이 그 과정 전체를 탈신비화할 것이기 때문이다.

고프만은 팀(team)에 대해서도 관심을 가졌다. 상징적 상호작용론자인 고프만이 보기에, 개별 배우들에만 주목하는 것은 상호작용에 관한 중요한 사실들을 모호하게 하는 일이다. 때문에, 고프만의 기본적인 분석단위는 개인이 아닌 팀이다. 팀¹⁾이란 상례적인 무대를 함께 만들기 위해 협동하는 일단의 개인들이다. 연기자와 관객 간의 관계에 대한 앞에서의 논의는 사실은 팀에 대한 것이다. 팀의 구성원들은 서로서로 의존한다. 왜냐하면 모든 성원들은 연기를 망칠 수 있으며, 또 그들이 한 막을 함께 상연하고 있음을 알고 있기 때문이다. 그래서 고프만은 팀이 일종의 '비밀결사'(secret society)라는 결론을 내린 바 있다. 수업도 마찬가지로 비밀결사의 하나이기 때문에 학생들은 교수와 함께 수업이 믿을 만한 연기가 되도록 만들어 가는 데에 협력하는 것이다. 물론, 교수가 학생들이 무시할 수 없을 정도로 실수를 많이 하거나 약점을 많이 드러내면 그 연기는 파멸은 아니더라도 망쳐지게 된다. 하지만, 이는 아주 드문 경우이다. 여하튼 학생들과 교수, 관객과 배우들은 어떤 희생을 치루더라도 이를 피하고자 노력한다.

무대후면과 무대바깥

고프만은 또한 무대전면에서 억압된 사실들이나, 또는 여러 비공식적 행위들이 나타날 수 있는 **무대후면²⁾**에 대해서도 논의하였다. 무대후면은 보통 무대전면에 근접해 있으면서도 그것으로부터 차단되어 있다. 연기자들은 그들 앞에 있는 관객 중의 어느 누구도 무대 뒤에 나타날 수 없을 것으로 기대할 수 있다. 더군다나 연기자들은 이것을 확실하게 해 주는 다양한 형태의 인상관리를

---

1) **팀(team)** 상례적인 무대를 함께 만들기 위해 협동하는 일단의 개인들.
2) **무대후면(back stage)** 무대전면에서 억압된 사실들이나 여러 비공식적 행위들이 나타날 수 있는 곳이다. 무대후면은 보통 무대전면에 근접해 있으면서도 그것으로부터 차단되어 있다. 연기자들은 그들 앞에 있는 관객 중의 어느 누구도 무대 뒤에 나타날 수 없을 것으로 기대할 수 있다.

펼치게 된다. 관객이 무대후면으로 진입하는 것을 배우들이 막지 못할 때 연기의 수행은 어렵게 된다. 의사 휴게실은 의사들이 환자들과 상호작용을 하는 진료실에 인접한 무대후면이다. 무대후면인 휴게실에서 의사들은 무대전면이라면 환자들에게 절대 말하지 않았을 환자에 관한 사항이나 자신들의 기술 또는 치료에 대한 것들을 안전하게 이야기 할 수 있다. 의사가 환자 앞에서는 자신이 환자를 싫어한다든지 통증의 원인이 무엇인지 어떻게 치료해야 할지를 알지 못한다고 얘기하는 경우는 거의 없을 것이다.

또한 세 번째의 주변 영역인 **바깥**[1]이 있는데, 이는 무대 전면도 후면도 아니다. 예컨대, 매춘지역은 상대적으로 말해서 의사의 진료실과 휴게실에 비해 바깥이 된다. 하지만 만일 의사나 환자가 그곳을 방문하여 매춘부를 상대로 서로에 대해 불평하면 그 매춘지역은 무대후면이 된다.

위의 이야기는 어떤 구역(area)도 늘 이들 세 영역(domain) 중의 하나로 고정되는 것은 아니라는 점을 보여준다. 그런가 하면 어떤 한 구역은 여러 시점에서 세 영역 모두를 포괄할 수도 있다. 교수의 연구실은 학생이 방문할 때는 무대전면이며, 그 학생이 떠날 때는 무대후면이다. 그리고 교수가 대학농구 게임을 관람하러 가 있을 때는 바깥이 된다.

인상관리(impression management)

일반적으로 인상관리는 무대를 꾸미는 것과 같은 의도된 행위뿐만 아니라 의도하지 않은 몸짓, 시기 부적절한 참견, 그리고 예의 없는 실수와 같은 일련의 예기치 않은 행위들에 대처하는 데에 맞추어져 있다. 고프만은 그러한 예기치 않은 문제들을 다루는 다양한 방법들에 관심을 가졌다.

1. 그 방법의 하나로 예컨대, 내집단(in-group)에 대한 고도의 충성심을 조성하고 팀의 성원들이 연기의 외부에 있는 사람들과 공감하지 않도록 하며, 관

---

1) **바깥**(outside)　무대전면도 후면도 아닌, 문자 그대로 연기가 수행되는 영역의 바깥을 말한다.

객들이 연기자들에 관하여 너무 많은 지식을 갖지 못하도록 주기적으로 관객을 변화시킴으로써 연기에 대한 충성심을 형성해 가는 행위가 있다.

2. 고프만은 실수를 피하기 위해 마음의 침착성을 갖는 것, 자기 통제력을 유지하는 것, 그리고 연기를 할 때 얼굴표정과 말의 음 높이를 조정하는 것과 같은 연기론적 훈련의 다양한 유형을 제시했다.

3. 고프만은 연기가 진행되어 나가야 할 방식을 사전에 결정하는 것, 긴급사태 시의 계획, 성실한 팀 동료의 선택, 훌륭한 관객을 고르는 일, 알력이 별로 없는 소규모 팀과 관련을 맺는 일, 잠시만 몸을 비추고 나오는 일, 관객이 사적 정보에 접근하는 것을 막는 일, 그리고 예기치 않은 사건이 일어나지 않도록 완벽한 공연일정(agenda)을 결정하는 일과 같은 다양한 연기론적 신중함을 제시했다.

어빙 고프만(Erving Goffman) 생애의 삽화

어빙 고프만은 그의 명성이 최고조에 달했던 1982년에 죽었다. 그는 오랫동안 사회학 이론 영역에서 컬트적 인물(cult figure)로 여겨져 왔다. 그가 오랫동안 명문 캘리포니아 버클리 대학의 사회학과 교수였다는 사실과 이후 아이비리그에 속하는 펜실베이니아 대학교에서 석좌 교수직을 부여받았다는 사실에도 불구하고 그는 독특한 개인적 위치를 유지했다.

1980년대에 고프만은 핵심 사회이론가로 부상했다. 그는 자신이 죽은 해에 미국사회학회 회장에 선출되었지만 병이 악화되어 회장 취임 연설을 할 수가 없었다. 고프만 특유의 개성을 감안해 랜달 콜린스(Randall Collins)는 고프만의 연설에 대해 다음과 같이 말했다. "누구든 그가 회장 취임 연설에서 무슨 말을 했을 지에 대해 궁금해 했을 터인데, 인습타파적인 명성을 지닌 고프만에게 관례적인 연설은 생각할 수 없었을 것이다. … 우리는 더욱 더 드라마틱한 통지, 즉 회장 취임연설은 취소되고 고프만이 죽어가고 있다는 메시지를 받았다. 그것이야 말로 바로 고프만식으로 퇴장하는 방법이었던 것이다."

　　관객 역시 배우나 배우 팀에 의한 성공적인 인상관리에 관심을 갖는다. 관객은 종종 인상관리에 대단한 관심과 주의를 기울이고 감정의 폭발을 억제하며, 배우의 실수를 유념치 않는 관람태도를 견지하며, 또 신참 연기자를 특별히 배려하는 것과 같은 방법을 동원하여 연극이 잘 진행되도록 행동한다.

　　고프만의 연극론에 대해 많은 비평가들이 지적한 한 가지는 행위자에 대한 고프만의 냉소적인 시각이다. 고프만은 행위자들은 연기를 하고 있으며 스스로 그 사실을 잘 알고 있다고 믿었다. 행위자들은 목적달성을 위해 연기나 인상을 냉소적으로 조작한다. 일반적으로 행위자들은 자신들이 말하고 행동하는 것의 어느 측면은 거짓이라는 것을 잘 알고 있지만, 그럼에도 불구하고 잘 버텨낸다는 것이다.

역할거리

　　고프만의 관심 중의 또 다른 하나는 개인이 주어진 역할을 받아들이는 정도에 대한 것이었다. 고프만이 보기에, 역할이 매우 많기 때문에 주어진 역할을 완벽하게 몰두하는 사람들은 거의 없다. **역할거리**[1])는 개인이 자신이 수행하는 역할로부터 자기 자신을 분리시키는 정도를 말하는 것이다. 예컨대, 나이든 어린아이들이 회전목마에 올라탄다면 그들은 자신이 그런 놀이를 즐기기에는 확실히 나이가 들었다는 점을 깨달을 수 있다. 그에 대처하는 한 가지 방법은 회전목마를 타는 동안 일부러 아슬아슬하게 보이는 행위를 연출함으로써 그 역할로부터의 거리를 증명해 보이는 것이다. 그런 행위를 연출함으로써, 그 나이든 어린아이들은 실제로 관중에게 자신들은 어린아이들이 하는 것과 같은 회전목마타기에 열중하고 있는 것이 아니며, 설사 자신들이 회전목마를 타고 있다고 해도 그것은 자신들이 하고 있는 바와 같은 특별한 일 때문이라는 것을 설명하는 것이다.

　　고프만의 중요한 통찰 중의 하나는 역할거리가 개인이 갖는 사회적 지위의

---

1) **역할거리(Role Distance)**　개인이 자신이 수행하는 역할로부터 자기자신을 분리시키는 정도.

함수라는 점이다. 높은 지위에 있는 사람은 종종 낮은 지위에 위치한 사람들이 나타내는 것과는 다른 이유 때문에 역할거리를 드러낸다. 예컨대, 높은 지위에 있는 외과의사는 수술실에서 수술 팀의 긴장을 가라앉히기 위하여 역할거리를 드러낸다. 낮은 지위에 있는 사람들은 역할 거리를 나타낼 때보다 방어적이다. 예컨대, 화장실 청소부들은 늘쩍지근하고 무관심한 태도로 청소할 것이다. 그들은 관중에게 그런 일을 하기에는 자신들이 너무도 아까운 사람이라는 것을 말하려는 것이다.

낙   인

고프만은 사람이 마땅히 되어야 할 모습 곧, **당위의 사회적 정체**[1]와 실제의 모습, 곧 **실제의 사회적 정체**[2] 간의 간격에 관심을 가졌다. **낙인**[3]은 이 두 정체 곧 '당위의 사회적 정체'와 '실제의 사회적 정체' 간의 간격을 뜻한다. 그는 낙인찍힌 사람과 정상인 간의 연기론적 상호작용에 초점을 둔다. 그러한 상호작용의 본질은 한 개인이 두 가지 유형의 낙인 중에서 어느 낙인에 속하느냐에 달려 있다. **드러난 낙인**[4]의 경우에, 행위자는 그 차이점이 관객에게 알려졌거나 또는 관객들에게 명백하게 드러난다고 가정한다(예컨대, 하반신 불수 또는 수족을 잃은 사람). **'감춰진 낙인'**[5]이란 그 차이점이 관객에게 알려지지도 않고 또 그들에 의해 지각될 수도 없는 경우이다(예컨대, 결장절개수술을 받은 사람이나 즉시 동성연애자로 통하는 사람). 드러난 낙인을 가진 사람이 직면하는 연기상의 근본문제는 사람들이 그 문제를 이미 알고 있다는 사실이 야기한 긴장을 처리하는 일이다. 감춰진 낙인을 가진 사람이 직면하는 연기상의 문제는 관객이 그 문제를 알지 못하도록 정보를 관리하는 일이다.

---

1) **당위의 사회적 정체**(virtual social identity) 당위적인 자신의 모습.
2) **실제의 사회적 정체**(actual social identity) 현재의 사실적인 자신의 모습.
3) **낙인**(Stigma) 당위의 사회적 정체와 실제의 사회적 정체 간의 간격.
4) **드러난 낙인**(discredited stigma) 행위자는 낙인이 관객에게 알려졌거나 또는 명백하게 드러난다고 가정한다.
5) **감춰진 낙인**(discreditable stigma) 낙인이 관객들에게 알려지지도 않고 또는 지각되기도 어려운 것.

고프만의 저서 『낙인』(*Stigma*)의 대부분은 명백한, 종종 기괴한 낙인을 가진 사람들(예컨대, 코가 없는 사람)에게 할애되어 있다. 하지만, 그 저서가 드러내고 있듯이, 독자는 우리 모두가 언제 어디서든지 낙인찍히게 된다는 것을 고프만이 말하고 있다는 것을 깨닫게 된다. 고프만은 실례로 지배적인 보수 기독교 지역사회에서 거주하는 유태인, 정상적인 몸무게를 갖고 있는 사람들의 집단 안에 있는 뚱뚱한 사람, 그리고 자신의 과거를 속이면서 관객이 이 사실을 알지 못할 것이라고 계속해서 확신해야 하는 사람 등을 들고 있다.

민속방법론과 대화분석

그리스어 어원을 감안할 때, '민속방법론'은 사람들이 자신들의 일상생활을 수행 혹은 완성해 가는데 사용하는 방법을 가리킨다. 좀 달리 말하면, 세상을 계속해서 이어지는 실천적 수행 과정으로 본다는 말이다. 사람들은 합리적으로 보이지만, 자신들의 일상생활을 만들어 가는 과정에서는 형식적 논리를 사용하지 않고, 실천적 추론(practical reasoning)을 사용한다.

민속방법론 정의하기

민속방법론[1]은 일상생활의 상황 속에 있는 보통의 사회구성원들을 연구하며, 구성원들이 일상생활의 상황을 이해하고 헤쳐 나가고 대처하는데 사용하는 상식과 절차 그리고 고려 등과 같은 방법들을 분석한다.

　　창시자인 해롤드 가핑클(Harold Garfinkel)의 저작을 검토해 봄으로써 민속방

---

1) **민속방법론(ethnomethodology)**　일상생활의 상황 속에 있는 보통의 사회구성원들을 연구하며, 구성원들이 일상생활의 상황을 이해하고 헤쳐 나가고 대처하는데 사용하는 상식과 절차 그리고 고려 등과 같은 방법들을 분석한다.

법론의 본질이 무엇인지 알아볼 수 있다. 뒤르켐과 마찬가지로(제 2 장), 가핑클
도 사회적 사실을 근본적인 사회학적 현상으로 본다. 하지만 가핑클이 말하는
사회적 사실(social facts)은 뒤르켐의 그것과는 상당한 차이가 있다. 뒤르켐에게
사회적 사실은 개인에게 외재하면서 개인을 구속한다. 이런 관점을 수용하는
사람은 행위자란 사회구조와 제도에 의해 구속되고 결정되기 때문에 독립적 판
단을 거의 행사하지 못한다고 간주하는 경향이 있다. 민속방법론자의 신랄한
표현을 따른다면, 그런 부류의 사회학자들은 행위자를 판단 백치로 취급하는
경향이 있었다.

   이와는 대조적으로 민속방법론은 사회적 사실의 객관성을 사회구성원들이
수행 혹은 완성하는 것으로(아래를 볼 것)—사회구성원들의 방법론적 활동의 산
물로 보고 연구한다. 달리 말해, 민속방법론은 매일 매일의 일상생활의 조직에
관심을 가진다. 민속방법론자들에게는 우리가 매일 매일의 생활을 조직해 나가
는 방법들은 아주 놀라운 사실인 것이다.

   민속방법론은 뒤르켐이 그의 사회적 사실 개념을 가지고 시도했던 것과
같은 거시사회학은 분명 아니다. 그러나 지지자들은 민속방법론을 미시사회학
으로 보지도 않는다. 이렇게 민속방법론자들은 행위자들을 판단 백치로 취급하
는 것을 거부할 뿐 아니라, 사람들이 자기 자신에 대해서 끊임없이 생각한다거
나 또한 스스로를 드러내는 일상의 상황 속에서 당위적으로 해야 할 것에 대해
서 생각한다고 보지 않는다. 오히려 알프레드 슈츠를 따라(제 3 장), 대부분의 행
위는 판에 박힌 듯해서 별로 성찰적이지 않다고 본다. 민속방법론자들은 행위
자나 개인에게 초점을 두지 않고 구성원들(members)에게 초점을 맞춘다. 하지만
그 구성원들은 개인으로 관찰되는 것이 아니라, 구성원으로서의 활동, 즉 행위
자들이 자신들에게는 대규모 구조(예, 관료제, 사회)와 일상생활의 구조(예, 일상
적 상호작용의 여러 유형)라고 여겨지는 것을 만들어 내는 공교한 실천(artful
practies)의 각도에서 관찰된다. 결국, 민속방법론자들은 미시구조에도 거시구조에
도 관심을 두지 않으며, 그 두 가지 구조 형태 모두에 대한 사람들의 느낌이나
생각을 만들어 내는 공교한 실천에 관심을 가진다. 가핑클과 민속방법론자들이
추구했던 것은 사회학이 전통적으로 객관적 구조(미시적이든 거시적이든)에 대
해 가져온 관심을 새로운 방법으로 접근하는 것이었다.

설   명

　　민속방법론에 관한 가핑클의 핵심 주제 중의 하나는 민속방법론에서 보이는 성찰적 설명이다. **설명**1)은 행위자가 특정 상황을 해명(기술하고, 비판하고, 이상화하는)하는 방식이다. **설명하기**2)는 사람들이 세상을 이해하기 위해 설명을 제시하는 과정을 말한다. 민속방법론자들은 설명이 다른 사람들에 의해 제시되고 수용(혹은 거부)되는 방법뿐만 아니라 사람들의 설명을 분석하는 데에 많은 주의를 기울인다. 민속방법론자들이 대화 분석에 골몰하는 것은 이런 이유 때문이다. 예컨대, 한 한 한생이 교수에게 자신이 왜 시험을 치루지 못했는지를 해명할(explain) 때, 그 학생은 설명(account)을 제시하고 있는 것이다. 그 학생은 교수에게 그 사건이 왜 말이 되는지를 이해시키려고 하는 것이다. 민속방법론자들은 그 학생의 설명의 특성에 관심을 갖지만, 일반적으로는 학생이 설명을 제시하고 교수가 그 설명을 받아들이거나 거부하는 **설명 관행**3)에 더 관심을 가진다. 설명을 분석할 때, 민속방법론자들은 민속방법론적 무관심의 태도를 취한다. 그들은 설명의 특성을 판단하지 않고 그 설명이 실제 행동에 어떻게 사용되는가의 측면에서 그 설명을 분석한다. 그들은 화자와 청자가 설명을 제안하고 이해하고 수용하거나 거부하는 데에 쓰이는 방식들뿐 아니라 그 설명 자체에도 관심이 있다.

　　설명의 개념을 확장하여, 민속방법론자들은 사회학자들도 다른 모든 사람들처럼 설명을 제시하고 있다는 것을 강조한다. 사회학 연구 보고서는 설명으로 간주될 수 있으며, 여타의 모든 설명들이 연구되는 것과 동일한 방법으로 민속방법론자들에 의해 분석될 수 있다. 사회학에 대한 이와 같은 시각은 사회학자들, 사실상 모든 과학자들의 저작을 탈신비화 한다. 상당수의 사회학(사실상, 모든 과학)이 상식적 해석(common-sense interpretation)을 포함한다. 민속방법론자들은 비전문가(일반인)의 설명을 연구하는 방법과 동일한 방식으로 사회학자들의 설명을 다룰 수 있다. 따라서, 사회학자들과 모든 과학자들의 일상적 관행

---

　1) **설명(accounts)**　행위자가 특정 상황을 해명(기술하고, 비판하고, 이상화하는)하는 방식.
　2) **설명하기(accounting)**　사람들이 세상에 의미를 부여하기 위해 설명을 제시하는 과정
　3) **설명 관행(accounting practices)**　한 사람이 설명을 제시하고 다른 사람이 그 설명을 받아들이거나 거부하는 방식.

은 민속방법론자들의 면밀한 연구대상이 된다.

해롤드 가핑클(Harold Garfinkel) 생애의 삽화

 가핑클은 1942년에 징집되어 공군에 입대했다. 그는 마이애미 해변의 한 골프장에서 기갑전에 투입될 병력을 탱크 한대 없이 훈련시키는 임무를 부여 받았다. 가핑클이 가진 것은 라이프 매거진에서 구한 탱크 사진뿐이었다. 실제 탱크들은 모두 실전에 투입되었던 것이다. 이론화된 설명 대신에 경험에 근거한 구체적인 세부사항들을 강조하던 사람이 이제 곧 실전에 투입될 병사들에게 가상의 탱크와 싸우는 것을 가르쳤다. 곧 병사들이 가상의 탱크에 얼마나 가까이 근접하느냐 같은 요인들이 생사를 갈라놓을 수 있는 상황이었다. 이런 상황이 그의 관점에 미치게 된 영향을 짐작해 볼 수 있다. 그는 가상의 탱크들이 지나가는 길목에 폭발물을 던지는 훈련을 병사들에게 시켜야 했고, 이 때 적절한 사격 방법을 통해 가상의 탱크에게 발각되지 않는 훈련을 시켜야 했다. 이러한 임무는 가핑클이 이론적인 쟁점으로 삼았던 행동에 대한 적절한 기술(description)과 설명가능성(accountability)의 문제를 아주 구체적이고 새롭게 제기해 주었다.

    설명은 재귀적(reflexive)이라고 할 수 있는데, 이는 설명이 그 자신이 관찰 가능하게 만들고 또 해명하고자 하는 바로 그 대상상황(state of affairs)의 구성에 개입한다는 의미에서 그러하다. 우리가 자신이 처해 있는 상황에 대한 설명을 할 때, 우리는 그 상황의 특성을 변경시키는 과정에 있는 것이다. 내가 누군가와 상호작용을 나누던 중에 실수를 저질렀다는 사실을 깨닫고 그 실수를 설명하려고(account for) 한다면, 나는 그렇게 하는 과정에서 그 상호작용의 특성을 바꾸고 있는 것이 된다. 이 점은 사회학자도 비전문가와 마찬가지이다. 사회생활에 대해 연구하고 보고하는 과정에서, 사회학자들은 연구대상을 변화시킨다. 곧 연구대상자들은 자신들이 면밀한 연구의 대상이 된다는 사실에서 그리고 그들 행동에 대한 묘사에 반응하면서 결국 자신들의 행동을 변화시키게 된다.

몇 가지 사례들

민속방법론의 몇 가지 연구방법들은 매우 악명 높은 것이었다.

위반 실험

위반 실험[1]은 사람들이 사회적 현실을 구성하는 방법들을 밝히기 위해서 사회적 현실의 규칙을 위반하는 실험이다. 이 연구의 토대가 되는 가정은 사회 생활의 방법론적 생산은 항상 일어나고 있으며 또한 참여자들은 자신들이 그러한 생산 행동에 참여하고 있다는 사실을 인식하지 못하다는 것이다. 위반 실험의 목적은 일상세계가 구성되거나 재구성되는 진행과정을 관찰하고 연구할 수 있도록 정상적인 절차를 방해하는 것이다.

린치(Lynch)는 가핑클의 초기 저작에서 발췌한 다음과 같은 위반 실례(그림 6. 1)를 제시한다. 이 실례는 삼목(三目) 놓기(tic-tac-toe) 게임이다. 게임의 규칙은 게임 참여자들이 각 칸 안에 표시를 하는 것인데, 이 실례에서는 그 규칙을 위반하고 게임 참여자 1이 두 칸 사이에 표시를 했다.

삼목 놓기 게임에서 이런 식의 규칙 위반이 실제 발생할 경우, 다른 게임 참여자(참여자 2)가 규칙에 위배되는 표시를 지우고 바로 고치자고 주장할 것이다. 그러나 그렇지 않다면, 게임 참여자 2 는 참여자 1이 왜 그런 이상한 행동을 했는지에 대한 이유를 해명하려 들 것이다(그에 대한 설명(account) 제시). 참여자 2의 행동은 민속방법론자들에 의해 삼목 놓기 게임의 일상 세계가 어떻게 재구성되는지를 알아보기 위해 연구된다.

또 다른 실험에서, 가핑클은 학생들에게 자신이 하숙생이라고 가정하고 그러한 가정 하에 각자 자기 집안에서 15분－1시간에 걸쳐서 행동해 줄 것을 요청했다. 그리고 그 학생들은 보통의 가족 관계에서는 일반적으로 일어날 수 없는 방식으로 행동을 취하라는 지시를 들었다. 예컨대, 공손하고 신중하고 냉정하고 형식적인 태도를 취하라는 지시를 받았다. 그리고 가족이 말을 걸 때에만

---

1) **위반 실험(Breaching Experiments)** 사람들이 사회적 현실을 구성하는 방법들을 밝히기 위해 사회적 현실의 규칙을 위반하는 실험.

[그림 6.1] 삼목 놓기 게임에서의 위반

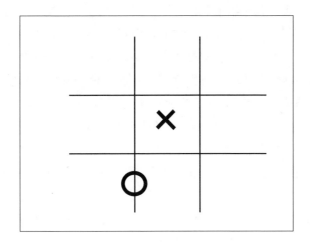

출처: Michael Lynch, "Pictures of Nothing? Visual Constructs in Social Theory," *Sociological Theory*, 1991, 9: 15.

말을 해야 했다. 대부분의 경우에, 가족들은 그러한 행동에 기막혀 하며 분개했다.

학생들은 가족들이 경악과 어리둥절함과 충격과 불안과 당혹스러움과 분노를 표현했다고 보고했다(설명(account)을 제시했다). 가족들은 이러한 행동에 참여한 학생들이 비열하고 분별없고 이기적이고 구역질나고 불손하다고 비난했다. 이러한 반응은 사람들이 어떻게 행동해야 하는가에 대한 상식적 가정에 맞게 행동하는 것이 얼마나 중요한지를 가르쳐 준다.

가핑클이 가장 관심을 둔 것은 가족 구성원들이 그러한 규칙 위반을 상식적 범위 안에서 어떤 방식으로 대처하려 했는가에 관한 것이었다. 가족들은 학생들에게 그런 행동의 이유를 해명해 달라고 요구했다. 가족 구성원들이 학생들에게 던지는 질문 속에서, 가족 구성원들은 그 상례에서 벗어난 학생들의 행동에 대한 해명을 함축하고 있었던 것이다. 가족들은 학생들이 어디 아픈 것은 아닌지, 정신이 나간 것인지, 그저 멍청해진 것인지를 물었다.

또한 가족들은 이전에 이해했던 동기에 입각해서 학생들의 그러한 행동을 해명하려고 했다. 예컨대, 일이 너무 힘들었거나 약혼자와 다투었기 때문에 이상한 행동을 하는 거라고 생각했다. 그러한 해명이 참여자들—이 경우에는 다

른 가족 구성원들—에게 중요한데 그 이유는 그런 해명에 의하면 정상적인 상
황에서는 상호작용이 평상시에서와 같으리라고 믿게 해 주기 때문이다.

　　학생이 그러한 설명의 타당성을 인정하지 않을 경우에, 가족 구성원들은
원인을 알아내려는 노력을 중단했고 문제의 학생에게 거리를 두고 비난하고 앙
갚음 하려고 했다. 그리고 해명을 통해 질서를 회복하려는 노력이 학생에 의해
거부되었기 때문에 격한 감정이 일어났다. 균형을 되찾기 위해서는 보다 격한
말과 행동이 필요하다고 생각하는 가족들도 있었다. 이런 식의 행동을 중단하
지 않는다면 집을 나가라는 경고를 듣는 학생까지 있었다. 결국, 학생들은 가족
들에게 실험에 대해 설명했고, 대부분의 경우 가족간의 화목을 되찾았다. 그러
나 격한 감정이 쉽게 가라앉지 않는 경우도 있었다.

　　위반 실험은 사람들이 일상생활에 질서를 부여하는 방법을 예증하기 위해
서 실시된 것이다. 이러한 실험들은 사회적 현실의 탄력성(resilience)을 보여 준
다. 피실험자들(또는 희생자들)은 신속하게 규칙 위반을 정상화시키기 때문이다.
다시 말해서, 가족들은 그 상황을 익숙한 용어로 설명가능한(accountable) 방식으
로 바꾸어 해석한다. 사람들이 이러한 위반을 처리하는 방식은 사람들이 일상
생활을 어떻게 다루는지에 대해 많은 것을 시사해 준다고 믿어진다. 이러한 실
험에는 악의가 없음에도 불구하고 때에 따라서는 격한 감정적 반응을 불러일으
키기도 한다. 이런 극단적인 반응들은 일상적이고 상식적인 활동에 참여하는
것이 얼마나 중요한가를 말해 준다. 위반에 대한 반응이 때로는 너무 극단적이
되자 최근 몇 년 사이에 민속방법론자들은 가핑클이 실시한 것 같은 위반 실험
연구를 실시하지 말라는 경고를 받았다.

젠더 구성하기

　　남자 또는 여자라는 한 사람의 성별은 생물학적으로 결정된다는 데에 대해
서는 논쟁의 여지가 없는 것 같다. 사람들은 행동은 생물학적 구성이 자연스럽
게 나타나는 것이라고 생각한다. 사람들은 보통 자신들의 젠더가 완성되어지는

것으로 생각하지는 않는다. 그러나 이런 상식과는 달리 성적 매력은 분명히 만들어지는 어떤 것이다. 섹시하게 보이려면 특정 방식으로 말하고 행동해야 한다. 일반적으로 남자 또는 여자로 보이기 위해 특별한 행동이나 말투는 필요 없다고 사람들은 믿는다. 그러나 민속방법론이 젠더 문제를 연구한 결과 주목할 만한 연구 결과가 나타났다.

민속방법론자들의 견해는 해럴드 가핑클에서 유래한 것이다. 이제는 고전이 되어 버린 가핑클의 사회관은 이러한 연구 방향의 효용을 입증해 준다. 1950년대에 가핑클은 아그네스라는 이름의 사람을 만났는데, 그 사람은 의심의 여지없이 여자로 보였다. 그녀는 여자의 얼굴을 하고 있었을 뿐 아니라, 이상적인 몸매를 가진 완벽한 용모를 가지고 있었다. 게다가 예쁜 얼굴에, 좋은 피부, 얼굴의 솜털도 없었으며, 눈썹 정리도 잘되어 있었고, 립스틱을 바르고 있었다. 틀림없는 여자였다. 아니 여자였나? 그러나 가핑클은 아그네스가 항상 여성의 외양을 갖고 있지는 않았음을 알게 되었다. 사실, 아그네스를 만났을 때, 그녀는 남성의 생식기를 제거하고 여성의 질을 만드는 수술을 해달라고 의사들을 설득하는 중이었고 마침내 성공하게 되었다.

아그네스는 태어날 때 남자로 간주되었다. 사실, 그녀는 누가 보더라도 16살까지는 남자였다. 그런데, 16살 되던 해에, 무언가 잘못되었다는 것을 느끼고 아그네스는 가출해 여자처럼 입고 다니기 시작했다. 그녀는 얼마 안 있어 여자 옷을 입는 것만으로는 부족하다는 것을 깨닫게 되었다; 여자로 인정받으려면 여자처럼 행동하는 법(여자로 통하는 법)을 '배워야' 했다. 그래서 일반적으로 통용되는 관행을 배웠고 그 결과 여자로 인정받게 되었고 스스로도 여자라고 생각했다. 가핑클은 아그네스가 사회에서 여자로서 기능할 수 있게 해 준 '통과 관행'(passing practices)에 관심을 가졌다. 여기서 보다 중요한 사실은 사람은 단순히 남자나 여자로 태어나는 것이 아니라는 것이다. 사람은 모두 남자로 또는 여자로 받아들여질 수 있는 상식적 관행(commonplace practices)을 배워 일상적으로 사용한다. 이러한 관행을 배워야만 비로소 사회학적 의미에서 남자가 되고 여자가 되는 것이다. 따라서 귀속적인 지위로 간주되는 젠더 같은 범주조차도 일련의 상황적 관행들이 성취한 것으로 이해할 수 있다.

교환이론

일상행위에 대한 또 하나의 이론은 교환이론이다. 비록 사회학 내에 '교환이론'이라 불리우는 여러 다양한 종류의 이론들이 있지만, 여기서 우리가 초점을 맞추고자 하는 것은 조지 호만스(George Homans)의 작업이다.

호만스의 교환이론

호만스가 그의 교환이론을 정립하는 데 있어 영향을 받은 여러 이론요소들이 있겠지만 아마도 가장 중요한 것은 이른바 '행동주의'(behaviorism)로 불리는 심리학 이론일 것이다. 행동주의 사회학자가 관심을 갖는 부분은 행위자의 행동이 그의 환경에 미치는 영향과 그것이 다시 후속 행동에 대해 미치는 영향 간의 관계이다. 이 관계는 **시행적 조건화**1)에 기본적인 것인데, 이는 즉 행위의 결과가 다시 후속행위를 변화시키는 학습과정을 말한다. 우리는 이런 종류의 행동을, 마치 아기가 그러는 것처럼, 처음에는 단지 무작위적인(random) 시도에서 출발한다고 볼 수도 있을 것이다. 그것이 사회적 환경이든 물리적 환경이든 간에, 어떤 행동이 일어나는 환경은 그 행동에 의해 영향을 받게 마련이고, 그것은 다시 뒤에 나오는 행동에 다양한 경로를 통해 영향을 미치게 된다. 이 반작용(reaction)은 긍정적이든 부정적이든 어떤 식으로든 행위자의 뒤이은 행동에 영향을 주게 된다. 만일 이 반작용이 행위자에게 보상을 주는 종류라면 장래의 비슷한 상황에서 동일한 행동이 나타날 개연성이 높아질 것이다. 반대로 만일 이 반작용이 행위자에게 고통스럽거나 처벌적인 종류라면 동일한 행동이 장래 비슷한 상황에서 나타날 개연성은 낮아지게 된다. 행동주의 사회학자들은 환경적 반작용의 과거경로와 현재 행동의 속성 간의 관계에 대해 관심을 기울이고 있다. 즉, 현재 시점의 어떤 행동의 상태는 그것의 과거 결과들이 좌우한다는

1) **시행적 조건화(operant conditioning)** 행위의 결과가 다시 후속행위를 변화시키는 학습과정.

주장이다. 나아가, 과거에 무엇이 특정 행동을 야기시켰는가를 아는 것으로써
우리는 행위자가 지금 상황에서 유사한 행동을 나타낼 것이냐의 여부를 예측할
수 있다고 주장한다.

호만스 교환이론의 핵심은 이와 같은 행동주의에 기인하는 몇 가지 근본적
인 명제들을 기초로 하고 있다. 비록 호만스의 이론명제들 중 일부는 최소한
두 행위자간의 상호작용을 다루고 있긴 하지만, 호만스는 이들도 여전히 심리
학적 원칙에 기초하고 있다는 점을 상기시키고 있다. 호만스에 따르면, 그의 행
위이론은 두 가지 점에서 심리학적이다: ① 그의 이론이 다루는 영역은 통상적
으로 심리학의 분야로 간주된다는 점과, ② 그의 이론은 집단이나 사회등 거시
구조가 아니라 개인의 행위에 초점을 맞추고 있다는 점이다. 그의 이러한 이론
적 정향 때문에 호만스는 자신이 심리학적 환원주의자로 간주되는 것을 인정하
고 있다. 종종 비난조로 사용되는 '환원주의'라는 말은 호만스에게는 단지 어떤
한 분야에서(즉 이를테면 심리학) 수립된 보다 보편적인 명제들로부터 다른 분
야의(즉, 이를테면 사회학) 명제들이 도출되는 것을 보여 주는 것을 의미할 뿐
이다.

비록 호만스가 심리학적 원칙들을 강조하는 것은 틀림없지만, 그렇다고 그
가 개인 행위자들을 원자화된 고립상태에 있다고 보는 것은 아니다. 호만스도
물론 사람들은 사회적이며 그들의 상당시간을 서로 상호작용하는 데에 들인다
는 점을 잘 알고 있다. 그는 단지 사회적인 행위들을 심리학적 원칙을 이용해
서 설명해 보고자 하는 것이다. 다시 말하자면, 인간과 물리적 환경 간의 관계
에 적용될 수 있는 원칙들은 이제 그 환경이 인간 타자들인 경우에도 동일하게
적용될 수 있다라는 주장이다. 호만스는, 상호작용의 과정 자체에서 전혀 새로
운 어떤 속성이 생겨날 수 있다는 뒤르켐의 '발현적 속성' 주장을 부인하지는
않았다. 대신 호만스는 그러한 발현적 속성들도 심리학적 원칙을 통해 설명될
수 있다고 주장한다; 사회적 사실을 설명하기 위해 우리가 어떤 새로운 사회학
적 명제들을 만들 필요는 없다는 것이다. 이 주장을 설명하기 위해 그는 기
본적인 사회학 개념인 사회규범을 예로서 들고 있다. 호만스는 규범이 존재하
며 또한 그것은 사람들에게 동조를 유도한다는 점에 충분히 동의한다. 그러나,
사람들은 규범에 자동적으로 동조하는 것은 아니다. 사람들이 어떤 규범에 동

조하는 이유는 바로 그렇게 하는 것이 자신에게 이득이 된다고 보기 때문이라
는 것이다.

　　호만스는 사회학에 '개인'을 다시 불러들이는 이론프로그램을 구체화했으며,
또한 인간심리, 대중, 그리고 사회적 생활의 기초양식 등에 초점을 맞추는 이론
을 발전시키고자 노력했다. 후자의 이론작업을 통해 그는, 적어도 2인 이상이
개입되는 가시적이거나 혹은 비가시적인 행동들의 교환으로부터 나타나는 사회
적 행동에 초점을 맞추었다. 그러한 사회적 행동은 그것이 행위자들에게 보상
을 주거나 혹은 비용을 초래하는 정도에 따라 다양한 차이를 나타내게 된다.

　　예를 들어서, 호만스는 사람들이 자신에게 보상을 증대시키는 방향의 행동
을 강화하게 된다라는 심리학적 원칙을 이용하여 초기 산업혁명을 이끌었던 면
방직 산업에 있어서 기계화의 등장과 발전과정을 설명하려고 하였다. 일반적으
로 말하자면, 호만스식의 교환이론에서는 사회적 행동의 기초양식들을 개인의
보상과 비용이라는 측면에서 설명하고 있다. 호만스는 심리적 차원에 초점을
두는 이론명제들의 정립에 몰두했으며, 이것들이 사회학에서 교환이론의 초석을
마련하게 된다.

행동주의적 뿌리

　　그의 저서 『사회적 행동: 그것의 기초형식』(*Social Behavior: Its Elementary Forms*)
에서 호만스는 그의 교환이론이 상당부분은 행동주의 심리학에서 도출되고 있
음을 인정하고 있다. 심지어 호만스는 그의 이론이 교환이론이라 명칭되는 것
에도 유감을 나타냈었는데 왜냐하면 그는 자신의 이론을 특정상황에 적용되어
진 행동주의 심리학의 일종으로 보고 있었기 때문이다. 이 저작에서 호만스는
행동주의 심리학의 선도자인 스키너(B. F. Skinner)의 연구를 논의하는 것으로 시
작하는데, 보다 구체적으로 말하자면, 부리로 여러 대상물들을 쪼아 보는 것을
통해 환경을 탐색하는 능력을 지닌다고 그려지는 스키너의 비둘기 연구이다.
스키너의 실험에서, 비둘기는 여러 대상들을 이것저것 쪼아보다가 결국 실험자
가 설정해 놓은 특정 대상도 쪼게 된다. 바로 이때, 비둘기에게 약간의 모이가
주어진다. 비둘기는 그 특정 대상을 쪼는 것에서 보상을 얻게 되므로, 동일한

행동이 보다 쉽게 반복될 가능성을 기대할 수 있다. 행동주의 공식용어를 빌어 말하자면, 특정 대상을 쪼는 행동은 시행(the operant)에 해당되며, 그 시행은 강화된 것이고, 여기서 강화요소(the reinforcer)는 모이라 할 수 있다. 따라서 비둘기는 시행적 조건화의 과정을 겪는 것으로 간주된다: 비둘기는 특정 대상을 쪼는 것을 배우게 되는 셈인데 그것은 그 행동이 보상적이었기 때문에 가능하다.

　스키너 실험이 비둘기의 경우에 관심이 있었다면, 호만스의 관심은 인간이었다. 호만스에 따르면 스키너의 비둘기는 실험자와 진정한 의미의 교환관계에 들어간 것은 아니다. 비둘기가 일방향적인 관계에 있다면, 사람들의 교환은 최소한 양방향적인 것이다. 실험에서 비둘기는 모이에 의해 행동이 강화되는 반면 실험자는 비둘기의 쪼는 행동에 의해 강화되는 것이 없기 때문이다. 비둘기는 물리적 환경에 대해 반응하는 것과 똑같은 종류의 관계를 실험자와 갖는 것에 불과하다. 상호성이 없기 때문에 호만스는 비둘기 실험의 경우를 단독적 개인행동(individual behavior)으로 정의한다. 호만스는 이런 단독 행동에 대한 연구는 심리학자의 몫으로 넘기면서, 사회학자들에게는 2인 이상의 개인들이 행동을 통해 서로에게 강화 및 처벌로 작동하는 상황에서 도출되는 사회적 행동(social behavior)을 연구할 것을 촉구하고 있다. 다시 말해서, 호만스는 개인들이 상호적으로 영향을 미치는 상황에서 나오는 사회적 행위에 관심을 모으고 있다. 주목할 점은, 호만스에 따르면 우리가 사회적 행동을 설명함에 있어서 단독 행동의 경우와 구별되는 어떤 새로운 이론명제가 필요한 것은 아니라는 점이다. 우리가 양방향적 강화라는 복잡성을 염두에 두기만 한다면, 스키너의 비둘기 실험을 통해 정립된 개별행동의 법칙들은 사회적 행위를 설명하는 데에도 동일하게 적용될 수 있다. 스키너가 도출한 원칙들을 넘어서는 것이 궁극적으로 필요할 것이라는 점에 대해서는 호만스도 마지못해 인정하고 있지만 확언적이지는 않다.

　호만스는 그의 이론적 작업을 일상적인 사회적 상호작용에 국한하고 있다. 그러나, 호만스는 자신이 수립한 미시적 원칙들을 초석으로 하는 사회학 연구가 궁극적으로는 모든 유형의 사회적 행동을 설명할 수 있을 것으로 믿고 있었다. 그가 관심을 갖고 수립하고자 하는 교환이론의 성격을 밝히고자 호만스는 두명의 사무직원의 경우에 대한 분석을 예로서 들고 있다. 사무원칙에 따르면 각 직원은 자신의 책임하에 자신의 일을 하게 되어 있으며, 만일 도움이 필요할 경우 부서상급자와 상담하도록 되어 있다. 그런데 만일 사무원 A가 종종 문제에 봉착하여 도움을 받으면 좋을 상황에 처하게 된다고 가정해 보자. 사무원 칙에 따르자면 그는 부서상급자에게 상담을 구해야 되지만 그러나 그렇게 하는 것은 상급자에게 그의 무능함을 드러내 보이는 격이며 따라서 그의 향후 승진에 악영향을 미치게 될 것이다. 이 경우 차라리 동료직원 B에게 도움을 구하는 것이 보다 안전하며, 특히 B가 해당 사안에 대해 보다 경험과 능력이 풍부하다면 더욱 그러하다. 물론 동료에게 상담을 구하는 것을 부서상급자는 모르고 있어야 한다. 한쪽 사람은 전문적 도움을 제공하는 것이며 이에 대해 다른 쪽 사람은 감사와 호의를 제공하는 격이다. 즉, 동료직원 간에 일종의 교환이 발생하는 것인데, 그것은 호의와 도움의 맞바꿈이라 할 수 있다.

기본 명제들

위의 예시와 같은 상황들에 초점을 맞추면서, 스키너의 실험결과에 기초하여 호만스는 몇 가지의 명제들을 발전시켰다.

1. '성공명제'(success proposition)에 의하면, 개인이 어떤 행동을 통해 보다 자주 보상을 받게 되면 개인은 그 보상받는 행동을 보다 자주 행하게 될 것이다. 위의 사무실 예를 들자면, 사무원 A는 그가 과거에 동료로부터 유용한 도움을 받았다면 현재도 동료에게 도움을 구할 개연성이 많다는 것이다. 나아가서, 그가 과거에 유용한 도움을 얻은 경험이 많을수록, 그가 장래에 도움을 구할 개연성 또한 커진다. 비슷하게 사무원 B는 과거에 그가 동료의 호의를 획득한 경험이 있으면 보다 기꺼이 그리고 자주 그의 동료에게 도움을 주게 될 것이다. 일반적으로 성공명제와 관련된 행동은 세가지 단계를 거치게 된다: 첫째, 개인의 행동, 두 번째, 보상적인 결과, 마지막으로, 초기 행동의 반복, 혹은 최소한 그와 유사한 행동의 반복.

   호만스는 성공명제와 관련되어 몇가지 보다 구체적인 사항들을 언급하고

있다. 첫째, 비록 보다 빈번한 보상이 보다 빈번한 행동을 유도한다는 것이
일반적으로는 맞지만, 이 연관성이 무제한 계속된다는 것은 아니다. 어떤
시점에 다다르면, 사람들은 더 이상 그런 식으로 빈번하게 반응하는 것을
그치게 될 것이다. 두 번째, 행동과 보상 간의 시간 간격이 짧을수록 개인
은 보다 쉽게 그 행동을 반복하게 된다. 역으로 말하면, 행동과 보상 간의
긴 간격은 행동이 반복될 개연성을 낮추게 된다. 마지막으로, 호만스의 견
해에 따르면, 간헐적인 보상이 정기적인 보상에 비해 보다 성공적으로 행
동을 유도해 낸다. 정기적인 보상이 식상함과 싫증을 수반하는 반면에,(마
치 도박과 같이) 비정기적으로 주어지는 보상은 용이하게 반복 행동을
이끌어 낼 수 있다.

2. '자극명제'(stimulus proposition)에 의하면, 만일 과거에 개인의 행동이 어떤 자
   극에 대한 반응의 결과로서 보상을 얻게 되었을 경우라면, 이제 과거 경우
   와 같거나 유사한 자극이 주어질 때 개인은 과거에 행했던 행동 혹은 그와
   비슷한 행동을 다시 수행하게 될 개연성이 높아진다. 사무실 예를 들어 말
   하자면, 만일 과거에 두 직원이 도움을 주고받는 것이 보상적이라는 점을
   경험했을 경우, 이들은 장차 비슷한 상황에 처할 때 보다 쉽게 비슷한 행동
   을 하게 될 것이다. 호만스는 보다 실제적인 예를 드는데 그늘진 연못에서
   고기를 낚았던 사람은 계속 그늘진 연못에서 낚시할 것이라 점이다.

   호만스는 **일반화**[1] 과정, 즉 같은 행동을 여러 유사한 상황들에 확장하
   는 경향에 대해 많은 관심을 갖고 있었다. 낚시 예를 빌자면, 그러한 일반
   화의 한 측면은 그늘진 연못에서만 낚시하다가 어느 밝기의 연못에서도 낚
   시하는 경우를 말한다. 비슷한 예로서, 낚시 성공으로 인해 한 종류의 낚시
   에서 다른 종류의 낚시로(예를 들어 민물낚시에서 바다낚시로) 옮아가거나
   혹은 심지어 낚시에서 사냥으로 확장되는 것을 들 수 있다. 다른 한편, **변
   별화**[2]도 또한 중요하다. 행위자는 과거에 성공적이라고 인식했던 특정 상
   황에서만 낚시를 할 수도 있다. 그런데, 만일 성공적 결과가 발생했던 조건
   들이 너무 복잡하다면, 이후 비슷한 조건들이 주어져도 같은 행동을 유발

---

1) **일반화(generalization)** 같은 행동이 여러 유사한 상황들에 확장되어 적용되는 경향.
2) **변별화(discrimination)**   과거에 성공적이라고 인식되었던 특정 상황하에서만 행동을 시도하려
   는 경향.

해 내는데 실패할 수 있다. 비록 결정적인 자극이라 해도 너무 오래 전에 발생한 것이라면 행동을 유발하는 데에 역시 실패할 수 있다. 혹은, 자극들이 행위자에게 너무 귀중한 것이라서 행위자가 그것에 너무 지나치게 민감해지는 경우도 생각할 수 있다. 실제로, 사람들은 부적당한 자극들에 까지도 반응할 수 있는데, 이것은 연속된 시행착오의 결과를 통해 비로소 상황이 정확하게 이해되기까지 반복될 수 있다. 이와 같은 변별 문제들은 모두 행위자의 주의력이나 자극에 대한 주의환기 정도에 따라 영향을 받게 된다.

3. '가치명제'(value proposition)에 의하면, 행동의 결과가 행위자에게 보다 가치있는 것일수록 보다 쉽게 동일한 행동이 수행된다. 사무실 예를 빌자면, 각 직원이 서로에게 준 보상이 보다 가치롭게 여겨질수록 직원들은 그것을 위한 행동을 할 개연성이 커진다. 이 시점에서 호만스는 보상과 처벌의 개념을 들여오고 있다. **보상**[1]은 긍정적 가치를 지닌 행동을 말한다; 보상을 높이면 행위자로부터 바람직하다고 기대하는 행위를 보다 쉽게 유도해 낼 수 있다. **처벌**[2]은 부정적 가치를 지닌 행동을 말한다; 처벌을 높인다는 것은 바람직하지 않은 행동을 할 개연성이 줄어드는 것을 의미한다. 호만스는 처벌이 사람들로 하여금 그들의 행위를 바꾸도록 하는데 있어 그다지 효과적인 방법이 아니라는 것을 발견했는데, 왜냐하면 사람들은 주어진 처벌에 대해 기대와는 다르게 반발하는 방식으로 대응할 수 있기 때문이다. (분노의 경우에서 같이) 바람직하지 않은 행동에 대해서는 단지 보상을 생략하는 방식이 보다 좋은 대응이다; 이렇게 하면 그 행동은 자연스럽게 쇠퇴할 것이기 때문이다. 보상이 보다 좋은 방법임에는 틀림없는데, 문제는 보상이 무제한 공급될 수 있는 것이 아니라는 점이다. 호만스는 그의 이론이 단순한 쾌락주의 이론(hedonistic theory)과는 같지 않다는 점을 분명하게 강조한다; 보상은(돈과 같이) 물질적인 것 외에도(타인에 대한 도움같이) 이타적인 종류의 것도 포함하기 때문이다.

4. '박탈-포만 명제'(deprivation-satiation proposition)에 의하면, 최근에 특정 보상을

---

1) **보상(rewards)** 긍정적 가치를 수반하는 행동을 말한다; 보상을 높이면 행위자로부터 바람직하다고 기대하는 행위를 보다 쉽게 유도해 낼 수 있다.
2) **처벌(punishments)** 부정적 가치를 수반하는 행동; 처벌을 높인다는 것은 바람직하지 않은 행동을 할 개연성이 줄어드는 것을 의미한다.

자주 받았을수록, 동일한 종류의 보상이 다시 주어질 때 그 가치는 떨어진
다. 사무실 예를 빌자면, 두 직원들은 서로에게 조언을 계속 주고받는 어느
시점에 이르면 그러한 보상이 서로에게 더 이상 가치롭지 않게 될 것이라
는 말이다. 여기서 시간이 중요하다; 만일 특정 보상이 꽤 오랜 기간 이전
의 것이라면, 사람들은 그것에 보다 덜 식상하게 될 것이다.

　　이 시점에서, 호만스는 다시 두 가지의 중요한 개념들을 도입하는데 비
용과 이득이다. 어떤 행동의 **비용**[1]은 그 행동을 선택함에 따라 포기한 다
른 대안적 행동의 보상으로 정의된다. 사회적 교환에서 **이득**[2]은 비용을 상
회하는 여분의 보상을 말한다. 이들 개념을 이용하여 호만스는 이제 '박탈-
포만 명제'를 다시 구성할 수 있게 되는데, 즉 사람들이 특정 행동의 결과
로서 얻은 이득이 높을수록, 그 행동을 수행할 개연성은 높아진다.

5. '공격－승인 명제'(aggression-approval propositions)는 두 가지로 나뉜다. '명제 5A'
에서 호만스가 주장하는 것은, 만일 사람들이 그들 행동에 대해 기대했던
보상을 받지 못하거나, 혹은 예기치 않았던 처벌을 받게 되면, 사람들은 분
노하게 되며, 보다 공격적으로 행동할 가능성이 높아지고, 그리고 그러한
공격적 행동의 결과를 보다 가치롭게 여기게 될 가능성이 높아진다는 것이
다. 사무실 예를 빌자면, 만일 직원 A가 상대에게 기대했던 조언을 받지 못
하거나 혹은 직원 B가 그가 기대했던 칭찬을 받지 못한다면, 그들은 쉽게
분노하게 될 것이라고 볼 수 있다. 우리가 호만스의 작업에서 좌절이나 분
노와 같은 개념들을 발견하는 것은 다소 의외의 일일 수 있는데, 왜냐하면
그것들은 정신 내부적 상태를 지칭하는 개념들이기 때문이다. 행동주의 원
칙에 보다 철두철미한 학자라면 그같이 관찰 불가능한 마음상태를 다루려
고 하지는 않을 것이다. 호만스는 그러나 그러한 기대의 좌절이 반드시 심
리 내부적 상태만을 지칭하는 것은 아니라고 주장하는데, 왜냐하면 그것은
당사자 A뿐 아니라 주위 사람들에게도 관찰가능한, 전적으로 심리 외적인
사건을 또한 지칭할 수 있기 때문이다.

　　'명제 5A'가 부정적 감정의 측면을 언급하고 있다면, '명제 5B'는 보다 긍

---

1) **비용**(cost)　　그 행동을 선택함에 따라 포기한 다른 대안적 행동의 보상.
2) **이득**(profit)　　사회적 교환에서 발생한 비용을 상회하는 여분의 보상.

정적인 감정의 측면에 대한 것으로서, 사람들은 기대했던 보상을 받았을 때 즐거워하며 특히 기대보다 많은 보상을 받았을 때 더욱 그러하다는 것이다; 결과적으로, 사람들은 주위의 승인을 받은 행동을 개연성이 더 크며, 그러한 행동의 결과는 보다 가치롭게 여겨질 것이다. 사무직원 예를 빌자면, 직원 A는 그가 기대했던 조언을 받고 그리고 직원 B는 그가 기대했던 칭찬을 들었을 때, 두 사람 즐겁게 되면서 향후에도 비슷한 조언의 주고받음을 보다 용이하게 수행하게 될 것이다.

6. '합리성 명제'(rationality proposition)에서 개인들은 가능한 선택지 중에서 특정 행동을 선택하는 것으로 그려지고 있는데, 이 행동은 선택 당시 개인이 인식하는 한도 내에서는 다른 선택지들에 비해 보다 많은 보상을 가져오는 것이면서 보상을 얻게 될 확률도 보다 높은 것이라는 주장이다. 이전의 명제들이 행동주의에 심하게 의존하는 것이었다면, 합리성 명제는 호만스의 이론작업에 있어서(다음 장에서 다룰) 합리적 선택이론이 끼친 영향을 가장 명확하게 보여주는 것이다. 경제적 용어로 표현하자면, 합리성 명제에 따라 행동하는 행위자는 그의 **효용**[1])을 극대화하고 있는 것이다.

기본적으로, 개인들은 그들 앞에 놓인 여러 대안적 행동들에 대해 이모저모 생각해보고 계산하게 된다. 개인들은 각 행동들이 낳게 될 보상의 양들을 서로 비교하는 것이다. 그들은 또한 그러한 보상을 실제로 획득할 수 있을 개연성(likelihood)도 계산하게 된다. 자체로는 매우 높은 가치를 지닌 보상이라도 만일 행위자가 생각하기에 그것을 얻게 될 가능성이 낮다면 그 가치는 평가절하된다. 반대로, 자체로는 낮은 가치의 보상이라도 그것을 획득할 가능성이 매우 높다면 그 가치는 늘어나게 된다. 따라서, 보상의 본래적 가치와 그것의 획득 확률 간의 관계에 따라 가치가 하중되게 된다. 가장 바람직한 보상은 그 자체의 가치도 높으면서 동시에 획득 가능성도 높은 종류의 것이고, 그 반대의 경우는 자체의 가치도 작으면서 획득하기도 힘든 종류가 될 것이다.

호만스는 이 합리성 명제를 다시 성공명제, 자극명제, 가치명제들과 연결시키고 있다. 합리성 명제는 우리에게 행위자가 어떤 행동을 할 것이냐

---

1) **효용(utility)** 행위자의 선호나 가치.

아니냐의 문제는 그 행동의 성공 여부에 대한 당사자의 인식에 달려 있다
는 점을 말해 주고 있다. 그런데, 행위자의 이런 인식은 무엇이 결정하는
것일까? 호만스는 말하기를, 성공의 찬스가 높은지 낮은지에 대한 인식은
다시 과거 성공의 경험 정도와 그리고 지금 상황이 얼마나 과거 성공의 상
황과 유사하냐의 정도에 따라 달라진다고 주장한다. 합리성 명제는 우리에
게 왜 행위자가 어떤 보상을 다른 보상보다 바람직하게 여기는지 그 이유
에 대해서는 언급해 주는 바가 없다; 그 점에 대해서는 우리는 가치명제가
필요하게 된다. 이런 방식으로, 호만스는 그의 합리성 명제를 여타의 보다
행동주의적인 명제들과 연결시키고 있다.

결론적으로 말한다면, 호만스의 이론은 행위자를 합리적인 이득추구자로
보는 견해로 응축될 수 있을 것이다. 그러나, 호만스의 이론은 인지적 수준과
거대구조 수준 양쪽에서 약점을 내포하고 있다. 예를 들면, 의식(consciousness)이
라는 그의 주제에 대해서 호만스는 보다 발달된 심리학 이론의 도움이 필요하
다는 것을 인정하고 있다.

그러한 약점에도 불구하고, 호만스는 개인 행위의 수준에서 견고하게 작업
을 수행한 행동주의 이론가로서의 입지를 확보하고 있다. 만일 우리가 보다 기
초적인 수준의 사회적 행위들을 적절하게 이해할 수 있다면 거시 구조들도 자
연히 이해될 수 있을 것이라고 호만스는 주장하였다. 비록 사회 전체 수준에서
는 보다 복잡한 경로를 통해 여러 근본적인 기초과정들이 서로 얽히면서 거시
적 현상을 만들어 낸다는 점을 그도 인정하고 있지만, 호만스는 여전히 교환
과정은 개인의 수준에서나 사회의 수준에서나 본질적으로는 같은 것이라고 주
장하고 있다.

조지 호만스(George Casper Homans)
생애의 삽화

나는 파슨스 교수(Talcott Parsons)와 오랜 동안 알아 왔고 사회관계 학과(Department of Social Relations)에서 가깝게 일했다. 사회학계에선 그를 선도적인 이론가로 우러르고 있었다. 나는 파슨스 교수가 이론이라고 말하는 것은 단지 개념적 틀에 머무르고 있으며, 이론은 그 안에 최소한 몇 개라도 이론명제가 포함되지 않는 한 이론이 될 수 없다고 판단했다. 나는 과학철학의 책들을 공부하면서 나의 이러한 견해가 옳다는 것을 확신하게 되었다.

단지 명제들을 포함한다는 것만 갖고는 이론으로서 여전히 불충분하다. 현상에 대한 이론이라는 것은 그것에 대한 설명이라는 말이기도 하다. 설명은 보다 보편적인 명제들을 외재적으로 주어진 조건, 경계조건, 보조변수 등에 적용할 때 보편성 정도가 낮은 명제들이 논리적으로 도출되는 것을 보이는데 있다. 나는 이 주제에 대한 나의 입장을 『사회과학의 본질』(The Nature of Social Science(1967))이라는 책을 통해 밝힌 바 있다.

나는 그후 내가 『인간집단』(The Human Group)에서 기술한 경험명제들과 그리고 내가 사회심리학 분야의 여러 실험연구들에 대한 공부를 통해 얻게 된 여타 명제들을 놓고 이들을 설명함에 있어 어떻게 일반명제들을 그러한 방식으로 사용할 수 있을지에 대해 고심해 왔다. 일반명제들은 다음과 같은 하나의 조건만은 반드시 충족시켜야 한다: 내가 처음부터 지녀온 생각에 따르면, 그것들은 보편인류의 멤버로서의 개인에게 적용될 수 있어야 한다는 점이다.

그러한 일반명제들은 다행히도 내가 굳이 만들어 낼 필요 없이 이미 존재하고 있었다. 그것들은 바로 내 오랜 친구이기도 한 스키너 교수가 발전시켜 온 행동주의 심리학의 명제들이었다. 그 명제들은 개인이 물리적 환경에서 단독으로 행동할 경우나 혹은 다른 사람들과 상호관계를 맺을 경우에도 모두 성립할 수 있는 것들이었다. 『사회적 행동』(Social Behavior(1961년 초판과 1974년 재판))의 두 번의 출간을 통해 나는 이들 일반명제들을 이용하여 어떻게, 어떤 조건들에서, 상대적으로 지속적인 사회구조들이 그것에 대한 의도가 없는 개인들의 행동을 통해 창출되고 유지될 수 있는지를 설명하고자 하였다. 이것이 사회학의 핵심적인 지적 과제라고 나는 간주하고 있다.

합리적 선택이론

교환이론의 발전에 영향을 미치긴 했지만, 일반적으로 말해서 합리적 선택
이론은 사회학 이론의 주류에서는 벗어난 주변적 위치에 있었다. 그러나 제임
스 콜만(James Coleman)의 거의 독보적 노력에 힘입어, 합리적 선택이론은 이제
현대사회학에서 "가장 관심을 끄는"(hot) 이론 중의 하나로 되고 있다. 한가지
예로서, 1989년 콜만은 합리적 선택론의 관점에 따르는 연구들을 널리 소개하
기 위해 *Rationality and Society*라는 학술지를 창간하였다. 또 다른 예로서, 콜만은
합리적 선택이론의 관점에 기초하여, 『사회이론의 기초들』(*Foundations of Social
Theory*(1990))이라는 매우 중요한 역작을 출간하였다. 마지막 예로서, 콜만은 1992
년 미국사회학회 회장이 되었을 때, 회장 권한으로 조직되는 특별포럼을 합리
적 선택이론을 주제로 구성하였고, "사회의 합리적 재구성"이라는 제목의 취임
강연을 하였다.

기본모형

합리적 선택이론의 기본 원칙들은 신고전경제학(그리고 공리주의(utilitarian-
ism)와 게임이론)에서 나오고 있다. 여러 다양한 이론모형들에 근거하여, 이들을
공통적으로 묶고 있는 이른바 합리적 선택이론의 기본골격 모형을 제시해 볼
수 있다.

합리적 선택이론의 초점은 행위자에 놓여 있다. 행위자는 목표지향적(purpo-
sive)이거나 혹은 의도적 성향(intentionality)을 갖는 것으로 상정된다; 다시 말해서,
행위자는 그의 행위를 통해 이루어 내고자 하는 특정한 목적(ends)이나 목적대
상(goals)을 갖는다는 점이 강조된다. 행위자는 또한 특정한 선호(preference)(혹은
가치나 효용)를 갖는 것으로 그려진다. 그러나 합리적 선택이론에서는 이러한
개인 선호가 내용상 실제 무엇인지 혹은 그것이 어떤 유래로 나왔는지 등에 대

해서는 관여하지 않는다. 중요한 점은, 행위자가 갖는 선호들의 우선순위와 일관되는 방식으로 여러 행위목표들(objectives)의 성취를 향한 행위가 이루어진다는 것이다.

비록 합리적 선택이론이 행위자가 갖는 목표(purposes)나 의도에서 출발하고 있지만, 행위 자체에 대한 최소한 다음 두 가지의 주요 제한점들을 고려하여 모형이 구성되어야 한다. 첫 번째는 자원의 희소성이다. 행위자들은 서로 다른 자원들을 갖고 있으며 또한 자원들에 대한 상이한 접근 가능성을 갖고 있다. 많은 자원을 갖고 있는 행위자라면 그의 목적은 비교적 쉽게 달성될 수 있을 것이다. 반대로, 작거나 거의 자원이 없는 행위자에게 그의 목적을 성취하기란 어렵거나 불가능할 수 있기 때문이다.

자원 희소성과 연결된 것으로서, **기회비용**1)의 측면을 또한 염두에 두어야 한다. 주어진 목적을 추구하고자 어떤 행위를 함에 있어, 그로 인해 행위자는 가능할 수 있었던 다른 차선적 행위를 포기해야 하는 비용을 고려해야 한다. 행위자는 그가 가장 바라는 목적을 단념할 수도 있는데, 왜냐하면 만일 그의 자원이 불충분하거나, 그래서 만일 그 목적의 달성 가능성이 희박하거나, 혹은 만일 그 목적의 추구 때문에 여타 다른 차선적 목적의 달성이 위태로워지는 경우가 있기 때문이다. 행위자는 그의 이득을 극대화하고자 행위하는 것으로 상정된다; 이 과정은 우선적인 목적의 성취 가능성과 그로인한 여타 차선적 목적 대상의 성취가능성 간의 관련성을 고려하는 것을 포함하고 있다.

개인 행위에 대한 두 번째 제한요인은 사회 제도들이다. 그러한 제도적 제한은 일생을 통해 계속 일어나는데, 학교와 학교생활의 규칙들, 직장의 조직 규준들, 그리고 사회의 법규 들을 통해 드러나고 있다. 이것들은 모두 행위자에게 가용가능한 선택의 범위를 제한하고 있으며 그럼으로써 행위의 가능한 결과도 제한하는 셈이다. 제도적 제한은 긍정과 부정 양면적으로 제약을 가하는데, 특정 행위는 촉구하고 다른 것들은 위축시킨다.

합리적 선택이론의 기초를 이루는 것으로 보이는 다른 두 가지 이론적 요인들을 지적할 수 있다. 첫째는 다양한 개인적 행위들이 모여서 집단수준의 사

---

1) **기회비용(opportunity costs)** 행위자가 주어진 목적의 달성을 위해 어떤 행위를 선택할 때 그로인해 가능했던 차선적 행위는 포기해야만 하는 비용.

회적 결과를 만들어 내는 집산(aggregation) 메커니즘이다. 둘째는 합리적인 선택이 이루어지는 과정에서 정보가 차지하는 중요성이다. 한때는 행위자가 그에게 열려있는 여러 대안적 행위들 간의 선택에 있어 완벽하거나 혹은 최소한 충분한 정도의 정보를 갖는 것으로 가정되기도 했다. 그러나, 행위자에게 가용한 정보의 양과 질 모두 매우 가변적이며, 이러한 정보의 가변적 가치가 행위자의 선택에 심대한 영향을 끼치게 된다는 점이 점차 중요하게 부각되고 있다.

학술지 *Rationality and Society* 발간 권두언에서 콜만은 강조해 밝히기를 그가 합리적 선택이론을 지지하는 이유는 이론 자체가 갖는 분석적 강점도 있지만 또한 이것이 보다 통합적인 사회학적 연구를 가능케 하는 유일한 이론이기 때문이라고 한다. 그는 합리적 선택이론이 사회의 거시적 현상의 설명에 대한 미시적인 기초를 마련해 주는 것으로 보고 있다. 이러한 학문적인 관심 외에도, 콜만은 합리적 선택론 관점을 따르는 여러 연구들이 급하게 변화하는 지금의 세계에 대해 실질적으로도 보다 유용한 것이기를 희망하고 있다. 에이즈(AIDS) 예방에 관련된 공공정책적 문제가 합리적 선택론의 관점에서 연구된 것이 그러한 예이다.

사회이론의 기초들

콜만은 사회학은 사회시스템에 관심의 초점을 맞추어야 하고 그러나 그러한 거시적 현상의 설명은 그 안에 내재한 구성요소, 즉 (가장 바람직하기로는) 개인들을 통해 이루어져야 한다고 주장한다. 그가 개체 수준에서의 설명방식을 선호하는 이유 중의 하나는 가용한 자료가 주로 개체 수준에서 수집되고 다시 그것들의 집산을 통해 시스템 수준을 만들어 내기 때문이다. 개체 수준에 초점을 맞추고자 하는 또 다른 이유는 특정 사회적 변화의 창출을 기도하는 정책적 개입이 주로 개체, 즉 개인 수준에서 이루어지기 때문이다. 콜만의 관점에서 중심적인 것은 사회 이론이 단지 순수학문적 관심의 실현에 그치는 것이 아니라 정책적 개입을 통해 현실 세계에 영향을 줄 수 있어야 한다는 생각이다.

개체에 대한 강조에서 콜만은 자신이 방법론적 개체주의(methodological indi-
vidualism)에 속한다고 인정하며, 그러나 자신의 특정한 관점은 방법론적 개체주
의 정향 중에서 특별한 한 분파로 여기고 있다. 그의 견해는 독특한 것인데,(거
시 수준에서만 드러나는) 발현적 속성의 개념을 인정한다는 점에서, 그리고 그
가 시스템에 내재하는 구성요소들에 초점을 맞추어야 한다고 할 때 이들 구성
요소들이 반드시 인간의 행동이나 특성일 필요는 없다는 점 등에서 그러하다.
인간 개인 외의 어떤 미시적 현상도 그의 분석적 초점에 포함될 수 있다.

콜만의 합리적 선택론 지향은 그의 기본적인 생각에서 분명히 드러나는 바
사람들은 어떤 목적을 향해 매우 목표 지향적으로 행동하며 그러한 목적과 행
위는 행위자가 갖는 가치(내지 선호)에 의해 특징지워진다는 점이다. 그러나 주
로 이론 구성상의 이유를 들어 콜만은 합리적 행위자에 대한 보다 확실한 개념
화가 필요하다고 주장하면서 그것을 경제학에서 빌어오고 있는데 효용극대화,
즉 필요와 욕구의 만족을 극대화하려는 개인이라는 행위자 가정이다.

콜만의 전체 이론체계에서 두 핵심 요소는 행위자와 자원이다. 자원이란
행위자가 일정한 이해관계를 갖고 있으며 동시에 일정한 통제를 행사할 수 있
는 대상들을 지칭한다.

이들 두 요소가 특정하게 주어졌다고 가정할 때, 콜만은 이 두 요소간의
상호 관련이 어떻게 특정한 체계적 결과로 이어지는지를 자세하게 분석하고 있
다. 콜만의 분석은 한 행위자가 통제하는 자원에 대하여 다른 행위자들도 이해
관계를 갖고 있다는 사실에 기초하는데, 그 결과로서 각 행위자는 다른 행위자
들과도 연관되는 행위를 하게 되며 이러한 행위들의 체계적인 연관을 통해 거
시적 수준에서 행위시스템, 즉 사회구조가 형성되는 것으로 설명한다. 다른 말
로 하면, 각자 자신의 이해를 극대화하고자 하면서 동시에 상호연관되는 행위
자들이 집단수준의 사회적 체계를 만들어 내는 것이다.

합리적 선택이론에 대한 신념을 표하고 있지만, 콜만은 그것이, 최소한 아
직은, 모든 이론적 난점들에 대한 대답을 준다고 생각하지는 않는다. 그렇지만
합리적 선택이론이 난점의 해결을 찾아가는 올바른 방향이라는 점에 대한 그의
생각은 분명한 것 같다. 콜만이 바라기는, 현재의 이론수준에서 다루지 못하고
있는 여러 이슈들을 합리적 선택이론의 연구들이 진전되면서 점차 해결할 것으

로 기대하고 있다.

현실세계에서 사람들이 실제로 항상 합리적으로 행동하는 것은 아니라는 점을 콜만은 잘 인식하고 있다. 그러나 그러한 사실은 콜만의 이론에 대해 별로 문제가 되지 않는다; 실제로 사람들이 얼마나 합리적으로 행동하느냐의 정도와는 크게 무관하게 동일한 이론적 예측에 도달할 수 있기 때문이다.

제임스 콜만(James S. Coleman) 생애의 삽화

1990년대 중반의 시점에서 돌이켜 볼 때, 콜만은 자신의 거시수준의 접근법이 크게 변화해 왔음을 발견했다. 한가지 예로서, 1960년대 Johns Hopkins 대학 시절 그가 참여했던 사회모의 게임(social simulation game)에 관련해 그는 언급하기를 "이 연구들은 나로 하여금 이론적 지향을 바꾸도록 하는 계기가 되었는데, 즉 체계 수준의 속성이(마치 뒤르껨의 『자살론』에서 보여주듯이) 행위자의 행위를 결정한다는 면을 강조하던 입장으로부터 그것과 동시에 시스템 수준의 속성이 또한 때로는 의도되고 때로는 의도치 않은 개인 행위들의 결과이기도 하다라는 입장으로의 변화였다." 콜만은 개인행위에 대한 이론이 필요했고, 그는, 대부분의 경제학자들과 비슷하게,

"개인행위에 대한 가장 단순화된 기초, 즉 합리적 모형 혹은 바꿔 말하면 목표지향적 모형을 선택하게 되었다. 사회학에서 가장 힘든 작업은 미시수준의 개인행동으로부터 규범, 사회적 가치, 사회적 위신의 서열이나 사회적 갈등 등과 같은 거시수준의 현상을 연결시킬 수 있는 이론의 정립이다."

이러한 이론적 관심은 왜 콜만이 미시경제학을 적극적으로 사용하게 되었는지 설명해 준다.

"여타 사회과학으로부터 경제학을 구분시키는 중요한 차이점은 경제학이 합리적 선택론을 사용한다는 점이 아니라, 개인행동의 수준과 체계가 기능하는 수준간의 연결을 가능하게 하는 경제학의 분석방식이다. 개인은 합리적으로 행동한다는 것과 완전

> 한 정보적 소통의 조건이라면 시장은 완벽하게 작동한다라는 두 가지 가정을 동원하여 경제학적인 분석은 거시수준의 체계 작동을 미시 수준의 개인행동과 성공적으로 연결시키고 있다."
>
> 학교 교육에 관한 그의 초기의 작업과 일맥상통하기도 하는 것으로, 콜만의 사회학 비전의 또 다른 측면은 바로 사회학적 연구가 사회정책에 직접적으로 적용가능할 수 있어야 한다는 것이다. 이론에 관련해 그는 천명하기를, "사회학 이론을 평가하는 잣대 중의 하나는 그것이 사회 정책을 수립하는 데에 얼마나 잠재적으로 유용한가라는 점이다."

페미니즘 이론과 미시적 사회질서:
집필자 - 패트리시아 마두 랭어만과 질 니브루게

　　미시적 상호작용의 수준에서, 페미니즘 사회학은(몇몇 미시사회학 관점과 비슷하게) 개인들이 어떤 객관적인 목표나 혹은 간주관적(intersubjective) 의미소통을 추구할 때 어떻게 서로의 존재를 염두에 두게 되는가에 초점을 맞추고 있다. 페미니즘 사회학은 주장하기를, 기존의 통상적인 상호작용 모델들은 흔히 권력의 배분과 관련된 여러 거시적 범주들에서 동등하게 위치하는 것으로 가정되는 개인들이 공동 목표의 추구 과정에서 의미를 창출하고 상호관계를 조정하는 모습을 그려내려는 것이다; 그 모델들은 또한 구조적으로 유리한 위치를 선점한 자들의 입장에서 어떻게 그가 자신과 동등한 사람 및 하위 위치의 사람들과 관계맺기를 경험하게 되는가를 그려내고 있다. 그러나 페미니즘 이론은 애초에 구조적으로 불평등한 위치에 있는 사람들끼리 상호 접촉이 일어날 때는 기존 이론모델들이 잡아내지 못하는 여러 다른 속성들이 상호작용에서 드러나게 된다고 주장한다; 즉 행동은 목표지향적이라기 보다는 반응지향적(responsive)이 되고, 서로간 권력차이가 끊임없이 만들어지며, 여러 행위들이 본래적으로 갖는 의미는 왜곡되거나 퇴색되고, 그리고 의미의 공유가 가장 쉽게 만들어 질 수 있는 공간에는 접근할 수 있는 기회조차 종종 차단되게 된다.

미시적 질서에서 여성이 경험하게 되는 특성들

대부분 주류 미시사회학에서는 목표지향적 행위자의 모형을 내세우고 있는데, 여기서 개인들은 일정한 목표를 설정하며 그것의 달성을 위해(개인적이든 집단으로든) 최적의 합목적적 수단을 강구하는 식으로 그려지고 있다. 이에 반해서, 페미니즘 연구는 드러내기를, 우선 여성의 삶은 우발성(incidentalism)의 특징을 갖는다는 것으로서, 여성들은 자신이 설정하지 않은 여러 삶의 의제들에 피동적으로 사로잡혀 살게 되는데 이들 의제들은 결혼, 남편의 행동기질, 인생 설계에 있어서 자녀로 인해 겪게되는 예기치 못한 영향들, 이혼이나 사별, 그리고 여성이 주로 진출하는 직업계가 갖는 불안정성 등으로 인해 끊임없이 출렁거리며 바뀌고 있다.

일상의 행위에 있어서도 여성은 그들은 목표를 방해 없이 직선적으로 추구하지 못하고 주위 타인들의 필요와 요구에 끊임없이 반응해야 하는 상태에 놓여있다. 이 주제는 먼저 엄마와 딸간의 정서적이고 관계적인 호혜성에 대한 분석에서 시작하여, 여아들의 놀이집단에서 보이는 긴밀한 관계적 특성의 관찰연구를 거쳐서, 이제 여성적 직업들 즉 교사, 간호사, 비서, 안내원, 사무 보조원 등에 대한 직업적 특징의 분석과 주부로서, 엄마로서, 그리고 이웃과 친지 모임에서의 조절자 역할에 대한 분석으로 연결되고 있다. 여성의 활동이 반응지향적이라고 말할 때 우리는 그것들이 단지 피동적으로 반사적이라는 의미는 아니다. 대신 우리는 자신의 고유한 목적을 지향하기 보다는 타인들의 기대와 행동과 요구들을 주목하고, 부추기고, 조율하는 일을 지향하는 삶의 모습을 묘사하는 것이다. 목표지향적 행위자 모델이라는 주류 미시사회학의 접근에 대비하여 페미니즘 연구는 타인들 행동의 망 그 중심에 위치해서 주위에 반응적으로 일상의 삶을 살아야 하는 행위자, 그리고 그들이 예측하지도 통제하지도 못하는 힘들에 의해 이런 상황에 처하게 된 것을 결국 알게 되는 행위자의 모형을 보여주고 있다.

전통적인 미시 사회이론에 따르면, 행위자들간의 상호작용에 있어서 서로간의 협력과 의미 구축을 향한 압력이 너무 커서 행위자들은 거시구조의 맥락에 대한 판단은 유보하고 대신 서로가 동등하다는 전제하에 서로에게 집중하게 된다고 가정한다. 남녀간의 관계에 대한 페미니즘 연구에 의하면 그러한 생각이 잘못되었다는 것을 보여 주는데, 왜냐하면 남녀간의 사회적 상호작용은 거시구조적 맥락의 영향에 의해 광범위하게 유형화되고(patterned) 있기 때문이다. 비공식적 모임, 교제, 결혼, 가정, 그리고 직업현장 등에서 그들이 접하는 남성에게 보통 구조적으로 하위에 있다는 사실로 인하여 여성은 그들의 일상적 행동에서조차 영향을 받게 된다. 여성 개인이 혹 성취할 수 있는 어떠한 대인적 평등이나 우월성도 그러한 구조적 유형화—대표적으로는 젠더의 제도화—로 말미암아 상호작용 과정 그 자체를 거치면서 효과적으로 무산되어 버린다. 양성 불평등의 거시구조적 유형화는 남녀간의 상호관계에 난맥처럼 얽혀있으며, 그것은 비단 누가 과제를 설정하고 누가 시행하는가 하는 성분업 전반에 대해 영향을 주는 것 뿐 아니라 보다 절차적인 세부사항들에까지 영향을 미치는데, 이들은 자리 배치와 좌석의 배열, 발언과 대화의 양식, 눈 마주침, 시공간적 통제 등을 통해 권위와 존경의 차이를 표현하고 확인시켜 주게 된다. 하나의 특징적인 상호관계 상황으로서 이러한 남녀불평등은 여기에 인종이나 계급적 변수들이 분석 프레임에 추가될 경우 보다 심화되고 복잡해진다.

상징적 상호작용론과 같은 미시이론에서는 사람들의 상호작용에서 늘 문제가 되는 중요한 과제중의 하나가 서로에게 공유되는 의미를 구축하는 것이라고 가정한다. 행위자들은 서로의 행동과 접촉의 와중에서 의사소통을 통해 공유된 이해를 형성하고 자신들의 경험에 대한 공통의 조망관점(common vintage point)을 얻게 된다는 것이다. 그러나 페미니즘은 미시수준의 상호작용은 거시구조에 배태되어 있으며 그것에 의해 깊이 물들게 마련이라는 점을 들어 그러한 가정이 액면 그대로 받아들여질 수 없다고 주장한다. 여성들의 일상행동이나 인간관계는, 여성의 행동과 경험을 축소하고 왜곡하는 식으로 짜여진 공적 혹은 제도화된 이데올로기적 해석틀 안에서 진행되고 있다. 이 이데올로기는 사회적 관계에서의 행동에 부과되는 의미를 유형화하는 것이다. (우월적 위치의) 남성들은 여성들과 교류함에 있어 열린 마음의 자세로 임하거나 혹은 다른 대안적인 거시적 해석의 가능성을 무시한 채 단지 성 이데올로기의 거시구조가 주조해 내는 의미만을 여성의 행동에 부과할 뿐이다. 여성도 자신의 행동에 대한 이데올로기적 해석틀에 휩싸인 채, 성 이데올로기와 자신들 삶의 실상 사이의 간극을 이리저리 메워보고자 하는 변증법적 긴장의 상태에 놓이게 된다. 이러한 긴장을 통해 여러 다양한 의미들이 꾸며져 발생하게 된다. 상징적 상호작용론은 행위자들이 친밀하고도 오랜 기간의 교류와 의사소통을 통해 공통의 조망관점이나 공유의미의 체계를 만들게 된다고 가정한다. 가장 친밀하고, 장기적인 남녀의 관계라 할 수 있는 결혼생활에 대한 페미니즘의 연구는 그러나 심지어 배우자끼리도, 위에서 언급한 모든 이유들로 인하여, 서로에게 마치 모르는 타인처럼 머무르게 되며 서로 다른 언어의 의미를 갖고 있다는 점을 보여 주고 있다. 도로시 스미스(Dorothy Smith)는 이러한 "이방인 느낌"(stranger-ness)은, 우월한 위치의 남성이 내보이는 의미를 항상 살펴봐야 하는 열등한 위치의 여성보다는 그들 관계를 효과적으로 통제하는 것에 더 이해관계를 갖고 있는 남성들에게서 아마 더 심각할 것이라고 보고 있다.

　　개인들의 상호작용을 기술하는 데에 있어서 민주적인 에토스(ethos)가 상호작용론과 행동주의 이론 모두를 채색하고 있다. 전통적인 이론들은 사람들이 상호작용의 세팅에 드나들 때 상당한 정도의 기회평등과 선택의 자유를 갖고 있다고 전제한다. 페미니즘 연구는 여성들이 자신들의 삶의 체험을 적절하게 드러낼 수 있는 의미를 타인들과 더불어 가장 자유롭게 창출할 수 있는 상호작용은 바로 비슷한 위치의 타 여성들과 교류하고 소통할 경우라는 점을 보여주고 있다. 나아가, 이러한 자매적 모임은 그것이 제공하는 실제적이고도 감정적인 그리고 의미승인적인 지지로 인해 여성들에게 보다 더 매력적인 것이 된다. 그러나 여성들은 그러한 상호작용의 상황에 자유로이 들어설 수 있을 만큼 역량이 주어지지는 않는다. 법제, 상호작용의 주도, 이데올로기 들은 그러한 자매적 결사의 자유를 제한하며 폄하하고 있는데, 이것의 은밀한 작동에 의해 심지어 여성들 자신까지도 그런 자매모임의 이점에 대해 회의적이 되고 만다. 이러한 상황에서 자매적 결사는 더 이상 자유롭고 열린 선택의 문제라기보다는, 배

후적이고 제약적인 그리고 공적으로 드러나지 못하는 상호작용 공간으로 전락한다.

도로시 스미스(Dorothy E. Smith)
생애의 삽화

 도로시 스미스는 그녀의 사회학 이론은 여성으로서 두 가지 세계 살아야 했던 자신의 체험으로부터 나온 것이라고 설명했다; —남성위주의 학계 영역과 기본적으로 여성들이 중심인 한부모 가정의 삶. 1960년대 홀로 아이들을 키우며 Berkeley대학에서 사회학 박사과정에서 공부하던 시절을 회상하면서, 스미스는 당시의 삶이 그녀가 보기에 "커리어 쌓는 것이라기보다는, 비예측성과 우발적 사건들의 연속"에 의해 주조되는 느낌이었다고 반추한다. 이 비예측성(contingency)의 주제가 바로 스미스로 하여금, 역할 갈등들을 헤쳐 나가는 능동적 행위자의 이미지 같은 기존의 사회학 정통논의에 대해 도전하게 만든 그녀의 개인적 체험의 하나였다.

그것이 우발적이든 기획된 것이든, 다음의 사건들은 스미스의 이론 발전에 있어 중요한 계기가 된 것 같다. 스미스는 1926년 영국에서 출생했다. 그녀는 1955년 런던대학 (University of London)에서 학사를, 그리고 1963년 버클리(Berkeley)대학에서 박사학위를 취득했다. 이 기간 동안에 그녀는 "결혼을 했고, 그 직후 카나다로 이민을 갔으며, 아이를 갖게 되었고, 어느날 아침 남편이 떠나 버렸고, 주변서 아무 가능한 일자리라도 찾아야 했던" 경험을 겪게 된다. 이들 사건에 대해서 스미스는 강조하기를, "그것들은 사실상 내가 거의 선택권이나 사전 인지가 없었던 삶의 계기들이었다." 그녀가 주변서 마침 가능하게 찾을 수 있었던 일자리 중에는 버클리대학 사회학과 연구원이 있었고; 버클리 대학 사회학과 전임강사; 영국 에섹스대학(University of Essex) 사회학과 조교수; 캐나다 브리티시 컬럼비아대학(University of British Columbia) 사회학과 교수; 그리고 1977년부터 지금까지 토론토의 온타리오 교육연구원(Ontario Institute for Studies in Education) 사회학과 교수 등이 포함될 수 있겠다.

스미스의 생각들은 또한 페미니즘 거시이론(제 4 장), 통합 페미니즘 이론, 그리고 사회주의 페미니즘(제 8 장) 등에 초석이 되었다.

마지막으로, 상호작용의 페미니즘 분석은 남녀간의 차이가 심층적인 심리 구조 측면에서의 차이로 설명될 수 있다는 점을 강조한다. 남성성 훈육은 개별화 성향(individuation)과 여성적인 것의 거부를 부추기고 있는데, 이에 따라 남성들은 남성적 특권을 취득할 수 있으려면 여성적 행위로부터 자신을 멀리해야 한다는 점을 이른 나이에 깨닫게 된다. 비슷하게, 여성들도 비교적 이른 나이부터 여성의(남성 및 주위사람들에 대한) 의무의 하나는 상호작용의 여러 제스처를 통해서 타인의 주관성을 인지해야 한다는 것인데, 이를테면 그에게 주의를 기울이고, 그가 행한 행동에 대해 적절히 반응해 주고, 승인과 주의를 기울인다는 것을 나타내는 제스처를 하는 등의 방식을 통해 이루어진다. 이러한 행위들은 단지 남녀간의 관계뿐 아니라 동성집단 내의 관계에서도 광범위하게 퍼져 있으며 동시에 그들의 성격을 설명하고 있다. 여성은 주위 타자들에 대해 보다 반응지향적이며, 타인들의 필요와 욕구를 계속 주목하는 일에 관련되는 존재로서 그려지고 있다. 남성들은 개인적인 목표의 성취를 위해서 주위 인간관계들을 보다 분석적으로 나누어 다루어야 하는 것이 그의 의무이자 권리라는 식으로 생각하는 경향이 있으며, 타인에 대해 반응적이 된다면 그것은 그의 관용적 행위이지 상호작용에서 당연히 기대되는 것으로서가 아니라는 식으로 느끼는 경향이 있다.

여성의 주관적 경험의 몇 가지 특징들

대부분의 사회학 이론은 사회경험의 주관적 측면을 미시사회적 행위의 하부 유형으로 놓거나 혹은 거시수준에서라면 문화나 이데올로기로 간주한다. 그러나 페미니즘 사회학에서는 행위자가 그의 목표나 주변 사회관계에 대해 갖는 개인적 해석은 그 자체로 별개 영역이라고 보아야 한다고 주장한다. 여느 페미니즘 사회학 주제들과 마찬가지로 이 주장도 여성의 삶에 대한 연구로부터 촉발되었으며, 아마도 여성뿐 아니라 일반적으로 소수자 지위의 모든 삶에 적용될 수 있을 것이다. 열등한 위치의 여성들은 특히 그들의 주관적 경험의 차별성을 잘 의식하고 있는데 왜냐하면 그들 자신의 경험이 너무도 종종 주류 문화 및 미시 상호작용에 대한 기성의 정의와 상충하고 있기 때문이다. 사회학자들이, 미시적 사회질서의 한 부분을 구성하는, 경험의 주관적 차원을 다룰 때 그들은 다음 네 가지 주제에 주목한다: ① 역할 수행 및 타자에 대한 지식, ② 공동체 규범이 개인적으로 내면화되는 과정, ③ 사회적 행위자로서의 자아가 갖는 특성, ④ 일상생활의 인식이 갖는 특성.

　　미드나 슈츠 이론에서 나타나듯, 주관성(subjectivity)에 대한 전통적인 사회학 모형은 가정하기를, 역할 수행의 와중에서 사회적 행위자는 그와 비슷한 위치에 있다고 간주되는 타자의 눈을 통해 자아를 보게 된다. 그러나 페미니즘 사회학은 여성의 경우 남성의 눈을 통해 자신을 보도록 사회화된다는 점을 지적한다. 심지어 의미 있는 타자들이 같은 여성일 경우에도, 여성들은 이미 너무나 사회화된 나머지 남성의 관점을 통해 자신과 다른 여성을 보게 된다는 것이다. 여성이 역할 수행을 알아가는 경험은 다음 사실에 의해 편향되고 마는데, 즉 남성에겐 불필요한 것이겠지만, 여성은 자기자신의 한 부분으로 인정될 수도 있는 그런 사회적 타자로서가 아니라 말그대로 진짜 타인의 역할을 수행하는 법을 배워나가야 한다는 사실이다. 여성에게 있어 (의미 있는) 타자란 곧 남성이며 또한 낯선 사람이기도 하다. 남성에게 있어 (의미 있는) 타자는 우선적으로 다른 남성들인데, 이들은 문화가 절대적인 중요성을 부과하는 자질, 바로 성별(gender)에서 서로 같다는 점에서 의미 있는 타자가 된다. 이러한 공식은 그에 덧붙여서, 개인 삶의 노정에서 겪게 되는 억압과 특권의 두 축이 교차하면서 보다 복잡해진다고 페미니즘 이론은 강조한다.

　　역할 수행은 종종 공동체 규범을 개인이 내면화하는 것에서 완성되는 것으로 비쳐지는데, 이 내면화는 사회적 행위자가 그의 사회생활에서 겪는 거시적 미시적 모든 경험들의 덩어리로부터 그가 가상적으로 주조해 내는 구성물인 **일반화된 타자**[1]의 역할을 수행하는 것을 배우게 됨으로써 이루어진다. 일반화된 타자가 단수 호칭이라는 사실은 미시사회학자들이 흔히 이 가상의 일반화된 타자를 사회적 기대들의 포괄적이고도 일관된 표현으로 간주하고 있다는 점을 나타낸다. 그러나 페미니스트들의 주장에 따르면, 남성위주의 가부장적 문화에서

---

1) **일반화된 타자**(generalized other)　행위자가 속해 있는 전체 공동체나 어떤 집단의 태도.

는 그러한 일반화된 타자는 여성으로 하여금 자신을 남성보다 열등하다고 생각하도록 강제하는 일련의 남성위주 공동체 규범의 표현에 다름 아니다. 남성위주 공동체의 주도적 인식을 고스란히 반영하는 일반화된 타자의 의미를 여성이 성공적으로 주조해 내는 만큼, 여성은 그녀 자신의 자긍심이나 자기개발의 가능성을 손상하게 되는 격이다. 페미니즘 이론은 마치 대다수 사람들을 대변하는 식의 통합적인 일반화된 타자의 존재에 대해 의혹을 제기한다. 사회적 소수자는 이제 주도적인 일반화된 타자 혹은 그 의미체계에 의해 지배되는 세계를 한축으로, 그리고 대안적인 해석과 대안적인 일반화된 타자를 제공해 주는 자신의 주변적 집단을 다른 한축으로 하여 선회할 수밖에 없다. 복수의 일반화된 타자들이 가능하다는 인식이 자아 확립을 둘러싼, 잠재적으로 복잡해 질 수 있는, 문제를 이해하는 데에 핵심적인 사항이 된다.

　　미시사회학자들은, 사회적 행위자가 일상적 세계를 자신의 특정한 이해관계에 따라 관리해 나가야 할 그 무엇으로 여긴다는 식으로 설명하고 있다. 페미니즘 사회학자의 시각에서 보면, 여성들은 종종 그들의 열악한 사회적 위치로 인해 너무 제약을 받고 있어서 세상을 향해 자신의 계획을 펼친다는 그런 생각은 이론에서나 가능하지 현실적으로는 별 의미 없는 것에 불과할 수 있다. 나아가 여성은 생활세계를 자신의 이해관계에 따라 관장해 나갈 수 있는 어떤 것으로는 경험하지 못하기 십상이다. 여성들은 흔히 생활세계를 여러 주위 사람들의 이해관심들을 자신이 조율해야 하는 장소로서 경험하도록 사회화되고 있다. 여성들이 어떤 외부적 방해로부터도 자유롭게 특정 생활세계 영역을 통제해 가는 경험을 갖기는 힘든 일이다. 비슷한 논지로서, 여성의 시간감각은 '닥치는 것부터 먼저'(first things first)라는 식의 단순한 유형을 따르기가 쉽지 않은데 왜냐하면 그들은 거의 일생의 과제로서 주로 타인들의 이해관계와 목표들을 조율해 주는데 시간을 쏟아야 하기 때문이다. 따라서, 여성은 삶의 계획과 실천이라는 것을, 자신뿐 아니라 주위사람들까지 포함한 다양한 이해관계들을 모두 고려해야 하는 것으로서 경험하게 마련이다; 자기만의 관장(mastery)이 아니라 다수간 협조가 그녀가 해야 할 주요 과제로 되기 십상이다; 그리고 그들이 중단없이 경험하게 되는 조율적 역할을 역할갈등으로 생각하기보다는 오히려 사회생활에 있어 보다 적절한 반응이라고 평가하게 될 수도 있다.

페미니즘 사회학자들은 전통적인 미시사회학에서 종종 가정하는, 일상생활의 단일화된 인식(unified consciousness)이라는 주제에 대해 비판을 가해 왔다. 페미니즘 사회학은 여성에게 있어 일상생활에 대한 인지적 스타일 중에서 가장 편만한 것으로서 도로시 스미스가 언급하는 **분절화된 의식**[1]을 들고 있는데, 이것은 한편으론 여성 자신이 개인적으로 체험하고 반추한 경험 자체와 다른 한편으론 그 경험을 기술하는 데에 사용될 수 있는 기존 사회적 지식 내의 적절한 개념적 유형(established types) 사이의 불일치를 통해 형성되게 된다. 따라서 사회적 소수자에게는 일상생활 그 자체가 두개의 현실로 나누어지게 된다; 실제로 경험하고 성찰하는 현실과 사회적 개념을 통해 유형화된 현실. 그들 자신의 경험이 문화적으로 주도적인 남성의 경험과 어떻게 다른가를 깨닫게 되면서, 여성들은 공유되는 주관성에 대해 점차 확신을 잃게 된다. 더 이상 그들의 행동이 이전 가부장제 시기에서와 같이 완벽하게 통제되는 존재가 아닌 상태에서, 여성들은 이제 실체험의 시간과 사회적 공식문법(social mandate)의 시간 간의 분리를 보다 날카롭게 느끼게 된다. 주관성의 페미니즘 사회학은 아마도 이 질문에서 시작될 것이다: 사람들은 그들 자신의 경험이 그 경험에 대한 사회적으로 정립된 유형화에 맞지 않을 때 어떻게 이를 해소해 나가는가? 어떤 사람들은 생에 대한 성찰행위를 회피하는 것으로써, 어떤 사람들은 그들의 경험이 의미 있게 되게끔 자기만의 유형들을 만들어 보는 것으로써, 어떤 사람들은 자신과 비슷하게 분절된 현실을 겪고 있는 사람들과 함께 모이려는 노력으로써, 그리고 어떤 사람들은 자신의 경험에 대해 그 사실적 타당성을 부인하는 것으로써 이 간극을 해소하려 한다.

우리가 여기서 여성의 주관성에 관련해 일반화한 것들은 아마 모든 사회적 하위의 소수자들에게도 마찬가지로 사실일 것이다. ① 소수자들은, 권력차로 인해 그들에게는 낯선 사람이기도 한 타인의 기대를 맞추며 살아가야 한다는 사실 때문에 그들의 역할 수행의 경험은 복잡하게 꼬이게 된다. ② 그들은 단일한 '일반화된 타자'가 아니라, 사회를 주도하는 세력의 문화뿐 아니라 소외되거나 박탈된 자들의 여러 하위문화에서도 나타나는, 다수의 '일반화된 타자들'과

---

1) **분절화된 의식**(bifurcated consciousness) 여성이 갖게 되는 의식적 특성의 유형으로써, 그들에게는 일상생활이 두 개의 현실로 분절된다는 사실을 반영한다: 즉 그들이 실제로 경험하고 성찰하는 현실과 사회적 개념을 통해 유형화된 현실이라는 두 개의 현실세계.

연결되어야 한다. ③ 자신만의 계획대로 삶을 진행해 나가는 목표지향적 행위
자의 경험을 그들은 갖지 못한다—비록, 미국적 에토스에서 특히 심하듯이, 그
들도 할 수 있다라는 식의 이야기가 귀 아프게 되풀이되지만. ④ 가장 편만하
게는, 그들은 분절화된 의식을 지닌 채 일상을 살고 있으며, 이것은 그들 자신
의 실체험적 현실과 주류문화에서 규정하는 현실 사이의 불일치에서 초래된다.

　　지금까지의 논의에서 우리는 단일화된 주체를 가정하여 왔다: 다시 말해서,
자아에 대해 지속적이며 일관적인 의식을 갖고 있는 개인이다. 단일화된 주체
는 페미니즘 이론에서 중요한데 왜냐하면 고통이나 압박을 경험하고, 가치판단
을 내리며, 주어지는 세계를 거부하거나 승인하는 것은 바로 주체적 개인이기
때문이다—단일화된 주체는 사회변화의 선구자가 된다. 주관성에 대한 우리의
논의는 그러한 주체가 얼마나 일반화될 수 있는가라는 질문을 제기하게 된다;
주체에게 있어 일반화된 타자는 진정 의미 있는 타자인가 아니면 낯선 자인가
의 문제, 그는 과연 단수의 의미 있는 타자를 경험하는가 아니면 다수의 의미
있는 타자들을 경험하는가의 문제, 그의 의식은 분절되어 있는가의 문제, 그의
자아는 발전과 변화의 능력에 있어서 진행형의 과정인지 혹은 고착된 결과물인
지 과연 어느 쪽에 더 가깝다고 볼 수 있는가의 문제 등이 제기될 수 있다. 지
금 제기되는 모든 문제들은 자아를 단일하게 통합된 것이 아닌 파편화된
(fragmented) 것으로 이끄는 경향이 있으며, 이 점은 자아에 대한 페미니즘 이론
작업과 본질적으로 연계되어 있다; 사실상, 이들 문제는 저항과 변화를 지향하
는 페미니즘적 아이디어의 핵심적 사안이다. 파편화된 자아의 문제는(우리가 제
9 장에서 보게 될) 포스트모던 페미니즘에서의 비판을 통해 크게 강화되고 있는
데, 이 입장은 통합된 주체성이나 자아의식 자체의 가능성을 의문시 하고 있다.
포스트모더니즘 진영에 따르면, 혹시 자아가 있더라도 만일 자아가 날마다 심
지어 시각별로 바뀌는 것이라면, 그래서 우리가 종종 “그때는 제정신이 아니었
어”라고 말할 수 있는 것이라면, 과연 무슨 근거로 우리는 단일한 자아를 잡아
낼 수 있겠는가? 하지만, 일상생활에서의 여성의 경험을 드는 것으로 시작해서
페미니즘 진영에서도 포스트모더니즘에서의 회의에 대해 반론을 제기한다. 이에
따르면 우리가 “내가 제정신이 아니야”라든지 “그때는 정신이 나갔었어”라고
말할 때, 이것들이 나타내는 일탈성은 이미 그 이전의 어떤 안정적인 자아를

가정하고 있다는 것이며, 나아가 그러한 일탈 여부를 판단하는 어떤 자아가 있음을 말해 주고 있다.

◆ 요 약

1. 어빙 고프만에게 있어, 연극모형론(dramaturgy)은 사회적 생활을, 마치 극장에서 행해지는 연기와 유사한, 일련의 연극적 연기로 본다.

2. 연극론적 관점에서 볼때, 자아(self)는 자신이 누구인가에 대한 관념으로서 사회현장에서 나타나는 연기적 효과이다.

3. 인상관리(impression management)는 행위자가 자주 자신들이 직면하게 될 문제상황에서 특정 인상을 유지하는데 사용하는 기법과, 이러한 문제들에 대처하기 위해 사용하는 방법들을 말한다.

4. 무대전면은 연극적 연출의 한 부분으로서, 여기서의 연기는 보다 긍정적이고 고정적이고 일반화된 방식으로 진행되며, 연기를 보는 사람들이 이를 통해 상황을 정의할 수 있게 된다.

5. 무대후면은 무대전면에서 억압된 사실들이나 다양한 종류의 비공식적 행위들이 나타날 수 있는 곳이다.

6. 역할거리는 개인들이 자신들이 수행해야 할 역할로부터 자기자신을 분리시키는 정도를 말한다.

7. 낙인은 당위의 사회적 정체와 실제의 사회적 정체 간의 간격과 관련된다.

8. 드러난 낙인은 행위자가 낙인이 관객에게 알려졌거나 또는 명백하게 드러난다고 가정할 때 발생하고, 감춰진 낙인은 낙인이 관객에게 알려지지 않았거나 지각될 수 없는 경우에 발생한다.

9. 민속방법론은 일상생활의 상황 속에 있는 보통의 사회구성원들을 연구하며 구성원들이 일상생활의 여러 상황을 이해하고 헤쳐나가고 대처하는데 사용하는 상식과 절차, 그리고 고려 등과 같은 방법들을 분석한다.

10. 민속방법론자들은 설명(accounts), 설명하기, 설명 관행에 대해 관심을 갖는다.

11. 위반 실험은 사람들이 사회적 현실을 구성하는 방법을 밝히기 위해 사회적 현실을 위반해 본다.

12. 조지 호만스의 교환이론은 기본적으로 행동주의 원칙에 기초하고 있다.

13. 호만스 교환이론의 핵심은 다음 명제들로 요약될 수 있다:

a. 행위자가 특정 행동을 통해 보상을 자주 받을수록, 행위자는 보상받는 행위를 하려
는 경향이 높아진다.

b. 만일 과거에 어떤 특정한 자극에 대한 반응으로서 나온 행위자 행동이 보상을 받았
다면, 과거와 동일하거나 유사한 자극이 주어졌을 경우 행위자는 과거 보상받은 행동
을 수행하게 될 개연성이 높아진다.

c. 행동의 결과가 행위자에게 보다 가치로울수록, 행위자는 그 행동을 하게 될 개연성
이 높다.

d. 최근에 특정 보상을 자주 받았을수록, 동일한 종류의 보상의 가치는 떨어진다.

e. 행위자가 자신의 행동을 통해 기대했던 보상을 얻지 못하거나, 혹은 예기치 않은 처
벌을 받게 될 경우, 그는 분노하게 되고 보다 공격적으로 행동하게 되며, 공격적 행동
의 결과를 보다 가치롭게 여기게 된다.

f. 행위자가 자신의 행동을 통해 기대했던 것보다 높은 보상을 받게 될 경우 행위자는
즐거워하게 되며, 그 결과로서 그들은 과거 승인받았던 행동을 하게 될 개연성이 높아
지며, 그 행동의 결과는 보다 높은 가치를 갖게 된다.

g. 선택시점에서의 자신이 인식하는 바에 따라, 행위자는 여러 가능한 행동의 선택지
중에서 보다 큰 보상이 수반되는 것과 보상의 획득 가능성이 보다 높은 행동을 선택
하게 된다.

14. 합리적 선택이론의 초점은 개인 행위자에 놓여 있다.

15. 행위자는 의도성을 지닌 것으로 혹은 목표지향적인 것으로 가정된다; 즉, 행위자는
그들의 행동을 통해 얻고자 하는 목적이나 목표를 갖고 있다.

16. 행위자는 선호(혹은 가치나 효용)를 갖는 것으로 가정된다. 합리적 선택이론은 이들
선호가 구체적으로 어떻게 구성되어 있는지 혹은 그 근거가 무엇인지에 대해서는 다루
지 않는다. 중요한 점은 행위자가 자신의 선호 위계에 일관되는 방향으로 목표들을 달성
하고자 행동한다는 가정이다.

17. 이에 더하여, 합리적 선택이론은 사회제도에 의해 부과되는 제약사항들과 함께 자원
의 희소성과 기회비용, 즉 포기된 행동들에 수반된 취득 가능했던 이득 등을 고려해야
한다.

18. 미시적 질서에 초점을 맞추는 페미니즘 이론은, 구조적으로 불평등한 사람들끼리 상
호작용을 하게 될 때 하위자의 행동은 목표지향적이 아니라 반응지향적이 되며, 권력 차
이에 대한 끊임없는 작동과 확인이 일어나며, 많은 행동들의 의미가 왜곡되거나 쇠퇴하

게 되며, 공유된 의미가 가능한 장에 하위자가 접근하는 것이 종종 차단된다고 주장한다.

19. 페미니즘 사회학은 행위자의 목표나 인간관계에 대한 그 자신의 해석은 별개의 분석 차원으로 보아야 한다고 주장한다.

20. 페미니즘 사회학자들은 여성에게 있어 가장 편만한 일상생활의 인지유형 특징은 분절된 의식이라고 강조하는데, 이것은 한편으론 여성 자신이 개인적으로 체험하고 성찰한 경험 자체와 다른 한편으론 그 경험을 기술하는 데에 사용될 수 있는 기존 사회적 지식 내의 적절한 개념적 유형 사이의 불일치를 통해 형성되게 된다.

◆ 추천도서

Erving Goffman, *The Presentation of Self in Everyday Life*, Garden City, NY: Anchor, 1959. 고프만의 저서는 읽기가 쉽다. 이 책은 연극론에 대한 최고의 저서이다.

Erving Goffman, *Stigma: Notes on the Management of Spoiled Identity*, Englewood Cliffs, NJ: Prentice Hall, 1963. 고프만의 저작 중에서도 매우 흥미롭고 영감을 불러일으키는 것 중 하나.

Gary Alan Fine and Philip Manning, "Erving Goffman," in George Ritzer, ed., *The Blackwell Companion to Major Social Theorists*, Malden, MA, and Oxford, England: Blackwell, 2000, pp. 457-485. 고프만의 생애와 사상에 대한 간략한 개관.

Anne Rawls, "Harold Garfinkel," in George Ritzer, ed., *The Blackwell Companion to Major Social Theorists*, Malden, MA, and Oxford, England: Blackwell, 2000, pp. 546-576. 가핑클의 생애와 사상에 대한 소개.

George Homans, *Coming to My Sense: The Autobiography of Sociologist*, New Brunswick, NJ: Transaction Books, 1984. 제목이 내용을 잘 말해 주고 있다.

Jon Clark, ed., *Janmes S. Coleman*, London: Falmer Press, 1996. 제임스 콜만의 사회학과 사회학 이론에 대한 논문 모음집.

Siegwart Lindenberg, "Janmes Coleman," in George Ritzer, ed., *The Blackwell Companion to Major Social Theorists*, Malden, MA, and Oxford, England: Blackwell, 2000, pp. 513-544. 콜만의 연구에 대한 간략한 개관으로서 특히 학교 연구를 잘 다루고 있다.

Dorothy Smith, *The Everyday World as Problematic: A Feminist Sociology*, Boston: Northeastern University Press, 1987. 페미니스트 시각에서 본 일상생활의 사회학에 대한 스미스의 주요 저작.

제 *1* 장

현대의

통 합

이론들

return

보다 통합적인 교환이론
　　교환관계와 연결망
　　　생애의 삽화: 리차드 에머슨
　　권력-의존
　　보다 통합적인 교환이론

구조화이론
　　구조화이론의 요소들

문화와 수행행위

아비투스와 장(場)
　　　생애의 삽화: 피에르 부르디외
　　주관주의와 객관주의 사이에 다리 놓기
　　아비투스
　　　핵심 개념 : 재귀 사회학
　　장

통합적인 페미니즘 사회학 이론
　　(패트리시아 마두 랭어만과 질 니브루게)
　　　핵심 개념: 견지관점
　　군림관계 그리고 삶 체험의 일반화된, 익명적인, 비개인적인 맥락과 국지적 실현

요　약
추천도서

앞 장들에서, 우리는 사회의 대규모 구조들과 제도에 초점을 두거나, 일상
생활과 연관된 미시적 수준들에 초점을 두는 다양한 이론들을 다루었다. 이 장
에서, 우리는 더 통합적인 방식으로 미시적-거시적 주제들을 모두 다루려고 한
이론적 자원을 다루고자 한다.

보다 통합적인 교환이론

조지 호만스(George Homans)가 미시환원적인 교환이론을 만들려고 애쓴 반
면에, 리차드 에머슨(Richard Emerson)은 호만즈보다 더 통합적인 이론을 만들려
고 노력했다. 에머슨은 교환이론의 발전에 심대한 영향을 준 두 개의 관련 논
문들을 1972년에 출판했다. 이 새로운 연구의 추진력으로 세 개의 기본 요인들
이 중요하다.

첫째, 에머슨은 초기의 권력과 의존에 대한 관심사를 위한 보다 큰 개념틀
로서, 교환이론에 관심을 가졌다. 에머슨은 교환이론 시각의 핵심이 권력이라고
분명히 여겼다.

둘째, 에머슨은 자기 교환이론의 토대로 행동주의(시행착오적 심리학)를 사
용하면서도 호만스가 빠졌던 일부 문제는 피할 수 있다고 느꼈다. 호만스와 다
른 교환이론가들이 지나치게 합리적인 인간상을 가정하고 있다고 비난받았지만,
에머슨은 인간을 합리적인 행위자로 가정하지 않고서도 행동주의를 사용할 수
있다고 느꼈다. 게다가, 에머슨은 거시 수준의 현상을 설명할 수 있는 교환시각
을 발전시킬 수 있으므로, (호만스가 빠졌었던) 환원론의 부담도 피할 수 있으
리라 느꼈다.

셋째, 에머슨은 사회관계와 사회연결망들을 분석하여, 그것들을 가장 미시
적인 분석 수준에서부터 가장 거시적인 분석 수준까지 사용할 수 있는 토대로
사용함으로써, 사회구조와 사회변동을 다룰 수 있기를 바랐다. 게다가 에머슨

체계속의 행위자들은 개인이 될 수도, (비록 행위수행자를 통해 움직이는 구조들이지만) 보다 큰 기업구조들이 될 수도 있다. 그래서 에머슨은 사회구조이론을 발전시키기 위해 시행착오적 심리학의 원리들을 사용했다.

1972년에 출간된 그의 두 개의 논문에서, 에머슨은 자기의 통합적인 교환이론의 기초를 발전시켰다. 첫번째 논문에서는, 사회적 교환을 위한 심리학적 기초를 다루었고, 두 번째 논문에서는 거시적 수준과 교환관계 및 연결망 구조들을 다루었다. 나중에, 에머슨은 미시-거시 연결을 좀더 분명하게 만들었고, 미시 수준의 분석과 거시 수준의 분석의 연결고리가 교환연결망 구조이다. 에머슨의 가장 중요한 제자인 카렌 쿡(Karen Cook)은 미시-거시 연결의 핵심이 교환연결망 구조라는 관념이라고 지적했다. 이 관념이 개개인과 두 사람으로 이루어진 집단들을 조직과 정당들과 같은 보다 큰 집합체로 연결시킬 수 있다.

에머슨과 쿡 모두 교환이론의 기초적이자 미시 수준의 전제, 특히 사람들이 사회적 상호작용에서 얻고 기여하는 보상으로부터 연구를 시작한다. 더 구체적으로, 에머슨은 행동주의적 원리들을 자기 출발점으로 수용한다. 에머슨은 세 가지 교환이론의 핵심가정들을 제시한다: ① 사람들이 보상이 있다고 보는 상황에 놓이게 될 경우, 그들은 합리적으로 행동하게 될 것이고, 그 결과 보상행위의 상황이 발생하게 될 것이다. ② 사람들이 상황에서 얻은 보상에 만족하게 될 경우, 그들에게 그 상황은 중요성이 떨어지게 될 것이다. ③ 얻는 이익은 교환에서 제공되는 이익에 달려 있다. 그러므로, 교환이론은 사회적 상호작용에서의 보상(과 비용)의 흐름에 초점을 맞춘다. 이 모든 게 우리에게 아주 친숙한 것이지만, 에머슨은 1972년에 쓴 첫번째 미시지향적 논문의 말미에서 행동주의가 통상적으로 다루는 상황보다 더 복잡한 상황들을 다루고 싶다고 주장하여, 행동주의적으로 지향된 교환이론을 다른 방향으로 발전시키고자 한다.

이 주제는 1972년에 쓴 두 번째 논문에서 나타난다. 에머슨은 교환이론에서 종속변수로 사회구조를 포함시키고 싶다고 분명히 밝히고 있다. 1972년의 첫 번째 논문에서는 에머슨이 환경과 교환관계를 맺고 있는 단일 행위자(예를 들어, 호수에서 낚시하고 있는 사람)을 다루었으나, 두 번째 논문에서는 교환연결망뿐만 아니라 사회적 교환관계로 돌아선다.

교환관계 및 연결망

에머슨의 거시 수준의 교환이론에서의 행위자들은 개인이 될 수도 있고, 집합체가 될 수도 있다. 에머슨은 행위자들 사이에서의 교환관계에 관심을 둔다. **교환연결망**[1]은 여러 개의 구성요소들을 갖는다. 첫째, 이러한 사회관계들의 망은 다수의 개인적이거나 집합적인 행위자들을 포함한다. 둘째, 다양한 행위자들이 다양한 가치있는 자원들을 갖고 있다. 개인이나 집합체와 같은 행위자들은 모두 타인과의 교환관계와 교환기회를 갖는다. 마지막으로 다수의 이들 교환관계가 존재하며, 단일한 연결망구조를 형성하기 위해 서로 상호관계를 맺는다; 따라서 행위자들 사이에 맺어지는 적어도 두 개의 교환관계가 하나의 사회구조를 형성하는 것으로 볼 수 있다.

교환관계들 사이의 연결이 상당히 중요하며, 두 행위자들 사이의 교환[이자(二者) 교환]을 보다 더 거시 수준의 현상과 연계시키는데 있어 결정적인 역할을 한다. 중요한 것은 이자 교환들 사이의 의존관계이다. 우리는 두 개의 이자교환관계들, 즉 A-B와 A-C 중 한쪽의 교환이 다른 쪽의 교환(또는 비교환)을 조건으로 할 때, 최소 연결망(A-B-C)을 형성한다고 말할 수 있다. A, B, C가 교환연결망을 위한 공통적인 성원 자격을 갖는 것만으로는 충분치 못하고; A-B와 B-C의 두 교환 사이에 의존관계가 있어야만 한다.

각 교환관계는 둘이나 그 이상의 관계로 이루어진 보다 큰 교환연결망 속에 끼어들게 된다. 만약 한 쪽 관계 속의 교환이 다른 쪽 관계속의 교환에 영향을 준다면, 그 둘 관계는 연결되어 있다고 말할 수 있다. 한 쪽의 교환이 다른 쪽의 교환에 긍정적으로 영향을 줄 경우(예를 들면, 한 쪽에서 얻은 돈이 다른 쪽에서 사회적 지위를 얻는데 쓰일 경우), 그 연결은 긍정적일 수 있고; 한 쪽이 다른 쪽에서의 교환을 금지하는데 이바지할 경우(예를 들면, 한 쪽 관계에서 돈을 버는데 쓴 시간이 다른 쪽에 있는 친구들과 시간을 함께 보낼 능력을 감소시킬 경우), 그 연결은 부정적일 수 있고; 혹은 긍정적인 성격과 부정적 성

1) **교환연결망**(exchange network)   다수의 개인적이거나 집합적인 행위자들을 포함하는 사회관계들의 망이고, 다양한 행위자들이 서로 교환기회들과 교환관계들뿐 아니라, 다양한 가치 있는 자원들을 갖고 있다. 다수의 이들 교환관계가 존재하며, 단일한 구조를 형성하기 위해 상호관계를 맺는다.

격이 섞일 수 있다.

리차드 에머슨(Richard Emerson)
생애의 삽화

리차드 에머슨은 1925년에 유타주의 솔트 레이크 시에서 태어났다. 산악지방근처에서 자란 탓인지, 그는 강, 산꼭대기, 그리고 빙하로부터 멀리 벗어난 적이 결코 없는 것 같았다. 가장 높이 평가될 만한 그의 업적 중 하나가 1963년의 성공적인 에베레스트산 등정에의 참가였다. 이 경험의 양상들이 시에라 클럽 연보(Sierra Club Annual Bulletin) 1963년도 12월호에 실린 "에베레스트 횡단" 출판과 1966년도 소시오메트리(Sociometry)에 실린 논문 등에서 포착된다. 그는 이 등반에서 생긴 장기적 스트레스하에서의 집단행위를 연구하기 위해서, 국립과학재단(National Science Foundation)으로부터 보조금을 받았다. 이 프로젝트로 그는 1963년 7월에 국립지리학회(National Geographic Society)를 대표하여 케네디(Kennedy) 대통령으로부터 허바드 메달(Hubbard Medal)을 수여받았다.

그의 산에 대한 사랑과 파키스탄의 산골마을에서의 농촌 사회생활은 리차드 에머슨에게 그의 학자생활 내내, 끊임없는 사회학적 영감의 원천이 되었다. 그의 인간상호적 행동, 집단행위, 권력, 그리고 사회적 영향에 관한 연구들은 협동과 경쟁의 심화가 환경적 스트레스에 의해 격화되어진 원정대와의 그의 밀접한 개인적 만남에 의해 자주 촉진되었다.

〈출처: 이 간략한 전기는 카렌 쿡(Karen Cook)이 썼음〉

권력-의존

에머슨은 한 행위자가 다른 행위자로 하여금 받아들이도록 유도할 수 있는 잠재비용을 **권력**1)으로 정의(定義)했다. **의존**2)은 한 행위자가 관계형성 속에서 기꺼이 견디어 내고자 하는 잠재비용이다. 이 정의들이 결국 에머슨의 권력-의존 이론이 된다. 교환관계에서 한 행위자의 다른 행위자에 대한 권력은 그 행위자의 다른 행위자에 대한 의존의 함수라는 것이 이 이론의 개요이다. 불평등한 권력과 의존은 관계의 불균형으로 이르게 되지만, 시간이 지남에 따라 이 관계들은 보다 균형 잡힌 권력-의존 관계로 나아가게 된다.

서로에 대한 행위자의 의존은 에머슨의 연구에서 결정적인 역할을 한다. 다른 것들 가운데서도 이 상호의존이 그들의 상호작용의 성격과 그들이 서로에 대해 행사하는 권력의 양(量)을 결정한다. 의존의 의미는 에머슨의 권력 정의(定義)에 연계되어 있다. 따라서, 행위자 B에 대한 행위자 A의 권력은 행위자 A에 대한 행위자 B의 의존과 동등하고, 그리고 거기에 근거하고 있다. B에 대한 A의 의존이 A에 대한 B의 의존과 동등할 경우, 행위자 A와 행위자 B 사이에 관계의 균형이 있게 된다. 의존들 사이에 불균형이 존재하면 덜 의존적인 행위자가 권력의 측면에서 유리하게 된다; 따라서 A와 B간의 관계구조에 권력이 잠재적으로 내포되어 있다. 권력은 또한 관계로부터 보상을 얻기 위해 사용될 수 있다. 균형 잡힌 관계에서조차, 일종의 평형상태로나마 권력이 존재한다.

권력-의존 연구는 긍정적 결과, 즉 다른 사람들에게 보상해 주는 능력에 초점을 맞추어 왔다. 그러나, 일련의 연구들에서, 린다 몰름(Linda Molm)은 권력-의존 관계에서 부정적 결과—처벌권력—의 역할을 강조했다; 다른 사람들에게 보상해주는 능력과 처벌하는 능력 모두에서 권력이 파생될 수 있다고 강조했다. 일반적으로, 몰름이 발견한 것은 처벌권력이 보상권력보다 약하다는 것인데, 부분적으로 그 이유는 처벌행위 등이 부정적 반응들을 이끌어 내는 경향이 있기 때문이다. 그러나 최근의 연구들 중 하나에서, 몰름은 처벌권력이 본질적으로

---

1) **권력(power)** 에머슨에게 있어, 한 행위자가 다른 행위자로 하여금 받아들이도록 유도할 수 있는 잠재비용.
2) **의존(dependence)** 한 행위자가 관계 속에서 기꺼이 견디어 내고자 하는 잠재비용.

보상권력보다 덜 효과적이기 때문이 아니라, 처벌권력이 광범위하게 사용되지 않기 때문에, 처벌권력의 상대적 약화가 일어날지도 모른다고 제시했다. 몰름과 그녀의 공동저자들이 발견한 것은 보상권력을 갖고 있는 사람들에 의해 처벌권력이 사용되었을 때, 처벌권력의 사용이 보다 더 공정한 것으로 인식될 수 있다는 점이다.

보다 통합적인 교환이론

권력 의존을 설명할 때, 교환이론은 행위자들 사이의 이자 관계에 초점을 맞춘다. 교환이론의 이자적 접근방법을 벗어나서, 한 구조 내에 있는 한 위치의 권력에 초점을 두기 위해서 쿡과 에머슨은 한 위치가 갖는 권력은 그 위치에 대한 전체구조의 의존 양(量)에 의해 결정된다고 주장한다. 그들의 관점에서 볼 때, 그러한 구조전반의 의존은 그 위치의 구조적 중심성과 권력-의존 관계의 성격, 둘 모두의 함수일 것이다. 그들은 권력-의존 이론을 미시적 분석에서 보다 더 거시적인 분석 수준으로 끌어올리기 위한 노력에서, 취약성 접근방법을 채택하고 있다. 취약성은 연결망 전반이 특정한 구조적 위치에 의존하는 것을 가리킨다.

쿡, 죠디 오브라이언(Jodi O'Brien), 그리고 피터 콜록(Peter Kollock)는 교환이론을 본질적으로 통합적인 용어들로 정의(定義)하는데, 즉 통합이론은 상호연결된 개인들, 기업체들, 그리고 국가들 사이의 교환을 포함하여, 다양한 분석 수준에서의 교환에 관여한다고 규정한다. 그들은 교환 역사에서 두 갈래의 연구를 구별하는데, 즉 한 갈래는 미시 수준으로, 교환으로서의 사회적 행동에 초점을 두는 것이고, 다른 갈래는 보다 거시 수준으로 사회구조를 교환으로 보고 있다. 이 이론의 기본명제들은 개인과 집합체에 다 적용되기 때문에 이들은 교환이론의 강점이 미시-거시 통합에 있다고 본다. 게다가, 교환이론은 한 수준에서의 변화들이 다른 분석 수준들에 미치는 영향을 명시적으로 다룬다.

쿡, 오브라이언, 그리고 콜록은 세 가지 현대적 추세를 식별하는데, 셋 모

두 보다 통합적인 교환이론을 겨냥하고 있다: 첫째는 미시적 쟁점들을 연구하
는 실험실 실험의 전통적 사용을 보완할 수 있는, 더 거시적 쟁점 등에 초점을
둔 현장연구의 사용이 늘어나는 현상이다. 둘째, 그들은, 실제 연구에서, 이자
관계에 대한 초점에서 벗어나 더 큰 교환의 연결망으로 전환하는 점에 주목한
다. 셋째, 그리고 가장 중요한 것은 교환이론과 구조적 사회학을 종합하려는 지
속적인 노력이다. 교환이론가들이 그들의 접근방법을 다른 이론적 방향들과 종
합하려고 노력한 최근의 사례들이 많이 있다.

구조화이론

　우리는 이 장에서 기든스의 통합이론(integrated theory)을 살펴보려 한다. 이
는 통합이론을 발전시키기 위한 여러 노력 중 가장 만족스러운 것에 속한다.
그의 이론은 개인(individual)/행위수행자(agent)이냐(상호작용론) 아니면 사회/구조
냐(구조기능주의)의 택일로부터 논의를 전개하는 여러 이론들을 검토하는 데서
시작하는데, 그의 입장은 이러한 양극적 택일논리를 거부하는 것이다. 기든스는
반복적으로 일어나는 사회적 실천들(recurrent social practices)로부터 시작해야 한다
고 주장한다. 구조화이론에 따르면, 초점은 대규모의 구조들 또는 일상의 행동
과 상호행동들에 주어져야 하는 것이 아니고, 유형화되어 반복되는 사회적 실
천들에 맞추어져야 한다. 기든스의 실천개념에서는 시간과 공간이 매우 중요하
다. 이러한 사회적 실천은 거듭 발생하여 시간을 따라 정렬된다. 이는 어제만
발생했던 것이 아니고, 오늘도 발생하고, 내일도 발생할 것이고, 다음주, 내년,
다음 세기에도 그러할 것이다. 이는 공간 속에서도 마찬가지다. 그러한 유형화
된 실천은 뉴욕에서도, 시카고, 토쿄, 런던, 그리고 또 다른 곳에서도 거듭 발생
하면서 공간을 가로질러 정렬된다.
　기든스의 구조화이론은, 사회적 실천에 초점을 맞추면서, 구조(structure)와
수행행위(agency)간의 관계에 대한 이론을 핵심으로 한다. 미국에서 미시-거시 문

제라 불리는 것이 유럽에서는 수행행위-구조의 문제를 말한다. 비록 이 두 문제 간에는 중요한 차이가 있지만, 논의의 목적상 여기서는 미시-거시와 수행행위-구조를 거의 동일한 연속선상의 문제로 간주하기로 한다.

기든스에게 수행행위와 구조란, 동전의 양면처럼, 서로 떼어 놓고 생각될 수 없다. 기든스의 용어로는, 그 둘은 **이중성**[1]이다(다음 섹션에서 이에 대한 아처의 비판을 검토한다). 모든 사회적 행위는 구조를 포함하고, 모든 구조는 사회적 행위를 포함한다. 수행행위와 구조는 진행되는 인간활동(activity) 또는 실천 속에 서로 뗄 수 없게 교직되어 있다.

앞서 언급한대로 기든스의 분석적 출발점은 인간의 행위실천이지만, 그는 이것이 **반복적**[2]임을 강조한다. 이는 다음 몇 가지를 의미한다. ① 사회적 실천이란 행위자(actors)에 의해 정신적으로(또는 다른 방법으로) 만들어지는 것이 아니다, ② 사회적 실천은 행위자가 속한 구조적인 사회조건에 의해서 만들어지는 것이 아니다. ③ 그리고 가장 중요한 점은, 인간은 행위자(human actors)로서 자신을 표현하면서 사회적 실천을 가능하게 하는 자신의 의식과 구조적 조건을 스스로 창출해 간다는 사실이다. 실천, 의식, 그리고 구조는 행위자에 의해서 동시적으로 창출된다. 활동은 의식에 의해서도, 현실의 사회적 구성에 의해서도, 또는 사회적 구조에 의해서도 산출되지 않는다. 사람들이 행위를 실천하는 것은 자신을 행위자로 표현해 내는 과정 속에서다. 의식과 구조 양자가 산출되는 것은 바로 그러한 행위실천을 통해서이다. 기든스는 의식 또는 재귀성(또는 성찰성, reflexivity)에 관심을 기울인다. 그러나, 재귀적(또는 성찰적, reflexive)이라는 것은 단순히 인간 행위자가 자기의식적이라는 것만을 뜻하지 않고, 구조적 조건과 활동의 부단한 흐름을 관찰(monitor)하는 과정에 동시에 개재되어 있음을 의미한다. 가장 일반화하여 말하면, 기든스는 실천, 구조, 그리고 의식이 산출되는 변증법적 과정에 관심을 기울이고 있다고 하겠다. 따라서 기든스는 수행행

---

1) **이중성(duality)** 모든 사회적 행위(social action)는 구조를 포함하고, 모든 구조는 사회적 행위를 포함한다. 수행행위 구조는 진행되는 인간 활동(activity) 또는 실천(practice) 속에 서로 뗄 수 없게 엮여 있다.

2) **반복적(recursive)** 사회적 실천은 행위자에 의해 정신적으로 (또는 다른 방법으로) 만들어지는 것이 아니고, 행위자가 자신을 발견하는 구조적인 사회조건에 의해서 만들어지는 것도 아니라는 생각. 사람들은 그들 자신을 행위자(human actors)로서 표현한다. 즉 사람들은 사회적 실천을 가능하게 하는 자신의 의식과 구조적 조건을 스스로 창출해 간다. 실천, 의식, 그리고 구조는 행위하는 사람에 의해서 동시적으로 창출된다.

위-구조의 문제를 역사적, 과정적, 그리고 역동적으로 고찰한다.

사회적 행위자만이 재귀적인 것이 아니고, 그들을 연구하는 사회연구자 역시 그렇다. 여기서 기든스의 잘 알려진 **이중 해석학**[1] 개념이 나온다. 사회적 행위자와 사회학자는 모두 언어를 사용한다. 행위자는 그들이 행하고 있는 것을 설명하기 위해(여기서 기든스는 민속방법론을 원용한다) 언어를 사용하고, 사회학자는 사회적 행위자의 행위를 설명하기 위해 언어를 사용한다. 그래서 일반 언어와 과학적 언어의 관계에 대한 고찰이 필요하게 된다. 특히 사회과학자의 사회세계에 대한 이해가 연구대상인 행위자의 이해에 영향을 줄 수 있다는 점이 중요하다. 이런 방식으로 사회 연구자는 그들이 연구하는 세계를 변화시킬 수 있고 그 결과 왜곡된 발견과 결론에 이를 수 있다.

구조화이론의 요소들

기든스의 구조화이론은, 이미 설명했던 바와 같이, 자신의 생각과 활동 그리고 그들의 물질적 사회적 맥락을 지속적으로 관찰(monitor)하는 행위자에 관한 그의 생각을 담고 있다. 행위자는 안정감(a sense of security)을 확보하는 과정에서 그들의 세계를 합리화한다. **합리화**[2]란 일상경로의 발전적 구성을 의미하는데, 이는 행위자에게 안정감과 함께 그들의 사회적 삶을 효율적으로 영위해 나갈 능력을 준다. 행위자는 행위할 동기를 가지며 이러한 동기들은 행위를 촉진하는 필요와 욕구를 포함한다. 따라서 합리화와 재귀성이 행위 속에 부단히 끼어들지만, 동기를 행위를 위한 잠재성으로 간주하는 것이 적절하다. 동기는 행위를 위한 전반적 계획을 제공하지만, 기든스의 견해에 따르면, 동기는 우리 행위의 대부분을 직접적으로 촉발하지 않는다. 그러한 행위는 동기에 의한 것이 아니고 우리의 동기는 보통 무의식적이지만, 동기는 인간행동에 중요한 역할을 한다.

---

1) **이중 해석학(double hermeneutic)** 사회과학자의 사회세계에 대한 이해가 연구대상인 행위자에 대한 이해에 영향을 줄 수 있으며 그 결과 사회연구자는 그들이 연구하는 세계를 변화시킬 수 있고 그 결과 뒤틀어진 발견과 결론에 이를 수 있다.

2) **합리화(rationalization)** 일상경로의 발전적 구성(the development of routines)을 의미한다. 이는 행위자에게 안정감과 함께 그들의 사회적 삶을 효율적으로 영위해 나갈 능력을 준다.

아울러 기든스는 의식의 영역 내에서 담론적 의식과 실천적 의식이(투과적으로) 구별될 수 있다고 본다. **담론적 의식**1)은 우리의 행위를 말로 묘사할 수 있는 능력을 낳는다. **실천적 의식**2)은 자신들이 행하는 것을 말로 표현할 수는 없지만 행위자들이 당연히 받아들이고 있는 행위를 포괄한다. 후자의 유형의 의식은, 말해지는 것보다 행해지는 것에 일차적인 관심을 두고 있는 구조화이론에서, 특히 중요하다.

이렇듯 실천적 의식에 초점을 맞춤으로서 이론적 관심은 행위수행자(agent)로부터 수행행위(agency)로 자연스럽게 옮겨간다. **수행행위**3)란 행위수행자들이 실제로 행하는 것을 말한다. 따라서 수행행위란 행위자들(actors)에 의해 수행되는 행위들(actions)을 포괄한다. 말하자면, 행위자가 해당 행위를 문제시하고 개입하지 않는다면, 실제로 발생했던 것은 그와 같은 방식으로 발생하지 않았을 것이다. 따라서 기든스는 수행행위의 중요성에 큰(비판자들이 보기에는 너무 과도한) 무게를 부가한다. 그는 수행행위와 의도를 분리시키는 데 큰 공을 들이는데, 그 이유는 그는 행위란 의도되었던 것과는 다르게 마무리 지어지곤 한다는 점을 강조하고 싶어 하기 때문이다. 달리 말하면, 의도된 행위는 **예상하지 않았던 결과**4)를 곧잘 야기한다. 의도하지 않았던 결과라는 발상은 기든스의 이론에서 큰 역할을 하고 있는데, 이는 우리를 수행행위로부터 사회-체계 수준으로 인도하는데 특히 중요하다.

수행행위를 강조해 온 기든스가 행위수행자에게 커다란 권력(power)을 부여하는 것은 이론적 일관성을 보여 주는 것이다. 기든스의 **행위수행자**5)는 사회적 세계에서 변화를 만들어 낼 수 있는 능력을 갖는다. 더 강하게 표현하자면, 그러한 권력 없이 행위수행자라는 개념은 성립하지 않는다. 즉, 행위수행자가 변화를 만들어 낼 수 있는 능력을 잃는다면 행위자는 행위수행자가 되기를 중지

---

1) **담론적 의식**(discursive consciousness) 우리의 행위를 말로 묘사할 수 있는 능력.
2) **실천적 의식**(practical consciousness) 자신들이 행하는 것을 말로 표현할 수는 없지만 행위자들이 당연히 받아들이고 있는 행위를 포괄한다.
3) **수행행위**(agency) 행위자들(actors)에 의해 수행되는 행위들(actions). 행위자가 해당 행위를 문제시하고 개입하지 않는다면, 실제로 발생했던 것은 그와 같은 방식으로 발생하지 않았을 것이다.
4) **예상하지 않았던 결과**(unanticipated consequences) 기대하지 않았던 긍정적 및 부정적 결과들.
5) **행위수행자**(agents) 사회적 세계에서 변화를 만들어 낼 수 있는 능력을 갖춘 행위자. 이들은 권력을 갖는다.

한다. 물론 기든스는 행위자에게 제약이 존재함을 인지하고 있다. 그러나 이는
행위자가 선택할 수 없다거나 변화를 만들어 낼 수 없다는 것을 의미하지 않는
다. 기든스에게 권력이란 의식에 논리적으로 선행하는 데 왜냐하면 행위는 권
력, 또는 상황을 변환시킬 수 있는 능력을 의미하기 때문이다. 따라서 기든스의
구조화이론은 행위자와 행위에 권력을 부여하며 이러한 의미에서(현상학처럼)
행위자의 의도나(구조기능주의처럼) 외적 구조에 과도한 중요성을 부여하는 이
론들에 맞서고 있다.

　　구조화이론의 개념적 핵은 구조, 체계, 그리고 구조의 이중성이라는 개념들
이다. 기든스는 **구조**1)를 유사한 사회적 실천들에 체계적인 형식을 부여하는 구
조화하는 속성들(구체적으로, 규칙들과 자원들)을 말하는 것으로 새롭게 정의한
다. 보다 구체적 말하면, 구조는 사회적 실천들이 시간과 공간의 광범하고 다양
한 확장을 가로질러 존재할 수 있도록 해 준다. 따라서 구조는 규칙들과 자원
들의 존재로 인해 성립 가능하다. 구조는 그 자체로 시간과 공간 속에 존재하
지 않는다. 오히려 사회현상이 구조화되어 가는 능력을 가지고 있다. 오직 인간
행위자의 활동들을 통해서만 구조는 존재할 수 있다. 기든스의 구조 개념은 구
조가 행위자의 바깥에서 행위자를 강제한다고 하는 뒤르켐적 관점을 따르지 않
는다. 기든스는 구조가 행위자의 바깥에 존재한다는 인상을 불식시키기 위해
많은 노력을 기울인다. 구조는 사회적 삶에 형상과 형태를 부여하지만, 그 자체
가 그러한 형상과 형태인 것은 아니다.

　　기든스는 구조가 행위를 제약한다는 사실을 부인하지 않지만, 사회학자들
이 이러한 제약의 중요성을 과장해 왔다고 본다. 더 나아가, 사회학자들은 구조
가 행위를 일면 제약하고(constraining) 일면 가능케 한다(enabling)는 사실을 강조하
는 데 실패해 왔다. 구조는 행위자들이 구조가 없다면 이루어 낼 수 없었던 일
을 가능하도록 해 준다. 비록 기든스가 구조적 제약에 대한 과도한 강조를 경
계하지만, 시간과 공간 속에서 확장하여 뻗어 있는 사회 체계의 구조화된 속성
들을 행위자들이 제대로 통제하지 못할 수 있다는 점 역시 인지하고 있다. 그
러나 기든스는 베버류의 철장(iron-cage) 이미지를 피하기 위해 유의하고 있고, 그

---

1) **구조**(structure)　기든스에 따르면, 유사한 사회적 실천들에 체계적인 형식을 부여하는 구조화
　하는 속성들(구체적으로, 규칙들과 자원들)을 말한다.

런 식의 통제의 상실이 피할 수 없는 것이 아님을 강조한다.

기든스의 사회체계란 사회학적 전통에서 보통 말해 온 구조에 가까운 것이다. 기든스에 따르면, **사회체계**1)란 재생산되는 시회적 실천들, 또는 재생산되는, 행위자나 집합체들간의 관계들이 규칙적인 사회적 실천으로 된 것을 가리킨다. 그는 실천에 대한 관심을 강조해 왔는데, 여기에서 사회체계라는 관념이 도출되었다. 사회체계는 구조를 가지고 있지 않지만, 구조적 속성들에 노출되어 있다. 구조는 시간과 공간 속에 그 자체로 존재하지 않지만, 재생산되는 실천의 형식으로 사회체계 속에 드러난다. 어떤 사회체계들이 의도적인 행위의 결과로 생겨날 수도 있겠지만, 기든스가 보다 강조하고자 하는 것은 그러한 체계들이 인간 행위의 예상하지 않았던 결과로 빈번하게 출현한다는 사실이다. 이러한 예상하지 않았던 결과는 행위의 인지되지 않는 조건을 이루어 행위에 되먹임(feed back)을 가할 수 있을 것이다. 이러한 조건들은 행위자의 통제를 벗어날 수 있겠지만, 그럼에도 행위자들은 그러한 통제를 행하기 위해 계속 노력한다.

따라서 구조란 사회체계 속에서 구현된다. 또한, 구조는 개별 행위자들의 기억 속에서도 드러난다. 결과적으로 규칙들과 자원들은 거시 차원의 사회체계와 미시 차원의 인간의식에서 모두 스스로를 드러낸다.

구조화2)의 개념은, 앞서 논의한 바와 같이, 행위수행자와 구조가 이중성(duality--이원론[dualism]이 아님)을 이루고 있다는 발상을 전제하고 있다. 양자는 서로 독립되어 있지 않다. 양자의 연관은 다음과 같다: 행위수행자는 행위를 만들어 내는 순간 그 자신이 그 안에 거주하게 되는 구조를 생산하고 재생산한다. 구조화가 구조와 행위수행자 간의 변증법적 관계를 포함하고 있다는 것은 명확한 것이다. 구조와 행위수행자는 이중성을 이룬다. 하나는 다른 하나 없이 존재할 수 없다.

이미 지적한 것처럼 기든스의 이론에서 시간과 공간은 아주 중요한 변수들이다. 양자는 다른 사람들이 시간적으로나 공간적으로 존재하느냐에 달려 있다.

---

1) **사회체계(social systems)** 재생산되는 시회적 실천들, 또는 재생산되는, 행위자나 집합체들간의 관계들이 규칙적인 사회적 실천으로 된 것을 가리킨다..
2) **구조화(structuration)** 행위수행자와 구조는 서로 연결되어 있는데, 행위수행자가 행동을 만들어 내는 순간에 그들은 동시에 자신들이 처해 있는 사회구조를 생산하고 재생산해 낸다는 의미에서이다. 이는 구조와 수행행위간의 변증법적 관계를 말한다. 구조와 행위는 이중성을 구현하며, 하나는 다른 하나 없이 존재할 수 없다.

가장 기본적인 조건은 대면적 상호작용인데, 여기서 타자는 같은 시간과 같은 공간 속에 존재한다. 그러나 사회체계는 시간과 공간을 따라 확장하며, 이 속에서 타자는 더 이상 자신의 눈앞에 존재하지 않을 수 있다. 이렇듯 시간과 공간 속에서 점점 멀어지는 현상(distancing)은 현대 세계의 새로운 통신 및 교통수단들에 의해 점점 더 가능해지고 있다. 사회학의 핵심 주제인 사회질서의 문제는 사회체계들이 시공을 따라 얼마나 잘 통합될 수 있는가에 달려 있다. 사회이론 분야에서 가장 널리 인정받고 있는 기든스의 업적 중의 하나가 이러한 시간과 공간의 문제를 전면으로 가져 왔다는 점에 있다.

문화와 수행행위

마가렛 아처(Margaret Archer)는 수행행위와 문화간의 연결고리에 초점을 맞춤으로써 행위-구조의 주제를 또다른 방향으로 이끌었다. 기든스와 아처의 주요한 차이점은 기든스의 이중성 개념틀에 대하여 아처는 기든스가 이중성개념에 너무 경도되었다고 비판하고 대신 사회세계를 분석함에 있어(분석적인) **이원론**1)을 유용하게 쓸 수 있다고 주장하는 점이다. 그녀의 관점에 따르면, 이원론으로서 구조(그리고 문화)와 수행행위는, 비록 실제 세계에서는 서로 얽혀있지만, 분석적으로 구분될 수 있는 것이다. 아처는 주장하기를, 기든스나 많은 학자들이 동전의 양면을 동시에 규명해 보려는 것에 지나치게 매달리고 있다. 그러는 와중에 그들은 구조와 행위간의 상호적 관계를 규명하는 것에 지장을 받고 있다는 것이다. 아처는 주장하기를, 구조-행위간의 상호관계를 규명하는 데에 장애가 되는 어떤 이론도 바람직하지 못한데, 왜냐하면 그런 시각에서는 구조와 행위라는 이 두 측면의 관계를 풀어내는 것이 불가능하기 때문이다.

우리가 보기에 이중성과 이원론 모두 사회세계를 분석하는 데에 각각의 역

---

1) **이원론(dualism)** 구조(그리고 문화)와 수행행위는 비록 실제 세계에서는 서로 얽혀 있지만, 분석적으로 구분될 수 있다.

할이 있는 것 같다. 어떤 경우에는 구조와 행위 혹은 거시와 미시를 따로 떼어서 생각하는 것이 그들간의 관계를 이해하는 데 도움이 될 수 있다. 다른 경우에는, 구조와 행위, 미시와 거시를 서로 불가분의 것, 즉 이중성의 측면에서 고려하는 것이 보다 도움이 된다. 사실상, 사회세계를 이중성으로 파악할 것이냐 아니면 이원론의 입장에서 볼 것이냐의 이슈는 경험적인 문제에 속하는 것이다. 경우에 따라 우리는 사회세계를 이중성의 개념을 통해 보다 잘 분석할 수도 있고 혹은 이원론의 관점을 취하는 것이 보다 유리할 수도 있다. 똑같은 논리가 서로 다른 시간대의 분석에도 적용될 수 있다. 우리는 어떤 특정한 시점에서의 특정한 사회현실을 놓고 그것이 갖는 이중성의 측면과 이원론의 측면의 정도들을 각각 가늠할 수 있어야 할 것이다.

　　기든스에 대한 두 번째 주요 비판은 그의 구조화이론에서 구조-수행행위의 문제가 문화-수행행위의 이슈를 덮어버리고 있다는 점이다. 대다수 사회학자들처럼 아처는 사회구조와 문화를 구분하고 있다. 물론 그러한 구분은 개념적인 차원의 것이고 실제세계에서 그 둘은 서로 불가분 얽혀있게 마련이다. 비록 구조가 주로 물질적 현상과 이해관계의 영역이라면 문화는 비물질적 현상과 관념들의 영역이라고 구분되고 있지만 말이다. 구조와 문화는 그 내용적 측면에서만 다른 것이 아니라, 각자 서로에 대해 상대적으로 독자성을 지니기도 한다. 아처의 관점에서 볼 때, 구조와 문화는 각각 상대적으로 독자적인 것으로 다루어져야 하며, '(사회)구조'라는 이름 아래 함께 뭉뚱그려지면 안 되는 것이다. 그러나, 최근 문화사회학의 부흥에도 불구하고, 문화적 분석은 구조적 분석의 성과에 아직은 못 미치고 있다

아비투스와 장(場)

　　피에르 부르디외(Pierre Bourdieu)의 이론은 그가 객관주의와 주관주의, 또는 개인과 사회 사이의 잘못된 대립이라고 생각하는 것을 극복하기 위한 욕망으로

활성화되었다. 그는 뒤르켐과 그의 사회적 사실에 관한 연구를 객관주의적 진영에 둔다. 뒤르켐 추종자들은 객관적 구조들에 초점을 둠으로써, 행위자들이 지각하고, 생각하고, 그 구조들을 구성하여, 그 토대에 근거하여 행위해 나가는 사회구성의 과정을 무시했다고 비판받고 있다. 객관주의자들이 수행행위(agency)와 행위수행자(agent)를 무시한 반면에, 부르디외는 행위수행자나 현실 삶 속의 행위자들을 외면하지 않는 구조주의자의 입장을 지지한다.

피에르 부르디외(Pierre Bourdieu) 생애의 삽화

피에르 부르디외는 2002년 1월 23일 71세의 나이로 죽었다. 그는 콜레즈 드 프랑스(College de France)의 명성 있는 사회학 교수직을 가졌었다. 1930년에 프랑스 동남부 지방의 조그만 시골마을에서 태어나서, 부르디외는 중하층 집안(그의 아버지는 공무원이었다)에서 성장했다. 1950년 초에, 그는 파리에 있는 유명한 사범대학인 고등사범학교(Ecole Normale Supérieure)에 입학해서, 졸업장을 받았다. 그러나, 그는 부분적으로 자기가 받은 보잘 것 없는 교육의 질과 학교의 권위주의적 구조에 반감을 가졌기 때문에 졸업논문 쓰기를 거부했다. 그는 학교의 강한 공산주의적, 특히 스탈린주의적 분위기에 상처를 받아, 그 분위기에 적극적으로 대항했다.

부르디외는 지방학교에서 짧은 기간 동안 가르쳤으나, 1956년에 징집되어 알제리아에서 프랑스군으로 2년 동안 복무했다. 그는 자기경험에 대해 책을 썼고, 복무기간이 끝난 후에도 2년 동안 더 알제리아에 머물렀다. 1960년에 그는 프랑스로 돌아와서 파리대학교에서 조교로 1년 동안 일했다. 그는 콜레즈 드 프랑스에서 행한 인류학자 클로드 레비-스트로스(Claude Lévi-Strauss)의 강의에 참석했고, 사회학자 레이몽 아롱(Raymond Aron)의 조교로 일했다. 부르디외는 릴(Lille)대학교로 옮겨 3년 동안 있은 다음, 1964년에 고등연구대학교(L'Ecole Pratique des Hautes Etudes)의 교수라는 막강한 자리로 돌아왔다.

그 이후에, 부르디외는 파리인들 사이에, 프랑스인들 사이에, 그리고 마지막에는 세계적인 지식인 세계에서 저명인사가 되었다. 그의 연구는 교육학, 인류학, 그리고 사회학

을 포함하여, 많은 다양한 분야들에 영향을 미쳤다. 그는 1960년대에 자기주변에 일단
의 추종자들을 모았고, 그의 추종자들은 그와 협력하여 그들 자신의 색깔을 지닌 지적
공헌을 하였다. 1968년에 유럽 사회학 연구소(Centre de Sociologie Européenne)가 성립되어,
부르디외가 소장으로 임명되었다. 부르디외와 그의 지지자들의 연구의 주요 발표수단
이었던, 사회과학연구보고서(Actes de la Recherche en Sciences Sociales)라는 독특한 출판사업
이 이 연구소와 연관되어 있었다.

레이몽 아몽이 1981년에 은퇴했을 때, 콜레주 드 프랑스의 교수직은 공석이 되었고, 대
부분의 지도적인 프랑스 사회학자들[레이몽 부동(Raymond Boudon)과 알랭 투렌느(Alain
Touraine)을 포함한]이 그 자리를 놓고 경합하였다. 그러나, 그 자리는 부르디외에게 돌
아갔다. 그 이후, 부르디외는 그 전보다 좀더 다작의 작가가 되었고, 그의 명성은 계속
높아졌다.

주관주의와 객관주의 사이에 다리 놓기

주관주의와 객관주의 사이에 다리 놓는 목표는 부르디외를 주관주의적 입
장으로 움직이게 하는데, 이 주관주의적 입장은 상징적 상호작용론(제 3 장)과
민속방법론(제 6 장)과 연관되어 있다. 민속방법론은 행위수행자들이 사회세계에
대해 생각하고, 해명하거나, 표상하는 방법에 초점을 두는 반면, 이런 과정들이
존재하는 거시적 구조들을 무시하기 때문에, 부르디외는 민속방법론을 주관주의
의 본보기로 파악한다. 부르디외는 이 이론들이 수행행위에 집중하면서, 구조를
무시하는 것으로 보고 있다.

다른 한편, 부르디외는 객관적 구조들과 주관적 현상 사이의 변증법적 관
계에 초점을 둔다. 그 경우에, 객관적 구조는 사람들이 세계를 표상하는 방법뿐
만 아니라, 사고, 행위, 그리고 상호작용을 제약한다. 그러나 이 표상작용들은
궁극적으로 객관적 구조들에 영향을 미치기 때문에 무시될 수 없다.

객관주의-주관주의 딜레마를 피하기 위해, 부르디외는 그가 구조와 수행행
위 사이의 변증법적 관계의 산물로 보는 **실천**1)에 초점을 둔다. 실천들은 객관

---

1) **실천(practice)** 부르디외에게 있어, 구조와 수행행위 사이의 변증법적 관계의 산물인 행위들.

적으로 결정되는 것도 아니고, 자유의지의 산물도 아니다. 구조와 사람들이 사
회현실을 구성하는 방법 사이의 변증법에 대한 그의 관심을 반영하여, 부르디
외는 자신의 이론적 지향에 구성주의적 구조주의, 구조주의적 구성주의, 혹은
발생적 구조주의라는 이름을 붙였다. 부르디외는 **발생적 구조주의**[1]를 그 자체
가 객관적 구조들의 내면화를 포함하는 정신구조와 분리될 수 없는 객관적 구
조들에 관한 연구로 정의(定義)한다.

그는, 적어도 부분적으로 **구조주의적 시각**[2]에 분명히 찬성하지만, 그것은
가장 전통적인 구조주의자들의 시각과는 다른 구조주의적 시각이다. 비록 전통
적 구조주의자들이 언어와 문화에서의 구조들에 초점을 맞추었을지라도, 부르디
외가 주장하는 바는 구조들이 또한 사회세계 자체에도 존재한다는 것이다. 부
르디외는 사회세계가 행위자들로부터 독립되어 있으나, 행위자들의 사고와 실천
을 인도하고 제약할 수 있는 객관적 구조들로 이루어져 있다고 본다. 그러나,
부르디외를 구조주의자들로부터 진짜로 차별화하는 것은, 그가 사회구조의 발생
뿐만 아니라, 지각, 사고 및 행위의 틀의 발생까지 다룰 수 있도록 해 주는 **구
성주의적 시각**[3]을 동시에 채택하고 있다는 사실이다.

비록 부르디외가 구조주의와 구성주의 사이에 다리를 놓으려고 하고, 그리
고 어느 정도 성공했다 하더라도, 그의 연구에는 구조주의적 방향으로의 편향
이 있다. 이런 이유로, 그는 **후기구조주의자**[4]로 여겨지고 있다. 그의 연구는 구
성주의보다는, 구조주의와 더 큰 연속성을 갖는다. 대부분의 다른 사람들(예를
들면, 현상학자들, 상징적 상호작용론자들)의 접근방법과는 달리, 부르디외의 구
성주의는 주체성과 지향성을 무시한다. 그는, 사람들이 사회공간 안에서의 그들
의 위치에 근거해서 사회세계를 지각하고 구성하는 방법을, 자기의 사회학에
포함시키는 것이 중요하다고 생각한다. 그러나 사회세계에서 일어나는 지각과
구성은 구조들에 의해 활성화되기도 하고 제약되기도 한다. 그가 관심을 갖는

실천들은 객관적으로 결정되는 것도 아니고, 자유의지의 산물도 아니다.
1) **발생적 구조주의**(genetic structualism) 그 자체가 객관적 구조들의 내면화를 포함하는 정신구
   조와 분리될 수 없는 객관적 구조들에 관한 연구를 포함하는 부르디외의 접근방법.
2) **구조주의적 시각**(structuralist perspective) 사회세계에서 일어나는 것을 결정하는, 숨겨져 있거
   나 밑바탕에 깔려있는 구조가 있다는 견해.
3) **구성주의적 시각**(constructivist perspective) 지각, 사고 및 행위의 틀이 구조를 만든다는 견해.
4) **후기구조주의자**(poststructuralist) 부르디외처럼, 구조주의적 시각에 의해 영향 받았으나, 구조주
   의적 시각을 넘어서 구조주의를 다른 이론적 관념 및 시각들과 종합하고자 하는 이론가.

것은 정신구조와 사회구조 사이의 관계이다. 일부 미시사회학자들은 부르디외의 시각에 대해 불편해 할 수도 있고, 그의 시각을 전통적인 구조주의보다 더 나을게 없다고 볼지도 모른다. 그들은 부르디외가 주체성을 다룰 의사도 없고 다룰 수도 없음에 불쾌해 할지도 모른다. 그러나, 부르디외의 이론에는 동적인 행위자가 있다. 이 행위자는 발명과 즉흥행위를 할 수 있다. 그러나 이 행위들은 그의 연구에서 매우 제한적이다. 즉 발명은 비의도적이고, 즉흥행위는 구조에 의해 규제된다. 부르디외의 연구와 주관주의와 객관주의 사이에 다리놓기의 노력의 핵심은 주관주의와 객관주의 양자의 변증법적 관계뿐만 아니라, 그의 아비투스와 장(場)의 개념에 있다. 아비투스가 행위자들의 마음 속에 있는 반면에, 장들은 그들 마음 밖에 있다.

아비투스

부르디외는 그의 아비투스 개념으로 가장 유명하다. **아비투스**[1]는 사람들이 사회세계를 다룰 때 쓰는 정신적이거나 인지적인 구조이다. 사람들은 자기들이 사회세계를 지각하고, 이해하고, 감상하고, 평가하는 데 사용하는 일련의 내면화된 틀을 가지고 있다. 그러한 틀을 통해, 사람들은 실천하고, 그 실천을 지각하고 평가한다.

변증법적으로, 아비투스는 사회세계의 구조들이 내면화되어 나타난 산물이다. 우리는 아비투스를 내면화된 사회구조로 생각할 수 있다; 아비투스는 구체화된 사회구조들이다. 아비투스는 연령집단, 사회적 성(性), 그리고 사회계급들과 같은, 계급구조에서의 객관적인 분할을 반영한다. 아비투스는 사회세계 내의 한 위치에 오랫동안 있었던 결과로 취득된다. 따라서, 아비투스는 그 세계에서 한 사람이 차지하는 위치의 성격에 따라 다양하다; 모든 사람이 같은 아비투스를 갖지는 않는다. 그러나 사회세계 내에서 같은 위치를 차지한 사람들은 비슷한 아비투스를 갖는 경향이 있다.

---

1) **아비투스**(habitus) 사람들이 사회세계를 다룰 때 쓰는 정신적이거나 인지적인 구조들.

이런 의미에서 아비투스 또한 집합적인 현상이 될 수 있다. 아비투스는 그 행위자가 사회세계를 이해하게 허용하지만, 수많은 아비투스의 존재는 사회세계와 그 구조들이 모든 행위자들에게 획일적으로 강요되지 않는다는 것을 의미한다.

어느 특정한 시기의 아비투스는 집합적 역사의 경로를 거쳐서 만들어졌다. 특정 개인에게 나타나는 아비투스는 그 개인의 인생경로를 거쳐서 얻어졌으며, 아비투스가 발생한 사회사에서의 특정한 지점에 따라 달라진다. 아비투스는 지속적이면서도 옮겨질 수 있다. 즉 한 장(場)에서 다른 장으로 옮겨질 수 있다. 그러나 사람들은 어울리지 않는 아비투스를 가질 수 있다. 부르디외가 **위화(違和)현상**[1]이라고 부르는 것 때문이다. 현대의 전(前)자본주의적인 농촌생활에서 나와서, 월스트리트에서 일하게 된 사람이 좋은 본보기이다. 전자본주의적 사회에서 얻은 아비투스는 그 사람이 월스트리트의 생활에 잘 대처하도록 허용하지 않을 것이다.

아비투스는 사회세계를 만들기도 하고, 또한 사회세계에 의해 만들어지기도 한다. 한편으로, 아비투스는 사회세계를 구조화하는 구조이다. 다른 한편으로 아비투스는 구조화된 구조이다; 즉 아비투스는 사회세계에 의해 구조화되는 구조이다. 다시 말해, 아비투스는 양면의 변증법을 내포한다: 아비투스는 외적 구조들의 내면화를 포함하면서도, 아울러 개인에게 내재하고 있는 것들의 외재화이다. 아비투스 개념은 부르디외로 하여금, 주관주의와 객관주의 사이에서 택일해야 할 의무로부터 벗어나게 한다.

실천은 아비투스와 사회세계 사이에서 매개역할을 한다. 한편으로, 실천을 통해 아비투스가 만들어지며; 다른 한편으로 실천의 결과로서 사회세계가 만들어진다. 비록 실천이 아비투스를 형성하는 경향이 있을지라도, 그렇게 만들어진 아비투스가 이번에는 실천을 통합하고 만들어 내는데 이바지한다.

비록 아비투스가 사고와 행위선택을 제약하는 내면화된 구조일지라도, 아비투스가 사고와 행위선택을 결정하지는 않는다. 이러한 결정론의 결여가 부르디외의 입장과 전통적 구조주의자들의 입장을 구별하는 주요한 특징 가운데 하

---

1) **이력현상(hysteresis)** 사람이 살고 있는 상황에 어울리지 않는 아비투스를 가짐으로 해서 생겨나는 조건.

나이다. 아비투스는 단지 사람들이 무엇을 생각해야 하고, 그들이 무엇을 해야 할지를 제시할 뿐이다. 비록 의사결정 과정이 아비투스의 작용을 반영하기는 하나 사람들은 선택지를 놓고 의식적으로 심사숙고한다. 아비투스는 사람들이 선택하고, 사회세계에서 그들이 사용할 전략을 택할 때 쓰는 원리들을 제공한다. 결과적으로 가핑클(Garfinkel)과 민속방법론자들과 같이 부르디외에게도 사람들은 판단력 없는 얼간이들이 아니다. 그러나, 그렇다고 사람들이 완벽하게 합리적이지도 않다(부르디외는 합리적 선택이론을 경멸한다); 사람들은 이치에 맞게 행위한다—그들은 실천적 감각을 갖고 있다. 사람들이 행위하는 것에는 논리가 있다—실천논리가 있다.

실천논리는 다면적이다; 즉, 우리의 실천논리는 혼란스럽고, 형식논리의 관점에서 볼 때, 비논리적으로 보이는 다수의 수단을 가지고 있다. 이것은 실천논리와 합리성(형식논리) 사이의 차이를 뒷받침할 뿐만 아니라, 우리에게 부르디외의 관계주의도 떠오르게 하기 때문에 중요하다. 부르디외의 관계주의가 이 맥락에서 중요한 이유는 아비투스가 고정된 불변의 구조가 아니라, 모순적 상황에 직면해서 끊임없이 변화하는 개인들이 수정하는 것임을 우리로 하여금 알게 해 주기 때문이다.

아비투스는 의식적인 것도 아니고, 우리가 그것이 기능하는 방법을 언어적으로 분명히 말할 수 있는 것도 아니다. 우리는 아비투스를 자기관찰적으로 자세히 조사할 수도 없고, 의지적 행위를 통해 아비투스를 통제할 수도 없다. 비록 우리가 아비투스와 그 작용을 의식하지 못할지라도, 우리가 먹고, 걷고, 말하고, 심지어 코푸는 방법과 같은 가장 실천적인 활동 속에서 아비투스 자체는 나타나고 있다. 아비투스는 구조로서 작용하지만, 사람들은 아비투스 또는 자신들에게 작용하고 있는 외적 구조들에 단순하게 기계적으로 반응하지만은 않는다. 따라서 부르디외의 접근방법에서, 우리는 예측 불가능한 새로움이나 총체적 결정론이라는 양 극단을 피하게 된다.

핵심 개념
재귀 사회학

피에르 부르디외는 **재귀**(再歸, 또는 성찰) **사회학**[1]을 요구하는데. 이 재귀사회학에서 사회학자들은 자신의 학문을 더 잘 이해하기 위해서 자기 자신의 도구들을 사용하게 된다. 사회세계의 양상들을 연구대상으로 삼는데 자신들의 경력을 바친 사회학자들은 자기 자신의 실천을 객관화하는 데 시간을 할애해야 한다. 자기 자신의 용어를 사용하여, 부르디외는 사회학의 장들과 계층 및 정치의 장들 사이의 관계뿐만 아니라, 학문으로서의 사회학의 장들과 학술세계 내부에서 사회학자들의 아비투스와 실천을 검토할 것을 찬성할 것이다. 그는 학문 자체뿐만 아니라 개별 사회학자들이 유명해지기 위해 사용하는 전략들에도 관여할 것이다.

예를 들면, 개별 사회학자들이 장에서 높은 지위를 얻기 위해 특수용어를 사용할지도 모르고, 그리고 사회학이 스스로 과학을 빙자하여, 실천세계와 비교하여 구별짓기를 할 지도 모르는 일이다. 사실 부르디외는 사회학과 다른 사회과학들의 과학적 주장들이 실제로는 권력의 단언이라고 주장했다. 물론 이러한 입장은 부르디외 자신의 연구에 대해서도 부정적인 영향을 미친다. 그는 자신의 상징적 권력을 유지하려고 노력하면서도, 동시에 자기 자신의 연구 밑바닥에 놓여 있는 과학적 접근방법을 비판했다.

부르디외가 사회학자들의 실천이 그들과 그들 연구에 미치는 사회세력들의 놀이개가 되는 것을 피할 필요가 있다고 주장할 때, 그는 흥미로운 메타이론화를 주장하고 있는 것이다. 그런 운명을 피할 유일한 길은 역사의 특정한 시점에서 사회학자에게 영향을 주는 세력들의 성격을 이해하는데 있다. 그러한 세력들은 메타이론적 분석, 또는 부르디외가 사회분석(socioanalysis)이라고 부르는 것을 통해서만 이해될 수 있다. 일단 사회학자들이 그들에게 작용하는 세력들(특히 외적-사회적 그리고 외적-지적)의 성격을 이해하게 되면, 사회학자들은 자신들의 연구에 대한 그들의 영향을 통제하기 위한 더 좋은 입장에 있게 될 것이다. 부르디외 자신은 그의 연구에서 사회적 결정요소들을 정화하기 위해, 항상 사회학을 사용하려고 노력한다.

---

1) **재귀 사회학**(reflexive sociology) 사회학자들이 자신의 학문을 더 잘 이해하기 위해서 자기자신들의 이론적이고 경험적인 도구들을 사용하는 것.

장(場)

　　부르디외는 장의 개념을 구조적이기보다는 관계적으로 생각하고 있다. **장**[1] 은 장 내부에 있는 객관적 위치들 사이에서 이루어지는 관계들의 연결망이다. 이 관계들은 개인의식과 의지로부터 떨어져 나와 존재한다. 이 관계들은 개인들 사이의 상호주관적 유대들이나 상호작용이 아니다. 위치점유자들은 행위수행자들이나 제도들이어서, 장의 구조에 제약을 받는다. 사회세계는 다수의 반-자율적 장들(예를 들면, 예술, 종교, 고등교육)을 갖는데, 이 장들은 모두 자신의 구체적 논리를 가지고 있으며, 행위자들 사이에 그 장의 이해관계가 걸려있는 것들에 대한 신념을 심어준다.

　　부르디외는 장의 정의(定義)에 비추어, 장 속에서 위치를 점유한 사람들이, 개인이나 집합체로서 자신들의 현재 위치를 지키거나, 개선을 노리는 투쟁과 싸움의 무대로 장을 보고 있다. 장의 구조는 위치를 지키거나 개선하는데 쓰이는 전략들의 밑바탕을 이루면서, 또한 전략들을 이끈다. 장은 다양한 종류의 자본들(경제적, 문화적, 사회적, 상징적)이 사용되고 전개되는 경제적 시장의 형태를 지닌다. 그러나 (정치)권력의 장이 가장 중요하다; 정치적 장 내부의 권력관계의 위계구조가 다른 모든 장들을 구조화하는데 이바지한다.

　　부르디외는 장 분석을 위한 3단계 과정을 제시한다. 첫 단계는 권력 장의 우위성을 반영하여, 어느 특정한 장의 정치적 장과의 관계를 찾아내는 것이다. 둘째 단계는 그 장 내부의 위치들끼리의 관계에 대한 객관적 구조를 상세히 그리는 것이다. 마지막으로, 분석가는 그 장 내부의 다양한 형태의 위치들을 차지하는 행위수행자들의 아비투스의 성격을 결정하려고 노력해야 한다.

　　그 장 속에 있는 다양한 행위수행자들의 위치들은 행위수행자들이 소유하고 있는 자본의 양과 상대적 비중에 의해 결정된다. 부르디외는 그 장과 그 장속에서 일어나는 투쟁들을 묘사하기 위해, 군사적 비유(포차, 요새)까지 사용한다. 자본은 한 사람에게 다른 사람들의 운명뿐 아니라, 자기 자신의 운명까지 통제하게끔 허용한다. 부르디외는 보통 4가지 형태의 자본을 논의한다. 물론 그

---

1) **장(field)**　객관적 위치들 사이에서 이루어지는 관계들의 연결망.

생각은 경제영역에서 끌어온 것이며, **경제적 자본**1)의 의미가 분명하다. **문화적 자본**2)은 다양한 종류의 정당한 지식을 포함한다. **사회적 자본**3)은 사람들끼리의 가치있는 사회관계들로 이루어진다. **상징적 자본**4)은 한 사람의 명예와 위세로부터 나온다.

장 내부의 위치점유자들은 다양한 전략들을 사용한다. 다시 한번 이 생각은 부르디외의 행위자들이 적어도 어떤 자유를 갖고 있다는 것을 보여 준다. 그러나 전략들은 의식적이거나 사전 계획된 것이 아니다. 오히려 전략들은 구조화되어 있고, 구조적으로 유형화되어 있으며 규칙적이다. 행위자들이 사용하는 전략들은 그들의 아비투스와 그들의 장 내부의 위치들의 속성에 좌우된다.

부르디외는 국가를 그가 **상징적 폭력**5)이라고 부르는 것을 독점하고자 하는 투쟁의 장소로 보고 있다. 이것은 상징적 폭력을 당한 행위수행자가 상징적 폭력의 실천에 공모하기 때문에, 부드러운 형태의 폭력에 해당한다. 상징적 폭력은 대체로, 그리고 간접적으로 문화기구를 통해 실천되며, 사회학자들이 흔히 초점을 두는 보다 직접적인 사회통제의 형태들과 대비된다. 교육체계는 상징적 폭력이 사람들에게 행해지는 주요 제도이다. 권력을 쥐고 있는 사람들의 언어, 의미, 상징체계들이 나머지 인구에게 강요된다. 이것은 그 중에서도 특히, 권력을 장악한 사람들이 하고 있는 것을 나머지 사회가 모르게 가리고, 또 복종자들이 자기를 지배하는 세력의 정당성을 수용하도록 함으로써, 권력장악 세력의 위치를 보강하는데 이바지한다. 더 일반적으로 말해서 부르디외는 기존 권력 및 계급관계들을 재생산하는데 교육체계가 깊이 연루되어 있는 것으로 보고 있다. 상징적 폭력에 관한 그의 생각에서, 부르디외 연구의 정치적 양상이 가장 분명하게 드러난다. 부르디외는 사람들이 이러한 폭력으로부터의 해방, 더 일반적으로 말해서 계급과 정치적 지배로부터의 해방에 관심을 갖고 있다. 그러나 부르디외는 소박한 이상주의자가 아니다. 그의 입장을 더 잘 묘사하자면, 이성

---

1) **경제적 자본(economic capital)** 한 행위자가 소유하고 있는 경제적 자원들.
2) **문화적 자본(cultural capital)** 한 행위자가 소유하고 있는 다양한 종류의 정당한 것으로 통용되는 지식.
3) **사회적 자본(social capital)** 한 행위자가 소유하고 있는 가치 있는 사회관계의 범위.
4) **상징적 자본(symbolic capital)** 한 행위자가 소유하고 있는 명예와 위세의 양.
5) **상징적 폭력(symbolic violence)** 문화기구를 통해 대체로, 간접적으로 실천되는 부드러운 형태의 폭력(상징적 폭력을 당한 행위수행자가 그 폭력의 실천에 공모하고 있다).

에 의거한 이상주의라고 해야 할지도 모르겠다.

아비투스와 장 양자의 중요성을 강조함으로써, 부르디외는 **방법론적 개체주의자**1)들과 **방법론적 전체주의자들**2) 사이의 분열을 거부한다. 그는 **방법론적 관계주의**3)로 불리우는 입장, 즉 아비투스와 장 사이의 관계에 집중적으로 관여한다. 그는 이 관계주의가 두 가지 주요 방식으로 작용한다고 본다. 한편으로는 장이 아비투스를 조건짓는다; 다른 한편으로는 아비투스가 장을 뜻있고 의미와 가치가 있고, 그리고 에너지 투자가치가 있는 어떤 것으로 구성한다.

아비투스와 장의 응용: 구별짓기

부르디외는 단순히 추상적인 이론체계만 발전시키려고 노력하는 게 아니다. 또한 그는 추상적 이론체계를 일련의 경험적 관심사와 연결시킴으로써, 순수 지성주의의 함정을 피한다. 그의 이론적 접근방법의 응용은 그의 경험적 연구인 구별짓기(Distinction)로 예증되는데, 이 연구는 사회전반에 퍼져 있는 상이한 집단들의 미학적 선호를 검토하고 있다.

부르디외는 이 연구에서 특히, 문화가 과학연구의 정당한 대상이 될 수 있다는 것을 논증하려고 시도한다. 그는 고급문화의 의미를 지닌 문화(예를 들면, 고전음악 선호)와 고급과 저급 형태 모두(예를 들며, 컨추리 또는 랩 음악)를 바라보는 인류학적인 문화 의미를 재통합하려고 시도한다. 더 구체적으로 말해, 이 연구에서 부르디외는 고급식품 같은 세련된 대상을 향한 취향과 햄버거 및 프라이 같은 가장 대중적인 식품을 향한 취향을 연결시킨다.

구조적인 불변요소, 특히 장과 아비투스 때문에 사회 내의 다양한 집단들(특히 계급들과 계급의 분파들)의 문화적 선호는 일관성 있는 체계들을 이룬다. 부르디외는, 미학적 즐거움을 위한 다양한 문화적 대상들을 차별화하고, 그 대상들을 다르게 감상하는 획득 성향인 미학적 취향의 다양한 모습에 초점을 두

---

1) **방법론적 개체주의자들**(methodological individualists) 미시 수준에 초점을 두면서, 미시 수준이 거시 수준을 결정하는 것으로 보는 사회과학자들.
2) **방법론적 전체주의자들**(methodological holists) 거시 수준에 초점을 두면서, 거시 수준이 미시 수준을 결정하는 것으로 보는 사회과학자들.
3) **방법론적 관계주의**(methodological relationism) 거시 수준 현상과 미시 수준 현상 사이의 관계에 초점을 두는 사회과학자들.

고 있다. 취향은, 한 개인에게 사회질서 속에서 자신의 자리를 알게 하는데 이
바지하는 실천이다. 취향은 비슷한 선호를 가진 사람들을 통합하고, 다른 취향
을 가진 사람들로부터는 차별화하는데 이바지한다. 사람들은 취향의 실천적 응
용과 함축을 통해 대상들을 분류하고, 그 과정에서 자기 자신들을 분류한다. 우
리는 사람들이 드러내는 취향들, 예를 들면 그들의 상이한 형태의 음악이나 영
화에 대한 선호들에 의해 그들을 범주화할 수 있다. 다른 모든 실천들처럼 이
실천들도 모든 상호관계들의 맥락 속에서, 즉 총체성 속에서 파악될 필요가 있
다. 따라서 겉으로 보기에 분리되어 있는 예술이나 영화들에 대한 취향들이 음
식, 스포츠, 또는 머리모양에서의 선호들과 관련되어 있다.

　　상호연관된 두 개의 장들이 부르디외의 취향연구에 나타난다: 계급관계(특
히 지배계급의 분파 속에 있는)와 문화관계. 그는 이 장들을 다양한 게임들이
일어나는 일련의 위치들로 보고 있다. 특정한 위치를 차지하고 있는 행위수행
자들(개별 또는 집합적)이 취하는 행위들은 장의 구조, 위치의 성격, 그리고 그
들과 연관되어 있는 이해관계에 의해 지배된다. 그러나 이 게임은 자기위치 설
정과, 게임에서 남을 능가하도록 해 주는 광범위한 전략들의 사용을 포함한다.
또한 취향은 장 속에서 행위자의 위치를 경험하면서도 이를 주장하는 기회이다.
그러나 사회계급의 장은 행위수행자의 게임 능력에 깊은 영향을 미친다. 보다
높은 계급의 사람들은 그들의 취향이 보다 낮은 계급의 사람들의 취향에 훨씬
더 잘 대립할 수 있고, 그들의 취향이 수용되도록 할 수 있다. 따라서 문화작업
의 세계는 사회계급의 위계적 세계와 관련되며, 그 자신이 위계적이고 위계화
하게 된다.

　　말할 필요도 없이, 부르디외는 취향을 그의 다른 주요 개념인 아비투스와
연결한다. 취향은 피상적 의견들과 언어표현보다는, 심층적이고 장기적인 성향
들에 의해 훨씬 더 많이 형성된다. 의복, 가구, 또는 요리와 같은 세속적인 문
화양상들에 대한 사람들의 선호까지도 아비투스에 의해 형성된다. 그리고 이
성향들은 무의식적일지라도 계급들을 통합하는데 이바지한다. 다시 말해 취향은
경기 중개인과 같다. 취향을 통해서, 한 아비투스는 다른 아비투스와의 양립가
능성을 드러낸다. 물론 변증법적으로, 아비투스를 형성하는 것은 계급구조이다.

　　비록 장과 아비투스 모두 부르디외에게 중요하지만, 둘의 변증법적 관계야

말로 가장 중요하고 의미심장한 것이다. 장과 아비투스는 상호적으로 서로를
정의한다. 아비투스와 장 사이의 변증법적 관계로부터 특정한 문화적 실천들이
수립된다.

　부르디외는 문화를 일종의 경제, 또는 시장터로 본다. 이러한 시장터에서,
사람들은 경제적 자본보다는 오히려 문화적 자본을 사용한다. 이 자본은 대체
로 사람들의 사회계급 뿌리와 그들의 교육경험의 결과물이다. 사람들은 시장
터에서 다소간에 자본이 생겨서 그 자본을 그들의 위치를 개선하는 데 쓰거
나, 아니면 자본을 잃고 그 결과 경제 내에서의 그들의 위치가 악화되는 원인
이 된다.

　사람들은 넓은 문화적 장들에서 구별짓기를 추구한다.—그들이 마시는 음
료수들(페리에 또는 콜라), 그들이 모는 자동차들(메르세데스 벤츠, 또는 기아),
그들이 읽는 신문들(뉴욕타임즈 또는 유에스에이 투데이), 또는 그들이 방문하
는 유흥지들(프랑스 리비에라 해안 또는 디즈니 월드). 구별짓기의 관계들은 이
산물들 속에 객관적으로 기록되고, 그 관계들이 충당될 때마다 재활성화된다.
사실상 우리가 관련된 장들을 모두 보게 될 때, 구별짓기를 추구할 말한 가능
성을 지닌 거의 무진장한 장들의 집합이 있게 된다. 어떤 문화상품(예를 들어,
메르세데스 벤츠)의 전유는 이익을 낳는 반면에, 다른 상품들(기아)의 전유는 소
득을 낳지 않거나 손실까지 낳는다.

　부르디외는 토스타인 베블렌(Thorstein Veblen)의 유명한 과시 소비이론(제 2
장 참조)을 좇아서, 인간행위의 원동력이 구별짓기 추구라고 단순하게 주장하는
게 아니라는 것을 분명히 밝히려고 애쓰고 있다. 오히려 그는 자기의 주요논점
이 장 내부에서 한 위치를 차지하는 것이 이웃 위치들을 차지하는 사람들과 차
별화하기 위한 것, 즉 다르기 위한 것이라고 주장한다. 사람들은 취향을 통해
다른 사람들과의 차이를 드러낸다. 예를 들면, 그랜드 피아노를 선택한 사람은
아코디언을 선택한 사람과 다르다. 한 선택(그랜드 피아노)은 높은 지위의 가치
가 있는 것으로 보이는 반면에, 다른 선택(아코디언)은 통속적으로 간주되는 것
은 하나의 관점이 지배한 결과이며, 다른 관점을 채택한 사람들을 상대로 하여
실천된 상징적 폭력의 결과이다.

　문화적 생산물의 성격과 취향 사이에는 변증법이 존재한다. 문화적 재화에

서의 변화들은 취향에서의 교체로 이르게 되지만, 취향에서의 변화도 또한 문화적 생산물에서의 변형을 초래하는 것 같다. 장의 구조는 문화적 재화 소비자들의 욕망을 조건지을 뿐만 아니라, 생산자들이 그 요구들을 충족시키기 위해 만들어 내는 것을 구조짓는다.

취향에서의 변화들(그리고 부르디외는 모든 장들을 일시적인 것으로 파악한다)은 문화적인 무대(예를 들어, 구식패션 대 신식패션의 지지자들)와 계급무대(지배계급 내의 지배 분파와 피지배 분파들) 모두에서 일어나는 대립세력들 사이의 투쟁에서 비롯된다. 그러나 투쟁의 핵심은 계급체계 내부에 도사리고 있다. 예를 들어 예술가들과 지식인들 사이의 문화투쟁은 문화를 정의하려는 투쟁, 실상은 전체 사회세계를 정의(定義)하려는 지배계급의 상이한 분파들끼리의 지루한 투쟁의 반영이다. 계급구조 내의 대립은 취향과 아비투스에서의 대립을 조건짓는다. 비록 부르디외가 사회계급에 크나큰 중요성을 부여했지만, 그는 사회계급을 단순히 경제문제나 생산관계로 축소하기를 거부하고, 계급을 또한 아비투스에 의해 규정된 것으로 본다.

부르디외는 아비투스와 장 사이의 변증법적 관계에 대한 관심의 맥락에서 수행행위와 구조 사이의 관계에 대한 독특한 이론을 제시한다. 그의 이론은 실천(앞의 사례에서, 미학적 실천)에 대한 초점두기와 무미건조한 지성주의 작업에 대한 거부라는 특징을 지닌다. 이런 의미에서, 그의 이론은 이론과 실천 사이의 관계에 대한 맑스적 관심으로의 회귀를 표상한다.

통합적인 페미니즘 사회학이론:
집필자-패트리시아 마두 랭어만과 질 니브루게

페미니즘 사회학이론에서는 사회조직의 제양상을 매우 통합적인 관점에서 보고 있다. 그것은 경제적 행위들을 여타의 다른 사회적 재생산 행위들(아이 양육, 감성적 충족, 지식습득, 가정관리, 성성 등)과 함께 연관시켜서 보는 시각이다; 이 시각에서는, 물질적 생산이 이데올로기적 생산과 밀접하게 연계되어 있는 것으로 파악된다; 이 시각은, 독자적인 사회제도들과 개인의 자발적 행위와 관계들의 상호침투를 보여 준다; 그리고, 이 시각은 사회구조를 개인들의 상호 행위나 의식과 연결시켜서 보고자 한다. 이런 세계관으로부터, 페미니즘 사회학 이론은 다음과 같은 사회학의 고전적 이슈들 두 가지에 대해 언급해 볼 수 있다: 수행행위(agency)와 구조에 관한 논쟁, 그리고 거시와 미시의 구별.

사회학자들 사이에 이른바 수행행위와 구조에 대한 논쟁은 사회학적 설명이 어떻게 구성되어야 하는가에 대한 논쟁으로서, 상대적인 독자성을 지닌 채 사회적 현실을 구성해 나가는 개인의 능동적 행위성에 더 비중을 두느냐, 아니면 개인들의 행동에 결정론적인 성격으로 영향을 미치는 사회집합적 제도나 조직들에 더 비중을 두느냐의 문제인 것이다. 페미니즘 사회학에서는, 사회적 현실이 해방과 지배간의 갈등에 의해 주로 유형화된다는 시각을 통해 이러한 수행행위와 구조 문제를 조명함으로써 이론적 기여를 하게 된다. 한편으로, 페미니즘 이론은 가부장제, 자본주의, 인종주의 등의 거시 사회적 구조가 갖는 대규모의 지속적인 결정론적 영향을 지적한다. 다른 한편으로, 페미니즘 이론은 투쟁적 정치역학과 그 안에 배태되어 있는 개인주체성에 방법론적인 초점을 둠으로써, 실제 역사의 흐름에서나 그것에 대한 분석 모두에서 인간행위의 능동성을 강조하고 있다.

인간 행위자는 그들에게 지대한 영향을 주는 복잡한 권력의 장 내에서 살며 행동한다. 행위수행자들은 권력에 의해 결정되면서도 수행행위를 통해 권력을 재생산하고 경쟁하기도 한다. 사회생활은 어찌보면 지배-억압 기제의 끊임없는 작동의 연속이라 할 수 있는데, 비록 이러한 작동을 주조해내는 사회구조적 측면에 대해 설명을 제시하더라도, 그러한 지배 억압구조를 재생산하는데 일조하는 개인행위자들의 책임을 간과할 수는 없을 것이다. 다른 한편, 사회생활은 또한 사회적 억압에 대한 끊임없는 개인적 혹은 집단적 대항의 연속으로도 이해될 수 있는데, 대처하고, 도전하고, 고발하며, 도발과 전복을 시도하며 저항하는 등, 이른바 저항의 정치를 통해 개인과 집단적 행위자들은 기존의 억압구조

와 그 담지자들에게 대항하고 있다. 저항의 정치에서 중요한 것의 하나는 바로
집단 **견지관점**[1])의 형성과 존속 여부이다; 집단 견지관점은 기존의 사회구조적
배열을 통해 그 사회에 대한 이해를 획득하는 방식이며, 이것은 지배-억압구조
를 재생산하거나 이에 저항하는 데에 있어 개인과 집단에게 동기를 부여하게
된다. 비록 구조결정론자들은 관점 자체가 사회구조의 산물이라고 주장할지 모
르지만, 페미니즘 이론에서는 심지어 가장 극심한 피억압 상황에서조차 보다
나은 삶을 향해 끊임 없이 희구하고 행동하는 인간의 놀랍고도 신비스러운 능
력을 주목하고 있다. 페미니즘 분석에서는 또한 체화된 행위주체가 그 구조에
대해 갖는 감성적 반응성을 강조하고 있는데, 행위자들은 공분하면서 구조에
대항할 수 있고 그 분노의 감정을 건설적인 방향으로 사용하는 역량을 갖추고
있다는 점이다. 불의에 대항하거나 정의를 요구하는 과정에서 개인들이 분노의
감정을 행위의 지렛대로 쓰는 이러한 측면은 억압의 구조적 차원만을 고려해서
는 설명하기 어려운 것이다. 이러한 방식으로, 페미니즘 연구는 그것의 해방주
의 정치에 대한 희망적 가능성을 마련하면서 동시에 기존의 구조와 수행행위
이론논쟁에 대해 일정한 해법을 제시한다.

핵심 개념
견지관점

많은 페미니즘 이론이 기초하고 있는 전제의 하나는, 사회적 세계에서 사람들은 특정
한 견지관점을 통해 움직이고 있다는 것인데, 이는 사회구조상 서로 다르게 위치한 집
단마다 그 성원들이 함께 견지하게 되는 사회적 관점이나 입장을 말한다. 결과적으로,
누구든지 자신이 보거나 알고 있는 것은 다 부분적인 것이며 이해관심이 걸린 것이기
마련이고, 온전하거나 객관적인 관점 같은 것은 있을 수 없다. 지식은 집단 내에서 생
산되며 집단간에 차이가 있을 수밖에 없고, 또 어느 정도는 같은 집단 내의 성원들 사
이에서도 차이가 있게 된다. 지식은 언제나 권력 관계에 의해 영향을 받게 마련인데,
지배적인 집단이든 혹은 피지배적인 집단이든 마찬가지이다.

---

1) **견지관점**(standpoint) 사회구조상 서로 다르게 위치한 각 집단 내의 체화된 행위자들이 갖는
   시각이 견지하는 사회적 관점이나 입장.

페미니즘 사회학은 바로 이 전제에서 시작하게 되는데, 왜냐하면 페미니즘 연구는 여성의 견지관점에서 세상을 설명하고 분석하고 바꾸려는 것이고, 따라서 여성의 열등한 사회적 위치라는 현실에서 볼 때 페미니즘 연구자는 사회 내의 모든 생산을 주도하는 식대로 지식이 지식생산을 지배하는 권력체계의 일부라는 점을 주목하지 않을 수 없기 때문이다. 페미니즘 사회학이론은 사회적 지식이 주조되는 하나의 주요 관점으로서 여성의 견지관점을 정립함으로써, 기존의 사회학적 담론과 사회이론 내의 권력적 균형을 바꾸어 보려고 시도하고 있다.

여성의 견지관점에서 사회학 연구를 시도함에 있어, 페미니즘 사회학에서는 먼저 무엇이 여성의 견지관점을 구성하는 가를 고려해야 한다. 견지관점은 사회관계에 대한 공유되는 지식을 발전시킬 만큼 충분하게 사회상황의 공통성과 역사성을 갖춘 집단의 산물로서 나오게 된다. 맑스가 연구를 멈추었던 그 지점을 이어서, 페미니즘 연구는 소유자, 노동자, 여성 등을 세 가지 핵심적인 사회집단으로 분류하는데, 이들은 사회적 생산과 재생산 과정과 각기 독특한 관계를 갖게 됨으로써 사회 내의 주요 견지관점 집단을 구성하게 된다. 역사적으로 가부장제 하의 여성들에게는, 그들의 계급이나 인종을 막론하고, 주로(수태와 육아, 가사, 요리, 병자와 노약자 수발, 감성적이고 성적인 서비스 등) 사회적 재생산의 임무가 맡겨져 왔다; 가부장제란 바로 권력관계의 하나인데, 여기서 노동자로서 열등한 위치를 차지하는 여성은 남성에 의해 자신의 생산이 체계적으로 착취당하고 전유당하게 된다. 그러나, 가부장적 생산체제에서 하나의 계급으로서의 여성 연대는 언제나 경제적 계급성이나 인종계급성 등 여타 사회계급 측면들로 인해 파편화되게 된다. 예속적 위치에서 사회적 재생산에 참여해 왔다는, 여성들의 이 공유된 역사적 성격이 바로 페미니즘 연구가 여성의 견지관점을 주장하게 되는 기초를 마련해 주고 있다. 그러나, 사회권력이 작동하는 일상의 장에서는, 성불평등의 축이 여타의 인종적, 계급적, 지리-사회적, 혹은 성성과 나이에 따른 불평등 축들과 서로 교차함으로써 서로 다른 정도의 역량을 갖춘 견지관점 집단들의 복잡한 시스템을 만들어 내게 되며, 이들은 상호연합과 반대가 늘 엇갈리며 변하는 상황 속에서 관련을 맺게 된다. 이러한 상호교차적 측면이 현재 여성 견지관점을 기술하고 분석하는데 핵심적인 부분이 되고 있다.

서로 다른 견지관점 집단들의 산물로서 사회지식을 이해하고자 하는 이러한 시도는 페미니즘 연구자들에게 하나의 숙제를 안겨 주는데, 그들은 한편으로는 사회학자들이 동의할만 한 성격의 것이면서 동시에 페미니즘이 갖는 해방적 실천운동에도 유용한 사회학적 설명을 내놓아야 하기 때문이다: 다시 말해서 이들의 분석이, 어느 주장도 우월한 설득력을 갖지 못하는 상대주의로 빠지는 것을 피해야 한다는 것이다. 일단, 다음과 같은 4가지 연구전략이 사용될 수 있다.

하나의 방법은, 도나 하라웨이(Donna Haraway)가 말하는 **그물망적 설명**1)의 정당성을 주장하는 것이다. 이것은, 모든 다양한 개인들과 견지관점 집단들의 경험에 대한 지식들을 망라하고, 또한 이들이 자신들의 진술을 만들어 내게 된 권력적 역학구조에 대한 기술을 포함하여, 이들 모두를 보고함으로써 서로 연결된 설명이 되는 것을 가리킨다.

또 다른 방식은 보다 열등한 역량의 개인 및 집단의 진술과 견지관점에 더 우선을 주는 것인데, 왜냐하면 불평등 권력관계의 주요한 요인 하나는 바로 우월집단의 견해가 사회에서 보다 많이 믿어지며 보다 널리 통용된다는 점이기 때문이다. 열등집단에 대해 보다 우선적 강조를 주는 것은 페미니즘의 해방적 실천의 한 부분이 되기도 할 뿐더러, 또한 사회 현실을 이해하는 조망의 각도를 바꿈으로써 기존 주류사회학의 편견에 대해 중요한 교정을 제공할 수도 있다.

세 번째 전략은 페미니즘 연구자가 성찰적이 되어서, 자신이 분석한 개인 및 집단의 견지관점으로부터 보다 일반론적인 사회학 주장으로 나아가는 단계들에 대해 설명할 수 있어야 한다는 것인데, 그러한 일반화가 바로 권력의 실천이기도 하기 때문이다.

네 번째 전략은 연구자가 자신이 주장하고 있는 특정한 위치를 밝히고, 따라서 그러한 (어떤 의미에서든) 편향성의 성격 자체와 그것이 자신의 이론에 미친 영향을 밝혀야 한다는 것이다.

군림관계 그리고 삶 체험의 일반화된, 익명적인, 비개인적인 맥락과 국지적 실현

페미니즘 이론에서는 또한 미시와 거시 관계들의 다양하고도 동시적인 현실에 대해 언급할 수 있는 개념들을 발전시켜 왔다. 도로시 스미스(Dorothy Smith)는 군림관계라는 개념을 소개하고 있다.

1. **군림관계**2)는 인간의 사회적 생산을 통제를 염두에 두고 행해지는, 복합적

---

1) **그물망적 설명**(webbed accounts) 모든 다양한 개인들과 견지관점 집단들의 경험에 대한 지식들을 망라하고, 또한 이들이 자신들의 진술을 만들어 내게 된 권력적 역학구조에 대한 기술을 포함하여, 이들 모두를 보고함으로써 서로 연결된 설명이 되는 것을 가리킨다.
2) **군림관계**(relations of ruling) 인간의 사회적 생산을 통제를 염두에 두고 행해지는, 복합적이고,

이고, 다층적이면서도 교묘하게 상호연결된 사회적 행위들을 일컫는다.

2. 인간의 사회적 생산은 그 물질적 속성상 **삶 체험의 국지적 실현**1)의 어떤 계기를 통해 일어나게 된다: 즉, 예를 들면, 어떤 실제 인간이 책을 쓰거나 읽으면서(혹은 곡식을 심거나 혹은 옷을 짜면서) 앉아 있는 구체적인 자리들을 말한다.

3. 후기 자본주의 가부장제에서 군림관계는 그들의 근원적인 익명성, 일반성 그리고 권위들에 의해 특징지어지는 문장들(texts)을 통해 자신을 발현하게 된다. 이들 문장들은 실제 생활의 구체적이고 개별적인 경험들을 군림관계에 적합한 언어형태로서 유형화하고 번역하기 위해 디자인된다. 그리고, 어떤 문장이 얼마나 적합하냐의 여부는 그것이 사회 주류세력의 상황정의에 얼마나 맞느냐에 따라 결정되어 진다. 이들 문장은 다양한 수준에서 발현되는데, 개인간 계약에서, 경찰 사건조서, 조사위원회의 공식진술, 학교 성적표에서 환자의 병원기록에까지 걸쳐서 일어난다. 이 모든 곳에서 문장들은 물질적인 현실을 변경시키는데, 즉 무슨 일이 일어난 것인가에 대해 재해석하며 혹은 무엇이 가능한가를 결정하고 있다. 따라서, 아무리 사소한 국지적 수준에서라도, 군림관계와의 접촉을 시도하려는 개인의 경우 (이를테면 친지가 운영하는 음식점에 방학중 아르바이트를 하려고 하는 학생의 경우라도), 그는 직접 마주 접하는 고용주가 아니라 지배장치의 일부에 의해 요구되는 어떤 특정한 문장(예를 들어 세금관계서류)을 작성해야 한다는 사실을 발견한다. 이들 문장들은 끊임없이 군림관계와 삶체험의 국지적 실현간의 교차를 창출한다. 이 교차가 양방향 모두로 작동한다는 사실을 알아차리는 것이 중요하다. 구체적인 역사흐름의 일련 계기들에서, 체화태된 행위자는, 비록 그가 전적으로 개인적인 상황에 처해 움직일지언정, 그의 책상이나 컴퓨터 작업실 혹은 회의 장소에 앉아서 그는 알게 모르게 군림관계의 도구로서 작용하게 될 사회적 형식을 만들어 내고 있는 것이다.

군림관계, 삶 체험의 국지적 실현, 그리고 문장들이라는, 사회적 현실의 이

다층적이면서도 교묘하게 상호연결된 사회적 행위들
1) **삶 체험의 국지적 실현(local actualities of lived experience)** 실제의 인간이 행동하고 삶을 살아가는 장소들

들 세가지 측면 모두는 사회적 삶과 지배를 주조해 해는, 우리 주위의 편만하고, 지속적이며, 간단 없이 드러나는 조직양태들이다. 이들 세 가지 양태들은 체화된 인간주체들의 행위, 관계 그리고 작업으로서 동시적으로 연구될 수 있고 또 연구되어야 한다. 각 차원은 자신의 고유한 내부 역학을 지니고 있다: 군림관계가 갖는 통제에의 열망, 국지적 실현 차원에서 보이는 생산과 소통에의 추동, 일반적 사회문장에서 보이는 객관화와 사실성을 향한 추동. 우리의 세상은 젠더로 구분되어 있으며 동시에 인종적으로 코드화되어 있다. 따라서 비록 국지적 실현 차원의 삶으로부터 누구도 벗어날 수는 없지만—모든 이는 하여간 시간과 공간이라는 면에서 어딘가에 물리적으로 위치해 있어야 하니까—, 여성은 군림관계의 국지적 실현들이 끊임없이 유지되는 과정에서 보다 깊숙하게 발목잡혀 있으며, 남성은 보다 자유롭게 우월적 위치에서 참여하고 있다; 그리고 똑같은 구분이 인종적 우월과 열등의 관계에서 되풀이 되고 있다. 객관화와 사실성을 지향하고 있는 문장들은, 결국 모든 구성원들이 그 문장들이 주조해 내는 행위에 공평하게 참여하는 것을 불가능하게 만드는 식으로 만들어지고 있다. 이들 불평등은 인종, 성, 계급, 아니, 지역적 위치 등의 축을 통해 생성되고 있는데, 다시 말하면, 차이성이 바로 사회 내 군림관계 문장들의 조직원칙이 되고 있는 것이다. 이러한 시각에서 바라보면, 사회구조와 개인적 상호행위의 요소들은 결국 함께 뒤섞여 있는 것이 된다. 사회 내 지배위계와 생산 모두 문제거리로 드러나며, 따라서 이들의 표출양상에는 사회학 이론의 오랜 주제인 미시-거시, 수행행위-구조의 구분들이 내포되어 있게 마련이다.

◆ 요   약

1. 리처드 에머슨은 보다 통합적인 교환이론을 구축했다.

2. 그는 거시적 수준에서의 교환관계, 연결망, 구조뿐 아니라 교환의 심리적인 기초도 다루었다.

3. 교환연결망(exchange network)은 다수의 개인 혹은 집합적 행위자들이 맺는 사회관계의 망이라 볼수 있다; 행위자들은 가치롭게 여겨지는 다양한 자원들과 상호교환 기회와 교환관계들을 갖는다.

4. 다양한 교환관계들이 서로 연결되어 단일의 연결망구조를 형성한다.

5. 에머슨의 통합적 교환이론에서 중심적인 것은 권력(한 행위자가 다른 행위자로 하여금 받아들이도록 하는 잠재적 비용)과 의존(한 행위자가 관계 속에서 기꺼이 감내하고자 하는 잠재적 비용)이다.

6. 안소니 기든스의 구조화이론은 수행행위자(agents)와 구조를 이중성(duality)으로 간주한다. 이 둘은 서로 분리될 수 없다.

7. 기든스의 접근은 수행행위자에 권력을 부여한다는 점에서 특징적이다.

8. 구조는 유사한 사회적 실천들에 체계적 형태를 부여하는 구조화 속성(특히 규칙들과 자원들)으로 정의된다.

9. 사회체계란 재생산되는 사회적 실천, 또는 재생산되는 행위자나 집합체간의 관계들이 규칙적인 사회적 실천으로 된 것을 가리킨다.

10. 구조화란 행위수행자와 구조가 서로 독립적이지 않다는 생각을 전제한다. 둘은 서로 연결되어 있어서 이들이 행위를 만들어 내는 순간, 사람들은 구조를 생산, 재생산한다.

11. 기든스에 반해서, 아처(Archer)는 비록 실제 사회세계에서 두 측면이 서로 얽혀있기는 하지만 분석적으로 수행행위와 구조를 서로 구분할 수 있다는 이원성 이론을 제시한다.

12. 아울러 아처는 문화가 무시되어 왔음을 강조하면서 우리가 문화와 수행행위간의 관계에 주목해야 한다고 주장하였다.

13. 부르디외(Bourdieu)의 통합적 이론은 아비투스(habitus)와 장(field)간의 관련을 다루고 있다.

14. 아비투스(habitus)는 심리적 또는 인지적 구조를 말하는데, 사람들은 이를 통해서 사회적 세계에 임한다.

15. 장(field)이란 객관적인 위치들 사이의 관계의 연결망을 말한다.

16. 장 속에서 행위수행자의 위치는 그들이 소유하고 있는 경제적, 문화적, 사회적, 그리고 상징적 자본의 양에 의해 결정된다.

17. 장은 유리한 위치를 차지하려는 투쟁이 일어나는 장소이다.

18. 페미니즘 이론가들은 그들 고유의 보다 통합적인 시각의 주장들을 발전시켜 왔다.

19. 페미니즘 이론에서는(가부장제와 같은) 강압적 구조의 존재에 대해 주의를 환기시켜 왔으며, 그러나 체화된 행위수행자들간의 갈등적 정치역학에 대해 보다 초점을 맞추고 있다.

◆ 추천도서

Karen S. Cook and Joseph Whitmeyer, "Richard Emerson," in George Ritzer, ed., *The Blackwell Companion to Major Social Theorists*, Malden, MA, and Oxford, England: Blackwell, 2000, pp. 486-512. 에머슨의 제자가 쓴 에머슨의 생애와 사상 소개.

Ira Cohen, *Structuration Theory*, London: Macmillan, 1989. 구조화 이론을 가급적 쉽게 소개하고 있다.

Ian Craib, *Anthony Giddens*, London: Routledge, 1992. 구조화 이론을 비롯한 기든스의 이론을 분석, 검토하고 있다.

Margaret Archer, *Culture and Agency: The Place of Culture in Social Theory*, Cambridge: Cambridge University Press, 1988. 문화와 수행행위(agency)의 통합에 관한 기든스의 이론을 자신의 관점에서 분석한다.

David Swartz, *Culture and Power: The Sociology of Pierre Bourdieu*, Chicago: University of Chicago Press, 1997. 피에르 부르디외의 사회이론에 대한 최근의 뛰어난 개관.

Craig Calhoun, "Pierre Bourdieu," in George Ritzer, ed., *The Blackwell Companion to Major Social Theorists*, Malden, MA, and Oxford, England: Blackwell, 2000, pp. 697-730. 부르디외의 저작과 사상에 대한 최근의 짧은 개관.

Sandra Harding, *The Science Question in Sociology*, Ithaca, NY: Cornell University Press, 1986. 견지관점이론의 중심에 선 인물의 핵심적 저작.

제 *8* 장

현대의

페미니즘

이론들

집필자: 패트리시아 마두 랭어만(Patricia Madoo Lengerman, 조지와싱톤 대학)

질 니브루게(Jill Niebrugge, 아이오와 대학)

return

기본적인 이론 문제

현대 페미니즘 이론들
젠더차이론
젠더불평등론
　생애의 삽화: 제시 버나드
젠더억압론
구조적 억압론
　생애의 삽화: 패트리시아 힐 콜린스

요　약
추천도서

앞에서 페미니즘 사회이론의 몇 가지 측면들에 대해 다루었으며 앞으로 9
장에서도 다시 포스트모던 사회이론과의 관계를 다루게 될 것이다. 페미니즘
이론의 각 면면들은 다들 중요하지만 이 장에서는 페미니즘 접근과 관련된 여
러 다양한 이론들을 좀더 체계적으로 다루고 있다. 페미니즘 이론들은 앞에서
다룬 여러 유형의 이론들과—거대 이론, 이론적 기술, 그리고 일상생활의 이론
—많은 공통점을 갖는다. 그러나 모든 페미니즘 사회이론들에서 가장 두드러지
는 것은 사회변화에의 개입이다. 비단 페미니즘 이론만이 그런 것은 아니지만
사회변화에의 개입은 페미니즘 이론의 특히 두드러지는 부분이다.

  페미니즘 이론1)은 여성중심적 관점에서의 사회생활과 인간경험에 대한
일반적이고 광범위한 사고체계이다. 첫째, 모든 연구의 주요 대상이자 출발점은
사회에서 여성의 상황과 경험이다. 둘째, 연구과정에서 여성을 중심 주제로 다
루고 여성의 독특한 관점에서 세계를 보고자 한다. 셋째, 여성을 위해 비판적이
고 실천적이며, 여성을 위해 보다 나은 세계를 만들어가고자 하며, 궁극적으로
는 인류를 위해 보다 나은 세계를 만들어 가고자 한다.

  페미니즘 이론은 여타 사회이론과 두 가지 점에서 차이가 있다. 우선 사회학
자뿐 아니라 다른 분야의 학자들까지 아우르는 학제간 공동작업을 취한다. 그
리고 페미니즘 사회학자들은 다른 분야 페미니즘 학자들과 마찬가지로 이중의
의제를 내세운다. 즉 페미니즘 학자들에 의해 이루어진 발견들을 설명하는 학
문적 지식을 구축하여 각자의 학문을—여기에서는 사회학—발전시키고 심화시
키는 것과 세계를 좀더 정의롭고 인간적인 방향으로 변화시키기 위해 사회에
대한 비판적 이해를 발전시키는 것이다.

---

1) **페미니즘 이론(feminist theory)** 사회생활과 인간경험에 대하여 여성 중심적 관점에서 발전시
   킨 일반적이고도 광범위한 사고체계.

기본적인 이론 문제

현대 페미니즘 이론은 지극히 단순한 문제제기로부터 시작한다: "그래서 여성은 어떠한가?" 다시 말하자면:

연구가 진행되는 어떤 상황에서든 여성들은 어디에 존재하는가? 존재하지 않는다면 왜 존재하지 않는가?

존재한다면 그들은 정확히 무엇을 하고 있는가?

여성들은 그 상황을 어떻게 경험하는가?

여성들은 그것에 무엇을 기여하는가?

그것은 여성들에게 무엇을 의미하는가?

30여 년간의 이러한 문제제기로부터 일반적인 결론이 도출되었다. 대부분의 사회 상황에서 여성들은 존재하여 왔다. 여성들이 존재하지 않는 곳에서는 여성들이 능력이나 관심이 없어서가 아니라 그들을 배제시키는 의도적인 노력이 있었기 때문이다. 여성들이 존재할 때는 그들에 대한 일반적인 인식과는(수동적인 아내이자 어머니) 매우 다른 역할을 한다. 실로 아내로서 어머니로서 그리고 일련의 역할에서 여성들은 남성들과 함께 적극적으로 여러 상황들을 만들어 왔다. 대부분의 사회 상황에서 여성들은 활발하게 존재해 왔지만 학자들, 대중, 그리고 남녀 모두 여성의 존재에 대하여는 무시하였다. 더군다나 대부분의 사회상황에서 여성의 역할은 필수적이긴 해도 남성의 역할과 다르고, 남성의 역할에 비해 덜 특권적이고, 남성역할에 대해 종속적이다. 그들의 비가시성은 이러한 불평등의 한 지표이다.

페미니즘의 두 번째 기본적 질문은 왜 그럴 수밖에 없는가 하는 것이다. 첫번째 질문이 사회세계의 기술을 요구하는데 비해 두 번째 질문은 그러한 세계에 대한 설명을 요구한다. 사회세계의 기술과 설명은 모든 사회이론에서 나타나는 두 가지 측면이다. 이러한 질문에의 페미니즘적 해답의 추구는 사회학에서 보편적 중요성을 지닌 이론을 형성해 온 것이다.

모든 페미니스트들이 던지고 있는 세 번째 질문은 사회세계를 여성들에게 그리고 또 모든 사람들에게 좀더 정의로운 곳으로 만들기 위해서는 세계를 어떻게 변화시키고 개선해 나갈 것인가 하는 것이다. 정의를 위한 사회변혁에의 실천은 비판사회이론의 가장 두드러지는 특징으로 사회학에서는 페미니즘, 맑스주의, 네오맑스주의, 인종과 종족 소수자들과 후기식민지사회에서 출현한 사회이론들에서 공통적으로 나타난다. 비판이론을 채택함으로써 페미니즘 이론가들은 그들의 연구가 어떻게 여성들이 당면한 불평등을 변화시키고 그들의 삶을 개선시킬 것인가를 요구하게 된다.

이러한 문제들을 탐구하는 페미니즘 집단들은 점점 늘어나 미국내적으로 또는 세계적으로 다양한 배경의 사람들을 포함하게 되었다. 이러한 것은 오늘날 페미니스트 이론 작업을 인도하는 자격검증문제(qualifying question)에 집중적으로 초점을 맞추고 있다: 여성들 간의 차이는 어떠한가? 이 질문을 페미니즘의 자격검증문제라고 부르는데 왜냐하면 이러한 질문은 여성의 삶을 일반적으로 특징짓는 남성에 비한 비가시성, 불평등, 그리고 역할 차이들에 여성의 사회적 위치가—즉 계급, 인종, 나이, 정서적 취향, 혼인지위, 종교, 종족, 그리고 세계적 위치—심대하게 영향을 미치고 있다는 일반적인 결론으로 이끌기 때문이다.

페미니즘 이론은 얼마나 일반적일 수 있는가? 혹자는 이 질문이 여성의 상황에 특수한 것이기 때문에 도출된 이론 역시 특수하며 범위가 한정적이어서 일탈이나 소집단과정 사회이론과 같은 부류라는 주장을 편다. 그러나 실제 페미니즘의 기본적 질문은 그의 적용에 있어서 보편적인 사회생활의 이론을 도출하여 왔다. 페미니즘이론의 적절한 비유는 사회학자가 전체에 대한 기술에서 세부적인 특징으로 관심을 돌리면서 출현하는 소집단이나 일탈이론과 같은 것이 아니다. 오히려 이의 좀더 적절한 비교는 맑스의 연구이다. 맑스는 사회과학자들의 현실에 대한 절대적이고 보편적인 명제로서 가정되는 사회에 대한 지식이 실제로는 경제적으로나 정치적으로 사회세계를 지배하는 자의 경험을 반영하는 것이라는 것을 깨닫는데 기여하였다. 맑스이론은 세계의 노동자들의 관점에서 세계를 볼 수 있다는 것을 효과적으로 제시하였으며(제 7 장의 관점에 대한 내용을 보라), 노동자들이 비록 경제적으로나 정치적으로 지배당하고 있지만 세계의 없어서는 안 될 생산자라는 것을 제시하였다. 이 새로운 관점은 지배계급의 지식을 상대화시키고 지배계급의 지식을 노동자의 관점에서 얻어진 지식과 병치시켜 볼 수 있게 함으로써 우리의 사회현실에 대한 분석능력을 크게 확장시켰다. 맑스 사후 1세기가 지난 지금 우리는 다시금 이러한 발견의 의미를 되새기는 것이다.

이와 비슷하게 페미니즘의 기본적인 이론적 질문은 세계에 대한 우리의 이해를 혁명적으로 바꾼다. 이러한 질문은 세계에 대한 보편적이고 절대적인 지식인 양 받아들여져 온 것들도 실상은 사회의 힘 있는 계층이자 주인으로서의 남성의 경험으로부터 도출되었다는 것을 깨닫게 해 주었다. 지금까지 비가시적이고 인식조차 되지 않았던, 밑으로부터의—즉 여성의—시각에서 세계를 재발견할 수 있다면 그 지식은 상대화될 수밖에 없다. 종속적이지만 필수불가결한 역할 속의 여성들은 우리가 살고 있는 사회를 유지하고 재생산하는데 봉사하여 왔다. 이러한 발견은 우리가 사회에 대해 알고 있다고 생각하는 모든 것에 대해 의문을 제기한다. 이러한 발견과 함의는 사회이론에서 현대 페미니즘 이론의 중요성의 핵심을 이룬다.

기존 지식체계에 대한 페미니즘의 급진적인 도전은, 기존 지식을 여성중심적 현실이해와 대비시킴으로써 기존 지식을 상대화시킬 뿐 아니라 기존지식을 해체시킨다. 지식을 해체시킨다는 것은 현재의 지식을 대단하고 당연한 것으로 간주해 온 그 이면에 숨겨져 있던 것을 발견하는 것과 같다. 예컨대 표현이란 사회적, 관계적, 그리고 권력 배열에 토대를 둔 구성이다. 페미니즘은 기존의 구축된 지식체계를, 그것을 틀지우고 채우는 남성 편견과 젠더정치를 보여 줌으로써 해체시킨다. 그러나 페미니즘 자체도, 특히 지난 10년간, 그 이론 내부로부터 상대화와 해체의 압력을 받고 있다. 첫번째의 그리고 가장 강력한 압력은 많은 주류 페미니스트들이 지닌 백인의, 특권층의, 이성애적 지위에 저항하는 여성들로부터 비롯되었다. 이들은 유색인종의 여성, 후기식민사회의 여성, 노동계급의 여성, 레즈비언 여성들이다. 이 여성들은 벨 훅스의 주변으로부터 중심을 향하여 목소리를 내면서, 세상에는 다른 상황에 처한 많은 여성들이 있으며, 기존의 남성 주도 지식 주장뿐 아니라 단일의 여성입장에 대한 패권적 페미니즘 주장 모두에 반대하는 많은 여성중심 지식체계가 있음을 보여준다. 페미니즘 내부의 두 번째 해체적 압력은 미분화된 개념으로서의 젠더와, 세계를

경험하는 안정된 의식과 인성의 장소로서의 개개 자아에 대해 문제를 제기하는
포스트모더니즘 관련 문헌(제 7 장)들로부터이다.

현대 페미니즘 이론들

　페미니즘 사회학 이론의 기본은 현대 페미니즘 이론으로서 여성중심 시각
에서 인간의 사회경험을 기술하고 설명하기 위해 고안된 일반적 사고체계이다.
이 절에서는 페미니즘 사회학과 관련된 이론들의 개관을 제공한다. 페미니즘
이론에 대한 분류는 페미니즘의 가장 기본적 질문으로 나뉜다: "여성에 대해서
는 어떠한가?"

　이 질문에 대한 반응유형으로부터 분류의 주요 범주가 나온다(표 8.1).

　기본적으로 여성에 대해서는 어떠한가 하는 질문에 대하여는 네 개의 답변
이 있다.

1. 대부분의 상황에서 여성의 위치나 경험은 남성과 다르다.
2. 대부분의 상황에서 여성의 위치는 남성과 다를 뿐 아니라 남성에 비해 덜
   특권적이거나 불평등하다.
3. 여성의 상황은 남녀간의 직접적인 권력관계로 이해되어야 한다. 여성은 억
   압받고 있다: 여성은 남성에 의해 구속받고, 종속되고, 만들어지고, 이용되
   고, 학대받고 있다.
4. 여성의 차이, 불평등과 억압의 경험은 사회구조적 억압이나 특권의 사회 배
   열상에서의 그들의 전체적 위치에 따라 달라진다. 즉 계급, 인종, 종족, 연
   령, 감성적 신호, 혼인지위, 세계적 위치 등이다.

[표 8.1]　페미니즘 이론들의 개관

페미니즘 이론의 주요 분파- 기술적 질문에 대한 답변: 여성은 어떠한가?	이론들 내의 차이점- 설명적 질문에 대한 답변: 왜 여성의 상황은 이러한가?
젠더차이론	
대부분의 상황에서의 여성의 위치와 경험은 남성들과 다르다.	문화적 페미니즘 생물학적 제도적 및 사회화 사회심리적
젠더불평등론	
대부분의 상황에서 여성의 위치는 남성 과 다를 뿐 아니라 덜 특권적이고 불 평등하다.	자유주의 페미니즘
젠더억압론	
여성은 억압당한다. 여성은 단지 다르고 불평등할 뿐 아니 라 남성들에 의해 제약받고, 복종되고, 형성되고, 이용되고, 학대받는다.	정신분석학적 페미니즘 급진적 페미니즘
구조적 억압론	
여성의 차이, 불평등, 그리고 억압의 경 험은 자본주의, 가부장제 및 인종주의 안에서 그들의 사회 위치에 따라 달라 진다.	사회적 페미니즘 교차주의 이론

　　다양한 유형의 페미니즘 이론은 각각 젠더차이론, 젠더불평등론, 젠더억압
론, 그리고 구조적 억압론으로 분류될 수 있다. 이 기본 분류 안에서 앞에서의
설명적 질문에 대한 답변에 의거하여 구분하고자 한다: 그렇다면 왜 지금과 같
은 상태로 존재하는가?(다양한 유형의 답변들은 [표 8.1]에 요약되어 있다. 페미
니즘과 포스트모더니즘은 제9장에서 다룰 것이다). 이와 함께 우리는 이러한
답변들이 페미니즘의 자격검증문제에 의해 어떻게 영향을 받는지를 볼 것이다:
즉, 여성들간의 차이는 어떻게 할 것인가?

이러한 분류방법은 현대 페미니즘 이론의 일반적 논리와 1960년대 이래 사회학 내에서 형성되어 계속 늘고 있는 젠더에 대한 문헌을 분류하는 한 방법을 제시한다. 사회학자들이 페미니즘 쟁점들의 탐구에 관심을 돌리면서 사회학이론의 기존 바탕으로부터 일부를 활용하면서 소위 젠더사회학이라는 학문이 출발하는 것이다.

젠더[1]는 사회학에서 때로 여성을 완곡하게 나타내는 용어로 사용되지만 젠더사회학은 정확히 표현하자면 사회적으로 구성된 남성과 여성역할, 관계, 그리고 정체성에 대한 연구이다. 이제 남성성에 대한 사회학적 문헌이 늘고 있다. 남녀관계에의 이러한 초점은 인간경험에 대한 비판적이고도 여성중심적 유형화를 제공하는 페미니즘 이론과는 구별된다. 그럼에도 불구하고 젠더사회학의 입장에서 시작한 일부 사회학자들은 페미니즘 이론의 의미 있는 연구들을 수행하였으며, 많은 사회학자들은 페미니즘 이론 생산에 직접적으로 관여하여 왔다.

이 절의 나머지 부분은 젠더차이, 젠더불평등, 젠더억압, 구조적 억압의 페미니즘 이론들을 살펴보고 각 이론에서의 접근의 일반적 특징, 각 이론 내에서의 핵심적인 변형들, 변화를 위한 제안들을 기술하기로 한다. 다만 다음 세 가지 유의할 점이 있다.

1. 많은 이론가들의 작업은 명쾌하게 분류되지 않는다. 그들이 이론적으로 강조한 점에 대해 살펴보거나 다양한 이론적 명제들을 구별해야 할 것이다.
2. 오늘날 페미니즘 연구의 주요 흐름의 하나는 기술된 여러 이론들로부터 도출된 사고들을 엮어 몸의 정치학이나 국가의 본질 등과 같은 특정 주제에 초점을 맞추는 것이다.
3. 본 개관이 선별적이라는 점이다. 여성 상황에 대한 최근의 페미니즘과 사회학적 저술의 방대한 규모를 감안했을 때, 이 장에서 전체를 다 개관하기란 불가능하다.

---

1) 젠더(gender) 사회적으로 구성된 남성과 여성의 역할, 관계, 및 정체성이다.

젠더차이론

젠더차이에 대한 페미니즘 이론은 크게 세 가지 형태로 이루어진다. 즉 여성의 특수한 존재방식의 가치를 주장하는 문화적 페미니즘, 젠더차이의 원인을 모색하는 설명적 이론들, 그리고 여성의 타자성의 의미를 추적하는 현상학적 및 실존주의 이론들이다.

문화적 페미니즘

불변의 젠더차이의 주장은 처음에는 남성 가부장제 담론에서 여성은 남성에 대해 열등하고 순종적이라는 주장으로 여성에 부정적으로 제시되었다. 그러나 이러한 주장은 **문화적 페미니즘 이론**[1])을 창안한 제 1 세대 페미니즘들에 의해 바뀌게 된다. 이들은 여성적 특징 또는 여성적 인성으로 보여지는 것들에서 긍정적인 면들을 찬양하였다. 제인 아담스(Jane Addams), 샬롯 퍼킨스 길만(Charlotte Perkins Gilman) 등이 문화적 페미니즘의 초기 주창자이다. 이들은 국가를 다스리는데 있어서 사회는 협동, 평화주의, 비폭력적 갈등해소와 같은 여성의 덕목들을 필요로 한다고 주장한다. 이러한 전통은 오늘날 윤리판단에서의 여성의 엄격한 기준, 여성의식에서의 보살핌의 관심, 상이한 성취동기유형, 의사소통의 여성적 방식, 정서적 경험에서의 개방성, 성성과 친밀함에 대한 여성의 환상, 낮은 수준의 공격적 행동과 평화로운 공존을 이끄는 능력들에 대한 주장 속에서 지속적으로 제기되고 있다. 문화적 페미니즘은 전형적으로, 전부 그렇지는 않더라도 여성 차이의 원인에 대한 설명보다는 여성 차이의 가치를 드러내는데 더욱 관심을 갖는다.

설명적 이론

설명적 이론[2])은 젠더 차이의 원인을 생물적, 제도적 역할, 사회화, 사회적

---

1) **문화적 페미니즘 이론**(cultural feminism)　여성의 긍정적인 측면을 부각시키는 차이 이론.
2) **설명적 이론**(explantory theories)　설명적 이론은　젠더차이의 원인들을 생물학, 제도적 역할, 사회화, 사회적 상호작용에서　찾는다.

상호작용에서 찾는다. 사회학자이자 페미니스트인 앨리스 로시(Alice Rossi)는 남자와 여자의 상이한 생물적 기능들을 삶의 주기상의 호르몬에 의해 결정되는 발달과정의 상이한 유형과 연관시키고 이러한 발달을 다시 빛과 소리에의 예민성, 좌우 뇌 연결상의 차이들의 성 특정적인 차이들과 연관시킨다. 그녀는 이러한 차이들이 아동기의 상이한 놀이유형, 일반적으로 알려진 여성의 수학에 대한 공포, 남자에 비해 여자들이 아기를 좀더 잘 보살피는 성향으로 연결된다고 주장한다. 로시는 사회문화적 배열은 사회적 학습을 통해 각 젠더의 생물학적인 약점을 보완하는 방향으로 조정되어야 할 것이라 주장한다. 최근의 페미니즘 생물학적 연구들은 많은 동물들이 환경변화에 반응하여 성 관련적 행동을 조정하고 있음을 보여 준다.

　　제도적 설명은 젠더 차이가 다양한 제도적 환경에서 여성과 남성이 담당하는 상이한 역할로부터 비롯된다고 본다. 차이를 결정하는 주 요인은 여성을 아내, 어머니, 그리고 가사노동자로서의 기능과 가정과 가족이란 사적 영역, 그리하여 평생에 걸쳐 남성과는 매우 다른 사건과 경험들에 결합시키는 성별분업에서 찾아진다. 많은 이론가들이 여성적 인성과 문화를 생산하고 재생산하는 데에서 어머니로서 아내로서의 여성역할을 분석하였다. 사회화 이론은 특히 아동들이(결혼이나 출산에 대비하는 성인들도 마찬가지로) 성별화된 대본에 따라 인생에서의 다양한 역할을 수행하기 위해 준비되어 가는 방식을 들여다본다. 어떤 연구들은 사회화와 여성의 제도적 역할의 경험은 환경 정의 운동과 같은 독특한 정치적 행동주의로 이끈다고 주장한다. 그러나 어떤 사회학자들은 사회화나 역할이론이 지나치게 정태적이고 결정론적인 모델을 제시한다고 비판한다. 그들은 상황적이고, 상호작용적 실행 속에서 이루어지는 젠더 재생산에서의 사람들의 능동적인 역할을 강조하는데, 이런 실천들 속에서 젠더의 문화적 정형화가 이루어지고, 수행되고, 실험되고, 급기야는 변형된다는 것이다. 이들 이론가들은 사람들을(젠더화된 인성을 지닌 고정된 것으로 보다는) 일상생활의 모든 다양한 상호작용 속에서 젠더를 실행하는 존재로 본다.

실존주의 현상학적 분석틀

실존주의와 현상학적 분석을 하는 페미니즘 이론가들은 페미니즘 이론의 가장 지속적인 주제, 즉 남성들이 만들어 낸 문화 속에서의 타자로서의 여성주 변화라는 주제를 제기하였다. 이러한 주제는 시몬느 보봐리의 '제2의 성'에서 고전적인 실존주의 분석으로 제시되었다. 여기에서는 사람들이 살고 있는 세계 는 남성들에 의해 만들어진 문화로부터 비롯되었으며, 남성을 주체로서, 즉 세 계를 보고 규정하는 의식의 원천으로서 간주하여 왔다고 설명한다. 그러한 문 화는 여성의 경험과 그 자체의 앎의 방식을 개념적 틀의 바로 그 주변으로 내 몰며, 가장 심각하게는 여성을 '타자' 또는 '객체화된 존재'로 구성하여 능력 있 고 주체적인 남성과는 대립된 특징들을 부여한다. 여성의 남성과의 차이는 한 편으로는 그들을 배제시키는 문화적 구성이라는 사실로부터 비롯되고 다른 한 편으로는 타자성의 내면화로부터 비롯된다. 여기에서 핵심적인 질문은 과연 여 성들이 객체/타자로서의 지위로부터 자신들을 해방시킬 수 있을 것인가 하는 것과 이러한 해방 속에서 여성은 남성과 같아져야 하는가 또는 여성만의 특수 한 주체성을 획득할 수 있을 것인가 하는 것이다. 이러한 주장에서 여성은 그 들만의 고유한 의식과 문화를 발달시킬 것이라는 주장으로 치우치는 경향이 있 다. 이러한 경도는 후에 헬렌 시쿠나 루스 이리가레이 같은 프랑스 정신분석학 적 페미니스트들에 의해 급진론적으로 전개되었다.

변화를 추구하는 과정에서 차이의 이론가들은 여성의 존재방식을 남성적 양식의 발전적인 대안으로 인식할 것과 공공지식, 학문성, 사회생활의 조직들을 여성존재방식을 진지하게 고려하는 방향으로 조정할 것을 요구한다. 문화적 페 미니즘에서 가장 전투적이라고 할 수 있는 이러한 이론적 접근은 수세기에 걸 친 페미니즘 주장을 제기한다. 즉 여성적 방식의 수용이 공공생활의 부분으로 자리잡게 되면 세계는 우리 모두를 위해 보다 안전하고 정의롭게 될 것이라는 것이다.

젠더불평등론

젠더불평등의 페미니즘 이론화는 다음 네 가지 주제로 특징된다.

1. 남성과 여성은 사회에서 다르게 처해 있을 뿐 아니라 불평등하게 처해있다.
   구체적으로 여성은 물질 자원, 사회 지위, 권력 그리고 자아실현의 기회에
   서 그와 사회적 위치를 공유하는—계급, 인종, 직업, 종족, 종교, 교육, 국적,
   그 외 사회적으로 의미 있는 어떤 요인에 의해서든—남성보다 덜 누린다.
2. 이러한 불평등은 남녀 간의 중요한 생물학적 또는 인격적 차이에서 비롯되
   는 것이 아니라 사회조직에 의한 것이다.
3. 개개 인간은 그들의 잠재능력이나 자질의 내용에서 서로 간에 달라질 수
   있지만 어떤 의미 있는 자연적 변이의 유형도 남성/여성을 구분하지 못한
   다. 대신 모든 사람들은 자아실현을 추구할 자유에의 깊은 욕구와 그들로
   하여금 자신이 놓인 상황의 어떤 제약과 기회든 이에 적응하는 근본적인
   유연성으로 특징지어진다. 젠더불평등이 있다고 하는 것은 남성과 공유하
   는 자아실현에서의 욕구를 실현하는데 있어서 여성이 남성에 비해 힘이 없
   는 상황에 처해 있음을 주장하는 것이다.
4. 모든 불평등론들은 평등한 사회구조와 상황에 대해 여성과 남성 모두 좀
   더 원만하고 자연스럽게 대처할 것이라고 가정한다. 즉 상황을 변화시키는
   것이 가능하다고 보는 것이다. 이러한 믿음으로 젠더불평등론자들은 원인
   이 무엇이든 젠더 차이가 지속적이고, 인성에 보다 깊게 스며있어 변화되
   기 어려운 사회생활상을 제시한 젠더차이론자들과 대립된다.

자유주의 페미니즘

젠더불평등론의 대표적 표현은 자유주의 페미니즘이다.
자유주의 페미니즘[1]은 이성적 도덕적 행위의 기본적인 인간능력에 토대하

---

1) **자유주의 페미니즘(liberal feminism)**   이성적 도덕적 행위의 기본적인 인간능력에 토대하여 여
   성은 남성과의 평등을 주장해야 할 것이며, 젠더불평등은 가부장적이고 성차별적인 노동분업

여 여성은 남성과의 평등을 주장해야 할 것이며, 젠더불평등은 가부장적이고 성차별적인 노동분업형태로부터 비롯되었으며, 양성평등은 법, 노동, 가족, 교육, 그리고 매체 등의 핵심제도의 재유형화를 통해 노동분업을 바꿈으로써 이룰 수 있다고 주장한다.

　　역사적으로 자유주의 페미니즘 주장의 첫번째 요소는 양성평등에의 주장이다. 이러한 주장의 기본을 이해하는데 핵심문서는 1848년 세네카 폴스에서의 제1회 여성권리집회에서 제정된 의견선언문(the Declaration of Sentiments)이다. 독립선언문을 수정하여 서명인들은 선언하였다. "우리는 이러한 진리들이 자명하다고 믿는다. 모든 남자와 여자는["여자는"이 추가됨] 평등하게 태어났다. 그들은 누구도 뺏을 수 없는 권리를 창조주로부터 부여받았다. 이러한 천부인권은 생명, 자유, 행복추구의 권리이다. 이러한 권리를 보장받기 위해 정부가 만들어졌고 정부 통치는 ["남자들 가운데"가 삭제됨] 피통치자의 동의로부터 그들의 정당한 권력을 획득한다." 그들은 "어떤 정부형태이든 이러한 목적을 침해하는 경우에는" 혁명의 권리를 부여하였다. 이러한 선택에서 여성운동은 계몽주의, 미국과 프랑스 혁명, 노예폐지운동의 지적 담론을 내세운다. 자연법 하에서, 이성과 도덕적 행위의 인간능력의 토대에서 모든 인간에게 부여된 권리를 여성에게도 부여할 것을 주장하였다. 여성의 행복권을 부정하는 법은 "자연의 위대한 가르침에 어긋나며… 어떠한 권위도 없다"고 주장하였으며, 사회에서의 여성의 평등한 지위를 인정하는 방향으로의 법과 관습의 변화를 요구하였다. 인간에 의해 만들어진 정부의 이러한 권리에의 거부는 자연법을 위배하고 가부장제 이데올로기와 성차별주의의 복합적 실행의 독재적인 작동이라는 주장이다. 이 창립문서의 급진성은 여성을 가정과 가족의 맥락이 아닌 그 자신의 권리를 지닌 자율적인 개인으로서 개념화하고 있는 점이다.

　　따라서 자유주의 페미니즘은 다음의 믿음에 토대한다:

　1. 모든 인간에게는 본질적인 특성이 있다. 즉 이성, 도덕적 행위 그리고 자아실현의 능력이다.

　　형태로부터 비롯되었으며, 양성평등에 도달하기 위해서는 법, 노동, 가족, 교육, 그리고 매체 등의 핵심제도의 재유형화를 통해 노동분업을 바꾸어야 한다고 주장한다.

2. 이러한 능력의 행사는 보편적 권리의 법적 인정에 의해 보장된다.

3. 성에 의해 부여된 남녀간의 불평등은 어떠한 자연적 근거도 없는 사회적 구성이다.

4. 평등에의 사회변화는 이성적인 대중에의 조직화된 호소와 국가에 의해 이끌어 낼 수 있다.

현대 페미니즘 담론은 성정체성의 사고를 둘러싸고, 남성으로 규정된 사람과 여성으로 규정된 사람들 사이의 불평등을 만들어 내는데 사용된 모든 사회적으로 구성된 특성을 이해하는 방법으로 젠더개념을 도입하면서 그 주장들을 확장시켜 왔다. 여기에서 더 나아가 북대서양 사회에서의 인종주의에 대결하고 세계 어디에서든 여성인권을 위해 일하는 세계적 페미니즘을 표방하여 왔다. 이러한 담론의 근본적인 취지들은 전국여성기구의 취지문이나 북경선언문과 같은 조직 문건에서 나타났다. 이들 조직의 취지문 등은 인간평등은 국가가—지방정부든, 중앙정부든, 세계적이든—반드시 존중해야 할 권리라는 것을 밝히고 있다. 이러한 주장들은 재생산의 자유를 둘러싼 정치적 권리의 논쟁, 권리 원칙의 명료화의 가능성과 유용성에 대한 포스트모더니스트들과의 논쟁, 자유 민주주의 이론과 실천의 젠더 특성에 대한 페미니즘적 고려들 속에서 새롭게 제기되었다.

젠더 불평등에 대한 현대 자유주의 페미니즘의 설명은 네 가지 요인의 상호작용에 주목한다. 젠더의 사회적 구성, 젠더화된 노동분업, 공적·사적 영역의 교리와 실행, 그리고 가부장제 이데올로기이다. 현대 사회의 성별 노동분업은 생산을 젠더와 함께 공사의 영역에 의거하여 구분하였다. 여성에게 일차적인 책임이 지워진 곳은 사적 영역이고 남성은, 자유주의 페미니즘들이 사회생할의 진정한 보상이라고 칭하는 공적 영역, 즉 돈, 지위, 권력, 자유, 성장과 자긍심의 기회에 대한 특권적인 접근이 부여되었다. 물론 여성들이 공적영역에 접근성을 갖게 된 사실은, 여성들이 사적 영역에서의 노동에 남성들로부터 도움을 요구할 수 있다고 느낀다는 사실과 마찬가지로 여성운동이—그리고 자유주의 페미니즘과 페미니즘 사회학이—거둔 승리이다. 이 두 영역은 여성의 삶에서 끊임없이 상호작용하였으며, 여전히 가부장제 이데올로기와 성차별주의에 의해 이루어져 있으며, 이것은 현대 매스미디어에서도 지속되고 있다. 한편에서 여성들은 교육, 노동, 정치, 그리고 공공장소의 공적 영역에서그들의 경험이 여전히 차별, 주변화, 위협행위들로 제약받고 있다. 다른 한편에서는 사적 영역에서 일터에서 집으로 돌아오는 순간 집중적인 모성의 이데올로기에 빠져 있는 가정과 자녀 보살핌에, 소위 알리 호취차일드의 제 2 의 교대근무에, 다시 매이고 있음을 보여 준다.

　이러한 여성에의 압박은 복합적인 방식으로 상호작용하여 현대 페미니즘 이론의 한 특징은 이러한 상호작용을 이해하는 것이다. 여성의 직업과 전문활동에서의 경쟁력은 사적 영역에서의 다양한 요구들로 방해받는다. 공적 영역에서의 시간적으로 그리고 전적인 헌신이라는 본질적으로 가부장제적 기대는 여성의 시간적 자원과 에너지를 고갈시켜 가사부담에의 스트레스를 심화시키며 이는 다시 가정에서의 위기관리의 수요를 가중시키고 있다. 이데올로기적으로 여성을 보살핌, 정서관리, 일상적인 질서관리의 사적 영역에 결합시키는 것은 여성에게 공적 영역에서도 이런 종류의 일들을 계속 하도록 하는 기대로 이어지고 여성적인 기술이 상품화되어 판매되고, 흔히 제대로 보수도 못 받는 일들로 여성들이 유입되는 결과를 야기한다. 일과 가정의 가부장적인 유형화는 남자 부양자의 도움 없이 가정과 자녀를 지켜 내고자 하는 편모들을 심각한 경제적 위험에 처하게 하고 나날이 늘고 있는 빈곤의 여성화의 한 요인이 되고 있다. 전형적으로 여성은 남성에 비해 못 번다. 가정에서의 예측키 어려운 잡다한 책임들로 편모여성은 어떤 일자리에서도 관계가 불안정하고 꾸려나가기 힘든 것이다.

　자유주의 페미니즘의 젠더 불평등에 대한 분석에서의 한 주제는 결혼에서의 평등의 획득이라는 문제이다. 이러한 주제는 제시 버나드(Jessi Bernard)의 고전적인 연구인 '결혼의 미래'에서 제시되고 있다. 버나드는 결혼을 믿음과 이상의 문화적 체계, 역할과 규범의 제도적 배열, 그리고 개별적인 여성과 남성의 상호작용 경험으로 분석하였다.

　1. 문화적으로 결혼은 여성에게는 운명이자 만족의 원천으로 이상화되는데 비해 남성에게는 가정생활의 책임과 구속과 혼합된 축복으로 간주된다. 그리

고 미국사회 일반적으로는 남편과 아내의 기본적으로 평등한 결합으로 받아들여진다.

2. 제도적으로 결혼은 권위와 자유 그리고 가정 상황을 넘어서는 책임으로써 남편의 역할에 힘을 부여하였다. 성적 용감성과 남성적 힘으로서의 남성권위의 사고를 끌어 내었으며, 아내들은 순종하고, 의존하고, 자신을 비우고, 기본적으로 사회와 분리된 가정에서의 활동들과 요구에 집중하기를 요구했다.

3. 어떠한 제도적 결혼이든 경험적으로는 두 개의 결혼이 존재한다.

– 남성의 결혼은 구속되고 부담을 지는 것을 받아들이는 한편 권위, 독립, 아내로부터의 가정적, 정서적, 성적 봉사의 권리를 부여받는다.

– 아내의 결혼에서 아내는 무력함, 의존, 가사노동과 정서적, 성적 서비스를 제공할 의무가 당연히 기대되고 결혼 전의 젊고 독립적인 인격체로부터 점차 쇠퇴해 가는 것을 경험하면서 충족에 대한 문화적 믿음에 동조하게 된다.

이 모든 결과는 사람들의 스트레스를 측정한 자료에서 드러난다. 즉 기혼여성이 어떠한 만족을 주장하든 미혼남성이 어떠한 자유를 주장하든, 이들 집단은 심장박동, 어지러움, 두통, 현기증, 악몽, 불면증, 신경쇠약의 공포 등을 포함한 스트레스 지표가 매우 높게 나오고 있다. 미혼여성과 기혼남성은 사회적 낙인에 대해 어떻게 느끼든 이 모든 스트레스 지표에서 낮게 나온다. 그렇다면 결혼은 남성에게는 좋은 반면 여성에게는 나쁜 것이며, 각 커플이 '기존의 지배적인 제도적 제약으로부터' 개인적 욕구와 인격에 가장 적합한 결혼의 종류를 협상할 수 있는 자유를 누릴 때 이러한 불평등은 사라지게 될 것이다. 최근의 연구들은 버나드의 분석이 대부분의 결혼에 여전히 들어맞지만 일부 부부들은 보다 헌신적인 노력을 통해 평등한 결혼을 지향하는 자유주의 페미니즘의 이상을 이루어나가고 있음을 보여 준다.

자유주의 페미니즘의 변화에의 의제는 불평등의 원인과 평등에의 주장의 근거에 대한 분석과 일치한다. 즉 그들은 사회적 보상의 분배에서의 조직원칙으로서의 젠더를 제거하고 그들의 평등에의 추구에 보편적인 원칙을 제기하고

자 하는 것이다. 그들은 법을―법제정, 소송, 규제―통해서, 이성적 도덕적 판단을 할 수 있는 인간능력에 호소해서, 즉 공정함의 주장에 의해 여론을 움직일 수 있는 능력으로써, 변화를 추구한다.

그들은 다음과 같은 주장을 편다.

- 교육과 경제의 평등한 기회
- 가사활동에서의 평등한 책임
- 가정, 교육, 매스미디어에서의 성차별적 메시지의 제거
- 일상생활에서의 성차별주의에 대한 개개인의 도전

제시 버나드(Jessi Bernard)
생애의 삽화

미니아폴리스에서 1905년 6월 8일 제시 라비치(Jessi Ravich)로 태어난 제시 버나드는 17세가 되는 해 미네소타 대학에 가면서 그녀의 유대이민 가정을 난생 처음으로 떠나게 되었다. 그곳에서 그는 후일 하바드대학 사회학과를 창립한 피티림 소로킨(Pitirim Sorokin) 미국사회학회보(American Sociological Review)를 창간하는데 기여하고 1925년 그와 결혼하는 버나드(L. L. Bernard)와 함께 수학했다. 버나드와 함께 한 학업은 후에 그녀가 질적, 비판적 연구들에 계량적 연구를 접목시키면서 발휘하는 실증주의 사회학적 연구기반을 다지는 기회가 되었다. 그녀는 1935년 세인트루이스의 워싱턴 대학에서 박사학위를 받았다.

1940년대 말엽 버나드 부부는 펜실베이니아 주립대학에 재직하고 있었으며 제시는 실증주의를 탈피해가는 중이었다. 나치 홀로코스트로 말미암아 과학은 정의로운 세계를 알게 해 주고 또 이룰 수 있게 해 줄 것이라는 그 믿음이 깨지고 지식의 의미는 객관적이기 보다는 맥락적이라는 생각으로 바뀌게 되었다. 동시에 그녀는 독자적인 학문적 명성을 쌓아가기 시작하였다. 그의 남편은 1951년 사망했으나 그녀는 1960년경까지 가르치고 저술하고 또 세 자녀를 키우면서 펜실베이니아주립대학에 머물렀다. 1960년대 들어서 그는 워싱턴 DC에서 여생을 저술과 연구에 전념하였다.

그의 가장 획기적인 성장은 1964년부터 그녀가 사망하는 1996년까지의 그녀의 인생 후반 삼분지 일의 시기에 이루어졌다. 이 시기는 버나드의 탁월한 성과뿐 아니라 여성의 삶에서의 직업활동에 대해서 매우 의미 있는 시사를 제공한다.

자유주의 페미니즘은 매우 독창적으로 평등을 이루기 위한 전략을 재정의하였다. 이들은 경제적 기회를 발전시키면서 다음을 이루어 냈다.

- 법적 변화를 통해 교육에서의 평등을 확보하고 직장차별을 금지시키는데 노력
- 법의 집행에 책임 있는 규제집단들에 대한 감시
- 직장에서의 성희롱을 법적으로 업무차별로 규정
- 급여평등(동일노동에 동일임금)과 상응가치(상응한 가치의 노동에 상응한 임금)의 요구.

자유주의 페미니스트들에게 가장 이상적인 젠더배열은 자유롭고 책임 있는 도덕적 행위자로서 행동하는 각 개인 스스로 자신에게 가장 적합한 라이프스타일을, 그것이 가정주부든, 남자주부든, 미혼의 직장인이든, 맞벌이 부부이든, 아이가 있든 없든, 이성애자이든 동성애자이든 막론하고 선택할 수 있는 것이다. 자유주의 페미니스트들은 이러한 이상이—미국의 가장 중심적인 이상인—자유와 평등의 실천을 강화하는 길이라고 본다. 자유주의 페미니즘은 민주주의와 자본주의의 기본적인 수용에서, 개혁 지향성, 개인주의, 선택, 책임, 그리고 기회의 평등 가치에 호소한다는 점에서 미국의 지배적인 윤리와 부합한다.

젠더억압론

젠더억압론자들은 여성의 상황이, 여성을 통제하고, 이용하고, 종속시키고, 억압하는, 지배의 실행에 남성이 근본적이고 구체적인 이해관계를 갖는 남녀 간의 직접적인 권력관계의 소산이라고 본다. 억압이론가에게 **지배**[1]란 어느 한 쪽이(개인이든 집단이든) 지배자로서 다른 한 쪽을(개인이든 집단이든) 성공적으로 종속시키고, 그의 의도대로 도구화하고, 종속자의 독립적인 주체성을 인정하기를 거부하는 관계를 의미한다. 역으로 피억압자의 시각에서 보면 그에게 부여된 의미는 오로지 지배자의 의지의 도구가 되는 그러한 관계이다. 젠더억압론자들에게 여성의 상황은 성적으로 남성에 의해 이용당하고, 통제받고, 종속되고, 억압받는 그런 것이다.

이러한 젠더억압의 유형은 가장 일반적으로 가부장제라고 불리는 지배의 기본구조로의 사회조직에 깊게 그리고 널리 배어 있다. 가부장제는 다른 요인들의—생물적이든 사회화이든 성역할이든 계급체계이든 막론하고—의도치 않은 부차적인 결과가 아니다. 이는 강력하고도 계획적인 의도에 의해 유지되는 일차적인 권력구조이다. 실로 젠더억압론자들에게 있어 젠더차이와 젠더불평등은 가부장제의 산물인 것이다.

초기 페미니즘 이론가들이 젠더불평등의 문제에 초점을 맞추었던 반면 현대 페미니즘 이론의 한 특징은 억압에 대한 광범하고도 치열한 관심이다. 현대 페미니즘 이론가의 대다수는 다들 어느 정도는 억압이론을 따르고 있으며 현대 페미니즘에서 가장 풍부하고도 혁신적인 이론적 발전이 바로 이들 이론들에서 나온 것 들이다. 억압이론의 대표적인 두 개의 분파는 정신분석학적 페미니즘과 급진적 페미니즘이다.

정신분석학적 페미니즘

정신분석학적 페미니즘[2]은 프로이드와 그의 지적 후계자들의 이론들을 재

---

1) **지배(domination)** 억압이론가들에게 있어 이는 어느 한편(개인이든 집단이든)이, 즉 *지배하는 자*가 다른 한편(개인이든 집단이든), 즉 *복속하는 자*를 지배자 의지의 실행수단으로 만들며 복속된 자들의 독립적인 주관성을 묵살하는 경우를 말한다.

2) **정신분석학적 페미니즘(psychoanalytic feminism)** 프로이드와 그의 지적 후계자들의 이론들을

구성함으로써 가부장제의 설명을 시도한다. 개략적으로 말하자면 이 이론들은 인성의 감정적 역동성, 즉 정신의 무의식에 깊숙이 묻혀 있는 감정을 그려내고 강조한다. 이 이론들은 또한 감정들의 유형화에서 영아와 초기 아동기의가 중요성을 부각시킨다. 그러나 프로이드 이론을 이용하면서도 페미니즘 이론가들은 프로이드의 결론을 근본적으로 수정하는데 한편으로는 프로이드 이론의 암묵적인 방향을 따르면서 그의 성차별적이고 가부장적인 젠더 특정적 결론을 거부하는 것이다.

정신분석학적 페미니즘은 가부장제에 대한 독특한 모델에 의존한다. 다른 억압이론가들과 마찬가지로 그들은 **가부장제**1)를 남성이 여성을 종속시키는 체계로 간주하는데 이러한 가부장제는 보편적 체계로, 사회조직에 만연되어 있으며, 때때로의 도전에도 불구하고 때와 장소에 관계없이 성공적으로 지속되어왔다. 정신분석학적 페미니즘에 독특한 것은 이러한 체계를 모든 남성들이 그들의 매일매일의 행위 속에서 의식적이고도 열심히 만들어 내고 유지하고 있다는 생각이다. 여성들은 아주 간혹 저항하기도 하지만 기본적으로 지극히 순종적이며 적극적으로까지 그들의 종속을 유지하는 것으로 드러난다. 정신분석학적 페미니스트들이 풀고자 하는 수수께끼는 남성들은 가부장제를 유지하는데 그토록 모든 힘을 쏟는데 비해 왜 여성들은 이에 저항하여 어떤 노력도 들이지 않는가 하는 것이다.

이러한 수수께끼를 설명하는 과정에서 가부장제에 대한 남성 지지의 이유가 실리적인 혜택에 대한 인지적 계산으로 충분하다는 주장에 무게를 두지 않는다. 인지적 동원은 남성들이 가부장제에 들이는 그 많은 에너지의 충분한 원천이 될 수 없는데, 특히 논쟁하고 재고하는 인간능력의 측면에서 남성들이 어디에서건 항상 가부장제를 무조건적인 가치를 지니는 것으로 확신한다고 보기 어렵다는 것이다. 더군다나 자기이익의 인지적 추구에 토대한 주장이라면 여성들 역시 가부장제에 대항하여 강력하게 동원되어야 할 것이다. 대신 이들 이론가들은 프로이드론자에 의해 효과적으로 제시된 정신의 측면에 주의를 기울인다. 인간 감정의 지대, 반쯤 의식되거나 또는 의식되지 못하는 욕망과 두려움,

---

재구성함으로써 가부장제의 설명을 시도한다.

1) **가부장제(patriachy)** 남성이 여성을 종속시키는 체계이다. 이것은 보편적 체계로, 사회조직에 만연되어 있으며, 때때로의 도전에도 불구하고 때와 장소에 관계없이 성공적으로 지속된다.

그리고 노이로제와 병리의 지대들이다. 여기에서 그들은 너무도 깊숙이 있어 개인의 의식에 의해 인식되거나 모니터될 수조차 없는 정신구조부터 발생하는, 임상적으로 입증된 엄청난 에너지와 신경 쇠약의 원천을 발견하였다. 가부장제에의 정서적 지지를 탐색하면서 정신분석학적 페미니즘들은 여성에 대한 남성 지배의 두 개의 가능한 설명을 확인하였다. 즉 죽음에의 공포와 어린 아동의 인격이 형성되는 사회 정서적 환경이다.

　　개인의 개체성이 끝나버리는 죽음에의 공포는 정신분석 이론가들에게는 모든 사람들이 어디에서나 때때로 당면하는 것으로서 그러한 상황에서는 누구라도 공포를 느낄 수밖에 없는 존재론적 문제이다. 페미니즘 이론가들은 이러한 주제를 발전시켜 여성들은 새 생명을 잉태하고 키우는데 장기간에 걸쳐 긴밀하게 매여 있기 때문에 그들 자신의 죽음에 대한 인식으로 인한 억압은 남성에 비해 크지 않을 것이라고 주장한다.

　　그러나 남성은 자기 소멸에의 깊은 공포를 느끼고 일련의 방어기제들을 채택하게 되는데 이것들은 모두 여성에 대한 지배로 향한다는 것이다. 남자들은 그가 죽은 후에도 계속 남아 있게 될 것을 생산하려고 한다. 즉 예술이나 건축, 부와 무기, 과학과 종교 등이다. 이러한 것들은 남성이 여성을 (또한 남성들간에) 지배하는 자원이 된다. 남성들은 또한―한편으로는 여성의 재생산 기능에 대한 질시와 다른 한편으로는 그 자신의 자녀들을 통한 불멸성에 대한 욕망으로―재생산 과정 자체를 통제하고자 한다. 여성에 대한 소유권을 주장하고, 여성의 몸을 통제하고, 정당성과 부성의 규범을 통해 이러한 몸의 산물인 자녀들에 대한 권리를 주장한다. 마지막으로 두려움에 의해 남성들은 죽음을 피할 수 없는 자신의 몸에 대해 상기시키는 모든 것으로부터 그들을 분리시키고자 한다. 즉 출산, 자연, 성, 그들의 인간적 몸과 자연적 기능, 그리고 이 모든 것들과의 관련성으로 해서 이 모든 것을 상징하는, 여성으로부터 분리하는 것이다. 남성들이 끊임없이 그 자신의 죽음가능성으로부터 분리하고, 부정하고, 억압하는 과정에서 존재의 이러한 모든 측면들은 부정되고, 억눌리고, 통제되어야 한다. 그리고 이 모든 금지된 주제를 상징하는 여성 역시 타자로서 취급된다. 즉 두렵고, 회피되고, 통제되는 존재인 것이다.

　　정신분석학적 페미니즘의 두 번째 주제는 초기아동발달의 두 측면에 집중된다. 즉 ① 인간존재는 행위의 자유—개인화의—욕망과 다른 사람으로부터의 승인—인정의—욕망간의 해소될 수 없는 긴장간에 균형을 터득하면서 성숙된 사람으로 성장한다는 가정과 ② 모든 사회에서 영유아들은 최초의 그리고 가장 결정적인 발달과정을 여성과의—어머니나 어머니 대리자와—가깝고도 거리낌 없는 친밀한 관계 속에서 경험한다는 사실이다.

　영유아로서, 경험을 이해하는 도구로서의 말조차 못 하는 상당 기간 동안 사람들은 원초적인 감정, 즉 두려움, 사랑, 미움, 쾌락, 분노, 상실, 욕망의 격랑 속에서 그들의 초기단계의 인성발달을 거치게 된다. 사람들에게 이 초기 경험의 정서적 결과는 항상 잠재하면서도 때로는 무의식의 감정적 기억으로 존재한다. 그러한 경험적 잔재에 중추적인 것은 여성/어머니/보살피는 자에 대한 매우 양가적인 감정이다. 즉 필요, 의존, 사랑, 소유욕이나 또한 그의 의지를 방해하는 그의 힘에 대한 공포와 분노의 복합이다. 반면에 아동의 아버지/남성과의 관계는 훨씬 우연적, 이차적이고, 정서적으로 덜 혼란스럽다.

　이러한 시초로부터 남아는, 남성을 가치 있게 보고 여성의 가치를 낮게 보는 문화 속에서 성장하면서 자신의 남성적 정체성을 의식하게 되고, 여성/어머니로서의 정체성으로부터의 매우 급격한 분리를 시도하는 것이다. 이와 같이 문화적으로 유도된 분리는 편향적일 뿐 아니라 매우 파괴적인 결과를 초래한다. 성인이 되어서도 초기 아동기의 여성에 대한 정서적 잔재는—욕구, 사랑, 미움, 소유욕—그의 정서적 목표를 충족시키면서 동시에 그에게 전적으로 의존적이고 그가 통제도 할 수 있는 여성에의 욕망으로 발전한다. 즉 그는 지배 욕구를 지닌채 상호인정하기는 어렵다는 것을 알게 되는 것이다.

　여성/어머니에 대하여 동일한 감정을 지닌 여아는 여성을 무가치하게 보는 문화 속에서 그 자신의 여성 정체성을 발견하게 된다. 그녀는 자신과 여성/어머니에 대해 긍정적인 감정과 부정적인 것의 뒤섞인 감정을 느끼며 성장하게 되고 그러한 양가성 속에서 사회적 종속에 대한 저항의 잠재력을 잃게 된다. 성인기에 그는 인정을 받아 내는 능력을 과장하는 방식으로 자신의 정서적 이월을 해소하고자 하는데 친구관계나 남성들과는 성적 유혹의 행위를 통해 순종적으로, 여성들과는 친족관계나 우정으로서 상호적으로 관계를 맺는다. 그리고 어머니 대리자를 찾기 보다는 그 스스로 어머니가 됨으로써 초기 영아-여성관계를 재생하는 것이다.

정신분석학적 페미니즘은 이러한 분석을 개인 인성을 넘어 서구문화의 분석으로 확장하여 왔다. 서구과학에서의 인간과 자연의 분명한 구분, 자연의 지배자로서의 인간, 그리고 서구과학에서의 과학적 방법론의 강조와 유망한 객관적인 진리는 남성 자신의 지배에의 욕망과 상호 인정의 두려움이 과도하게 개인화된 남성자아에 의해 투사된 것으로서 도전 받고 재해석되었다. 이미지와 구성에서 반복적으로 남성을 여성에 대한 지배자로서 위치시키는 대중문화에서의 주제들을 정신분석이론가들은 개인화의 욕구와 인정의 욕구간에 존재하는 필연적인 긴장에 장애가 발생한 신호로 해석한다. 개인이나 문화 속에서 이러한 장애가 널리 발생하면 두 개의 병리적 현상이 초래된다. 즉 오직 통제의 행위를 통해서만 타자를 인식하는 과도하게 개인화된 지배자와 어떠한 독립적인 행위도 포기하고 지배자의 거울로서만 정체성을 갖는 과소 개인화된 종속자이다.

정신분석학적 페미니스트들은 여성의 억압을 죽음에의 공포와 그들을 길러낸 어머니에 대한 양가성에 집중된 거의 보편적인 남성의 노이로제로부터 야기된 충동, 즉 여성을 통제하고자 하는 남성의 뿌리 깊은 감정적 욕구의 측면에서 설명한다. 여성은 이러한 노이로제가 없거나 또는 그와는 상보적인 노이로제에 놓이기는 하지만 어느 경우든 지배에 저항할 수 있는 만큼 에너지의 원천을 갖지 못한다. 임상정신의학적 자료들은 서구사회에서 이러한 노이로제가 실제로 매우 만연되어 있다는 주장을 뒷받침하고 있다. 그러나 이러한 이론들은 보편적인 인간감정으로부터 보편적인 여성억압으로의 단선적 관계를 도출하면서, 감정을 억압에 관련시키는 매개적인 사회관계를 분석하는데 실패하고 있으며, 감정, 사회관계, 또는 억압의 여러 다양한 경로들을 제시하는데 실패하고 있다. 여러 이론들은 이러한 이론들에서 인종, 계급, 그리고 민족적 전제들이—백인의, 중산층의, 북대서양 가정의 경험으로부터의 일반화—있음을 지적했다. 더군다나, 그리고 부분적으로는 이러한 문제들로 인해 정신분석학적 페미니즘 이론들은 우리의 자녀출산관행의 구조를 바꾸고 죽음에의 지향에 대해 대대적인 정신문화적 재작업을 시작해야 할 것이라는 주장 외에는 변화로의 전략을 거의 제시하지 않는다. 이 이론들은 젠더 억압에 대한 매우 대담한 통찰을 제공하고 그 뿌리에의 이해를 높이는데 기여했다. 그러나 이 이론들은 사회학적 요인들에 대한 정교화와 변화의 전략을 필요로 한다.

급진적 페미니즘

급진적 페미니즘[1]는 두 개의 매우 감정적인 핵심 믿음에 토대한다. 즉 ① 여성에 대한 보편적인 가치절하에 대항하는 주장으로서 여성은 여성으로서 절대적인 긍정적 가치를 지닌다는 주장과 ② 여성은 어디에서든 가부장제에 의해 억압받고—폭력적으로 억압받고—있다는 믿음이다. 사랑과 분노의 강렬한 혼합으로 급진적 페미니즘은 인종집단의 투쟁적인 방식과 유사하다. "검정 색은 아름답다"는 아프리카계 미국인의 주장이나 대학살에서 살아남은 유태인들의 상세한 증언들과 같이 이러한 핵심적 믿음에 토대하여 급진적 페미니즘은 사회조직, 젠더억압, 그리고 변화의 전략에 대한 이론을 발전시켰다.

급진적 페미니즘은 모든 제도와 사회의 가장 기본구조에서—이성애, 계급, 카스트, 인종, 종족, 나이, 그리고 젠더—사람들이 다른 사람들을 지배하는 억압의 체계를 발견한다. 모든 지배와 피지배의 체계 중에서도 가장 근본적인 억압구조는 젠더, 즉 가부장제 체계이다. 가부장제는 역사적으로 최초의 지배와 복종구조일 뿐 아니라, 가장 만연되고 지속적인 불평등 체계로서 지배의 원초적인 사회적 양식으로 존재한다는 것이다. 가부장제하면서 남자들은 다른 사람들을 경멸하고, 비인간적으로 다루고, 통제하는 법을 배운다. 가부장제 안에서 종속이 어떤 건지 남자들은 보고 여자들은 배운다. 가부장제는 죄의식과 억압, 가학성과 피학성, 조작과 기만을 만들어 내며 이러한 것들은 모두 남성과 여성을 또 다른 유형의 독재로 몰고 간다. 급진적 페미니스트들에게 있어서 가부장제는 가장 드러나지 않는, 그러면서도 가장 중요한 사회불평등 구조이다.

이 분석의 가장 중심적인 것은 남성과 남성지배적 사회조직에 의해 여성에게 가해지는 폭력으로서의 가부장제의 이미지이다. 폭력은 항상 명시적으로 물리적 잔학성 형식으로서만 나타나는 것이 아니다. 이것은 착취와 통제의 좀더

---

1) **급진적 페미니즘**(radical feminism) 여성의 긍정적인 가치를 내세우고 여성은 어디에서나 폭력이나 폭력 위협에 의해 억압받고 있다고 주장하는 사회조직, 젠더 억압, 그리고 변화의 전략의 이론이다.

복합적인 방식으로 은닉되어 있을 수 있다. 즉

　　－패션과 아름다움의 기준들 속에서
　　－모성, 일부일처제, 순결, 이성애에 대한 전체주의적 이상화에서
　　－일터에서의 성희롱에서
　　－산부인과, 심리치료의 행위에서
　　－무급의 지루한 가사노동과 저임금의 유급노동에서

　　폭력은 남자가 여자들에게 하듯 한 집단이 자신의 이익을 위해서 다른 집단의 삶의 기회, 환경, 행위, 그리고 관점을 지배할 때 존재한다.
　　명시적인 신체적 잔학성으로서의 폭력의 주제는 가부장제를 폭력과 연결시키는 급진적 페미니즘의 핵심에 자리잡고 있다. 즉 강간, 성희롱, 강요된 성매매, 배우자 학대, 근친상간, 아동의 성학대, 자궁절제와 극단적인 수술, 포르노그라피의 새디즘, 역사적으로 여러 문화에서 나타나는 마녀화, 간통녀를 돌로 쳐 죽이기, 동성애자 박해, 여자영아 살해, 중국의 전족, 과부 학대, 음핵제거 등이다.
　　남성이 통제를 제도화하기 위한 가장 기본적인 자원인 물리력을 지니기 때문에 가부장제는 거의 보편적인 사회 형태이다. 일단 가부장제가 있게 되면, 다른 권력자원 역시—경제, 이데올로기, 법적, 그리고 정서적—그것을 유지하기 위해 배열된다. 그러나 물리적　폭력이 항상 그것의 기초가 되며 개인 간의 관계나 집단 간의 관계에서 폭력은 여성의 개인적이고 집단적인 저항으로부터 가부장제를 보호하는데 사용된다.
　　남성이 가부장제를 만들어 내고 유지하는데는 단지 그러한 자원을 갖고 있기 때문만이 아니라 여성을 복종적인 도구로 만드는 것에 그들의 이해가 깊이 깔려 있기 때문이다. 여성은 남성의 성적 욕구를 충족시켜 주는, 독보적으로 효과적인 수단이다. 여성의 몸은 자녀생산에 핵심적이며, 그들은 남성의 실용적 요구뿐 아니라, 정신분석학자들이 제시했듯이, 신경증적 요구를 충족시켜 준다. 여성은 유용한 노동력이다. 여성은 남성의 지위와 권력을 드러내는 장식이 될 수 있다. 여성은 자녀와 성인남성의 주의 깊게 통제된 동반자이자 즐거운 동반

자이고 정서적 지지의 원천이고 남성의 사회적 중요성을 돋보이게 하는 존재이다. 이러한 유용한 기능들로 해서 어디에서고 남성들은 여성을 순종적이도록 하고자 한다. 그러나 상이한 사회 상황들로 이러한 기능들의 순위들이 달라지고 가부장제 유형이 문화간에 달라진다. 급진적 페미니즘은 보편적인 젠더억압의 설명과 이러한 억압에서 문화에 따른 변이를 이해할 모형을 제공한다.

어떻게 가부장제를 타파할 것인가? 급진론자들은 이러한 타파는 각 여성들이 자신의 가치와 힘을 인식할 수 있도록 여성의식의 기본적인 개조로부터 시작해야 할 것이라고 주장한다. 그리하여 여성 스스로 자신을 나약하고 의존적이고 이등급의 존재로 보도록 하는 가부장제의 압력을 거부하고, 여성들간의 차이를 넘어 신뢰, 지지, 감사, 상호방어의 광범한 자매애를 구축할 수 있도록 단합하여야 한다. 이러한 자매애가 자리잡게 되면 두 개의 전략이 가능하다. 즉 언제든지 어떠한 가부장제 지배에도 맞서 비판적 대결을 하는 것이다. 그리고 여성들끼리의 기업, 가정. 공동체, 예술활동의 중심, 동성애의 애정관계 등의 다소간의 분리주의를 택하는 것이다. 급진적 페미니즘에서의 주요 흐름의 하나인 동성애 페미니즘은 여성들과의 성적·정서적 관계를 가부장제 지배에의 저항의 한 형태라고 보는 실천이자 믿음이다.

급진적 페미니즘을 어떻게 평가할 것인가? 감정적으로는 각자의 개인적 급진성의 정도에 따라 반응이 달라질 것이다. 어떤 사람들은 이것이 지나치게 비판적이라 볼 것이고 또 어떤 사람들은 매우 설득력 있게 볼 것이다. 그러나 이론적 평가를 하자면 급진적 페미니즘은 여성종속에 대한 사회주의와 정신분석 페미니즘의 주장들을 종합하면서 이 이론들을 극복하고 있다는 점을 주지해야 할 것이다. 더군다나 급진적 페미니스트들은 가부장제가 궁극적으로 여성에 대한 실질적인 폭력에 토대한다는 주장을 입증하기 위해 상당한 연구를 수행해 왔다. 그들은 다소 불완전하기는 하나, 타당한 변화의 프로그램을 갖는다. 이들은 가부장제에만 과도하게 초점을 맞추는 오류를 범해 왔다. 이러한 초점으로 인해 이들은 사회조직과 사회불평등의 현실을 단순화하며 개혁적인 변화의 이슈를 다소 비현실적으로 접근하게 된 것이다.

구조적 억압론

구조적 억압 이론은 젠더 억압 이론과 마찬가지로, 일정한 집단 구성원들이 다른 집단 구성원들을 통제, 착취, 정복, 억압함으로써 직접적 이득을 취한다는 사실에서 억압이 비롯된다는 것을 인정한다. 이 이론들은 어떻게 지배에 대한 관심이 사회구조라는 기제들, 즉 반복적이고 일상화된 일련의 대규모 사회적 상호작용을 통해 일어나게 되는지를 분석한다. 구조적 억압 이론가들은 이러한 구조가 항상 역사적으로, 즉 시간을 두고 발생한 권력구조라는 점에 주목한다. 이들은 가부장제, 자본주의, 인종주의, 이성애주의의 구조들에 초점을 맞추고 지배의 작동과 억압의 경험이 이러한 구조들의 상호작용, 즉 이들이 상호간에 영향을 미치는 방식에 의해 결정된다고 본다. 구조적 억압 이론가들은 권력을 잡고 있는 행위수행자(agency)의 책임을 면해 주거나 부인하는 것이 아니라, 그 담지자가 어떻게 구조적 조정의 산물이 되었는지를 검토한다. 이 장에서는 구조적 억압 이론의 두 가지 유형인 사회주의적 페미니즘과 교차성 이론(intersectionality theory)을 다룬다.

사회주의적 페미니즘

사회주의적 페미니즘의 이론적 프로젝트는 다음의 세 가지 목표를 중심으로 전개된다.

1. 여성의 경험이라는 관점으로부터 가부장제와 자본주의라는, 서로 구별되면서도 상호연관성이 있는 억압들에 대해 비판한다.
2. 맑스주의 사적 유물론에 대한 이해의 확장으로부터 명시적이고 적합한 사회분석 방법을 개발한다.
3. 관념적 사상을 인간사의 물적 조건에 대한 분석과 결합한다. 사회주의적 페미니즘 연구자들은 현존하는 페미니즘 이론들의 종합 및 이론적 발전을 동시에 이룬다는 공식 프로젝트를 자임한다. 좀더 구체적으로 말하자면, 사회주의적 페미니즘 연구자들은 그들이 가장 광범위하고 가치 있는 페미니즘

적 전통으로 여기는 맑스주의 페미니즘과 급진적 페미니즘을 통합하고자
한다.

급진적 페미니즘은 이미 논의한 바와 같이 가부장제에 대한 비판이다. 맑
스주의적 페미니즘은 전통적으로 맑스적인 계급분석과 페미니즘 사회 저항을
통합시켰다. 그러나 불행한 결혼으로 묘사되곤 하는 이러한 합성은 여성의 관
심이 계급 억압에 대한 관심과 대등한 관계에 서지 못하고 계급 억압에 대한
비판에 접목되면서 젠더 억압에 관한 심화된 이론이 아닌, 젠더 불평등에 관한
보다 약화된 진술을 생산해 냈을 뿐이다. 순수 맑스주의적 페미니즘은 현대 미
국 페미니즘에서 비교적 큰 목소리를 내지는 않았지만, 사회주의적 페미니즘에
대한 영향력으로 인해 여전히 중요하게 남아 있다. 그 기초는 맑스(제 2 장을 보
라)와 엥겔스였다. 그들의 주요 관심은 사회적 계급 억압이었지만, 종종 젠더
억압에도 관심을 돌렸었다. 가장 유명한 예는—가족, 사유재산, 그리고 국가의
기원—에서 찾을 수 있다.

가부장제의 기원을 소유 관계의 출현에서 찾는다는 것은 여성의 억압을 맑
스적 계급 분석의 일반적 틀 안에 복속시키는 것이다. 맑스적 분석에서 문제가
되는 부분은 가부장제를 경제적 관계의 함수로 규정한다는 점이다. 사회주의적
페미니즘 연구자들은 가부장제가 경제적 조건과 상호작용하면서도 독립적인 억
압 구조라는 급진적 페미니즘 연구자의 주장과 증명을 수용한다.

사회주의적 페미니즘[1]은 이러한 이중적 지식들—자본주의에서의 억압에 관
한 지식과 가부장제에서의 억압에 관한 지식—을 모든 형태의 사회적 억압에
관한 통일된 설명으로 통합하고자 한다. 이 두 억압들을 통합하고자 하는데 사
용되었던 것이 **자본주의적 가부장제**[2]라는 용어다. 그러나 더 폭넓게 사용된 용
어는 아마도 (앞에서 정의된) 지배(domination)일 것이다. 억압에 대한 사회주의적
페미니즘의 설명에서는 지배를 대규모 구조적 배열, 즉 집단간 또는 사회적 행
위자 범주들 간의 권력 관계로 제시한다. 이 지배구조는 행위수행자, 즉 개별

---

1) **사회주의적 페미니즘**(socialist feminism)   여성을 억압하는 거대 구조를 만들어 내는 데 있어서
   자본주의와 가부장제의 역할에 초점을 두는 통합이론을 전개하고자 하는 시도.
2) **자본주의적 가부장제**(capitalist patriarchy)   여성에 대한 억압의 뿌리를 자본주의와 가부장제의
   조합에서 찾을 수 있음을 나타내는 용어.

행위자들의 의도적이고 임의적인 행위들을 형태 지우며 동시에 후자에 의해 재생산된다.

　　여성은 사회주의적 페미니즘에게 있어서 두 가지 점에서 중요하다.

　　첫째, 모든 페미니즘에서와 마찬가지로 여성 억압은 분석의 주요 화두로 남아 있다.

　　둘째, 여성의 위치와 세계 경험은 모든 형태의 지배에 결정적으로 유리하게 작용한다.

　　그럼에도, 궁극적으로 이 이론가들은 여성과 남성 모두의 억압 경험에 관심을 갖고 있다. 이들은 또 억압을 받고 있는 여성 자신이 어떻게 다른 여성의 억압에 능동적으로 참여하는지를 탐구한다. 미국사회에서 가난한 여성을 억압하는 특권 계급 여성을 예로 들 수 있다. 실제로, 모든 사회주의적 페미니즘 연구자에게 공통적인 전략 중 하나가 여성 공동체 내부에서의 편견과 억압적 실천에 대항하는 것이다.

　　자본주의적 가부장제와 지배에 집중하는 것은 모두 명시적으로든 암묵적으로든, 분석 전략으로서의 역사 유물론과 관련된다. 맑스 사회이론의 기본원리인 **사적 유물론**[1]은 다음과 같은 주장을 포함한다.

▶ 인간생활의 물적 조건이, 이러한 조건을 만들어 내는 활동과 관계들을 포함하여, 인간 경험, 인성, 관념, 사회적 배열을 형태지우는 주요 요인이다.
▶ 그 물적 조건은 내재된 역학 때문에 시간이 흐름에 따라 변화한다.
▶ 역사는 집단의 삶의 물적 조건의 변화 및 이와 관련한 경험, 인성, 관념, 사회적 배열의 변화에 대한 기록이다.

　　사적 유물론자들의 주장에 따르면 사회분석의 시도는 그 집단의 물적 조건의 구체적인 사항과, 이러한 조건과 집단의 경험, 인성, 사건, 관념, 사회적 배

---

1) **사적 유물론**(historical materialism) 인간생활의 물적 조건이, 이러한 조건을 만들어 내는 활동과 관계들을 포함하여, 인간 경험, 인성, 관념, 사회적 배열을 형태지우는 주요 요인이며, 이러한 조건들은 내재된 역학 때문에 시간이 흐름에 따라 변화하며, 역사는 집단의 삶의 물적 조건의 변화 및 이와 관련한 경험, 인성, 관념, 사회적 배열의 변화의 기록이라는 맑스적 생각.

열들의 특성 간의 연계를 역사적으로 구체적이고도 세세하게 추적해 가야 한다. 사적 유물론을 지배에 대한 초점과 연계시킴으로써, 사회주의적 페미니즘 연구자들은 광범위한 사회적 배열들인 지배를 탐구하면서도, 특정한 지배 상황을 형태지우는 물적, 사회적 배열들에 대한 정확하고도 역사적으로 구체적인 분석을 놓치지 않는 이론을 구성하려고 한다.

　　사회주의적 페미니즘의 검증서인 사적 유물론은 이 학파가 맑스 사상에 신세를 지고 있음을 분명히 드러낸다. 그러나 사회주의적 페미니즘 연구자들은 이 원리를 사용함에 있어 세 가지 중요한 점에서 맑스주의자들을 넘어선다.

1. 사회주의적 페미니즘 연구자들은 인간생활의 물적 조건의 의미를 확장한다. 맑스주의에서 그것은 사회의 경제적 역학, 특히 다양한 유형의 재화가 생산되고 시장에서 교환되는 양식을 의미한다. 맑스주의자는 몇몇 사람들을 부유하게 하고 다른 사람들을 가난하게 하는 다양한 착취적 배열들이 바로 계급 불평등과 계급 갈등의 뿌리가 된다고 본다. 사회주의적 페미니즘의 분석은 경제적 역학뿐만 아니라 인간 생활을 만들어 내고 유지하는 다른 조건들, 즉 인간의 몸과 섹슈얼리티, 출산과 육아, 보이지 않는 무임금 가사노동을 포함한 가정 유지, 감정적 생활, 지식의 생산 등을 망라한다. 이 모든 생명유지 활동을 통해 착취적 배열들은 일부를 윤택하게 하고 나머지 사람들을 피폐하게 한다. 생명 생산과 착취에 관한 이러한 모든 기본 배열들에 대한 온전한 이해가 지배 이론의 핵심적 기반이다.

   물적 조건에 대한 이러한 재정의는 인간은 재화의 생산자라는 맑스적 가정을 인간은 인간생활의 창조자요 유지자라는 주제로 변형시킨다.

2. 이러한 변화는 맑스 사적 유물론과 사회주의적 페미니즘에서 발전된 사적 유물론의 차이에 관한 두 번째 지점으로 우리를 이끈다. 사회주의적 페미니즘은 맑스주의자들이 경멸적으로 불렀음직한 정신적, 관념적 현상을 강조한다. 이는 의식, 동기, 관념, 상황에 대한 사회적 정의(definitions), 지식, 텍스트, 이데올로기, 자신의 이익에 따라 행동하고자 하는 의지 또는 타인의 이익을 묵인하고자 하는 의지 등을 포함한다. 사회주의적 페미니즘 연구자들이 보기에 이 모든 요인들은 인간 성격, 인간 행위, 그리고 그 행위를 통

해 실현되는 지배 구조에 크게 영향을 미친다. 더욱이, 인간 주관성의 이러한 측면들은 경제적 재화를 생산하는 구조와 필연적으로 엮여 있으면서, 이 구조와 마찬가지로 정교하고 막강한 힘을 가진 사회적 구조에 의해 만들어진다. 이 모든 구조들 내부에서도, 착취적 배열들은 몇몇 사람을 부유하게 하고 권력을 갖게 하면서 나머지 사람들을 가난하게 하고 무력화한다. 인간 주관성을 형성하는 과정들에 대한 분석은 지배의 이론에 절대 필요하며, 사적 유물론의 원리를 적용함으로써 정교화될 수 있다.

3. 마지막 차이점은 사회주의적 페미니즘 연구자에게 있어서 분석의 일차적 대상은 계급 불평등이 아니라 복잡하게 얽혀 있는 폭넓은 사회적 불평등이라는 점이다. 사회주의적 페미니즘이 그리는 사회 조직에서는 경제, 정치, 이데올로기의 공적 구조가 인간 재생산, 가사, 섹슈얼리티, 주관성의 사적 구조와 상호작용하면서 다면적인 지배 체제를 유지한다. 이 체계의 작동은 지속적이고 비인격적인 사회적 유형들과 개인간 관계의 미묘한 다양성 모두에서 발견된다. 이 체계를 분석하기 위해서 사회주의적 페미니즘 연구자들은 거시적인 지배체제의 규명과 상황적으로 특정적인, 억압된 민중의 세속적인 일상의 경험에 대한 세밀한 탐색 사이를 왕복한다. 변화를 위한 이들의 전략은 이 발견 과정에 있다. 이 과정에서 이들은 이들이 연구하는 억압된 집단을 다양한 방식으로 포함시키려고 시도하며, 또한 이 과정을 통해 개인과 집단 모두가 크고 작은 방법으로 그들의 집단적 해방을 추구하고자 하게 될 것을 기대한다.

이러한 일반적인 이론적 틀 안에서, 사회주의적 페미니즘의 분석들은 크게 세 가지 강조점으로 분류될 수 있다.

1. 유물론적 페미니즘은 현대 자본주의 계급 체계의 구조 안에 있는 젠더 관계를 강조한다. 특히 이 체계가 현재는 전지구적으로 작동하고 있기 때문이다. 유물론적 페미니즘 연구자는 전지구적 자본주의가 여성의 삶에 대해 갖는 함의와 여성 노동이 자본주의 부의 확대에 기여하는 방식에 관심을 갖는다. 전지구적 자본주의 안에서 가부장적 이데올로기가 여성에게 낮은

사회적 지위를 부여하기 때문에 임노동자로서의 여성은 남성보다 적은 임금을 받고 있다. 또한 가부장제가 여성에게 가정에 대한 책임을 부여하기 때문에 여성은 구조적으로 임금 부문 고용에서 남성보다 열악한 위치에 처하게 되고 따라서 조직화하기도 어렵다. 이 두 요인이 여성을 자본가 계급의 이익을 위한 손쉬운 원천이 되게 한다. 나아가, 자본주의는 여성의 부불(不拂) 생산에 의존하는데, 주부로서, 아내로서, 어머니로서 여성의 노동은 노동력을 재생산하고 유지하는 진정한 비용을 보조하고 숨긴다. 그리고 가정을 위한 재화와 용역의 소비자로서의 여성의 노동은 자본가의 이윤 창출의 주요 원천이 된다.

2. 현대 사회주의적 페미니즘의 두 번째 강조점은, 도로시 스미스(Dorothy Smith)와 그 제자들에 의해 공식화된 바와 같이, **군림 관계**[1])에 관한 것이다. 이 개념은 자본주의적 가부장제의 지배가 상호의존적인 통제 체제를 통해 실현되는 과정을 다루는데 사용되고 있다. 이 통제체제는 경제뿐만 아니라 국가와 특권적 전문직(사회과학을 포함하여)을 포함한다. 이 통제 체계의 역학에 대한 탐색은 일상화된 물적 생활의 유지와 관련된 일상 활동들과 경험에 대한 강조를 통해 이루어진다. 통치 관계는 여성 노동을 형태지우고 착취하는 텍스트들, 탈지역적이고 일반화된 요구사항들을 통해 여성의 일상적 생산에 스며들어 지배력을 행사하는 것으로 드러난다. 건강보험의 서류양식들, 학교의 학사 일정, 이상적 가정이나 이상적 여성의 몸에 대한 광고 등이 이러한 텍스트들의 예다.

3. 사회주의적 페미니즘의 담론의 세 번째 강조점은 유물론적 페미니즘 연구자들이 문화적 유물론이라고 지칭하는 것에 의해 대변된다. **문화적 유물론**[2])은 국가 정책, 사회적 이데올로기, 대중매체 메시지가, 생각을 형성하고 통제하는 동시에 생각에 의해 재형성되는 등, 인간 주관성과 상호작용하는 다양한 방식을 포함한다. 문화적 유물론자들은 이러한 메시지들을 산출해

---

1) **군림 관계**(relations of ruling) 인간의 사회적 생산을 통제하고자 하는 복잡다단하지만 난해하게 서로 얽혀 있는 사회적 활동들.
2) **문화적 유물론**(cultural materialism) 국가 정책, 사회적 이데올로기, 대중매체 메시지가, 생각을 형성하고 통제하는 동시에 생각에 의해 재형성되는 등, 인간 주관성과 상호작용하는 다양한 방식.

내는 과정을 탐색하지만, 그 과정이 필연적으로 전지구적 자본주의와 거시적인 사회 계급 체계 안에 놓여 있다고 보지는 않는다. 그 대신 문화적 유물론자들은 사회적 집단 및 범주가 어떻게 재연되는가에 대한 투쟁으로서의 정치와 몸에 대한 묘사와 그 의미를 연구한다.

변화를 위한 사회주의적 페미니즘 연구자의 프로그램은 여성들의 삶, 여성들의 공동체의 삶, 그리고 환경을 파괴하는 자본주의의 폭력과 투쟁하기 위해 여성들의 전지구적 연대를 요청한다. 그들은 페미니즘 공동체가 자본가의 이득을 위해 봉사하는 특권 지식층으로 빠져버릴 위험에 대해 더욱 경계할 것을 요구한다. 그들의 프로젝트는 사람들을 동원하여 국가를 사회적 자원의 효과적 재분배 수단으로 활용하도록 하는 것이다. 그 방법으로는 공공 교육, 건강관리, 교통, 육아, 주거 등과 같은 폭넓은 공공 서비스 안전망 제공, 소득의 빈부 격차를 줄이는 누진적 세제, 공동체 모든 구성원에 대한 생계 임금의 보장 등이 있다. 그들은 사람들이 자신의 삶의 조건뿐 아니라 다른 사람들의 삶의 조건을 인식하고 돌보게 될 때만이 이러한 동원이 효과적일 것이라고 믿는다. 페미니즘적 사회과학자의 의무는 사람들의 삶을 형성하는 물적 불평등을 가시화하고 경험적으로 현실화하도록 만드는 것이다.

교차성 이론(Intersectionality Theory)

교차성 이론[1]은 여성들이 억압을 다양한 상황에서 다양한 강도로 경험한다는 이해에서 출발한다. 이러한 변이에 대한 설명은(이 설명이 교차성 이론의 중심 주제다) 모든 여성이 젠더에 근거해서 잠재적으로 억압을 경험하지만, 그럼에도 불구하고 다른 사회적 불평등 배열들의 다양한 교차들(intersections)에 의해 차별적으로 억압을 받는다는 것이다. 이러한 불평등 배열들을 **억압과 특권의 벡터**[2](또는 패트리시아 힐 콜린스(Patricia Hill Collins)의 용어로는 "지배의 매

---

1) **교차성 이론**(intersectionality theory) 여성들이 억압을 다양한 상황에서 다양한 강도로 경험한다는 관점.

2) **억압과 특권의 벡터**(vectors of oppression and privilege) 여성을 차별적으로 억압하는 데 봉사하는 수많은 사회적 불평등 배열들(젠더, 계급, 인종, 세계에서의 위치, 성적 선호, 나이)의 다양한 교차. 이 교차들의 변이는 여성됨의 경험을 질적으로 변화시킴.

트릭스"[1990])라고 부를 수 있을 것이다. 이는 젠더만이 아니라 계급, 인종, 지 구상의 위치, 성적 선호, 나이도 포함한다. 이러한 교차들의 변이는 여성됨의 경험을 질적으로 변화시킨다. 이 변화, 이 다양성은 여성의 경험을 이론화하는 데 고려되어야 한다. 교차성 이론의 주장에 따르면—한 변인의 특이성, 한 벡터 의 작용이 아니라—교차의 유형 자체가 특정한 억압의 경험을 만들어 낸다. 예 를 들어 크렌쇼(Crenshawe)는 흑인 여성들은 흑인이기 때문에 자주 고용에서의 차별을 경험하지만, 이것이 성차별("백인 여성"과 동일시되는) 혹은 인종차별 ("흑인 남성"과 동일시되는)과 같은 일반적 차별의 사례로 드러나지 않는 한, 일상적으로 법정은 이 차별을 부정한다는 점을 보여준다. 이러한 것들을 억압 과 특권의 벡터로 규정함으로써, 교차성 이론의 근본적 통찰을 제시하고자 한 다. 그것은 바로 몇몇 여성과 남성에 의해 행사되는 특권은 다른 여성과 남성 에게 억압으로 작용한다는 것이다. 교차성 이론의 핵심은 이러한 불평등의 배 열들을 불공정한 권력 관계에 기초한 위계적 구조로 이해하는 것이다. 불의 (injustice)이라는 주제는 이 분석의 일관된 비판적 초점의 전조가 된다.

교차성 이론은 차이가 억압의 체계들을 정당화하는 개념적 도구가 되는 정 치를 생산함으로써 지배자로 하여금 피지배자를 통제하게끔 하는 이데올로기와 권력 간의 근본적 연계를 인식한다. 사회적 실천에 있어서 지배자는 사람들 사이 의 차이를 우월/열등의 모델로 해석함으로써 억압적 실천을 정당화하기 위해 이 용한다. 사람들은 차이를 다양성, 흥미, 문화적 풍요의 원천으로 인식하지 않고, 좋고 나쁨의 평가적 관점에서 접근하도록 사회화된다. 이러한 이데올로기는 부분 적으로는 오드레 로드(Audre Lorde)가 신화적 규범(예를 들어 미국에서는 백인, 마 른, 남성, 이성애자)이라고 부르는 것을 만들어 냄으로써 작동한다. 사람들은 이 규범에 비추어 남과 자신을 평가한다. 이러한 규범은 지배자가(지불된 것이든 지 불되지 않은 것이든) 사회적 생산을 통제하게끔 할 뿐 아니라 개인의 주관성의 일부가 된다. 즉 사람들 자신을 평가절하하도록 작용할 수 있는, 차이에 대한 내 면화된 거부, 다른 집단 출신의 사람에 대한 거부, 집단 구성원을 축출하거나 배 제하거나 소외시키기 위한 자기 집단만의 준거생산 등이 일어난다. 글로리아 안 잘두아(Gloria Anzaldua)는 이 실천, 즉 피지배집단 내의 한 구성원을 어떤 준거에 따라 수용불가한 "타자"라고 규정하고자 하는 피지배 집단 내에서의 규정행위를

타자화[1])라고 부른다. 그녀에 따르면, 이러한 규정행위는 연합과 저항의 잠재력을 잠식한다.

패트리시아 힐 콜린스(Patricia Hill Collins) 생애의 삽화

콜린스는 자신의 교육적 성공의 경험은 다양한 사회적 상황에서 최초의 혹은 유일한 흑인계 미국인(혹은 여성, 노동자 계급 출신)이라는 대응 경험으로 점철되어 있다고 쓰고 있다. 이러한 상황에서 콜린스는 자신이 다른 배경 출신자들보다 못한 것으로 평가되고 있다는 것을 발견했으며, 교육적 성공은 스스로에게 본래의 흑인 노동 계급 배경과 거리를 두도록 요구한다는 점을 배웠다. 이는 콜린스로 하여금 자신의 주장을 당당하게 말하지 못하도록 하는 심한 긴장 상황을 만들어 내었다.

이러한 긴장에 대한 콜린스의 반응은 사회 이론에 대한 대안적 이해와 이론을 하는 대안적 방법을 찾아 내는 것이었다. 이 프로젝트를 통해 콜린스는 자신이 속한 공동체의 이론적 목소리를 발견하게 되었고, 공동체 안에 자신의 목소리를 위치시킴으로써 자신의 목소리를 주장할 수 있게 되었다. 이는— 『흑인 페미니즘 사상: 지식, 양심, 그리고 임파워먼트』(1990)—에서 절정을 이루는데, 이 책은 폭넓은 찬사를 받은 페미니즘 및 사회 이론의 획기적 저서로, 이 책을 통해 콜린스는 제시 버나드(Jessie Bernard) 상과 C. 라이트 밀즈(C. Wright Mills) 상을 받게 된다. 『흑인 페미니즘 사상』은 사회 이론을 흑인 여성이라는 특정한 집단에 대한 이해로서 제시한다. 이를 통해 종국적으로 콜린스는 잘 알려진 혹은 잘 알려지지 않은 집단들의 다양한 목소리들을 끌어들이고자 한다. 콜린스가 제시하는 것은 인종, 젠더, 계급의 교차에 의한 억압과 그 억압에 대항하는 역사적 투쟁에 대한 이해를 다루는, 공동체에 기반을 둔 사회 이론이다. 이 저서에서 콜린스는 흑인 여성이 진리와 타당성을 평가하는 독특한 인식론을 발견하고 있으며, 페미니즘적 입장의 인식론을 설득력 있게 논증한다.

억압과 특권의 두 벡터를 교차시키면 사람들의 억압 경험의 형식과 강도 양자 있어서 변이를 만들어 낸다. 교차성 관점에서 수행된 수많은 저술과 연구

---

1) **타자화(othering)** 한 집단 구성원을 어떤 준거에 따라 수용불가한 "타자"라고 규정하고자 하는, 피지배 집단 내에서의 규정행위. 이러한 규정행위는 연합과 저항의 잠재력을 잠식함.

들은 사람들의 삶의 구체적 현실이 이들 벡터들의 교차에 의해 형성됨을 보여
준다. 페미니즘 연구자들이 가장 많이 연구한 교차는 젠더와 인종, 젠더와 계급,
그리고 인종, 젠더, 계급이다. 다른 분석들은 젠더와 나이, 젠더와 지구상의 지
리적 위치, 젠더와 성적 선호 등을 포함하기도 한다.

   물적 상황에 대한 반응 속에서 여성들은 지속적인 부당한 권력의 행사에
맞서 저항하고 생존하기 위한 해석과 전략을 창출해 낸다. 교차성 이론의 프로
젝트 중 한 부분은 불평등의 역사적 교차에 의해 생성된, 특정한 삶의 경험에
서 형성된 집단 지식에 목소리를 실어 주고, 이러한 지식의 다양한 페미니즘적
표현을 개발하는 것이다. 흑인 페미니즘 사상 또는 치카나(chicana) 페미니즘을
예로 들 수 있다.

   교차성 이론은 이전 페미니즘 저술들이 북미 사회의 특권 계급 여성주의자
들의 경험과 관심을 반영하고 있음을 비판한다. 이 비판 작업 일부는 포스트모
더니즘 저술과 맥을 같이 하지만, 이러한 일맥상통함을 지나치게 강조해서는
안 된다. 교차성 이론은 페미니즘의 오랜 전통 중 하나다. 이 비판은 우리가 여
성, 젠더, 인종, 그리고 자매애 등의 범주가 의미하는 바가 무엇인가 하는 질문
을 제기했다. 이 비판은 보편적으로 보이는 어머니됨과 가족 등의 경험의 다양
성에 집중하고, 초도로우(Chodorow)의 사회학적·정신분석학적 연구와 같은 이론
적 작업을 재해석했다. 이 비판은 또 백인 페미니즘 연구자들이 이해하는 백인
됨의 정의를 재설정할 것을 촉구했다. 이들은 백인됨을 구성물로 이해하고자
했으며, 백인됨이 특권으로 귀결되는 양상은 어떤 것인지, 인종주의를 줄이기
위해 능동적으로 어떤 일을 할 수 있는지, 보다 포괄적인 페미니즘 분석에 어
떻게 기여할 수 있는지를 연구한다.

   이러한 이론 형성, 연구, 비판의 과정을 통해 교차성 이론은 오늘날의 페미
니즘이 직면한 중심적 주제와 중심적 문제에 도달했다. 이 중심 문제는 특정
여성집단들이 독특한 입장을 공유한다는 가치적, 정치적 태도를 유지하면서 어
떻게 여성들 간의 다양성이라는 분석적 원칙과 경험적 사실을 허용할 것인가
하는 것이다. **견지관점**1)을 설명하면서(제 7 장의 견지관점이라는 상자를 보라)
패트리시아 힐 콜린스는 견지관점이란 이질적인 공통성에 의해 특징지어지는

_____

1) **견지관점(standpoint)** 사회구조 내에 차별적으로 위치한 집단들 안에 체화된 행위자의 시각.

한 집단이 공유하는 세계관이라고 제안한다. 콜린스는 한 집단의 견지관점은 본질주의에 의해서가 아니라 모두 다 한 배를 탔다는 인식으로부터 구성된다고 결론짓는다. 억압과 특권의 벡터들—인종, 계급, 젠더, 나이, 지구상의 지리적 위치, 성적 선호—이 모든 사람의 삶에서 교차하지만, 이들 이론가들은 벡터들이 교차하는 방식이, 공통된 관점이 긍정되는 정도에 영향을 미친다고 주장한다. 이러한 긍정을 촉진하는 요인들 중에는 집단 존재의 시간적 지속성, 집단으로 서의 역사에 대한 감각, 비교적 분리된 공간적 위치, 내적인 사회조직 체계와 억압을 다루는 지식의 발달 등이 있다. 그러나 한 집단의 견지관점은 단일하지 도 않고 상호 침투 불가능하지도 않다. 한 집단이 벡터의 교차로부터 구성된다 는 바로 그 사실은 집단 구성원들이 다양한 자아 감각들 사이를 선회할 수 있 다는 것을 의미한다. 집단 구성원들은 자주 원래의 모집단으로부터 더 큰 사회 로 옮겨 가는데, 이 곳에서 그들은 **내부의 외부인**[1]이 되는 경험을 한다. 게다 가 원래의 모집단은 외부 사상의 침투를 받게 마련이며, 분화되지 않는 것도 아니다. 모집단은 차이에 대한 그 나름의 내적 역동성을 갖고 있으며 심지어 안잘두아가 문화적 경계지역(cultural borderland)이라고 부른 곳에서 구성되었을 수 도 있다. 교차성 이론가들은 교차와 관점의 경험을 개인 안에서 찾는 것이 쉽 기는 하지만, 이러한 환원주의는 개인의 경험을 생산해 낸 불평등한 권력의 역 사적 구조를 제거한다는 점에서, 그리고 정치적 변화에 대한 필요(need)를 모호 하게 한다는 점에서 이론적으로나 정치적으로 위험하다고 경고한다.

변화를 위한 의제를 개발함에 있어, 교차성 이론은 억압된 사람들의 지식 과 그들이 오랜 기간 동안 가지고 있던 믿음과 정의의 평가원칙들에 관심을 갖 는다. 이 이론은 억압된 공동체라는 맥락 안에서 증언하고 저항하고 변화를 위 해 조직화할 필요성을 주장한다. 왜냐 하면 오직 공동체 내에서만 한 사람이 정의—법적 합리성이라는 좁은 틀로서가 아니라, 타인들과 자신에 대한 공정함 과 관심이라는 원리가 사회관계와 사회제도 안에서 작동하는 것으로 이해되는 정의—의 궁극적 승리에 대한 믿음을 지킬 수 있기 때문이다.

---

1) **내부의 외부인**(the outsider whithin) 모집단으로부터 더 큰 사회로 이동할 때 집단 구성원이 자주 하게 되는 경험.

◆ 요   약

1. 페미니즘 이론은 여성 중심적 관점에서 전개된, 사회적 삶과 인간 경험에 관한 일반화된, 광범위한 이념들의 체계다.

2. 페미니즘 이론은 몇 가지 기본 질문을 제기한다. 여성은 어떠한가? 이 모든 것은 왜 이러한가? 어떻게 사회적 세계를 여성과 모든 사람을 위해 보다 정의로운 곳으로 변화시키고 개선시킬 수 있는가? 여성들간의 차이는 어떠한가?

3. 페미니즘 이론의 한 유형은 젠더차이에 초점을 맞춘다.

4. 문화적 페미니즘은 여성됨의 긍정적 측면을 강조한다.

5. 설명적 이론들은 젠더차이의 원천을 생물학, 제도적 역할, 사회화, 사회적 상호작용에서 찾는다.

6. 페미니즘 이론의 두 번째 유형은 젠더불평등에 초점을 맞춘다.

7. 자유주의적 페미니즘은 이성적인 도덕적 행위를 할 수 있는 본질적인 인간 능력에 기초하여 여성들이 남성과의 평등을 주장할 수 있으며, 젠더불평등은 가부장적이며 성차별주의적으로 유형화된 노동분업의 결과이며, 젠더평등은 법, 노동, 가족, 교육, 미디어 등 주요 제도의 재유형화를 통해 노동분업을 변형시킴으로써 이루어질 수 있다고 주장한다.

8. 젠더억압 이론들은 여성의 상황을 남성과 여성간의 직접적 권력 관계의 결과로 기술하는데, 이 권력 관계 안에서 남성이 여성을 통제, 이용, 정복, 억압 하는 것, 즉 지배의 실천에 대해 근본적이고 구체적인 관심을 갖는다.

9. 정신분석학적 페미니즘은 정신의 무의식 혹은 잠재의식에 묻혀 있는 감정, 인성의 감정적 역학을 그려내고, 이를 강조한다. 그리고 이러한 감정의 유형화에 있어서 유아기와 아동 초기의 중요성을 부각시킨다.

10. 급진적 페미니즘은 여성이 여성으로서 절대적으로 긍정적인 가치를 갖는다는 신념에 기반을 두고 있는데, 이는 그들이 여성의 보편적 평가절하라고 부르는 것에 대한 대항으로 주장된 것이다. 이들이 견지하는 또 하나의 신념은 여성은 어느 곳에서나 가부장제 체계에 의해—폭력적으로—억압받는다는 것이다.

11. 구조적 억압 이론은 억압이 어떤 집단의 사람들은 다른 집단의 사람들을 통제하고, 이용하고, 정복하고, 억압함으로써 직접적으로 이익을 취한다는 사실의 결과라는 점을 인식한다. 이 이론들은 어떻게 지배에 대한 관심이 사회구조라는 기제, 즉 사회적 상호작용이 반복적이고 일상화되어 대규모로 체계화된 배열들을 통해 작동되는지를 분석한다.

12. 사회주의적 페미니즘 연구자들은 맑스적 페미니즘과 급진적 페미니즘 사고를 통합하고자 한다.

13. 교차성 이론은 여성들이 다양한 상황에서 다양한 강도로 억압을 경험한다는 이해에서 출발한다. 그 변이에 대해서는, 모든 여성이 젠더에 기초해서 억압을 잠정적으로 경험하기는 하지만, 그럼에도 불구하고 사회적 불평등의 각기 다른 배열들의 다양한 교차에 의해 차별적으로 억압받는다고 설명한다.

◆ 추천도서

Patricia Madoo Lengermann and Jill Niebrugge-Brantley, The Women Founders: Sociology and Social Theory 1830-1930, New York: McGraw Hill, 1998. 오랫동안 별로 다루어지지 않았던 초기 여성 사회학자들의 이론을 잘 소개하고 있다.

Mary Rogers, ed., *Contemporary Feminist Theory: A text/Reader*, New York: McGraw Hill, 1998. 거시적 질서에 대한 페미니즘 시각을 포함하여, 페미니즘 이론의 다양한 측면을 다루는 흥미로운 책.

Patricia Hill Collins, *Black Feminist thought: Knowledge, Consciousness, and Empowerment*, Boston: Unwin Hyman, 1990. 흑인 페미니즘 시각과 관점 이론에 대해 현대의 고전이 되어 가고 있는 역저.

Patricia Hill Collins, *Fighting Words: Black Women and the Search for Justice*, Minneapolis: University of Minnasita Press, 1998. *Black Feminist Thought*의 저자의 후기 이론을 소개한다.

Mary Rogers, ed., *Multicultural Experiances, Multicultural Theories*, New York: McGraw-Hill, 1996. 페미니즘 3세대에 속하는 연구를 다수 담고 있다.

Simone de Beauvoir, *The Second Sex*, New York: Vintage, 1949/1959. 페미니즘 사상사의 고전.

Betty Friedan, *The Feminine Mystique*, New York: Dell, 1963. 자유주의적 페미니즘 전통에 선 근대의 고전.

Nany Chodorow, *The Reproduction of Mothering: Psychoanalysis the Sociology of Gender*, Berkeley: University of California Press, 1978. 정신분석적 페미니즘에 큰 영향을 미친 저서.

Jessica Benjamin, *The Bonds of Love: Psychoanalysis, Feminism, and the Problem of Domination* , New York: Pantheon, 1988. 정신분석적 페미니즘에 입각하여 젠더 지배를 분석한다.

Adrienne Rich, "Compulsory Heterosexuality and Lesbian Experience," in C. R. Stimpson and E. S. Person, eds., *Women, Sex and Sexuality*, Chicago: University of Chicago Press, 1980, pp. 62-91. 급진적 페미니즘의 기본 명제를 소개한다.

제 **9** 장

포스트모던의
거 대
이론들

산업사회에서 탈산업사회로의 전환

증가하는 통치성: 그리고 다른 거대 이론들
　　증가하는 통치성
　　　생애의 삽화: 미셸 푸코
　　다른 거대 이론들

근대성 다음 시대로서의 포스트모던
　　양가성과 더불어 사는 것 배우기
　　　핵심 개념: 포스트모던 사회학; 포스트모더니티의 사회학
　　포스트모던 정치학과 윤리학

소비자 사회의 발흥, 상징적 교환의 상실 그리고 시뮬레이션의 증가
　　생산자 사회에서 소비자 사회로
　　상징적 교환의 상실과 시뮬레이션의 증대
　　　생애의 삽화: 장 보드리야르

소비자 사회와 새로운 소비수단
　　핵심 개념: 황홀경과 꿈의 세계

질 주 학

페미니즘과 포스트모던 사회이론
　　(패트리시아 마두 렝어만과 질 니브루게)

요　　약
추천도서

제 2 장과 제 5 장에서 여러 거대 이론들을 소개했다. 현대 사회와 연관된 대부분의 거대 이론들을 만든 것은 스스로를 근대주의자로 생각하는 이론가들이었다. 이 장에서는 일련의 거대 이론들을(포스트모던 이론가들은 일상적인 주제에 대해서는 비교적 관심이 적은 편이다) 소개하려고 한다. 곧 포스트모던 사회에 대해 다루고 있거나 포스트모던 사회 이론과 관계된 사상가들에 의해 제시된 이론들을 소개할 것이다. 역설적인 것은 포스트모던 이론가들이 근대 거대 이론에 대해 비판적이면서도 결국은 그들과 비슷한 시각을 갖고 있다는 것이다.

산업사회에서 탈산업사회로의 전환

탈산업사회의 도래에 대한 다니엘 벨(Daniel Bell: 1919-)의 저작은 이 책의 제 5 장에서 다루고 있는 근대 거대 이론으로부터 포스트모던 거대 이론으로의 전환이 시작되었다는 것을 느끼게 해 준다. 그는 분명히 근대론자이지만 그가 산업사회와 탈산업사회에 대해 말하고 있는 것과 포스트모더니스트들이 근대와 포스트모던 사회에 대해 말하고 있는 것에는 많은 공통부분이 있다. 그러나 포스트모더니스트의 글들이 비도의적으로 거대 이론적 성격을 드러내는 반면, 근대주의자인 벨은 현대사의 거대한 흐름을 압축적으로 설명하는 것에 대해 거침이 없다. 벨은 또한 탈산업사회의 몇몇 측면들을 강도 높게 비판하고 있다; 대부분의 포스트모더니스트들은 최소한 근대사회와 비교해서는 탈산업사회를 보다 긍정적으로 기술하는 경향이 있다.

산업사회-탈산업사회의 관계에 대한 벨의 주장은 그의 더 큰 이론적 구성 안에서 산업화 이전 사회로부터의 사회변동도 포함한다. 그는 산업화 이전 사회(대부분의 아시아, 아프리카 국가들), 산업사회(서구 유럽 국가들과 러시아)에서 탈산업사회(벨이 이 책을 쓰고 있던 1970년대 초반에는 미국만이 유일한 탈산업사회로 간주되었다)로의 이행을 설명했다. 물론 벨이 이 책을 쓴 이후 30년 동안 많은 변화가 일어났다. 미국은 훨씬 더 많이 탈산업사회로 진전되었고 다른 국가들도 이 방향으로 이행해 왔다(예를 들면 몇몇 서구 국가들과 일본).

탈산업사회

벨의 중요한 관심은 탈산업사회이고 그 사회를 분석하기 위해서 그는 사회를 세 영역으로 구분하였다: 사회구조, 정책과 문화. 탈산업사회의 도래는 우선 사회구조와 몇몇 중요한 사회요소에 영향을 미친다: 경제, 노동 세계, 과학과 기술. 그러나 사회구조에서의 변동은 정치 시스템(정책)과 문화에 보다 중요한 함의를 갖는다.

다음은 **탈산업사회**[1]로의 이행을 나타내 주는 사회구조에서의 주요한 변화들이다:

1. 경제 영역에서 상품 생산에서 서비스 공급으로의 이행이 일어난다. 옷과 철과 같은 상품생산은 줄어들고 햄버거를 팔거나 투자 상담과 같은 서비스가 증가한다. 건강, 교육, 조사 등과 같은 광범위한 영역에서 서비스가 압도적이지만 정부의 서비스는 탈산업사회에 가장 결정적인 것이다.

2. 블루칼라 노동, 육체노동(예를 들어 조립 라인 노동자)의 중요성은 감소하고 전문가(변호사)와 기술 노동(컴퓨터 프로그래머 등)이 늘어나게 된다. 특별히 중요한 것은 과학자(예를 들어 의사나 유전공학자)와 공학자의 증가이다.

3. 탈산업사회에서는 경험적 지식이 아니라 이론적 지식이 근본적으로 중요해진다. 그러한 지식은 기술 혁신의 기본적 원천인 것으로 보인다(예를 들어 인간 게놈 프로젝트에 참여하고 있는 과학자들에 의해 생산되는 지식은 여러 질병을 치료하는 새로운 방법들을 개발하게 될 것이다). 지식의 증가는, 예를 들어 유전공학의 발전에 따라 윤리적 문제들의 해결 필요성이 등장하는 것과 같이, 또 다른 혁신을 요청하기도 한다. 이론적 지식과 파생된 지식의 폭발적인 증가와 그 다양성은 탈산업사회의 도래를 알리는 특징적 징표이다.

---

1) **탈산업사회**(postindustrial society)　상품생산이 아닌 서비스 공급에 의해, 블루 칼라 노동이 아닌 전문적, 기술적 노동에 의해, 경험적 지식이 아닌 이론적 지식에 의해, 그리고 새로운 기술의 창조와 모니터링과 평가와 통제를 위한 새로운 지식기술에 의해 특징지워지는 사회.

4. 탈산업사회는 새로운 기술들의 효과를 평가하려고 노력하고 필요하다면 그
   들을 통제하려 한다. 희망적인 것은 예를 들어 핵 발전소를 더 잘 모니터링
   할 수 있는 지식을 잘 발전시킴으로써 쓰리 마일 섬이나 체르노빌과 같은
   곳의 사고를 조금 더 잘 예방하는 것이다. 더 안전하고 더 확실한 기술 세
   계를 만드는 것이 그 목적이다.

5. 그러한 평가, 통제와 보다 일반적으로는 탈산업사회의 급격한 복잡성 증가
   를 잘 다루기 위해 새로운 지식기술들이 발전되고 활용된다. 그러한 지식
   들에는 인공 지능, 게임 이론 그리고 정보화 이론 등이 포함된다.

6. 탈산업사회에서는 과학자들과 그들이 만든 새로운 지식들 사이에 새로운
   관계들이 형성된다. 과학적 연구가 제도화되고 새로 발명된 과학에 의한
   산업이 출현하게 된다. 과학과 기술 혁신의 융합, 기술의 체계적인 발전은
   탈산업사회의 기본이다. 따라서 대학과 대학생들에 대한 수요가 증가한다.
   사실 대학은 탈산업사회에서 결정적인 역할을 맡게 된다. 대학은 극적으로
   새로운 기술들을 만들어 내고, 파악하고 통제할 수 있는 전문가들을 길러
   내게 된다.

사회 형태들의 차이점들

탈산업사회를 기술한 다음, 벨은 탈산업사회와 산업화 이전 사회 그리고 산
업사회의 차이점을 다음과 같이 요약하고 있다.

1. 산업화 이전 사회에서는 농부, 광부, 어부와 비숙련 노동자들, 산업사회에서
   는 반숙련 노동자들과 기술자들이, 그리고 탈산업사회에서는 전문가와 기
   술 과학자들이 직업적으로 주축을 이루게 된다.

2. 세 종류의 사회는 각각 다른 종류의 도전을 받는다. 산업화 이전 사회에서
   는 광산, 바다, 숲, 농토와 같은 자연으로부터 무엇인가를 얻어 내야 한다는
   것이 도전이다. 산업사회에서의 도전은 보다 잘 숙달된 협동, 계획, 프로그
   램과 조직으로 기계를 다루어야 한다는 것이다. 탈산업사회에서의 주된 도
   전은 다른 사람들이다. 어떤 사람들은 다른 사람들에게 서비스를 제공하고

서비스를 제공하는 사람들은(그들은 전문가들이다) 서비스를 제공받는 사
람들보다 더 많은 정보와 지식을 가지고 있는 것이 보통이다. 이것이 그들
의 고객과의 관계에서 큰 이익을 가져다 준다.

3. 산업화 이전의 사회에서는 지주와 군인이 권력을 가지고 있고 그들은 직접
적인 폭력을 통해서 권력을 행사한다. 그들은 정치가들에게 영향을 끼치는
방법으로 간접적으로 그 힘을 행사하고 있기는 하지만, 산업사회에서 기업
가들은 가장 큰 힘의 몫을 배분받고 있다. 탈산업사회에서는 과학자들과
연구자들이 전면에 등장하고 그들은 기술과 정치력의 균형을 추구한다.

문　　화

이러한 모든 것들은 탈산업사회에서 일어나고 있는 사회구조에 초점을 맞
춘 것들이다. 그러나 벨은 이미 언급한 것처럼, 정책과 특히 문화에 관심을 갖
고 있었다. 벨이 가장 많은 관심을 가지고 있었던 것은 탈산업사회에서 사회구
조와 문화가 근본적으로 다른 원리에 토대하고 있다는 것이다. 경제적인 사안들
과 밀접한 연관을 갖고 있는 사회구조는 합리성과 효율성에 의해 지배되고 있
지만, 문화는 비합리성, 자기실현, 자기만족에 의해 지배되고 있다. 이렇게 탈산
업사회에서는 자기 규제, 제한 그리고 연기된 만족 등과 같은 케케묵은 생각들
에 의해 지배되는 사회구조와 쾌락주의로 특징지어지는 문화적 영역간 갈등이
존재한다.

이러한 맥락에서 벨은 명시적으로, 충동, 쾌락, 자유 그리고 에로티즘과 같
이 비합리적이고 향락적인 것들과 연관되어 있는 포스트모더니즘에 대해 비판
적이다. 분명하게 문화는 효율성과 합리성에 의해 지배되는 사회구조와 잘 맞지
않는다. 벨의 용어로 이것은 사회구조와 문화를 분리시키고 이러한 상황은 사회
혁명에 알맞은 상황을 만들어간다.

비록 벨이 여러 포스트모더니스트들과 잘 맞지 않기는 하지만 소비 사회의
등장을 중요하게 취급하고 있다는 면에선 다른 포스트모더니스트들과 다를 바
없다. 대량 생산이 이루어지고 모든 종류의 상품들이 판매됨에 따라 쾌락주의가
최소한 부분적으로는 검약과 금욕주의를 대체하고 있다. 전통적인 가치들은 사

라져가고 쾌락, 놀이, 재미와 대중적 포장과 같은 것들에 관심이 집중되고 있다. 모더니스트이고 보수주의자인 벨은 일련의 포스트모던적 변화들과 그것이 사회에 제기하는 여러 징조들에 의해 위협당하고 있는 셈이다.

증가하는 통치성:
그리고 다른 거대 이론들

어떤 이들에게 미셸 푸코(Michel Foucault: 1926-1984)는 포스트모던 사회 이론의 선구자인 반면, 다른 어떤 이들에게 그는 그것의 주요한 실천가들 중 한 명이다. 어느 경우에나 그가 사회이론을 진지하게 고민하는 사람들 모두가 숙고할 필요가 있는 중요한 거대 이론을 제시했다는 것은 분명하다.

푸코의 거대 이론이 근대의 거대 이론들과 확실히 구별되는 한 가지는 그가 대부분의 근대 거대서사들에서 절대적으로 중요한 구성요소로서의 시간의 연속성을 고려하지 않거나 적어도 강조하지 않는다는 것이다. 푸코는 다른 모더니스트들이나 합리성 이론에서 베버가 한 것처럼 역사가 단선적이고 단일방향성의 방식으로 전개되어 가는 것으로 보지 않았다. 아래의 설명은 푸코의 거대 이론과 모더니스트들의 거대 이론 간의 몇몇 차이점이다:

1. 모더니스트들이 사회적 발전의 원천 또는 기원을 파고든 반면 푸코는 시간 속의 다양한 관점들에서 사회적 현실들을 묘사하고 분석하고자 했다. 기원을 찾는 것은 해답을 찾는 것과 유사한데, 포스트모더니스트들은 해답을 얻는다는 사고를 거부했다. 그들은 답을 찾는 것보다는 계속적인 질문을 제기하는 것에 더 많은 관심을 가졌다; 모더니스트들이 해답(또는 기원)을 찾는데 반해 그들은 생동감 있는 지적 대화의 지속에 더 많은 관심을 가졌다. 근대에서는 일단 이론가들이 해답 또는 기원을 찾았다고 주장하면, 결국 그 논제는 종결되었다고 보여졌다.

2. 모더니스트들이 일관성(coherance)을 강조한 반면, 푸코는 비일관성에 초점을
   뒀다. 달리 이야기하자면, 모더니스트들은 시간의 흐름을 넘어 사물들이 지
   속되는 것에 관심을 둔 반면, 푸코는 모든 역사적 시간 속에 존재하는 내부
   적 모순에 관심을 가졌다.
3. 시간에 따른 발전의 연속성을 강조한 모더니스트들과는 대조적으로 푸코는
   사회사를 특징짓는 비연속성, 파열, 갑작스런 뒤집힘을 강조한다. 역사적
   발전은 균일적, 일관적, 단일방향적으로 일어나지 않으며 밀물과 썰물이 있
   다; 뒤로, 옆으로 그리고 때로 앞으로 전진하는 다양한 역사적 운동들이 존
   재한다.

증가하는 통치성

변동에 대한 이러한 일반적인 관점의 맥락에서, 푸코는 그가 **통치성**[1]라 불
렀던 것의 변화하는 성질 또는 그것이 사람들에게 영향력을 행사하게 되는 구
체적 실천과 기술들에 관심이 있었다. 통치성의 가장 명백한 형태는 국가가 국
민들에게 행하는 것에서 보여진다. 푸코의 통치성에 대한 접근의 특이성은 그가
국가와 연관되지 않은(사회과학과 사회과학자들을 포함한) 매개자와 행위자들에
의해 행해지는 통치성의 방식에 관심을 가지고 있었다는 것이다. 그의 연구의
또 다른 독특한 점은 그가 사람들이 스스로를 통치하는 방식에 대해 관심을 가
지고 있었다는 것이다. 이러한 개념화에 일관된 방향성이 적용되지는 않지만,
이러한 점들은 푸코의 구체적인 작업들 안에서 확인할 수 있다.

감시와 처벌

비정부적인 통치성에 대한 푸코의 관심이 가장 잘 드러나는 것은 그의 책
『감시와 처벌』에서이다. 이 저작에서 그의 주된 관심은 1757년에서 1830년대
사이의 감옥 시스템이었는데, 여기서 그는 범죄자 개인에 대한 고문에 의한 통

---

1) **통치성**(governmentality) 사람들에게 행사되는 통제의 실천과 기술.

제가 감옥 규칙에 의한 통제로 대체되어가는 역사적 과정을 관찰하였다. 그는 이러한 변화를 그때 그때의 상황에 맞추어 일어나는 발전으로 보아 단일방향적이라고 보지는 않는다. 그럼에도 불구하고 처벌의 한 형식으로부터 다른 형식으로의 이행에 대한 일반적인 경향은 존재한다. 이러한 변화는(모더니스트들에게는) 진보적 발전으로 해석되었다. 고문으로부터 규칙에 기초한 통제로의 이행은 대부분의 관찰자들에게 범죄자들의 처우에 있어 인권의 진보로 보여졌다. 대체로 처벌은 좀더 인정적이고 덜 고통스러우면서 덜 잔인해지고 있는 것으로 여겨졌다.

그러나 푸코의 시각으로 볼 때 실제로는 이 시스템을 통해 범죄자들을 처벌하는 능력이 훨씬 더 증가되었다.

먼저 새로운 처벌방법의 부정적 부작용이 보다 적다. 이전에 죄수들은 공개고문을 당해 왔으나 문제는 이러한 방법이 범죄적 행위, 폭동 그리고 모반의 스펙타클을 바라보는 대중을 자극하는 경향이 있다는 것이다. 공개적 고문 장면에 의해 흥분된 사람들은 권력의 모든 행위들이 반사회적이고 그들과 그들의 지위를 위협하는 것으로 여기는 경향이 생긴다. 반대로 죄수들에게 규칙을 강요하는 것은 일반적으로 감옥 안에서 일어나는 일이고 만약 그렇지 않다 하더라도 대중을 자극할 가능성은 거의 없었다.

규칙의 강요는 고문에 비해 아주 많은 장점을 가진다. 첫번째로, 규칙의 강요는 일탈과정에서 훨씬 더 빨리 행해질 수 있다; 사람들은 그들이 일탈행위에 물들고 있다고 생각하기도 이전에 그 규칙들에 의해 훈육될 수 있고 그들이 이러한 규칙들을 일탈로의 경향에 대한 첫번째 경고로 읽을 수도 있다. 반대로 고문은 일탈행위 내지는 그 행위들이 반복적으로 나타난 이후에나 행해질 수 있다.

덧붙여 규칙의 강요는 고문보다 훨씬 더 자주 행해질 수 있다; 규칙들은 교육 그리고 재교육될 수 있다. 그러나 고문은 심각한 부상을 야기하거나 병신이 되게 하거나, 심지어는 사망에 이르게 할 수도 있기 때문에 특정 일탈자에게 반복 실행될 수 없다. 나아가 고문이 보다 자주 실행될수록, 그것을 지켜보는 사람들이 그들 스스로 일탈적 행위에 관여하게 될 가능성도 커진다.

세 번째로, 규칙의 강요는 합리화와 관료제화와 밀접히 관련된다. 몇 가지만 말하자면 규칙의 강요는 고문보다 더 효과적이고 더 비인격적이며 더 냉정하고 더 일관성이 있다. 다시 말해 고문은 비효율적일 수 있고(그것은 죄수를 보다 강력한 통제 아래 놓이게 하기보다는 오히려 그를 화나게 할지도 모른다); 매우 개인적일 수 있다(채찍을 사용하는 사람이 희생자에게 개인적 원한을 풀려고 할 수도 있다); 그것은 고문하는 사람, 고문당하는 사람 그리고 이 모든 일의 목격자 모두를 매우 감정적으로 만들 수 있다; 그리고 고문은 누가 채찍을 사용하는가에 따라 공격성의 정도가 매우 가변적이다.

마지막으로 그리고 아마도 가장 중요하게는 규칙의 강요는 훨씬 넓은 영향력의 범위를 가진다. 전체인구를 고문하는 것은 거의 불가능하지만 규칙에 의거한 통제는 전체 인구에 걸쳐 영향력을 행사할 수 있다. 전체 인구를 통제하는 이러한 능력은 일상적 토대 위에서 사람들을 감시할 수 있는 능력에 기초한다. 그런데 푸코의 관점에서 권력과 감시는 단일한 포괄적인 권력 체계의 부분이 아니며, 표면적으로는 독립적인 수많은 작은 장치들에 의해 행해지는 것이다. 따라서 권력과 감시가 사람들에게 행해지는 무수히 많은 지점들이 있으며, (단일한 포괄적 권력체계 이론에 반대하는) 푸코의 이론적 시각에서 볼 때 이 모든 지점들에서 권력과 감시가 발생할 가능성이 항상 존재한다. 통제력을 행사하고 전체 인구를 관찰하려는 사람들에게 다음의 세 가지 기초 도구들이 유용하다.

관찰과 통제의 도구들

첫 번째는 **위계적 관찰**[1] 또는 관리자가 조직의 꼭대기 또는 그 근처에서 단번에(a single gaze)으로 그들이 통제하는 전체를 관찰할 수 있는 능력이다.

이러한 맥락에서 널리 알려진 푸코의 **판옵티콘**[2]에 대한 논의가 나오게 된다. 판옵티콘은 권력을 가진 누군가(예컨대 교도관)에게 집단의 구성원들(예컨대 죄수들)에 대한 완벽한 관찰 가능성을 허용하는 구조물이다. 사실상 관리자가 반드시 구조물 내에 있어야 할 필요는 없다; 관리자가 그 곳에 있을지도 모른다는 단순한 가능성이 사람들로 하여금 그들에게 기대되어지는대로 행동하도록

---

1) **위계적 관찰**(hierarchical observation) 　 조직의 꼭대기 또는 그 근처에서 단번에 그들이 통제하는 전체를 관찰할 수 있는 관리자의 능력.
2) **판옵티콘**(panopticon) 　 권력을 가진 누군가(예컨대 교도관)에게 집단의 구성원들(예컨대 죄수들)에 대한 완벽한 관찰 가능성을 허용하는 구조물.

만든다. 예를 들어 판옵티콘은 원형의 감옥으로 둘러싸여진 망루의 형태를 취할지도 모른다. 망루 안의 감시자들은 그들의 존재가 죄수들에게 가시적이든지 그렇지 않든 간에 망루에서 모든 감방들을 관찰할 수 있다. 만약 간수가 근무 중이고 그들 주변에서 발생하는 일들을 관찰하고 있다면 망루는 간수에게 완벽한 감시의 가능성을 부여한다. 보다 중요한 사실은 심지어 간수들이 망루에 없거나 감방들 안에서 벌어지는 일들을 관찰하지 않는 경우에도 그들이 커다란 권력을 가진다는 것이다. 그 이유는 피수용자들이 망루 안을 들여다 볼 수 없으며 따라서 그들이 감시당하고 있는지 아닌지를 알 수 없다는 데 있다. 그러나 감시받고 있다는 항상적 가능성 때문에 그들은 간수들이 꽤 오랜 시간 동안 부재하거나 태만할지라도 기대되는 대로 행동하게 된다. 간수들은 아무것도 할 필요가 없다; 죄수들은 그들이 간수들에 의해 감시당하고 있을지도 모른다는 두려움 때문에 그들 스스로를 통제할 것이다. 판옵티콘 그리고 그것의 변형된 형태들은 푸코가 **규율사회**[1]라고 말하는 것의 기초개념이다.

　　그의 요점은 많은 공간들에서 다양한 방식들로 우리가 감시당할 수 있다는 것으로 그 결과 우리는 우리 스스로를 통제하고, 문제를 야기할지도 모르는 행동에 연루되는 것을 회피한다는 것이다. 컴퓨터의 경우를 들어보자. 인터넷상에서의 우리 행동이 감시되어질 수 있는 다양한 방법들이 존재하므로 그 결과 우리는 우리 스스로가 특정 웹사이트들(예를 들어 포르노에의 접속을 허용하는 사이트들)에 접속하는 것을 감시하고 통제한다. 일터에서 우리는 전자상거래 사이트에 접속하고 쇼핑을 할 수도 있지만 그렇게 하지 않는다. 왜냐하면 상사가 우리의 컴퓨터와 우리가 방문하는 웹사이트들을 감시할 가능성이 있다고 생각하기 때문이다.

　　판옵티콘은 그것을 건설하고 그 안에서 감시 지위를 차지하고 있거나, 감시 지위를 차지하고 있는 하급자를 둔 상위계층의 관리자를 포함하는 위계적 권력의 구체적 예이다. 이런 관리자들에는 하급자들의 행위를 감시할 수 있는 인터넷 등과 같은 새로운 기술들을 창안하고 통제할 수 있는 사람들이 포함된다. 아주 일반적으로 위계적 관찰은 단번에 그들이 통제하는 모두를 감시할 수 있는 감독자의 능력을 포함한다.

---

1) **규율사회**(disciplinary society) 구성원들에 대한 통제가 일상적인 사회.

규율 권력의 두 번째 도구는 **정상성 판단[1]**을 내리고 거기에서 벗어나는 사람들을 처벌할 수 있는 가능성이다. 권력자들은 다양한 측면에서 무엇이 정상이고 무엇이 비정상인지를 결정할 수 있다.

거기에서 벗어나는 사람들은 비정상으로 판단되어 관리자들 또는 그들의 대리인들에 의해 처벌받을 수 있다. 예를 들어 관리자들은 시간에 초점을 두어 지각하는 사람들에 대해 정상성 판단을 내릴지도 모른다. 또는 그들은 태도를 관찰하여 기대되는대로 행동하지 않는 사람들을 처벌할지도 모른다. 예를 들어 학생들은 수업 중에 주위를 집중할 것이 요구된다; 태만한 학생들은 벌을 받을 것이다.

마지막으로 관리자들은 종속된 자들을 관찰하고 그들이 하고 있는 일을 판단하는 방법으로 **검사[2]**를 이용할 수 있다. 이것은 다른 두 가지 방법들(위계적 관찰과 정상성 판단)을 포함한다. 검사는 종속된 자들을 자세히 조사하고 그들이 한 일을 평가하는 하나의 방법이다. 검사는 주어진 환경에서 권위를 가진 사람들에 의해 행해지고, 무엇이 충분한 점수인지 아닌지에 관한 정상성 판단을 포함한다. 검사를 보통 학교와 연관시키지만, 우리는 또한 푸코에 의해 논의되고 있는 검사의 양상들을 정신병원과 정신과 의사들의 진료실에서 그리고 병원과 의사들의 진료실에서, 그 외 다양한 작업장들에서도 발견할 수 있다.

증가하는 규율 권력

푸코의 가장 널리 알려진 관점은 규율권력의 새롭고 보다 나은 방법들의 고안으로 사람들을 처벌하는 우리의 능력은 감소하지 않고, 외려 증가하였다는 것이다. 고문은 잔혹했을지는 모르지만, 그 순간에 한정된 것이었다. 규율권력은 앞에서 논의된 대로 언제 어디서나 우리에게 영향을 미친다. 우리는 끊임없이 감시당하고 판단되어진다. 만약 우리가 권력자들의 눈에 부적절한 행동을 했다

---

1) **정상성 판단(normalizing judgments)** 권력자들은 다양한 측면에서 무엇이 정상이고 무엇이 비정상인지를 결정할 수 있다. 거기에서 벗어나는 사람들은 비정상으로 판단되어지고 관리자들 또는 그들의 대리인들에 의해 처벌받을 수 있다.

2) **검사(examinations)** 종속된 자들을 관찰하고 그들이 한 일을 평가하는 하나의 방법. 그것은 종속된 자들에 대해 자세히 조사하고 그들이 한 일에 대해 평가하는 것을 포함한다; 그것은 주어진 환경에서 무엇이 충분한 점수인지 아닌지에 관한 정상성 판단을 내릴 수 있는 권위를 가진 사람들에 의해 행해진다.

면 우리는 처벌을 받게 될 것이다. 따라서 처벌의 관대화와 인간화가 이루어진 것은 아니다. 오히려 처벌은 보다 널리 퍼져 있고 보다 교활해졌다.

그런데 푸코는 거대 이론을 거부하면서도 그것을 다른 어떤 것으로 대체한 것처럼 보인다. 이것은 어느 정도 사실이다. 그의 여러 연구들에서 푸코는 분명 거대 이론을 제공했으나, 또한 동시에 모더니스트들의 거대 이론들에서는 발견되지 않는 방식으로 그들을 경계하고 조율한다. 예를 들어 모더니스트는 사회 각 부분들에 영향을 미치는 다양한 변화들을 보다 획일적인 방식으로 보는 경향이 있었지만, 푸코는 사회를 관통하면서 "몰려다니는 군집"(swarming) 규율에 대해 썼다. 이는 이 과정이 사회의 특정 부분들에만 영향을 미치거나, 어떤 때는 몇몇 부분들에 그리고 다른 어떤 때는 또 다른 부분들에 영향을 미칠 수도 있다는 것을 암시한다. 따라서 베버의 철장(iron cage)과 같은 것을 고안하는 대신에 그것이 규율사회의 확장과 전개에 따라 다른 조건들에서는 덜 영향을 미치거나 영향을 미치지 않는 세상의 규율 중심들의 조각보(패치워크)를 상상한다. 이러한 생각은 **감옥섬**1)이라는 개념에 이르게 된다. 푸코는 규율이 보다 많게 또는 보다 적게 부재하는, 바다 한가운데 떠 있는 규율의 여러 섬들을 관찰한다.

규율사회의 뿌리는 감옥에서 찾아볼 수 있지만 푸코에 의해 발전된 이론과 실천 그리고 기술들에 따르면 그것은 사회의 여러 다른 부분들—예를 들어 학교, 병원 그리고 병영—에 스며들어 있다. 그 결과 그는 점점 더 많은 환경들이 감옥과 유사해진다고 본다. 이것이 통치성의 본질적 변화와 통치성의 증가와 관련된 푸코의 거대 이론의 중심에 있는 감옥섬과 감옥사회 개념의 출현을 알려준다.

---

1) **감옥섬(carceral archipelago)**   사회 여기저기에 규율권력이 몰려다니며 군집되어 있다는 생각으로부터 도출된 사회의 이미지. 이는 이 과정이 사회의 특정 부분들에만 영향을 미치거나, 어떤 때는 몇몇 부분들에 그리고 다른 어떤 때는 또 다른 부분들에 영향을 미칠 수도 있다는 것을 의미한다. 따라서 그것은 규율권력의 확장과 전개에 따라 다른 조건들에서는 덜 영향을 미치거나 영향을 미치지 않는 세상의 규율 중심들의 조각보(패치워크)를 암시한다.

미셸 푸코(Michel Foucault)
생애의 삽화

푸코의 마지막 작업들 가운데 3부작은 성(sex)에 몰두되었다: 『성의 역사』(1976), 『자기배려』(1984), 그리고 『쾌락의 활용』(1984). 이러한 연구들은 성에 관한 푸코의 평생에 걸친 강박증을 반영한다. 푸코 생애의 상당부분이 이러한 강박증 특히 그의 동성애와 가학피학성변태성욕에 의해 영향을 받았던 것으로 보여진다. 1975년 샌프란시스코를 여행하는 동안에 푸코는 그 도시의 활발한 게이 공동체를 방문하고는 깊이 매료되었다. 푸코는 그 당시 그곳의 형편없는 남자공중목욕탕(bathhouses)에서 번성했던 비인격적인 난교에 마음이 끌렸던 것으로 보인다. 이러한 환경과 활동들에 대한 그의 관심과 참여는 "불가항력적인 것, 입에 담기도 어려운 지저분한 것, 싸구려인 것, 마취시키는 것, 황홀경"에 대한 일생에 걸친 관심의 일부분이었다(J. Miller, 1993: 27에서 인용). 다시 말해 그의 삶(그리고 그의 연구)에서 푸코는 이러한 남자공중목욕탕과 그 주변에서 일어났던 비인격적인 가학피학성변태성욕 활동들과 같은 (그를 포함하여 의도적으로 그들의 마음과 몸을 그러한 한계 지점에 밀어 넣은 사람들의) "한계경험들"에 깊은 관심을 가졌다. 그러한 한계 경험들을 통해서 많은 개인적이고 지적인 약진과 새로운 돌파구 마련이 가능해진다는 것이 푸코의 신념이었다.

성은 한계 경험들과 관련되어 있고 다시 이 두 가지는 죽음에 관한 그의 견해와 관련되어 있다: "내가 진정한 즐거움이라고 생각하는 것은 아주 깊고 강렬하고 압도적인 것이어서 내가 대항할 수 없는 어떤 것이다 … 완벽한 절대적 즐거움 …, 그것은 나에게 죽음과 관련되어 있다"(푸코, J. Miller, 1993: 27에서 인용). 그가 1983년 가을에 동성애가 에이즈와 깊이 관련되어 있다는 것을 알았을 때에도 그는 샌프란시스코의 남자공중목욕탕의 비인격적인 성에 다시 몰입했다: "그는 매우 심각한 에이즈에 걸렸다 … 그가 마지막으로 샌프란시스코에 갔을 때 그는 이것을 하나의 '한계경험'으로 여겼다"(J. Miller, 1993: 380에서 인용).

푸코는 1975년 봄 죽음의 계곡(Death Valley)의 자브리스키 포인트(Zabriskie Point)에서도 한계경험을 했다. 거기서 푸코는 처음으로 환각제(LSD)를 시도했고, 약물이 그의 정신을 극한으로 밀어냈다: "하늘이 폭발했다 … 그리고 별들이 내게로 쏟아져 내리고 있다. 나는 이것이 사실(true)이 아니라는 것을 알지만, 이것은 진실(Truth)이다"(J. Miller, 1993: 250에서 인용). 눈물이 그의 얼굴에 흘러내릴 때 푸코가 말했다. "나는 아주 행복하다 … 오늘 밤 나는 나 자신에 대한 새로운 시각을 얻었다 … 이제 나는 나의 성애(sexuality)를 이해한다 … 우리는 다시 고향(home)으로 돌아가야만 한다"(J. Miller, 1993: 251에서 인용).

미시권력

푸코의 거대 이론이 모더니스트들의 관점과 구분되는 또 다른 지점: 푸코는 권력의 보편적 힘에 대항하는 힘뿐만 아니라 각각의 권력환경 내에서의 저항적 힘에 대해서도 충분히 고려한다. 무수한 반대, 대립 그리고 저항 지점들이 있다. 권력 환경들의 총체적인 과정들은 항상 도전받고 있고 계속적인 테스팅에 의해 재형성되어진다. 이것이 우리가 권력환경을 철장으로 바라볼 수 없는 또 다른 이유이다. 끊임없이 계속되는 도전은 권력구조를 지속적으로 바꾸어 낸다. 이 과정에서 그가 **미시권력**[1])이라고 부르는 것에 대한 그의 관심 일부가 보여진다.

다른 거대 이론들

광기와 문명

이런저런 세밀성에도 불구하고, 『감시와 처벌』에서뿐만 아니라 푸코의 다른 연구들에서도 거대 이론적인 면모를 느낄 수 있다. 예를 들어 『광기와 문명』(*Madness and Civilization*)에서 푸코는 광기와 정신의학간의 관계의 역사를 연구한다. 범죄에 대한 점점 증가하는 인도주의적 대처와 관련한 그의 비판과 같은 맥락에서 푸코는 지난 몇 세기들에 걸쳐 우리가 목격했던 정신의학 그리고 정신의학 관련시설들(정신병원)의 증가, 광인들에 대한 과학적, 의료적 그리고 인도주의적인 치료의 증가와 관련해 근대적 거대 이론에 도전한다. 그는 제정신이 아닌 사람들을 분리해 내고 그들을 억압하고 제지하는 제정신인 사람들 그리고 그들의 대리인들의 능력의 증가를 관찰한다(그리고 이것은 정신병과 관련한 모든 생각에 대한 중대한 질문을 함축한다). 1960년대 저술 당시, 푸코가 정신병자들이 보내져 종종 비참하게 다루어졌던, 당시에 널리 퍼져있던 정신병원들과 시설들에 대해 생각하고 있었다는 것은 분명하다. 그는 또한 정신의학자들, 심리학자들 그리고 다른 정신보건관계자들이 심리학적 문제들에 대해 행사하는 권력에 대해서도 생각하고 있었다.

---

1) **미시권력(microphysics of power)** 권력이 미시적 수준에도 존재하고, 권력이 행사될 때뿐만 아니라 그것의 행사가 도전받을 때에도 작동한다고 보는 시각.

1960년대 이래로 우리는 정신병의 **탈제도화**[1]를 목격했다. 많은 정신병 치료 기관들이 문을 닫았고, 1960년대에 존재하던 억압의 많은 유형들이 사라졌다. 그러나 그것은 다른 형태들에 의해 대체되었다. 예컨대 정신적으로 문제가 있는 많은 사람들이 방랑하게 되면서 그들이 오늘날 우리가 생각하는 노숙자 또는 부랑자가 되었다. 다음으로, 정신병원으로부터 해방된 많은 사람들 또는 당시 탈제도화의 영향으로 정신병원에 보내진 적이 없었던 사람들에게는 그들의 정신적 그리고 종종 신체적 기능에도 강한 통제력을 발휘하는 향정신제 약물투약 이라는 무거운 의무가 부여되었다. 결정적으로는 푸코가 예상했던 것처럼 정신적으로 문제가 있다고 생각되는 많은 사람들(그리고 그 밖의 많은 사람들)은 스스로 그들의 정신상태를 판단하도록 강요받게 되었다.

이러한 내면화된 통제는 여러 의미에서 가장 억압적인 통제의 형태이다. 예컨대 사람들은 정신의학자들과 같은 대리인들이 외부에서 접근할 때보다 훨씬 더 많이 그들의 가장 깊은 부분의 생각들에까지 접근할 수 있다. 그리고 정신의학자들은 때때로 소극적 판단을 내릴 수 있는 반면에 개인들은 그들 스스로를 끊임없이 판단할 수 있다. 결국 우리는 『광기와 문명』에서 『감시와 처벌』에서와 같은 근대적 거대 이론에 대한 비판과 그러한 유형의 이론을 보다 비판적이고 포스트모던한 또 다른 형태로 대체시키는 아마도 비의도적인 동일한 경향을 발견할 수 있다.

성애(sexuality)의 거대 이론

성에 관한 푸코의 후기 연구들에서는 다소 다른 경향이 보여진다. 『성의 역사』는 빅토리안이즘이 성의 억제, 특히 성에 관한 담론의 억제를 결과했다는 근대적 거대 이론을 비판한다. 그도 당시 성이 억눌렸던 것으로 보았지만, 그들과는 반대 입장에서 빅토리안이즘이 결과적으로 성에 대한 담론의 폭발을 이끌었다고 주장했다. 빅토리안이즘의 결과로 성에 관한 더 많은 분석들, 현황파악, 분류화, 특정화 그리고 인과적, 양적 연구들이 이루어졌다. 또 한번, 푸코는 하나

---

1) **탈제도화(deinstitutionalization)** 1960년대에 시작되었고 새로운 약물치료법들에 의해 가능해졌던 많은 정신병 치료기관들의 폐쇄와 그들 자신의 의지를 위임했던 환자들의 대규모 방출을 포함하는 일련의 과정을 말하는 것으로 이후 사회에서 다른 형태로 존재하게 됨.

의 거대서사를 비판하면서 표면적으로는 그 자리에 다른 것을 끼워 놓는다. 그러나 이전의 사례들에서 근대적 입장들이 보다 큰 자유를 강조하고 푸코가 보다 큰 구속을 이야기했던 반면에 이 경우에는 근대적 입장이 증대된 억제에 초점을 두는 반면 푸코는 성담론의 보다 큰 자유를 관찰한다.

　　성애에 관한 보다 많은 담론들을 경험하고 있는 상황에 덧붙여 우리는 많은 특정한 환경들에서 권력에의 저항뿐만 아니라 성애에 관해 권력을 행사하려는 증대된 노력들을 목격하고 있다. 18세기 초부터 사회적으로 죽음의 통제로부터 삶의 전반, 특히 성(sex)의 통제로의 전환 노력이 있었다. 이것은 두 가지 형태를 취했다. 첫번째는 개인에 초점을 둔 것으로 인간의 몸, 특히 성적 실천과 연관된 것에 강한 규율 마련에 대한 노력을 포함했다. 두 번째는 전체로써의 인구에 초점을 둔 것으로 인구증가, 건강, 기대수명 등등을 통제하고 조정하는 노력을 포함했다. 성을 통제함으로써 사회는 개인과 종으로서의 인간 모두를 통제할 수 있었다. 푸코는 이러한 억압에 대해 근심을 가지고 있었음에도 불구하고, 몸, 성 그리고 쾌락에서 희망을 보았다. 그는 그것들을 통해 사람들이 그들의 성뿐만 아니라, 그들의 삶 자체에 대한 통제 가능성을 회복할 수 있다고 믿었다.

　　결과적으로 성애에 대한 증가하는 억제에 관한 근대적 거대 이론에 대한 그의 거부에도 불구하고, 푸코의 연구들에서도 몇몇 측면에서 거대 이론적인 면모가 보여진다.

근대성 다음 시대로서의 포스트모던

　　지그문트 바우만(Zygmunt Bauman)은 근대 세계의 식견 있는 분석가였을 뿐 아니라, 포스트모던 세계의 도래에 대해서도 많은 통찰력을 제공했다. 그는 근대적 사회학의 논제에 관해서만 아니라 포스트모던 사회학과 포스트모더니티의 사회학적 주제들도 다루었다(핵심 개념 상자: 포스트모던 사회학; 포스트모더니티의 사회학을 보라).

그의 연구의 어떤 면을 강조하고자 하느냐에 따라, 그는 근대 사회 이론가로도 포스트모던 사회 이론가로도 생각되어질 수 있다. 여기서 우리의 관심은 포스트모더니즘에 관한 바우만의 연구에 집중되어 있다.

양가성과 더불어 사는 것 배우기

양가성(ambivalence)은 근대성의 특유한 생산물이지만, 양가성을 그대로 수용하고 더불어 살아가는 것에 대한 학습을 통해 이 문제의 극복 가능성을 보여주는 것은 오히려 포스트모더니즘이다. 사실 바우만은 포스트모더니티를 양가성을 제거하고자 했던 근대성과는 반대되는 것으로 정의한다. 그러나 양가성과 더불어 살아가는 것을 배우는 것 그리고 이를 통해 문제들의 원천으로서의 그것을 제거하는 것에 성공한다 하더라도(그리고 그것이 분명하다 할지라도), 포스트모더니즘은 다른 범주의 문제들을 생산할 여지가 많다. 따라서 바우만에게 포스트모더니티는 걱정이 되기도 하고 흥분이 되기도 하는 어떤 것이다; 그것은 새로운 가능성들과 새로운 위험들을 함께 연다. 대부분의 포스트모더니스트들이 포스트모던 사회에 대해 굉장히 비관적이라는 것에 주목해야 한다. 예컨대 야만주의(예: 옛 유고슬라비아에서의 인종청소)는 포스트모더니즘과 관련되어 있는 것으로 생각된다.

포스트모더니티는 양가성을 제거하는 법을 찾기보다는 세상의 혼란을 수용한다; 포스트모더니티는 세상에 질서를 강요하지 않는다. 예를 들어 포스트모던 세계는 이방인을 더 쾌히 받아들인다. 전체적으로 보아 차이를 용인하는 좀 더 관용적인 세계이다. 그러나, 관용은 보다 많은 양가성을 결과한다. 따라서 포스트모던 세계는 근대보다 훨씬 더 불확실한 세계로 운명지어지며, 그 세계에서 살아가는 사람들은 강한 정신력을 가져야 한다.

포스트모더니티에 관한 양가성

바우만이 일반적으로 포스트모더니티를 근대보다 바람직한 것으로 보고 있지만, 그것에 관한 그의 생각은 확실히 애매모호하다. 그는 포스트모더니티가 근대와 공허함에 대한 두려움을 공유하고 있다고 주장한다. 포스트모더니티는 이러한 두려움을 제거하는 데는 성공하지 못했지만 그들을 사적화하는데(priva-tize) 기여했다. 사적 두려움에 직면해서, 포스트모던시대의 개인들은 그들 자신의 이러한 두려움들로부터 벗어나기 위한 노력을 하도록 운명지워진다. 그들이 이러한 두려움으로부터의 피난처로서 공동체로 끌리고 있는 것은 그리 놀라운 일이 아니다. 그러나 이것은 공동체들 간의 갈등 가능성을 높인다. 바우만은 이러한 적대성에 관해 우려하면서 연대성의 개발을 통해 그들에게 브레이크를 걸 필요가 있다고 주장한다.

모던 세계가 개별적 공동체들을 제거하고 그들을 하나로 동질화하려 했음에도 불구하고, 포스트모더니티는 공동체의 시대의 도래로 보여질 수 있다. 미셸 마페졸리(Michel Maffesoli)는 이를 **신부족주의**1)의 시대라 칭했다. 이러한 새로운 부족 또는 공동체들은 이방인들을 위한 더 구체적으로는 많은 인종적, 종교적 그리고 정치적 집단들의 피난처이다. 이러한 공동체들과 집단들은 보다 큰 사회에서 용인된다. 포스트모던 세계에서의 삶은 근대의 오만을 극복했고, 따라서 타자들에 대해 보다 덜 잔인해지고, 그들이 보다 덜 굴욕감을 느끼게 할 수 있다.

핵심 개념
포스트모던 사회학; 포스트모더니티의 사회학

어느 정도의 공감에도 불구하고, 바우만은 전체적으로 보아 그가 **포스트모던 사회학**2)이라고 부르는 것에 반대하는 입장이다. 그가 그것에 반대하는 한 가지 이유는 급진적으로 달라진 포스트모던 사회학이 사회학적 기저에 놓여 있는 특유한 문제의식들을 포기할지도 모른다는 두려움 때문이다. 바우만은 또한 그것이 포스트모더니티의 문화

---

1) **신부족주의**(neotribalism) 이방인들 좀더 구체적으로는 인종적, 종교적 그리고 정치적 집단들을 위한 피난처가 되는 공동체들의 광범위한 영역에서의 도래에 의해 특징지어지는 포스트모던 발전의 한 특징.
2) **포스트모던 사회학**(postmodern sociology) 포스트모던 사고에 의해 깊이 영향을 받았고, 사회를 연구하는데 있어 비합리적인 접근법을 채택하곤 하는 사회학의 한 유형.

와 조율되어야 한다는 바로 그 점 때문에 포스트모던 사회학에 반대한다. 포스트모던 문화는 근대 문화와 매우 다르기 때문에 포스트모던 사회학은 근대 사회학과는 아주 달라야만 할 것이다. 예컨대 합리적인 근대 문화와 비합리적인 포스트모던 문화 사이의 차이점은 각각의 사회학들(근대 사회학과 포스트모던 사회학)에서 다르게 반영되어야 할 것이다. 바우만은 비합리적인 사회학을 받아들이지 않는다; 그는 보다 넓은 의미에서 그것의 기원과 연속적인 사회학을 원한다.

바우만의 견해에 따르면 우리가 진정으로 발전시킬 필요가 있는 것은 **포스트모더니티의 사회학**1)이다. 포스트모던 사회학이 근대 사회학과 날카롭게 단절하는 것이라고 한다면, 그에 반해서 포스트모더니티의 사회학은 근대 사회학과 연속적으로 관련되어 있다. 예를 들어 포스트모더니티의 사회학이 합리적이고 체계적인 담론과 포스트모던 사회의 모델을 개발하기 위한 노력에 의해 특징지어진다는 점에서 그러하다. 포스트모더니티의 사회학이 근대 사회학과 연속적 관련을 가지고 있음에도 불구하고, 포스트모더니티의 사회학은 포스트모던 사회를 근대 사회의 변종이 아닌 구별되는 독특한 유형으로써 이해한다.

바우만은 포스트모더니티에 관한 사회학적 이론에 있어 아래의 내용을 포함한 많은 주요한 교의를 제공한다:

1. 포스트모던 사회는 복합적이고 예측불가능하다.
2. 포스트모던 사회는 복합적인데, 이는 중심적 목표-설정 기구가 결여되어 있고, 상당히 많은 크고 작은, 대개 단일-목적적 행위체들(agencies)을 포함하고 있기 때문이다. 이들 행위체들은 다른 것들을 포섭하거나 통제할 수 있을 만큼 충분히 크지 않으며, 각각은 중앙집권화된 통제에 저항한다. 이 행위체들은 부분적으로는 다른 행위체에 의존할지도 모르지만, 그 의존의 본성은 고정될 수 없으며, 그 결과 각각의 행위체들은 상당히 자율적이다. 따라서 행위체들은 대부분 그들 자신의 제도화된 목적들을 추구할 수 있다.
3. 심지어 그들이 내적으로 잘 질서지어질 수 있다 하더라도 그들이 보다 큰 세계에서 작용할 때, 행위체들은 혼돈과 지속적인 불확정성, 양가성의 공간으로 또한 동시에 경쟁적이고 상호모순적인 의미들에 의해 지배를 받는 영역으로 표상되는 사회적 장에 직면한다. 포스트모던 세계의 다양한 상태들은 계속적인 비일관성으로 표상된

---

1) **포스트모더니티의 사회학**(sociology of postmodernity) 합리적이고 체계적인 담론과 포스트모던 사회의 모델을 개발하기 위한 노력으로 특징지어지는 근대 사회학과 연속적 관련성을 가지는 사회학의 한 유형. 그러나 포스트모더니티의 사회학은 포스트모던 사회를 근대 사회의 변종이 아닌 구별되는 독특한 유형으로서 이해한다.

다. 즉 어떤 주어진 상태도 꼭 그것이어야만 하는 압도적인 이유를 가지지 못하며, 다른 행위체들이 다른 방식으로 작용하게 되면 그것은 많이 달라질 수도 있을 것이다. 행위체들은 그들이 움직이고 있는 세계에서 그들이 어떤 영향을 미치고 있는가 하는 것을 인식할 필요가 있다.

4. 행위자들(agents)의 실존적 상황은 매우 유동적이다. 행위자들의 정체성은 많은 부분 시행착오 속에서 계속적으로 스스로 구성되어야 할 필요가 있다. 정체성은 끊임없이 변화하지만 어떤 명확한 방향을 향해 발전하는 것은 아니다. 매 시점마다 정체성의 구성은 몇몇 현존하는 요소들의 해체와 새로운 요소들의 조립을 포함한다

5. 이러한 모든 것들 가운데 유일한 상수는 몸이지만, 여기에서조차 행위자들은 몸의 양성(cultivation)에 끊임없이 주의를 기울인다. 사람들은 외부적 질서에 의해 그들에게 강요되어 그들이 분개했던 일련의 자기 통제와 자기 강화 활동들(조깅, 다이어트)에 적극적으로 종사하게 된다. 따라서 이러한 활동들은 자유로운 인간행위자들의 생산물로 보여지고, 더 이상 외부에서 강요된 지배/양생법으로서 분노를 일으키지 않는다. 좀 더 일반적으로 우리는 행위자들이 더 이상 강제당하지 않는다; 오히려 그들은 유혹되어진다고 말할 수 있다.

6. 미리 디자인된 삶의 계획의 결여로 행위자들은 그들의 삶 전반을 가이드해 줄 일련의 지향점들을 필요로 한다. 이들은 (현실의 또는 상상된) 행위체들로부터 제공된다. 행위자들은 이러한 다른 행위체들에 접근하거나 포기하거나 할 수 있다.

7. 자원들에의 접근가능성은 행위자들의 개인적 자산, 특히 지식에 따라 달라진다. 보다 많은 지식으로 구성된 자산들은 더 넓은 영역에서 유형들의 다양한 조합과 선택을 가능하게 한다. 자원들이 자유롭게 선택됨으로써 나타나는 다양한 변화들은 포스트모던 사회에서 사회적 지위와 사회적 불평등의 주요한 근거이다. 이 때 지식은 자원들의 재분배와 관련된 모든 종류의 갈등에서 여전히 주된 핵심이다. 이러한 지식에 대한 강조 그리고 정보가 핵심 자원이라는 사실은 전문가들의 지위를 더 강화시키는데 기여한다.

그러나 이는 바우만이 생각했던 만큼은 충분하지 않다. 이러한 각각의 공동체들은 전체로써의 사회에 의해서 뿐만 아니라 다른 모든 공동체들에 의해서도 존중되어져야 할 필요가 있다.

그것이 양가성에 대항하여 희망을 제공한다 할지라도, 양가성이 포스트모더니티에서 완전히 사라지는 것은 아니다. 여전히 대중적 혐오와 불만불평이 있지만, 포스트모던 국가는 더 이상 그것을 통제할 필요성을 느끼지 않는다. 오히려 흩뿌려진 양가성이 사회가 그 스스로를 재생산하는데 도움이 되도록 사용되어

질 수 있게 할지도 모른다.

그러나 포스트모더니티의 관용성이 필연적으로 연대로 이끌어지는 것은 아니다. 관심과 염려의 결여, 재미 그리고 자기중심성으로 특징지어지는 포스트모더니티는 보다 쉽게 대량의 잔학한 행위들에 종사하도록 이끌어질 수도 있기 때문이다.

포스트모던 사회에서의 삶은 쉽지 않다. 그것은 명확한 선택지가 없는, 그리고 계속적으로 질문에 열려 있는 전략들로 구성된 삶이다. 그러나 포스트모던 세계에서 한 가지 분명한 것은 소비자주의와 그것과 관련된 자유가 그 사회의 사람들을 만족시키기에는 부족하다는 것이다. 여기에서 역설적인 것은 포스트모던 사회가 다른 무엇에 앞서 소비 사회라는데 있다. 그러므로 우리가 살고 있는 세계는 우리의 필요에 부적절한 지식으로 운명지워져 있다는 느낌이 든다.

포스트모던 정치학과 윤리학

근대 사회 이론은 전통적으로 정치학과 분리되어 있었지만(맑시스트들은 예외이다), 포스트모던 이론의 경우는 그럴 수 없다. 포스트모던 상황에서 개개인의 실존 전반에 대한 국가의 권력은 감퇴한다. 국가의 구심성은 감소하고, 권력은 일련의 지역적이고 구체적인 정책들을 다루는 지역적이고 구체적인 행위체들에 이전된다. 이는 불평불만에 대한 호소들이 더 이상 국가로 직접 향하지 않도록 진정시키고 흩뜨리는데 기여한다. 집단들은 특정한 이슈들을 다루기 위해 단결하게 될지도 모르지만, 그들은 내부적으로 분열되어 있기 십상이며, 그 현안이 해결되거나 사라지면 깨지기 쉽다. 이러한 포스트모던 정치 세계 내에서 몇몇 근대 정치적 현안들(예를 들어 불평등)은 그들이 더 이상 핵심적 현안일 수 없음에도 불구하고 잔존한다.

정 치 학

몇몇 근대 정치학의 형식들이 잔존함에도 불구하고, 포스트모던인 독특한

형식들이 중심무대로 이동한다. 바우만은 포스트모던 정치학의 4개 주요 형태들의 윤곽을 그려 보인다:

1. **부족의 정치학**. 포스트모던 부족은 상상의 공동체로서 상징적으로 존재하며, 상징적 의식들에 의해 계속적으로 갱생된다. 따라서 부족들은 대중들의 주의를 집중시킬 수 있는 스펙터클한, 자주 충격적인 의식들에 종사함으로써 서로 경쟁하고 그들의 생존을 확인받는다.

2. **욕망의 정치학**. 여기서 부족들은 (부족의 상징적 표지들에서 예시되듯이) 그들 스스로를 구성하는 구성원들의 능력에 지향된 수행(conduct)의 특정 유형들의 중요성 확립을 시도한다. 일단 확립되고 나면, 이러한 상징적 표지들은 매혹적 힘을 획득하게 되고 행위자들에 의해 갈망되기에 이른다. 이때 부족들이 사람들의 욕망의 대상이 되는 표지들을 얻기 위해 다른 부족들과 경쟁하는 과정에서 정치학이 발생한다.

3. **공포의 정치학**. 포스트모던 세계에서 사람들은 중앙집권화된 통제에 대해서는 보다 적은 두려움을 느끼는 반면, 다양한 구체적인 정치적 행위체들에 의해 제공되는 충고들의 온당성과 신뢰성에 대해서는 보다 많은 두려움을 느끼기 쉽다. 그 중에서도 사람들은 그들에게, 특히 그들의 몸에 위해를 미치는 다양한 행위체들에게 두려움을 가지고 있다.

4. **확실성의 정치학**. 사람들이 끊임없이 그들 스스로를 구성해야 하는 세상에서 그들은 그들이 올바른 선택을 했다는 사실에 대한 증거를 계속해서 찾고 있다. 전문가들의 견해가 결정적으로 중요하며 사람들은 그들을 믿을 수밖에 없다. 그러나 전문가들은 통상적으로 사람들이 그 믿음에 대해 질문을 던지도록 이끌며, 결과적으로 그들 자신의 정체성에 대해 질문하도록 한다.

포스트모던 정치학은 이러한 네 가지 국면들 안에서 거의 녹초가 된다. 결국 행위자들은 아마 그들이 이용할 수 있는 것보다 더 많은 것들(소비상품들, 상징적 표지들)을 제공받게 된다. 그들은 어떤 제안을 수용하고 어떤 제안을 거절할지를 어떻게 결정하는가? 주로 대개 그것은 각각의 제안과 관련되는 대중적 주목의 상대적인 양에 근거한다; 보다 많은 주목을 끌수록 제안은 더 개선된다. 포스트모던 정치학은 대중적 주목을 끌기 위한 투쟁에 다름 아니다.

윤 리 학

또한 바우만은 포스트모던 시대의 윤리적 코드의 지위에 관심을 가지는데 그것은 모든 도덕적인 사람이 복종해야만 하는 시종일관된 일련의 규칙들에 대한 개념과는 본질적으로 반대되는 것이다. 포스트모던 세계에서 낡은 윤리체계들은 더 이상 적절하지 않은 것으로 보여진다. 포스트모던 윤리체계는 도덕적 행위에 대해 근본적으로 새로운 이해의 가능성을 열었다. 그래서 바우만은 포스트모더니티가 윤리학의 영역에서 새로운 기회를 제공하는 것으로 본다. 그것은 도덕성의 르네상스 시대일지도 모르며 다른 한편으로는 도덕성의 황혼기(twilight)일지도 모른다.

포스트모던 윤리학이 근대 윤리학에서 통용되던 많은 것을 부정해야 한다는 것은 명백하다. 포스트모던 윤리학은 강제적인 규범적 규칙들, 토대가 되는 보편적이고 절대적인 것들에 대한 추구 같은 것들을 거부해야만 한다. 애매모호하지 않고 모순이 없는 윤리적 코드에 대한 근대적 추구 또한 거부되어야 한다. 이러한 거부에도 불구하고 윤리학에서의 거대한 주제들은 그들의 중요성을 결코 잃지 않았다. 포스트모던 세계에서도 우리는 인권, 사회 정의, 평화로운 협동과 개인적 자기-주장 사이의 갈등, 그리고 개인적 행위와 집단적 복리 사이의 긴장과 같은 이슈들에 직면한다. 이러한 이슈들은 계속해서 주장되어야 하지만, 이전과는 다른 새로운 방법으로 다루어져야만 한다.

포스트모던 관점에서 보면, 도덕적 코드는 양가성과 모순들로 가득하다. 포스트모던 관점에서 관찰되는 도덕적 조건의 양상은 다음과 같다.

1. 나쁜 사람이든 좋은 사람이든 모두 다 도덕적으로 애매모호하며, 이러한 도덕적 양가성을 수용할 수 있는 논리적으로 일관된 윤리적 코드를 발견하는 것은 불가능하다.
2. 도덕적 현상들은 규칙적이지도 반복적이지도 않다. 그러므로 어떤 윤리적

코드라도 총망라하는 방식으로 도덕적 현상을 다룰 수는 없다.

3. 도덕성은 본질적으로 극복할 수 없는 모순들과 해결될 수 없는 갈등이라는 짐을 지고 있다.

4. 보편적 도덕성이란 존재하지 않는다.

5. 합리적인 관점에서 보면, 도덕성은 불합리하며, 불합리한 채로 계속 남게 될 것이다.

6. 때문에 바우만은 전체로서의 사회로부터 퍼져 나가는 강제적인 윤리체계들을 거부하고, 그 자신으로부터 퍼져 나가는 윤리체계를 옹호한다. 이는 개인이 타자들과 함께 할 수 있기 위해서 타자들을 위한 존재가 되어야 한다는 생각을 기초로 한다.

7. 도덕성에 관한 포스트모던 관점이 도덕성의 근대적인 강제적 형태를 거부한다할지라도 그것이 무엇이어도 상관없다는 개념—완전한 상대주의 개념을 수용하는 것은 *아니다.* 포스트모던 지향에 그 생각이 집중되어 있는 윤리학은 세계가 민족국가(그리고 부족)로부터 해방될 것이라는, 궁극적으로는 자율적 자아가 해방되리라는 그리고 그 도덕적 자아가 결국에는 본래적이고 필연적인 양가성에 용감히 맞서게 되리라는 관점을 가지고 있다.

해결될 수 없는 도덕적 딜레마들

방금 논의되었던 생각들에도 불구하고 바우만도 포스트모더니즘이 무너지고 있는 근대적인 윤리적 코드를 대체할 수 있는 윤리적 코드를 제공해 줄 수는 없다고 본다.

따라서 우리는 해결될 수 없는 도덕적 딜레마들로 둘러싸여진 삶에로 운명지워진다. 포괄적인 윤리적 코드의 부재로 개인들은 그들 자신의 개인적 도덕성들에 의존할 수밖에 없다. 무수히 많은 도덕적 견해들이 존재하는 오늘날의 세계에서, 궁극적인 윤리적 권위는 유일하게 개인들의 주체성에 주어질 수밖에 없다. 포스트모던 세계의 도전은 윤리적 코드의 부재와 표면적으로는 별 차이가 없어 보이는 일련의 도덕들의 존재로 인한 혼란 속에서 어떻게 도덕적으로 살아갈 수 있는가 하는 것이다. 근대와 연관된 압제적이고 강제적인 윤리적 코드들이 무너짐으로써 우리의 삶이 최소한 조금은 더 도덕적이 될 수는 있다 하더라도, 보편적 코드가 부재한 포스트모던 세계에서의 삶은 결코 쉽지 않을 것 같다. 바우만은 가장 극악한 범죄들(예컨대 홀로코스트)을 근대적인 윤리적 코드와 연관시킨다. 적어도 우리는 근대적인 윤리적 코드에서 기인하는 기만과 기형적 결함 없이 직접 도덕적 이슈들에 직면할 수 있게 될 것이다.

강제적이고 기형적으로 변형된 근대의 윤리적 코드들 대신에 도덕 자체의 자각에 특히 타자를 위한 그것의 필요성에 희망이 있다. 타자는 도덕적 자아의 책임감이다. 타자를 위해 존재한다는 것은 선과 악의 경계를 단정짓지 않는다. 그것은 관계의 과정에서 수행되어질 것이다. 그것은 결코 명확하게 선과 악의 경계를 나누는 것이 불가능한 확실성이 결여된 세계 속에서 수행될 것이다. 따라서 우리가 무엇을 한다 하지 않는다가 문제가 아니라 그것이 몇몇 집단적인 도덕적 코드가 아닌 개인적 자각에 의해 수행되어져야만 한다는 점이 중요하다. 이런 식으로 바우만은 상대주의와 허무주의에 항복하지 않는 포스트모던 입장을 보여준다. 그럼에도 불구하고 타자를 위해 존재해야 하는 절대적 필요성과 바우만이 포스트모더니티와 연관시키는 불연속성과 파편들 사이에는 근본적인 긴장이 있다.

포스트모던 세계는 거대한 도덕적 희망인 동시에 엄청난 개인적 불안을 의미한다: 사람들은 근대에 의해 약속된 바 있었던 보편적인 도덕적 코드의 인도가 부재하는 상태에서 완전한 도덕적 선택권을 가지게 된다. 달리 말하자면 도덕은 포스트모던 세계에서의 다른 많은 것들처럼 사사화되었다. 사람들을 인도할 보다 큰 윤리적 체계의 부재로 인해 윤리는 개인적 결정의 문제가 되며, 리스크와 만성적인 불확실성을 내포하게 된다. 포스트모더니티는 우리에게 파멸을 의미할 수도 기회를 의미할 수도 있다. 역사의 현시점에서 결정된 것은 아직 아무 것도 없다.

소비자 사회의 발흥, 상징적 교환의 상실 그리고 시뮬레이션의 증대

사회사상가 장 보드리야르(Jean baudrillard)는, 비록 자신은 그렇게 불리는 것을 싫어하지만, 어느 누구보다도 가장 포스트모던 사회이론과 관련되어 있다. 장 보드리야르의 사상과, 특히 후기 저작에서 나타나는 글쓰기 스타일은 급진적이다. 다른 포스트모더니스트들과 마찬가지로, 그는 거대 이론을 거부한다. 실제로 그의 후기 저작—겉으로 볼 때 관련되어 있지 않은 경구의 시리즈로 된 책들—의 스타일은 거대 이론을 구축하는 것을 거부하는 것처럼 보인다. 하지만 그의 저작 전체를 통해 볼 때 몇 가지 거대 이론적인 요소들을 확인하는 것이 가능하다.

생산자 사회에서 소비자 사회로

초기 저작에서 보드리야르는 칼 맑스와 다양한 네오-맑스적 이론들에 많은 영향을 받았다. 하지만 맑스와 대부분의 네오-맑시스트들이 생산과 관련된 문제들에 초점을 맞춘 반면, 보드리야르는 소비 사회의 출현에 관심을 집중시켰다. 그렇게 함으로써 보드리야르는 시대를 앞섰다고 할 수 있다. 보드리야르가 소비 사회에 대해 글을 쓰던 1960년대 후반에는 오늘날 충분히 성장해서 우리에게 익숙한 소비 사회가 아직 그 모습을 충분히 보이지 않고 있었기 때문이다.

나중에 맑스적 이론과 결별하게 되지만, 보드리야르는 소비 사회를 분석할 때 여전히 맑스적 이론에 엄청나게 영향을 받았다. 예를 들어, 소비에 초점을 두었음에도 불구하고 보드리야르는 생산에 궁극적인 중요성을 부여하는 전통적인 맑스적 시각을 채택하였다. 이에 따르면 생산력이 소비의 세계를 통제하고 조정한다. 따라서 마이크로소프트사가 컴퓨터 소프트웨어의 구매를 조정하는 것으로 간주될 수 있는 것과 마찬가지로, 제너럴 모터스와 토요타가 자동차의 소비를 통제하는 것으로 볼 수 있다. 보드리야르는 소비를 강조함에도 여기에서 충분히 멀리 나아가지 않는다. 소비력(즉, 광고주, 쇼핑몰, 맥도날드, 디즈니 월드)은 소비에서 중요한 역할을 한다. 생산력으로부터 완전히 분리될 수 없다 할지라도, 소비력은 소비의 영역에서는 그 나름의 독자적인 중요한 역할을 한다. 초기의 보드리야르는 아직 맑스적 세계관과 단절하지 않았기 때문에 이 점을 볼 수 없었다.

언어로서의 소비

보드리야르는 또한 언어학으로부터 영향을 받았는데, 이 때문에 그(그리고 다른 이들)는 대상의 소비를 일종의 언어로 보게 되었다. 소비언어 내부에서, 각 소비 대상은 그와 연관된 기호를 가진다. 예를 들어, 오늘날 자동차 시장에서 렉서스(Lexus)의 구매는 부유함의 기호이며, 기아의 구매는 경제상황이 넉넉하지 않다는 것을 뜻한다. 비슷하게 브리트니 스피어스의 콘서트에 가는 것은 젊음의 기호이며, 〈나비부인〉 공연에 가는 것은 꼭 나이가 들었다는 것을 뜻하지는 않더라도 중년층이라는 기호이다. 실제로 자동차나 티켓을 살 때, 우리는 자동차를 몰거나 공연에 참석하는 것만큼이나, 아니면 그것보다 더, 기호를 구매하는 것이다. 보드리야르에게 있어 소비는 물품보다 기호라는 점이 더 중요한 것이다.

하지만 우리는 이러한 기호들이 무엇을 뜻하는지 어떻게 아는가? 보드리야르는 우리 모두가 코드를 이해하고 그 코드에 의해 통제되고 있기 때문에 이러한 기호들을 해석할 수 있다고 주장한다. **코드**1)는 기본적으로 기호들을, 더 중요하게는 그 기호들이 어떻게 서로 연결되어 있는지를 이해하게 만드는 규칙들의 체계이다. 따라서 코드는 우리로 하여금 렉서스와 기아의 의미를, 더 중요하게는 렉서스가 기아보다 더 높은 지위를 가진다는 의미를 이해하게 만든다. 우리 모두 코드를 이해하고 그에 의해 통제당하고 있기 때문에, 기호들의 의미와 이러한 의미들이 어떻게 서로 연결되는지 비슷한 이해를 하게 된다. 사실 소비는 다른 이들이 소비하는 것을 우리가 이해하는 방식과 동일하게, 우리가 소비

---

1) **코드(code)** 우리로 하여금 기호들을, 더 중요하게는 기호들이 서로 어떻게 관련되는지를 이해하게 만드는 규칙들의 체계.

하는 것의 의미를 다른 이들이 이해할 것이라는 사실에 기초하고 있다. 따라서 렉서스를 사는 주된 이유는 다른 이들이 렉서스의 기호를 이해하고, 렉서스뿐만 아니라 그것을 사는 우리를 인정해 줄 것이라는 가정 때문이다.

　지금까지 논의를 볼 때, 우리는 대상을 소비하는 과정 중에 우리 자신을 정의하게 된다는 지점에까지 이르게 된다. 대상의 범주는 사람의 범주를 정의한다. 사회질서 안에서 우리의 자리를 찾는 방식은 여럿 있을 터이지만, 우리가 무엇을 소비하느냐 하는 것도 그 한 방식이 된다. 따라서 렉서스는 사회질서 안에서 기아보다 더 높은 지위를 우리에게 가져다 준다. 더 나아가, 다르게 소비함으로써 사회질서 안에서 우리의 자리를 바꿀 수 있다. 예를 들어, 계층 사다리의 위로 올라가고 싶다면, 빚을 져서라도 기아 대신 혼다를 살 수 있다. 그러한 구매는 계층체계에서 우리가 움직이는 경로를 최소한 어느 정도 조작할 수 있게 만들어준다. 물론 여기에는 한계가 있다. 우리의 자리를 정말로 바꾸고 싶다면 렉서스를 사야한다는 것, 하지만 아무리 용을 써도 우리들 중의 많은 사람들이 결코 렉서스를 살 능력이 없다는 것을 우리는 알고 있을지도 모른다. 이러한 방식으로 계층체계는 종종 사람들을 그 안에 있는 자신의 자리에 머물도록 작동한다. 요약해 보면, 실제로 사람들은 자신들이 소비하는 것에 의해 정의된다. 그러한 기반 위에서 사람들은 자신들을 정의하고 다른 사람들에 의해 정의된다.

　결과적으로, 소비의 동기는 우리가 보통 생각하는 것과 다르다. 일반적으로 우리는 인간의 **욕구**[1) 때문에 소비가 생긴다고 믿는다. 우리가 다양한 물건들을 사는 것은 그것을 필요로 하기 때문이다. 살기 위해 음식을, 따뜻하게 하기 위해 옷을, 움직이기 위해 차를 산다. 하지만 보드리야르는 그러한 설명에 심각한 문제가 있음을 본다. 필요는 우리들 중의 일부가 그런대로 가격이 괜찮은 기아보다 왜 훨씬 비싼 렉서스를 사는 이유를 필요는 어떻게 설명할 수 있는가? 두 차 모두 꽤 괜찮게 우리를 한 장소에서 다른 장소로 데려다 준다. 욕구는 현재 발전된 나라에서 나타나는 유별나게 높은 소비 수준—**과한 소비**[2)—을 어떻게 설명할 수 있을까? 우리들 중의 많은 사람들은 분명 우리가 욕구로 하는 것보다, 많은 경우에 있어서 우리가 평생 사용할 수 있는 것보다 훨씬 더 많은 것을

---

1) **욕구(needs)**　현대 세계에서 생존하고 최소의 수준에서 기능하기 위해 사람들이 필요로 하는 사물들. 종종 우리가 소비하는 것을 왜 소비해야 하는지 설명하기 위해 사용된다.
2) **과한 소비(hyperconsumption)**　현대 세계와 연관되어 있는 유별난 수준의 소비.

소비하고 있다.

따라서 보드리야르는 최소한 우리의 풍요사회에서는 욕구이론이 거부되며, 그러한 소비유형은 욕구보다 **차이**[1])에 의해 더 잘 설명된다고 주장한다. 우리는 다른 사람과 다르게 보이기 위해 소비하며, 그러한 차이는 우리가 무엇을 어떻게 소비하는가에 의해 정의된다. 오페라 〈나비부인〉과 같은 CD를 사는 것은 스피어스의 CD를 사는 사람으로부터 우리를 변별되게 만든다. 차이는 그 수가 무한하기 때문에, 소비에는 끝이 없다. 우리 자신을 남들로부터 변별되게 하기 위해 살 수 있는 물건들(앞에서 말한 것과 별도로, 또 다른 차이들을 나타내는 것에는 프랭크 시나트라, 데이브 브루벡, 피트 시거 등등의 CD가 있다)은 끝이 없다. 따라서 차이에 대한 욕구는 결코 충족되지 않는다. 사회에서 다른 자리를 차지하고 있는 사람들과 우리 자신을 변별되게 하기 위한 지속적이고 평생에 걸친 욕구에 우리는 사로잡혀 있다. 이는 소비가 의사소통의 한 형식이라는 것을 뜻한다. 사물들을 소비할 때 우리는 수많은 것들을 다른 이들과 소통하는데, 그 중의 하나는 우리가 어느 집단에 속하는지 여부이다. 그들은 우리가 무엇을 "말하는지" 알고 있다. 그들도 코드를 알고 있고 따라서 기호의 의미를 이해하기 때문이다.

하지만 이는 우리를 다음과 같은 물음에 돌려놓는다. 차이를 만들어 내기 위해 무엇을 살지 우리는 어떻게 아는가? 그러한 가이드라인이 코드 속에 각인되어 있다는 것이 그 답변인데, 코드를 알기 때문에 우리는 무엇을 소비할 것인지를 안다. 하지만 이것이 뜻하는 것은 코드가 단순히 우리의 선택에 도움이 되는 정보를 제공한다는 것 이상을 뜻한다. 코드는 우리의 선택을 통제한다. 따라서 우리가 일상에서 욕구라고 생각하는 것은 코드에 의해 결정된다. 개인의 욕구는 코드가 그것이 존재하도록 욕구로 규정하기 때문에 존재한다.

보드리야르가 지적하는 또 다른 중요점은 소비는 우리가 관습적으로 현실이라고 생각하는 것과 거의 아무런 관련도 없다는 점이다. 맥도날드에서 빅맥을 살 때, 우리는 뭔가 먹을 것을 사는 것뿐만 아니라, 아니 그것이 주된 것이 아니라, 맥도날드에서 식사를 한다는 것 그리고 빅맥(Bic Mac)을 먹는다는 것이 무

---

1) **차이**(difference) 포스트모더니스트들이 선호하는 소비에 대한 대안적 설명. 우리가 소비하는 것은 욕구 때문이 아니라 다른 사람들과 다르기 위해서이다. 그러한 차이는 우리가 무엇을, 왜 소비하는 지에 의해 정의된다.

엇을 말하는 것인지를 얻는 것이기도 하다. 살기 위해 음식을 소비한다기보다 기호—빅맥, 맥도날드—를 소비하는 것이다. 빅맥을 소비하면서 우리는 버거킹에서 와퍼스를 먹는 사람들뿐만 아니라, 모튼(Morton's)에서 소등심을 먹는 사람들과 우리를 변별하고 있는 것이다. 따라서 우리는 음식의 현실을 소비하는 것이 아니라, 음식과 연관되어 있는 기호라는 비현실과 기호를 정의하고 통제하는 코드를 소비하고 있다.

또 지적할 점은 기호와 코드에 의해 통제되는 사회에서, 우리는 다른 인간존재들과 관련되기보다는 소비대상과 그 대상이 팔리는 장치, 특히 그러한 대상과 장치의 소비에 관련된다는 것이다. 대상 및 장치와 맺는 관계는 인간관계를 대체하는 경향이 있다. 우리는 갈수록 다른 사람들과 관계를 맺는 것보다 이러한 장치에서 사물들을 소비하는 데 더 많은 시간을 보내고 있다. 역설적이게도, 우리가 그렇게 하는 이유는 우리 그리고 다른 사람들과 우리가 맺는 관계를 위해서지만, 실제로 우리는 그들과 관계맺는데 점점 더 적은 시간을 보낸다. 이는 우리가 소비하는 장치에서 가장 분명하게 나타난다. 그러한 장치에서 우리는 갈수록 다른 인간존재들로부터 뭔가를 얻는 대신에 우리 자신이 스스로 뭔가를 하도록 요청받는다(기름을 직접 넣고, 자동인출기에서 직접 돈을 얻는다). 그러한 장치에서 다른 사람들과 관계를 맺을 때조차도, 그 관계는 비인간적이기 십상이어서, 종업원은 마치 자동기계처럼 행동하고 조직이 가르친 각본을 토대로 우리와 상호작용한다("빅맥에 애플파이를 넣어드릴까요?," "좋은 하루 되세요"). 예를 들어 맥도날드 레스토랑에서 우리는 그곳에서 일하는 사람이나 식사를 하고 있는 사람들보다, 레스토랑과 대상(그러한 장치에서 판매촉진을 위해 언제나 제공되어지고 있는 장난감을 포함해서)과 훨씬 더 많은 관련을 맺는다.

생산에서 소비로

이 모든 것에는 거대 이론이 배태되어 있다. 가장 일반적인 것은 우리가 생산에 의해 지배되는 사회에서 소비에 집중하는 사회로 이동하고 있다는 주장이다. 보다 구체적으로 말해 보드리야르는 자본가들이 노동자들을 통제하는 것에 초점을 두는 사회에서 소비자를 통제하려는 데 초점을 두는 사회로 변화하는 것을 그리고 있다. 초기 자본주의에서 소비자는 대부분 그 자신의 손에 남겨져 있었다. 하지만 보다 최근의 자본가들은 소비자가 소비할 것인가 말 것인가, 또는 얼마나 소비할 것인가, 무엇을 소비할 것인가를 스스로 결정하도록 허용되어 있지 않다는 것을 깨닫기에 이르렀다. 자본주의는 갈수록 사람들이 소비 사회에 참여하도록, 그것도 적극적으로, 만들 필요가 있다는 것을 알게 되었다. 맥도날드와 렉서스 같은 특정의 자본주의 조직들은 사람들로 하여금 적극적이고도 정규적으로 그 제품을 사도록 설득해야만 한다.

어떤 의미에서 자본가의 입장에서는 노동자와 마찬가지로 소비자도 반드시 통제되어야만 하는 일종의 노동을 실행하는 것이다. 쇼핑몰에 가서 일련의 상품과 서비스를 사는 것은 자동차 조립라인에서 자동차에 지붕을 씌우는 것과 마찬가지로 일종의 노동 형식이다. 이러한 방식으로 소비자를 볼 때, 자본가가 소비자를 자본가의 이윤을 증대시키기 위해 착취되어야 할 집단으로 보는 것은 과장이 아니다. 이것은 자본가가 노동자에 대해 생각하는 과거의 방식이자 현재의 방식이다. 그러한 사고가 이제 소비자에게까지 확대되고 있다. 소비자는 자신이 필요로 하지 않는 것, 살 능력이 안 되는 것, 그리고 사려면 빚을 질 수밖에 없는 것을 사게끔 그것들에 유혹되어질 필요가 있다. 덧붙여서, 자본가는 사회혁명을 방지하는데 관심을 가진다. 마치 프롤레타리아가 고된 노동을 하느라 혁명을 할 수 없게 된 것처럼, 소비자가 소비하는 데 뿐만 아니라 그러한 소비품을 사기 위해 일하느라 너무 바쁘면 혁명적으로 될 가능성은 거의 없게 된다.

상징적 교환의 상실과 시뮬레이션의 증대

보드리야르의 이론 중에서 보다 일반적이고 역사적으로 원대한 거대 이론은 원시사회와 현대사회의 차이에 대한 그의 관점이다. 기본적으로 그는 상징적 교환을 특징으로 하는 원시사회가 시뮬레이션을 특징으로 하는 현대 사회에 의해 대체되고 있다고 주장한다.

상징적 교환

보드리야르가 말하는 **상징적 교환**1)이란 주고받음의 가역적인 과정, 즉 선물과 보답의 순환적 교환이다. 그는 이러한 종류의 교환과 그것이 일어나는 원시사회를 찬양한다. 예를 들어 죽음의 경우를 보자. 원시 사회에서는 사람들과의 교환이 죽음으로 끝나지 않는다. 사람들은 무덤에 제물을 바치고, 공동묘지를 공동체의 삶과 통합시키고, 종종 무덤에서 죽은 자와 관련된 의례를 주기적으로 행함으로써 그와의 교환을 계속한다. 다시 말해 죽은 자는 원시공동체에 통합되어 있다. 보드리야르는 이것을 죽은 자, 그의 무덤 그리고 공동묘지가 그 나머지 사회와 격리되어 있는 현대적 상황과 대비한다. 비록 소수의 형식적인 제물이 여기저기 있을지라도(무덤에 꽃을 가져다 준다든지 하는), 대개 산 자는 죽은 자와 거의 관련을 맺지 않는다. 크게 보아, 보드리야르는 원시사회는 죽은 자와의 상징적 교환을 하고 있다는 점에서 특이하며, 현대세계에서는 그러한 교환이 거의 사라졌다고 주장한다.

보드리야르에게는 이것이야말로 지금까지 사회 전체에 무엇이 일어났는지를 알려 주는 대표적인 징표이다. 경제영역에서는 상징적 교환이 경제적 교환으로 대체되는 경향이 있다. 원시 사회에서는 물품의 교환이 엄격하게 제한되는 경향이 있었다. 선물과 보답이 이루어졌지만, 결국에는 선물을 주고받은 당사자들은 만족하였고 그러한 특정의 교환과 연합된 주기는 끝났다. 하지만 경제적 교환이 일어나는 현대 사회에서는 물품 교환의 끝이 없다. 자기자신과 남을 위해 물품을 구매하는 것에는 끝이 없다. 소비가 지속적이고 영원히 진행되도록 함으로써 경제적 교환 과정을 지속시킨다는 것이 그 기본적 생각이다. 이것은 물론 생산을, 궁극적으로는 생산을 통제하는 사람들(오늘날에는 자본가)의 부를 증대시킨다.

노동 역시 이러한 시각에서 검토될 수 있다. 원시 사회에서 노동은 노동자와 다른 노동자, 원재료, 도구 등등의 상징적 교환을 포함하고 있었다. 예를 들

---

1) **상징적 교환**(symbolic exchange) 주고받음의 가역적 과정; 선물과 보답의 순환적 교환으로서 원시사회와 관련됨.

어, 노동자는 자연으로부터 취하지만(예를 들어, 원재료), 그것은 다시 자연으로 되돌려진다(예를 들어, 자연으로부터 채취한 것을 다시 심는다). 현대 사회에서 노동은 경제적 교환에 의해 지배된다. 자연으로부터 얻은 원재료는 구매될 수 있지만, 구매자가 자연으로부터 채취된 것을 재생시킨다는 것은(외부 힘에 의해서 강제로 그렇게 되지 않는 한) 웃기는 일이다. 덧붙여, 현대 사회에서 노동자는 소유자에게 노동시간을 주고 그 교환의 대가로 임금을 받는다. 노동자와 소유자 간에는 아무런 상징적 교환이 없다. 게다가 원시 사회에서는 현대적 의미에서의 소유자가 없다. 노동과정에 관련된 사람들 사이에 상징적 교환만이 지속될 뿐이었다.

시뮬레이션

이와 관련하여 보드리야르는 상징적 교환과 같은 진정한 문화적 세계를 특징으로 하는 원시 사회에서 진정성이 결여된, 즉 시뮬레이션을 특징으로 하는 현대 사회로의 대변환을 살핀다. **시뮬레이션**[1]은 모조(fake)이며, 보드리야르는 세계가 갈수록 모조에 의해 지배되어가고 있다고 본다. 또한 그는 상징적 교환을 특징으로 하는 그러한 진정한 문화적 세계를 주술화된 마술세계로 본다. 하지만 시간이 지남에 따라 사회 세계는 그 주술(마술)을 잃어버렸다. 현대 세계의 주된 특징인 시뮬레이션은 최소한 보드리야르가 사용하는 의미에서 마술과 주술을 잃어버렸다. 따라서 이렇게 모의조작된 세계는 완전히 탈주술화되어 있으며, 그것은 원시의 진정한 세계와 비교할 때 부끄럽기까지 한 것이다.

보드리야르는 구체적인 몇 가지 예를 통해 자신이 의미하는 바를 보여 준다. 인디언 부족인 타사데이(Tasaday)족은 원시시대에 존재하는 동안에는 현실적인 또는 진정한 것이었다. 하지만 현재까지 존재하는 타사데이족은 그 원시적 형태에 대한 시뮬레이션일 뿐이다. 타사데이족은 당국에 의해 보호되며 인위적으로 과거의 시간 속에 얼어붙어 있으며, 그리고 자신이 지닌 가장 독특한 특성들의 몇몇을 제거하게끔 불모화되어 있다. 타사데이족은 연구꺼리를 찾는 인류학자와 눈요기꺼리를 찾는 여행객을 위해 존재하지만, 그것은 더 이상 실재하는

---

1) **시뮬레이션(simulation)** 모조; 보드리야르에게 현대 세계는 갈수록 진정성이 결여된 것들에 의해 지배되어 가고 있는 것으로 보인다.

장 보드리야르(Jean Baudrillard)
생애의 삽화

장 보드리야르는 독특한 이론가들(예를 들어, 미쉘 푸코)을 만들어내는 것으로 유명한 프랑스에서조차 비범한 사회이론가이다. 그는 사회학으로 훈련 받았지만, 곧 그로부터 벗어났다. 대학에서 가르치기도 했지만 그것도 곧 그만두고 말았다. 그의 초기 저술들 중의 하나는 당시 프랑스 지성계를 이끌어가던 인물 중 하나인 푸코에 대한 비판이었다. 푸코는 보드리야르가 쉽게 잊혀질 인물로 평가절하하였고, 그 후 보드리야르는 프랑스의 지성계에서 자리를 잡는 데 어려움을 겪었다. 그는 맑스의 사상에 강하게 영향을 받은 급진적 인물이었다. 정치적 참여를 점점 덜하게 되면서 보드리야르는 급속하게 맑스 이론을 버렸다. 그 중 한 이유는 맑스와 맑스주의자들이 생산에 집중한 반면, 보드리야르는 현대세계에서 갈수록 소비가 핵심적으로 된다는 것을 곧 깨닫게 되었기 때문이다. 1960년대 후반에 보드리야르는 소비에 대한 선구적인 저작을 출판하였는데, 이 저작은 소비에 대한 사회학적 관심에 지속적인 영향을 끼치게 된다.

1970년대와 그 이후 보드리야르는 그를 저명한 포스트모던 사회이론가로 만들어줄 일련의 혁신적이고 놀라운 저작들을 출판하였다. 보드리야르는 포스트모던이라는 이름을 경멸하기에, 자신이 포스트모더니스트라 지칭되는 것을 거부한다. 하지만 일반적으로 보드리야르의 저작과 포스트모던 사상을 공부하는 많은 학자들은 그를 이 새로운 이론적 지향의 한 가운데 있는 존재로 본다. 그의 일반적인 관점뿐만 아니라 보다 구체적인 사상들(예를 들어 상징적 교환, 시뮬레이션, 내파)은 포스트모던 사회이론뿐만 아니라 보다 주류 이론에도 강력한 영향력을 발휘해 왔다.

보드리야르의 영향은 사회이론에만 한정되지 않는다. 많은 예술 분야가 그의 사상에 영향을 받았다. 예를 들어, 영화 〈메트릭스〉에서는 『시뮬레이션』이란 제목을 가진 책이 클로즈업된다. 이렇게 심지어 팝 문화도 그 자체가 하나의 팝 아이콘이 된 보드리야르의 영향을 받았다. 이처럼 팝 아이콘이자 진지한 사회이론가로 동시에 간주되는 사상가는 드물 것이다.

타사데이족이 아니다.

디즈니 월드는 보드리야르가 시뮬레이션의 예로 가장 좋아하는 것이다. 이 현대적인 테마파크는 한때 진정한 사회적 현실이었던 것들을 모의조작한 것들을 많이 가지고 있다. 예를 들어, 사람들은 디즈니 월드를 드나들 때 '중심가'(Main Street)를 이용하는데, 사실 이것은 중심가를 빈약하게 가장한 쇼핑몰로서 그 자체는 20세기로 접어들 무렵 많은 미국 타운에 있던 중심가들을 모의조작한 것이다. 하지만 디즈니 월드에서 모의조작된 것은 단순히 과거만이 아니다. 모의조작된 해저생활을 보기 위해 관객들이 떼로 몰려 타는 모의조작된 잠수 놀이기구도 있다. 인상적인 것은 많은 관광객들이 다리 밑에 있는 보다 진짜 같은 수조(하지만 이것 자체도 바다의 시뮬레이션이다)로 내려가는 대신에 그곳에 가기를 더 좋아한다는 점이다. 사정이 이러하니 디즈니 월드의 문에서 그다지 멀리 떨어져 있지 않은 현실하는 바다와 그 생활은 말할 것도 없다.

시뮬레이션이 광범하게 존재하는 것은 현실적인 것과 상상적인 것, 참인 것과 거짓인 것 간의 구분이 사라진 데에서 그 주요 원인을 찾을 수 있다. 현대 세계의 거의 모든 측면은 현실적인 것과 상상적인 것이 혼합된 형태로 나타난다. 따라서 타사데이족 사람들이 존재하긴 하지만, 그들의 행동은 변모되었다. 그러한 부족이 어떻게 행동해야만 하는지는 공무원, 관광객 등에 의해 상상되어진 이미지로 만들어진 것이다. 디즈니 월드에는 그곳에서 일하는 사람들을 제외하고는 현실적인 것이 하나도 없다. 심지어 그들도 가장복장(미키 마우스, 도날드 덕, 백설공주 등등)을 걸쳐 입고 미리 정해진 각본에 따라 말하고 행동한다. 실제로 현실적인 것과 참된 것은 찾기가 점점 더 어렵고, 심지어는 시뮬레이션의 눈사태 속에서 사라져버렸다고 말할 수 있다. 이는 사물의 바닥에 다가가려고 노력하는 것과 시뮬레이션의 배면과 후면을 탐색하려는 노력을 위험스러운 것으로 만들 수 있다. 시뮬레이션 밑에는 아무 것도 없으며 오로지 다른 시뮬레이션만이 있다는 것을 발견할 가능성이 점점 더 많아지고 있다. 다시 말해 현대 세계에서는 진리도 현실도 없다. 진리와 현실이 없다면, 우리는 하나의 거대한 시뮬레이션 속에 살고 있다고 주장될 수 있을 것이다.

보드리야르는 미국이 이러한 발전의 선두에 있다고 본다. 미국은 지구상에서 가장 비현실적이고, 허위적이며, 모의조작된 사회이다. 미국은 여기에서 표준

을 만들어 가고 있으며, 나머지 세계는 이를 따르고 있는 것이 틀림없다. 따라서
미국은 세계에서 가장 잘 알려지고 가장 유명한 시뮬레이션의 발상지이다. 또 다
른 주요 예는 라스베가스, 그 중에서 특히 다른 세계들을 모의조작한 호텔들이
다: 뉴욕 뉴욕; 파리; 베네시언; 만델라 베이; 벨라지오; 그리고 럭서는 그 중의 몇
에 불과하다. 하지만 보드리야르는 모든 도시들(예를 들어, 로스엔젤레스)과 심지
어는 미국 전체를 시뮬레이션이라는 용어로 논의하기 위해 위와 같은 명백한 예
들보다 더 멀리 나간다. 오늘날 뉴욕시 타임 스퀘어 지역의 디즈니화를 논할 수
있을 것이다. 디즈니의 낡은 극장 수리는 이 지역의 오래된 포르노그라피 영화관
들과 싸구려 상점들이 폐쇄되고 대신 미국 전역에 퍼져 있는 수많은 프랜차이즈
들로 대체되게 하는 극적인 변화를 가져 왔다. 현실하는 타임 스퀘어는 제거되어
지고, 딴 곳에서도 발견되는 다른 형태들과 별반 다르지 않은 모의조작되고 불모
화된 현실이 그 자리를 차지했다고 말할 수도 있을 것이다. 뉴욕은 독특성을 잃
어버리고 다른 많은 장소들과 비슷하게 되어가고 있는 과정에 있다.

　　또한 미국은 다른 주요 시뮬레이션 센터들의 발상지이다. 미국은 세계의 영
화를 지배하고 있는데, 사실 사람들이 영화에서 보는 모든 것은 시뮬레이션이다.
이와 비슷하게, 미국은 세계의 텔레비전 프로그램 제작을 지배하고 있는데, 그
것 역시 완전히 시뮬레이션 안에 있다. 이에 더해, 인터넷과 다양한 사이버사이
트도 모두 시뮬레이션이다. 예를 들어, 사람들은 갈수록 미국 전역에 존재하는
현실의 물건들의 시뮬레이션인 사이버숍과 사이버몰을 방문하고 있다. 물론 그
것들도 갈수록 모의조작되어 사람들은 상대적으로 쉽게 한 사이버몰에서 덴버
교외에 있는 파크 메도우 리테일 리조트(Park Meadows Retail Resort)와 같은 몇몇
현실하는 장치, 즉 콜로라도의 후드산 위에 있는 녹슨 팀벌린 라지(Timberline
Lodge)(이 자체도 영화 〈샤이닝〉 (The Shining)에 나오는 모의조작된 장치의 모델
이다)를 모의조작한 쇼핑몰로 옮겨갈 수 있다.

　　보드리야르는 그러한 발전을 **초현실,**[1] 즉 완전히 모의조작되어 그 결과 현
실보다 더 현실 같고, 아름다운 것보다 더 아름다우며, 참된 것보다 더 참된 상
태로 기술한다. 이는 디즈니 월드, 라스베가스, 그리고 심지어 '새로운' 뉴욕의

---

1) **초현실(hyperreal)** 완전히 모의조작되어 있어, 그 결과 현실보다 더 현실 같고 아름다운 것보
　　다 더 아름다우며 참된 것보다 더 참된 것으로 인식되는 상태.

타임 스퀘어에서는 분명히 들어맞는다. 예를 들어, 디즈니 월드는 그 문 밖의 세계보다 더 깨끗하며, 그곳에서 일하는 종업원들은 우리의 일상생활에서 만나는 사람들보다 훨씬 더 친절하다. 또 다른 예로는, 미국 전역에 세워져 있는, 특히 아리조나, 플로리다, 캘리포니아와 같이 쾌적한 기후의 주들 안에 있는 출입통제 문을 가진 부유한 거주지역들을 생각해 보라. 그러한 공동체들에서 사람들은 그 지역에 꼭 토착적인 것은 아닌 군엽(群葉)을 발견할 것이다. 덧붙여, 토착적인 것조차도 인공적으로 배양되어서 자연 상태에 있는 것보다 훨씬 더 무성해 보인다. 그 결과 메마르고, 건조하며, 때로는 영양 부족으로 쪼그라든 야자수가 자라고 있는 그 주변 환경보다 훨씬 더 현실 같은 열대의 낙원이 생산된다. 이렇게 호화로운 공동체들의 열대의 낙원은 분명히 초현실적이다.

또 다른 예는, 영역이 완전히 다르긴 하지만, 포르노그라피이다. 유방확대 수술, 성형 수술, 문신, 바디 메이크업, 그리고 여타 몸의 변형을 한 포르노그라피 영화배우는 모의조작된 유혹하는 요부로 간주될 수 있다. 그녀는 대부분의 남자가 현실하는 삶에서 만나는 여자보다 더욱 현실적인 초현실적 섹스대상이다. 포르노그라피 영화에 그려지는 성행위 역시 똑같이 말해질 수 있다. 소수의 사람들을 제외하고 대부분의 사람들은 영화에서 보여지는 성행위 동작과 교묘한 솜씨를 시도하지도, 또 시도할 수조차 없을 것이다. 만약 그렇게 한다면, 그들은 자신의 성생활을 시뮬레이션으로 바꾸는 것이다. 화면에 보여지는 성행위는 초현실적이기 때문에, 사람들은 그것을 흉내내고 그 결과 그들의 일상의 성생활 자체가 시뮬레이션이 된다. 또한 사람들은 더욱 포르노 배우처럼 보이게끔 자신들을 변형시킴으로써 이러한 초현실적인 이미지들에 따라 살려고 추구할 수도 있다. 따라서 여성은 유방성형 수술을 하고, 심지어는 성기를 아름답게 만들기 위한 수술을 한다. 반면 남성은 자신의 성기의 길이와 굵기를 늘리기 위한 수술을 감행할지도 모른다. 이러한 방식으로 그들은 모의조작된 사람들은 아닐지 모르지만, 최소한 모의조작된 연인들이 된다.

이러한 모의조작된 현실들은 그 자체로 중요할 뿐만 아니라, 그 즉각적인 물리적 한계를 넘어 변형을 위한 모델로 기능한다는 점에서도 중요하다고 말해질 수 있다. 이러한 초현실적 모델의 영향 아래, 나머지 세계는 그 자체로 점점 더 모의조작되고, 점점 더 초현실적이 된다. 따라서 디즈니 월드의 영향은 그

담장 안에 제한되어 있지 않으며, 심지어 뉴욕의 타임 스퀘어에 제한되어 있지도 않다. 많은 공동체들은 20세기 전환기의 미국을 모의조작하기 위해 디즈니 모델을 따라 세워지고 있다. 사실 디즈니 그 자체도 그러한 모델 공동체인 '셀러브레이션'(Celebration)을 플로리다의 땅 위에 세웠다. 게다가 전국적으로 새로운 공동체들이 셀러브레이션과 디즈니 월드를 자신들의 발전모델로 사용하고 있다. 따라서 보드리야르에 따르면 현실은 갈수록 이러한 시뮬레이션에 의해 오염되고 있다.

전체적으로 보아, 보드리야르는 현실의 인간적인 상징적 교환을 특징으로 하는 원시 사회에서, 덜 현실적이고 완전히 인간적인 경제적 교환을 거쳐, 갈수록 비현실적이고 비인간적인 테크놀로지를 특징으로 하는 현대 세계로 변동하고 있다는 거대 이론을 제공한다. 미국이 이 모든 것의 중심에 있으며, 나머지 세계는 이와 동일하게 모의조작된 세계로 가도록 운명지워져 있다는 말이다. 게다가 심지어 미국에서조차도 우리는 분명히 이제 겨우 시뮬레이션 과정의 출발점에 서 있을 뿐이다. 미래는 갈수록 놀라울 정도로, 그것도 광범하게 시뮬레이션을 가져 올 것이다.

소비자 사회와 새로운 소비수단

보드리야르의 포스트모던 사상뿐만 아니라 맑스와 베버와 같은 모더니스트들로부터 나온 사상들에 강한 영향을 받은 나는 현재 우리가 소비하고 있는 장치를 포괄하는 거대 이론을 만들어 왔다. 보다 일반적으로 말해, 현대 세계는 갈수록 소비 쪽으로 가는 세계로 그려진다. 과한 소비가 그 특징으로 간주될 수 있을 것이다.

소비수단: 옛것과 새것

맑스를 따라 나는 소비장소를 소비수단이라 불러왔다. 맑스는 이 용어를 사용하지만, 훨씬 더 잘 알려져 있는 또 다른 개념인 생산수단과 일치되지 않는 방식으로 사용한다. 맑스에게 **생산수단**[1]이란 자본주의 사회에서 생산을 가능하게 하는 사물들(도구, 기계, 원자재 등)이다. 하지만 그의 정의에 따르면 소비수단은 단순히 소비재일 뿐이다. 생산수단의 정의와 일관성을 갖기 위해서는 **소비수단**[2]이 소비를 가능하게 하는 사물들로 정의되어야 한다. 공장이 생산을 가능하게 만드는 것처럼, 쇼핑몰은 소비자와 소비를 가능하게 만든다. 소비수단이란 용어를 이런 방식으로 사용하는 사람들 중의 하나가 보드리야르인데, 그는 많은 장치들과 파리식의 편의점(Parisian drugstore) 등을 소비수단으로 본다.

　나의 거대 이론은 선술집, 카페, 음식점 등과 같이 옛 소비수단으로 불릴 수 있는 것에서 이후에 논의될 새로운 소비수단으로 전환하고 있다는 점을 지적한다. 보다 오래되고 전통적인 소비수단은 모두 상당히 물질적이었고 현재에도 물질적이다. 물리적 구조, 고객과 종업원 간의 대면적 상호작용, 음식과 음료수 같은 것들의 소비, 거의 현금으로 이루어지는 지불 등이 그 예이다. 물질적 구조임에도 불구하고 이러한 장소들은 자주 드나드는 사람들 사이에 게마인샤프트 또는 공동체의 감성과 같은 비물질적 효과를 가졌었고 또는 생산하였다. 물론 이것들은 바자, 아케이드, 백화점(뒤에 박스 안에 설명되어 있는 황홀경과 꿈의 세계를 볼 것), 잡화점, 시골 장과 마찬가지로 보다 오래된 소비수단이다.

　내가 **새로운 소비수단**[3]이라 부르는 것은 대개 1950년대 이후 미국에서 출현하여 소비를 혁명화하는 데 기여해 온 일련의 장소들을 말한다. 다음은 새로운 소비수단들 중에서 주요한 것들인데, 괄호 안에 대표적인 예와 그 창업 시기를 밝혀놓았다.

- 프랜차이즈 (맥도날드, 1955)
- 쇼핑몰 (최초의 실내 몰로서 미네소타 주에 있는 에디나, 1956)

---

1) **생산수단(means of production)** 생산이 일어나기 위해 필요한 것들(도구, 기계, 원자재, 공장들 포함).
2) **소비수단(means of consumption)** 맑스에게 소비수단은 소비재일 뿐이지만, 리처에게는 맑스가 말하는 생산수단에 대응시켜 소비수단은 소비를 가능하게 만드는 것들이다. 공장이 생산을 가능하게 만드는 것과 마찬가지로, 쇼핑몰은 소비자와 소비를 가능하게 만든다.
3) **새로운 소비수단(new means of consumption)** 대개 1950년대 이후 미국에서 출현하여 소비를 혁명화하는 데 복무해 온 일련의 소비장소들.

- 메가몰 (웨스트 에드먼톤 몰, 1981; 몰 오브 아메리카, 1992)
- 슈퍼스토어 (토이즈러스(Yoys 'R' Us), 1956)
- 할인점 (타겟, 1962)
- 테마 파크 (디즈니랜드, 1955)
- 호화유람선 (선워드, 1966)
- 카지노 호텔 (플라밍고, 1946)
- 식도락(Eatertainment) (하드 락 카페, 1971)

이것들도 역시 물질적 구조이지만, 황홀경 또는 꿈의 세계로 간주될 수도 있다. 사실 20세기 후반기 동안 이것들은 소비자들을 매혹시켜 더더욱 많은 사람들이 더 자주 그곳을 방문하도록 갈수록 환상적이고 스펙터클하게 되어 왔는데, 이는 사실 점차적으로 소비 수준을 높여 과한 소비를 생산하기 위한 것이다. 실제로 이러한 노력은 엄청난 성공을 거두었고, 조셉 슘페터(Joseph Schumpeter)가 **창조적 파괴**[1](오래된 구조는 더욱 효율적으로 기능하는 더 새로운 구조를 위한 길을 마련하기 위해 파괴된다)라 부른 것이 식당, 아케이드, 박람회와 같은 더 오래된 소비수단을 대부분 대체해 왔다.

하지만 변화의 속도가 너무나 빨라서 이러한 새로운 소비수단의 많은 것들은 이미 다른, 심지어는 쇼핑 텔레비전(1985년에 등장)과 특히 온갖 종류의 사이버거래(1988년 인터넷의 도래에 의해 가능해졌지만 지금 이 단어를 쓰고 있는 순간에도 폭발하고 있는)와 같은 더 새로운 비물질화된 소비수단에 의해 이미 위협받고 있다. 이것들은 비물질화된 형태를 황홀경과 꿈의 세계를 생산하는, 그것도 훨씬 더 강력하게 생산하는, 능력과 결합한다. 새로운 비물질화된 소비수단이 낳는 엄청난 비물질성(지각적인 동시에 현실적인)은 그것이 행할 수 있는 것과 창출하는 효과라는 측면에서 물질적 소비수단을 훨씬 뛰어넘고 있다. 결과적으로, 그것은 더욱 물질적인 소비수단들의 몇몇, 특히 쇼핑몰, 메가몰 그리고 슈퍼스토어에 심각한 도전장을 던지고 있다.

컴퓨터 앞에 있는 소파나 의자에 편안하게 앉아, 많은 것들을 얻을 수 있음에도 불구하고, 왜 굳이 집을 나와 차로, 고속도로로, 그렇게 동굴같은 주차장과

---

1) **창조적 파괴(creative destruction)** 오래된 구조가 보다 효율적으로 기능하는 더 새로운 구조를 위한 길을 마련하기 위해 파괴된다는 생각.

그렇게 거대하고 지루한 소비장소로 나가는가? 예를 들어, 아마존 인터넷 서점에 수록된 수많은 책들의 목록은 실제 서점 중에서 가장 큰 보더스(Border's)나 반즈 앤 노블스(Barnes and Nobles)보다 훨씬 더 많다. 슈퍼스토어에 오고 가는 데 필요한 모든 물리적 행위 대신에, 몇 번의 키를 누름으로써 소비할 수 있다. 다른 많은 새로운(그리고 오래된) 물질적 소비수단도 고객들을 집으로부터 유혹하여 끌어내는 데 있어, 앞으로 이와 비슷한 곤란에 직면한다. 온라인을 통해 슬롯머신이나 다른 사행성 게임을 할 수 있는데, 왜 비행기를 타고 라스베가스 카지노 호텔로 가야만 하는가? 인터넷을 통해 경주에 돈을 걸 수 있는데, 왜 실제 경주장을 가야만 하는가? 컴퓨터 화면을 통해 무릎 위에 올라타고 추는 사적인 외설스러운 춤을 볼 수 있음에도, 왜 남성클럽에 가야만 하는가?

보다 중요하게, 이러한 비물질화된 소비장소, 특히 인터넷과 관련된 장소는 이전의 물질적 장소보다 더 황홀경과 꿈의 세계를 생산할 잠재력이 막대하다. 나는 이러한 새로운 소비수단을 더욱 스펙터클하고, 매혹적이며, 꿈같고, 환상 같은 것으로 만드는 데 기여하는 다양한 과정들에 초점을 맞춘다. 최소한 잠재적으로나마, 비물질화된 소비수단은 고객들을 유혹하는 황홀경을 창출하기 위해 이러한 과정들을 사용할 능력이 훨씬 더 많다는 것이 분명하다. 다른 말로 해서, 비물질성(immateriality)이 커질수록 그 자체로 이점이 된다. 하지만 이 이점은 탈물질화된(dematerialized) 소비수단을 위해 그 이상의 이점을 창출하는 데에도 여전히 사용될 수 있다.

스펙터클과 내파

새로운 소비수단이 스펙터클을 창조하는 방식중의 하나는 한 때는 분리되어 있던 소비수단을 하나의 장치로 **내파**[1](이 개념은 다른 개념들과 마찬가지로 보드리야르로부터 빌려온 것인데, 경계들이 소멸하고 다양한 사물들이 서로에게로 붕괴되는 것을 말한다)시키는 것이다. 몰인 동시에 놀이공원인 몰 오브 아메리카, 몰과 카지노 등을 내장하고 있는 호화유람선이 그 좋은 예이다. 하지만 이것들은 물질적 구조이기 때문에 하나의 몰이나 호화유람선으로 내파되는 데

---

1) **내파(implosion)** 경계들이 소멸하고 다양한 사물들이 서로에게로 붕괴되는 것; 분화(differentiation)와 대립되는 것으로서의 탈분화(dedifferentiation).

에는 한계가 있다. 사람들은 몰이나 호화유람선의 갑판을 물리적으로 거닐 수밖에 없다. 만약에 더 많은 소비수단을 포괄하기 위해서 몰, 놀이공원 등이 너무 커지게 되면, 사람들은 그곳을 걸어 다닐 수 없게 될 것이다. 예를 들어, 하이퍼마켓이 너무나 거대해지면, 고객들, 특히 노인고객들은 우유 한 병을 얻기 위해 너무 많이 걸을 수밖에 없기 때문에 그곳에 가기 싫어할 것이다.

사이버스페이스에는 그러한 한계가 없다. 사이버스페이스의 다양한 요소들을 창조하고 바라보는 사람들이 상상하는 대로 사이버스페이스는 커질 수 있다. 물론 사이버사이트와 사이버스페이스가 더욱 거대해지면, 갈수록 찾아다니기가 어렵게 될 것이지만, 검색엔진이나 다른 테크놀로지가 도입되어 고객 대신 찾아줄 것이다. 그러한 테크놀로지의 보다 구체적인 한 예가 쇼핑로봇(shop bot)이다. 쇼핑로봇은 특정의 상품을 추적하는 다양한 전자추적장치(e-tailers) 사이를 돌아다닌다. 소비자는 특정의 책을 찾기 위해 아마존닷컴에서 반즈앤노블닷컴으로 그리고 바서티북스닷컴으로 헤맬 필요가 없다. 쇼핑로봇이 알아서 해 줄 터이니 말이다. 소비자들은 아마도 인터넷의 품목들이 더욱 많아지고 다양해져서 자신들이 원하는 것을 찾는 데 시간이 걸리고 문제가 생겨 짜증이 날 수도 있지만, 이 과정에서 숨이 차는 일은 없을 것이다.

많은 소비수단은, 새것이든 옛것이든, 이런 저런 방식으로 인터넷 속으로 붕괴되고 있다. 놀랍게도, 누구든 마우스를 한 번 놀림으로써, 사이버몰에서 쇼핑하다가, 사이버스페이스에서 도박을 할 수 있으며, 또 디즈니월드를 가상으로 여행할 수 있다.

핵심 개념
황홀경과 꿈의 세계

소비의 오래된 수단에 대한 탐구는 발터 벤야민(Walter Benjamin)에서 발견되는데, 그는 그것의 물질적 구조뿐만 아니라 그것이 불러일으키도록 고안된 비물질적 감정에 관심에 가졌다. 그 중 제일 잘 알려진 것이 벤야민의 아케이드 프로젝트(Passagen-Werk)인데, 사실 이것은 19세기 파리의 아케이드에 초점을 맞춘 파편적인 미완의 기획이다. 아케이드는 벤야민이 그에 대해 글을 쓸 당시(약 1920-1940년)에도 오래된 소비수단이었는데, 그는 아케이드를 그의 시대뿐만 아니라 아케이드가 활짝 피어나는 시기에 대한 엄청난 통찰력을 가져오게 하는 렌즈로 사용하였다. 벤야민은 1800년대의 대중문화의 파편 또는 잔재를 탐구하였다. 아케이드는 다양한 종류의 상점이 양쪽으로 늘어선 본질적으로 사적으로 소유된 돔천정이 있는 도시 거리였다. 거리는 차량통행이 금지되어 있어, 소비자들이 물건을 사거나 단순히 윈도우 쇼핑을 하기 위해 이 상점에서 저 상점으로 돌아다닐 수 있었다.

벤야민은 아케이드를 자본주의적 상품의 소비를 위한 독창적인 성전으로 보았다. 그것은 상품의 소비를 위한 다른 성전들, 예컨대 박람회와 백화점의 직접적인 선구자였다 (아케이드 그 자체는 물론 교회[아케이드는 종종 십자가 모양을 하고 있었다]와 동양의 바자와 같은 선구자를 가지고 있었다).

원래 아케이드에게만 한정되어 있던 것이 나중에는 그것으로부터 봇물처럼 쏟아져 나와 거대하고 보다 과시적인 상품전시의 모습으로 파리를 휩쓸었다. 이 점에서 벤야민은 원래의 아케이드를 본 땄을 뿐만 아니라 그것을 넘어서는 데 도움을 준 기차역, 박물관, 실내수목원, 복합스포츠센터, 백화점, 전시홀(또한 그곳으로 가는 큰길) 등을 포함하는 일련의 물리적 구조들을 파리에 만들어 놓은 건축가 바론 하우스만(Baron Georges-Eugene Haussmann)에게 중요한 역할을 부여하였다. 이 모든 구조들은 전적으로 또는 부분적으로 소비에 관련되어 있었다. 하지만 벤야민은 아케이드뿐만 아니라 이러한 모든 물리적 구조들이 물질적 현실 이상이라는 점을 인식하였다. 그것들은 비물질적 효과, 특히 벤야민의 중요한 개념인 **황홀경**[1]을 생산하였다. 사실 그의 일반적 주장은 하우스만에게까지 소급되는 새로운 도시의 황홀경이 아케이드를 대체하고 있으며, 그러한 항홀경을 창조해 왔던 한때 마술적이었던 아케이드가 쇠퇴하고 있다는 것이었다.

로잘린드 윌리엄스(Rosalind Williams)는 박람회와 백화점과 같은 보다 초기의 여타 소비수단에 관해 이와 비슷한 주장을 하였다. 윌리엄스는 파리 박람회, 특히 1889년과 1900년에 있었던 파리 박람회가 최초로 체계적으로 계획된 소비 장치이며, 상상력과 팔릴 상품을 결합한다는 점에서 혁신적이었다고 주장한다. 계획된 환경과 조화를 이룬 상상력은 소비를 위한 **꿈의 세계**[2]를 창조한다(여기에서 다시 우리는 이상적인 요인[상상력]과 물질적 요인[계획된 환경]의 통합을 본다). 이러한 맥락에서 윌리엄스는 프랑스

---

1) **황홀경(phantasmagoria)** 아케이드는 물론 보다 새로운 소비수단과 같은 물리적 구조가 생산하는 환상적인 비물질적 효과.

2) **꿈의 세계(dream world)** 황홀경 개념과 유사; 보다 특수하게는 소비자로 하여금 소비수단에 매혹당하게 하고 제공된 물품과 서비스를 매혹적이고, 낭만적으로 보이게 만들어 소비자에게 호소력이 있도록 하기 위해 장식 같은 것을 사용하는 것을 지칭.

백화점의 설립, 특히 1852년에 세워진 봉 마르쉐(Bon Marche)에 대해 논의한다. 그녀는 소비자로 하여금 상점에 매혹당하게 하고 상점의 판매품이 매혹적이고, 낭만적으로 보이게 만들어, 소비자에게 호소력이 있도록 하기 위해 장식을 사용하는 물건들에 초점을 맞추었다. 윌리암스에게 그러한 백화점의 목적은 판매품에 대한 소비자들의 욕망과 느낌이 그것 속에 활활 타오르도록 하는 것이었다. 그 목적은 즉각적으로 충족될 수도 있는 욕망을 불러일으키는 것에 있다기보다는, 조만간 구매하도록 추동하는 자유롭게 떠도는 욕망을 일깨우는 것이었다.

핵심적인 점은 다음과 같다. 더 오래된 소비수단은 결정적으로 물질적 구조였다. 벤야민과 윌리암스 같은 분석가들은 그것을 인정하고 그 중요성을 인식하는 한편, 그러한 구조가 황홀경적인 장치나 꿈의 세계에 있는 것과 같은 다양한 느낌을 야기하도록 도와 준다는 점을 강조하였다.

스펙터클과 시뮬레이션

새로운 소비수단이 그 자신을 스팩터클하게 만드는 또 다른 방식은 시뮬레이션을 현실보다 더 그럴 듯하게 창조하는 것이다. 예를 들어, 라스베가스 스트립은 〈뉴욕 뉴욕〉 같은 믿기 어려운 카지노호텔 시뮬레이션을 품고 있다. 물리적 구조로서 카지노호텔은 그 물질성이 부과한 한계를 가지고 영업해야만 한다. 예를 들어, 〈뉴욕 뉴욕〉이 사람을 잡아끄는 것은 그 규모가 아니라, 무차별적으로 뒤범벅으로 뒤섞여 있다는 점이다. 밖에서 볼 때 관광객은 자신이 시뮬레이션을 보고 있다는 점을 결코 놓치지 않으며, 안에서는 자신이 카지노호텔에 있다는 느낌을 결코 잃지 않는다. 관광객은 자기가 실제로 뉴욕에 있다고 결코 느끼지 않는다.

정의상 사이버사이트는 시뮬레이션이다. 물리적 장소의 한계를 가지고 있지 않기 때문에, 사이버사이트는 현실보다 더욱 스펙타클하고 심지어는 더욱 진짜 같은 시뮬레이션을 창조하는 데 더욱 자유롭다. 따라서 최소한 이론적으로는 실제 뉴욕을 일관된 비율로 축소한 모델이 사이버스페이스에 세워질 수 있다. 일단 우리가 보다 큰 대역너비(bandwidth)를 가지게 되고 가상적 현실과 사이버스페이스를 융합하게 되면, 거의 근사치의 모의조작된 세계들 안에 사람들을 놓게 될 능력이 더욱 커진다. 그 세계들은 현실보다 더 현실적이다. 다시 말해 초현실적이다(예를 들어, 사이버사이트에는 실제 몰에서 볼 수 있는 북적거림과 쓰레기가 없다). 요점은 다음과 같다. 물리적으로 제한받지 않기 때문에, 사이버사이트는 라스베가스나 몰 오브 아메리카에서 가능한 것보다 훨씬 더 환상적인 세계를 창조하기 위하여 시뮬레이션을 사용할 잠재력이 훨씬 크다.

스펙터클, 시간 그리고 공간

시간과 공간도 새로운 소비수단 안에 스펙터클을 창조하기 위해 조작될 수 있다. 라스베가스 호텔들은 자유롭게 다양한 시기들을 겹쳐놓는다. 고대 이집트의 〈룩소르〉(Luxor)는 〈엑스칼리버〉[아더왕의 영국] 옆에 서 있으며, 〈엑스칼리버〉는 20세기 중반의 〈뉴욕 뉴욕〉 옆에 서 있다. 게다가 카지노호텔의 인테리어는 도박하는 사람들이 도대체 몇 시인지 알 수 없도록 설계되어 있다. 이것이 가능한 이유는 카지노에 시계나 창문이 없기 때문이다. 공간도 조작될 수 있는데, 소비자들이 소스라치게 놀랄 만큼 엄청난 공간을 만들어 놓는 것이 그 예이다. 몰 오브 아메리카는 쇼핑몰과 놀이공원을 모두 품을 수 있을 정도로 크다. 〈룩소르〉는 보잉 747 비행기 아홉 대가 정차할 수 있는, 세계에서 가장 큰 안마당을 가지고 있다. 이것들은 그 자체로 놀라운 것이지만, 문자 그대로 시간과 공간에 관한한 무엇이든 행할 수 있는 사이버스페이스에서 창조될 수 있는 것에 비교하면 빛이 바랜다. 우주 전체와 모든 시간대는 사이버스페이스에 존재하는 소비수단의 손아귀에 놓여 있다.

질 주 학

폴 비릴리오(Paul Virilio)는 미셸 푸코와 장 보드리야르와 같은 사상가들에 비해 덜 알려져 있다. 그럼에도 불구하고, 그는 혁신적이고 흥미로운 저작을 창조해 왔는데 이는 더 많이 주목되어야 마땅하다. 그의 작업을 기술하는 최고의 용어는 **질주학**[1](달리는 것 또는 경주로를 지칭하는 접두사 *drome*로부터 나온 개념), 또는 스피드의 핵심적 중요성에 초점을 맞추는 연구이다.

크게 보아, 비릴리오는 운송, 커뮤니케이션, 텔레커뮤니케이션, 컴퓨터화 등과 같은 일련의 테크놀로지의 변화에 의해 야기한 경계들이 붕괴되는 것에 관심을 가진다. 이러한 변화들의 초기 형태는 공간배열의 변화, 특히 물리적 경계들의 붕괴로 나아갔다. 공간배열이 붕괴된 결과 여기와 저기간의 구분이 더 이상 유의미하지 않다. 다시 말해서, 도시에 살든, 근교에 살든 또는 농촌지역에 살든 거의 또는 별반 차이가 없다. 이와 비슷하게, 미국에 살든 영국에 살든 또는 일본에 살든 거의 문제가 되지 않는다.

시간과 스피드

하지만 비릴리오는 공간의 문제보다 시간의 문제에 더 관심을 갖는데, 그 이유는 포스트모던 세계에서는 시간이 공간보다 더 중요하기 때문이다. 사실, 그는 스피드의 증대가 공간의 구분을 잠식하여 공간을 시간으로부터 구분하는 것을 점점 더 어렵게 만든다고 주장한다. 음극선 진공관 덕분으로, 그것이 우리의 텔레비전 세트에서 발견되든 또는 우리의 컴퓨터에 부착되어 있든, 공간적 차원들을 그것이 전송된 비율로부터 분리하는 것이 더 이상 가능하지 않다. 공간과 시간은 갈수록 서로 분리불가능하게 되고 있는 것이다. 게다가 스피드는 공간을 압도해 왔다. 비릴리오는 속도거리(speed distance)라는 개념을 창출하고, 그것이 물리적이고 공간적인 차원을 무화시키고 있다고 주장한다. 오늘날 이러한 과정에서 특히 중요한 것은 커뮤니케이션과 텔레커뮤니케이션 수단의 발전이다.

공간을 지우는 것에 덧붙여 스피드, 특히 지식과 정보의 커뮤니케이션의 속도는 이미지와 가상의 현란한 세계를 창조해 왔다. 우리는 갈수록 우리가 어디에 있는지, 몇 시인지, 무엇을 해야 하는지 말할 수 없게 되었다. 가시적인 제작자, 참조대상, 표준은 해체되어 왔다. 그 결과 우리는 개념화와 표상의 위기에 직면해 있다. 우리는 안정된 이미지의 세계로부터 그러한 이미지가 고도로 불안정한 세계로 너무나 멀리 나아왔다.

---

1) **질주학(dromology)** 스피드가 핵심적으로 중요하다는 점에 초미의 관심을 둠.

우리의 참조대상은 갈수록 물질의 형태를 띠지 않게 되었다. 그것들은 갈수록 흐르는 이미지들 이상이 아니게 되었다. 우리는 가면 갈수록 사물들을 직접적으로 관찰하지 않게 되었다. 오히려 우리는 대중매체와 같은 매개하는 테크놀로지를 통해 간접적으로 사물들을 감지한다. 이러한 방식으로 더욱 많은 사물들을 감지할 수 있음에도, 그들에 대한 직접적인 지식을 결여하고 있기 때문에 그것을 이해가능한 것으로 만드는 것이 갈수록 어렵게 되었다. 그 결과, 비릴리오의 시각에서 볼 때, 우리는 명료한 이해의 위기에 당면해 있다.

모든 종류의 발전된 테크놀로지는 우리와 우리가 보는 사물들 사이를 매개하기 때문에 여기에서 중요한 역할을 한다. 영화는 이러한 발전에 중요한 역할을 수행하는데, 영화 카메라는 우리와 우리가 보는 사물들 사이에 들어오기 때문이다. 이러한 문제는 텔레비전의 도래와 함께 존재하며 더욱 확대된다. 이러한 테크놀로지는 우리가 보고 있는 것을 진정으로 이해하는 것을 더욱 어렵게 만든다. 부분적으로는, 우리가 보고 있는 것이 카메라맨과 카메라의 눈을 통해 걸러지기 때문이다. 이에 덧붙여, 우리는 갈수록 우리가 본 것에 대한 적극적인 해석자가 되지 못하고 더욱 수동적인 원격관객(telespectators)이 된다. 게다가, 우리와 이러한 매체 사이의 공간적이고 시간적인 경계선이 잠식되는 경향이 있다. 여기에는 지각가능한 한계가 없으며, 텔레비전 이미지가 끝나는 곳과 우리가 시작하는 곳 사이에 분명한 경계가 없다. 더군다나, 컴퓨터의 도래와 함께 이것은 갈수록 집뿐만 아니라 직장에서도 문제가 된다.

전   쟁

비릴리오의 저작에서 반복되는 주제 중의 하나는 여기에서 논의된 종류의 변화와 변화하고 있는 전쟁의 속성 사이의 관계이다. 비릴리오에게 전쟁은 테크놀로지 문제에 관한 한 최고의 모델이다. 비릴리오가 관심을 갖는 다양한 테크놀로지의 발전(예컨대, 컴퓨터)은 군수 리서치와 테크놀로지 발전과 긴밀하게 연결되어 있다. 이러한 테크놀로지의 발전이 낳은 속도의 증대는 군대를 포함한 사회의 모든 영역에 영향을 미치고 있다. 사회의 나머지 부분에서 스피드는 성찰을 위한 시간을 파괴하는 것으로 나아간다. 무기가 발진되는 속도가 빨라짐에 따라 장교들은 자신들의 행위에 대해 성찰하는 것이 불가능해지게 되었다. 예를 들어, 적의 미사일의 발진은 자동적으로 보복 무기를 발진시킨다. 그 결과 완전히 비자발적인 전쟁이 결과한다. 게다가, 군대들 사이에 직접적인 격돌 대신에 우리는 컴퓨터와 텔레비전을 통해 매개되는 즉각적인 인터페이스를 가진다. 이러한 것들과 다른 것들은 비릴리오가 순수전쟁(pure war)이라 칭한 것과 관련되어 있다.

내부식민화

테크놀로지는 그의 중요한 주제였다. 지금까지 보아 왔듯이, 영화 카메라와 그 후계자인 텔레비전 카메라는 경험을 매개하고 이미지를 흩뿌리는 데 중심적인 역할을 한다. 최근의 책에서 비릴리오는 **내부식민화**1)라는 제목 아래 테크놀로지가 행하는 새로운 역할을 탐색한다. 이제 테크놀로지는 세계를 식민화하는 데 초점을 맞추는 대신 인간의 몸을 식민화하는 데 사용되고 있다; 그 초점이 영토적 몸에서 동물적 몸으로 변화하였다. 내부식민화는 테크놀로지와 그와 연합된 극소기계를 인간 몸의 심장 속으로 삽입하는 데 관심을 가진다. 세계를 식민화하기 위해 거대기계를 창조하는 것에서 몸을 식민화하기 위해 극소기계(예를 들어, 심장박동 조절장치)를 창조하는 것으로 초점이 이동해 왔다. 따라서 그는 이식혁명이 커뮤니케이션 혁명에 이어 나타나고 있는 것을 본다. 이전에 우리는 원격행위(teleaction)가 즉각적인 행위를 대체함으로써 그냥 자리에 붙박혀 있게 되는 것(sedentariness)을 언급했었다. 이러한 좌착성(坐着性)은 포스트모던 테크놀로지를 창조한 자들이 만든 것인데, 이제 이 테크놀로지는 그것을 반격할 일련의 테크놀로지를 창조한다. 미디어에 의해 거의 무기력의 상태로 느려진 사람들은 이와 동시에 이제 더욱 재빨리 생각하고 행동하도록 도와 줄 수 있는 다양한 마이크로테크놀로지의 이식을 통해 그 속도가 빠르게 될 수 있다. 포스트모던 사회에서는 다른 모든 것에 행해졌던 것이 인간의 몸에 행해지도록 초점이 변화하고 있다. 어떤 의미에서, 인간의 몸은 속도를 내도록 만들어져 왔다; 사회의 나머지 부분의 특징인 스피드가 이제 인간의 몸으로 이행되어져야 한다.

---

1) **내부식민화(endocolonization)** 인간의 몸을 식민화하는 데 사용되는 테크놀로지.

다양한 테크놀로지의 이식은 또한 비릴리오와 다른 포스트모더니스트들에게 내부와 외부의 구분의 제거라는 또 다른 친숙한 문제를 제기한다. 우리 외부에 그리고 내부에 테크놀로지가 있다면, 그리고 그렇게 외부에 있는 테크놀로지가 우리 안에 있는 테크놀로지를 자극한다면, 어디에서 인간으로서의 우리가 끝나고 비인간인 테크놀로지가 시작하는가? 이러한 방식으로 비릴리오는 스피드와 발동기(motors)에 대한 그의 신선한 개념 내부에서 주체의 죽음이라는 문제를 다루고 있다.

비릴리오가 지속적으로 관심을 갖는 또 다른 주제는 통제의 문제이다. 내부식민화와 함께, 인간에 대한 통제가 전적으로 새로운 차원으로 이동하고 있다. 과거에는 통제가 거의 전적으로 외부에서 행해져 왔다. 감옥, 특히 푸코의 판옵티콘은 좋은 예이다. 하지만 내부식민화는 내부로부터의 통제가능성을 열어젖혔다. 분명히 이것은 그와 함께 새롭고 소름끼치는 가능성도 가져온다.

가상적 현실

비릴리오는 가상적 현실에서 현재 도래하고 있는 외파에 대한 분석에서 통제의 문제를 중요하게 다루고 있다. 지구적 차원의 변방이 제거되면서 과학은 정신적 이미지와 같은 내부의 변방을 정복하는 쪽으로 전환해 왔다. 가상 테크놀로지는 외부 테크놀로지이지만, 그 목적은 내부의 통제이다. 가상적 현실의 테크놀로지는 정신적 이미지를 방향지우고 통제하며 인공지능적으로 사고를 지배하려 한다. 그의 관점에서는 사람들이 더 이상 자유롭게 자신들의 정신적 이미지를 구축할 수 없게 될 것이기 때문에, 통제의 차원이 어떻게 나타날지 상상조차 불가능한 것이다. 가상적 현실은 또한 시간과 공간상에서 우리의 자리가 어디인지 찾지 못하도록 만드는 것과 같은 또 다른 문제들을 생산할 것이다. 가상적 우주 속에서 우리 모두는 일정 정도 길을 잃게 될 것이다.

비릴리오의 생각 중에서 오직 일부만이 여기에 논의되었지만, 프랑스 포스트모던 사회이론에 관한 한 그가 매우 흥미로운 변이를 생산하는 과정 중에 있다는 점은 분명하다.

요약하면, 현대 사회이론은 계속해서 발전하고 변화하고 있다. 이 책에서 제시된 특정 시점에서의 현대 사회이론의 스냅샷은 과거의 진실을 기억하는 한 방식이 될 것이다. 하지만 우리가 최근에 발생하고 있는 일들을 이해하지 않는다면 사회학 이론의 미래가 어떻게 될지 알 수 없게 될 것이다.

페미니즘과 포스트모던 사회이론:
집필자-패트리시아 마두 랭어만과 질 니브루게

   포스트모던적인 사상과 용어에 대한 페미니스트 학자들의 관여가 1990년대에 터를 잡아갔지만, 페미니스트들은 포스트모더니즘을 사회에 대한 이론이라기보다는 인식론적으로 접근했다. 포스트모더니즘은 페미니스트 이론에게는 주로 대립적인 인식론으로, 즉 진리나 지식에 대한 인식론적 주장을 도전하는 전략으로 중요하게 여겨져 왔다.
   누구의 지식이냐는 질문은 지식에 대한 권력의 관계뿐만 아니라 인간의 앎에 대한 주장의 토대에 대해서도 논쟁을 열어젖힘으로써 급진적으로 변화를 야기한다는 것이 입증되어 왔다. 포스트모더니스트들은 근대주의 인식론의 기본 원리, 즉 인간은 순수이성을 사용함으로써 세계에 대한 완벽한 객관적인 지식, 현실의 표상이자 자연의 거울이 되는 지식에 이를 수 있다는 주장을 거부한다.
   페미니즘과 포스트모더니즘은 여러 점에서 많은 공통점을 가진다.

   1. 양 진영 모두 누구의 지식 또는 정의가 중요한가 하는 질문을 던진다.
   2. 현 페미니스트 이론가들은 포스트모더니즘 안에서 사회과학에서 전통적으로 핵심이 되는 관심으로부터 벗어나서, 전통적인 이론과 개념을 해체해야 할 인식론적이고 정치적인 필요가 있다는 그들의 주장을 강화하고 정당화하는 근거를 찾아낸다.
   3. 포스트모더니스트 인식론은 몇몇 페미니스트 학자들에게 그들의 작업에 이름(naming)을 부여할 가능성을 더 많이 부여하며, 젠더를 해체하려는 자유주

의적 페미니스트 기획과 같이 이미 수용되어 있는 실천의 일부로 되어 왔다. 페미니즘은 포스트모던 개념들을 별 생각 없이 받아들인 것이 아니라, 원래의 의미를 때로는 그대로 유지하고 때로는 혼합하고 때로는 변화시키는 등 정교하게 가다듬었다.

4. 무엇보다도, 포스트모던적 전환은 페미니즘으로 하여금 이론구성의 영구적인 속성에 대해 성찰하도록 추동한다. 이는 페미니즘이 그 스스로 본질주의적이고 보편주의적인 범주들을 통해 사람들을 억압하는 헤게모니적 담론이 되지 못하도록 보장하는 한 방식이었다. 이러한 방안은 특히 유의미한 것으로 밝혀져 왔는데, 그 이유는 유색인 여성, 북대서양 외부의 사회들에서 온 여성, 레즈비언 그리고 노동계급 여성이 자매애, 여성, 제 3 세계 여성, 섹슈얼리티, 가족, 엄마노릇 그리고 노동에 관해 2세대 페미니즘이 제출한 본질주의적 주장에 대해 제기한 질문들과 일치하는 데서도 알 수 있다(제 8 장을 볼 것).

하지만 포스트모더니즘에 대한 페미니즘의 생각은 수용보다는 불편함이 더 두드러진다.

1. 많은 페미니스트들은 포스트모더니즘을 너무 배타적인 열망을 가지고 있어 포용이라는 페미니스트 기획에 적대적이라 본다. 이것의 증거로는 포스트모더니즘의 불가해한 용어, 정치투쟁보다는 학문의 세계에 머물러 있다는 점 그리고 성찰 없이 그러한 학문적 담론 안에서 지배적인 지위를 점하려는 것 등이 지적된다.

2. 많은 페미니스트들은 또한 포스트모더니스트의 도전이 순진한 것이 아닌가 묻는다. 그것이 진정으로 해방적인가 아니면 특권을 지닌 학문적 계급이 주변화된 사람들의 도전을 기술적으로 복잡한 주장으로 대응하는 지식 정치학의 일부가 아닌지, 그 결과 말할 수 없는 사람들은 권위를 주장할 수 없게 되는 것이 아닌지 의문시한다. 낸시 하트속(Nancy Hartsock)은 여성과 많은 다른 집단들이 자신들을 재정의하고, 자신들에 대해 이론화하고, 다양한 기반 위에서 진보를 이루어 가고 있는 바로 그 때 포스트모더니스트들은

주체의 본성, 일반이론이라는 생각 그리고 진보의 개념에 의문을 던지고 있다는 점에 대해 매우 수상쩍어 한다.

3. 불편함을 낳는 또 다른 원천은 해체와 차이의 무한한 회귀에 대한 포스트모더니즘의 강조가 사람들로 하여금 집합적이고 자유주의적인 정치학으로부터 벗어나서, 모든 개인은 각각 독특하기 때문에 그들의 문제도 각각 독특하다는 결론을 낳을 수도 있는, 그래서 공동체 전체에 관련되는 문제는 없다는 급진적 개인주의로 나아가게 만든다는 점이다.

4. 무엇보다도 포스트모던 전환은 페미니스트 학자들을 불평등, 부정의, 억압의 물질성으로부터 벗어나 세계를 담론, 표상, 텍스트로 보는 신관념주의적 입장으로 데리고 간다. 물질적 불평등과의 연계를 끊어버림으로써, 포스트모더니즘은 페미니즘을 모든 비판적 사회이론의 근본적인 기획인 진보적 변화를 위한 헌신으로부터 벗어나게 만든다.

◆ 요   약

1. 다니엘 벨의 거대 이론은 탈산업사회의 출현에 초점을 맞추고 있다. 이 사회는 물품 생산에서 서비스 공급 중심으로 전이하고 있고, 블루컬러 노동자가 쇠퇴하는 동시에 전문적이고 기술적인 노동이 발흥하며, 이론적 지식이 실용적인 노하우를 대체하고 있고, 테크놀로지에 대해 더 잘 평가하고 통제할 수 있으며, 새로운 지식 테크놀로지가 발전하고 있다.

2. 탈산업사회에서는 합리성과 효율성에 의해 지배되는 사회구조(특히 경제)와 비합리성, 자기실현, 자기만족이 지배하는 문화 사이에 갈등이 발생한다.

3. 미셸 푸코의 거대 이론은 근대주의의 거대 이론과 다른데, 그 이유는 그는 기원을 찾는 것을 거부하고 비일관성과 불연속성에 초점을 맞추기 때문이다.

4. 푸코의 거대 이론은 실질적으로 통치, 즉 사람들을 통제하는 실천과 기술을 다룬다.

5. 죄수를 다루는 데 진보와 점증적인 인간화를 보는 대신, 푸코는 사람들을 처벌하는 그것도 더 깊이 처벌하는 능력의 증대를 보았다.

6. 사람들을 통제하고 관찰하기를 원하는 사람에게는 세 가지 기본적인 도구가 가용하다. 첫 번째는 위계적 관찰, 또는 조직의 맨 꼭대기 또는 그 근처에 있는 관리자가 자기가 통제하는 모든 사람들을 단번에 관찰할 수 있는 능력이다.

7. 판옵티콘은 권력자(예컨대 교도관)로 하여금 일단의 사람들(예컨대 죄수들)을 완전히 관찰할 수 있는 가능성을 만들어준다.

8. 훈육적 권력의 두 번째 도구는 정상화하는 가치판단을 내리고 규범을 어기는 사람들을 처벌할 수 있는 능력이다.

9. 세 번째 도구는 종속된 자들을 관찰하고 그들이 행하는 것에 가치판단을 내리는 한 방식으로 검사를 사용하는 것이다.

10. 통제에 초점을 맞추기는 하였지만 푸코는 통제가 지속적으로 도전받는다는 점을 인정하였다. 부분적으로는 이것이 그가 권력의 미시물리학에 초점을 맞춘 이유를 설명한다.

11. 이미 수용되어 있는 거대 이론과 대조적으로, 푸코는 정상인들과 그들의 대행자들이 광인을 인구의 나머지로부터 격리시키고 그들을 억압하고 진압하는 능력을 증대시키게 된 것을 본다.

12. 빅토리안이즘과 성애 사이의 관계에 대해 이미 수용되어 있는 거대 이론과 대조적으로, 푸코는 이 시대에 이루어진 성애에 대한 더 많은 분석, 현상파악, 분류, 특정화 그리고 인과적이고 양적인 연구를 관찰해 낸다.

13. 지그문트 바우만은 근대를 양가성을 수용하지 못하는 무능력과 연결시키지만, 포스트모더니티는 양가성을 더욱 잘 수용할 것이라 약속한다.

14. 바우만은 또한 신부족주의를 포스트모더니티와 연결시킨다. 이러한 새로운 부족 또는 공동체는 이방인, 보다 구체적으로 광범하게 퍼져 있는 종족적, 종교적, 정치적 집단을 위한 피난처이다. 이러한 공동체들과 그 집단들은 사회 전체에 의해 용인된다.

15. 포스트모던 정치학의 특징은 부족적 정치학 그리고 욕망, 공포, 확실성의 정치학이다.

16. 포스트모던 세계의 도덕은 타자를 위한 도덕이 될 필요성에 의해 지배된다.

17. 장 보드리야르는 생산자 사회에서 소비자 사회로의 변형을 본다.

18. 소비는 소비자의 필요보다는 차이에 대한 소비자의 추구에 의해 더 잘 설명된다.

19. 소비할 때 우리가 진정으로 소비하고 있는 것은 물품이나 서비스가 아니라 기호이다.

20. 코드가 기호의 의미를 결정하기 때문에, 그것이 소비 역시 통제한다.

21. 자본주의는 노동자에 대한 통제에서 소비자에 대한 통제로 그 초점을 변화시켜 왔다.

22. 보드리야르는 또한 진정성을 가진 원시적인 상징적 교환(주고받음의 가역적인 과정)이 진정성을 결여한 오늘날의 시뮬레이션 또는 모조로 변형되고 있음을 본다.

23. 조지 리처는 최소한 부분적으로나마 새로운 소비수단에 의해 촉진되는 하이퍼소비에 의해 지배되는 세계를 본다.

24. 창조적인 파괴의 과정은 지속되며, 심지어 어떤 새로운 물질적 소비수단은 더 새롭기까지 한 사이버몰과 홈쇼핑 텔레비전과 같은 비물질적 소비수단에 의해 위협받고 있다.

25. 소비자를 끌어들이기 위해 새로운 소비수단은 내파, 시뮬레이션, 시간과 공간의 조작과 같은 다양한 기제를 사용한다. 비물질적 소비수단은 새로운 물질적 소비수단보다 이러한 기제를 더 잘 사용할 수 있다.

26. 살아 있는 사회이론가 중 가장 흥미로운 사람의 하나는 폴 비릴리오이다. 포스트모던

이론과 연합되어 있는 그는 수많은 새로운 생각과 독특한 개념뿐만 아니라 그 자신의 포스트모던 이론인 질주학을 발전시켜 왔다.

27. 페미니즘과 포스트모던 사회이론 사이에는 불편한 관계가 존재한다.

28. 페미니스트들은 여성과 많은 다른 집단들이 자신들을 재정의하고, 자신들에 대해 이론화하고, 다양한 기반 위에서 진보를 이루고어 가고 있는 바로 그 때, 주체의 본성, 일반이론 그리고 진보의 개념에 대한 포스트모던적인 의심이 발흥하고 있다는 점을 매우 수상쩍어 한다.

◆ 추천도서

Malcom Waters, "Daniel Bell," in George Ritzer, ed., *The Blackwell Companion to Major Social Theorists. Malden,* MA, and Oxford, England: Blackwell, 2000, pp. 577-600. 다니엘 벨이 사회이론에 공헌한 점을 간략히 소개.

Malcom Waters, *Daniel Bell,* London: Routledge, 1996. 벨과 그의 저작에 대해 보다 상세하게 다루고 있는 책.

Barry Smart, "Michel Foucault," in George Ritzer, ed., *The Blackwell Companion to Major Social Theorists,* Malden, MA, and Oxford, England: Blackwell, 2000, pp. 630-650. 미셸 푸코가 사회이론에 공헌한 점을 간략히 소개.

James Miller, *The Passion of Michel Foucault,* New York: Anchor Books, 1993. 사회이론가들 중에서 가장 도발적인 인물에 대한 매혹적인 전기.

Zygmunt Bauman, *Modernity and the Holocaust,* thaca, NY: Cornell University Press, 1989. 가장 잘 알려진 포스트모더니스트들 중의 하나가 된 이론가가 쓴 도발적인 저작. 그 자신 포스트모더니티에 대해 양가적인 입장을 취하고 있음에도 왜 그가 근대보다 포스트모더니티를 선호하는 지 보여줌.

Dennis Smith, *Zygmunt Bauman: Prophet of Postmodernity,* Oxford: Blackwell, 2000. 지그문트 바우만의 사상을 소개하는 얇은 책.

Douglas Kellner, "Jean Baudrillard," in George Ritzer, ed., *The Blackwell Companion to Major Social Theorists,* alden, MA, and Oxford, England: Blackwell, 2000, pp. 731-753. 포스트모던 이론가들 중에서 이렇게 가장 도발적이고 논쟁적인 사상가에 대한 간략한 소개.

Mike Gane, ed., *Baudrillard Live: Selected Interviews,* London: Routledge, 1993. 이 주도적인 포스트모던 사상가와의, 세밀하고 흥미로운 일련의 인터뷰.

George Ritzer, *Explorations in the Sociology of Consumption: Fast Food, Credit Cards, and Casinos,* London: Sage, 2001. 소비의 사회학에 대해 내가 쓴 책들과 에세이들로부터 뽑은 선집으로서, 그 중에는 이전에 출판되지 않은 것도 있음.

Paul Virilio, *The Information Bomb,* London: Verso, 2000. 혁신적인 사상가가 쓴 가장 최근의 영

어판 책.

James Der Derian, ed., *The Virilio Reader,* Oxford: Blackwell, 1988. 지금까지 씌어진 비릴리오의 가장 중요한 저작들에서 뽑은 탁월한 선집.

Sondra Harding, *The Science Question in Sociology,* Ithaca, NY: Cornell University Press, 1986. 페미니즘 이론 중, 특히 견지관점이론의 주요 저작.

Patricia Clough, "Judith Butler," in George Ritzer, ed., *The Blackwell Companion to Major Social Theorists,* Maden, MA, and Oxford, England: Blackwell, 2000, pp. 754-773. 가장 급진적이고 영향력 있는 페미니스트/포스트모더니스트 이론가들 중 한 명에 대한 개괄서.

핵심용어 모음

가부장제(patriachy) 남성이 여성을 종속시키는 체계이다. 이것은 보편적 체계로, 사회조직에 만연되어 있으며, 때때로의 도전에도 불구하고 때와 장소에 관계없이 성공적으로 지속된다.

가치-합리적 행위(value-rational action) 어떤 행위목표를 이루기 위한 최선의 행위수단을 선택하는 것이 보다 넓은 일련의 가치들에 대한 그 행위자의 믿음에 기반해서 이루어지는 행위. 이것은 최적의 선택이 아닐 수도 있지만, 그 행위자가 놓여 있는 가치체계의 관점에서 보았을 때는 합리적이다.

갈등집단(confllict group) 집단갈등에 실제로 관여하는 집단.

감성적 행위(affectual action) 감정의 결과로 생긴 비합리적 행위.

감옥섬(carceral archipelago) 사회 여기저기에 규율권력이 몰려다니며 군집되어 있다는 생각으로부터 도출된 사회의 이미지. 이는 이 과정이 사회의 특정 부분들에만 영향을 미치거나, 어떤 때는 몇몇 부분들에 그리고 다른 어떤 때는 또 다른 부분들에 영향을 미칠 수도 있다는 것을 의미한다. 따라서 그것은 규율권력의 확장과 전개에 따라 다른 조건들에서는 덜 영향을 미치거나 영향을 미치지 않는 세상의 규율 중심들의 조각보(패치워크)를 암시한다.

감정성-감정중립성(affectivity-affective neutrality) 사회현상에 감정을 얼마나 투여하는가에 관한 유형변수.

감춰진 낙인(discreditable stigma) 낙인이 관객들에게 알려지지도 않고 또는 지각되기도 어려운 것.

강압적 조정단체(imperatively coordinated association) 권위 있는 지위의 위계에 의해 통

제되는 사람들의 단체

개인적 문화(individual culture) 객관적 문화의 요소들을 생산하고 흡수하며 통제하는 개인
의 능력과 관련된다.

개인적 전면(personal front) 표현 장비와 같은 것들로 구성되며, 관객들이 장비들을 행위자
와 연결시키고 행위자들이 그 장비들을 차리고 무대로 나갈 것으로 예상한다.

객관적 문화(objective culture) 사람들이 생산하는 객체들(예술, 과학, 철학 등)을 포함하며,
이들이 문화를 구성한다.

거대 이론(grand theory) 장구한 인간 역사의 내용을 설명하려는 방대하고도 매우 야심적
인 노력.

거리화(distanciation) 근대적 쟈거노트의 다양한 구성요소들이 공간과 사간 안에서 우리들
로부터 전혀 동떨어져 성장하는 경향.

거울에 비추어진 자아(looking-glass self) 우리는 타인들과 타인들이 우리에게 보이는 반
응을 우리가 누구이고 제대로 행동하는지를 평가해 주는 거울로 이용하여 우리 자신에
대한 관념을 형성한다는 주장.

거짓말(lie) 한 사람이 의도적으로 진실을 숨기는 상호작용의 한 형식.

검사(examinations) 종속된 자들을 관찰하고 그들이 한 일을 평가하는 하나의 방법. 그것
은 종속된 자들에 대해 자세히 조사하고 그들이 한 일에 대해 평가하는 것을 포함한다;
그것은 주어진 환경에서 무엇이 충분한 점수인지 아닌지에 관한 정상성 판단을 내릴
수 있는 권위를 가진 사람들에 의해 행해진다.

게임 단계(game stage) 자아의 생성에서 두 번째 단계. 이 단계에서 아이는 특정한 사람의
역할을 취하는 것이 아니라, 시합에 참가하는 모든 사람들의 역할을 취한다. 이 모든 이
들은 각각 전체 시합에서 나름의 역할을 담당한다.

견지관점(standpoint) 사회구조상 서로 다르게 위치한 각 집단 내의 체화된 행위자들이 갖
는 시각.

결합태(figurations) 솔직하고 상호의존적인 개인의 뒤섞임을 포함하는 사회적 과정이다. 권
력은 사회의 결합태에 핵심적이며, 사회의 결합태는 끊임없이 변화한다. 결합태는 대부
분 인지되지 않거나 의도되지 않은 방식으로 출현하여 발전된다.

경제(economy) 파슨스에게는, 환경 적응의 기능을 수행하는 사회의 하위체계.

경제적 자본(economic capital) 한 행위자가 소유하고 있는 경제적 자원들.

계급의식(class consciousness) 허위의식을 극복하고 자본주의 체계를 정확하게 이해할 수 있는 프롤레타리아 계급의 능력.

계산가능성(calculability) 양의 강조, 흔히 질의 손상을 초래한다.

계층적 분화(stratificatory differentiation) 위계로서 표현된 체계 내에서의 계층이나 지위에 따른 수직적 분화.

공감적 내성(sympathetic introspection) 연구대상이 되는 행위자들의 위치와 정신 속에 자신을 두는 방법. 연구자들은 행위자들의 정체성과 생각에 공감하고, 행위자들의 행동 기저에 있는 의미와 동기들을 이해하도록 한다.

공산주의(communism) 역사상 최초로 인간의 잠재력이 최대한으로 발휘될 수 있는 사회체계.

과시적 소비(conspicuous consumption) 필요를 위해서 보다는 소비하는 사람의 높은 사회적 지위를 나타내기 위해, 그래서 사람들간의 경쟁적인 사회적 구분의 근거를 마련하기 위해 행해지는 소비.

과시적 여가(conspicuous leisure) 여가의 소비, 생산적인 시간 사용, 사람들간의 경쟁적인 사회적 구분을 만들기 위해 그리고 시간을 이런 식으로 쓸 수 있는 사람의 사회적 지위를 드러내기 위한 시간의 낭비행위.

과한 소비(hyperconsumption) 현대 세계와 연관되어 있는 유별난 수준의 소비.

관료제(bureaucracy) 조직원의 행동이 규칙에 기반하도록 만든 조직의 근대적 형태; 각 임무는 고유한 영역에서 이루어지며 특수한 임무를 수행할 의무와 일을 수행하는 데 필요한 수단과 권위를 갖고 있다; 각 임무는 위계질서 체계 내에 조직되어 있다; 각 직무를 수행하기 위해서는 기술적 훈련이 필요하다; 직무를 수행하는 데 필요한 것들을 배우는 훈련; 지위는 조직의 부분일 뿐이고 지위 소유자 개인에 의해서 점유되어서는 안 된다; 관료제에서 진행되는 대부분의 일들(행동, 결정, 규칙)은 서류로 처리된다.

관찰(observation) 현지조사와 밀접하게 관련되는 방법. 상징적 상호작용론자들(과 기타 사회학자들)은 사회세계에서 일어나는 현상을 관찰하는 방법을 통해 사회세계를 연구한다. 상징적 상호작용의 경우, 관찰의 방법은 연구자로 하여금 행위자들의 의미와 동기를 이해하기 위해 공감적 내성을 하여 행위자들의 위치에 자신을 놓고 행위자들이 취하는 다양한 행위들을 관찰할 수 있게 해 준다.

교차성 이론(intersectionality theory) 여성들이 억압을 다양한 상황에서 다양한 강도로 경험한다는 관점.

교환연결망(exchange network) 다수의 개인적이거나 집합적인 행위자들을 포함하는 사회관계들의 망이고, 다양한 행위자들이 서로 교환기회들과 교환관계들뿐 아니라, 다양한 가치 있는 자원들을 갖고 있다. 다수의 이들 교환관계가 존재하며, 단일한 구조를 형성하기 위해 상호관계를 맺는다.

구성주의자 시각(constructivist perspective) 지각, 사고 및 행위의 틀이 구조를 만든다는 견해.

구조(structure) 유사한 사회적 실천들에 체계적인 형식을 부여하는 구조화하는 속성들(구체적으로, 규칙들과 자원들)을 말하며 기든스의 개념이다.

구조(structures) 유형화된 사회적 상호작용과 지속적인 사회관계들.

구조기능주의(structural functionalism) 사회의 구조와 그 기능적 중요성(다른 구조에 미치는 긍정적 또는 부정적 결과들)에 초점을 맞추는 사회학 이론.

구조주의자 시각(structuralist perspective) 사회세계에서 일어나는 것을 결정하는, 숨겨져 있거나 밑바탕에 깔려있는 구조가 있다는 견해

구조화(structuration) 행위수행자와 구조는 서로 연결되어 있는데, 행위수행자가 행동을 만들어 내는 순간에 그들은 동시에 자신들이 처해 있는 사회구조를 생산하고 재생산해 낸다는 의미에서이다. 이는 구조와 수행행위간의 변증법적 관계를 말한다. 구조와 행위는 이중성을 구현하며, 하나는 다른 하나 없이 존재할 수 없다.

군림관계(relations of ruling) 인간의 사회적 생산을 통제하고자 하는 복잡다단지만 난해하게 서로 얽혀 있는 사회적 활동들.

권력(power) 에머슨에게 있어, 한 행위자가 다른 행위자로 하여금 받아들이도록 유도할 수 있는 잠재비용.

귀속기준-성취기준(ascription-achievement) 사회현상을 판단할 때 그 대상이 부여받은 것과 성취한 것 중 무엇에 의해 판단하는가에 관한 유형변수.

규율사회(disciplinary society) 구성원들에 대한 통제가 일상적인 사회.

그들-관계(they-relations) 사람들이 다른 사람들을 직접 경험하기보다는 순전히 사람들에 관한 전형들과(또는 그러한 전형들을 내포하는 보다 큰 구조에) 관계를 맺는 우리들 삶

의 영역.

그물망적 설명(webbed accounts) 모든 다양한 개인들과 견지관점 집단들의 경험에 대한 지식들을 망라하고, 또한 이들이 자신들의 진술을 만들어 내게 된 권력적 역학구조에 대한 기술을 포함하여, 이들 모두를 보고함으로써 서로 연결된 설명이 되는 것을 가리킨다.

급진적 페미니즘(radical feminism) 여성의 긍정적인 가치를 내세우고 여성은 어디에서나 폭력이나 폭력 위협에 의해 억압받고 있다고 주장하는 사회조직, 젠더 억압, 그리고 변화의 전략의 이론이다.

기계적 연대(mechanical solidarity) 뒤르켐의 이론에서 원초적 사회는 분업이 거의 일어나고 있지 않았기 때문에 사실상 누구나 같은 일을 하고 있었고 그에 따라 서로 긴밀하게 묶여 있었다는 설명.

기능분석의 수준들(levels of functional analysis) 비단 사회 전체뿐만 아니라 조직·제도·집단 등 표준화되고 반복적 유형을 보이는 사회현상들이라면 어떤 것이든 기능분석의 대상이 될 수 있다.

기능(functions) 특정 체계의 적응이나 조정을 도와 주는, 관찰 가능한 결과들.

기능적 분화(functional differentiation) 가장 복합적인 분화 형식이며 현대 사회를 지배하는 형식, 체계 내부의 모든 기능은 특정한 단위에서 전담하는 것이다.

기업(business) 경제과정에 대한 금전적 접근으로서, 여기서는 주요한 관심이 보다 큰 사회 공동체를 위한 생산이나 이해관계보다는 자산 획득, 돈, 이윤성 등에 놓여 있다.

기회비용(opportunity costs) 행위자가 주어진 목적의 달성을 위해 어떤 행위를 선택할 때 그로 인해 가능했던 차선적 행위는 포기해야만 하는 비용.

꿈의 세계(dream world) 황홀경 개념과 유사; 보다 특수하게는 소비자로 하여금 소비수단에 매혹당하게 하고 제공된 물품과 서비스를 매혹적이고, 낭만적으로 보이게 만들어 소비자에게 호소력이 있도록 하기 위해 장식 같은 것을 사용하는 것을 지칭.

낙인(Stigma) 당위의 사회적 정체와 실제의 사회적 정체 간의 간격.

내부식민화(endocolonization) 인간의 몸을 식민화하는 데 사용되는 테크놀로지.

내부의 외부인(the outsider whithin) 모집단으로부터 더 큰 사회로 이동할 때 집단 구성원이 자주 하게 되는 경험.

내파(implosion) 경계들이 소멸하고 다양한 사물들이 서로에게로 붕괴되는 것; 분화(differentiation)와 대립되는 것으로서의 탈분화(dedifferentiation).

노동가치설(labor theory of value) 모든 가치가 노동으로부터 나온다는 맑스의 이론, 따라서 자본주의에서는 프롤레타리아가 그 원천.

놀이 단계(play stage) 자아의 생성에서 첫 번째 단계로서, 아이는 다른 누군가의 역할을 취해 본다.

단위행동(unit act) 파슨스 행위이론의 기본 구성요소로서 행위자, 목적, 상황, 그리고 규범과 가치로 이루어진다. 행위자는 상황 속에서 목적을 위한 수단을 선택한다. 선택은 규범과 가치, 그리고 상황 속에서의 여러 조건에 의해 영향 받는다.

담론적 의식(discursive consciousness) 우리의 행위를 말로 묘사할 수 있는 능력.

당위의 사회적 정체(virtual social identity) 당위적인 자신의 모습.

대상적 자아(me) 개인이 일반화된 타자를 채택하고 지각한 것. 자아의 순응적 측면.

동기(motives) 사람들이 무엇을 행하는 이유라고 설명하는 것.

드러난 낙인(discredited stigma) 행위자는 낙인이 관객에게 알려졌거나 또는 명백하게 드러난다고 가정한다.

때문에 동기(because motives) 어떤 행위가 일어난 후에, 개인들을 그렇게 행하게끔 만든 원인 요소들(예컨대, 개인적인 배경, 개인 심리, 환경)을 되돌아보는 것.

룸펜프롤레타리아(lumpenproletariat) 자본주의 체계에서 프롤레타리아보다도 하위에 있던 일단의 무리.

매너(manner) 연기자가 그 자신을 드러내는 양식; 연기자가 주어진 상황에서 어떤 역할을 수행할 것인지를 관객이 예측하도록 해 준다.

맥도날드주의(McDonaldism) 패스트푸드와 같은 산업에서 동질적인 상품, 유연하지 않은 기술, 표준화된 작업 공정, 탈숙련화 그리고 노동자와 소비자의 동질화 등과 같이 다양한 포디즘적 특성이 지속적으로 존재하는 것을 지칭한다.

맥도날드화(Macdonaldization) 패스트푸드 식당의 원칙이 아메리카 사회와 또한 세계의 나머지 사회들의 더 억 더 많은 부문들을 지배하기에 이르는 과정. 그것의 다섯 가지 기본적 차원들은 효율성, 계산가능성, 예측가능성, 인간에 대한 테크놀로지의 대체를 통한 통제, 그리고 역설적으로 합리성의 비합리성이다.

목표달성(goal attainment)　파슨스의 기능적 필수요건들 중 두 번째로서, 체계가 우선적인 목표를 규정하고 이를 달성하고자 하는 욕구를 포함한다.

몸짓(gesture)　상호작용의 어느 한 쪽 편(사람이건 동물이건)이 다른 쪽 편에게 자극으로 작용하는 움직임을 하는 것.

몸짓 대화(conversation of gestures)　상호작용의 어느 한 쪽 편이 다른 쪽 편의 몸짓에 대한 대응으로 정신의 매개 없이 보이는 몸짓.

무기능(nonfunctions)　그 체계와 전혀 무관한 결과들.

무대장치(setting)　행위자들이 연기를 수행할 경우 일상적으로 반드시 있어야 하는 물리적 배경.

무대전면(front stage)　무대전면은 연극적 연출의 한 부분으로서, 여기서의 연기는 보다 고정적이고 일반화된 방식으로 진행되며, 연기를 보는 사람들이 이를 통해 상황을 정의할 수 있게 된다.

무대후면(back stage)　무대전면에서 억압된 사실들이나 여러 비공식적 행위들이 나타날 수 있는 곳이다. 무대후면은 보통 무대전면에 근접해 있으면서도 그것으로부터 차단되어 있다. 연기자들은 그들 앞에 있는 관객 중의 어느 누구도 무대 뒤에 나타날 수 없을 것으로 기대할 수 있다.

문명화 과정(civilization process)　서구에서 일상적 행동과 관련된 예법의 장기적인 변화를 의미한다. 일단 채택된 일상적 행동은 시간이 흘러감에 따라 점차 용인되지 않게 되었다. 우리는 때로는 다른 사람들에 대해 민감하며, 때로는 이들을 쉽게 이해한다. 보다 더 중요한 점은 종종 다른 사람들을 당혹스럽게 하는 일상적 행동에서 그러한 사실이 쉽게 관찰된다는 것이다. 우리가 과거에 당연시했던 것들이 현재는 우리를 매우 당혹스럽게 하는 것들이 있다. 그 결과, 과거에는 매우 대중적인 성격을 지녔던 것이 현재에는 찾아볼 수 없게 되었다. 다수의 사람들이 특정한 세속적 행동을 공격적인 것으로 간주하곤 하므로, 우리들 개개인은 공공적인 장소에서 그러한 행동에 참여한다.

문화산업(culture industry)　비판이론가들에게 영화와 라디오와 같은 산업은 문화가 경제보다는 사회에 보다 더 중요한 요소가 되는 데 기여한다.

문화의 비극(tragedy of culture)　시간이 지남에 따라 개인적 문화와 객관적 문화를 생산하는 능력은 아주 조금만 성장하는 반면, 객관적 문화는 기하급수적으로 성장한다는 사실에서 비롯한다. 시간과 함께 사람들의 창조적 능력이 적어도 조금은 성장했다 하더라도, 그들이 생산한 것들의 총량의 증가는 그것에 비견할 수 없이 폭발적이었다.

문화적 유물론(cultural materialism) 국가 정책, 사회적 이데올로기, 대중매체 메시지가, 생각을 형성하고 통제하는 동시에 생각에 의해 재형성되는 등, 인간 주관성과 상호작용하는 다양한 방식.

문화적 자본(cultural capital) 한 행위자가 소유하고 있는 다양한 종류의 정당한 것으로 통용되는 지식.

문화체계(cultural system) 행위자들에게 동기를 부여하는 규범과 가치들을 제공함으로써 잠재성의 기능을 수행하는 파슨스의 행위체계.

문화적 페미니즘 이론(cultural feminism) 여성의 긍정적인 측면을 부각시키는 차이 이론.

물질적인 사회적 사실(material social facts) 외부 사회세계에서 물질적인(건축물과 같이) 형태를 띠고 있는 사회적 사실.

물화(reify) 사람들에 의해 창조된 사회구조를 독자적이고 실재적인 존재인 것처럼 간주하는 것.

미시권력(microphysics of power) 권력이 미시적 수준에도 존재하고, 권력이 행사될 때뿐만 아니라 그것의 행사가 도전받을 때에도 작동한다고 보는 시각.

민속방법론(ethnomethodology) 일상생활의 상황 속에 있는 보통의 사회구성원들을 연구하며, 구성원들이 일상생활의 상황을 이해하고 헤쳐 나가고 대처하는데 사용하는 상식과 절차 그리고 고려 등과 같은 방법들을 분석한다.

바깥(outside) 무대전면도 후면도 아닌, 문자 그대로 연기가 수행되는 영역의 바깥을 말한다.

반복적(recursive) 사회적 실천은 행위자에 의해 정신적으로 (또는 다른 방법으로) 만들어지는 것이 아니고, 행위자가 자신을 발견하는 구조적인 사회조건에 의해서 만들어지는 것도 아니라는 생각. 사람들은 그들 자신을 행위자(human actors)로서 표현한다. 즉 사람들은 사회적 실천을 가능하게 하는 자신의 의식과 구조적 조건을 스스로 창출해 간다. 실천, 의식, 그리고 구조는 행위하는 사람에 의해서 동시적으로 창출된다.

반주변부(semiperiphery) 자본주의 세계경제의 잔여개념으로 착취하는 지역과 착취당하는 지역간의 중간에 위치한 일련의 지역을 포함한다.

발생적 구조주의(genetic structualism) 그 자체가 객관적 구조들의 내면화를 포함하는 정
　　신구조와 분리될 수 없는 객관적 구조들에 관한 연구를 포함하는 부르디외의 접근방법.

방법론적 개체주의자들(methodological individualists) 미시수준에 초점을 두면서, 미시 수
　　준이 거시 수준을 결정하는 것으로 보는 사회과학자들.

방법론적 관계주의(methodological relationism) 거시 수준 현상과 미시 수준 현상 사이의
　　관계에 초점을 두는 사회과학자들.

방법론적 전체주의자들(methodological holists) 거시 수준에 초점을 두면서, 거시 수준이
　　미시 수준을 결정하는 것으로 보는 사회과학자들.

배상적 법(restitutive law) 집합의식이 약화되어 있는 유기적 연대의 특징. 이 법의 형태에
　　서 가해자는 육체적 형벌보다는 규칙을 지키는 형벌을 받거나 그가 가한 해만큼 보상
　　하도록 규정.

변별화(discrimination) 과거에 성공적이라고 인식되었던 특정 상황하에서만 행동을 시도하
　　려는 경향.

보상(rewards) 긍정적 가치를 수반하는 행동을 말한다; 보상을 높이면 행위자로부터 바람
　　직하다고 기대하는 행위를 보다 쉽게 유도해 낼 수 있다.

보편주의-특수주의(universalism-particularism) 사회현상을 판단할 때 동일한 모든 사회
　　현상에 대해 보편적인 기준을 적용하는가, 아니면 보다 구체적이고 감정적인 기준을 적
　　용하는가에 관한 유형변수.

분절적 분화(segmentary differentiation) 동일한 기능들을 반복적으로 충족시키기 위한 욕
　　구에 기초한 체계 부분들의 분할.

분절화된 의식(bifurcated consciousness) 여성이 갖게 되는 의식적 특성의 유형으로써,
　　그들에게는 일상생활이 두 개의 현실로 분절된다는 사실을 반영한다: 즉 그들이 실제로
　　경험하고 성찰하는 현실과 사회적 개념을 통해 유형화된 현실이라는 두 개의 현실세계.

분화(differentiation) 자신과 그 환경 간의 차이를 자기 자신 내에서 복사하는 체계.

비물질적인 사회적 사실(nonmaterial social facts) 외부에 존재하고 강압적이지만 물질적
　　인 형태를 띠고 있지 않은 사회적 사실; (규범이나 가치와 같이) 비물질적.

비밀(secrecy) 짐멜의 정의를 따른다면, 한 사람은 무엇인가를 숨기려는 의도를 갖고 있는
　　반면, 다른 사람은 숨겨지고 있는 그것을 드러내려고 시도하는 상황.

비용(cost)　　그 행동을 선택함에 따라 포기한 다른 대안적 행동의 보상.

사적 유물론(historical materialism)　　인간생활의 물적 조건이, 이러한 조건을 만들어 내는 활동과 관계들을 포함하여, 인간 경험, 인성, 관념, 사회적 배열을 형태지우는 주요 요인 이며, 이러한 조건들은 내재된 역학 때문에 시간이 흐름에 따라 변화하며, 역사는 집단 의 삶의 물적 조건의 변화 및 이와 관련한 경험, 인선, 관념, 사회적 배열의 변화의 기록 이라는 맑스적 생각.

사회(society)　　파슨스에게는, 상대적으로 자급자족적인 집합체.

사회계층(social stratification)　　구조기능주의자에게는 지위의 위계서열을 포함한 구조로서, 사회의 기능 수행과 존속을 위해 꼭 필요한 기술과 능력을 가진 사람들이 서열상 높은 지위를 맡을 수 있도록 유도하는 기능을 가지고 있다.

사회세계에 관한 묘사(portraits of the social world)　　특정 시점의 사회세계에 관한 다소 정 태적인 기술. 사회세계에 대한 스냅사진으로 생각할 수 있다.

사회적 결사(association)　　사람들 사이의 관계 또는 상호작용.

사회적 사실(social facts)　　뒤르켐에 따르면 사회적 사실은 사회학의 중심주제이다. 사회적 사실은 개인의 외부에 존재하면서 개인에게 강압적이다. 이들은 경험적으로 연구되어 야 한다.

사회적 자본(social capital)　　한 행위자가 소유하고 있는 가치 있는 사회관계의 범위.

사회주의적 페미니즘(socialist feminism)　　여성을 억압하는 거대 구조를 만들어 내는 데 있 어서 자본주의와 가부장제의 역할에 초점을 두는 통합이론을 전개하고자 하는 시도.

사회체계(social system)　　그 구성요소들을 통제함으로써 통합 기능을 담당하는 파슨스의 행위체계; 또는 물리적 환경적 맥락을 가진 상황 안에서 서로 상호작용하는 다수의 인 간 행위자들; 체계 하위부분들을 조정함으로써 통합기능을 담당하는 것으로 간주되는 (파슨스적 의미에서는) 행위체계; 물리적 혹은 환경적 맥락을 가진 산황 안에서 서로 상호작용하는 다수의 인간행위자들을 말한다.

사회체계(social systems)　　재생산되는 사회적 실천들, 또는 재생산되는, 행위자나 집합체들 간의 관계들이 규칙적인 사회적 실천으로 된 것을 가리킨다.

사회학 이론(sociological theory)　　사회세계에 관한 지식의 체계화, 설명 그리고 미래예측을 제공하는 일련의 상호연관된 관념들.

산업(industry) 주로 생산노동계급에 의해 수행되는, 대규모의 다양한 기계적 과정들의 생산적인 사용과 그것의 이해.

삶 체험의 국지적 실현(local actualities of lived experience) 실제의 인간이 행동하고 삶을 살아가는 장소들

3인 관계(triad) 세 사람으로 구성된 집단.

상부구조(superstructer) 맑스에게 국가나 문화와 같은 부차적 사회현상은 이들을 규정하는 경제적 토대위에서 구축된다. 극단적으로 말해서 경제는 상부구조를 결정한다.

상징적 교환(symbolic exchange) 주고받음의 가역적 과정; 선물과 보답의 순환적 교환으로서 원시사회와 관련됨.

상징적 상호작용(symbolic interaction) 몸짓뿐만 아니라 의미 있는 상징들을 통해서도 상호작용하는 인간 특유의 능력.

상징적 상호작용론(symbolic interactionism) 상징적 상호작용에 연구 초점을 맞추는 사회학 이론. 미드에게서 영향을 받음.

상징적 자본(symbolic capital) 한 행위자가 소유하고 있는 명예와 위세의 양.

상징적 폭력(symbolic violence) 문화기구를 통해 대체로, 간접적으로 실천되는 부드러운 형태의 폭력(상징적 폭력을 당한 행위수행자가 그 폭력의 실천에 공모하고 있다).

상호주관성(intersubjectivity) 일상적 세계에서는 한 행위자의 의식 속에서 어떤 일이 벌어지는 것을 다른 행위자의 의식이 마음 속에 그리게 된다.

상황정의(definition of the situation) 사람들이 상황을 현실이라고 정의하면 결과적으로 이런 정의들이 실제 현실이 된다는 주장.

새로운 소비수단(new means of consumption) 대개 1950년대 이후 미국에서 출현하여 소비를 혁명화하는 데 복무해 온 일련의 소비장소들.

생산수단(means of production) 생산이 일어나기 위해 필요한 것들(도구, 기계, 원자재, 공장들 포함).

생활세계(lifeworld) Schutz에게 있어서는 상식의 세계(commonsense world), 일상생활의 세계, 현세의 세계(mundane world)이며, 상호주관성(intersubjectivity)이 일어나는 세계이다. 하버마스는 생활세계에서의 인간간의(interpersonal) 커뮤니케이션에 더 관심을 갖는다.

생활세계의 식민화(colonization of the lifeworld) 체계와 그 구조들이 점차 분화되어 복합적으로 그리고 자기 충족적으로 성장함에 따라, 그 구조의 권력이 커지고 그와 함께 구조가 생활세계 안에서 일어나는 것을 지도하고 통제할 수 있는 능력도 커진다.

설명 관행(accounting practices) 한 사람이 설명을 제시하고 다른 사람이 그 설명을 받아들이거나 거부하는 방식.

설명(accounts) 행위자가 특정 상황을 해명(기술하고, 비판하고, 이상화하는)하는 방식.

설명적 이론(explantory theories) 설명적 이론은 젠더차이의 원인들을 생물학, 제도적 역할, 사회화, 사회적 상호작용에서 찾는다.

설명하기(accounting) 사람들이 세상에 의미를 부여하기 위해 설명을 제시하는 과정

성찰성(또는 재귀성, reflexivity) 우리 자신을 다른 사람의 위치에 놓을 수 있는 능력: 그들이 생각하는 대로 생각하고, 그들이 행동하는 대로 행동하는 것.

세계체계(world-system) 정치나 문화적 경계에 의해서 제한되지 않는 노동분업에 의한 광범위한 경제적 실체를 지칭한다. 이는 내부적으로 다양한 사회구조와 사회집단으로 구성된 하나의 사회 시스템이며, 일련의 경제와 규정 가능한 수명을 지닌 거대한 독립적 사회시스템이다.

소비수단(means of consumption) 맑스에게 소비수단은 소비재일 뿐이지만, 리처에게는 맑스가 말하는 생산수단에 대응시켜 소비수단은 소비를 가능하게 만드는 것들이다. 공장이 생산을 가능하게 만드는 것과 마찬가지로, 쇼핑몰은 소비자와 소비를 가능하게 만든다.

소외(alienation) 자기 자신, 그들의 생산활동, 그들이 생산한 물건들, 그 물건들을 함께 생산한 동료들 그리고 그들의 잠재적 가능성 사이의 자연스러운 상호연관이 파괴된 상태.

수단-목표 합리적 행위(means-ends rational action) 행위자가 자기 자신을 위해 선택한 목표를 추구하는 행위. 목표의 선택은 행위자가 놓인 환경(다른 사람들의 행태와 환경 내의 사물들을 포함해서)을 어떻게 보느냐에 의해 영향 받는다.

수행행위(agency) 행위자들(actors)에 의해 수행되는 행위들(actions). 행위자가 해당 행위를 문제시하고 개입하지 않는다면, 실제로 발생했던 것은 그와 같은 방식으로 발생하지 않았을 것이다.

순이익(net balance) 순기능과 역기능 간의 상대적 비중.

시뮬레이션(simulation) 모조; 보드리야르에게 현대 세계는 갈수록 진정성이 결여된 것들에
    의해 지배되어 가고 있는 것으로 보인다.

시행적 조건화(operant conditioning) 행위의 결과가 다시 후속행위를 변화시키는 학습과
    정.

신부족주의(neotribalism) 이방인들 좀더 구체적으로는 인종적, 종교적 그리고 정치적 집단
    들을 위한 피난처가 되는 공동체들의 광범위한 영역에서의 도래에 의해 특징지어지는
    포스트모던 발전의 한 특징.

신비화(mystification) 배우들이 그들 자신과 관객 간의 접촉을 제한시킴으로써 관객들이 신
    비감을 갖도록 하여, 연기에 포함된 세속적인 것들을 감추려고 하는 노력을 말한다.

실제의 사회적 정체(actual social identity) 현재의 사실적인 자신의 모습.

실질적 합리성(substantive rationality) 가장 편의적인 행동의 선택은 일상적 경험이나 실
    용적 생각에 의해서라기보다는 더 큰 가치에 의해 유도된다.

실천(practice) 부르디외에게 있어, 구조와 수행행위 사이의 변증법적 관계의 산물인 행위
    들. 실천들은 객관적으로 결정되는 것도 아니고, 자유의지의 산물도 아니다.

실천(praxis) 사람들, 특히 프롤레타리아가 자본주의를 넘어서기 위해 취해야 한다고 생각
    되는 행동.

실천적 의식(practical consciousness) 자신들이 행하는 것을 말로 표현할 수는 없지만 행
    위자들이 당연히 받아들이고 있는 행위를 포괄한다.

실천적 합리성(practical rationality) 일상생활에서 우리는 많은 어려움들에 작면하는데, 이
    때 목적을 달성하기 위해 가장 빠른 방법을 찾으려 노력하는 것.

아노미(anomie) 머튼은 문화와 사회구조 사이의 심각한 단절, 즉 문화적 규범 및 목표들 그
    자체와 사람들이 이런 문화적 규범에 부합된 행동을 할 수 있도록 구조적으로 설정된
    수단들 사이에 심각한 괴리가 있는 상황을 아노미라고 부른다; 유기적 연대의 출현과
    관련되어 있는, 어떤 행동이 기대되고 있는지를 알 수 없는 느낌; 분명하고 안전하다는
    신념 없이 사회에서 표류하고 있는 듯한 느낌.

아비투스(habitus) 사람들이 사회세계를 다룰 때 쓰는 정신적이거나 인지적인 구조들.

아우토포이에 체계(autopoietic system) 그 자신의 기본 요소들을 생산하고, 그 자신의 경
    계와 구조를 확립하는 체계들은 자기준거적이고, 그리고 닫혀 있다.

억압과 특권의 벡터(vectors of oppression and privilege) 여성을 차별적으로 억압하는 데 봉사하는 수많은 사회적 불평등 배열들(젠더, 계급, 인종, 지구상의 위치, 성적 선호, 나이)의 다양한 교차. 이 교차들의 변이는 여성됨의 경험을 질적으로 변화시킴.

억압적 법(repressive law) 기계적 유대에서 특징적인 법. 집합의식에 의해 긴밀하게 결속되어 있는 공동체에 해가 되는 행동에 대해 혹독한 육체적 형벌을 가하는 법의 한 형태.

역기능(dysfunctions) 특정 체계의 적응이나 조정능력을 저해하는 역효과를 끼치는 관찰 가능한 결과들.

역동적 밀도(dynamic density) 사람들의 수와 상호 작용의 빈도. 역동적 밀도가 증가하게 되면 기계적 연대에서 유기적 연대로 전환이 일어난다고 설명.

역할(role) 행위자가 그 위치에서 하는 일이며, 이는 좀더 큰 체계에서 어떤 기능적 중요성을 가지고 있는지의 맥락에서 파악된다.

역할거리(Role Distance) 개인이 자신이 수행하는 역할로부터 자기자신을 분리시키는 정도.

연극모형론(Dramaturgy) 사회생활을 무대 위에서 벌어지는 일련의 연기 수행과 유사한 것으로 보는 관점.

예기치 않았던 결과들(unanticipated consequences) 예기치 못했던 긍정적, 부정적, 그리고 무관한 결과들.

예측가능성(predictability) 재화나 서비스가 시간과 장소가 달라도 본질적으로 동일한 것일 것이라는 생각(idea).

완성(consummation) 행동의 네 번째 단계로서, 최초의 충동을 충족시키는 행동을 취하는 것.

외관(appearance) 연기자의 사회적 지위를 말해 주는 항목들을 포함한다(예컨대 택시기사의 면허증).

욕구(needs) 현대 세계에서 생존하고 최소의 수준에서 기능하기 위해 사람들이 필요로 하는 사물들. 종종 우리가 소비하는 것을 왜 소비해야 하는지 설명하기 위해 사용된다.

욕구성향(need-dispositions) 파슨스에게는, 사회적 조건들에 의해 형성된 욕망.

우리-관계(we-relations) 우리가 대면적 토대 위에서 타인들의 현존을 인식하고 그들을 직접 경험하며 서로를 상호주관적으로 경험하는, 그러한 일상생활의 영역.

원초적 집단(primary group) 개인을 보다 큰 사회에 연결시키는 데 중요한 역할을 하는 친밀한 대면적 집단. 특히 중요한 것은 가족이나 친구집단과 같은, 어린이들의 원초적 집단이다.

위계적 관찰(hierarchical observation) 조직의 꼭대기 또는 그 근처에서 단번에 그들이 통제하는 전체를 관찰할 수 있는 관리자의 능력.

위반 실험(Breaching Experiments) 사람들이 사회적 현실을 구성하는 방법들을 밝히기 위해 사회적 현실의 규칙을 위반하는 실험.

위탁체계(fiduciary system) 파슨스에게는, 문화(규범과 가치들)를 행위자들에게 전달하고 그것이 제대로 내면화되는지 돌봄으로써 유형유지와 잠재성의 기능을 수행하는 하위체계.

위하여 동기(in-order-to motives) 행위자들이 행위하는 주관적인 이유.

위화현상(hysteresis) 사람이 살고 있는 상황에 어울리지 않는 아비투스를 가짐으로 해서 생겨나는 조건.

유기적 연대(organic solidarity) 뒤르켐에 따르면 분업에 기반하고 있는 현대 사회는 차이에 의해서 연대가 발생한다; 곧 점점 더 많은 수의 사람들이 맡은 역할을 수행하기 위해 그리고 생존하기 위해 서로 연결되어 있다는 설명.

유사집단(quasi group) 동일한 역할의 이해관계를 갖고 있는 지위에 종사하는 일단의 개인들.

유형(types) 보통 사람들 또는 사회과학자들이 수많은 다양한 행위들을 제한된 수의 범주들로 묶어내기 위해 부여한 패턴.

유형변수(pattern variables) 파슨스 이론에 나오는 다섯 변수, 모든 상황에서 행위자는 각 변수 내에서 둘 중 하나를 선택해야 한다

유형유지(pattern maintenance) 파슨스의 네 번째 기능적 필수요건의 두 번째 측면으로서, 개인적 동기를 유발하고 지속시키는 데 관여하는 문화적 유형들을 공급하고 유지하고 갱신해야 할 필요성을 말한다.

의미(meaning) 행위자들이 사회세계의 어떤 측면이 그들에게 중요한지 결정하는 방식으로서, 어떤 것이 의미 있다는 것은 우리 스스로가 독립적으로 현실을 구성한 결과이다; 우

리는 현실의 어떤 구성 요소들이 의미 있다고 정의한다.

의미있는 몸짓(significant gestures) 어떤 반응이 이루어지기 위해 사유과정을 필요로 하는 몸짓으로서 오직 인간만이 이러한 몸짓을 할 수 있다.

의미있는 상징(significant symbol) 그 상징의 대상인 사람들로부터 불러 일으키게끔 고안된 것과 같은 종류의 (꼭 동일할 필요는 없지만) 반응을 그 상징을 표출하는 사람에게서도 불러 일으키는 그런 상징.

의존(dependence) 한 행위자가 관계한 속에서 기꺼이 견디어 내고자 하는 잠재비용.

이념형(ideal type) 복잡다단한 세상을 분석하기 위해 주어진 현상의 합리성을 요약, 압축한 개념. 이념형은 사회 현상의 다양하고 특정한 예를 비교하기 위해, 곧 문화 비교를 위해서나 역사 비교를 위해서 사용할 수 있는 기준 척도이다.

이데올로기(ideology) 공적 지식으로서 제도화되고 사회 전반에 걸쳐 효과적으로 확산되어서 모든 사회집단에서 당연한 지식으로 여겨지는 현실과 사회적 삶에 대한 신념의 그물망.

이득(profit) 사회적 교환에서 발생한 비용을 상회하는 여분의 보상.

이론적 합리성(theoretical rationality) 추상적 개념들을 발전시킴으로써 현실을 총체적으로 인식하려는 노력. 합리적 행동보다는 합리적으로 세상을 이해하려는 노력.

이방인(stranger) 짐멜이 거리라는 관점에서 정의내린 사회유형의 하나로서, 너무 가깝지도 너무 멀지도 않은 자를 가리킴.

이성(reason) 사람들은 정의, 자유 그리고 행복이라는 궁극적인 인간의 가치와 관련하여 결과에 대한 수단의 선택을 평가한다.

이원론(dualism) 구조(그리고 문화)와 수행행위는 비록 실제 세계에서는 서로 얽혀 있지만, 분석적으로 구분될 수 있다.

이익집단(interest group) 유사집단과는 같지 않으며, 공통의 이해관계뿐만 아니라 구조, 목표, 그리고 인원을 갖추고 있는, 그 용어의 사회학적 의미에서 진정한 집단. 이익집단은 집단갈등에 관여하는 역량을 갖고 있다.

2인 관계(dyad) 두 사람으로 구성된 집단.

이중성(duality) 모든 사회적 행위(social action)는 구조를 포함하고, 모든 구조는 사회적 행위를 포함한다. 수행행위 구조는 진행되는 인간 활동(activity) 또는 실천(practice) 속에 서로 뗄 수 없게 엮여 있다.

이중 해석학(double hermeneutic) 사회과학자의 사회세계에 대한 이해가 연구대상인 행위 자에 대한 이해에 영향을 줄 수 있으며 그 결과 사회연구자는 그들이 연구하는 세계를 변화시킬 수 있고 그 결과 왜곡된 발견과 결론에 이를 수 있다.

이해(Verstehen) 행위자의 사고 과정, 행위의 의미와 동기, 그리고 이러한 요인들이 어떻게 연구 대상이 되는 행위로 이어지게 되었는지를 이해하고자 하는 노력을 포함하는 방법 론적 기술.

이해관계(interests) 통상 인간 집단에서 공유되는 관심사.

인상관리(impression management) 행위자가 자신들이 직면하게 될 문제에도 불구하고 특 정의 인상을 유지하는데 사용되는 기법과 이러한 문제들을 극복하기 위해 사용하는 방 법들.

인성(personality) 파슨스에게는, 개별행위자가 행동하는 데 있어서 그 지향과 동기의 조직 화된 체계.

인성체계(personality system) 체계의 목표를 규정하고 이를 달성할 수 있도록 자원을 동원 함으로써, 목표달성의 기능을 수행하는 파슨스의 행위체계.

일반화(generalization) 같은 행동이 여러 유사한 상황들에 확장되어 적용되는 경향.

일반화된 타자(generalized other) 행위자가 속해 있는 전체 공동체나 어떤 집단의 태도.

일상생활론(theories of everyday life) 개인적 사고와 행위, 2인 또는 그 이상의 사람들 간 의 상호작용 및 여기에서 발생하는 소집단과 같은 매우 일상적이며 세속적인 활동들에 초점을 맞추는 이론.

일차원적 사회(one-dimentional society) 허버트 마르쿠제는 사람들이 대부분 거대구조에 의해서 통제됨에 따라 인간과 거대구조간의 변증법적 관계가 붕괴되었다고 보았다. 그 러한 구조에 능동적으로 개입하고 그러한 구조를 형성할 수 있는 인간의 능력은 상실 되었다. 점차 개인의 자유와 창조적 능력은 사라져버리고, 사람들은 자신들은 통제하고 억압하는 구조에 대해 비판적이고 부정적으로 사고할 수 있는 능력을 상실하였다.

자기 지향-집합체 지향(self-collectivity) 자기 이익을 추구하는가, 아니면 집합체의 이익을 추구하는가에 관한 유형변수.

자본가(capitalists)　자본주의하에서 생산수단을 소유하고 있는 사람들이고 노동자를 착취할
　　수 있는 위치에 있는 사람들.

자본주의 정신(sprit of capitalism)　다른 지역과는 다르게 서구에서 사람들은 탐욕 때문이
　　아니라 경제적인 성공을 끊임없이 추구하게 만드는 윤리적 체계 때문에 경제적으로 성
　　공하려고 한다. 자본주의 정신은 이윤 추구를 포함하여 합리적이고 체계적으로 검약,
　　정확, 공정성 등 돈을 버는 것 자체를 정당한 목적으로 여기게 만드는 다양한 구성 요
　　소들이 있다.

자본주의(capitalism)　주로 자본가와 노동자에 의해 구성되어 있고, 한 계급(자본가)이 다른
　　계급(프롤레타리아)를 착취하는 경제체계.

자본주의적 가부장제(capitalist patriarchy)　여성에 대한 억압의 뿌리를 자본주의와 가부장
　　제의 조합에서 찾을 수 있음을 나타내는 용어.

자아(self)　자기 자신을 대상으로 삼을 수 있는 능력. 자신이 누군가에 대한 관념으로서 현
　　장에서 연기적 효과에 의해 나타난다.

자연적 태도(natural attitude)　우리가 생활세계에서 취하는 태도로서, 우리는 이것을 당연
　　시하며, 깊이 생각하지 않으며, 그 현실성이나 존재를 의심하지 않는다.

자유주의 페미니즘(liberal feminism)　이성적 도덕적 행위의 기본적인 인간능력에 토대하여
　　여성은 남성과의 평등을 주장해야 할 것이며, 젠더불평등은 가부장적이고 성차별적인
　　노동분업형태로부터 비롯되었으며, 젠더평등에 도달하기 위해서는 법, 노동, 가족, 교육,
　　그리고 매체 등의 핵심제도의 재유형화를 통해 노동분업을 바꾸어야 한다고 주장한다.

잠재성(latency)　파슨스의 네 번째 기능적 필수요건의 한 측면으로서, 체계가 개인들에게
　　동기를 공급하고 유지하고 갱신해야 할 필요성을 말한다.

잠재적 기능(latent functions)　의도되지 않은 긍정적 결과들.

잠재적 이해관계(latent interests)　다렌도르프에게는 객관적인 역할 기대로 번역되는 무의
　　식적인 이해관계.

장(field)　객관적 위치들 사이에서 이루어지는 관계들의 연결망.

재귀 사회학(또는 성찰 사회학, reflexive sociology)　사회학자들이 자신의 학문을 더 잘 이
　　해하기 위해서 자기자신들의 이론적이고 경험적인 도구들을 사용하는 것.

쟈거노트(juggernaut)　기든스가 근대세계를 비유한 것. 자신의 행로에 있는 모든 것을 무자

비하게 유린하며 전진하는 육중한 힘(massive force)을 가리킨다. 사람들이 쟈거노트를 조종하지만, 그러나 이 쟈거노트는 언제나 사람들의 통제를 벗어날 가능성을 갖고 있다.

적응(adaptation) 파슨스의 네 가지 기능적 필수요건들 중의 하나. 체계는 환경에 적응해야 하고, 또한 환경을 체계의 필요에 맞춰 조정해야 한다. 좀더 구체적으로, 체계는 외부의 상황적 위험과 우발적 사건들에 대처해야만 한다.

전체사회적 공동체(societal community) 파슨스에게는, 사회의 다양한 구성요소들을 조정함으로써 통합 기능을 수행하는 하위체계.

전체사회적 기능주의(societal functionalism) 구조기능주의의 한 유형으로서, 사회의 거시적 구조와 제도들, 그것들 간의 상호관계, 그리고 그것들이 행위자들을 구속하는 효과들에 초점을 맞추는 이론.

전체사회적 사실(social facts) 뒤르켐에 따르면 사회학의 주제는 사회적 사실이다. 사회적 사실은 개인의 외부에 존재하면서 개인에게 강압적이다. 그 주제는 경험적으로 연구되어야 할 부분이다.

전통적 권위(traditional authority) 특정한 사람들이(가족, 부족; 혈통에 근거하여) 언젠가부터 행사하고 있는 권력을 추종자들이 인정하고 있는 권위.

전통적 행위(traditional action) 습관적 또는 관습적으로 취해진 행위.

전형화(typifications) 우리가 사람들을 분류하고 정리하기 위해 적어도 처음에 잠정적으로 사용하는 제한된 수의 범주들.

정상성 판단(normalizing judgments) 권력자들은 다양한 측면에서 무엇이 정상이고 무엇이 비정상인지를 결정할 수 있다. 거기에서 벗어나는 사람들은 비정상으로 판단되어지고 관리자들 또는 그들의 대리인들에 의해 처벌받을 수 있다.

정신(mind) 미드의 정의에 따르면 사람들이 언어를 사용하여 자기 자신과 하는 대화를 말한다.

정신분석학적 페미니즘(psychoanalytic feminism) 프로이드와 그의 지적 후계자들의 이론들을 재구성함으로써 가부장제의 설명을 시도한다

정치적 조직체(polity) 파슨스에게는, 사회의 목표들을 추구하고 행위자와 자원들을 그 목적에 맞춰 동원함으로써 목표달성의 기능을 수행하는 하위체계.

젠더(gender) 사회적으로 구성된 남성과 여성의 역할, 관계 및 정체성이다.

조작(manipulation) 행동의 세 번째 단계로서, 대상이 지각된 직후 그것을 처리하는 행위.

종속사슬(dependency chains) 한 사람이 다른 사람에 종속되고 다시 후자가 또 다른 사람에게 종속되는 것을 포함하는 관계의 사슬을 말한다.

주변부(periphery) 중심부에 천연자원을 제공하며, 중심부에 의해 심각하게 착취당하는 자본주의 세계경제의 지역이다.

주체적 자아(I) 타자에 대한 자아의 즉각적 반응. 자아의 계산 불가능하고, 예측 불가능하며, 창조적인 측면.

중범위 이론(middle-range theories) 사회세계 전체의 설명과 그 아주 세세한 부분들에 대한 설명 사이의 중간 영역을 추구하는 이론들.

중심부(core) 자본주의적 세계경제를 지배하며, 세계체제의 잔여지역을 착취하는 지형학적 지역을 의미한다.

중심-주변부 분화(center-periphery differentiation) 체계의 중심부와 그 주변적 요소들 간의 분화.

지각(perception) 행동의 두 번째 단계로서, 행위자가 자신의 충동 및 충동을 다루는 방식에 관계되는 자극을 의식적으로 모색하고 그에 반응하는 단계.

지구화·지방화(glocalization) 어떤 주어진 환경에서 지구적인 것과 지방적인 것의 복합적인 상호작용.

지구화(globalization) 전세계의 다수의 국가들에 영향을 미치는 과정, 그러나 어떤 특정한 국민국가로부터도 독립적인 과정.

지배(domination) 억압이론가들에게 있어 이는 어느 한편(개인이든 집단이든)이, 즉 *지배하는 자*가 다른 한편(개인이든 집단이든), 즉 *복속하는 자*를 지배자 의지의 실행수단으로 만들며 복속된 자들의 독립적인 주관성을 묵살하는 경우를 말한다.

지식산업(knowledge industry) 비판이론가들에게 있어서 사회에서 지식산업의 실체는 특히 연구소와 대학처럼 지식의 생산과 유포에 관계하는 곳을 의미한다. 문화산업과 마찬가지로 이러한 기관들은 사회 내에서 상당수준의 자율성을 획득함으로써 스스로를 재규정할 수 있도록 허용하였다. 전체로서 사회의 이해에 복무하는 대신 이들은 자신의 고유한 이해에 집중하며, 이는 이들 기관들이 사회에 대한 자신의 영향력을 확대시키는

데 열중하고 있음을 의미한다.

지위(status) 사회체계 내의 구조적 위치.

진화(evolution) 변이로부터 선택하는 과정.

질주학(dromology) 스피드가 핵심적으로 중요하다는 점에 초미의 관심을 둠.

집합의식(collective conscience) 집단이나 부족, 사회와 같은 집합에 속해 있는 구성원들이 공유하고 있는 관념.

차이(difference) 포스트모더니스트들이 선호하는 소비에 대한 대안적 설명. 우리가 소비하는 것은 욕구 때문이 아니라 다른 사람들과 다르기 위해서이다. 그러한 차이는 우리가 무엇을, 왜 소비하는 지에 의해 정의된다.

착취(exploitation) 자본주의에서 자본가가 대부분의 몫을 차지하고 프롤레타리아는 생존할 수 있을 정도의 몫만 분배 또는 상황. 노동가치설에 따르면 이 상황은 전복되어야 한다.

창조적 파괴(creative destruction) 오래된 구조가 보다 효율적으로 기능하는 더 새로운 구조를 위한 길을 마련하기 위해 파괴된다는 생각.

처방(recipes) 다양한 상황들을 다루는 표준화된 방식들.

처벌(punishments) 부정적 가치를 수반하는 행동; 처벌을 높인다는 것은 바람직하지 않은 행동을 할 개연성이 줄어드는 것을 의미한다.

체계(system) 하버마스에게 있어서 체계는 (가족, 법체계, 국가, 그리고 경제와 같은) 구조들이다. 이 구조들은 생활세계 안에 자신의 원천을 갖고 있지만, 그러나 그 자신의 특징적인 존재를 발전시키게 되고 그리고 생활세계로부터 점차 떨어져 분리되어 성장하게 된다.

초현실(hyperreal) 완전히 모의조작되어 있어, 그 결과 현실보다 더 현실 같고 아름다운 것보다 더 아름다우며 참된 것보다 더 참된 것으로 인식되는 상태.

최저 생계비(subsistence wage) 자본가가 노동자에게 지불하는 노동자와 그의 가족이 생존하기에 빠듯한 임금. 그가 쓰러지면 그를 대체할 수 있도록 그의 자녀를 양육할 수 있을 정도의 임금.

충동(impulse) 행동의 첫 번째 단계로서, 행위자가 외부의 자극에 반응하고 그에 대해 뭔가를 해야 할 필요를 느끼는 단계.

카리스마(charisma) 예외적인 능력을 갖고 있다고 다른 사람들이 믿고 있는 것. 실제로 그 사람이 그러한 능력을 갖고 있지 않을 수도 있다.

카리스마의 일상화(routinization of charisma) 일상적인 일들을 잘 처리하기 위해 카리스마적 지도자의 예외적이고 혁명적인 능력을 바꾸려는 그의 제자들의 노력. 이러한 노력은 카리스마 지도자가 무대에서 사라진 뒤에 그의 제자들이 권력을 유지하기 위해 준비하는 과정이기도 하다.

카리스마적 권위(charismatic authority) 예외적인 신성성, 영웅주의 또는 카리스마적 지도자의 독특한 특성에 대한 추종자들의 믿음에 기반한 권위.

코드(code) 우리로 하여금 기호들을, 더 중요하게는 기호들이 서로 어떻게 관련되는지를 이해하게 만드는 규칙들의 체계. 체계의 요소들을 체계에 속하지 않는 요소들로부터 구분하는 방식, 기능 체계의 기본적인 언어.

타자화(othering) 한 집단 구성원을 어떤 준거에 따라 수용불가한 "타자"라고 규정하고자 하는, 피지배 집단 내에서의 규정행위. 이러한 규정행위는 연합과 저항의 잠재력을 잠식함.

탈산업사회(postindustrial society) 상품생산이 아닌 서비스 공급에 의해, 블루 칼라 노동이 아닌 전문적, 기술적 노동에 의해, 경험적 지식이 아닌 이론적 지식에 의해, 그리고 새로운 기술의 창조와 모니터링과 평가와 통제를 위한 새로운 지식기술에 의해 특징지어지는 사회.

탈제도화(deinstitutionalization) 1960년대에 시작되었고 새로운 약물치료법들에 의해 가능해졌던 많은 정신병 치료기관들의 폐쇄와 그들 자신의 의지를 위임했던 환자들의 대규모 방출을 포함하는 일련의 과정을 말하는 것으로 이후 사회에서 다른 형태로 존재하게 됨.

테크노크라트적 사고(technocratic thinking) 효율성에만 주목하여 수단 또는 결과에 대한 성찰 없이 결과에 대한 최고의 수단만 고려하는 것을 의미한다.

토대(base) 맑스에게 경제는 결정적이진 않지만 사회의 다른 모든 특성을 조건짓는다.

통제(control) 고용인과 고객에 대한 테크놀로지에 의한 지배.

통치성(governmentality) 사람들에게 행사되는 통제의 실천과 기술.

통합(integration) 파슨스의 기능적 필수요건들 중 세 번째로서, 이를 통해 체계는 그 구성요소들간의 상호관계를 통제하고 조정하고자 한다. 또한, 통합은 다른 세 가지 기능적 필수요건들(AGIL) 사이의 관계를 관리하고 조정하는 것을 포함한다.

팀(team) 상례적인 무대를 함께 만들기 위해 협동하는 일단의 개인들.

판옵티콘(panopticon) 권력을 가진 누군가(예컨대 교도관)에게 집단의 구성원들(예컨대 죄수들)에 대한 완벽한 관찰 가능성을 허용하는 구조물.

페미니즘 이론(feminism theory) 사회생활과 인간경험에 대하여 여성 중심적 관점에서 발전시킨 일반적이고도 광범위한 사고체계.

포디즘(Fordism) 20세기 초반에 헨리 포드에 의해서 고안된 개념과 원칙이자 시스템이다. 자동차 생산을 위한 컨베이어 벨트를 만들어 냄으로써 구체화 되었으며, 그 결과 자동차의 대량생산을 가능하게 하였다. 포드에 의한 이노베이션의 성공은 많은 다른 산업에도 영향을 미쳐 제품 생산에 컨베이어 벨트를 도입하고, 제품의 대량생산을 가능하게 하였다.

포스트모더니티의 사회학(sociology of postmodernity) 합리적이고 체계적인 담론과 포스트모던 사회의 모델을 개발하기 위한 노력으로 특징지어지는 근대 사회학과 연속적 관련성을 가지는 사회학의 한 유형. 그러나 포스트모더니티의 사회학은 포스트모던 사회를 근대 사회의 변종이 아닌 구별되는 독특한 유형으로서 이해한다.

포스트모던 사회학(postmodern sociology) 포스트모던 사고에 의해 깊이 영향을 받았고, 사회를 연구하는데 있어 비합리적인 접근법을 채택하곤 하는 사회학의 한 유형.

포스트포디즘(post-Fordism) 포디즘과는 달리 주문생산까지 포함하는 매우 이질적인 생산 시스템을 말한다. 포스트 포디즘에서의 제품은 더 유연한 기술과 더 유연하고 숙련된 노동자를 요구하며, 따라서 소비 또한 매우 이질화된다.

폭로(debunking) 진술된 의도를 넘어서서 실제 효과를 찾는 것.

프로테스탄트 윤리(protestant ethic) 예정 조화설에 대한 믿음 때문에 캘빈주의자들은 천국으로 가게 되는지 지옥으로 가게 되는지를 알지 못하고 자신의 운명을 바꾸기 위해 어떻게 행동해야 하는지를 알고 있지 않다. 그러나 그들이 구원받았는지 저주 받았는지를 구별할 수 있는 표시가 있다. 사업에서 성공한 것이 구원을 받았다는 중요한 표시이다.

프롤레타리아(proletariat) 생산수단을 소유하고 있지 않기 때문에 그들의 노동력을 자본가에게 팔아서 생계를 유지해야 하는 사람들.

한정성-확산성(specificity-diffuseness) 사회현상의 부분에 대해서 지향하는가 아니면 전체에 대해 지향하는가에 관한 유형변수.

합리성의 비합리성(irrationality of rationality) 합리성(그리고 맥도날드화)에 결합된 다양한 비합리적인 사물들, 특히 탈인간화를 가리킨다. 고용인들은 탈인간화하는 직업에서 일하도록 강제되어 있고, 고객들은 탈인간화하는 상황과 환경에서 음식을 먹도록 강제되어 있다. 합리적 시스템은 필연적으로 일련의 비합리성을 산출한다는 개념이다.

합리적·합법적 권위(rational-legal authority) 합의된 규칙과 규율들로부터 지도자의 정당성이 파생되는 권위의 한 형태이고 지도자의 위치는 이러한 규칙들의 결과이다.

합리화(rationalization) 일상경로의 발전적 구성(the development of routines)을 의미한다. 이는 행위자에게 안정감과 함께 그들의 사회적 삶을 효율적으로 영위해 나갈 능력을 준다.

행동(act) 미드 이론에서 기본을 이루는 개념. 충동, 자극의 지각, 지각된 대상에 대해 행위를 취하는 것, 그리고 최초의 충동을 충족시키기 위해 대상을 활용하는 것 등을 포괄함.

행동하는 유기체(behavioral organism) 파슨스의 행위체계 중 하나로서, 외부세계에 적응하거나 이를 변형시킴으로써 적응 기능의 수행을 담당한다.

행위(action) 의식적인 과정의 결과로써 나온 사람들의 행동.

행위수행자(agents) 사회적 세계에서 변화를 만들어 낼 수 있는 능력을 갖춘 행위자. 이들은 권력을 갖는다.

행태(behavior) 사고를 전혀 또는 거의 필요로 하지 않는 행동.

행태주의(behaviorism) 심리학과 긴밀히 연관된, 행태에 대한 연구.

허위의식(false consciousness) 자본주의하에서 자본가와 노동자가 가지고 있는 스스로에 대한, 서로의 관계에 대한, 자본주의가 작동하는 방식에 대한 잘못된 인식.

현상학(phenomenology) 정신에 대한 연구에 종사하는 철학 유파.

현시적 이해관계(manifest interests) 사람들이 의식하게 된 잠재적 이해관계.

현재적 기능(manifest functions) 의식적으로 그리고 의도적으로 초래되는 긍정적 결과들.

현지조사(fieldwork) 상징적 상호작용론자들이나 기타 사회학자들이 사용하는 방법으로써, 현장(매일매일의 일상적 사회세계)에 뛰어들어 관찰하고 적합한 자료를 수집하는 방법이다.

형식 합리성(formal rationality) 누구에게나 적용되는 규칙, 규제, 법에 기반한 가장 빠르고 정확한 행동의 선택. 이 합리성의 형태는 근대 서구사회의 가장 두드러진 형태.

형식(forms) 사회세계의 혼란스러운 사건, 행위, 상호작용의 배열에 대해 일상 생활 속의 사람들 또는 사회이론가들이 부여한 패턴.

황홀경(phantasmagoria) 아케이드는 물론 보다 새로운 소비수단과 같은 물리적 구조가 생산하는 환상적인 비물질적 효과.

효용(utility) 행위자의 선호나 가치.

효율성(efficiency) 어떤 목적이 갈망되든지 간에 그 목적을 위한 최선의 가능한 수단을 발견하려는 노력.

후기구조주의자(poststructuralist) 부르디외처럼, 구조주의적 시각에 의해 영향 받았으나, 구조주의적 시각을 넘어서 구조주의를 다른 이론적 관념 및 시각들과 종합하고자 하는 이론가.

인용허락에 대한 감사

제 2 장

제16쪽. 에밀 뒤르켐, Steven Lukes, *Emil Durkheim: His Life and Work* (New York: Harper & Row, 1972, ⓒ 1972 by Steven Lukes), pp. 345, 347에서 발췌.

제23쪽. 칼 맑스, D. McLellan (ed.), *Karl Marx: Selected Writings* (New York: Oxford University Press, 1842/1977)의 "Communism and the *Augsburger Allgemeine Zeitung*," p. 20에서 발췌.

제39쪽. Rick Tilman, *Thorstein Veblen and His Critics, 1891-1963: Conservative, Liberal, and Radical Perspectives* (Princeton: Princeton University Press, 1992), pp. 9-10에서 인용된 것 발췌.

제 3 장

제49쪽. David Frisby, *Sociological Impressionism: A Reassessment of Georg Simmel's Social Theory* (London: Heinemann, 1981), p. 25에서 발췌; Frisby의 책, p. 13에서 인용된 Troeltsch의 글.

제57쪽. R. K. Merton and M. W. Riley (eds.), *Sociological Traditions from Generation to Generation: Glimpses of the American Experience* (Norwood, N.J.: Ablex, 1980)에 있는 Leonard S. Cottrell, Jr., "George Herbert Mead: The Legacy of Social Behaviorism," pp. 49-50에서 발췌.

제62쪽. 로버트 E. 파크. *American Journal of Sociology*, 79: 253에 있는 "Life History" (1927/1973)에서 발췌.

제70쪽. Richard Grathoff (ed.), *The Theory of Social Action: The Correspondence of Alfred Schutz and Talcott Parsons* (Bloomington: Indiana University Press, 1978), p. 112에서 발췌.

제 4 장

제82, 87쪽. 그림 4.1: "일반 행위 체계의 구조"와 그림 4.3: "사회, 그 하위체계, 그리고 기능적 요건." Talcott Parsons and Gerald Platt, *The American University* (ⓒ 1973 by The President and Fellows of Harvard College). Harvard University Press의 허락을 받아 인쇄함.

제83쪽. 그림 4.2: "파슨스의 행위 도식," Talcott Parsons, *Societies: Evolutionary and Comparative Perspectives* (ⓒ 1966)에서 개조. 출판사 Prentice-Hall의 허락을 받아서 개조됨.

제90쪽. *American Sociologist* 15 (1980)의 Robert Merton, "Remembering the Young Talcott Parsons" (ⓒ 1980 by the American Sociological Association), pp. 69, 70, 71에서 발췌.

제 5 장

제128쪽. Stephen Mennell, *Nobert Elias: An Introduction* (Oxford: Blackwell, 1992), p. 23에서 발췌.

제134쪽. Rolf Wiggerhaus, *The Frankfurt School: Its History, Theories, and Political Significance* (Cambridge, Mass.: MIT Press, 1994)에서 인용된 것 발췌. p. 2에서 인용된 위르겐 하버마스와 p. 555에서 인용된 막스 호르크하이머.

제136쪽. Ian Craib, *Anthony Giddens* (London: Routledge, 1992), p. 12에서 발췌.

제 6 장

제152쪽. *Sociological Theory* (1986) 4: 106-113에 있는 Randall Collins, "The Passing of Intellectual Generations: Reflections on the Death of Erving Goffman," p. 112에서 발췌.

제157쪽. 그림 6.1: "틱택토우 놀이에서 위반하기," *Sociological Theory* 9 (1991)에 있는 Michael Lynch, "Pictures of Nothing? Visual Constructs in Social Theory" (ⓒ 1991 by the American Sociological Association)에서. 저자와 미국사회학회의 허락을 받아 인쇄함.

제168쪽. 제임스 S. 콜먼. *Society* (1994) 32: 29-34에 있는 "A Vision for Sociology" (ⓒ 1994 by Transaction, Inc.) pp. 32, 33에서 발췌.

제172쪽. 도로시 E. 스미스. J. A. Sherman and E. T. Beck (eds.), *The Prism of Sex: Essays in the Sociology of Knowledge* (Madison: University of Wisconsin Press, 1979)에 있는 "A Sociology for Women," p. 151에서 발췌.

제 9 장

제240쪽. James Miller, *The Passion of Michel Foucault* (New York: Anchor Books, 1993)에 있는 미셸 푸코로부터 발췌.

사 진

제7쪽: 코르비스(Corbis). 16쪽: 코르비스. 23쪽: 그랭어 컬렉션(Granger Collection). 39쪽: 시카고 대학교(University of Chicago) 도서관. 44쪽: 그랭어 컬렉션. 49쪽: 그랭어 컬렉션. 57쪽: 시카고 대학교. 62쪽: 시카고 대학교. 70쪽: 알프레드 슈츠 유산. 90쪽: 그랭어 컬렉션. 91쪽: 미국사회학회(American Sociological Association). 128쪽: 에릭 더닝(Eric Dunning). 134쪽: 독일 정보 센터. 136쪽: 안소니 기든스. 140쪽: 조지 리처. 152쪽: 미국사회학회. 156쪽: 로버트 딩월의 판권 (ⓒ Robert Dingwall)/ 가핑클 교수. 162쪽: 크리스토퍼 존슨(Christopher Johnson). 168쪽: 미국사회학회. 172쪽: 도로시 이. 스미스. 180쪽: 워싱턴 대학교(University of Washington). 188쪽: 카를로스 프레이리(Carlos Freire)/ 라포(RAPHO)/ 게티 이미지즈(Getty Images). 214쪽: 제시 버나드. 226쪽: 패트리시아 힐-콜린스. 240쪽: 코르비스. 254쪽: 판권 소유 게오르귀 핑카소프/ 마그눔 사진 (ⓒ Gheorgui Pinkhassov/ Magnum Photos).

인명색인

가핑클, 해롤드   232-239
고프만, 어빙   221-232
굴드너, 앨빈   135
그라토프, 리햐르트   103
기든스, 안소니   21, 199-204, 279-285
길먼, 샬롯 퍼킨스   318

뉴튼, 서 아이작   3
니브루게, 질   162, 256, 299, 401

다렌도르프, 랄프   144-149
데이비스, 킹슬리   114-116
뒤 보아, W. E B.   11
뒤르켐, 에밀   14, 21-29, 233, 255, 287

레비·스트로스, 클로드   287
렝어만, 패트리시아   162, 256, 299, 401
로드, 오드레   243
루만, 니클라스   149-161
리더, 조지   139
리처, 조지   208-209
린치, 마이클   236-238

마르쿠제, 허버트   177

마페졸리, 미셸   269
맑스, 칼   5, 21, 29-38, 54, 63, 77, 171, 177, 302, 313, 337, 377, 390
머튼, 로버트   3, 135-143
몰름, 린다   277-278
무어, 윌버트   114-116
미드, 조지 허버트   78-87, 90, 221, 262
밀러, J.   364

바우만, 지그문트   367-376
버거, 피터   140
버나드, 제시   324-326
베버, 막스   21, 38-49, 63-69, 93, 177, 179, 205, 212, 357
베블렌, 토스타인   51-56, 298
벤야민, 발터   393
벨, 다니엘   353-357
보드리야르, 장   21, 377-389
보봐리, 시몬느 드   320
부동, 레이몽   288
부르디외, 피에르   286-299

블루머, 허버트　221
비릴리오, 폴　396-400

사이드만, 스티븐　11
슈츠, 알프레드　96-105, 195, 233, 262
스미스, 도로시　8, 259, 260, 264,
　　303-305, 341
스킨너, B. F.　242-244

아담스, 제인　318
아롱, 레이몽　287
아처, 마가렛　285-286
안잘두아, 글로리아　343
에머슨, 리차드　273-277
엘리아스, 노베르트　6, 15, 188-194
엥겔스　337
워싱턴, 부커　11
월러스틴, 임마누엘　187-188
윌리엄, 로잘린드　394

죠디 오브라이언　278
짐멜, 게오르크　6, 49-51, 69-78, 143

초도로우, 낸시　345

케네디, 존 F.　130
켄달, 패트리시아　139

코저, 루이스　148
콜록, 피터　278
콜린스, 랜달　229
콜린스, 패트리시아 힐　342-346
콜만, 제임스 S.　251-256
콩트, 오귀스트　13, 21-22
쿡, 카렌　274, 278
쿨리, 찰스 호튼　89-91
크렌쇼　343
킹, 마틴 루터　11

토마스, 도로시 S.　88
토마스, W. I.　88
투렌, 알렝　288

파슨즈, 탈코트　63, 93-96, 118-135,
　　149-150, 250
파크, 로버트　91-92
포드, 헨리　174, 181, 182
푸코, 미셸　11, 21, 357-367
프로이드, 지그문트　328

하버마스, 위르겐　21, 195-199
하우스만, 바론　394
호만스, 조지　240-250
훗설, 에드문트　96

사항색인

가부장제   165, 329, 333
　자본주의적 가부장제   337
가상 현실   400-401
가치·합리적 행위   67
가치   94, 246
　거리와 가치   77-78
가치 명제   246
갈등 이론   143-149
　갈등 이론에서의 권위   145-147
갈등 집단   148
갈등과 합의의 상호관계   144-145
감성적 행위   66
감옥섬   363
감정성·감정 중립성   94
강압적 조정단체   146-147
개인적 문화   49
개인적 시간과 사회적 시간과의 교차
　98
개인적 전면   223
객관적 문화   49
객관주의   288-290
거리
　가치와 거리   77-78
　이방인과 거리   76-77

거리화   201
거울에 비친 자아   89
거짓말   75
검사   362
게임단계   85-86
견지관점   301-303, 345
결합태   194
경제   129
계급 관계   297
계급 의식   36
계산 가능성   206
계층
　기능적 계층이론   115-116
　기능적 계층이론 비판   117-118
　페미니즘 이론과 계층   163-164
공감적 내성   91
공격·승인 명제   247
공산주의   37-38
공포의 정치   373
과시적 소비   54-55, 298
과시적 여가   54-55
과잉 소비   379
과학세계   98
관료제   46

관찰   91
  위계적 관찰   360-362
광기와 문명   365-366
교차성 이론   324-326
교환 연결망   275
교환이론   240-250, 273-279
구별짓기   296-299
구성주의   289
구조   113, 283-284
구조기능주의   75-96
구조적 억압   336-346
구조화   284
구조화 이론   279-285
군림관계   303-305, 341
권력·의존   277-278
권력   277-278
  규율권력의 증대   362-363
  미시권력   365
권위   145-147
귀속·성취   95
규범   94
규율   358-360
규율권력의 증대   362-363
규율사회   361
그들·관계   102
그물망적 설명   303
근대 기술   176-179
근대성
  근대성의 양가성   368-372
  근대성 쟈거노트   200-201
근대성의 쟈거노트 위험사회   199-204
급진적 페미니즘   333-335
기계적 연대   22, 25
  아노미와 기계적 연대   26
  억압적 법과 기계적 연대   26
  집합 의식과 기계적 연대   25
기능   137-141

잠재적 기능   140
현재적 기능   140
기능적 계층이론   114-118
기능적 분석 수준   139
기능적 분화   158-160
기능주의
  구조 기능주의   113-141
  보편적 기능주의   136
기업   52-53
기회비용   252

낙인   231-232
  감춰진 낙인   231
  드러난 낙인   231
내부 식민화   399-400
내부의 외부인   346
내파   392-393
네오맑시즘 이론   171-188
노동   31-33
노동가치설   35, 77
놀이 단계   85

다문화적 사회이론   10-13
단위 행위   93-94
담론적 의식   282
당위의 사회 정체성   231
대상적 자아(Me)   87
대화분석   232
도덕적 딜레마   375-376
동기
  때문에 동기   105
  위하여 동기   105

룸펜 프롤레타리아   148

매너   223-224
맥도날드주의   186

목표·수단 합리적 행위　67
목표달성　120
몸짓　80-81
　소리 몸짓　81
　육체적 몸짓　81
　의미 있는 몸짓　81
몸짓 대화　80
무기능　138
무대 후면, 연극론에서의　227
무대장치　223
문명화 과정　188-191
문화　172-176
　대중 문화　172
　증가하는 문화의 비극　49-51
　탈산업사회에서의 문화　356-357
　행위수행자와 문화　285-286
문화산업　172
문화산업의 출현과 비판이론　171-181
문화의 비극　49-50
문화적 관계　297
문화적 유물론　341
문화적 페미니즘　318
문화체계　122, 130-131
물화　72
미래 회의주의　179-180
미시·거시 분석　188-194
미시 권력　365
민속방법론　232-239

박탈·포만 명제　246
반복적　280
반주변부　188
발생적 구조주의　289
방법론적 개인주의자　296
방법론적 상관주의　296
방법론적 전체주의자　296
배상적 법　26

법률　26-27, 130
　배상적 법　26
　억압적 법　26
변별화　245
보상　246
보편적 기능주의　136
보편주의·특수주의　95
부족의 정치학　373
분업　22-23, 50-51
　역동적 밀도의 변화와 분업　23
분절화된 의식　264
분화　155-160
　계층적 분화　157-158
　기능적 분화　158-159
　분절적 분화　157
　중심·주변 분화　158
불안전과 위험　203-204
비밀　74-76
비용　247

사이버 사이트　395
사이버 스페이스　393
사적 유물론　338-339
사회　128-130
　사회유형 간 차이　355-356
　사회의 맥도날드화　205-212
　사회의 합리화　38-49
　일차원적 사회　177
사회계층　115-118
사회구조
　아노미와 사회구조　142
　탈산업사회로의 전환과 결부된 사회
　　구조 변화　354
사회세계의 영역　102-104
사회의 기능적 일체성　135
사회의 맥도날드화　205-212
사회적 결사　69-77

거리와 가치   77-78
거리와 이방인   76-77
의식   72
집단 규모   73-74
형식과 유형   70-71
사회적 사실   27-28
물질적인 사회적 사실   27
비물질적인 사회적 사실   28
사회적 행위   63-68
사회적 행위에서의 행위 유형   66-68
사회 정체성
당위의 사회 정체성   231
실제의 사회 정체성   231
사회제도   252
사회주의적 페미니즘   336-342
사회체계   122, 125-130, 284
사회학
성찰적 사회학   293
포스트모던 사회학   369-371
사회행동주의에서의 언어   82-83
산업   53-54
산업에 대한 기업의 통제 증대   51-54
지식산업   180-181
산업사회에서 탈산업사회로의 전환
253-258, 353-357
3인 관계   73-74
상부구조   172
상징적 교환   383
상징적 교환의 상실   382-389
상징적 상호작용   88
상징적 상호작용론   88-92
상징적 폭력   295
상호작용   70, 73
상호주관성   96, 98
상황정의   88
새로운 소비수단   390
생산수단   33, 390

생활세계   96-105
사회세계의 영역   102-105
생활세계의 식민화   195-197
생활세계의 특성   97-99
전형화   99-101
처방   100
체계의 합리화와 생활세계   100
현상학   104-105
설명   234- 238
그물망적 설명   303
설명하기   234-235
성공 명제   244-245
성애   366-367
성찰성   83, 202-203
성찰적 사회학   293
세계 체계   126
소비수단   389-392
소비자 사회
새로운 소비수단과 소비자 사회
389-396
소비자 사회의 등장   377-382
소외   31-33
속도와 시간   397-398
수행행위   282
문화와 수행행위   285-286
순이익   139
스니커즈화   185
시간과 속도   397-398
시뮬레이션   384-389
스펙터클과 시뮬레이션   395-396
시행적 조건화   240
신부족주의   369
신비화   226
실제의 사회 정체성   231
실질적 합리성   39
실천(praxis)   37
실천(practice)   288

실천적 의식　282
실천적 합리성　39
심리학적 행동주의　79, 242

아노미　28-29
　사회구조와 아노미　142-143
아비투스　290-292
아우토포이에 체계　151-155
아프리카 중심적 이론　12
양가성　368-372
양자간 교환　275
억압과 특권의 벡터　342-344
억압적 법　26
언어로서의 소비　378-381
AGIL 도식　118-123, 126, 129, 149
　목표 달성　120
　유형 유지　121
　잠재성　121
　적응　119
　통합　120
여성의 미시적 질서 경험　257-261
여성의 주관적 경험　261-266
여우 사냥　193
역기능　137, 139
역동적 밀도　23
역할　126
역할거리　230
연극모형론　222-228
　무대 바깥　227-228
　무대 전면　223-227
　무대 후면　227-228
연대
　기계적 연대　22
　유기적 연대　22
예상치 않은 결과　140-141
예측가능성　206
온전히 깨어 있음　97

외관　223
욕구·성향　127, 131-132
욕구　379
욕망의 정치　373
우리·관계　102
원초적 집단　90
원형(판옵티콘)감옥　360
위계적 관찰　360
위반 실험　236-238
위탁 체계　130
위험과 불안전　203-204
위화현상　291
유기적 연대　21-22
　배상적 법과 유기적 연대　26-27
　아노미와 유기적 연대　28-29
　집합 의식과 유기적 연대　25-26
유물론
　문화적 유물론　341
　사적 유물론　338
유물론적 페미니즘　340-342
유사집단　147
유적 존재　31
유형　70-71
유형 변수　94-96
유형 유지　121
의도하지 않은 결과　282
의미　104
의미 있는 상징　82
의심의 유보　97
의존　277
이념형　46-47, 68
이념형적 관료제　46-47
이득　247
이론적 합리성　39
이성　178
이원론　285
이익집단　148

2인 관계   73-74
이중 해석학   281
이중성   280
이해   68-69
이해관계   147
인간 잠재력   30-31
인상관리   222, 226, 228-230
인성체계   122, 131-133
일반체계 이론   149-161
　일반체계 이론에서의 분화   155-160
　일반체계 이론에서의 아우포이에 체계
　　151-155
　일반체계 이론에서의 체계와 환경
　　150-151
　일반체계 이론에서의 코드   160-161
일반화   245
일반화된 타자   85
일차원적 사회   177

자극 명제   245-246
자기 지향·집합체 지향   95
자본   295
　경제적 자본   295
　문화적 자본   295
　사회적 자본   295
　상징적 자본   295
자본주의   33-37, 165, 382
　유교와 자본주의   43
　인간 잠재력과 자본주의   30
　자본주의의 유지   174
　자본주의 정신   41
　힌두교와 자본주의   43
자본주의 세계 경제   187
자본주의 정신   41
자본주의적 가부장제   337
자아   83-86, 221, 222
자아(I)   58-59, 221

자연적 태도   97
자유주의적 페미니즘   321-327
잠재성   121
잠재적 이해관계   147
장   294-296
적응   118-119
전문화   51
전쟁   398-399
전체사회적 공동체   130
전통적 권위   44, 48
전통적 행위   66
전형화   99-101
정상성 판단   361
정신분석학적 페미니즘   328-333
정치적 조직체   129-130
정치학
　공포의 정치학   373
　부족의 정치학   373
　욕망의 정치학   373
　포스트모던적 정치학   373
　확실성의 정치학   373
젠더   317
　젠더 구성하기   238-239
젠더 불평등   321-327
젠더 억압   164, 328-335
젠더 이데올로기   164
젠더 차이   318-320
　실존적 그리고 현상학적 분석   320
　설명적 이론   318-319
조작   80
종속 사슬   191-193
주관주의   288-290
주변부   187
중심·주변 분화   158
지각   79
지구화·지방화   213
지구화   212-213

지배화 328
지식산업 180-181
지위 126
질주학 396-401
집단 규모 73-74
집합 의식 25-27

차이 380
착취 36
창조적 파괴 391
처방 100
처벌 246
체계 150-151, 196
체험의 국지적 실재성 304
초현실 387
총체적 자아 98
최저생계비 34
추상 27
충동 79
취향 296-299

카리스마의 일상화 45
카리스마적 권위 44-45
칼뱅주의 41-42, 69
코드 160-161, 378

타자화 344
탈구조주의 289
탈숙련화 185
탈제도화 366
테크노크라트적 사고 178
토대 172
통치성 358-365
통합 120
팀 227

팽창주의 209-212

포디즘 181-183
포스트모던 사회이론 369-371
　페미니즘과 포스트모던적 사회이론
　401-404
포스트모던 윤리학 374-375
포스트모던 정치 372-374
포스트포디즘 184-186
폭로 140
프로테스탄트 윤리 41
프롤레타리아 34-37

한정성·확산성 95
합리성
　합리성의 비합리성 179, 207
　합리성의 유형 39-40
합리성 명제 248-249
합리성의 비합리성 179, 207
합리적 선택 이론 251-256
합리적·합법적 권위 47-49
합리화 197-198, 281
　권위구조와 합리화 44-49
　사회의 합리화 38-49
　체계의 합리화와 생활세계 197-198
　합리화에서의 개신교 역할 40-42
합리화 출현에서의 개신교 역할 40-42
합리화와 권위구조 44-49
합의 이론 144
행동주의
　사회행동주의 78-79
　심리학적 행동주의 242-244
행동하는 유기체 133
행위 이론 93-96
　행위 이론에서의 단위 행위 93-94
　행위 이론에서의 유형 변수 94-96
행위 체계 123-125
행위(act)
　단위 행위 93-94

　　사회행동주의에서의 행위　　79-80
행위(action)　　63-94
　　가치 합리적 행위　　67
　　감성적 행위　　66
　　목표·수단 합리적 행위　　67
　　사회적 행위　　63, 66-68
　　전통적 행위　　66
　　행태와 행위　　64-65
행위수행자　　282
허위의식　　36
현상학　　104-105

현시적 이해관계　　147
현지조사　　91
형식　　70-71
형식 합리성　　40
혼인　　213
확실성의 정치　　373
황홀경　　393-394
효용　　248
효율성　　205
힌두교　　42-43

공역자 소개

강수택
경상대학교 사회학과

김상준
경희대학교 NGO대학원

김성국
부산대학교 사회학과

김우식
이화여자대학교 사회학과

노진철
경북대학교 사회학과

송재룡
경희대학교 사회학과

신진욱
중앙대학교 사회학과

이병혁
서울시립대 도시사회학과

이선미
한양대학교 제 3 섹터연구소

이윤희
인천대학교 국민윤리과

이재혁
한림대학교 사회학과

이창순
경희대학교 사회학과

이홍균
성공회대학교 사회학과

임운택
계명대학교 사회학과

전태국
강원대학교 사회학과

천선영
경북대학교 사회학과

최종렬
계명대학교 사회학과

현대 사회학 이론과 그 고전적 뿌리

2006년	9월	20일	초판발행
2022년	9월	10일	중판발행

저 자 조지 리처
공역자 한국이론사회학회
발행인 안종만 · 안상준
발행처 (주)**박영사**

> 역자와의
> 협의하에
> 인지첩부를
> 생략함

서울특별시 금천구 가산디지털2로 53, 210호
(가산동, 한라시그마밸리)
전화 (733) 6771 FAX (736) 4818
등록 1959. 3. 11. 제300－1959－1호(倫)

www.pybook.co.kr e－mail: pys@pybook.co.kr

파본은 구입하신 곳에서 교환해 드립니다. 본서의 무단복제행위를 금합니다.

정 가 25,000원 ISBN 978-89-6454-014-5